KB196995

Secrets of Repression and
Brain Science of the Mind
Dr. S. Freud's Brain

억압의 비밀과 마음의 뇌과학 프로이트의 뇌

| **김보연** 저 |

프로이트의 억압은 어떻게 의식의 역동 이론,
뇌과학의 학습 기억 이론으로 재탄생하는가?

학지사

머리말

밤길로 접어든 나그네는 자신의 두려움을 부정하기 위해 어둠 속에서 큰 소리로 노래 부를 수는 있지만, 그렇더라도 한 치 앞을 볼 수 없을 것이다.

—『억압, 증후 그리고 불안』(Freud, 1926b)

지그문트 프로이트

프로이트(S. Frued)는 자신의 정신분석을 초(메타)심리학[1]이라고 부르면서 당시의 심리학이나 해부학과 아무런 상관이 없는 자기 방식의 심리학이라고 말했다. 그는 정신분석의 기초 이론인 '억압'과 창의적 대화치료(정신분석)로 당대를 풍미했으나, 결국 비과학적이라는 세간의 비판에 직면했다. 프로이트는 설명할 수 없음을 안타까워하면서 언젠가 발전된 생물학과 과학이 '억압'의 비밀을 밝혀 주기를 희망한다고 말했다.

저자는 연구 결과 '억압'의 본질이 학습(전통적 · 도구적 학습)과 동일한 현상이므로 현대 마음의 뇌과학으로 설명할 수 있다고 보았다. '억압'의 단순한 의미는 불편한 대상과 '거리 두기'이다. 따라서 '억압'은 정신적 외상과 불쾌한 기억에 대한 마음의 회피 전략이며, 이는 두뇌에 내재한 진화 행동이라는 대단히 중요하면서 복잡한 주제를 포함하고 있다. 정신적 충격과 스트레스는 포유류의 회피 행동과 반드시 연결되고 서로의 강도에 비례하는 속성이 있다. 이 책의 주목적은 프로이트가 오해한 기억 현상을 독자에게 설명하고 흥미로운 마음의 뇌과학을 함께 공부하는 것이다. 저자는 이 책을 통해 억압은

1) 초(超)심리학, 전형이 아닌 심리학.

수동적 회피 상태이고 억제는 의식(인지, 주의: attention)의 조절 활동에서 시작하여 무의식의 습관 행동으로 이어지며 공포, 불안을 '예방 회피'할 수 있다는 치료 개념을 제안할 것이다. 또한 명상처럼 우리 생활의 정신건강에 필요하고 도움이 되는 의식 훈련과 밀접한 관계가 있음을 설명할 것이다.

정신건강의학은 정신분석에서 유래한, 풍부한 내용의 정신치료와 뇌과학 및 생물정신의학에 근거한 약물치료를 중요한 치료 도구로 삼고 있다. 저자는 두 분야가 물과 기름처럼 서로 의사소통이 어려운 부분에 대해 안타깝게 생각했다. 프로이트의 '억압'을 마음의 뇌과학으로 설명하여 정신분석의 과학적 측면을 드러내면 두 분야가 공통언어로 소통이 원활해지고 치료에 유익한 내용을 통합하여 발전을 가속할 수 있을 것이다. 독자는 이 책을 통해 인간의 감정과 정서, 기억에 대한 상식과 이해를 넓혀 자기 내면의 관찰과 조절의 기초로 삼을 수 있다.

너 자신을 알라

"너 자신을 알라(Know thyself)"

이 말은 그리스 델포이에 있는 아폴론 신전에 쓰인 문장으로, 신탁을 원하는 사람에게 권하는 충고였다. 고대의 철학자가 말했다고 전해지는 이 말은 정신분석과 철학, 문화 토론의 주제가 되는 진지한 질문이었다. 사실, 고단한 인생을 살아 보지 않고는 이 말의 의미를 알기 어려울지도 모른다. 프로이트는, 인간은 신의 작품이기 때문에 완전에 가까운 존재이며 타고난 선함이 있다는 전통 기독교 신념이 미화하고 포장한 주장에 대해서 마음속에 품고 있던 몇 가지 의문을 제시한다. 그의 생애와 작품에서 아폴론 신전의 "너 자신을 알라."라는 경고와 '오이디푸스왕'에게 얽힌 비극의 의미를 공감하였기에 사람들이 자신을 알도록 돕고자 무의식에 대한 그리고 무의식을 만드는 억압을 연구했다.

아폴론 신전

인간은 과연 자기를 얼마나 알 수 있는가? 저자가 환자(고객)에게, 당신의 정신 내면의 문제를 조사하고 도움을 받아야 한다고 하면 도리어 화를 내며 증상만 빨리 고쳐 달라는 사람도 있다. 어느 누구라도 다른 사람에게 비밀을 털어놓기란 어려우며, 전문가의 도움을 받더라도 자신을 안다는 것은 너무 어렵고 불편한 일이다. 인간은 성장하고 사회생활을 하면서 수없이 변화에 적응하고 모습을 포장해야 하는 존재이며, 그 결과 피부 속 내면의 이기적이고 게으르거나 공격적이며 물질과 육체를 탐하는 불량한 자신을 인정하거나 받아들이기 어려울 수도 있다.

한편, 진화생물학자는 생물이 자연 속에서 살기 위해서는 포식자와 경쟁자를 속일 수 있어야 위험을 피하거나 먹이를 차지할 수 있었다고 말한다. 무의식의 진화를 지지하는 사람은 자기 내면의 동기를 모르는 것이 타인을 속이기 위해 더 유리하며, 자신과 타인에 객관적인 사람은 자신이 속한 그룹과 부족에서 환영받지 못한다고 말한다. 그런 면에서 자신을 모르거나 사실을 회피하는 것은 개인의 성격이나 환경을 바탕으로 한 심리의 차원을 넘어 거대한 진화의 흐름에서 만들어진 생물체의 정당한 생존 방식이나 방어 체계로 보게 된다. 진화한 뇌의 구조와 기능은 의식이나 인식의 도움 없이 스스로 기억하고 작동하는 체계를 갖추고 있으며, 이는 히스테리를 포함한 정신적 스트레스 반응에서 잘 드러나는데, 프로이트는 이를 '억압'의 현상으로 오해했다. 사실 프로이트에서 촉발된 무의식에 대한 관심과 혁명의 바탕에는 의식의 도움 없이는 치료적 발전이 계속될 수 없다는 본질적 메시지가 있다. 그래서 프로이트와 그의 후예들은 의식의 조절을 얻기 위해 무의식의 의미를 먼저 찾고자 노력하였고(분석), 이어 의식화(성찰)를 시도해 왔다. 결국 "너 자신을 알라."라는 구호는 "너의 두려움이 무엇인지 알라.", "네가 회피하는 내면의 두려움을 찾아라."라는 말로 귀결된다. 젊은 날의 저자도 환자의 의식화를 위해 상당한 노력을 기울였지만, 시간과 에너지를 낭비하거나 오히려 환자와의 관계를 나쁘게 만든 사례가 있었다. 물론 환자가 병식을 얻으면 좋겠지만(사례에 따라 우려되는 부분도 있지만), 그것보다 마음의 안정을 갖도록 도와주는 것이 더 중요하고, 그래야 치료의 결과가 좋았다. 프로이트도 정신분석에서 다양한 경험을 얻으면서 의식화라는 치료 목적에서 자아의 기능을 돕거나 자아가 기능하도록 최적의 조건을 만드는 것으로 방향을 바꾸었다. 현대 마음의 뇌과학이 주는 메시지도 치료와 의식화는 별개의 차원이며, 아이러니하게도 의식화 없이 '무의식'[2] 상태에서 대부분 교정되고 치료될 수 있다는 점이 확인되었다. 브로이어와 프로이트가 사용한 '정화'와 '전이 분석', 또 많은 치료자가 말하

2) 정확한 의미는 '비(非)의식(nonconscious)', 용어 설명 참조.

는 '공감'은 무의식의 환경에서 상호 관계의 변화 과정이다. 즉, 현대 정신치료의 방향은 공감과 감정을 다루는 방식, 무의식적 소통을 더욱 강조하고 있다.

위기의 프로이트

프로이트는 당시의 전통적인 심리학에서 독립한 자신만의 초심리학을 시작하여 많은 찬사와 비판을 동시에 받아 오면서 정신분석학을 굳건히 세웠다. 마음의 병리를 직접 치료하는 약물도 없던 그 시절, 그는 환자의 문제를 해결하기 위해 끊임없이 스스로 질문하고 개인적으로 연구하면서 글을 썼으며, 사람들을 모아 집담회를 열어 토론을 했다. 그는 특출한 재능과 사회성, 성실함을 갖춘 뛰어난 개업 의사이자 정열적인 학자였다. 그러나 실험실이 없는 임상 의사의 한계로 인하여 가설의 증명이라는 필수 과정 없이 창의적 생각으로 완성하려던 그의 이론은 과학적 근거가 없는 사상누각이었다. 그동안 정신분석의 효과와 영향을 믿는 사람들 외 다수 연구자의 의견은 프로이트의 '억압'이 과학적인 근거가 없으며, 환자들의 잊어버린 기억의 회복이 치료 효과와는 상관없다는 것이었다. 법심리학자이며 기억 연구가인 줄리아 쇼(J. Shaw)는 그의 이론 대부분이 과학이 아닌 자기 환자들과의 상담에만 근거한 것이며, 프로이트는 과학자가 아니었다고 말했다(Shaw, 2017, pp. 287-289). 이렇게 '억압'에 대한 과학적 근거를 가진 전문가들의 반박과 비판은 정신분석의 입지를 흔들었다. 그런데 그의 이론과 임상 경험은 학문 체계로서 현재의 정신의학과 전문 종사자들에게 상당한 영향을 주었고 다양한 정신치료 기법이 변화 · 발전하는 기반이 되어 왔다. 그의 창의적인 작품들은 역사, 철학, 인문, 과학에도 상당한 영향을 주어 당대의 문화를 이끄는 주제가 되기도 하였다. 한 세기를 풍미한 천재의 창작물로 시작한 정신분석이 결정적인 결함에도 불구하고 여전히 임상에서 주요 치료 기술로 유용하게 사용되며 영향력을 유지하고 있다. 그 이유는 무엇인가? 어떻게 받아들여야 하는가? 감탄과 의문을 동시에 품지 않을 수 없다.

프로이트의 반격, 마음의 뇌과학

저자는 프로이트의 임상 경험과 관찰력을 믿고 있으며, 그만큼 '억압'의 존재를 믿었고, 과연 의식과 무의식을 넘나드는 심리역동이 의미하는 것의 과학적 실체는 무엇인지 매우 궁금하였다. 프로이트의 이론과 해석은 본인은 물론 정신분석의 후학들도 뇌과학의 관점에서 정확하게 설명할 수 없었으나, 이런 결함 때문에 정신분석 특유의 마음의 움직임에 대한 통찰과 의미 그리고 가르침이 주는 좋은 내용물과 치료 도구로서의 가치까지 비난받을 것은 아니라고 생각했다. 비판론으로 다시 돌아가면, 줄리아 쇼 같은 비판자와 임상 의사의 가장 큰 차이점은 치료 경험과 연구에서 얻어진 신뢰할 수 있는 임상 자료와 사례의 유무이다. 프로이트의 뇌와 저자의 뇌 안에 있는 서양과 동양 환자들의 행동 패턴과 의사로서의 치료 경험은 공통되고 일관된 부분을 가졌다. 치료 공통 요인은 개인 연구나 통계 기술로 추출할 수 있으며, 지금껏 많은 의학자에 의해 DSM-V[3] 같은 통계적 사료와 임상 증례에 집약되어 있다. 치료 방법으로는 유용하나 비과학적이라고 비판을 받는 정신분석, 그렇다면 우리가 놓치고 있는 것이 과연 무엇일까? 저자는 정신분석의 역사를 탐색하고 마음의 뇌과학을 공부하면서 프로이트 증례의 공통점을 알게 되었고, 프로이트의 가설을 마음의 뇌과학으로 해석할 수 있다는 자신감이 생겼다. 히스테리의 주요 병리가 증상과 '관념의 연상'에 있었고 초기 치료 방법이 '연상'을 분석하는 것이므로 '연상'에서 저자가 찾는 실마리가 있을 것이라는 추측을 하던 때, 행동주의심리학자이며 프로이트의 긍정적 비판가였던 스키너 교수의 저서에서 '억압'이 당신의 강화 이론으로 설명 가능하다고 자신 있게 말한 것에 고무되었다. 그때부터 프로이트 마음의 모델을 기초하는 억압 이론을 현대 마음의 뇌과학으로 설명할 수 있거나 적어도 근거를 찾을 수 있다고 생각하고 이 일에 몰두하기 시작했다. 결국 다수의 연구자가 제시하지 못한 근거를 프로이트의 저서에서 찾게 되었다. 저자는 이 책에서 억압의 비밀을 밝혀 위기에 처한 프로이트의 영혼을 마음의 뇌과학으로 구할 수 있다고 말한다.

이 책의 시작

이 책은 저자 개인의 호기심에서 비롯된 지적 탐험이라고 말하는 것이 솔직한 표현이다. 저술 목적이 전문서술이나 교양을 염두에 둔 것이 아니라 필자의 궁금증을 해결하는 여정에서 얻은 과학적 지식과 경험을 서술한 것이기 때문이다. 그렇게 시작하여 탐

3) 미국 정신의학회의 진단통계 연감 시리즈의 약자(Diagnostic and Statistical Manual, V)이다.

색하고 생각하고 또 새로운 것을 추가하다 보니 정신분석과 마음의 뇌과학을 이어 주는 실험적 성격의 서적이 되었다.

처음에는 프로이트의 이론을 현대 뇌과학으로 설명하는 글을 써 오던 중 〈억압(抑壓, Repression)〉 부분만을 학술지에 싣기 위한 논문에서 시작하였다. 논문은 2015~2016년에 완성되었다. 그러나 의식적 '억제'가 자동성-학습을 확보하는 부분의 개념과 실험 근거가 부족하여 문헌을 찾고 연구하면서 늦어졌고, 우연히 2016~2017년 『월간 조선』 잡지에 요점을 추려 기고하면서부터 소양을 갖춘 일반인과 전문가를 위한 개론을 쓰는 작업이 시작되었다. 그리고 그동안 새롭게 발표된 뇌과학 실험 논문과 연구자를 구글의 검색 자료[4]에서 쉽게 만나면서 내용이 증가하였다. 2016년 캔델의 『기억의 비밀』(Kandel & Squire, 2009)이라는 책에는 저자가 생각한 억압의 비밀스러운 내용이 담겨 있어 놀라면서도, 한편으로 저자의 생각을 빨리 글로 발표해야겠다는 확신이 들었다. 새 실험 문헌이 첨가되면서 논증과 증거는 보완되었으나 저자의 강박증에 의해 내용이 점점 복잡해져 5년 이상 작업이 이어졌다. 이렇게 만들어진 책이 바로 『억압의 비밀과 마음의 뇌과학: 프로이트의 뇌』이다. 그가 세운 정신분석의 지주인 '억압'을 마음의 뇌과학으로 새롭게 정의하자는 의미이며, '프로이트의 뇌'가 의미하는 것은 생물학적 실체와 과학적 연구 결과이다.

프로이트의 '억압'은 그가 말한 '무의식'의 출발점이지만, 저자는 그의 궁극적 목적이 의식 기억의 회복이며 이에 해당하는 뇌과학의 용어는 알아차리는 인식, 인지의 차원이자 기억 시스템이라고 확신했다. 정신분석의 몇 가지 가정과 역사, 당대의 학문적 이론과 현대 심리학과 뇌과학의 발달사를 살펴보니 그가 생각하고 정리한 무의식, 억압 이론이 그가 반대한 동시대 정신의학자인 피에르 자네(P. Janet)의 잠재의식에 비해 더욱 심리적(역동적)인 이론이라는 것을 알게 되었다. 억압과 무의식은 개인의 심리 작용을 중점으로 시작한 것이므로, 이론이 영역이 확장될수록 일정한 규칙을 수반한 구조와 형식이 필요했다. 결국 자네의 의식 체계, 시스템 이론과 같은 생물학적 구조론과 비교하고 겨룰 운명에 처하게 되어, 그는 자신의 마음의 모델과 구조 이론을 세우는 데 몰입하였다.

프로이트의 억압 이론은, ① 신체 증상, 성격, 꿈, 일상 행동을 무의식에 억압된 기억의 작용으로 보는 관점(억압의 회귀), ② 억압에 따른 사건 기억의 무의식 과정(망각), ③ 일

4) 인터넷을 통한 사회 문화적 교류는 혁명적인 정보 문명으로 변화했다. 필자의 연구에 필요한 모든 정보가 여기에 담겨 있었다.

상에서 불편한 충동, 관념의 의식적 억제와 억제의 학습, ④ 본능(충동, Trieb), 감정 기억, 성격-습관, 관념의 조절 체계의 발달 이론, ⑤ 초심리학 구조 모델로 나눌 수 있다. 프로이트의 초기 증례는 대부분 정신적 상처, 충격에 대한 반응과 현상을 다룬 것이다. 저자는 ① 부분을 정신적 트라우마에 대한 뇌의 시스템 반응 및 그에 해당하는 용어로 설명할 수 있을 것이라고 생각했다. 정신분석의 기본 치료 방식이 '연상'의 분석이므로, 연상을 학습 현상을 의미하는 단서로 이해하여 프로이트의 저서 중에 학습 이론에 해당하는 증거를 찾고자 하였다. 여러 곳에서 그러한 시사점을 발견하였고, 다음에 그의 초기 저서에 나온 엠마의 증례에서 파블로프의 고전학습임을 확인할 증거를 찾아낼 수 있었다. ② 사건 기억의 무의식 과정은 ①이 학습 과정(=무의식)이므로 설명할 수 있었다. 사건 기억과 무관한 뇌 하부 시스템의 한계는 뇌 시스템의 진화적 특징이다. ③은 안나 프로이트가 강조한 방어기제이다. 한편, 도구학습으로 유명한 스키너는 프로이트의 비판가이며 정신분석에 지대한 관심을 갖고 이를 행동심리학으로 전환하여 '억압'을 강화의 이론으로 설명하였다. 저자는 스키너에서 아이디어를 얻어, 강화학습은 ③의 과정을 습관(무의식)으로 만들 수 있음을 생각했다. 저자는 여러 실험을 모으고 엮어서 이를 논증했다. 따라서 이 책은 프로이트의 '억압'에 대해 전통적 · 도구적 학습 이론으로 대치하고 분석한 내용이다. 무의식의 역동을 의미하는 억압된 기억 반응은 파블로프의 전통학습으로 설명 가능했다. 그 결과, 무의식의 역동은 풍미가 사라지고 의학적 과정으로 단순화되었다. ③ 충동, 사건 기억의 의식적 억제는 스키너로 대표되는 도구학습으로 무의식(비의식) 과정으로 전환됨을 저자가 추론하여 **인지 조절**을 통한 의식의 역동성을 설명했다.

이러한 현상은 여러 가지 측면 모두 자연에서 포유류가 방어-생존하기 위한 진화적인 시스템의 산물이며 억압은 수동 회피로, 억제는 능동 회피의 행동 심리학 모델로 성공적으로 환원, 대치하였다. 그래서 억압의 본질은 학습이며 프로이트는 진료실에서, 파블로프와 스키너 같은 생리학자, 심리학자는 실험실에서 공통으로 연구한 20세기의 가장 커다란 연구 과제였음을 밝히고자 한다. 저자는 이 책에서 억압과 억제를 현재 마음의 뇌과학으로 통합하여 설명했고, 다시 과학적 치료 방식으로 적용 가능한 부분을 제안했다.

저자는 이 책이 독자들에게 정신건강과 마음의 뇌과학에 흥미와 관심을 갖는 계기가 되기를 바란다. 또한 이러한 관심이 마음의 질환으로 고통받는 이들에 대한 격려와 성원으로 발전하기를 희망한다. 긴 책을 꼼꼼히 읽고 서평과 추천사를 써 주신 김종길 전 대한신경정신의학회장님, 김동욱 대한정신과의사회장님, 박희관 마음의 뇌과학연구회 부회장님께 감사의 말씀을 드린다.

끝으로, 출판을 허락해 주신 학지사 김진환 대표님과 편집을 맡아 수고해 주신 김준범 부장님께 감사의 말씀을 전한다.

추천사

우주에서 보면 지구는 푸른 작은 점이다. 개인 하나는 티끌 같은 존재일지언정 무시무종(無始無終), 지구촌의 원소라고 생각한다. 번뇌하는 개인의 두뇌 속 갈등은 출렁이는 파도와 같은데, 쉬지 않는 물결에 대하여 일세기 이전에 S. Freud는 그 이해 방식에 과학적 탐구의 시동을 걸었다. 그로부터 124년이 지난 시점에서 절세의 스타덤에 오른 위대한 업적에 저자는 감히 도전을 하였고 소기의 숙제를 풀어낸 것으로 보인다.

'억압'은 프로이트가 남긴 정신분석의 핵심적 가설이었다. 그 기전에 대하여 소견들이 누적된 오늘에 이르러 진전된 과학의 눈으로, 마치 '후세 언젠가는 나의 업적이 과학적으로 증명될 것이라고 말한 것'을 실천하겠다는 사명을 받기라도 한 듯이, 저자는 큰 스승의 내적 세계를 탐색하며 공감하였다. 흔히 추종자들(a Freudian)이 교조주의에 매달려 소화불량의 섭취 수준에 머무른다면, 억압을 이해하는 과정은 도전 정신과 엄청난 구상력을 발휘하는 재해석이 필요하였을 일이다. 이 책을 읽고 나서 피상적 이해 속에서 지내온 나의 날들이 부끄러웠다. 책을 덮고서야 마치 목에 걸려 있던 억압이 목구멍을 넘어가 소화되는 느낌을 감지하였다. 저자의 학구적인 천착의 노력에 찬사를 보낸다. 그의 삶은 인간 고뇌의 근원을 이해하려는 노력에 새로운 깊이를 제시하였다고 생각된다. 브로이어와 프로이트는 인지주의의 선행(先行)이라고 본다. 과학은 유능한 스승들의 가르침을 통하여 후학들이 더 진전하는 혁신을 이루고 있음을 발견한다(後生可畏).

덕분에 지적 소화불량이 해결되어 감사드리고, 이 책을 정신의학, 심리치료 입문자 모두에게 필독서로 추천하고 싶다. 한국 학자에 의한 번역본이 아닌 오리지널 '프로이트 탐구서'를 가지게 된 것이 자랑스럽다. 이 책이 널리 퍼지고 지구촌의 학계에서 회자되는 날이 오기를 기대한다.

가톨릭의과대학교 의학박사, 외래교수

前 대한신경정신의학회 회장

김종길

대한정신건강의학과의사회의 이사를 역임한 활동가로 알려진 저자가 최근 흥미로운 책을 발간했다. 추천자가 알기로 프로이트의 정신분석은 1900년대 억압을 근본 가설로 해서 발전한 정신치료 기법으로, 이를 바탕으로 지금의 다양한 현대적 정신치료가 만들어졌다. 정신분석은 오래된 전통이 있는 만큼 많은 연구 자료가 있지만 최근에는 전문가의 관심이 적어지고 있었다. 저자는 이 책『억압의 비밀과 마음의 뇌과학』을 통해 프로이트조차 몰랐고 후대에 증명되기를 고대했으나 그동안 아무도 해답을 내놓지 못했던 억압/억제의 뇌과학적 기전을 진화생물학과 뇌과학 이론으로 명쾌한 해석을 내놓았다. 정말 학계의 전문가도 상상하지 못했던 놀라운 책이 세상에 나온 것이다. 저자는 끈질긴 연구와 노력으로 프로이트의 유명한 사례에 대해 최신의 뇌과학 논문을 찾아 비교, 논증하여 오래된 정신분석은 현대 뇌과학의 새옷을 입게 되었다. 프로이트의 정신분석이 비과학적이라는 비판은 이 책이 나오면서 더 이상 존립할 수 없게 되었다. 저자는 무의식의 역동을 수정하고 의식의 역동을 강조하였다. 또한 흥미로운 부분은 억압(억제)는 우리가 일상에서 늘 하는 마음의 거리두기(회피) 행위가 습관으로 발전된 것이고, 그렇다 보니 이 행위는 정신분석의 전유물이 아니며 필요의 연장선 위에 뇌가 진화한 결과라는 저자의 주장이다. 더구나 이것이 마음의 고통에 대처하는 인간의 인지 조절 방식이며 불가의 명상도 같은 방식의 의식 훈련이라는 저자의 설명에 저절로 고개를 끄떡이게 된다.

이 책은 독자 여러분의 지적 호기심을 채워 주고 더하여 마음 건강의 해법을 드리므로 적극 추천하며, 옛것과 새것이 조화를 이루는 감동을 느끼시길 바란다.

대한정신건강의학과의사회 회장
김동욱

"우리 시대 마음의 뇌과학을 탐험하는 오디세이아!"

최근 뇌과학의 눈부신 발전과 더불어 점점 거세지는 비판들로 인해 위기에 처한 프로이트의 정신분석학을 새로운 해석 틀을 통해 설명하는 저자의 공부를 따라가는 여정이 범인을 쫓는 추리 소설처럼 흥미롭고 박진감이 넘친다. 억압이 진화상 적응하려는 인간의 비의식적 학습이라는 놀라운 발견과 의도적인 억제도 도구적 학습으로 전환된다는 설명에, 무릎을 치게 만든다. 오디세우스가 힘든 여행을 마치고 고향으로 돌아와 아내 페넬로페와 재회의 기쁨을 누리듯, 저자를 따라 마음의 다도해를 구경하며 거리를 두고 관찰하다 보면, 자신의 통제된 환각의 다채로운 풍경을 알아차리게 된다. 여기서 이제 스스로와 싸우지 않고 고통을 친절함으로 수용할 준비를 할 수 있다면, 나아가 인간관계의 상처도 서서히 회복될 것이다.

저자의 프로이트의 증례와 공부 기록을 따라가다가 간간이 나의 이야기와 닮은 풍경도 마주하게 된다.

너무 애쓰지 말자. 다 잘 풀릴 거야. 이 또한 지나간다. 때론 기회를 놓치는 것이 기회일 수도 있어. 너 다르고 나 다르고 우리는 다 다르다. 줄 것도 없고 받을 것도 없다.

끝으로, 이 책이 정신건강과 마음의 뇌과학, 그리고 정신건강의학과 의사의 역할이 궁금한 일반인이나 의대생들에게는 구글맵처럼 좋은 안내 지도가 되어 줄 것이라고 추천한다. 그리고 저 같은 전문의들에겐 자신의 지나온 길을 되돌아보는 좋은 거울도 되어 줄 것이라고 확신한다.

마음의 뇌과학연구회 부회장

박희관

차례

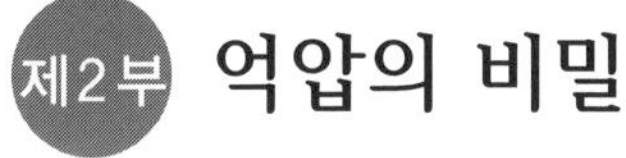

제2부 억압의 비밀과 마음의 뇌과학

제3부 억압을 넘어서

제 1 부

억압과 무의식의 진화

제1장

억압의 비밀과 마음의 뇌과학

억압/억제의 연구에 가장 큰 방해는 〈억압〉이라는 그의 표현 그 자체였다.

–『억압의 비밀과 마음의 뇌과학』(김보연, 2024)

찰스 다윈이 비글(Beagle)호를 타고 모험하면서 '진화의 증거'를 찾은 것처럼 독자들은 저자와 함께 '마음의 뇌과학'호를 타고 프로이트의 억압의 비밀을 찾아서 한참 동안 항해를 할 것이다. 저자가 먼저 여러 번 다녀온 항로이기 때문에 위험하거나 시간과 비용을 손해 보는 여행은 절대 아니다. 내용을 재미있게 이끌어 가고자 하지만 지루할 때가 많을 것이다. 조금씩 궁금증이 해결되고 호기심의 답이 열릴 때는 같이 환호하고 박수쳐 주면 고맙겠다.

이 책은 크게 3부로 구성되어 있다. 제1부에서는 정신분석의 무의식과 억압의 의미와 배경에 관해서 설명하고 있다. 프로이트의 저서와 관련 서적을 탐색하여 억압의 기본 개념 및 그 이론의 출발 배경이 무엇이었는지 조사하는 동시에, 저자가 주장하는 현대 뇌과학, 정서과학 이론과 실험 결과를 기준으로 정신분석의 해석학과 임상 경험을 비교하여 과학적인 결론을 도출하였다. 제2부에서는 뇌의 해부학과 뇌 진화 병리학을 기초로 하여 억압의 뇌과학적 모델을 수동적 '회피학습' 모델로, 억제를 의식적 회피 혹은 의도적 망각 모델로, 억제가 도구적 학습 때문에 습관화되는 과정(능동적 학습)을 3요인 이론과 파블로프 조건학습–도구학습 전이 이론으로 설명하고 억압, 억제와 상응하는 실험 결과를 제시하였다. 제3부에서는 저자가 일하는 정신건강의학 분야에 대해 '억압(회피)'과 관련된 현상들을 정리하였다.

저자는 이 책의 보다 빠른 이해와 진도를 위해 책의 제1장에 이 책의 소개글을 배치하였다. 그리고 책 맨 뒤의 제18장 '요약과 토론'을 먼저 읽어 보길 권한다. 다음으로 중요한 장을 열거하라면, 제2장 '억압과 정신분석', 제8장 '억압의 증례와 학습 이론', 제13장 '억제(회피) 연구', 제14장 '억제(회피)의 학습(습관)', 제16장 '억압의 회복'이다. 제17장 '억제와 명상'은 정신건강 분야에서 최근 가장 흥미로운 두 주제로 저자의 책에서 서로 만났다. 이 8개의 장에 이 책의 핵심 내용이 모두 담겨 있다.

책 구조와 요약

전통 정신분석에서 억압은 신경증(Neuroses)[1]의 근본 원인(Freud, 1915a)이다. 그러나 최근 뇌과학과 정신의학의 발전에 따라 충분한 학문과 경험의 성숙에도 불구하고, 100년 이상 사용해 온 정신분석의 뿌리가 되어 온 개념인 억압에 대해서는 아직도 뇌과학 기반의 연구와 명확한 검증이 없는 상태이다. 이 책『억압의 비밀과 마음의 뇌과학(이하 억압의 비밀)』은 프로이트가 시작한 정신분석의 기초가 되는 역동적 무의식(억압) 이론과 현상을 마음의 뇌과학(Brain science of the mind)[2]으로 논증하고 설명한 책이다. 비록 정신분석과 마음의 뇌과학이 태생부터 다른 용어와 배경을 가지고 있어 관심을 가진 이들에게 여전히 혼란스러운 부분이 상당하지만, 양쪽 모두 치료에 유용하므로 정신의학 전문가들은 이를 인정하고 사용한다. 특히 정신분석가들은 진료가 반드시 과학적 근거를 확보해야 하는 당위성에 대해 경험 효과에 의존하거나 시간이 해결해 줄 것이라는 막연한 기대감으로 자위해 왔다. 한편, 그 과학적 근거와 당위성은 저자가 한 사람의 치료자로서 의무감을 가지고 이 연구를 유지하는 동기가 되었다. 그래서 개인의 과학적 호기심과 전문 치료자로서 타당성을 얻기 위해 수년 넘게 작업한 끝에 소정의 결과를 얻게 되어 독자들에게 기쁜 마음으로 소개하는 바이다. 다행히 저자의 연구가 독자들에게 흥미로운 소재가 되면 정말 고마운 일이고, 더불어 저자가 관심을 두고 공부하는 마음의 뇌과학이 독자의 감성과 지성에 다가가 마음과 뇌과학에 관한 관심이 우리 삶의 행복에 비례한다는 메시지가 된다면 더욱 좋겠다. 저자의 연구가 전문 영역에서 인정받고 이를

1) 신경증(Neuroses): 심리적 요인에 의한 과민한 마음과 신체 상태를 지칭하는 정신-신경계의 질환. 미국에서 2013년, 세계보건기구에서 2022년에 정식 의학 용어에서 삭제됨. 흔히 노이로제라고 한다(용어 설명 참조).

2) 뇌과학 기반의 정신-심리의학을 의미하는 저자의 용어. 정신분석의 뇌과학적 접근을 신경정신분석(Neuropsychoanalysis)이라 한다.

계기로 소통하는 용어로 연구와 치료 경험의 공유가 빨라진다면, 정신과 의사 대니얼 시겔(D. J. Siegel)의 말처럼 서로 '통합'되고 이어 창발(emergence)[3]할 것이며, 이는 당연히 환자를 위해 다시 활용될 것이므로 저자로서는 더 바랄 것 없이 보람된 일이다.

저자는 이 중요한 가설, 억압 이론의 뇌과학적 검증과 해설을 시작하고자 한다. 이 까다로운 작업을 시작한 이유는 억압의 해체가 환자를 증상에서 자유롭게 할 것이라는 프로이트의 인간애의 정열과 치료자로서의 숭고한 신념에 이끌렸기 때문이기도 하지만, 사실은 피할 수 없는 저자의 궁금증 때문이었다. 현대의 마음의 뇌과학과 정서과학의 결과들을 종합하면 그의 이론을 설명할 수 있는 자료가 당연히 많을 것이라고 예측하였다.

저자가 연구할수록 놀란 부분은 정신분석 이론의 특징 중 하나인 합목적성이다. 이론의 모든 것은 그가 고안하고 설계한 건축물에 들어맞는 부속품이 되었다. 그러나 저자는 억압의 현상이 어떠한 것이든 그의 설명처럼 목적에 들어맞도록 명쾌하게, 마치 뇌 안의 작은 인간(호문클루스: homunculus)이 주인이 원하는 바대로 또는 독자적으로 일하고 있다고는 생각하지 않았다. 35만 년 전부터 진화한 호모사피엔스의 뇌는 늘 생존의 기회를 추구하면서 만들어진 자연선택의 역사이지, 감독자가 지시하는 명령 시스템이 아니다. 뇌는 의도를 실행하고 지식을 습득하며 감정을 조절하는 데 필요한 여러 구조와 기능을 가지고 있지만, 그것은 지식과 욕망을 다루기 위해 미리 고안된 것이 아니라 먹이 찾기에서 수많은 실패와 성공이 만들어 낸 결과물일 뿐이라고 믿고 있다. 그래서 저자는 프로이트가 연구한 억압과 억제는 사람이 원래부터 가지고 있었던 자연스러운 기능이며, 도피와 생존의 필요로 진화된 기능의 일부일 것이라고 가정했다. 따라서 그 비밀의 열쇠를 찾는 것이 어려운 것이지, 막상 알고 나면 단순할 것이라는 생각을 하면서 이 작업이 지치고 힘들 때마다 희망을 품으려고 노력했다. 또 한 가지 더 중요한 문제는 억압/억제가 가지고 있는 은유적 표현을 어떻게 뇌과학의 주제로 변환시킬 수 있냐는 것이었다. 억압/억제의 연구에 가장 큰 방해는 '억압'이라는 그의 표현 자체였다. 그러므로 프로이트의 의도에 충실해야 하지만, 그의 후학들이 이를 어떻게 받아들이고 사용하는지도 알아야 했다.

연구 결과, 저자는 프로이트가 연상과 상징, 1차 과정으로 설명했던 억압의 현상이 파블로프의 고전학습(classical conditoning), 공포(혐오)학습(fear, aversive learning)과 같은 현상

3) 창발(Emergence): 복잡계의 기본적인 부분들이 상호작용하는 과정에서 발생하는, 하위 계층(구성 요소)에는 없는 특성이나 행동이 상위 계층(전체 구조)에서 자발적으로 돌연히 출현하는 현상. 창발은 전체를 부분의 합보다 크게 만든다.

임을 발견하였다. 그래서 새로운 시각에서 보니 정신적 과정이 무의식적인 까닭은 억압과 같은 방어, 충동적 힘의 작용에 앞서 뇌의 구조나 특정한 기능 상태에서 의식(인지)이 기억에 접근하지 못하는 상태이기 때문이라는 생각이 떠올라 그 생물학적 증거들을 수집하였다. 그리고 최근 발전한 뇌과학, 정서과학의 도움과 저자의 치료 경험을 참조하여 히스테리를 포함, 공포학습과 심리적 외상이 의식과 하위 잠재의식(피질하 의식 또는 비서술 기억 시스템)에 장기 기억되는 과정에서 억압이 감정(공포)학습에서 생성된 자동 반응임을 과학자들의 실험과 문헌을 통해 확인할 수 있었다. 저자의 가설에 중요한 열쇠가 되는 사실 자료는 의외로 프로이트의 초기 작품이었다. 저자는 그의 신경 기능을 바탕으로 한 초기 정신분석의 개념이 메타심리학으로 변형되기 전의『과학적 심리학 초고』(Freud, 1895)에서 그가 서술한 억압의 원형을 찾을 수 있었고, 그것이 파블로프의 고전학습임을 논증할 수 있었다. 그의『히스테리의 연구』(Breuer & Freud, 1895b)에 제시된 다섯 가지 증례를 포함한 환자들의 억압 현상과 저자가 경험한 환자의 증례도 학습 현상으로 설명할 수 있었다. 또한 억압과 관련된 기억상실은 무의식적 역동에 대한 상실이 아니라 과거 기억에 접근할 수 없는 감정학습과 비서술 기억의 특성임을 제시하였다.

> 정신적인 힘, 즉 자아 쪽의 '혐오'는 원래는 병을 일으키는 관념을 연상으로부터 몰아내고 그것이 기억으로 다시 돌아오는 것을 거부한다.

프로이트의 이러한 정신 내부에서 일어나는 무의식의 움직임에 대한 표현에 가장 적절한 뇌과학적 표현은 무엇인가? 저자는 프로이트의 억압에 대한 정의와 우리 뇌가 갖는 진화의 가장 큰 동기와 본능(instinct)에 새겨진 자동 행위가 해로운 대상에 대한 '회피'와 생존을 위한 '찾기/접근'임을 생각할 때, '회피(avoidance)'가 가장 적절하고 정확한 용어라고 생각하였다. 그가 무의식의 억압과 혼용하여 사용한 의식적 억제를 의도적 행위라고 정의하여 임의로 구분할 때, 의도적 억제의 기전을 증명한 뇌과학 연구와 실험 결과가 확인된 바 있었다. 더 중요한 부분은 의도적 억제도 의식적 행위를 반복함으로 심리적 이익을 얻는 행위학습(도구학습)으로 하의식[4]화된다는 것이다. 여기에 유명한

---

4) 저자가 사용하는 '하의식'은 의식 아래의 배경 의식이라는 뜻으로, 역동적 무의식의 학습 현상을 포함한 저자의 용어이며 자네의 잠재의식과 유사한 개념이다. 그래서 프로이트의 무의식과 구별하며, 기능하는 영역이 뇌겉질 아래 신경 시스템이라는 해부학적 실체를 의미한다. 비의식(non conscious)은 조셉 르두가 사용한 용어이나, '의식 없음'이라는 뜻으로 혼란을 줄 수 있으므로 선호하지 않는다.

심리학자 모러와 닐 밀너의 2-요인 학습 이론을 적용해 보았다. 저자는 불쾌한 기억이 있다면 그 회상을 의도적으로 차단하여 감정적 이익을 얻거나, 망각에 도움이 되며, 이를 반복하여 자동화되는 '억제의 학습'을 제안하였다. '파블로프 조건학습-도구학습 전이'의 개념은 이를 뒷받침하는 이론이며, '억제의 학습'은 습관화를 의미한다. 이 제안을 검증하기 위해 필자는 연구 목적이 다르지만 '억제의 학습'을 증명할 수 있는 조셉 르두 등의 실험 논문을 찾았고, 또한 이 과정이 심리 충격을 받은 사람들의 현실 적응을 돕는 치료 기능을 제공한다는 것을 알 수 있었다. 이러한 논증 과정을 바탕으로 프로이트가 혼용한 억압을 다시 억압(자동, 수동 회피)과 억제(능동 회피),[5] 억제(회피)의 학습, 세 종류 현상으로 분류하여 억압을 설명하는 마음의 뇌과학 용어로 선택하였다. 이 세 가지는 외견상 독립적이나 내적인 연결성을 가진다는 것이 파블로프 조건학습-도구학습 전이의 흥미로운 개념이다.

프로이트는 억압의 실패로 정신증상이 재발한다는 정신분석 가설을 제안하였는데, 이를 억압의 회귀라 하였다. 임상에서 '억압의 회귀' 현상은 병력을 조사하면 알 수 있다. 그러나 욕동을 가두는 무의식적인 힘이 존재한다는 문학적 해석은 쉽게 소멸하지 않는 기억과 학습 현상에 대한 오해라고 생각한다. 그가 말한 억압의 회귀는 외상 사건 후 남은 감정 기억이, 일상생활에서 흔히 만날 수 있는 외상을 자극하는 요인(단서)에 의해 각성되어 인출되는 과정에서 만들어 내는 자동 신체 반응(증상)을 관찰한 것이다. 쉽게는 요즘 대중에 자주 거론되는 용어인 트라우마(정신적 상처), 외상후 스트레스장애를 예로 들 수 있다. 결국 이 모든 현상은 포유류와 인간의 기억 장치가 만들어 내는 작용과 반응이라는 것을 마음의 뇌과학으로 설명할 수 있다.

저자는 프로이트의 억압과 억제의 비밀을 두 가지 전략으로 풀기로 하였다. 첫째는 무의식의 '억압'이 뇌겉질 밑의 하의식 시스템(잠재의식, 비서술 기억)에서 일어나는 일이며 불안, 공포에 의한 방어-생존 반응으로서 감정학습이 매개되는 편도체와 해마의 역할을 설명하는 일이고, 이곳은 파블로프의 고전학습이 이루어지는 장소이다. 한 번 경험한 정신적 외상의 학습(기억) 현상이 미래의 어떤 시점에서 유사 자극, 환경을 만날 때 이를 회피하게 만드는 역행성 비의식화 행동이 억압이다. 두 번째, 사건 후 불안과 생각을 우리의 의식(인지)과 의지로 조절할 수 있는데, 이를 '억제'라고 한다면 앞이마겉질이 하부 뇌 영역(시상, 해마, 편도체)에 상호작용하면서 전향성으로 진행한다. 우리는 일상에서 의

5) 억압(수동) 회피와 억제(능동) 회피: 저자가 뇌 내부의 현상을 동물의 행동 조작에서 도출된 수동(passive), 능동(active) 회피에 대응한 것이다. 실험 동물에게 전기 자극 같은 혐오 자극으로 회피 행동을 학습시킨다.

식하는 불편한 생각과 감정을 회피, 억제하는 행동을 흔히 반복하며, 그럼으로써 의식적 행위는 비의식화 · 자동화된다. 이 현상은 스키너로 대표되는 도구학습으로 설명할 수 있다. 이 전향성 과정은 생각, 감정, 운동에 대한 앞이마겉질의 통제 역할과 맥을 같이 하므로 뇌의 계통 발생과 진화의 연장선에 있다는 것을 알게 된다. 그래서 이미 학습된 '억압'의 감정 기억과 앞으로 진행하는 '억제'의 학습은 불쾌한 사건의 하의식 상태를 가속하여 프로이트의 뇌에서 무의식으로 통합된다. 저자는 이 두 현상의 실체와 연합 과정을 알게 될수록 신경증과 정신질환의 기본 원리를 알아챌 수 있으며, 또한 정신건강을 유지하는 인간의 기본 방어 전략이라는 점도 이해할 수 있는 통찰을 얻을 수 있다고 생각한다.

정리하자면, 저자가 자동, 수동 회피로 표현한 '억압'은 감정학습으로 사건 기억의 장기 저장 기능과는 독립적인 비의식적 과정이며, 의도적 억제는 심리적 이익(안정)을 얻을 만큼 충분하므로 반복하는 동기를 유발하여 행위(도구)학습이 이루어질 수 있다. 그래서 저자가 이름 붙인 '억제의 학습'은 억제가 학습되어 하의식(비의식)으로 변환된 것이다. 한편, 감정학습은 행위학습으로 하의식적 전환 및 습관이 가능하다고 알려져(파블로프 조건학습-도구학습 전환, PIT) 있으며 행위학습을 촉진하는 작용을 한다. 저자가 조작적으로 정의한 프로이트의 억압과 '억제의 학습'은 연구 결과, 이렇게 각각 뇌과학적 기전이 다르고 현상은 유사하여 놀라운 관찰력과 임상 경험을 가진 프로이트도 혼용할 수밖에 없었다는 생각에 이르게 되었다. 저자가 억압을 세 종류의 하의식과 의식의 기억 현상으로 설명하고 나서 다시 이 세 가지를 큰 의미의 억압 개념으로 통합하여 마침내 억압을 과학적 근거를 가진 존재로 인정할 수 있었다. 또한 억압의 진화와 공통 과정을 설명하고, 억압과 억제는 방어-생존 행동과 현실 생활의 적응을 위한 행동임을 이해하게 되었고, 특히 억제는 예방 회피이며 정신건강의학에서 고려할 만한 치료 기능이 있다는 것을 확인하였다. 여러분은 다음의 문장을 이 책의 마지막 장에서도 볼 수 있을 것이다.

> 프로이트의 억압(억제)이란 크게 두세 가지 학습 현상이 연결되어 나타나는 한 세트의 과정이다. 하나는 비의식(무의식) 기억의 방어-생존 시스템의 반응이며, 고전학습 형태로 정신적 외상이 학습되면 이후 유사한 조건 자극이나 맥락 자극 그리고 스트레스에 의해 다시 신체 및 감정 반응이 재생될 수 있다. 저자는 수동 회피라고 이름 지었다. 따라서 이 현상은 억압에 의한 병리적 결과가 아니며 사건 기억과는 무관하다. 또 하나는 불쾌한 사건

의 의식적 억제와 회피가 도구학습으로 자동 회피, 습관화된 것이며, 여기에 파블로프 조건학습–도구학습 전환이 작용한다. 그래서 앞선 고전학습을 안정시키고 이후 사용하지 않는 기억의 망각이 진행된다. 이것이 프로이트 억압의 비밀이다. 또한 억제(억제의 학습)는 병리적 현상이라는 입장에서 예방과 자연 치유라는 긍정적 개념으로 전환할 수 있으며, 명상 같은 단계적 고차 의식(인지) 훈련과 공통된 기전을 가지고 있다는 것을 알 수 있다.

마음의 뇌과학을 이룬 거장들

여기 끊임없는 과학 연구로 자신을 혁신해 온 저자의 영웅을 소개한다. 독자들은 이 대가들에 대한 짧은 소개를 보고 이 책의 항해 지도를 대강 짐작할 수 있을 것이다. 독자들에게 이들이 이룩한 뇌과학의 지혜를 소개하는 것이 이 책의 추가적인 목적이다.

[그림 1–1]에 나온 이들은 이 글의 주인공들이며, 이들의 뛰어난 업적을 하나둘 소개하면서 이 책을 풀어 가려고 한다.

[그림 1–1] 마음의 뇌과학자

찰스 다윈(C. Darwin, 1809~1882)은 진화생물학(Evolutionary Biology)의 태두이다. 다윈은 세상과 진화에 대한 궁금증을 품고 비글(Beagle)호를 타고 서인도 제도를 여행했다. 그는 이 배의 항해일기 덕분에 요즘의 아이돌처럼 젊어서 이미 스타 여행가이자 유명인사가 되었다. 저자는 어려서 다윈의 책을 읽고 감동하였으며 생물과 과학에 대한 호기심을 키웠고 생물을 관찰하는 태도를 배웠다. 저자가 소개할 과학자들은 저자에게는 영웅이자 과학 역사의 주인공들이다. 또한 생물의 진화와 자연선택을 주장한 다윈의 정신적 제자들이기도 하다. 이 책 『억압의 비밀과 마음의 뇌과학』도 무의식과 억압을 자연 상태의 진화 현상이라는 입장에서 쓴 글이다.

다윈은 영국 슈루즈베리(Shrewsbury)의 의사 집안에서 태어났다. 그는 어려서부터 의사이며 박물학자였던 할아버지의 책을 보면서 식물, 조개, 광물을 수집하는 취미를 가졌고, 혼자 생각하고 놀기를 좋아하는 내성적 성격의 소유자였다. 사업가이자 의사였던 아버지의 강요로 열여섯 살에 들어간 에든버러 의대를 2년 동안 다녔지만 동물 박제에 관심을 가지는 등 딴짓을 많이 했다. 외과 수술 참관 도중 환자의 피와 비명이 무서워 학교를 그만두었으며, 그 뒤로는 아버지의 '바짓바람'으로 케임브리지대학교의 신학과에 입학했지만 역시 본인이 좋아하는 식물학과 지질학의 공부에만 관심을 가졌다. 그는 스물두 살이 되던 1831년 12월 27일에 비글호를 타면서 요즘 뜨는 연예인처럼 인생이 활짝 피었다. 그의 저서 『비글호 항해기』는 젊은 다윈을 유명인사로 만들었고, 1859년 『종의 기원』 발표 후 20년 동안 비교적 조용히 연구만 하면서 지냈음에도, 그는 과학적 인과론과 진화론을 바탕으로 자신의 길과 삶을 용기 있게 개척하고 불굴의 정신으로 창조론에 도전하며 끈기 있게 신과 싸운 과학자로 기록되었다.

파블로프(I. P. Pavlov, 1849~1936)는 처음으로 학습 현상(Learning Theory)을 실험으로 증명한 사람이다. 프로이트의 억압에 관한 글에 왜 파블로프를 들먹이는지 의아해하는 이가 많을 것이지만, 저자가 연구한 결과 억압은 분명한 학습 현상이며 기억의 문제였다. 정신분석은 연상학습을 기반으로 태어났고 자유연상을 진단 및 치료 도구로 사용하므로 연상의 심리학이라고 해도 과언이 아니다. 자연에서의 학습은 과거를 참조로 미래를 예견해서 위험을 피하고, 먹이를 구하려는 생물체 행동의 가장 기본적이고 단순한 기억 방법이다. 파블로프는 개의 침샘 분비와 종소리를 연결해서 고전적 조건학습이라는 성공적 실험 결과를 내놓았는데, 동시대를 사는 두 거장인 파블로프와 프로이트는 한 명은 실험실에서 한 명은 임상에서 뇌과학 측면의 같은 현상을 다른 방법(학문)으로 연구했고, 20세기 최고의 업적을 이루었다.

정신분석의 창시자 프로이트(S. Freud, 1856~1939)는 어려서 다윈의 책을 읽고 과학을 연구하기로 마음먹었다고 전해진다. 의대를 졸업한 후 젊은 개업 의사 시절 운 좋게 이미 임상 경험이 많은 조셉 브로이어라는 선배를 만나 좋은 사례를 얻었고, 함께 히스테리를 연구하여 『히스테리의 연구』(Breuer & Freud, 1895b)를 발표했다. 프로이트의 정신분석, 메타심리학(Metapsychology)은 "너 자신을 알라."라고 하는 그리스 델포이 신전의 글처럼 자신의 무의식을 알게 되면 억압이 만든 신경증에서 해방된다고 하는 계몽적 · 인본적 실증주의의 실천이었으며, 또한 그의 임상 이론을 실천하는 치료법이기도 하다. 그의 무의식과 억압 이론은 의학, 심리, 문화 예술의 큰 흐름이 되었고 신화적이고 종교적인 믿음까지 가세했지만, 과학적 사실은 억압 때문에 신경증, 히스테리가 발병한 것은 아니다. 억압은 정신적 외상 사건의 결과이며, 경험의 진화에서 털 없는 원숭이(인간)에게 나타난 오류 내지는 부산물이다. 인문학자가 좋아하는 무궁무진한 무의식의 자원은 뇌의 하의식의 운용 시스템과 학습과 경험으로 채워지는 자료이지, 무한정 사용할 수 있는 보물창고가 아니라는 것이 저자의 견해이다.

스키너(B. F. Skinner, 1904~1990)는 행동심리학(Behavioral Psychology)의 대가로, 스키너의 『행동에 관하여(Ahout Behaviorism)』라는 책을 읽으면서 그가 억압을 강화(reinforcement)의 조건으로 설명할 수 있다는 내용을 읽고, 그의 말이 옳다면 저자도 억압을 반드시 과학 이론으로 풀 수 있다고 생각하였다. 그래서 이제 저자는 행동심리학이 견고하게 쌓은 도구학습 이론을 가지고 프로이트의 '억제의 하의식화: 억제의 학습'을 설명할 수 있다. 파블로프와 프로이트를 이어 주는 두 번째 영감은 에릭 캔델(E. Kandel, 1929~)의 『정신의학, 정신분석과 마음의 새로운 생물학(Psychiatry, psychoanalysis, and the new biology of mind)』(Kandel, 2005)이라는 당대의 명저를 읽는 동안 얻게 되었다. 프로이트의 신호 불안(signal anxiety)을 행동주의자의 예기 불안과 비교하는 글(Kandel, 2005, p. 132, 181)에서 평소 프로이트의 증례들 그리고 자유연상이 학습 현상임을 알고 있었던 저자의 궁금증을 더 깊이 빠져들게 했다. 캔델은 바다민달팽이의 학습 현상을 시냅스의 신호 변화로 찾아내서 증명함으로써 노벨상을 수상한 기억 생리의 명장이다. 캔델은 파블로프, 스키너의 동물 학습 행동을 더 미세한 신경세포의 변화를 실험으로 증명함으로써 신경생물학의 깊이와 비전이 달라졌으니, 진리 탐구는 앞선 연구자들을 발판으로 꾸준히 발전하는 것임을 다시 확인했다. 그는 『기억의 비밀』(Kandel & Squive, 2009)과 『통찰의 시대』(Kandel, 2012)를 통하여 저자에게 많은 영감과 지혜를 주었다. 학습 현상은 캔델이 이미 현대과학으로 증명하였으니, 저자는 '억압'

이 학습 현상이라는 것만 증명하면 되었다. 근거 자료는 운이 좋게도 프로이트의 저서에서 발견했는데, 참 어렵지만 간단했다. 그러나 이에 더하여 실험으로 증명된 의도적 '억제'가 어떻게 억압과 관련이 있는지, 프로이트는 왜 두 현상을 혼용해서 사용했는지, 시간이 지나도 '억제'가 어떻게 학습이 가능한지에 대한 문제가 풀리지 않았다. 저자가 프로이트의 '억압의 비밀'을 연구하고 결국 멋지게 설명할 수 있었던 이유는 기억과 억제 연구의 전문가인 케임브리지대학교의 뇌인지과학자 앤더슨(M. C. Anderson)과 드퓨(B. E. Depue)의 창의적인 실험들과 연구 논문이 베이스캠프로 자리를 잡고 있기 때문이었다.

프로이트가 "제3의 무의식"이라고 말했던 비서술 기억을 발견한 영국 태생의 심리학자 브렌다 밀너(B. Milner, 1918~)가 H. M. 사례를 분석한 공헌은 기억 분야의 가장 탁월한 임상 관찰 기록으로 절대 빠뜨릴 수 없다. 편도체 공포의 연구로 유명하며 록밴드 '편도들(amygdalois)'의 리더인 뉴욕대학교의 조셉 르두(J. LeDoux, 1949~)의 '방어-생존 시스템'을 알고 보니 프로이트 시대의 프랑스 의사 피에르 자네의 잠재의식과 유사한 신경 시스템의 원형이었다. 따라서 실험 자료가 부족했던 억압의 연구 초기에 저자에게 자신감을 주었고, 그의 저서 『불안(anxiety)』(2015)은 특히 '억제의 습관화' 혹은 '억제의 학습'의 동물 모델 설정과 뇌과학적 해석에 결정적으로 필요한 연구 결과를 주었다. 그의 예방 회피(proactive avoidance)의 개념으로 '억제'에 긍정적 적응과 자연 치유의 개념을 추가할 수 있었다. 억제의 습관화, 즉 억제의 도구학습 문제는 자료를 찾던 도중에 발견한 델가도(M. Delgado) 팀과 조셉 르두 팀의 실험으로 마침표를 찍었다. 또한 연구 과정에서 파블로프의 고전학습은 스키너의 도구학습으로 전이(Pavlovian-instrumental transfer)되는 현상이 있으며, 고전-도구-습관 학습이라는 세 가지 요인의 학습이 한 세트로 작용한다는 매우 중요한 통찰을 얻게 되었다. 억압/억제, 억제의 학습이 한 세트의 회피 과정이라면 적응과 치유를 위한 한 가지 진화 방식으로 추정된다. 따라서 건강한 뇌를 가진 사람이라면 누구나 갖고 있는 능력이라는 흥미로운 사실을 알게 되었고, 프로이트가 억압/억제를 혼동하고 혼용한 이유가 당시에는 이러한 기억의 특성을 잘 알지 못했기 때문으로 해석하였다.

사실 저자의 모든 연구의 시작은 이탈리아 밀라노대학교의 맨시아(M. Mancia)가 편집한 『정신분석과 신경과학(Psychoanalysis and Neuroscience)』(Mancia, 2006)으로, 이 책에서 읽은 앤더슨(M. C. Anderson)의 「억압: 인지과학적 접근」은 정신분석과 인지과학을 통합하는 시도로서 저자를 오랫동안 생각과 호기심의 감옥에 가두었다.

미국의 정신과 의사 설리번(H. S. Sullivan, 1892~1949)은 1940~1950년대에 프로이트

의 정신분석을 생물학, 사회학 등 실증주의 입장에서 비판하였다. 설리번은 전통적 정신분석을 과학적 개념으로 접근한 최초의 인물이다. 그에게 정신분석이란 프로이트의 정신 내적 갈등을 관찰할 수 있는 인간관계의 장에서 상연하는 것인데, 인간관계란 애착과 사회성을 의미하는 개념이다. 그는 정신건강의 문제는 무의식보다는 부주의로 알아차리지 못한 부분의 영향이 더 크다고 하면서, 자신의 인간관계 정신치료(Interpersonal Psychotherapy)를 학습 이론과 뇌과학의 기반에서 시작하였다. 그의 '선택적 부주의(selective inattention)' 개념은 저자가 제안한 '억제'의 학습 과정과 유사하다. 미국의 소아 정신과 의사 대니얼 시겔(대인 관계 신경생물학)이나 정신분석가 피터 포나기(단기 역동 인간관계치료)가 그 개념을 계승하는 이유가 있다고 느꼈다.

사람의 병을 고치는 의학은 동물에게 먼저 실험하므로 동물의학이라고 말하는 것이 더 정확하다. 동물의 마음은 인간 마음의 생물학적 · 고고학적 원류를 담고 있다. 저자는 인간 감정의 기원인 동물의 감정을 깊이 연구한 『마음의 고고학(The archeology of mind)』(Panksepp, 2011)의 저자인 야크 판크셉(J. Panksepp, 1942~2017)을 통해서 정서와 감정이 의식의 진화와 맥을 같이한다는 중요한 지혜를 얻었다. 프로이트의 본능적 충동(instinctual drive)은 판크셉의 정서 시스템에 의해 생물학적 본능(instinct)에 편입된다. 그래서 그의 마음의 모델을 몰랐다면 저자는 프로이트의 무의식을 진정으로 이해하지 못했을 것이다.

의식의 과학자들은 순수한 정보 전달, 뇌생명과학의 시스템으로 의식을 연구한다. 이들은 신체 말초에서 전달된 감각 정보를 뇌가 받아들이고 다시 명령하는 과정에서 어떻게 선택되어 의식화되는지, 그 이유와 조건이 큰 관심사이다. 진화생물학자 제럴드 에델만(G. M. Edelaman, 1949~2014)은 면역학의 대가이며 노벨상 수상자이다. 그의 신경 다윈주의와 시상-겉질 회로를 포함한 역동적 핵심부의 재진입 이론은 저자의 의식 과학에 대한 기초를 만들어 주었다.

미국의 신경학자 안토니오 다마지오(A. Damasio, 1944~)는 자연과 몸이 뇌 안에서 하나됨을 알려 준 의식과 '체화된 뇌'의 개념의 선구자이다. 그는 의식의 목적은 외부 세상과 몸 내부 세계의 위험을 관찰하고 감시하는 것이라고 말했다. 의식을 이해하기 위해서는 그의 의식 모델이 꼭 필요하다. 결국 의식이 관찰하는 과정의 기록이 기억이며, 독자들은 여기에서도 기억이 중요한 의식의 주제임을 알게 된다.

마크 솜스(M. Solms, 1961~)는 남아프리카의 정신분석가이자 신경심리학자로서, 저서 『꿈의 신경 심리학(The Neuropsychology of Dreams)』(Solms, 1997)에서 꿈의 뇌과학적 메커니즘을 체계적으로 설명하였고 현대 신경과학에 정신분석적 해석을 접목했다. 그는 '신경정신분석(Neuropsychoanalysis)'이라는 용어를 처음으로 사용하였고, 『과학적 미국인(Scientific American)』이라는 잡지에 「프로이트의 귀환(Freud Returns)」(Solms, 2004)이라는 글을 써서 저자를 흥분시켰다. 그는 케이프타운대학교 및 그루트 슈어 병원의 신경심리학과 과장, 남아프리카 정신분석학 협회 회장, 뉴욕 정신분석 연구소의 신경 정신분석 센터 아널드 파이퍼 센터 소장을 역임했다. 또한 그의 아내와 함께 집필한 『신경정신분석의 임상 연구(Clinical Studies in Neuro−Psychoanalysis)』(Kaplan−Solms & Solms, 2002)와 『뇌와 내부 세계(The Brain and the Inner World)』(Solms & Turnbull, 2003)는 저자에게 많은 영감을 주어 이 책에서 인용하고 있다. 그는 프로이트 전집의 재번역을 시도하고 있다.

대니얼 시겔(D. J. Siegel, 1957~)은 미국의 소아정신과 의사로서, 정신의학계에서 유명한 인간관계 신경생물학(Interpersonal Neurobiology)의 창시자이다. 그는 저서 『알아차림(Aware)』(Siegel, 2018)에서 다마지오의 의식 개념과 불교 명상을 종합하여 뇌과학의 용어로 변환하였고, 제17장 '억제(회피)와 명상'에 소개한 그의 명상 프로그램인 '알아차림의 수레바퀴'에 적용하여 마음의 뇌과학이 정신건강에 이바지할 수 있는 한 가지 방향을 제시했다.

억압은 일상생활에서 불편한 감정과 생각을 무시하거나 특정한 대상에 부주의한 행동으로 나타나는데, 이러한 관점에서 스트레스에 대처하는 취미 생활도 정신건강을 위한 일종의 억압(회피) 행동으로 볼 수 있다. 불교 명상에서 사용하는 주의 훈련, 의식의 조절과 확장 기술은 현대의 정신치료자에게도 유용한 방법이다. 저자는 명상 역시 이 책의 주제인 억압/억제가 함유하는 치유와 의식(인지)의 조절 방법으로서 맥을 같이한다고 생각한다.

저자는 공부하고 연구할수록 프로이트의 뇌와 마음의 작동 원리를 정신분석으로 음미하면서 마음의 뇌과학으로 이해하는 것이 도전적인 성취가 되었으며, 독자들 역시 그런 행복을 느끼기 바란다.

제2장

억압과 정신분석

인간에게 그토록 많은 괴로움을 안겨 주는 근원이자 정신의학치료의 주된 대상인 고통과 공포가 질병이나 장애가 아니라 정상적인 신체 방어의 일부라는 것이다.

– 『인간은 왜 병에 걸리는가?』(Nesse & Williams, 1994)

프로이트는 사람의 의식(인식)이 관찰할 수 있는 마음에 있었다가 이후 없어지는 이상한 기억 현상에 주목하였다. 이 특정한 기억은 별안간 나타났다가 무의식으로 사라지는 두 의식 세계 사이를 여행하기도 한다. 프로이트는 이 현상에 억압이라는 심리적 이득이 있다고 했는데, 저자는 그 이득 외에 에너지 보존과 효율성이라는 목적으로 진화하여 조절과 자동성의 두 가지 특성을 가지게 되었다고 말한다. 초기의 프로이트는 억압이 생물학적 기능의 일부라고 생각했다. 그는 정신분석을 통해 공격성과 성적 충동이 인간 행위의 주요 근원이며 추진력(동기)이라는 것을 밝혀냈다고 말했다. 이 두 힘은 인간 행동의 새로운 패턴을 형성하기 위해 새로운 방식으로 결합할 수 있지만, 인간 행위의 바닥에는 이 두 가지 생물학적 추진력이 숨어 있다고 생각했다. 이 선천적 추진력은 현대 마음의 뇌과학에서 입증되었고, 이 밖에도 더 많은 종류가 모습을 드러내었다.[1)]프로이트에게 억압은 성욕과 공격성을 다루는 불가피한 수단이었다. 그는 기본적으로 억압받는 욕망은 문화와 언어의 영향 아래에 있었으며, 생물학적 바탕을 둔 이러한 욕구가 제한되지 않는 한 사회생활은 불가능하다고 생각했다. 심지어 오이디푸스 콤플렉스는 유전자에 의해 전달된다는 주장도 있었고, 그 해결을 위해 인간이 어린 시절의 충

---

1) 찾기, 분노, 공포, 애정, 돌보기, 공황, 놀이 등 일곱 가지 기본 감정을 포함하는 정서 시스템. 제12장 '야크 판크셉의 정서 의식' 참조.

동을 억제할 것을 요구했다. 그래서 프로이트는 이 관계를 염두에 두고 이론을 전개해 나갔다. 그러나 그의 메타심리학은 점점 심리역동에 치중하여 생물학과의 균형을 잃은 것처럼 보였다. 저자가 프로이트가 제안한 억압이 생물학적 패키지의 일부라고 다시 강조하는 것은 심리역동을 지지하는 학자에게는 불만거리지만, 앞으로 설명할 앞이마겉질과 그 하부 뇌에 대한 조절, 억제 기능을 이해한다면 일관성 있는 견해임을 이해할 것이다. 프로이트는 '억압'을 '히스테리'의 방어기제라는 심리-의학 모델로 설명하였고, 저자의 정신의학과 마음의 뇌과학에서는 신체형 장애(히스테리)라고 말할 수 있다. 또한 건망증, 불안, 자율신경 기능장애, 근 긴장 증상이 몸의 생존-방어를 위한 과정에서 나타나는 현상이며, 불편한 감정과 대상을 피하려는 무의식적 · 의식적 행동과 그 기억의 활성화(동기, 각성) 현상을 말하기도 한다. 이때 환자는 뇌병리적 과정의 결과인 증상과 감정을 인식할 뿐 그 대상(사건 기억)과 과정은 거의 관찰할 수 없다. 저자가 의식(인지) 조절 입장에서 역동적 무의식인 억압과 의도적 억제를 분리해서 연구해 보니, 결국 뇌 의식과 기억 시스템이 운영하는 다양하고 복잡한 기억 현상이라는 것을 알 수 있었다. 지금부터 저자가 찾은 흥미로운 비밀상자의 열쇠를 여러분에게 선사한다.

안나 O와 엘리자베스의 비밀[2)]

프로이트가 아직 '정신분석'이라는 용어를 도입하기 전, 브로이어와 '카타르시스(정화)'[3)]라고 부른 치료법이 있었다. 두 사람은 함께 『히스테리의 연구(Studies on Hystery)』(Breuer & Freud, 1895b)를 출판했는데, 이 작품은 프로이트가 억압(Verdrängung)의 개념을 사용한 첫 책이다. 이 책을 집필할 때, 프로이트는 여러 가지 정신분석학 개념을 아직 정리하지 못했다. 그 당시 프로이트는 유아 성욕 이론이나 오이디푸스 콤플렉스, 초자아나 이드, 심지어 제대로 된 본능(충동, trieb) 이론도 가지고 있지 않았다. 모든 것은 나중에 추가된 것이었다. 1908년 『히스테리의 연구』의 두 번째 판이 출판되었는데, 비로소 프로이트의 성숙한 심리 모델의 많은 요소가 자리 잡았고, 초판 이후 카타르시스 이론에 추가된 모든 '새싹'이 수록되어 있었다. 제2판 서문에서 프로이트는 독자들이 "13년 동안의 작업 과정 동안 나의 견해의 발전과 변화는 매우 광범위했다."라는 것을 알아주

2) Breuer & Freud, 1895a, pp. 73-255. 제8장 '억압의 증례와 학습 이론' 〈표 8-1〉 참조.

3) 최면으로 체험을 재현함으로써 억압된 정서를 해방하는 치료 기법. 정화 반응(abreaction)과 같은 의미이다.

길 원했으며, 정신분석의 발달에 관심이 있는 사람에게 『히스테리의 연구』보다 더 나은 조언을 해 줄 수 없었다. 그래서 그는 “나 자신이 걸어온 나의 길을 따르라.”(Breuer & Freud, 1895a, p. 50)라고 했다. 프로이트의 유명한 사례 중 가장 전형적인, 억압된 무의식을 대표하는 사례가 있다. 그중 하나는 ‘안나 O’의 사례이다. 또한 의식에서 갈등하는 엘리자베스의 사례는 독자에게 극적인 재미를 선사할 것이다.

안나 O의 증례[4)]

스물한 살인 안나 O(Anna O.)는 이상한 병을 가진 환자였다. 심한 신경성 기침 때문에 제대로 일상생활을 영위하지 못했다. 그녀는 극심한 두통을 느꼈고, 간간이 물체가 보이지 않고(신경성 시각장애), 컵에 들어 있는 물을 마시지 못하고, 바늘로 손을 찔러도 손에 감각이 없고(신경증 마비), 한 번씩 말을 할 수 없고(신경성 실어증), 손가락이 뱀의 머리로 보이는 환각을 보기도 했고 근육 마비 증세가 나타나기도 했다. 신경학적으로는 이상이 없어서 브로이어나 프로이트가 오랫동안 배운 의학적 지식도 효과가 없었다. 이런 환자들을 당시에 히스테리 환자라고 불렀다.

안나 O는 효녀였다. 그녀는 아버지가 병에 걸렸을 때 건강을 해칠 정도로 정성을 다해 아버지를 간호했다. 아버지를 간호한 지 3개월이 되었을 때 증상들이 나타나기 시작했고, 6개월이 지났을 때 아버지가 돌아가셨으며, 그로부터 3개월 후 안나는 자살을 기도했다. 안나는 유대인 백만장자의 딸로서 5개 국어, 즉 모국어인 독일어를 비롯해 프랑스어, 영어, 이탈리아어, 유대어를 유창하게 말하는 22세의 지적인 아가씨였다. 안나는 아버지를 간호하고 있었는데, 옆집에서 댄스 음악이 들리기 시작했다. 잠시 그곳에 가 보고 싶다는 생각을 했고 바로 이어서 기침이 시작됐다. 아버지가 돌아가신 후, 비로소 그녀가 춤을 출 수 있게 되었을 때 안나는 사지 마비 증세를 보임으로써 자신을 징벌했다. 아버지를 간호하며 그 방을 뛰쳐나가고 싶을 때마다 그녀는 죄책감을 느꼈고, 그러한 죄책감은 아버지가 돌아가신 후 증상을 자극하여 그녀의 몸과 마음을 괴롭혔다. 아버지의 간호와 관련된 음악, 뱀, 확대되어 보이는 시계 등의 소도구를 이용하여 증상이라는 가면을 쓴 죄책감이 하나의 비극을 연출했다. 브로이어는 안나의 전이 때문에 치료를 끝내지 못했다.

안나는 자신의 기침과 여러 증상의 원인을 알지 못했다. 그녀는 프로이트의 선배이자

4) 김서영, 2010, p. 265.

『히스테리의 연구』의 공동 저자인 브로이어가 2년 동안 치료해 오던 환자였고, 프로이트의 요청으로 이 환자를 프로이트에게 소개하며 최면과 대화로 치료를 했다고 알려 주었다. 프로이트는 증상의 원인을 '억압된 기억'에 있다고 가정하고 구체적인 사실을 찾고자 노력했다. 그녀는 브로이어의 치료 도중 말로 고민을 털어놓으니 증상이 좋아진다는 것을 알기 시작했다. 딸로서 의무감만을 가지고 장기간 아버지를 간호하기란 누구에게나 힘든 일일 것이다. 프로이트는 그녀가 원래 배려가 깊은 성격이지만 병상에 누워 있는 아버지를 외면하고 춤을 추고 싶다는 욕망과 생각이 죄책감과 충돌하고, 그 에너지가 몸의 증상과 병으로 전환되었다고 해석했다.

엘리자베스의 증례[5)]

엘리자베스(Elisabeth Von R.)는 다리에 통증이 있어서 걷지 못하는 환자였다. 그녀는 이미 다른 의사들과 상의했으나 자신의 증상에 대한 어떠한 신체적 원인도 찾을 수 없었다. 프로이트는 히스테리를 의심했고, 처음에는 고압 전류로 치료했지만 그러한 방법으로 치료될 것이라고는 기대하지 않았다. 만약 그녀 증상의 원인이 심리적이라면 심리적인 치료가 필요했다. 프로이트는 브로이어를 따라서 최면술로 환자에게서 숨겨진 기억을 꺼내곤 했지만, 엘리자베스는 프로이트의 최면술이 잘 듣지 않았던 환자였다. 당시는 소파에 눕혀 분석하는 절차가 생기기 전이지만, 이때 프로이트는 자유연상 기술을 시작하고 있었다. 그는 엘리자베스의 이마에 손을 얹고 엘리자베스의 생각을 자유롭게, 그러나 할 수 있는 모든 것을 기억해 달라고 부탁했다. 그래서 엘리자베스는 프로이트에게 자신의 배경, 과거의 삶 그리고 현재의 희망에 대해 말했다. 그녀는 총명하고 독립심이 강한 젊은 여성이어서 '소녀'의 신분이 대단히 불만족스러웠고 미래에 많은 계획을 세우고 있었다. 따라서 엘리자베스는 젊고 꽤 부유한 여성이 적절한 전망과 좋은 가정 배경을 가진 젊은 남자와 결혼하는 관습을 피하기를 희망했다. 그런데도 그녀는 동시에 가족에 대한 강한 의무감에 의해 압박을 받았다. 가족이 많아서 그리 큰 행복을 기대할 수 없었기 때문에 그녀는 자신의 직업에 대한 희망을 버렸다. 엘리자베스의 아버지는 오랫동안 투병한 끝에 돌아가셨다. 병든 아버지를 위한 의무적인 수발 때문인지 엘리자베스의 다리 통증은 이 기간에 시작되었다. 그리고 그녀의 어머니는 심각한 눈질환으로 수술이 필요했다.

---

5) Billig, 2004, p. 17.에서 인용함. 제14장 '억제(회피)의 학습(습관)' 중 '엘리자베스 증례 다시 보기'에서 다시 다룬다.

엘리자베스는 맏언니의 불행한 결혼 때문에 결혼에 대해 부정적이었다. 큰 형부는 특히 돈 문제와 관련하여 많은 집안 갈등의 원인이었다. 그러나 둘째 언니는 행복한 결혼생활을 했고, 엘리자베스는 이 둘째 형부가 이상적인 배우자라고 믿게 되었다. 이 부부는 한 아이가 있었지만, 둘째 언니는 건강이 좋지 않았음에도 다시 임신했다. 그녀의 심장은 두 번째 임신의 부담을 견딜 수 없었다. 엘리자베스에게 둘째 언니가 아프다는 소식이 전해졌다. 곧바로 여름 휴양지에 있는 언니의 집으로 갔지만, 이미 세상을 떠난 뒤였다. 이후 엘리자베스의 증상은 악화되었다. 프로이트가 엘리자베스에게 그녀의 생각을 물었을 때, 그는 종종 그녀가 대답하는 데 어려움이 있다고 느꼈다. 그는 그녀의 마음에 무엇이 있는지 물었지만, 그녀는 아무것도 아니라고 대답했다. 프로이트는 그녀가 긴 침묵 뒤에 “그런데도 긴장하고 집중하는 표정은 그녀 안에서 정신적인 과정이 일어나고 있다는 사실을 암시했다.”라고 말했다. 그래서 그는 부정과 침묵이 숨겨진 생각을 나타낸다고 의심하였다. 아마도 그녀는 ‘말하기 너무 불쾌하다’든지 ‘그동안 마법을 걸어 온 것’을 다시 한번 억누르려고 부인했다고 볼 수 있다. 이유 여하를 막론하고, 이 부정의 의혹을 통해 프로이트는 정신분석의 중요 개념인 ‘저항’을 향해 나아가고 있었다.

프로이트의 해석에 따르면, 엘리자베스가 침묵(억압)으로 숨기고 부정했던 비밀은 정신적 충격의 사건에 대한 기억이라기보다는 에로틱한 환상이라고 진단했다. 처음 아버지를 간호하기 위해 자신을 희생할 때 엘리자베스는 자신의 욕망을 버려야 했다. 프로이트는 “병든 아버지에 대한 그녀의 의무는 당시 그녀가 느끼고 있던 에로틱한 욕망의 내용과 모순된다.”라고 주장했다. 그래서 그녀는 자신의 에로틱한 생각을 의식에서 억누르고 그 영향의 양을 육체적인 고통의 감각으로 변화시켰다고 추정했다. 하지만 이것은 시작에 불과했으며, 진짜 위기는 둘째 언니의 이상적 남편에 대해 억눌린 감정에 초점이 맞춰져 대기하고 있었다. 프로이트는 엘리자베스가 형부를 사랑해 왔다고 주장했지만, 이 금지되고 부끄러운 사랑은 의식에서 억압되었다. 그녀의 고통은 그 감정을 자신에게 숨기는 방법이 되었다. 그녀는 그 남자와 산책하는 것을 즐겼다. 하지만 그녀는 걸을 때 고통을 호소했다. 그 고통이 심하면 심지어 걸을 수 없을 정도였다.

프로이트는 엘리자베스에게 무엇이 고통을 주었을지 물었다. 그녀는 “자신의 외로움과 병든 언니의 행복한 결혼의 대비가 그녀에게 고통스러웠다.”라는 다소 애매한 대답을 했다. 프로이트는 이것이 결코 완전한 이야기가 아니라고 의심했다. 고통은 억압된 욕망의 표현이었다. 그는 엘리자베스가 말하길 원하지 않는 부분에 관해 이야기하도록 강요했다. 무엇보다도 그는 그녀가 언니가 죽은 날에 대해 말하기를 원했다. 엘리자베스는 자신의 언니가 죽었다

> 는 것을 알았을 때 '끔찍한 확신의 그 순간'을 어떻게 느꼈을까? 프로이트는 그녀가 아버지를 간호했던 것처럼 언니를 간호할 수 없었던 것에 대한 그녀의 죄책감에 대해 알고 싶었다. 그리고 또 다른 죄책감의 원인이 밝혀졌다. 언니가 임종하여 침대에 누워 있는 것을 보는 바로 그 순간 어떤 생각이 엘리자베스의 뇌리를 스쳐 지나갔다. 그것은 "이제 그는 다시 자유로워졌고 나는 그의 아내가 될 수 있다."라는 생각이었다(Breuer & Freud, 1895a, p. 235).
>
> 이것은 프로이트가 찾고 있던 결정적인 증거였다. 엘리자베스가 언니의 몸을 바라보는 순간 억눌린 욕망, 즉 형부에 대한 사랑이 의식 속으로 밀려들었는데, 그것은 억제되어야만 하는 욕망이었다. 그래서 그녀는 생각을 옆으로 밀어 버렸다. 그 기억은 프로이트의 끊임없는 조언이 그녀의 저항을 이겨 낼 때까지 잊힌 채로 남아 있었다. 그리고 엘리자베스는 여전히 자신이 형부를 사랑한다는 것을 부인했다. 그녀는 프로이트가 입원을 하도록 강요했다고 비난했으며 다시 다리의 고통을 느끼기 시작했다. 그녀는 진찰실에서 눈물을 흘리며 프로이트를 비난했지만, 숨겨진 생각이 증상의 원인으로 드러났다. 그리고 억압이 풀리면서 결국 증상은 누그러졌다. 엘리자베스는 정상적인 생활로 돌아갈 수 있었다. 한참 후 프로이트는 1894년 봄, 엘리자베스가 무도회에 초대받았다는 소식을 듣고 표를 구했다. 그리고 그곳에서 18개월 전에 거의 걷지 못하던 환자가 활발하게 춤을 추며 지나가는 것을 지켜보았다. 그때 그는 딸을 보는 아버지처럼 웃지 않았을까?

프로이트는 그녀가 자신의 감정을 깨닫지 못한 채 한동안 형부를 사랑하고 있었다고 주장한다. 언니가 죽은 채 누워 있는 것을 보는 극도의 감정 속에서 비로소 억압된 감정이 그녀의 의식적인 정신에 접근하였다. 이전에는 이 사랑이 너무 비밀스러워서 그녀조차도 알지 못했다. 이러한 감정을 피하고 밀어내거나, 혹은 일상적으로, 그리고 가장 중요한 것은 무의식적으로 일어났다는 것이다. 엘리자베스는 생각을 몰아내고 있음을 몰랐을 것이며, 그래서 자신이 의식적인 자각이 없었던 것처럼 행동했다. 엘리자베스의 억압에는 어떤 의미에서는 골치 아픈 생각을 밀어내는 것 이상의 의미가 있다. 이 밀어내기는 장기적인 억압의 순간적인 실패를 보상하기 위한 단순한 보수 작업이라는 의미도 있다. 그러나/또는 프로이트가 말했듯이, 사랑의 감정과 관련하여 "그녀는 아는 동시에 모르는 특이한 상황(Breuer & Freud, 1895a, p. 236)에 있었다". 정신분석의 용어로 말한다면, 그녀는 무의식적으로는 알았지만 의식적이지는 않았다. 그리고 프로이트가 알아챈 것과 같이 정말 그 누구도 이해하기에 어려운 상태였다.

지금까지 우리는 임상의학 증례를 문학적 수필로 재구성한 흥미로운 사례를 보았다.

안나 O의 사례는 억압된 기억이 증상을 발생시켰고, 엘리자베스의 사례는 생각의 억제에 초점을 맞추었다. 저자는 이 책에서 독자들이 충분히 이해할 수 있는 뇌과학의 이론으로 억압을 설명할 수 있다. 그러나 더 나아가기 전에, 이 두 가지 형태의 억압에 관한 용어에 대해 논란이 있는데, 저자는 그만큼 이 현상이 복잡하다는 것을 경고한다. 정신분석 이론을 지지하거나 비판하는 이론가들은 억압이라는 단어가 어떻게 적절하게 사용되어야 하는지 오랜 논쟁을 벌여 왔다. 그 이유는 당시의 의학 지식과 초심리학으로 설명할 수 없는 지적 한계에 있다. 비판자들은 억압의 형태에 얽매여 있는데, 억압은 안나 O의 사례처럼 무의식적으로 증상을 발생시키는 것으로 보는 한편, 다른 이론가들에 따르면 엘리자베스의 사례처럼 의식적 사고를 몰아내는 것은 억압이라기보다는 억제라 불러야 한다고 보았다. 그들이 보기에 엘리자베스는 언니의 죽음에 대한 부끄러운 생각을 '억압'하기보다는 '억제'했던 것이다. 마찬가지로, '모든 좋은 것'을 위해 걱정스러운 욕망을 밀어내는 환자는 욕망을 억압하는 것이 아니고 생각을 '억제'하는 것이다.

저자는 억압이 과거 충격적 (사건) 기억과 관련되거나 또는 무관한 어떠한 심리적 기전을 통해 기억이 활성화된 현상이라고 주장할 것이며, 생각을 밀어내는 억제는 습관으로 전환되어 자동화가 가능하다고 주장할 것이다. 억제가 습관이 되면 무의식(하의식)에서 일어나는 과정이 된다. 이것이 억압이 아니냐고 누군가 질문할 수 있지만, 이는 프로이트의 역동적 무의식의 개념이 아니며 저자가 정신분석 이론에 처음 적용한 인지 조절의 학습 개념이다. 뭐가 이렇게 복잡한가? 저자는 점점 여러분을 의문의 구렁텅이에 빠뜨린다. 그러나 산을 오르기는 힘들어도 정상에 도달했을 때의 기쁨은 흘린 땀에 비례해서 커지게 될 것이다.

무의식과 억압

억압과 무의식을 말하기 전에 우리는 프로이트와 뇌과학에서 말하는 용어들을 이해해야 한다. 프로이트의 무의식은 크게 서술적 무의식과 역동적 무의식([그림 7-4])의 두 가지로 나뉘고, 여기에 뇌과학적 의미의 무의식인 제3의 무의식이 추가된다. 프로이트는 무의식이 아주 흔한 과정이라고 설명했다. 우리가 프랑스 파리로 여행을 가서 에펠탑을 바라본다면 잠시 동안 우리의 의식은 온통 이 웅대하고 아름다운 광경에 빠져 있을 것이다. 이때 의식은 직장, 집, 친구 심지어는 가족까지도 생각하지 않는다. 이런 상태의 무의식을 프로이트는 전의식이라고 이름 지었고, 그는 사람 생활의 거의 모든 시간을 당연히 이런 무의식이 차지한다고 생각했다. 이 전의식은 바로 의식으로 기억할 수 있는 상태임을 쉽게 알 수 있다. 현대의학에서는 작업 기억이라고 한다. 다음은 억압이라는 특정한 정신의 힘이 만드는 무의식이다. 이 무의식은 불편하거나 불쾌한 대상을 회피하려는 뇌 내부, 정신, 의식의 활동에 의한 것이며, 이런 심리적 이득을 얻기 위해서는 에너지가 필요하다. 이 무의식을 역동적 무의식이라고 이름했고, 회피 대상은 과거나 현재의 생각(관념), 정서(감정) 등이며, 뇌과학 용어로 '기억' 또는 '인지'라고 표현한다. 프로이트는, 전의식이 아주 쉽게 의식으로 올 수 있지만 억압의 힘은 쉽게 풀리지 않아서, 역동적 무의식을 의식으로 불러오려면 특별한 노력이 필요하다고 생각했다. 그래서 그는 역동적 무의식과 억압에 관심을 기울였고, 정신분석이라는 치료 기술로 다시 의식으로 불러올 수 있다고 믿었다. 이 과정은 어려워서 '저항', '전이'라는 용어가 등장하는데, 이 책의 후반부(제16장, 정신분석 이론의 문제)에서 설명한다. 독자들이 주의할 것은 역동적이라는 말의 역사와 의미에 대한 부분이다. 억압된 무의식은 잠재되어 의식의 표면에 가끔 올라와 에너지를 분출하고 증상을 만든다. 프로이트는 꿈과 일상의 실수에서도 이 억압이 작용하는 것으로 설명해서 문학소설이나 드라마처럼 극적 흥미를 유발했고 대중의 관심을 끌었다. 과연 그의 말이 뇌과학적 사실일까? 프로이트에 의하면 억압된 사람을 조종하는, 제2의 본성으로 보이는 '억압된 기억'이 존재할까? 이 기억을 방어하는 역동적 시스템의 정체는 무엇인가? 한때 정신적 외상이 있었던 시스템이 그 각성 상태를 기억하고 환경 조건에 따라 다시 반응하는 것이 아닐까?

억압의 형식적 본질에 관하여, 정신분석가 간의 논쟁과 관련하여 이론과 실제에서 중요한 부분이 있다. 사람은 자신이 가진 고통스러운 생각(감정)이 의식화되는 것을 막으려고 한다. 애초부터 고통스러운지를 안다면 이미 의식하고 있다는 말이 되며, 여기서 모순이 생긴다. 정확히 말하자면 억압되었다면 전혀 모르거나 불쾌한 감정만 의식한다. 이것이 원래 의미의 역동적 무의식이다. '안나 O'를 포함하여 프로이트의 여러 사례는 이 현상과 관련되어 있으며, 환자들은 여러 가지 증상이 있는데도 과거의 사건 기억을 잃어버렸다. 정신적 외상의 기억은 후향성으로 현재에 영향을 준다. 프로이트는 무의식에서 의식으로 들어오지 못하게 배제하는 정신 에너지의 힘(역동)이 있다고 강조했지만 왜 그런지는 설명하지 못했다. 한편, 이와 달리 엘리자베스의 사례는 의식에서 관념의 갈등으로 비추어진다. 그녀의 마음속에 떠오르는 부끄러운 생각을 밀어내는 것을 목표로 한다. 현재에서 미래로 전향성 과정이다. 좀 더 정신분석적으로 말하자면, 관념의 무게가 가벼워서 억압된 무의식으로 발달하기 전에는 당연히 의식이 접근할 수 있다. 예를 들자면, 엘리자베스가 형부를 처음 보았을 때의 인상이 이성적 호감이었다면 그런 정서는 기억에 남을 것이다. 그러나 '죽어 가는 언니'의 남편에 대한 이성적 호감이 생산하는 죄책감은 그녀의 호감에 무거운 추를 달아서 마음의 심연에 가라앉힐 것이며, 점점 형부를 떠올리는 일을 피하게 만들 것이다. 이때 그녀는 의도적으로 그녀의 마음속에 번쩍 떠오른 생각을 밀어내고 싶어 할 것이다. 엘리자베스가 언니의 임종에서 형부에 관한 생각을 경험했을 때, 잠시 그러나 의식적으로 그가 이제 그녀와 결혼할 자유가 있을지도 모른다는 생각을 즐긴다. 다음 순간 그녀는 일부러 그것을 밀어내고 싶어 한다. 그리고 그 생각은 고의적이거나 동기부여가 되어 잊어버리도록 억제되어야 한다(Bower, 1990; Erdelyi, 1990). 그녀는 그 생각을 잊을 뿐만 아니라, 일부러 잊어버렸다는 것도 잊고 있었다(잊어야 한다). 저자는 안나 프로이트의 구분처럼 의식적으로 관념을 배제하는 노력을 억제라고 표현할 것이고, 이 노력이 습관화된 상태를 '억제의 학습'이라 말할 것이다. 저자는 프로이트의 역동적 무의식과 구별하여 알고 있는 행위의 의도적 반복이 어떻게 의식에서 배제되는지 그 과정을 엘리자베스의 사례를 빌려 뇌과학으로 설명한다. 그 기전은 프로이트가 중요하다고 언급한 세 번째 무의식에 있다. 뇌과학자들은 의식이 대상을 자각하지 않을 때 신경 에너지와 용량을 더 절약할 수 있다고 한다. 그래서 외부 자극의 수용과 몸 내부의 기초 대사, 자각, 자동 반사, 운동 기억은 우리가 알 수 없고, 알 필요도 없는 과정은 깊은 무의식의 세계에서 일어난다. 프로이트는 이를 제3의 무의식[6]이라고 말했고, 뇌과학에서는 비의식적 · 비서술적 기억이라고 표현하며, 저자는 이 책에서 하의식 기억으로 사용하고 있다. 저자의 용어는 의식에 대한 계층적 · 해부학적 대칭 개념을 잘 잡아 준다. 우리는 이 세 가지 무의식에 대한 이해를 기초로 탐색을 시작해야 한다.

알아차릴 수 없는 과거의 무의식(역동적 무의식)이 어느새 나의 마음을 조정한다. 또한 스스로 알 수 있다가 알 수 없게 되는 그런 무의식의 현상(억제의 학습)은 참 신기하기도 하고 재미있기도 하다. 프로이트의 독자들은 무의식의 드라마에 열광했다. 과연 그런 현상이 있는가? 그런 것이 있다면 그 이유는 무엇인가?

6) 프로이트는 습관 상태를 의미했을 수도 있다.

억압의 정의와 중요성

프로이트가 주창하여 100여 년간 사용되어 온 '프로이트의 억압(Freudian repression, 이후 억압이라 표기)'[7]은 프로이트의 정신분석, 무의식, 신경증의 설명에 있어서 매우 중요한 개념이다. 프로이트는 억압을 "정신분석학의 전체 구조가 의지하고 있는 초석"이라고 말했다(Freud, 1914). 그는 사람의 마음을 무의식과 의식의 에너지 변환과 갈등으로 설명하는 지형 모델에서 인간의 본능적 동기(instinctual drives)[8]의 해소가 억압의 힘으로 차단되면 정신적인 질환이 생긴다고 말할 정도로, 억압은 히스테리[9] 같은 신경증의 병인(pathogenesis)과 관련된 개념이며, 다시 억압을 풀어 잊어버린 사건을 기억하는 것이 정신분석의 중요한 치료 기술이라고 하였다. 프로이트의 첫 번째 가정은 용납하기 어렵고 불쾌해서 의식이 억압(회피)하는 기억과 감정, 욕구, 의욕이 무의식에 저장된다는 것이다. 그의 주장에 따르면, 우리는 무의식과 그것이 감추고 있는 기억에 직접 접근하지는 못하지만, 생활 속에서 우리의 행동을 통해 그 영향이 드러난다는 것이다. 과거에 정신적 외상을 경험하면 후에 불안 증상과 꿈, 수면의 변화, 야뇨증 같은 행동이 나타난다고 말했다. 프로이트의 두 번째 가정은 육체적 · 심리적 장애의 전부는 아니더라도 다수가 어린 시절에 겪은 정신적 외상의 결과라는 것이었다. 그는 히스테리를 정신적 불안으로 정의했으며, 그 주장에 따르면 이와 같은 정신적 불안은 심리적 갈등의 결과물로서 육체적 증상으로 이어지는데, 그 증상에 기억상실이 포함될 수도 있다는 것이다. 프로이트는 이 질병의 가장 흔한 원인이 성적 학대에 대한 억압된 기억이라고 주장했다. 그래서 그는 자기에게 치료받으러 오는 여성 중 다수가 어린 시절의 성적 학대로 정신적 외상을 입었다고 가정했다. 프로이트의 세 번째 가정은 억압이 실패하면 병리적 증상이 찾

---

7) 저자는 억압(repression)은 무의식의 수동적 회피, 억제(suppression)는 능동적·의도적 회피 과정으로 정의한다. 프로이트가 사용한 또 다른 억제인 방해(inhibition)는 정상적인 신체 기능을 제한하는, 또는 뇌신경 구조의 상호작용을 말하는 개념인 듯하나 확실하지 않다. 저자는 앞이마겉질의 하부 뇌에 대한 전반적인 비의식적 억제 기전을 '통제(inhibition)'로 사용한다.

8) 이 책에서 생물학적 의미의 본능(instinct, 독일어로는 instinkt)과 신체 기관에서 발생하여 정서에 영향을 주는 동기, 충동(drive, 독일어로는 trieb) 의미의 본능(trieb)을 괄호 언어로 구분하였다. 프로이트가 사용한 본능은 대부분 후자이다. 리비도(libido)는 성 욕동으로 번역하여 사용한다.

9) 19세기 후반의 히스테리는 보통 스트레스, 생활 사건과 관련된 해리장애(dissociative disorder), 신체화 장애(somatization disorder), 전환장애(conversion disorder), 경계선 인격장애(borderline personality disorder), 외상후 스트레스장애(post traumatic stress disorder)를 말하는 광범위한 질환 개념이다. 이 중에는 당시에는 심리적 원인이라고 생각되었던 경도의 뇌질환, 경련성 질환(간질)이 진단 미숙으로 포함되었을 것이다.

아온다는 것으로, 억압은 불안전하며 이로 인한 정신병리와 불가분의 관계로 설명했다. 프로이트의 네 번째 가정은 이 모든 것이 정신 요법, 즉 주로 대화를 도구로 상상 속 재구성을 통해 치료할 수 있다고 말한 것이다. 프로이트는 환자들이 부인하든 말든 그들이 겪었다고 추정되는 성적 학대를 최대한 상세하게 상상하도록 격려했다. 그는 이 퇴행 기법을 통해서 무의식에 묻혀 있는 정신적 외상을 의식으로 옮겨 치료할 수 있다고 믿었다.

억압의 정의

프로이트는 억압을 실제 아동기에 경험했던 성적·충격적 사건에 대한 기억들이 잊힌 후 현재의 성인기 성적 사건에 의해 다시 일깨워지는 데 따른 병리적 결과라고 가정했다. 그리고 그는 곧 시점을 달리해서 과도하게 압도하는, 사회적으로 용인할 수 없는 소망, 기억, 욕망, 감정을 의식에서 멀리하는 보편적 심리 현상으로 보았다. 억압에 대한 프로이트의 정의는 1915년 저서의 도입 부분에 등장한다. 이것은 본능적 충동(instinctual drive)의 상태(Freud, 1915a, p. 145)이며, 충동(trieb)을 표상하는 관념(Idea)의 의식화를 방지하는 과정의 결과(Freud, 1915b, p. 167)이다. 그는 기억이 억압되지 않거나 억압이 실패해서 여러 가지 현상, 증상(억압의 회귀)으로 나타난다고 했다. 프로이트는 무엇이 억압된 것이고 무엇이 억압된 것이 아닌지 그 구별에 가장 유용한 방법을 찾기 위해 몇 차례 시도했고, 이러한 시도로부터 억압의 과정을 설명하기 위해 여러 가설을 만들었다.

프로이트의 말을 들어 본다.

> 우리는 전이 신경증의 정신분석을 통하여 억압이 초기부터 작동하는 방어기제가 아니라는 결론에 도달하였다. 그래서 억압은 의식과 무의식의 정신 활동이 명확히 구분돼야 작동한다. 억압의 기본 작용은 단순히 내면의 무언가를 의식에서 멀리 두는 것, 그리고 거리를 유지하는 것이다. 억압의 개념이 완전해지기 위해서는 본능(충동, trieb)을 변이시키도록 하여 본능적 충동을 방어하고, 주체의 자기로 향하는 본능의 방향을 반대로 바꾸거나 돌려 버리는 임무를 부여하는 것이다. 그리고 본능의 충동이나 그 잔여물들은 억압 때문에 무의식으로 밀려 나가 의식에서 잊어버린다(Freud, 1915a, p. 147).

여러분, 이 문장은 도대체 무슨 말인가? 정신분석 개념은 정신의학 전문가에게도 상당히 어렵다. 프로이트의 책은 독자에게 정중하고 쉽게 쓴 의학 수필 같지만, 타인과 자신의 마음과 뇌를 움직이는 에너지 변환의 과정과 심리 구조의 이해, 그리고 무엇보다도 치료 경험 없이는 쉽게 이해할 수 없다. 실망스럽지만 참고 읽기를 반복하면서 개념에 익숙해지기를 바란다. 사실, 마음에서 일어나는 억압/억제의 현상은 우리가 항상, 매순간 겪고 경험하는 감정과 생각의 조절을 말한다.

정의 설명

프로이트의 충동(trieb)을 표상(대표)하는 관념(기억)이란 무엇인가? 저자가 동기, 충동, 정서들은 환경을 통해 변형되지만 본능적(본능처럼 움직이는)이라고 설명하였다(p. 149). 그런데 본능 혹은 본능적인 것들은 항상 관념-기억과 같이 다니는 존재이다. 지금 여러분의 부모님을 생각해 보도록 하자. 먼저, 부모님의 얼굴의 이미지가 떠오르고, 다음에는 부모님과 지낸 기억(자서전 기억이라고 한다.)이 떠오르고, 이어서 그분들과 얽힌 감정이 떠오를 것이다. '부모'라는 문자(의미 기억)는 개인마다 다른 의미를 지닌다. 특히 부모님이 살아 계시지 않는다면 '울컥'하며 충동적 감정에 눈물을 흘릴 수도 있다. 만약 기억하고 싶지 않다면 억제를 하거나 다른 생각을 할 것이다. 이렇게 우리의 뇌는 관념(기억), 정서(감정), 충동, 움직임을 신경망을 통해 자동 연결하고 있다.

중세의 철학자는 이런 현상을 알고 있었다. 예를 들어, 정서(진태원, 2017. 2. 16.)[10]의 개념은 인간의 본질을 욕망이라고 이야기한 철학자 스피노자의 정의를 따른 것이다. 스피노자의 정서는 감정, 감정을 대표하는 관념(생각, 기억), 그리고 변용(상태)이다. 우리가 우연히 길을 가다가 갑자기 날아온 돌에 맞으면 맞은 부위에 심한 통증을 느끼며 "어떤 놈이야?"라고 화를 내고(감정), 그 부위는 함몰되었다가 다시 부풀어 오르는 모양의 변형(변용)이 생긴다. 그리고 여러분은 이 황당한 사건에 당시의 생활 맥락에 따라 의미(생각, 해석)를 부여한다. 가족, 애인과 싸운 사람은 그의 복수라고 생각하거나, 군 제대 말년 차거나 중요한 결정을 앞둔 사람은 조심하라는 신의 계시라고 단순하게 사건을 해석한다. 아직 어려서 이 세 가지 인지 요소가 고루 발달하지 않은 아이들은 경험도 적고 감정에 관념(생각)의 의미가 부착되지 않아 본능에 가까운 순수 감정 상태이다. 이처럼 감정의 움직임(충동)만이 있는 상태를 원시 억압이라고 한다. 생물학적 억압이라는 뜻이다. 어린아이는 돌에 맞으면 아파서 울기는 하지만 그 사건의 의미는 모른다. 사건 후 경험

10) 또는 정동, Affect를 정서로, Emotion은 감정으로 번역한다.

이 기억으로 만들어지면서 의미가 부여되는 것이다. 프로이트의 "억압은 (출생) 초기부터 작동하는 방어기제가 아니다."라는 말은 이런 의미이다. 사건이 일어나지 않았으므로 억압할 것도 없다.

이 시점에서 프로이트의 억압은 과거의 사건으로 흥분되었던 몸의 기억(감정 기억, 증상)이 안정되었다가 다시 현재에 와서 어떤 자극으로 동기화(흥분, 재생)된 상태라는 것을 잘 기억하기를 바란다. 그래서 병의 재발을 위해서는 적어도 두 번 이상의 정신적 외상이나 스트레스 환경의 자극이 필요하며, 재생되었으면 신체와 감정 증상은 재발하나 과거 사건 기억은 회상되지 않는다. "의식과 무의식의 정신 활동이 명확히 구분"된다는 것은 아이의 인지 활동이 기억과 현실을 구분할 수 있어야 한다는 뜻이다. 자기 내부에서 자신을 관찰하는 또 다른 자기(관찰하는 자기, 메타인지라고 함.)가 있어 마음속에서 일어나는 일이 불쾌하다는 것을 어느 정도는 인식할 수 있어야 억제도 가능하다.

'전이 신경증'은 정신분석에서 치료 도구로 사용하는 매우 중요한 용어인데, 여기서는 간단히 설명하겠다. 우리는 양육해 준 부모님에게 남다른 감정과 태도가 있다. 이것도 학습된 무의식적 관계라고 볼 수 있다. 이러한 일관된 무의식적 감정, 태도, 행동을 성격이라고 한다. 이렇게 자신의 성격에서 나오는 태도는 정신분석과 같이 거의 매일 치료자와의 밀접한 의사소통과 감정의 에너지 교환이 일어나는 상황에서는 자연스럽게 치료자에게도 평소 반응, 습관이 나타나는데, 이를 투사라는 용어로 표현한다. 투사를 통해 치료자와 부모를 혼동하는 태도, 습관이 전이이다. 일반적으로 스승에 대한 전통적인 예의를 차리는 태도, 애인에게서 엄마의 모습이나 자신이 원하는 여성상을 찾으려 하는 태도 등을 전이라는 감정, 태도라 할 수 있고, 타인에 대한 사회적인 방어를 하지 않고 자신을 과도하게 드러낸다는 뜻에서 전이 신경증이라는 이름이 붙었다. 프로이트는 전이 신경증 상태에서 환자를 관찰하고 분석하는 것을 즐겨 사용했는데, 환자가 억압 혹은 방어를 사용하면 전이 감정이 일어나지 않으니 말도 하지 않고 분석하기가 매우 어려워졌다. 이를 저항이라고 불렀다. 그래서 정신분석치료의 성패는 환자가 억압, 방어를 어떻게 포기하고 치료에 협조를 얻느냐에 따라 달라지는데, 환자 역시 자신의 태도가 어떤지 잘 모르고 있다. 그래서 프로이트는 "너 자신을 알라."라는 표어를 강조한 것이다. 그가 생각한 '본능적 충동의 방어'란, 특히 어떤 사건이 생겨서 충동이 발생하고 이에 대한 정서와 이와 부착된 기억은 당연히 주체인 자기가 그 행위 결과를 인식하여야 하는데, 어떤 억압의 힘이 그 충동(정서, 기억)의 방향을 바꾸거나 정지시켜 무의식에 남겨 놓아 의식이 인식하지 못하게 하는 작업을 억압의 임무라 생각했다. 상당히 인위적인 정의와 해석이라고 볼 수 있다. 프로이트는 과거 외상적 사건에서 관념, 기억이 삭제되는 것을 억압의 중요 포인트로 생각했고, 정서–감정에 대해서는 억압의 대상이 아니지만 억압이 감정의 발달을 억제할 수 있다고 표현하였다. 이 부분은 제12장 '정서–감정의 진화와 억압'에서 다시 설명하겠다.

임상 분류와 억압/억제의 개념

억압은 정신분석에서 매우 중요한 이론이자 인간의 중요한 방어기제이고 기억 조절이 본질이므로, 일상 심리를 들여다볼 때 가장 흔하게 관찰되는 현상이다. 오늘도 기억의 문제로 저자의 외래를 찾은 환자들은 몇 가지 유형이 있다. 이 글에서 예시하는 세 가지 분류는 저자의 분류이다.

첫째, 일반적인 기억의 문제로 자발적으로 또는 보호자와 동반해서 찾아온 환자들은 기억의 상실 혹은 망각을 호소한다. 이 경우는 우울증 혹은 생활 스트레스에 의해 현실의 주의력이 결핍된 양성 건망증(회복 가능)이거나 뇌신경세포의 사멸에 의한 치매(치료 가능)를 먼저 의심하고 감별 진단해야 한다. 치매, 뇌경색 같은 뇌질환, 정신질환은 앞이마 겉질의 하의식 시스템에 대한 활성 억제 기능과 관련이 있다.

둘째, 또 다른 환자군은 안나 O 사례에서 강조한 '억압된' 사람이다. 이들은 왠지 모르게 불안하고 초조하다고 호소한다. 불면증, 안절부절 등 과도한 스트레스 반응이나 우울감이 있을 수 있으며, 이러한 증상을 호소하지만 자신이 왜 그런 증상이 생겼는지 설명을 못 하는 이들이다. 평소의 기억 능력은 정상이다. 어떤 환자는 이유를 모르는 불안, 두통, 빠른 맥박, 불면증 그리고 어지러움으로 여러 병·의원에서 진찰과 검사를 하였지만, 원인을 못 찾고 정신건강의학과를 가 보라고 해서 왔다고 한다. 불안 증상이라고 생각하고 찬찬히 병력을 살펴보면 이 환자는 과거의 심리적 외상 사건이 있었고, 그 일과 관련되었거나 관련되지 않은 다수의 지속적인 스트레스에 노출되어 있으며, 최근 신호 불안(이 책의 제7장 참조)과 증상이 발병한 것을 알 수 있다. 이런 환자들은 반복적으로 떠오르는 사건 기억에 의한 고통이 없으므로 스스로 찾아와서 호소하는 불편의 소재가 '기억력'이 되는 경우는 드물다. 이런 환자는 대체로 증상의 치료만 원하며, 정도의 차이는 있지만 대부분 본인이 원인을 모르므로 과거 외상 사건의 기억에 대해서는 대체로 관심 없거나 수동적인 태도를 보인다. 병력조사에서 치료자가 사건에 대해 질문을 하면 "별일이 없었다."라면서 오래된 사건 기억을 대수롭지 않게 말하거나, "모른다.", "기억나지 않는다."라고도 말한다. 억압이 있는 환자의 경우, 자신의 증상과 관련된 생활 사건을 환자 스스로 인지하는 경우는 흔치 않다. 중요한 사건일 경우, 정신분석가들은 일단 '망각'보다는 억압을 가정하는 경향이 있다. 프로이트는 이렇게 발병 원인이나 요인이 되는 사건 일화에 대해 정신병리적인 이유로 문제의 사건 기억을 자신도 알 수 없거나 잊혀진 역동적 무의식[11]을 가정했고, 이러한 무의식의 자동 과정을 억압이라고 이름 지었다. 프로이트가 억압으로 의식에서 밀려났다고 믿는 기억의 내용은 무서움, 두려움, 놀람, 수치, 부끄러움의 감정 반응을 불러일으키는, 당시 기억하기 싫은 사건과 관련된 내용이다.

셋째, 반면에 최근의 사건이 계속 머리에 떠올라서 괴롭다고 반복 기억의 고통을 호소하는 분들도 있다. 최근의 정신적 외상 사건에 의한 기억은 환자에게 많은 고통을 불러일으키고 불면과 불안, 스트레스에 의한 신체적인 증상을 초래하므로, 참을 만큼 참다가 정신건강의학과를 찾는 환자와 같은 경우는 제법 호소의 빈도가 많다. 특히 이웃에게 돈을 빌려주고 받지 못했거나, 가족 간에 다툼이 있거나, 크고 작은 법적인 송사에 휘말려 고생하고 있는 환자들은 사건을 잊어버리려 해도 계속 생각하다 잠까지 설쳤다고 호소한다. 사람이 무섭거나 더러운 물건을 몸과 손에 닿지 않게 피하듯, 마음의 부담 혹은 갈등이 있거나 고통스러운 기억이 있을 때 일단 자신의 기억을 조절하여 의식에서 멀리하고 직간접으로 현실의 문제가 해결되기를 기다리는 습관이 있다. 또한 현재 기억하는 사건에 대해서 환자들은 생각하면 할수록 마음이 불편하고 싫어서 "생각하지 않으려고 노력한다."라고 하거나 "다른 즐거운 생각을 하려고 노력한다.", "어디 멀리 여행을 가서 다 잊고 싶다.", "놓아 버리려고 한다."라고 말한다. 엘리자베스의 사례처럼 이렇게 흔히 사람이 기억을 의도적으로 회피하려는 노력을 저자는 '억제'라고 부른다.

억압과 억제에 해당하는 환자군이 우리의 관심사이며, 사실 억압과 억제는 기억이 주제가 되고 어떤 사건 이후 시간, 순서와 관계가 있다. 즉, 억제가 먼저이며 이 사건이 정신적 충격으로 비서술적(하의식) 감정 기억에 오래 남으면, 나중에 사건 기억은 사라진 채 억압만 남아 결국 망각에 도달한다.

억압과 억제의 혼용

프로이트의 임상 사례를 보면 무의식적 '억압'에 대해서 등장인물의 소원(wish)에 대

11) 프로이트의 무의식은 과정을 알 수 없으나, 그 결과는 감정, 말실수, 꿈 등으로 표현됨으로써 인식할 수 있다.

한 그의 해석이 나오는데, 대부분 무의식의 개념으로 설명되는 억압에 대해 항상 정확한 의도와 목적을 설명하고 있다. 이는 내용과 과정을 모르는 무의식이 사전 의도와 계획을 세우고 있었던 것처럼 독자들에게 혼동을 주는 측면이 있다. 브루클린 대학의 에르델리(Erdelyi)는 프로이트가 사실 '억압'과 '억제'를 같이 사용했다는 근거 있는 주장을 하였다. 그는 억압의 원조를 프로이트보다 반세기 앞선 과학적 심리학자 요한 허바트(J. Herbart, 1776~1841)로 생각하고 그 개념을 소개했다.[12] 허바트의 '억압'은 방어적 억압이 아니었고, 다른 경쟁적인 아이디어에 의한 생각의 억제(대체)를 의미했다. 최근에 이 기전을 마음의 뇌과학자들이 다시 연구하고 있다(제13장의 의도적 억제와 망각 참조). 에르델리는 비록 이 분야의 많은 사람이 프로이트가 억압을 무의식으로 개념화했다고 가정하지만, 이를 강요한 것은 프로이트의 딸 안나였다고 주장한다. 프로이트는 억압을 활동적이고 의도적인 과정을 포함하는 특성화된 용어로 썼다고 설명한다.

> 비록 프로이트가 억압에 관해 쓴 심리학적 글이 어느 정도 모호함과 모순이 없는 것은 아니지만, 압도적인 텍스트 증거는 프로이트가 그의 초기 작품부터 1940년의 마지막 작품(예: Freud, 1940)까지 '억압'과 '억제'를 같이 사용했다는 것이다(Erdelyi, 2006).

에르델리는 아버지의 "지저분한 일"을 정리하기 위한 안나 프로이트의 노력 중 하나로 억압이 무의식적이고 억제는 의식적인 것의 상대자라는 주장을 도입하였는데, 이러한 강압적인 구분은 '정신생활의 연속성'에 대한 프로이트의 일반적인 실제 주장과 일치하지 않는다고 말했다. 프로이트는 "복잡한 정신적 과정은 의식 가상의 경계를 넘음으로써 의식적이거나 무의식적일 수 있으며, 다른 것으로 변화되지 않는다."라고 하였다. 프로이트가 처음으로 '억압'이라는 단어를 사용한 것을 기념하는 한 구절에서, 프로이트와 브로이어는 이렇게 말했다(Breuer & Freud, 1895a, p. 61).

> 이런 경우 그것은 환자가 잊고자 하는(wished to forget) 일들에 대한 문제였고, 따라서 의도적(intentionally)으로 그의 의식적 생각(conscious thought)으로부터 억압(repressed)되어 방해(inhibited) 받고 억제(suppressed)되었다.

프로이트는 이 문장에서 명백하게 의도적 억제라는 의미로 '억압'이라는 용어를 사용했

12) 제4장의 '무(하)의식의 역사' 참조.

다. 이것은 프로이트 자신의 진술임이 확실한 사실로 보인다. 어떤 누군가는 이 문장이 단지 하나의 인용에 불과하다고 비판할 수도 있지만(Mancia, 2006), 한편으로는 안나 프로이트의 정신분석 이론에 따라 훈련된 정신분석가들에 의해, 다른 한편으로는 억압의 개념을 소외시키고자 하는 극단적 회의론자에 의해 개념의 왜곡은 지속되었다고 한다. 또한 에르델리는 프로이트가 '처음 정신적 외상을 망각하는 것에서부터 충동을 억제하거나 의도적 망각(deliberate forgetting)으로 억압의 의미를 변환시켰다고 주장하면서 억압에 대한 이론을 수정했다고 한다(Erdelyi, 2001, 2006; Erdelyi & Goldberg, 1979).

이에 반해 정신분석의 지지자들은 에르델리의 이러한 주장이 경험적 근거가 부족하다고 비판했다. 맥낼리(McNally, 2006)는 의도적인 망각으로 억압의 의미를 축소하는 것은 프로이트에게서 뚜렷한 정신분석의 개성을 빼앗는 것이며, '사람은 불쾌하다고 생각하는 것을 잊어버리려고 한다'는 단순한 생각만으로 프로이트가 그처럼 대담하고 독창적인 사상가의 지위를 얻은 것이 아니라고 비판하였다. 더구나 프로이트의 억압이 무의식의 개념과 불가분의 관계에 있다는 것은 논쟁의 여지가 없으며, 환자들이 자신의 비정상적인 행동의 원인을 알지 못하거나 정상 행동을 추정하지 못하는 신경증의 발전에 무의식의 책임이 있다는 것은 억압 이론(Fayek, 2005; Freud, 1915a, 1915b; Macmillan, 2006)에서 의심할 수 없다는 것이었다. 따라서 에르델리의 주장이야말로 정신분석 이론의 역사적 왜곡이라고 비난했다. 에르델리의 좁은 억압 개념에 관해서 강력히 반대하는 비판자들(Bonanno, 2006; Crews, 2006; Kihlstrom, 2006; McNally, 2006)은 그가 억압의 개념과 강하게 연계된 억압의 나머지 네 가지 측면에 관한 연구를 다루지 않았다고 주장한다. 따라서 무의식의 병리학적 효과의 존재를 평가하는 연구가 있으므로, 에르델리의 말은 정신분석의 주요 이론적 표적인 신경증의 발생과 치료를 설명하는 데도 거의 가치가 없는 주장이라고 하였다. 그런데 표준판 프로이트 전집을 출판한 제임스 스트레치(J. Strachey)는 이 단어 '억압'의 각주(Breuer & Freud, 1895a, p. 61)에서 다음과 같이 설명한다.

> 당시의 프로이트와 브로이어는 '억압'을 '방어'와 같은 뜻으로 사용하였다. 초기에 억압이라는 말을 쓸 때에는 '의도적으로(intentionally)' 혹은 '일부러(deliberately)'라는 부사를 동반하였는데, 이 경우 단순히 동기가 존재한다는 것이지 '의식적 의도(conscious intention)'를 가진다는 의미는 아니다.

저자는 앞뒤가 안 맞는 이 글을 읽고 저자의 작업이 '시작부터 꼬였다'는 당황스런 느낌과 함께, 의욕으로 시작한 이 작업이 쉽지 않을 것이라고 예상하였다. 저자가 보기에도 프로이트는 두 용어를 혼용했다. 에르델리가 지적한 문장 외에 다른 문헌(Breuer & Freud, 1895b, p. 286)[13]에서도 '방어의 의도적 기억상실(deliberate amnesia)'이라고 언급한 글이 있다. 이 문장에서 '의도'라는 표현은 '유도'라는 해석도 가능하다. 『히스테리의 연구』에서 브로이어는 기억상실의 원인을 유최면 상태에서 따라오는 의식의 구조적 문제로, 프로이트는 의도적 노력과 행동으로 설명하고 있다.

저자는 에르델리의 주장이 체계적인 연구의 결과이며 설득력이 있다고 생각한다. 어쩌면 사실과 관계없이 에르델리가 있어서 프로이트가 다시 부활할 기회를 잡았는지도 모른다. 왜냐하면 저자의 연구 결과가 불확실했던 프로이트의 체면을 살리지만, 거기에는 에르델리의 역할이 큰 몫을 하기 때문이다. 이 혼용에 대한 논란은 어쩌면 『히스테리의 연구』에서 프로이트와 브로이어의 견해 차이에서 시작되었으며, 두 현상이 변환하는 과정과 이유에 대한 확실한 이해와 설명이 없는 것이 결정적 원인이 되었다고 본다. 따라서 저자는 무의식의 억압이 어떤 현상이며, 의식의 억제 그리고 다시 기억이 의식에서 사라지는지 과정을 설명해야 독자들이 궁금증에서 벗어날 것이라고 생각하였다. 최근까지도 억압이 기억의 조절 현상이며 여기에 다양한 요인이 작용한다는 중요한 사실을 많은 전문가조차 알지 못하고 있었고, 저자처럼 기억 현상과 학습 모델을 억압에 적용해서 설명한 연구자는 아직 없었다. 저자는 동물의 회피 행동 학습 모델을 내면의 억압/억제에 적용했고, 과거 회피 연구의 결과로 보아 억압의 에너지가 억제의 습관과 망각 과정을 강화하는 동기가 될 수 있다는 추정하였는데, 매우 흥미롭게도 학계에서는 파블로프 조건학습–도구학습 전이라는 개념이 있었다. 즉, 억압–억제 그리고 그 습관화는 한 세트의 현상임을 알게 되었고, 그 과정의 순서는 정신적 충격 → 억압 → 억제, 억제의 습관 형성 → 망각/새로운 스트레스 신호와 환경 자극 → 증상 발생(억압의 회귀)이다. 복잡한 내용과 관찰 시점의 변화로 인해 지금까지 많은 연구자가 혼동해 왔다고 생각한다. 저자의 궁금증이 해결될 때까지 명확한 해석으로, 스스로 납득될 때까지 프로이트의 '억압'은 저자를 오랜 기간 생각의 감옥에 가두었다.

---
13) 제6장 참조.

억압에 대한 프로이트의 세 가지 주요 접근

프로이트는 앞서 '억압의 정의'에서 억압의 기본 작용은 단순히 내면의 무언가를 의식에서 멀리 두는 것이라고 했다. 그렇다면 억압/억제는 마음 내부에서 도피하려는 시도와 대등한 것이다. 그는 "자아는 억압(억제)되어야 할 본능(충동)의 전방에서 (전의식의) 리비도 충전을 철회하고 불쾌감(불안)을 해소하기 위해 그 충전을 이용한다."(Freud, 1926b, p. 244)라고 말했다. 이 말을 달리 표현한다면 다음과 같다. "정신적인 힘, 즉 자아 쪽의 '혐오'는 원래는 병을 일으키는 관념을 연상으로부터 몰아내고 그것이 기억으로 다시 돌아오는 것을 거부한다." 이 내용도 처음 들으면 이해하기 어려운 것인데, 그는 설명을 위해 몇 가지 가설을 세웠고 이 억압, 즉 무의식의 가설은 나중에 프로이트의 마음 모델이 된다.

충전[14)]가설

마음의 뇌과학에서는 "마음은 에너지와 정보의 흐름을 조절하는 체화된 관계 과정이다."라고 정의(Siegel, 2018, p. 32)한다. 프로이트는 마음의 에너지를 충전(cathexis)이라고 이름하고, 이를 마음의 움직임을 설명하는 편리한 개념으로 사용했다. 프로이트는 초기 저작인 『과학적 심리학을 위한 구상』(Freud, 1895)에서 Q라고 하는 신경 에너지의 양을 처음 기술하기 시작했고, 이후 정신 에너지[15)]의 흐름을 말할 때 자주 사용했으며, 종종 물의 흐름을 가지고 설명하기도 했다. 그는 외부 사물이나 내면의 대상에 무의식적 · 의식적 주의, 집중의 에너지가 부착된 상태를 '충전'이라고 하였다. 이 가설은 전의식의 충전이 대상 표상(object representation)에서 떠난 결과 사물과 연결된 단어의 표상이 분리(해리, dissociation)된다는 개념이다. 대상 표상이란 심리 내부에 존재하는 사물을 대표하는 이미지, 개념, 즉 구체적 사물 기억이라는 말이다. 1915년 논문에서 프로이트는 무의식과 의식의 상태 변화는 충전의 이동으로 결정된다고 보았다. 전의식(주의를 기울여 의식에서 생각하기 전의 마음 상태)에서 충전을 후퇴하거나, 무의식에 충전을 저장하거나, 전의식의

14) 충전(cathexis)은 '채움(filling)' 혹은 '차지함(occupation)'을 뜻하는 독일어 'Besetzung'의 번역어이며 그리스 동사에서 따온 '차지한다(to occupy)'의 뜻이라고 한다. 프로이트는 James Strachey의 이 번역어가 기계적인 의미라 하여 싫어하였다. Cathexis 앞에는 신경 에너지를 의미하는 Q를 같이 사용하나, 이 용어는 에너지의 양을 의미한다. 저자는 한국어로 에너지 '충전'이라는 풀이가 원래 의미를 전달하기에 적절하다고 생각한다. 신경 에너지가 아닌 에고(Ego)의 역동을 설명할 때는 '집중' 또는 '주의'도 적절한 번역이라 할 수 있다.

15) 이 에너지는 나중에 '성 욕동 에너지=리비도(libido)'로 바뀐다. 융은 성 욕동 에너지의 개념을 확장해서 생명 에너지를 리비도로 부르자고 제안하였다.

충전을 무의식의 충전으로 대치하는 것 등은 같은 표현이다. 프로이트는 정신 에너지를 은유하는 충전을 여러 개념의 보완 용도로 사용했다고 한다. 이 가설은 마음의 지형 모델과 상응하는 것이나, 임상 경험에서 추출된 것이 아니어서 발전하지 못했다. 이러한 불만 때문에 그는 구조 모델을 만들었다. 그렇지만 그는 충전 가설을 포기하지 않았고 형태 가설로 돌아갔다. 이 충전 가설은 현대 마음의 뇌과학에서 어떻게 평가될까? 나중에 앤더슨이나 드퓨 같은 억제의 연구자들이 뇌 영상 MRI를 동원한 실험 결과와 이들의 이론을 소개[제13장 억제(회피) 연구]하겠지만, 결론을 미리 말하자면 프로이트의 서술과 매우 비슷하다. 기억의 억제란 등가쪽 앞이마겉질(Dorso Lateral Prefrontal Codex: DLPFC)의 실행 기능(주의)이 기억 기관(해마)의 접근을 피하거나 다른 기억으로 움직이는(대체) 것'이다.

억압의 지형 또는 이중 등록 가설

이 가설은 프로이트의 초기 아이디어(Freud, 1900, p. 539, 610)였다. 매우 유명한 가설이며 프로이트는 심리적인 구조로 보았지만, 좀 더 구체성을 가진 이중 구조의 개념에 가깝게 의식 밑 혹은 해리된 잠재의식(subconscious)의 기능을 주장한 사람은 프랑스의 정신의학자 피에르 자네(P. Janet, 1859~1947)였고, 조현병(조현증)을 이름 지었던 블로일러(E. Bleuler)는 대뇌겉질 아래에서 일어나는 생물학적 '적응 기능'의 의미로 사이코이드(die psychoide)라는 말을 사용하였다. 프로이트는 환자들이 무의식 자료를 의식적으로 표현하도록 돕는 방법은 유추된 무의식적 생각의 청각적 표상(단어, 말)을 환자에게 제시한 다음 이 의식적 아이디어가 무의식의 기억 흔적과 연결되게 하는 것임을 관찰했다. 그러나 프로이트는 이 가설에 만족하지 못했다. 왜냐하면 일반적으로, 단순히 단어를 제공하는 것으로는 연결을 만들고 억압을 풀어 가는 방향으로 더 이상 발전하지 못했고 그 역동적 이유를 설명하지 못하기 때문이다(Freud, 1913~1914, p. 141). 그는 더 복잡한 가설로 대체했으며, 이 가설은 무의식에서 의식으로의 기억 추적 전환은 그 상태 또는 형식의 변화에 의한 효과라는 것이다.

형식 가설

환자가 경험을 언어적인 표현으로 설명하지 못하는 것은 자기 경험에 접근할 수 없기 때문이며, 억압의 효과가 이것에 의해 결정된다는 임상적 사실주의에 근거한 가설이다. 이 가설은 지형학 모델과 구조 모델을 모두 포함하고 있으며, 직관적으로 이해하기 쉽고 현대의 정신치료 사상과 연결할 수 있다. 그래서 그는 당연히 형식 가설(form hypothesis)을 억압 이론을 다시 공식화하는 기반으로 생각했다. 프로이트는 분석가의 정확한 해석을 들었던 환자에 대해 "우리가 알고 있는 것은 그가 이전에 자신이 경험했던 무의식 기억이 초기 형식에 담겨 있는 것이 확실한 것 같다."(Freud, 1915b)라고 말했다. 또한 그는 "억압된 기억을 가진 환자에게 주어진 정보의 정체성은 명백하다."라고 지적했다. 어떤 것을 듣는 것(경험)과 어떤 것을 자신의 말로 보고(경험)하는 것은, 비록 두 내용이 같아도 각각의 심리학적 본질이 전혀 다른 것이다. 이 가설은 사건이 일어난 당시 경험이 기억에 등록될 때의 형식과 이후 그 경험을 말로 하는 설명의 형식 사이의 차이를 강조했기 때문에 형식 가설이라고 부른 것이다. 이런 면에서 보면 그는 철저한 경험주의자로, 기억에서 존재하는 것을 다시 경험하게 하는 것을 치료의 수단으로 삼았다. 억압된 충동과 기억의 해석은 원래 경험의 요소들이 현재 생생하게 살아 있는 전이(transference)의 결과로 발생했을 때 비로소 인지와 감정적 의미가 있다고 생각했다. 그래서 환자와 분석가는 원래의 경험에 관해 이야기하는 방법을 개발해야 하며, 서로 옳다고 느끼는 부분을 말로 구성하는 언어 장부(verbal accounts)[16]를 만들어야 한다. 이것이 그가 생각한 억압을 극복하는 방법이다. 그러므로 정신분석에서 훈습(working through)은 단순히 의식에 대한 장벽을 제거하는 일뿐만 아니라, 환자와 분석가의 맥락에 따라 재경험하고 경험을 공식화(formulation)하는 기억의 재응고(reconsolidation)[17] 과정이다.

용어의 문제

억압이라는 용어는, 사실 힘과 에너지에 의한 물리적 의미가 있다. 그 배경에는 당시 유행하던 과학 이론에 바탕을 둔 문화의 영향이 있다. 그의 일생에서, 특히 일상생활의 심리와 예술작품의 비평에도 무의식과 억압을 즐겨 사용하고 후대의 사람들도 즐

16) 설리번은 의뢰인과 치료자 사이의 합의적 확인(consensual validation)이라는 말을 사용했다.
17) 기억을 현재 맥락에 맞게 수정하는 과정을 말한다.

겨 사용함으로써 일반인은 그러한 힘이 실재하는 것처럼 믿게 되었다. 용어의 다양한 의미와 그 사용법이 다름으로 인해서 혼동을 일으킨 부분도 크다고 말할 수 있다. 한편, 시카고대학교의 교육학자로서 1903년 빈에서 출생하여 프로이트와 같은 문화권(빈)에서 생활했던 브루노 베텔하임(B. Bettelheim)은 저서 『프로이트와 인간의 영혼(Freud and Man's Soul)』(Bettelheim, 1983, pp. 146-150)에서, 프로이트가 사용했던 독일어 명사 Verdrängung과 동사 Verdrängen의 올바른 번역은 물리치거나 쫓아 버리는 의미의 '격퇴', '물리침', 영어로는 repulsion이며, '찍어 누르는', '밑으로 압착'한다는 의미의 억압(repression)은 잘못된 번역이라고 지적하고 있다. 영어의 '억압'에 정확히 해당하는 독일어는 Unterdruckung이다. 독일어 격퇴(Verdrängung)와 억압(Unterdruckung)의 중요한 차이는 전자가 마음 내부의 재촉(inner urge)을 의미한다는 것이다. Verdrängung은 Dräng이란 단어에서 파생된 것인데, 두덴 대사전에는 "강렬한 내적 동기에 굴복하는 것"이라는 예증으로 설명하고 있다고 한다. 따라서 Verdrängung은 내적 과정에 의해 야기된 축출하기나 밀어내기[18]이며, '억압과 억제'는 모두 일정한 방향을 가리키는 한편 독일어 의미는 방향을 제시하지 않는다. 정신분석의 저서 이외에서 '억압', '억제'라는 단어는 누군가가 누구에게 또는 다른 그 무엇에게 작용하는 것을 묘사하는 데 사용되지만, 개인의 내부 과정을 가리키지는 않는다고 한다. 따라서 베텔하임은 아마도 프로이트가 Unterdruckung보다 Verdrägung을 더 좋아했던 이유를 이러한 의미의 차이 때문이라고 설명하고 있다. 또한 프로이트 표준판 전집의 번역자인 제임스 스트레치는 프로이트가 사용한 Abwehr라는 단어를 '방어(Defense)'로 번역했는데, 방어란 단어에 정확히 들어맞는 변호(Verteidigung)라는 독일어가 있음에도 프로이트가 Abwehr를 선택했던 데에는 그럴 만한 충분한 이유가 있다고 하였다. 영어로 변호(Defense), 변호자(Defender)는 법정에서 흔히 사용하는 용어들인데, 독일어로는 변호(Verteidigung)와 변호자(Verteidiger)이다. 우리가 방어에 대해 생각하고 말할 때는 외부의 적이 즉각적으로 마음속에 떠오르지만, 사실 마음속의 문제는 우리 자신으로부터 우리 자신을 방어해야 한다는 것이지 외부 대상에 대한 생각이 맨 처음 떠오르는 것은 아니라고 하였다.

> Abwehr는 평범한 독일어로서 **받아넘김** 혹은 **슬쩍 피함**(parrying or warding off)으로 가장 잘 번역되는 단어이다. Parry(둘러대다, 비키다)라는 동사는 "영리하고, 회피적인 대답과 말로

18) 현대정신분석에서는 베텔하임의 주장대로 '밀어내기', '가두기'로 번역하자는 주장(김현주, 2023)이 있다.

> 써 받아넘기거나 빗나가게 옆으로 비키다."로 정의된다. 이 단어가 프로이트의 마음속에 있는 것과 가장 가까운 까닭은 그가 언급했던 현상이 우리가 교묘히 피하고 싶어 하는 무의식적인 내용을 빗나가게 하거나 피하려고 취하는 영리한 심리적 방법으로 구성되어 있기 때문이다(Bettelheim, 1983, p. 147).

제임스 스트레치도 '방어'라는 단어가 문젯거리의 번역이라는 것을 잘 알고 있었다고 한다. 따라서 그는 표준판의 총괄 서문에 몇 가지 전문 번역에 관한 주석에서 다음과 같이 쓰고 있다.

> 방어라는 기존의 번역어가 독일어보다 좀 더 수동적인 인상을 줄지라도 그 번역어를 받아들이게 되었다. 그 진정한 의미는 '받아넘기다(피하다, to fend off)'에 의해 좀 더 나아진다.

그러나 베텔하임은 이 Abwehr도 Defense와 어근이 같아 마땅치 않았다고 한다. 그가 이렇게 번역에 집착하는 이유는 잘못된 용어의 선택이 정신분석이 의도하는 교육적 목표를 오염시키기 때문이라고 했다. 비록 우리 마음속 과정, 감정, 무의식적인 생각 등이 있다 할지라도 사실상 우리 자신을 보호해 줄 방어라는 것이 없는데, 우리는 자신을 보호하려는 무엇을 강렬히 소망하고 있다. Abwehr를 방어로 번역하는 것은 사실상 내적인 과정인 그 무엇을 외적인 것으로 보든가 또는 외적인 사건에 대한 반응으로 보려는 시도를 반영하고 있다. 방어라는 단어를 사용할 때 가장 안 좋은 점은 반동 형성과 부정과 같은 내적 과정을 낯선 대상에 대한 것으로, 즉 우리 자신의 밖에 있는 그 무엇으로 착각하고 심지어 권장하는 것이다. 환자가 타인 때문에 그렇게 되었다고 생각하거나 그렇게 되길 원할지 몰라도, 정신분석의 임무는 자기 내부의 문제라는 것을 보여 주어야 한다. 정신분석은 우리에게 부정하거나 회피하는 두려운 그 무엇으로 생각되는 것이 실제로는 우리 자신의 일부이며 매우 의미 있는 것이라고 알려 준다. 그러면 서서히 친숙해지게 느껴지며, 그것을 받아들이는 마음이 우리를 성장시키고 이익이 된다는 사실을 또한 알게 된다(Bettelheim, 1983, p. 148).

억압에 대한 세 가지 의문

프로이트는 억압을 '저항'으로서 인간의 마음의 현상과 정신병리로 중요하게 연구해 왔지만, 그 과정은 잘 모른다고 정직하게 말하였다. 사실 그 과정을 아는 것은 당시의 과학으로는 불가능했지만 정신분석을 연구한 뒤로는 시도조차 하지 않았다. 엘리자베스를 치료한 지 20년 이상 지났고, 60세가 넘은 나이에 저술한 『정신분석 강의』(Freud, 1916~1917)에서 프로이트는 억압에 대한 세 가지 기본적 질문을 던졌다.

첫째, 어떤 종류의 정신적 충동이 억압당하기 쉬운가? 둘째, 어떤 힘이 억압하는가? 셋째, 억압의 동기는 무엇인가? 그리고 그는 매우 솔직하게 말했는데 "아직 알려진 것은 한 조각의 정보에 불과하며, 우리가 아는 것은 억압의 힘이 자아에서 오는 것이며, 적어도 부분적이나마 이 힘이 작용한다는 것이다."라는 말과 함께 그는 "현재로서는 더 이상 알고 있는 것이 없다."라고 덧붙였다. 이후에 프로이트는 억압의 힘이 자아에서 오는 것이 아니라 불안에서 온다고 (신호 불안의 방어를 위해) 수정하였는데, 억압 과정을 설명한 것으로 보인다. 이렇게 그는 자신의 초심리학 이론을 임상의 경험에 맞추어 꾸준히 수정해 왔고, 신경생물학으로 초심리학을 설명하기를 간절히 바랐다(Freud, 2013).

저자는 정신의학에 입문한 이후 "억압이라는 현상의 실체가 무엇인지 입증할 수 있는가?"에 대한 의문을 항상 가지고 있었다. 그동안 신경정신의학, 정신분석학을 포함해 많은 인접 학문 분야에서 억압에 대한 많은 토론과 인용이 있었으나, 정신분석학이 최신의 뇌 정서과학의 발전을 흡수 · 인용하지 못하는 부분에서 정신분석과 뇌과학 사이에 학문적 소통이 막히고 정체는 지속되고 있었다. 그래서 프로이트에 관한 많은 연구 중 직접적인 뇌과학 연구 자료를 얻을 수 없어서 답답했다. 저자는 프로이트 박사의 관찰력을 믿고 발전한 신경생물학을 바탕으로, 마음의 뇌과학으로 연구하기로 결심했다. 지극히 개인적인 궁금증에서 출발한 이 연구는 생업인 진료를 마치고 개인 생활과 취미, 운동을 하면서 조금씩 진행하다 보니 생각보다 오래 걸렸다. 앞에서 언급한 프로이트의 세 가지 질문은 어려운 문제들을 하나하나 해결하고 글쓰기를 마친 다음 책의 제일 마지막에 정리해 놓았다.

몸 움직임처럼 무의식, 본능(instinct), 동기, 충동, 정서(감정) 등도 스스로 움직이는 자동성이 있다. 그리고 내 의식(인지)이 조절하기 어렵다는 속성도 있다. 이러한 속성이 가지는 큰 목적은 생각할 겨를도 없이 빠른 행동을 해야 하는 필요로 만들어진 것이다. 수억 년 전부터 생물체는 포식자에게서 숨거나 정신없이 무의식에서 도망가는 반응을 진화시켜 왔는데, 이를 뇌과학자들은 방어–생존 시스템(defensive–survival system)[19]이라고 한다. 방어–생존 시스템은 하등동물 때부터 진화해 온 오랜 진화의 역사적 산물이며, 그 기능을 담당하는 부분은 대뇌겉질의 하부 기관, 주로 변연계라고 불리는 곳에 자리 잡고 있고, 대뇌겉질은 하부 기관의 하(비)의식을 통제(inhibition) · 조절한다. 몸의 자세와 균형, 체온, 혈압 등 중요한 생존 시스템의 항상성을 운영하거나 호르몬의 분비, 음식을 소화하는 작용, 통증을 느끼는 과정, 감정의 발생, 몸속 내장 기관의 자동적인 움직임도 운영하는 생명의 유지에 매우 중요한 기관이다. 이 시스템이 자동성을 가진 것은 이해했을 것이지만, 더 한 가지 알아야 할 점은 이 기관의 움직임에 의식이 배제된 것은 진화의 순서와 빠른 반응 이외에도 뇌 용량(에너지) 효율의 측면도 있다. 즉, 뇌의 많은 부분을 차지하는 대뇌가 없어도 이런 방어–생존 시스템은 훌륭하게 돌아간다.[20] 우리의 의식이 무의식에서 돌아가는 많은 일을 알아차린다면 우리의 뇌는 과도한 에너지 사용으로 터지거나 미쳐 버릴 것이다. 중요한 것은 가장 단순하고 효율적으로 빠르게 일단 목숨만 건지면 되는 것이다. 그런데 냇가에서 물을 먹다가 맹수를 만나 간신히 한 번 피했는데 다음에 또 만난다면? 생물체에게는 기억이 필요해졌고, 이때 가장 단순하고 간단한 기억 방법은 맹수를 포함한 환경의 물리적 신호와 생물체의 각성, 감정, 통증 등 방어–생존 시스템을 연결하는 연합학습(association learning, 파블로프 조건학습, 스키너의 도구학습)이다. 학습은 무의미(물건, 대상)에서 유의미(가치, 필요)를 창조하여 정서를 자원(에너지)으로 행동을 자동화한다. 이 부분은 나중에 자세히 설명하겠다.

먹고 마시고 잠을 자며 섹스하는 본능 행위를 욕구, 완료, 행동(appetitive, cosummatory behavior)이라 하고 사람은 이를 통해 정서적 쾌락을 느껴 보상을 받지만, 그 본질적인 이유는 이 행위가 생존을 위해 매우 중요한 행위이기 때문이다. 이러한 욕구 행동을 시작하려는 동기, 충동 또한 본능적이며, 집에서 키우는 강아지가 코를 킁킁거리며 먹이, 냄새를 맡고 조사하는 행동처럼 찾기(seeking)도 동기, 충동의 일부이다. 오랜 진화 과정에서 무의식의 본능, 동기, 충동, 정서(감정)들의 속성은 여러분의 유전체에 새겨지게 되었다. 즉, 타고난다는 말이다. 판크셉 같은 뇌 정서과학자들은 뇌의 전기 자극으로 욕구 행동, 찾기, 정서(감정)를 생산하는 신경핵들이 중뇌의 수도관 주위 회백질(PAG), 배쪽 덮개(VTA)와 그 주변에 자리 잡고 있음을 발견하였다. 이 타고난 속성, 본능들은 환경과

19) 제11장 '억압과 스트레스의 신경생물학' 중 '하의식(방어–생존) 시스템과 공통 반응 회로' 참조.
20) 생존한 무뇌아(congenitally decorticate children) 혹은 대뇌가 발달하지 못한 아이들의 경우.

인간관계의 경험에서 상호작용을 거치게 된다. 이러한 상호작용을 통해 이 속성들은 특정 부분이 더 발달하거나 조용히 잠재하기도 한다. 인간관계는 에너지 변환과 순환의 연속이다. 사람 사이에서의 에너지 변환이란, 아기가 울고 보채면 엄마의 마음이 심하게 흔들려 아기를 달래고 젖과 우유를 주는 것처럼 한 사람의 움직임이나 감정이 다른 사람으로 전달되어 신체, 정신의 변화를 일으키는 작용을 말한다. 프로이트는 이와 같은 방식으로 한 사람의 마음에서 받아들일 수 없는 불쾌한 기억, 감정과 관련된 정신 에너지(충전, cathexis)를 무의식에 가두고 묶어 두거나 의식에서 알아채지 않게 방어하는 힘의 작용을 역동적 무의식(dynamic Unconscious)이라고 표현했다. 프로이트는 처음에는 억압을 방어 작용, 즉 저항과 같은 것으로 생각했다. 그리고 히스테리에 국한해서 사용하자던 그의 억압 개념은 문학, 예술작품에서 보듯 더 보편화되고 일반화되었다.

신경증이라고 하는 현상은 이 뇌 하부 기관, 방어-생존 시스템이 과민하게 움직이는 것을 말한다. 요즘 사용하는 진단 용어는 아니다. 늑대에 쫓긴 사슴이 간신히 몸을 피했는데 숨을 고를 겨를도 없이 다시 곰에게 쫓기게 된다면, 다행히 살아나더라도 그 뒤로는 멀리서 무엇인가 움직이는 기척만 있어도 꽁지가 빠지게 도망갈 것이고 항상 불안해하며 초조하게 주변을 경계할 것이다. 반대로, 사슴의 뇌가 인간의 대뇌겉질(특히 앞이마겉질)처럼 작용한다면, 그의 귀에 이렇게 속삭일 것이다. "이젠 안전해! 걱정하지 마! 움직이는 것은 바람에 흔들리는 나뭇가지이고, 소리는 시냇물이 바위에 부딪히는 울림일 뿐이야."

신경증이 뇌 하부 기관의 과도한 반응이라면, 반대로 뇌 상부 기관인 앞이마겉질이 놀란 마음을 달래 주거나 반응을 통제하는 기능이 부족하다는 뜻이다. 맹수에 놀라 도망가다가 멈추지 않으면 절벽에 떨어지거나 바위에 부딪혀 죽어 버릴 것이다. 하부 기관의 방어-생존 시스템과 앞이마겉질의 관계를 자동차의 액셀과 브레이크로 각각 비유한다면 어느 정도 이해가 될 것이다. 과속을 하거나 브레이크가 고장 나면 소위 말하는 신경증이 발생하며, 과속을 조심하고 브레이크를 적절히 사용하여 속도를 조절하면 안전한 생활을 할 수 있다. 저자가 신경증을 액셀과 브레이크의 상호작용에 비유했지만, 자연에서 삶을 유지하기 위해서는 방어-생존 시스템이 더 강하고 민감할수록 유리할지도 모른다. 그렇지만 항상 불안하고 초조하며 나도 모르게 자주 회피해야 하니, 몸과 마음이 피곤하고 복잡하고 바쁜 현대의 사회에서 가짜 경고에 시달려 매우 불편한 상태이다. 프로이트는 작은 여러 스트레스 요인이 증상을 촉발하는 현상을 '다중 결정(over determination)'이라고 표현했다. 과거 정신 외상과 별개의 현재 스트레스도 잠재된 신경증을 재발(역전)시킬 수 있다.

억압 이론은 진화론을 따르는가?

프로이트는 '억압'을 "외부의 자극에 대항하기 위해 채택된 방어처럼 도피하려는 시도와 대등하다"고 보고, 히스테리에 대해서 인간의 생존 본능으로 외부에 대한 위험과 내부의 위험을 같이 보는 견해를 가지고 설명하였다. 독자는 이 말이 무슨 뜻인지 전혀 이해하지 못할 수도 있다. 초식동물은 사자나 호랑이를 보면 무조건 도망가는데, 프로이트는 억압이 이런 초식동물의 방어 혹은 도피 행동과 유사하다고 보았다. 사람의 마음이 쾌락을 찾고 불쾌를 피한다는 것은 그의 심리학의 기본 원칙이다. 목숨을 위협하는 맹수와 비견되는 것이 마음속에 있는 정신적 고통과 불쾌한 감정이다. 억압은 이를 방어하기 위해 회피하는 행위라는 것이다. 그가 실제 만나고 관찰한 히스테리 환자들은 고통을 겪으면서도 과거 사건을 망각하고 있었다. 그래서 그의 방어와 억압의 개념은 항상 무의식이 전제되었는데, 그 동기는 고통에서 벗어나는 것이며 작용하는 힘은 마음의 갈등과 충동이라고 설명하였다.

> 바람직하지 못한 내면적 과정에 대한 방어는 외부의 자극에 대항하기 위해 채택된 방어와 같으며, 자아는 내면적 위험과 외부의 위험을 같은 방법으로 차단한다고 생각할 수 있다. 외부의 위험이 있으면 생물체는 도피를 시도할 수단을 찾는다. 그것이 가장 처음에 하는 일은 위험한 대상을 인식하고 리비도 충전을 철회하는 것인데, 나중에 가서는 그 대상을 인식하지 않을 이유가 전혀 없더라도 아예 인식하지 못하도록 근육 운동을 수행하는 것이(그 스스로 위험한 영역에서 물러나는 것이) 더 나은 방책이라는 것을 알게 된다. 억압은 이 도피를 하려는 시도와 대등한 것이다. 자아는 억압되어야 할 본능(충동)의 전방에서 (전의식의) 리비도 부하를 철회하고 불쾌감(불안)을 해소하기 위해 그 충전을 이용한다(Freud, 1926, p. 244).

다시 생각해 보자. 그의 진화론적 설명은 그럴듯하나 의문을 가질 수 있다. 사실, 생명을 건 게임에서 위험한 사건 기억의 망각, 마음의 도피란 적절하지 않아 보인다. 왜냐하면 위험에 대한 방어라면 위험한 대상의 기억을 망각하지 않아야 유리할 것이기 때문이다. 상식적으로 맹수가 나타나는 숲이 어떤지를 기억해야 맹수를 피할 수 있다. 이러한 프로이트의 모순을 바로잡기 위해서는 바로 진화생물학과 뇌과학적 사실이 개입해야 비로소 설명이 된다. 진화는 생명보다 더 우선하는 목적이 없으며 무계획적이고 거칠지만, 기억을 떠올릴 시간에 빨리 도망쳐서 일단 위험을 피하고 생존 확률을 높이는 안전하고 자연스러운 진화를 하였다. 이 방식에는 마음의 갈등이 전혀 없다. 생각이나 기억보다 몸의 행동이 먼저 만들어진 것이다. 이것이 정말 자연스러운 생존 방법일 것이다. 한참 시간이 지난 후 사건 기억은 잊히지만 공포 감정, 감각과 지각의 기억 등 위협의 신호 기억은 오래 간직한다. 이 부분에 대한 자세한 설명은 이 책의 제12장 '정서-감정의 진화와 억압'에 나와 있다.

한편, 저자는 베텔하임이 잘못되었다고 지적한 억압(회피)은 오히려 일반인이 공감하기 좋은 용어라고 생각하고 있다. 억압(방어, 회피)은 마음의 대상에 대한 것이라 말과 문장 속에서 분명하고, 일반인의 심리에 감동을 주고 친숙하게 다가갈 수 있다. 과학적 서술은 사실, 진실과 거짓의 문제에만 집착하므로 재미가 없다. 반면, 예술작품에 대한 프로이트의 표현을 빌리자면 '확장해석(hyper-interpretation)'과 같이 예술적 표현은 아름답고 삶을 풍요롭게 하지만, 여러 동기와 충동이 관여하는 다양한 해석 중의 하나가 확장된 것이다.

초기 프로이트의 마음 모델에서 무의식, 억압, 욕망은 거의 한 묶음처럼 작동하는 개념이었다(맹정현, 2015, p. 40). 그러나 프로이트 억압에 대한 사실적 · 뇌과학적 차원은 기억, 의식-비의식, 정서-욕망의 문제로 각기 나누어 해설해도 지면이 모자랄 정도로 방대하고 복잡한 내용을 가지고 있다. 억압의 본질은 기억 생리와 조절 기전에 관한 것이다. 또한 기억이 잘 기능해도 이를 조절하는 의식이 축소되거나(해리, 잠재의식), 기억과 무관한 하의식 차원에서 기억의 접근과 저장이 문제가 되는 일도 있을 것이다. 사람들은 스트레스를 받으면 대뇌겉질의 하향성 조절이 차단되어 하부기관의 흥분이 격해진다. 정상 상태에서 개인의 정서-욕망 차원은 이를 결정하는 본성, 성격, 인간관계 갈등(스트레스)에 의해 질병의 차원으로 전환된다. 당시의 과학으로는 해결할 수 없는 부분이었기 때문이지만, 프로이트가 이런 복잡한 심리 차원의 문제를 억압과 섞어 다루었기 때문에 저자 또한 초기에 연구 방향에 혼동을 느낀 것처럼 독자들에게도 알 수 없는 해석으로 혼란스럽고 피곤하게 한다.

정신분석의 해석은 환자의 기억을 자극하여 치료 과정을 돕는다. 그러나 뇌 안의 작은 사람(호문클루스, homunculus)이 있는 것처럼 생각하고 행동해야 당연하다는 인위적인 해석은 비과학적이라는 비판을 감수해야 한다. '억압'의 정의조차 어떻게 원치 않는 의식의 내용을 의식 없는 무의식이 (의도적으로) 막을 수 있는지 논리적인 문제가 있어 초보자는 당연히 혼란스럽기 마련이다. 예를 들어 보겠다. 프로이트의 『꿈의 해석』을 보면, 소망 충족이라는 개념이 나온다. 낮에 이루어지지 않은 어떤 소망이 충족되도록 해 주는 것이 꿈이라는 것이다. 융도 꿈을 보상 기능으로 생각하였다. 가령, 낮에 사과를 먹고 싶었는데 먹을 수 없었다면 꿈에 사과가 나온다는 것이다. 정신분석은 이처럼 '억압, 회피'된 바람을 대신하여 충족시켜 주는 것이 바로 꿈이라고 해석하고 있다. 사실, 낮에 사과를 먹고 싶어 여러 차례 연상했으므로 뇌에서는 사과의 이미지가 활성화된 상태이며, 그래서 사과가 꿈에서 나타나는 것은 어쩌면 당연하다. 어떤 대상을 자주 많이 생각할수록 신경 흥분으로 발화되고, 그 뒤에 역치가 더 낮아져서 다음에는 같이 흥분한 신경 모듈이 더 쉽게 발화된다는 도널드 헵(D. O. Hebb, 1904~1985)의 신경 발화 원리조차 프로이트가 「과학적 심리학을 위한 구상」에서 앞서 말한 이론임을 앞으로 설명할 것이다. 낮 동안 생각했던 감정(소망)과 연결된 반복된 생각은 해마를 통해 장기 기억으로 가는 과정에서 인접 뇌겉질을 자극하여 감독 없는 영화, 즉 꿈을 만든다. 그래서 치료자가 의뢰인의 내면을 해석하는 작업은 참 어렵고 조심스럽다. 사실, 정신치료와 정신분석의 목표는 의뢰인의 진실을 드러내는 것이 아니고, 의뢰인의 왜곡된 감정 기억에 대한 치료적 대화를 통한 변화와 수정이다. 그 소재는 과거 기억, 꿈 등 무엇이든지 상관없지만, 프로이트의 이러한 인위적인 해석을 듣다 보면 종종 뇌 안에 있는 작은 인간을 가정하는데, 이 사람은 바로 프로이트 자신이다. 정신분석의 인위적 해석, 추론은 이유가 있다. 그는 환자의 연상을 통한 증거 기반의 정신분석을 했다. 새로운 환자, 새로운 증례를 만날 때마다 그는 이론을 수정하고 업데이트했으니, 인위적일 수밖에 없는 한 천재의 창작이며 가설이고, 여전히 그의 이론에서는 작은 인간이 살아서 숨 쉬고 있었다. 그렇지만 우리가 프로이트를 연구하면서 어렵게 억압과 기억의 비밀을 풀어내는 순간, 그의 창작물에서 작은 인간은 사라지고 숨겨진 과학적 사실이 드러날 것이다.

마음의 뇌과학 용어로 전환

저자가 구글(google)을 통해 영어 'repression'과 한국어 억압에 대한 이미지를 검색한 결과, 수갑, 자유의 억압, 성차별, 정신적 부담 등 위에서 누르거나 눌려 있는 이미지가 대부분이었다. 프로이트 연구가 브루노 베텔하임은 이 개념이 잘못되었다고 주장하고 수정할 것을 요구했다. 그의 노력에도 불구하고 프로이트와 그 후학들이 '억압', '방어' 등 용어의 번역에 대해 수정하는 활동을 하지 않는 것을 보면, 어쩌면 구글의 이미지처럼 현재의 용어와 의미가 수정할 수 없을 정도로 정착되어 있거나, 후학들도 그 의미로 사용하고 있을지 모른다. 프로이트는 억압의 동기와 목적이 불쾌를 피하는 것(Freud, 1915, p. 147)이라 말했다. 정신분석가 브레너(Brenner, 1982)도 인간에게는 다양한 방어기제가 존재하지만 한 가지 공통적 방식을 가지고 있는데, 그것은 방어하려는 대상의 내용은 욕동의 잔류물(drive derivatives)이거나 초자아(superego)에 반대하는 작용을 하므로 불안 혹은 우울한 정서를 불러일으키는 것이라고 하였다. 그래서 주의를 다른 곳으로 돌려 피하려고 한다는 것이다. 비슷한 예로, 미국의 정신의학자 설리번은 의식의 조절 행위에 대해 '선택적 부주의'라는 용어를 사용했다.

프로이트의 '억압' 개념은 『히스테리의 연구』를 브로이어와 공동 집필하면서 정신적 외상(트라우마)에 몰두하던 시절에 탄생했다. 저자는 환경에서 탄생한 '억압', '억제'의 본질적 의미는 내적 대상을 물리치거나 회피(avoidance)하는 수동적이거나 능동적인 행위이므로(Freud, 1915a, p. 147), 회피라는 뇌과학적 용어로 번역하고 전환해서 간결한 설명으로 소통이 잘 되도록 했다. 이 주제를 지금의 의학과 심리학의 세 가지의 관점으로 간단하게 정리한다.

첫째, 다양한 일상의 자극에 의해 저절로 떠오르는 불안, 불합리한 생각, 잡념, 불면증, 통증 등 원인 모를 의학적 증상이 동반된다. 억압은 정신적 증상 이전에 관련된 정신적 사건이 있었고 최근의 어떤 자극으로 이 사건 기억이 다시 동기화하는 역행성 과정을 의미한다. 프로이트가 '억압의 회귀'라고 표현했고, 동기화는 일상의 스트레스로 인해 자주 반복된다. 둘째, 정신적 사건을 당한 후 이 기억, 불쾌 감정을 의식적으로 '억제(배제)'한다. 이는 전향적(미래로 향한) 행위이다. 머리에 가득 찬 고통스런 관념과 정서를 피하기 위한 사람의 기본적인 의식(인지)적 조절 행위이며, 그는 방어라는 표현을 썼다. 셋째, 억제가 습관화되어 불편한 생각의 의식화를 초기에 억제한다. 이것이 저자가 이름 붙인 '억제의 습관, 억제의 학습'이다. 회피 행동은 이렇게 불쾌감을 회피하는 심리적 이득으로 학습된다. 학습은 자동화를 의미한다. 억압의 정신분석 용어는 역동적 무의식이지만, 뇌과학 측면은 파블로프의 혐오학습과 같은 하(비)의식의 자동 과정이다. 억제는 의식에서 의도적 · 능동적 회피라는 의미에서 억압의 개념과 대조된다.

저자는 프로이트의 억압을 파블로프나 스키너의 학습 이론으로 설명할 수 있다고 믿고 연구를 진행해 왔다. 수많은 프로이트와 정신분석의 연구 중에서, 저자처럼 학습 이론으로 두 거장을 연결하는 시도는 그동안 찾아볼 수 없었다고 자신 있게 말할 수 있다. 저자가 정신분석의 학습 이론을 주장하는 배경에는 억압이 정신적 외상의 학습의 결과라는 전제가 있다고 생각한다. 학습은 자연의 가장 기초적인 기억 방법이며 가치(의미)를 생산한다. 서로 다른 두 개의 대상(무조건 자극과 조건 자극)에 상응하는 신경이 시냅스로 연결되어 자동 연상됨을 말한다. 프로이트의 임상 이론들과 분석의 가정을 살펴보면, 1차 억압과 2차(본유) 억압, 연상(association), 1차 과정, 정신역동 이론들은 모두 정신적 외상에 대한 학습과 최근의 스트레스나 조건 또는 맥락 신호 노출에 의한 학습 기억의 부활[21] 과정이다. 그리고 두 사람의 공동 저자의 글 여러 곳에서 단서가 자주 발견되며, 프로이트의 초기 저서인『과학적 심리학 초고』(Freud, 1895)에서 저자는 '학습 현상'의 증거로 상세히 논증할 것이다. 그리고 억압/억제가 어떻게 생활에서 사용되고 어떻게 무의식화되는지 동물의 회피 실험 모델로 자세히 설명할 것이다. 프로이트가 발견하고 개발한 마음의 현상과 용어를 지금의 뇌과학 용어로 번안하면 의미가 분명히 드러나 사용에 편리하다. 억압/억제는 지금도 환자와 일반인에게 관찰되는 주된 현상이고 응용이 필요하며 정신건강을 유지하는 좋은 기능이 있음을 차차 설명하겠다.

과학자가 사람의 연구와 치료를 위해 동물을 연구하는 것을 환원[22]적 방법이라고 한다. 저자는 억압/억제라는 뇌 안의 행위를 관찰할 수 있는 행동 모델로 전환하기를 고민한 결과, 용어의 정의에 합당한 동물 행동 모델을 선택했다. 이 책에서는 앞으로 '억압'과 '수동 회피(passive avoidance)', '억제'와 '능동 회피(active avoidance)'를 각각 등가의 용어로 사용할 것이다. 즉, 정신적 행위와 이에 상응하는 행동 모델을 가정하는 매우 중요한 환원적 설정이다. 억제(배제), 회피가 일어나는 앞이마겉질의 작업 공간에서 한 대상에 집중과 다른 대상에 억제는 동일한 현상이다. 이를 잘 기억하자.

21) 새로운 스트레스가 유발하거나 공포의 조건자극에 다시 노출 또는 맥락(환경)에 다시 노출되어 소거된 공포학습이 무효가 된 후 반응(증상)이 다시 나타나는 현상을 각각 역전(reversal), 복원(reinstatement), 재생(renewal)이라 한다.

22) 환원주의(reductionism): 근대과학 연구를 이끌어 온 기본 전략으로, 복잡한 것을 잘게 분해함으로써 기본적인 단순성에 도달하여 관찰·연구를 쉽게 하는 연구 방법론이다.

제3장

정신분석, 문학과 과학의 경계

> 새로운 시각에서 볼 때, 어떤 정신적 과정이 무의식적인 이유는 뇌 구조상 의식이 접근하지 못하는 영역에 속하기 때문이지, 억압과 같은 동기적 힘에 붙잡혀 있기 때문이 아니다. 새로운 무의식의 접근 불가능성은 방어기제로도 불건전한 것으로도 간주하지 않는다. 오히려 정상으로 여겨진다.
>
> – 『새로운 무의식』(Mlodinow, 2012)

프로이트는 정신분석에 대한 기초적인 개념과 용어 개발 그리고 내용 확장에 몰두하면서 문학과 신화의 사례와 은유를 정신분석에 적용하기 시작하였고 대중의 입맛에 맞는 재미있는 내용으로 많은 관심을 받으며 성공을 거두었으나, 이와 비례해서 그의 생애는 물론 사후에도 다양한 비판을 받았다. 뇌신경과학에서 마음과 심리에 대한 은유로의 전환은 인간 행동의 이해에 깊은 관심과 공감을 주었으나, 오이디푸스와 엘렉트라 콤플렉스와 같은 주장은 허구로 간주되어 과학으로 평가받지 못하였다(Cozolino, 2002).

셰익스피어의 햄릿과 억압

1800년대 후반에 들어서 처음으로 인류는 현미경으로 신경계를 관찰할 수 있었고, 이를 염색하는 기술로 신경세포를 발견하였다. 또한 이 신경세포가 시냅스를 통해 교통하고 무수히 많은 연결을 통해 커다란 신경계를 이룬다는 것을 알게 되었다. 베르니케와 브로카는 뇌의 서로 다른 영역이 각각 특정한 기능을 담당한다는 국소화의 개념을 언어의 신경해부학으로 증명하였고, 이러한 분위기에서 프랑스의 샤르코에게서 연수를 받은 프로이트가 의식, 무의식적 행동과 뇌의 신경 구조를 도식화하면서 마음의 신경생물학적 모델을 만들고자 시도한 것이 『과학적 심리학 초고』(Freud, 1895)이다. 그러나 그의 생각과 시도는 시대를 너무 앞서갔고, 스스로 책의 발간을 미루고 무의식에 바탕을 둔 새로운 초심리학에 몰두하였다. 그가 신경학자로서의 연구를 그만두고 심리학 이론에 매진할수록 신경학자로서의 위치는 잊혀졌고, 생물학적 기초에서 점점 멀어졌다. 프로이트는 자신이 마음의 모델로 세우고 즐겨 읽었던 셰익스피어(Shakespeare)의 작품을 포함하여 문학과 예술에 대한 정신분석을 시리즈로 발표하면서 당시 대중의 큰 관심을 받았다. 정신분석은 인간 '영혼'에 대한 분석이며 한 사람의 인생 이야기를 문학과 예술로 만들었기 때문에 대중의 인기를 타고 지성인이 갖추어야 할 필수 교양 요소가 되어 갔으며, 일반인의 관점에서는 과학(의학)과 예술의 경계가 무너지기 시작했다. 그는 셰익스피어의 4대 비극 중 『햄릿(Hamlet)』(1603)에 대한 분석인 『억압에 대해서(On Repression in Hamlet)』(Freud, 1900)에서 햄릿이 아버지를 살해하고 왕좌를 빼앗은 숙부(클로디어스)에게 복수를 주저한 것은 그의 어린 시절에 억압된 욕망을 실현해 준 일과 관련이 있기 때문이라고 분석하였다. 햄릿 자신도 숙부와 비슷하게 아버지를 살해하고 싶은 욕망을 품었으며, 따라서 복수는 자기책망, 양심의 가책으로 억압되고 대치되었다고 하였다. 햄릿과 그의 약혼자 오필리아(Ophelia)의 대화에서 드러나는 약혼자에 대한 햄릿의 성적 혐오나 회피도 그의 억압과 관련이 있다고 보았다. 그런데 프로이트가 조사해 보니 어린 나이에 사망한 셰익스피어의 아들 이름은 햄릿과 철자가 비슷한 햄닛(Hamnet)이었고, 1601년 부친의 사망 이후 3년간 희곡 『햄릿』을 완성했으니 프로이트는 이를 아들과 아버지에 대한 작가의 추억과 애도가 담긴 작품이라고 하였다. 또 같은 기간에 지은 희곡 『멕베스(Macbeth)』의 주인공은 자식이 없는 점도 주목할 만하다. 이렇게 프로이트가 예술작품을 '확장해석(억압)'이라고 평가한 것을 프로이트 자신의 정신분석 이론에도 적용할 수 있지 않을까?

프로이트는 다음과 같이 말했다(Jenes, 1949, pp. 7-9).

> 이 작품은 자신에게 주어진 복수의 임무를 자꾸만 지연시키는 햄릿의 망설임에 토대를 두고 있다. 원전은 망설임의 원인이나 동기가 무엇인지 말하지 않는다. 작품을 해석하려는 많은 시도 역시 그 점은 밝힐 수 없었다. 지금까지 널리 퍼져 있는 괴테의 견해에 따르면, 햄릿은 사고 활동의 지나친 발달 때문에 활발한 행동력이 마비된(무미건조한 사고 때문에 유약해진) 인간 유형이다. 시인이 신경 쇠약증의 범주에 들 정도로 우유부단한 성격을 묘사하려 했

다고 생각하는 사람들도 있다. 그러나 작품의 줄거리를 보면 햄릿이 전혀 행위할 수 없는 인물이 아니라는 것을 알 수 있다. 그가 행동하는 장면은 작품에 두 번 나온다. 한 번은 분노에 휩싸여 벽 뒤에서 엿듣는 염탐꾼을 칼로 찌를 때이고, 다른 한 번은 그를 죽이려 하는 두 명의 신하를 르네상스 시대 왕자들 특유의 단호함으로 저세상에 보낼 때이다. 이때의 그는 계획적이고 교활하기까지 하다. 그렇다면 부왕(父王)의 혼백이 맡긴 임무를 실행하지 못하도록 그를 가로막는 것은 도대체 무엇일까? 다시 한번, 이 임무가 가진 특수한 성격이 그 답이라고 할 수 있다. 햄릿은 무엇이든지 다 할 수 있지만 자신의 아버지를 제거하고 아버지 대신 어머니를 차지한 남자에게 복수하는 일만은 하지 못한다. 이 남자는 어린 시절 억압된 자신의 소원을 성취한 사람이다. 햄릿에게 복수할 것을 촉구하는 혐오심은 자기 비난, 즉 문자 그대로 징벌해야 하는 죄인보다 자신이 더 나을 것이 전혀 없다고 꾸짖는 양심의 가책과 뒤바뀐다. 이것은 내가 주인공의 정신이 의식하지 못하는 것을 의식으로 옮겨 놓은 것이다. 햄릿을 히스테리 환자라고 부르고 싶은 사람이 있다면, 나는 내 해석의 추론 결과로서만 그것을 인정할 수 있다. 햄릿이 오필리아와의 대화에서 표현하는 성적 혐오감이 그것과 잘 부합한다.

프로이트가 분석한 문학작품에서 억압의 주인공들은 햄릿과 비슷한 정신 상태를 보였다. 이때 독자들은 궁금해진다. 도대체 억압의 힘이 무엇이기에 부왕의 살인에 대한 복수심, 그리고 사랑하는 애인에 대한 태도마저 변화시키는 것인가? 자신의 속마음을 잘 알지 못했기에 우왕좌왕하던 햄릿의 비극처럼 소포클레스가 쓴 비극의 주인공 오이디푸스도 자신을 알지 못했기에 아버지를 살해하고 어머니와 결혼하게 된다는 신탁을 따랐다. 코린토스에서 방황하던 오이디푸스는 "너 자신을 알라."라고 사원의 비문에 새겨진 훈계에 전혀 주의를 기울이지 않았다. 아버지를 죽이는 끔찍한 일을 저지르고도 그는 자신이 하는 일이 무엇인지 몰랐다. 그의 가장 큰 욕망은 신탁이 일어나지 않게 방어하는 것이었다. 따져 보면 신화에서만 있음 직한 이 불행한 가족사는 오이디푸스만의 잘못이 아닐 것이다. 오히려 신탁을 믿고 오이디푸스를 버렸던 부모의 무지한 행동에서 비롯되었다고 해야 할 것이다. 부모가 신탁을 맹신하지 않고 제사장들의 유혹을 물리치며 자신들의 이성을 믿고 오이디푸스를 키웠다면 그런 비극은 일어나지 않았을 것이다. 그러나 저자는 오이디푸스 신화의 의미가 교훈에 있지 않다고 보며 신경증적 강박에 무게를 둔다. 신탁은 오이디푸스가 자신을 알게 될 경우 정신적 공황의 파국을 맞을 것을 두려워한다(신탁은 오이디푸스의 초자아, 관찰 자아이다). 그러나 자신을 알지 못하면 얄궂은 운명에 휘둘린다. 알면 받아들일 수 없는 비참한 현실, 모르면 운명에 쫓기는 공포라는 양극단에 선 인간의 양가감정, 즉 신경증적 갈등을 의미한다. 이러한 손발을 묶는 굴레는 신화, 꿈, 그리고 신경증을 가진 마음과 뇌의 특징이다.

프로이트는 모든 신경증 증상이 마치 꿈에서 보는 현상같이 확장해석(hyper-interpretation)이 담겨 있거나 완전히 인식이 가능해지기 전에도 이러한 확장해석을 시도하는 것처럼, 시(문학)적 창작물은 하나 이상의 해석에 열려 있어야 한다고 하였다(Freud, 1900). 그리고 그는 원시적인 힘 중에서 가장 깊고 정확한 것을 찾으려 노력했다.

> 꿈 자체와 마찬가지로 모든 신경증적 증상의 확장해석이 가능하고 심지어 완벽하게 이해할 수 있게 되기 전에 그러한 확장해석을 필요로 하는 것처럼, 모든 진정한 시적 창조는 하나 이상의 동기, 하나 이상의 충동에서 출발해야 한다. 시인의 마음 그리고 하나 이상의 해석을 인정해야 한다. 나는 여기에서 창조적 시인의 마음속에 있는 가장 깊은 충동의 지층만을 해석하려고 시도했다.

진료실에서 의사는 환자의 병력을 평가할 때 항상 생물학-사회-심리 등의 여러 측면에서 선행 요인과 촉발 요인들을 분석하며, 자극에 민감하도록 동기화된 뇌신경 시스템의 배경 자극을 조사한다. 프로이트는 심리적 측면에서 자신의 임상 접근법을 문학의 분석에 사용했을 것으로 보인다. 이러한 경험적 논리를 가지고 정신분석, 정신역동으로 그려지고 해석되는 역사, 문화 인물들에 대한 비평은 당대를 풍미하였으며, 지금도 여전히 독자들의 관심을 끌고 있다. 프로이트의 말대로 문학작품에 대한 다른 해석은 얼마든지 가능하다. 그러나 근거 위주인 오늘날의 정신의학에서 햄릿이 도덕적이고 법적인 갈등이 있었는지, 우유부단한 성격이었는지, 아니면 지극히 현실주의자이거나 과민한 성격의 소유자였는지는 중요하지 않다. 마음이 불안했거나 여러 가지 충동이 혼란을 일으키는 정신의 강박이 있었는지가 중요하다.

햄릿이 신경증 환자라면, 자신의 깊은 마음속에 간직한 분노, 원망, 심지어는 살의(殺意)까지 숨겨 놓고 의식하지 못하는 것처럼 행동할 수 있다. 그는 용기가 없는 것이 아니라 현실 판단을 혼동하여 마땅히 해야 할 일을 하지 못한 채 "과연 해야 하는가? 아닌가?" 하고 질문과 대답을 반복하며 주저한다. 간간이 혹은 자주 찾아오는 불안과 불면, 소화불량, 만성두통, 욱하는 감정, 우울감의 원인이 아버지의 살해와 자신의 억압과 관련되어 있음을 알지 못하고, 왕실의 의사들에게 병을 고쳐 달라고 한다. 악몽과 몽유병이 원귀의 장난이라는 주술사와 무당의 말에 따라 굿을 할 수도 있고, 원기가 부족하다는 전통 민간 요법사의 말을 듣고 각종 자연치료법과 동물의 내장을 달인 약으로 식사를 대신할 수도 있다.

프로이트의 충실한 제자이며 정신분석학자인 어니스트 존스(E. Jones, 1879~1958)의 『햄릿과 오이디푸스』(Jones, 2009)를 읽으면 『햄릿』 원문과는 색다른 재미가 있지만, 지금 시점에서 보면 특정한 예술작품에 대한 정신분석 특유의 확장해석 때문에 예술작품 비평에 대한 내용과 의학으로서의 정신분석을 혼동하는 부분들을 자주 발견할 수 있다. 한때는 이러한 해석이 풍미했고 지금은 과거처럼 영향력이 크지는 않지만, 여전히 믿고 따르는 이가 상당할 것이다. 존스는 다음과 같이 말했다(Jones, 2009).

어머니가 주는 애정이 과도한 경우, 그 사랑은 소년의 운명에 결정적인 영향력을 행사할 것이다. 상세히 언급하자면, 이 주장에 대한 무수한 근거가 이미 정신분석학 출판물에 발표된 바 있다. 여기서는 이 영향과 다른 영향 간의 복잡한 상호작용이 일으킬 수 있는 수많은 결과 가운데 한두 가지만 언급해도 충분할 것이다. 각성한 감정이 충분히 억압되지 못하면 남자아이는 평생 비정상적일 정도로 어머니에 집착하며 다른 여성을 사랑할 수 없게 되는데, 이것은 독신 남성의 흔한 원인이기도 하다. 죄의식과 유사한 그 반응과 결합하면, 감정은 너무나도 철저하게 침묵해 이성에 대해 어떠한 감정도 느끼지 못할 수 있다. 어머니와 마찬가지로 모든 여성에게 접근하지 못하는 것이다. 강렬한 여성 혐오 또는 다른 요인이 개입되면(공생 관계의), 모자가 보여 준 것처럼 사실상의 동성애에 빠질 수 있다. 강한 경쟁자인 아버지에 대한 태도 역시 다른 요인들 가운데, 이 솟아난 감정이 억압된 정도에 따라 다르다. 정도가 미미하다면 그 참의미는 인지하지 못할지라도 통상적인 수준의 반항으로서, 아버지에 대한 자연스러운 적개심이 뒷날 어느 정도 숨김없이 드러난다. 많은(어쩌면 모든) 사회혁명가는 본래 여기에서 권위에 대한 저항, 근원적인 추동력을 얻었다.

모자 간의 사랑과 억압의 정도에 의해서 한 인물을 독신, 동성애, 사회혁명가로 이끌 수 있다는 주장은 과거부터 사회의 통념 혹은 상식으로 알려지기도 했지만, 현대과학과 정신의학에서 사실로 확인된 것은 아니다. 왜냐하면 한 인물의 성격과 습성 그리고 사회에 대한 태도에 영향을 주는 변수가 많고, 또한 의지로 어느 정도 바꿀 수 있기 때문이다. 다만 최근의 정서과학은 한 인물의 성격 형성 과정에 대해 보다 입체적인 이해를 도와주는데, 선천적인 정서적 '본능'과 '기질'의 영향을 과거보다 더 강조하는 실험 자료를 증거로 보여 준다.

영문학자 조시 코언은 『How to Read 프로이트』(Cohen, 2007, pp. 48-49)에서 소설가 멜빌(H. Melville, 1819~1891)의 『사기꾼』(1857)이라는 작품을 예로 들었다.

> 위장술을 통하지 않으면 무의식은 결코 우리 앞에 모습을 드러내지 못한다. 이런 면에서 무의식은 소설에 나온 사기꾼과 매우 비슷하다고 할 수 있다. 우리는 있는 그대로의 현실에 결코 도달할 수 없으며, 오직 우리에게 보이는 것은 마스크뿐이다. 이는 일차적 정신 과정의 독특한 현상인 전위와 압축의 결과물이다.

저자는 '억압'의 진화론적 설명(제12장)에서 타인과 자신을 속여야 하는 필요성을 말할 것이다. 그러나 '진화'는 누군가를 속이려는 '사기꾼'이 아니다. 무의식의 내용이 대치(전위)와 상징(압축)으로 표현되는 특수한 방식이 이와 같은 프로이트의 이론을 적용하는 작가들의 작품을 만들었는데, 이는 역동적 무의식이라는 마음의 한 부분에 해당될 수 있지만, 마음 전반에 대한 적용은 확장해석이고 일반화 오류가 발생할 수 있다. 확장해석의 장점은 독자들이 쉽게 이해할 수 있으며 우리 마음의 움직임을 바로 눈앞에서 보듯 생생하게 느낄 수 있다는 것이다. 그러나 반면에 은유나 문학적 해설이 과학적 정론이라는 그릇된 믿음을 줄 수도 있다. 저자는 대중의 관심을 이끄는 프로이트, 융의 역동 이론이 정신의학에 문학적 상상과 해석을 혼합하고 있다는 것을 알았다. 프로이트 연구가인 한림대학교의 이병욱(2006)은 정신분석이 인간 이해의 분석적 준거 틀을 확립하는 데 있어서 매우 탁월한 선도적 역할을 맡았음에도 불구하고, 그가 남긴 위대한 업적은 학문적으로나 대중적으로나 여전히 의문부호로 남아 있다고 말했다.

> 그(프로이트)에 대한 의혹은 지금도 식을 줄 모르고 그의 이론은 항상 도마 위에 오른다. 프로이트의 모든 저작을 탁월한 문학작품으로 간주하는 사람도 있고, 프로이트를 셰익스피어에 견주는 사람도 있다. 얼핏 들으면 칭찬인지 빈정거림인지 구분키 어려운 말들이지만, 프로이트가 남긴 독일어 원전은 그의 문학적 소질을 다분히 내포하고 있다는 점에서 수긍이 가는 부분이기도 하다. 그러나 프로이트는 어디까지나 뛰어난 이론가이자 임상가였지, 문학가는 결코 아니었다. 그런데도 그가 남긴 임상 사례를 읽다 보면 마치 한 편의 소설을 읽는 것과 같은 기분이 들 때도 있다. 또한 어느 개인의 내면세계를 철저히 탐색하고 추적해 나간다는 점에서 추리소설과 연애소설, 일인칭 소설 내지는 성장소설, 더 나아가서는 외설적 냄새까지 맡을 수 있다. 따라서 학문적 이론이라는 측면에서 본다면 프로이트의 뛰어난 문장

력은 오히려 감점 요인이 될 수도 있다. 마치 프로이트 한 개인의 창작물이요, 상상에서 비롯된 것이라는 오해의 소지가 있기 때문이며, 실제로 그런 주장을 하는 사람들도 더러 있다. 프로이트가 가장 우려했던 부분도 실은 정신분석이 하나의 과학적 체계로 인정받지 못한다는 사실이었다. 특히 인간의 심층 세계를 다루는 분야는 더욱 그러하다. 과학적 검증과 입증에 자체적으로 한계를 지니고 있기 때문이다.

저자는 좀 더 다른 방향에서 생각해 본다. 정신분석의 심각한 주제가 빠른 기간에 전문가 그룹은 물론 문화 예술계에 커다란 영향을 미친 것은 프로이트의 섬세하고 화려한 문장력, 감성의 전달 때문이었다. 물론 성 행동학에 대한 대중적 흥미를 포함해 심층 심리와 정신의 신비함을 갖춘 정신분석에 예술성을 더한 매력의 폭발적 발산 덕택이라고도 생각한다. 과학적으로 논증되거나 입증되지 않았더라도 처음부터 전문가만 참여하는 지루한 학문적 분위기였다면 그것은 더 이상 문학이나 예술이 아닌 것이며, 건조한 숫자와 딱딱한 과학적 사실을 나열하기 시작한 순간 대중의 흥미 대상에서 멀어지기 마련이다. 그리고 본인도 과학적 검증을 어디서 시작해야 할지 몰랐기 때문에 과학적 검증을 버리고 메타심리학의 논리 개발에 몰두함과 동시에 현실의 임상 사례를 대입하면서 대단한 성공을 거두었다. 결국 그는 1930년에 괴테 문학상을 받았다. 비록 구강암 수술 때문에 수상식에 참여할 수는 없었지만, 딸 안나를 대신 보내 1만 마르크의 상금을 받았고 무척 기뻐했다고 한다. 정신분석과 그 주변의 개념들은 프로이트 개인의 상상력에서만 비롯된 것이 아니다. 당대의 선배나 동료 학자들의 이론과 그의 연구를 결합해 당시 심리학의 변종으로 시작하여, 현재 정신건강의학의 한 분야인 정신치료를 상징하는 정신분석학이 만들어진 것이다. 그의 성공이 있었기에 반대쪽의 과학적 근거를 비판하는 태도도 강하게 경쟁할 수 있었을 것이다. 관심 있는 대중과 학자들은 정신분석이 논증할 수 있는 과학의 토대 위에 있는지 더욱 궁금해졌다. 많은 인문학자, 정신분석가, 뇌과학자들이 프로이트 정신분석의 토론과 비판의 대열에 합류했으며, 지금도 이는 여전히 논란이다. 이러한 비판적 관심이 더 큰 발전을 낳는다고 생각한다. 이제 과학이 주도하는 현대의학에서 정신분석도 엄정한 의학의 한 분야로서 뇌과학적 증거를 배경으로 가져야 하는 어려움에 빠져 있다.

정신분석에 대한 비판

프로이트의 이론에 대해 많은 인문학자, 심리학자, 정신의학자 그리고 신경과학자들이 비판을 해 왔다. 이들은 무의식의 존재, 역동적 무의식, 정신 구조론, 본능, 충동, 성욕 이론의 존재, 성-심리 발달 이론, 오이디푸스 콤플렉스, 정신 결정론, 꿈의 소망 충족이라는 목적에 대해, 자유의지에 대해서, "원인을 안다고 해서 치료가 되는가?" 등과 같이 치료법에 대해서도 합리적인 의문을 던지고 비판해 왔다. 분석가 내부의 뇌과학자들 역시 억압의 존재와 증명에 대해서 의문을 가지고 있고, 대부분 정신 구조와 대리자로서 뇌 안의 작은 인간, '호문클루스(homunculus)'적 설명에 대해서 불만을 품고 있다. 환자 혹은 인간의 내면에서 이루어지는 심리적인 과정이 마치 수학 공식에 대입하여 예견된 결과를 도출해 내는 기계적인 결정 이론이라는 비평과 자성의 목소리가 있었다. 프로이트 이후 자아심리학이 발전하면서, 한편으로 자아의 기능인 기능심리학이 개념을 확장해 나가면서 구조 이론은 경험, 존재, 현상학적 심리학의 도전을 받게 되었다.

'정신분석은 과학이 아니다.'라고 생각하는 사람들 사이에 철학자 칼 포퍼(K. R. Popper, 1902~ 1994)가 있다. 포퍼는 논리, 신화, 종교, 철학 등과 객관적 진리를 추구하는 과학을 구분하는 경계 기준에 대해 모든 과학 이론은 경험적 시험을 통해 위조를 검증할 수 있는 것이라고 하였다. 그는 다음과 같이 말했다(Popper, 1945, pp. 15-16).

> 나는 알지 못한다. 나는 단지 추측할 뿐이다. 그러나 나는 나의 추측을 비판적으로 검토할 수 있다. 그 추측이 엄격한 비판을 잘 견뎌 낸다면, 이것은 그 추측을 지지할 충분히 합리적인 이유가 될 수 있다. 이런 관점에서 보면, 모든 현실을 절대적으로 확실하게 설명할 수 있다고 주장하는 마르크스의 역사 이론이나 프로이트의 정신분석학은 실제로는 과학이 아닌 원시적 신화요, 천문학보다는 점성술과 유사한 것이다. 왜냐하면 이는 언제나 반박될 수 없기 때문이다. 반박 불가능성, 반증 불가능성은 이론의 장점이 아니라 이론의 치명적 약점이 된다.

피츠버그대학교 과학철학과 교수 그륀바움(Grünbaum, 1984)의 정신분석 비판도 유명하다. 그륀바움은 포퍼에게 동의하지 않았다. 그륀바움은 프로이트가 자신의 이론을 과학적인 것으로 생각했다고 하였다. 그가 거짓된 예측을 했고, 그 예측이 거짓임이 증명되었다고 했다. 예를 들어, 필요조건 논제(Necessary Condition Thesis: NCT)로 알려진 프로이트의 대명제는 오로지 정신분석만이 정신신경증(어린 시절의 외상으로 인한 정신질환)

을 치료할 수 있다는 것이다. 그의 거짓을 증명할 수 있는 강력한 예를 들면, 비록 자연 관해가 발생할지라도 치료의 또 다른 형태인 행동치료 등이 신경증을 치료할 수 있다는 것이다. 우리는 지금 이러한 두 가지 치료 대안이 모두 해당 신경증을 치료할 수 있다는 것을 알고 있다. 따라서 그륀바움은 "정신분석은 거짓이며, 나쁜 과학이다."라고 결론지었다. 그륀바움은 여러 정신치료가 접근 방식은 다르나 공통적인 치료 요인으로 치료 효과를 가진다는 사실을 잘 모르고 있었다. 잘 알려진 프로이트의 비판자이며 행동주의심리학자인 스키너(Skinner, 1904~1990)에 의하면, 문제가 되는 것은 프로이트 자신의 견해가 아니었다. 프로이트는 일흔의 나이에 자신의 성취를 이렇게 설명했다.

> 나의 삶은 오직 하나의 목표만을 목표로 삼았다. 정신 장치가 어떻게 구성되는지? 무엇이 상호작용하고 그것 안에서 상호작용하게 하는가? 이를 어떻게 추론해야 하는가?

그러나 스키너는 논란의 여지 없이 프로이트의 정신 장치는 정확히 기술하기가 어렵다고 했다. 왜냐하면 프로이트의 개념이 시간에 따라 변하기 때문이며, 한편으로는 그의 개념이 그 성격상 잘못된 해석과 오해를 불러일으키기 때문이라고 했다. 스키너는 그 개념의 주요 특징을 다음과 같이 말했다.

> 프로이트는 어떤 생각의 영역에 대해 물리적인 한계를 정하지 않고 이 지형적 공간 내에서 다양한 지역으로 세분할 수 있는 의식, 전의식 및 무의식으로 기술하고 소원, 기억, 감정, 본능적 경향 등 여러 가지 복잡한 방식으로 상호작용하고 결합한다고 설명한다. 이 시스템은 이러한 정신적 사건 중 거의 대부분은 성격으로, 또 나머지도 적절한 이름을 부여했다. 원초아, 자아 그리고 초자아와 같은 시스템은 자체적으로 제한된 정신 에너지의 구역으로 나뉘어 있다. 다른 많은 세부 사항이 있지만 어떤 정신분석가가 이 정신 장치를 만들 수 있더라도 프로이트가 그것을 과학적 구성이나 이론이 아닌 실제로 받아들였다는 것은 거의 의심의 여지가 없다고 한다. 왜냐하면 누구도 70세의 나이에 설명적 허구(소설)를 탐구하는 것을 인생의 목표로 정의하지는 않기 때문이다.

스키너는 "프로이트는 그의 '정신 장치'를 정리(이론)를 환원해서 경험적인 확인에 적용하기 위한 가정 시스템으로 사용하지 않았다."라고 언급하였다. 그에 따르면 프로이트는 정신적 장치와 경험적 관측 사이의 상호작용을 새롭게 발견된 사실을 설명하기 위해 거꾸로 정신 장치를 수정하는 형식으로 사용하였다. 프로이트의 많은 추종자에게 정신 장치는 새로 발견된 것만큼이나 실제처럼 보였다. 사실, 그러한 장치의 탐사는 행동과학의 목표로 받아들여졌다고 한다. 그리고 이에 대한 다른 견해가 있는데, 그가 정신 장치를 발견한 것이 아니라 오히려 그것을 발명했고, 인간 행동의 철학적 전통에서 그 구조의 일부를 빌려 왔으며, 자신이 고안한 것에 많은 새로운 특징을 추가했다는 것인데, 프로이트의 정신 장치는 관찰할 수 있는 경험적 체계로 보기 어려운데도 과학적 구성으로 인정하는 사람은 과학적 방법에 비추어 그것을 정당화하려고 시도했다고 말했다.

머리말에서 소개했던 기억 연구가인 줄리아 쇼(J. Shaw)는 거짓 기억의 가능성이 크다는 이유로 억압의 개념을 정면으로 비판했다(Shaw, 2016, pp. 287-289).

> 프로이트가 발표한 이론들은 대부분 과학이 아닌 자기 환자들과의 상담에만 근거한 것이었다. 프로이트는 과학자가 아니었다고 말하고 싶어질 정도이다. 내 말을 못 믿겠거든 노벨상 위원회에 한번 물어보라. 프로이트가 노벨상 후보에 올랐을 때 위원회에서 그의 연구를 검토할 전문가를 고용했다. 그 전문가가 내린 결론은 "프로이트의 연구는 그 과학적 가치를 증명할 수 없다."라는 것이었다.
>
> ……
>
> 그는 무의식에 묻혀 있는 정신적 외상을 의식으로 옮겨 치료할 수 있다고 믿었다. 그러나 크리스 프렌치 같은 거짓 기억 연구자들은 이런 가정의 근거 자체가 부정확하다고 주장한다. 의식적인 기억이 무의식적인 기억과 분리되어 있으며 서로 갈등 관계에 있다는 생각은 과학적 증거가 전혀 없었다. 2015년에 프렌치는 경찰 수사에서의 기억에 관해 수십 년간 연구한 끝에 다음과 같은 결론을 내렸다. "이 억압이라는 정신분석학적 개념의 효과에 대해서는 신뢰할 만한 증거가 전혀 없으며, 그 치료법이 이루어지는 상황에서 거짓 기억이 아주 쉽게 만들어질 수 있다는 아주 강력한 증거가 있다." 거짓 기억 전문가인 스티븐 린지와 돈 리드는 이렇게 말한다. "심리치료에 사용되는 극단적인 형태의 기억 노동은 허위 기억과 믿음을 만들어 낼 가능성이 큰 것으로 증명된 거의 모든 요인을 결합하고 있다. 그 이유는 억압된 외상 기억에 접근한다는 이유로 정신치료할 때 흔히 나타나는 네 가지 문제 상황 때문이다."

그러나 정신의학을 수련한 기억의 생물학자 에릭 캔델은 이렇게 말한다(Kandel, 2012).

프로이트의 정신분석 이론을 이루는 핵심 개념 중 세 가지는 근거가 확실하며, 현대 뇌과학의 지지를 받고 있다. 첫 번째는 정서생활의 대부분을 포함하여 우리의 정신생활 대부분이 어느 시점에서든 무의식적으로 이루어진다는 개념이다. 의식은 미미한 역할을 할 뿐이다. 두 번째 주요 개념은 공격 충동과 성적 욕구로, 이는 먹고 마시려는 본능과 마찬가지로 인간의 정신에, 우리의 유전체에 새겨져 있는 타고난 것이다. 게다가 이 본능적 충동은 인생 초기에 뚜렷이 드러난다. 세 번째 개념은 정상적인 정신생활과 정신질환이 하나의 연속체를 이루고 있으며, 정신질환은 정상적인 정신 과정의 과장된 형태일 때가 종종 있다.

과학적이지 않다는 명백한 약점이 있었음에도 뇌과학의 거장이 인정한 이 핵심 개념들은 과학적 근거를 가진 사실로 증명된 부분이다. 의식은 미미한 역할을 할 뿐이라는 캔델의 말은 의미가 깊다. 캔델이 말하는 대부분의 무의식적 정신생활은 의미와 가치가 실린 내용(역동적 무의식)이 아니라 생존에 필요한, 의식할 수 없는 빠른 반응과 반사, 그리고 뇌의 정보 전달 과정인 비의식(비서술적 의식)[1]을 말하는 것이다. 무의식은 사실 뇌과학의 하(비)의식 개념에서 실마리를 얻어 출발한 것이라는 주장도 있다. 저자는 여기에 네 번째를 추가하여 가장 중요한 '억압' 또는 역동적 무의식의 과학적 근거를 이 책에서 제시하고 있다.

과학이란 무엇인가

위대한 과학자 아이작 뉴턴(I. Newton, 1642~1727)과 찰스 다윈(C. Darwin, 1809~1882)의 업적은 근대과학의 정수라고 할 수 있다. 뉴턴의 물리학은 심리학에 지대한 영향을 미쳤다. 뉴턴의 과학적 방법은 '관찰-결과의 예측-가설의 구성-가설의 실험과 관찰' 순서에 따라 진행되는 원칙을 확립하였고, 이 원칙은 여전히 오늘의 심리학에서 사용하는 과학적 방법이다. 뉴턴은 커다란 성공을 거두었고, 수학적이고 양적인 형태의 몇 가지 기본적인 법칙과 힘으로 전체적인 물리 우주를 설명할 수 있었다. 일정 시간 후에 물체의 위치를 알 수 있다는 뉴턴의 법칙은 좀 더 단순히 설명하면 물체의 움직임의 결과를 예측할 수 있다는 것이다. 이 이론에 의해서 모든 물체의 행동(움직임)은 기본적인 힘

1) 제10장의 '브렌다 밀너와 기억 시스템의 증명' 참조.

의 영향에 의해 예측, 결정된다는 기계적 결정론이 탄생하게 된다. 이 결정론은 심리학에 강력한 영향을 주었을 뿐 아니라 일반인의 생각에도 엄청난 영향을 미쳤다. 뉴턴 이전의 세계관은 인간중심주의였다고 볼 수 있지만, 뉴턴에 의해서 인간중심주의에 대한 의문이 발생하였고 우주의 움직임은 우리의 존재와 무관하게 이미 결정되었다는 생각의 전환과 더불어 풍부한 개념의 발달이 이루어졌으며, 감각, 자극 반응을 측정하는 방법도 발전하여 실험심리학의 문을 열었다고 할 수 있다.

> 뉴턴과 그의 과학적인 방법은 우주의 수수께끼를 풀었지만, 그 이후 마음에 비극적인 부작용이 나타났다. 마치 사람들의 마음을 우주에서 분리해 버린 것 같았다. 그래서 결국 매일 인간의 세계가 적응하고 있는 '마음', '인간', '지각의 질이란 무엇인가?'와 같은 심각한 질문을 던지게 된 것이다. 우리의 터전을 차지한 커다란 사물의 세계가 인간의 심리에 위협이 되었고, 심리학은 우리가 다음으로 풀어야 할 수수께끼가 되었다(Prigogine & Stengers, 1984에서 재인용).

과학의 개념에 앞서 저자는 고대 그리스의 철학에 등장하는 풍부한 논리와 감정에 호소하여 대중을 사로잡는 소피스트를 떠올린다. 당시 그리스의 소피스트들은 수업료를 받고 지식을 가르치는 전문교사로서 '현인' 또는 '지자(知者)'를 뜻하며, 이들로 인해 어떤 가치를 변호하기 위해서는 이성에 따른 논증이 필요하다는 것을 확립시켰다는 점에서 역사적으로 중요하다. 반면에 그 명칭과는 달리 일반 대중이 지적으로 허술한 틈새를 타서 논쟁에서 이기는 방법을 가르치고 억지 논리로 우기고 궤변을 일삼은 것에 대해서는 비판을 받았다. 그래서 실제로 궤변은 소피스트한테서 나왔다고 한다. 여기서 궤변이란, ① 외견상 논리적으로 정확한 것 같으면서도 실은 논리적 규칙에 어긋나는 논법, ② 전제가 되는 명제(命題)의 뜻이 일상적으로 모호한 것을 이용해 진실한 전제에서 진실하지 못한 결론을 끌어내는 논법을 말한다. 이는 일상적 현실에 사는 상대방을 기만하거나, 상대방이 허위라고 생각하면서도 쉽사리 반박하지 못하게 한다. 요즘 우리 한국 사회에서도 많은 소피스트를 볼 수 있는데, 특히 말과 행동이 다르거나 사실을 뒤집는 모습을 정치가들에게서 발견한다. 찰스 퍼스(C. Peirce)에 의하면, 사람이 사물을 인정하는 네 가지 방법이 있다고 한다. 그것은 '그냥 그것이 옳다'는 식의 '집착적 방식', 권위를 가진 자의 주장을 받아들이는 '권위적 방식', 예로부터 옳다고 알려졌다는 식의 '선험적' 혹은 '직관적 방식', 그리고 말의 진의를 검증하는 '과학적 방식' 등이다(Kerlinger, 1988,

p. 32). 그의 말에 의하면 과학의 기본 정신은 '그의 말이 진실인가?', '그리고 그의 말을 과연 입증할 수 있는가?'라고 단순히 말할 수 있다. 그래서 과학의 개념이란 신뢰성과 타당성[2)]에 기초를 둔다고 볼 수 있다.

비판자들은 정신분석이 과연 과학이냐고 질문한다. 이들은 "정신분석은 임상 증례를 설명한 해석학(hermeneutics)에서 온 것이므로, 과학과는 동떨어진 학문이 아니냐?"라고 의문을 던진다. 어떤 이들은 정신분석학의 출생 이후 줄곧 현재에도 사용되고 있는 치료법이며 실제 상황에서 효과적인 방법이므로 분명히 과학적인 타당성이 있을 것이라고도 말한다. 그러면서도 어떻게 인간의 정신을 분석하는 것이 치료와 연관이 되고, 정신분석이 정신의학 일부가 되며, 신체적 · 생물학적 증상을 치료할 수 있는지 매우 궁금해한다. 프로이트의 유명한 성 욕동(libido) 이론의 비합리성을 들어, 정신분석의 기본 가정이 틀렸으므로 더 이상 연구의 가치가 없다고 말하는 사람도 많다. 프로이트의 정신분석에 대한 과학적 방법은 사례를 반복적으로 관찰할 수 있는, 일정한 패턴을 수집하여 판단하는 것이었다. 이른바 '단일 사례' 분석이다. 그는 "정신분석을 지도하는 것은 수많은 관찰과 경험을 바탕으로 한다. 한 개인이 자신과 타인에 대한 관찰이 반복될 때 그 자신만의 판단에 도달할 수 있다."(Freud, 1940, p. 149)라고 자신의 관찰 방법의 신뢰성에 대해서 말한 바 있다. 그의 뇌에서는 임상에서 경험한 사례들의 패턴이 귀납적 방법을 통해 질서와 규칙을 가진다. 그는 여러 사례를 들어 가설과 이론을 만들어 확장하고 일반화하였지만, 비판자들의 지적은 대부분 그의 가설의 '지나친 일반화'에 대한 것이었다. 프로이트는 자신의 많은 저서에서 정신분석에 대한 태도와 연구 방법이 과학적임을 강조하였고 또 그렇게 비추어지기를 바랐다. 또 언젠가는 발전된 과학적 방법으로 자신의 초심리학이 입증되기를 바란다고 하였다. 하지만 실험적 연구를 하지 않았던 당시의 인간 정신 연구는 다른 사람(치료자)의 마음으로 또 다른 사람의 마음(환자)을 관찰하는 것이었다. 좀 더 쉽게 말해서, 자신의 심리를 바탕으로 타인의 심리를 연구하는 것이었기 때문에 한계를 가질 수밖에 없었다.

한편, 정신분석의 대가이자 프로이트의 제자인 융은 정신분석의 과학성에 대해 다른 견해를 밝히고 있다. "정신치료의 효과를 뒷받침하는 연구 결과가 확고하며, 통계적 · 과학적 방법으로 검증받았다고 해도 정신치료의 본질은 과학이 아니며, 심리학은 태생적으로 주관적이다."라고 말했다. 그리고 융은 "모든 지식은 주관적으로 조건화된 것이다."

2) 신뢰성이란 누가, 언제 행하든지 같은 결과를 도출해야 한다는 안정성의 문제이다. 타당성이란 의문을 푸는 방법이 과연 옳은가 하는 방법론의 문제이다.

라고 말한 적이 있다. 그는 심리학적 인식론의 어려움과 태생적 한계에 대해서 말하면서 "정신이란 그의 표현과 분리할 수 없으므로 아르키메데스(고대 그리스의 철학, 물리학자)처럼 판단할 방법이 없다. 정신은 심리학의 목적이고 주체라는 사실만으로 충분하다."라고 하였다. 융은 그의 심리적인 특징을 다른 사람의 것들과 비교하는 과정에서, 모든 심리적인 이론은 이론가들의 불가피한 "주관적 고백"이며, 이 주관성은 "심리학적 객관성뿐만 아니라 범세계적인 이론"이라고 주장하였다. 또한 융은 치료자는 각각의 환자에게 적합한 새로운 이론을 구성하는 것이 필요하다고 했는데, 물론 이 말 그대로 해야 한다는 뜻이 아니라 이론가 자신의 지식과 이론의 한계가 있으며, 모든 환자의 개성에 대한 개방과 존중하는 정신이 융 정신치료의 생명이자 특징(Sedgwick, 2001, p. 4)이라는 점을 말한 것이다. 언어를 소재로 정신분석을 시도한 라캉도 정신분석은 실증과학이 아니라는 말을 하였다. 과학이나 보편적 이론으로 환원할 수 없는 인간의 특수성, 개별성을 강조하였다. 지금까지도 이들의 말은 사실로 받아들이거나 상당한 영향력을 가지고 있다.

과연 그럴까? 그렇다면 그들을 따라야 할까? 이는 저자의 오랜 궁금증이자 질문이다. 저자는 거장들의 정신분석이나 심층심리학이 주관적이라면 프로이트나 융같이 숙련된 대가들의 경험과 뇌에 의존할 수밖에 없으며, 본인들의 의도와 다르게 시대를 넘어 대가를 인용하는 작가들의 (주관적) 전유물이 될 위험성이 있다고 생각한다. 다행히 최근 뇌를 촬영하는 MRI 계통의 뇌 영상 기술이 발전하면서 사람의 감정 변화를 영상으로 관찰할 수 있게 되었다. 동물을 이용해서 환원시켜 추정하는 방식보다 영상을 통한 직접적인 마음 연구가 흐름으로 자리 잡고 있다. 주관적 · 내성적 관찰은 나름대로 지속되겠지만 감정, 행동의 내부 변화는 분명 과학의 대상이 되었다.

한편, 프로이트와 동시대의 정신의학자 중에서 요즘의 뇌 정서과학에 가장 근접한 이론을 가지고 환자를 치료한 이가 있다. 프로이트의 심리역동적 접근보다 의식의 변화 측면에서 접근하고 정확한 주장을 펼친 사람이 바로 해리 이론으로 유명한 프랑스의 정신 의학자 피에르 자네(P. Janet, 1859~1947)이다. 그는 특출한 개념과 통찰로 연구성과를 발표하였으나 훌륭한 업적을 제대로 평가받지 못한 비운의 학자이다. 그는 자신의 '심리분석(psychological analysis)' 연구 내용을 프로이트가 표절했다고 항의했다가 프로이트 학파에 의해서 무시되어 대중성을 잃고 묻혀 버렸다. 그의 이론은 프로이트에게 매우 중요한 인물인 브로이어에게도 영향을 주었고 최근 인지-정보과학, 즉 과학의 발전으로 다시 학계에서 주목받아야 할 인물이다. 그의 뇌겉질 하(아래) 잠재의식

(subconscious) 개념은 프로이트가 인정할 정도로 무의식의 발전에 큰 영향을 주었다. 그의 학설이 널리 인정되었다면 뇌과학을 바탕으로 한 심리분석이 좀 더 빨리 다가왔을 것이다.

과학의 역사는 시간이 지나면 결국 가장 합리적인 방법인 과학적 연구 결과로 다시 평가된다. 소아정신건강의학과 의사이자 작가인 대니얼 시겔의 과학과 내적 성찰(정신분석)에 대한 통합적 접근(Fosha, Siegel, & Solomon, 2013, p. 168)을 인용해 보겠다.

> 과학은 그 자체가 인간의 노고를 통해서 이루어졌고, 우리가 인식한 현실의 측면들을 분류하고 수량화하기 위하여 가설과 개념을 사용한 경험적 탐색을 통해 조금씩 진전되는 일종의 이야기이다. 과학은 세상과 우리 자신에 대한 이해를 진보시켜 왔으며, 주관적인 내적 성찰만으로 불가능했던 중요한 방식으로 우리의 인식을 조직했다. 반면에 우리 삶의 주관적 본질에 대한 성찰은 과학에서는 불가능한 방식으로 현실의 본질, 특히 인간 마음의 본질을 밝혀주는 유일무이한 방법이다. 이러한 방식으로 우리는 실체를 인식하는 이 두 가지 방법을 통하여 두 관점을 모두 존중하는 통합적 접근을 시도하려고 한다.

무의식에 대한 환상

정신분석에 매료된 분석가들에 의해 무의식은 불안을 유발하는 자극에 매우 민감하고 영리하며, 이러한 자극을 의식의 알아차림에서 제거할 수 있는 존재로 그려지고 있다(Fenichel, 1946; Freud, 1915abc). 무의식은 의식보다 동등하거나 우월한 힘을 가진 실체로서 표현되며, 개인의 행동을 조절하거나 조정하는 능력을 갖추고 넓은 범위에서 신경성 질환을 만들기도 한다(Fenichel, 1946; Freud, 1915b, 1923; O'Brien & Jureidini, 2002). 그로스(Gross, 1978)는 모든 미세한 행동에서도 우리는 무의식의 괴팍한 의지에 따라 조종당하거나 잔소리를 듣는 애완동물에 불과하다고 말했다. 보나노와 코일러(Bonanno & Keuler, 1998)는 우리의 무의식 내부에 호문클루스(작은 난쟁이)가 있고 호문클루스는 전능한 힘과 무엇이 필요한지 알고 있는 지혜를 가졌기 때문에 무의식은 자동적으로 움직이는 성질을 가지고 있다고 말하면서, 프로이트의 억압과 무의식에 대한 강한 연결을 강조했다. 이렇듯 저자는 프로이트를 인용하는 작가와 전문가가 무의식에 감추어진 신비한 힘과 능력에 대해 말하면서 과장하는 경향이 있음을 지적할 수밖에 없다. 인간의 완전성을 가정하고 그 완벽에 가까운 부분을 무의식을 통해서 확장시키거나 실현할 수 있는 것처럼 표현한다. 무의식의 신비감은 무의식 안에 조상의 정신이 내재되어 있다는 융의 집단 무의식, 다소 신비적이고 원시적인 문화의 내용물로서 무의식과 꿈을 분석한 융 이론의 영향도 클 것이다. 작가 맹정현(2015)의 표현을 일부 빌려 보겠다.

> 무의식, 인간에게는 각자 자신이 알지 못하는, 그런데도 자기 삶을 결정짓는 무의식이라는 미지의 영역이 존재한다 …… 우리는 아쉽게도 그 모든 순간을 다 기억하고 살아가지 못한다. 이것은 단순히 능력의 한계가 아니라, 생각하는 존재가 되기 위해, 통합된 존재로 살아가기 위해 치러야 하는 비용이다. 요컨대, 인정하고 싶지 않은 순간, 감당할 수 없는 순간, 삶의 불운이 예감되는 순간마다 우리는 마치 모래 속에 머리를 파묻는 타조처럼 그러한 순간들 속에 눈을 감는다. **인간이 '나'가 되기 위해 치러야 하는 비용**이 있는 것이다. '나'는 나를 위협하는 생각들, 상상들, 이미지들, 바람을 희생한 결과물이다. 그런 의미에서 나는 온전한 '나'가 아니라 반쪽의 '나'이다. 그렇게 '나'가 되기 위한 **삶의 희생**을 프로이트는 **억압**이라고 불렀다. 하지만 그렇게 희생된 정신적인 활동들은 완전히 사라지지 않고 우리 삶의 기저에 남아, 우리의 일부분으로서 우리 삶을 결정짓는 한계를 만들어 낸다. 우리 삶은 어떤 보이지 않는 장벽 속에 갇힌 것처럼 같은 유형의 실패를 반복한다(맹정현, 2015, p. 10).

저자는 사람이 소망하는 것들 혹은 이루어지지 못한 욕망을 무의식에 투사하거나 기대한다는 문학적인 표현과는 거리를 두는 편이다. 인간의 무의식이라는 생명의 움직임을 두고 마음의 통합을 위한 반쪽, 치러야 하는 비용 또는 잃어버린 부분이라는 근거 없는 기대와 상상력의 대상으로 포장할 수는 없다고 생각한다. 현실 삶의 입장에서 조금 더 나아가, 뇌과학의 입장에서 무의식의 기능을 관찰하고 알아내서 개발 가능한 부분만큼만 활용하기를 바란다. 무의식은 진화의 시간에서 스트레스와 싸우고 적응하는 변화의 결과이거나 과정에 있다. 여기에는 과거의 기억과 감정의 잔재이자 반복적인 습관과 태도가 담겨 있다. 타고난 자동화 프로그램, 그리고 본능 같은 감각과 지각 장치, 원시적 감정과 같은 것을 기억에 남기는 모든 과정은 오로지 생존을 목적으로 한다. 무의식의 내용을 알기도 어렵지만, 안다고 해서 오래된 습관과 태도가 바뀌는 것은 아니다. 더구나 중요한 삶의 결정을 하는 데 무의식을 참조할 수는 있지만, 무의식은 오래전의 감정과 경험에 의존하는 과거의 그림자 같은 희미한 기억이므로 자신의 창의적 의지와 현실 인식을 포기한 채 무의식이 자기 삶을 결정지어 주는 좋은 수단이 되지 못한다. 경험하는 뇌의 과거와 현재를 담은 모든 부분의 오케스트라가 필요한 것이지, 무의식에서 영감을 얻는다는 표현처럼 그것만 가지고 그렇게 풍부한 예술적 · 문학적 혹은 창의적인 내용을 만들 수는 없다.

> 프로이트는 바로 그러한 한계를 넘어설 수 있는 변화의 장치를 만들었으며, 그러한 장치를 '정신분석(psychoanalysis)'이라고 불렀다. 정신분석은 우리 자신 안에 있지만 우리가 잊고 살았던 순간들을 우리 안에 재통합함으로써 온전한 '나'를 되찾도록 해 주는 실천적 장치이다. 내 안에 있지만 발언권을 잃은 나의 또 다른 반쪽에 그 목소리를 되돌려줌으로써 내 삶에 둘러쳐져 있는 장벽들을 철거하고 이를 통해 내 삶에 열려 있는 무궁한 가능성을 되찾아 주는 것, 이것이 바로 정신분석의 목표이다(맹정현, 2015, p. 11).

비록 오해에서 비롯되었지만 전통적인 정신분석의 무의식 개념은 의식과 동등하거나 우월한 행동 메커니즘의 개념이 있음을 암시했다. 그럼에도 저자는 (무의식을 통해) 진료실에서 인격을 통합하거나 완성해 달라는 요구를 한 번도 듣지 못했다. 치료자에게 무의식의 참조는 힘든 세상에서 괴로움을 경험한 환자의 고통을 나누고, 무엇이 힘든지 들어 보며, 생각과 감정을 달래서 다시 살아 보도록 권하는 공감의 방편이다. 무의식의 감정은 불안전하고 단편적이며 칭얼대는 어린아이와 같이 미숙하고 왜곡된 상태이며, 이 원시적인 감정들이 단순하다고 가정하고 억압(회피)된 것이 무엇인지 찾는다. 그래서 현실의 혼돈이 있을 때는 1차 감정(원시 감정)을 알고 마음의 행로를 찾아 생각을 정리하는 것이 도움이 되지만, 알지 못하는 무의식을 통해서 온전한 '나'를 찾거나 '장벽' 너머의 신천지를 찾는다는 것은 환상에 불과하다. 이러한 생각들은 데카르트를 포함한 서구 사상이 『지킬 박사와 하이드 씨』 식의 감정적이거나 이성적인 두 가지 인격을 구분하거나 통합할 수 있다는 오랜 철학적 전통이 배경일 수 있다. 또 프로이트의 마음 모델이 반영하고 은유하듯 무의식과 의식을 합하거나 원초아, 자아, 초자아의 세 가지 부분 인격의 통합체가 완전한 마음이라는 착각을 유도할 수 있다.

저자는 무의식이 의미하는 것이 생각보다 단순하다고 느낀다. 우리의 삶에서 주의가 부족해서 알아차리지 못한 부분이 잊고 살아가는 동안 고단한 사건과 본능적 감정이 학습되면, 더 알기 싫어지고 어려워지며 나도 모르게 불쾌한 감정을 가지고 살 수 있다는 점이다. 불편한 감정의 소리에 집중하고 자신의 의식과 일상에 주의를 기울일 때 현실에서 구체적인 대처 방법을 찾을 수 있다. 그래서 정신분석가가 치료에 사용하는 중요

재료는 무의식이 아니라 그 사람이 의식에서 관찰하는 경험 기억과 감정이며, 이것들을 재료로 주의와 의식(인지)의 훈련을 통하여 현실을 보는 태도[3]이다. 지금까지 무의식에 관한 연구가 원시적이고 단순한 무의식 과정의 존재를 증명해 왔지만, 포유류에 근원한 진화적 의식 체계에 대해서 믿을 만한 증거들이 서서히 발견되고 있다. 여기에서 소개하는 마음의 뇌과학자들이 우리의 궁금증을 해결해 줄 것이다.

정신분석, 정신의학, 마음의 뇌과학

프로이트는 성 욕동이나 공격성 같은 부정할 수 없는 보편적인 본능과 생물학적 감정을 근거로, '억압' 이론에서 시작한 '오이디푸스 콤플렉스'와 '거세 불안', '문명과 그 불만' 등 여러 주장을 대중에게 과학적 현상으로 설명하면서 일반화 · 합리화하였다. 이러한 배경을 토대로 정신병리학, 신경증 이론과 성격 이론이 탄생하였다. 물론 여기에는 그 시대의 의과학과 의사로서의 수련 경험이 바탕에 자리 잡고 있다. 그러나 프로이트의 정신병리 기초는 1900년대 전반의 것이므로 오늘날의 현대 정신의학과는 상당히 거리가 있다. 사실, 프로이트는 정신분석에 대해 철저히 교육받은 사람이라면 의사 면허가 굳이 필요하지 않다는 견해를 가지고 있었다. 이 크레바스[4]는 점점 멀어지고 깊어지고 있다. 그래서 현대의 의과대학을 졸업하고 정신의학 수련을 받아 전문의가 된 사람은 그의 사상을 인정하고 공감하는 바가 있겠지만, 한편으로 현대의 치료 방식을 반영하지 않을뿐더러 과장되었다고 생각할 것이다. 그의 이론을 바탕으로 한 정신분석은 정신의학과 심리치료의 한 분야로 아직도 사용되고 있지만 치료 대상은 한정된 계층이라는 것을 반드시 염두에 두어야 한다. 저자는 그에게서 영감을 얻어 배운, 실제로 사용할 수 있는 부분을 현대과학으로 변환하여 독자들에게 말하고자 한다.

정신의학을 대표하는 정신건강의학과 의사는 발병의 이유를 알고 치료 계획을 세우기 위해 환자의 병력을 분석하면서 항상 생물(유전)-사회(환경)-성격(타고난 기질) 등의 여러 측면에서 선행 소인, 촉발 요인들을 분석하는 진단 접근법을 사용하며, 자극에 민감하게 변질된 뇌신경 시스템을 추적하고 마음의 상태를 살펴보며 치료를 시작한다. 저자는 질환의 발생은 물론 정서 발달에도 앞의 3요인이 상호작용한다고 설명한다. 즉, 개인은 누구나 질환에 대한 유전적 소인이 있고, 성장기 환경과 경험의 영향으로 보편적으로 타

3) 프로이트의 정신분석의 목적은 무의식의 통찰과 의식화에서 출발하였지만 시기에 따라 달라졌다.
4) 크레바스(crevasse): 빙하나 눈 골짜기에 형성된 깊은 균열.

고난 정서와 감정의 색깔 중 일부가 특별하게 발달하고 분화하며 확장된다. 이것이 개인의 기본 정서와 성격이 된다. 정신의학은 또한 매우 발전된 정신약물학을 과학적 치료로 사용한다. 이로 인해 심리치료로는 긴 시간이 걸리거나 도달할 수 없는 회복을 빠르게 달성할 수 있다. 그러므로 현대의학은 프로이트의 이론을 공감하거나 적용하지 않고도 지장 없이 치료할 수 있다. 셰익스피어의 희곡이 민담에 근거를 두었지만 일반 생활이 아닌 과장된 연극인 것처럼, 프로이트의 이론은 일반인들이 공감할 수 있는 한계가 있고 각자 양적 · 질적으로 다른 환경에서 자라 적용의 정도가 다를 것이다. 마치 우리 중 일부가 우울증에 걸려 고통을 당할 수 있지만 그렇지 않고 평범하게 사는 사람이 많다는 말과도 같은 의미이다. 그러나 설명할 수 없는 심리적 고통과 신체적 증상을 가진 영혼이 어두운 골짜기에서 방황할 때 프로이트의 말과 가르침에서 위로를 얻을 수 있고, 마음의 뇌과학이 근거를 확보한 정신분석과 정신치료(심리치료), 약물치료로 다시 마음의 건강을 얻고 사회활동을 시작할 수 있다. 또한 정신분석은 치료학을 넘어서 인간관계, 사회와 문화, 문명을 보는 시각에 큰 영향을 주었다. 프로이트는 일관되게 행동하는 사람의 성격처럼 사회와 문명에 영향을 주는 다양한 힘도 일정한 패턴으로 움직이는 방식이라고 주장했다. 문명사회는 발전과 경제의 효율 측면에서 조절되고 유지되는데, 억압/억제라는 마음의 작용 원리와 힘도 그 일부이며, 그 영향력이 상대적으로 커지는 기회 또한 환경과 시대라는 변수가 결정한다.

마음의 뇌과학은 인간 정서의 근원인 포유류와 동물의 감정을 바탕으로 한 생물학적 접근을 특징으로 한다. 저자는 정서과학자 야크 판크셉을 공부하면서 인간 정서의 기능적 · 해부학적 구조와 상태를 배우며 프로이트의 이론에서 건너뛴 크레바스에 관한 의문을 여러 번 반복하면서 해답을 얻었다.

저자는 마음의 뇌과학으로 프로이트를 분석하고자 한다. 정말 그가 분석하고자 했던 대상은 누구였을까? 그의 마음의 모델과 치료 방식이 원했던 최종 목적지는 어디였을까? 저자는 그것이 프로이트 자신이었다고 생각한다. 실지로 그는 스스로 자신을 탐구하고 분석하고자 시도했으며, 그 결과 이해하고 치료하고 싶었던 것은 자신의 고통스러운 영혼이었을 것이다. 아마도 어린 시절부터 그를 자주 힘들게 했을 불편한 감정과 증상에 대해 이 영리하고 완벽주의적인 의사는 자기치료라는 동기로 인해 심층심리학을 발굴하고 발전시켰으며, 이 원리를 바탕으로 한 심리치료법으로 극복해 나갔고, 더불어 정신분석 사상을 예술과 문화 운동의 반열에까지 올려놓았다.

제4장

억압의 시대

아동은 외로움보다 학대하는 부모를 택한다.

– 『억압과 나쁜 대상의 귀환』(Fairbairn, 1943).

우리는 오랫동안 '억압의 시대'를 살아왔다. 프로이트의 시대나 현대의 한국이나 감정에 의해 진실과 사실을 억압하고 거짓이 판치는 모습은 변하지 않았다. 감정은 의식의 일부이기도 하지만, 무의식의 그림자에 숨어 여전히 우리의 생각을 혼돈에 빠지게 한다. 신이 없어진(죽은) 니체에게 필요했던 것은 '인간성'의 회복이었지만, 우리는 문화와 예술에 굴절된 무의식의 안개를 걷어 낼 '의식'과 '무의식'의 과학이 필요하다.

이 책은 후반으로 갈수록 반전의 묘미가 있으며, 이제부터 보여 줄 과학적 무의식(하의식)은 좀 더 확실한 모습으로 여러분에게 다가갈 것이다. 무의식의 진정한 의미 이해와 의식과의 관계, 어떻게 두 가지의 균형으로 정신건강과 의학에 활용할 수 있는지 알아보기로 한다.

이 장 '억압의 시대'는 이 책의 목적을 위한 배경이지만 꼭 필요한 부분은 아니다. 그러나 사람을 이해하려면 그 사람의 환경과 역사를 알아야 하는 것처럼, 이 장은 억압의 환경과 역사를 알려 주고자 썼다. 그 시절은 요즘과 달리 고통스러워하는 부랑자를 흔하게 볼 수 있고, 전쟁과 죽음이 드물지 않게 일어나던 시절이었으며, 사람보다는 음식, 음식보다 생존이 필요한 시기였다. 그래서 정신분석과 '억압'은 시대적 환경에 의해서 더 깊게 사람들의 마음에 파고들었다.

무의식의 역사

인간의 인식 밖에서 많은 양의 정신적 정보 처리가 이루어진다는 사실을 발견한 사람은 일반적으로 지그문트 프로이트로 알려져 있다. 하지만 의식의 과학자 스타니슬라스 드앤(S. Dehaene, 1965~)은 이것이 프로이트 자신에 의해 만들어진 신화라고 말한다. 그에 의하면 역사가이자 철학자인 마르셀 고세(M. Gauchet)는 이렇게 언급했다.

> 프로이트가 실질적으로 정신분석 이전에는 마음이 체계적으로 의식과 동일시되었다고 선언하지만, 우리는 그것이 엄밀히 틀린 것이라고 선언할 수밖에 없다.

드앤은 『뇌 의식의 탄생』(Dehaene, 2014)에서 윌리엄 제임스의 『심리학의 원리』(James, 1890)를 다음과 같이 인용한다.

> 사실상 우리의 정신작용 가운데 다수가 몰래 일어나며, 의식이란 잡다한 무의식 처리 장치 위에 놓인 얇은 합판일 뿐이라고 밝힌 사람은 프로이트보다 수십 년 또는 수백 년 이전에 있었다.

그러면서 드앤은 기원전부터 많은 과학자, 철학자, 의사가 말한 무의식에 대한 언급을 열거하면서 여러 증거를 제시했다. 고대 로마의 의사 갈레노스(C. Galenus, 129?~200), 히포크라테스(Hippocrates, 기원전 460?~377?) 등이 있었고, 11세기 아랍의 과학자 이븐 알하이삼(I. al-Hytham, 965~1040)은 시지각의 주된 원리를 발견하고 무의식적 추론이 자동으로 이루어진다고 상정한 최초의 인물이었다고 말하였다. 8세기가 지나 물리학자 헤르만 폰 헬름홀츠(H. V. Helmholtz, 1821~1894)는 1867년의 저서 『생리 광학(physiological optics)』에서 바로 알하이삼과 똑같은 용어 '무의식적 추론'을 사용해 시각은 최상의 해석을 자동으로 계산해 낸다고 기술했다고 한다. 무의식적 지각의 문제 너머에는 우리의 가장 깊은 동기와 욕망의 기원이라는 더욱 커다란 문제가 자리 잡고 있음을 아우구스티누스, 토마스 아퀴나스, 데카르트, 스피노자, 라이프니츠를 비롯한 많은 철학자가 언급했으며, 18~19세기 동안 초기의 여러 신경학자는 신경계에 무의식 회로가 편재해 있다는 증거를 차례로 발견했다. 현대심리학의 시작은 1879년 빌헬름 분트

(W. Wundt, 1832~1920)가 라이프치히에 최초로 설립한 심리학 실험실로 거슬러 올라간다. 그는 이미 1862년에 심리학적 훈련을 할 수 있었다고 한다. 특히 앞으로 설명할 피에르 자네(P. Janet, 1859~1947)로 대표되는 19세기 프랑스에서는 테오듈 리보(T. Ribot, 1839~1916), 가브리엘 타르드(G. Tarde, 1843~1904) 등과 같은 심리학자와 사회학자가 우리의 행동 기억에 저장된 실제적인 지식(리보)에서 무의식적 모방(타르드), 심지어 어린 시절에 시작되어 우리 성격의 단면이 되는 무의식적 목표(자네) 등 광범위한 인간의 자동성(human automatism)을 강조했다. 1868년에 이미 영국의 정신분석학자 헨리 모즐리(H. Maudsley, 1835~1918)는 "정신작용의 가장 중요한 부분, 생각이 의존하는 본질적인 과정은 무의식적 정신 활동"이라고 기록했다. 브루클린 대학의 에르델리(Erdelyi)에 의하면, 억압을 처음 기술한 사람은 프로이트보다 반세기 앞선 과학심리학자 요한 허바트(J. Herbart, 1824~1825)이다. 허바트의 '억압'은 경쟁적인 다른 관념(아이디어)에 의한 생각의 억제를 의미했으며 방어적인 억압이 아니었다. 그의 억압의 개념은 한 생각에 다른 생각이 나타나면 원래의 생각을 인식하지 못하는 자연스러운 의식 한계에 의한 결과를 말한다. 허바트에 따르면, 금지된 관념은 사라지지 않고 의식의 문턱 아래 '상태 성향(state of tendency)'에 있게 되는데, 이는 당시의 철학적 용어로 지금의 무의식에 해당한다고 할 수 있다. 허바트의 생각은 브로이어와 프로이트의 스승인 메이너트(T. Meynert)에게 영향을 주었다. 억압된 생각은 상황에 따라 재조합되어 변화되거나 현재 의식의 내용을 차례로 억압하기도 한다. 적어도 간접적으로나마 허바트의 영향을 받은 프로이트 또한 억제된 관념은 사라지지 않는다고 했다(Erdelyi, 2006). 이렇듯 드앤은 19세기 후반과 20세기 초는 실험심리학이 탄생한 시기였고, 이 시기에 정밀한 반응 시간과 오류를 체계적으로 수집하는 등의 새로운 경험적 방법이 활발히 이루어졌는데도 프로이트는 정신의 모델을 진지하게 테스트하지도 않은 채 비유를 통해 제의하는 데 만족하는 인상을 받았으며, 이것이 실망스럽다고 했다.

히스테리의 역사

히스테리는 프로이트 정신분석의 역사를 만든 질환으로 설명이 필요하며, 한편으로는 재미있는 내용이 있어서 지면을 할애하였다. 프로이트가 관심을 가지고 연구한 히스테리는 오늘날 미국의 『정신질환의 진단 및 통계편람(Diagnostic and Statistical Manual of

Mental Disorders: DSM)』에서 뇌나 신체의 기질-구조적 이상이 아닌 기능의 변화로 만들어지는 질환군으로 구성되는 질환이다. 이 증상들은 두통, 소화장애, 생리장애 등의 신체 증상과 불면, 불안, 분노 발작 등의 정서-심리적 증상, 일시적인 기억상실 그리고 급한 신체의 떨림이나 운동장애 등이 동반되기도 한다. 당시의 여성들에게는 흔한 질환이었다. 산업화, 사회화 과정에서 많은 스트레스와 심리적 충격을 받는 문화의 영향으로 나타난 질환으로 볼 수 있으며, 현대에는 정신-신체 질환에 속하고 여러 가지 이름의 질환으로 다시 분류되었다. 히스테리에는 다음과 같은 특성이 있다.

첫째로, 히스테리는 역사적 시기에 따라 다양한 의미로 해석되는 질환으로, 당시에는 가정이나 직장에서 억압받고 자유로운 행동과 감정 표출이 막혀 있던 여성과 중하층민들에게 이러한 정신-신체 질환이 매우 많았다. 이 시대의 의사는 개업하면 이런 신경증 환자들을 잘 치료해야 명의로 명성을 얻을 수 있었다. 둘째로, 스트레스가 빈번한 사회문화적 배경에서 발생하는 질환이었지만 스트레스는 생략되고 사회문화적 배경이 히스테리를 만든다는 사회문화적 질환이라는 것이 강조되었다. 따라서 페미니즘 운동, 인권 운동가들에게 많은 관심을 받았고, 특히 반전 운동이나 성폭력 방지 운동 등 사회 운동가와도 관련이 있었다. 셋째로, 히스테리는 정신분석을 태동시킨 조셉 브로이어와 프로이트의 공저 『히스테리의 연구』(Breuer & Freud, 1895)의 주제가 되는 질환이다. 이 논문은 1893년 두 사람의 『예비적 보고서』를 거쳐 1908년에 수정하지 않고 재판 인쇄하였다. 1895년 안나 O의 사례는 브로이어가, 나머지 에미폰 N, 루시 R, 카타리나, 엘리자베스 폰 R의 네 가지 사례는 프로이트가 설명하였다. 중요한 이론적 고찰은 브로이어가 담당했고 히스테리의 심리치료는 프로이트가 서술하였다. 이 논문을 읽어 보면 사례 분석이나 치료 기전에서는 치료 경험이 많은 브로이어가 앞서 있었고, 연구가인 프로이트는 병리적 해석과 새로운 이론의 구성에 관심이 많았다는 것을 알 수 있다. 히스테리의 최면치료와 카타르시스, 대화치료를 계속하는 브로이어와 달리, 프로이트는 최면을 포기하고 말과 대화를 도구로 사용하는 정신분석치료를 점점 더 비중을 두고 사용하였다. 넷째로, 조현병이나 정서장애와 달리 히스테리는 일반인에게 흔한 정신-신체 질환으로 외적 · 내적 · 심리적 상황과 그 신체 반응의 관계를 연구하는 정신적 외상(트라우마)의 가장 좋은 연구 모델이라는 점에서, 또한 현대의 뇌-정서 의학의 연구는 대부분 동물을 대상으로 공포, 불안, 기억의 연구를 하지만 사람의 질환을 대상으로 연구할 수 있는 질환이라는 가치를 가지고 있다. 다섯째로, 『히스테리의 연구』에서 히스테리의 발병 기전의 견해 차이의 핵심이 프로이트의 억압 이론이었고, 이는 브로이어와의 결별을 예고하고 있었다는 점이 흥미롭다. 이 책은 저자에게도 매우 중요한 의미가 있는데 저자 역시 억압은 매우 인위적이며 설명을 위한 주장이라는 의문을 가지고 있었으며, 『히스테리의 연구』 및 프로이트의 여러 저작에서 간접적 증거들을 발견하면서 연구에 박차를 가할 수 있었다. 결정적으로 프로이트의 초기 저서 『과학적 심리학 초고』에서 억압의 발병 기전이 파블로프의 고전학습과 같다는 사실을 발견하여 이러한 정서학습–공포학습과 기억의 부재 현상을 현대 뇌–정서과학으로 다시 재구성하여 설명할 수 있었다.

의학자들은 히스테리를 포함해서 모든 정신의학적 질환이 타고난 유전적/선천적 요인, 환경적 스트레스 요인, 심리적 요인의 상호작용으로 발생한다고 설명한다. 같은 질환도 시대를 달리하면 문화적 환경 요인이 달라져 질병의 양태가 변화한다. 히스테리는 과거 여성들에게만 발생하는 질환으로 알려졌고 그 이름도 여성의 '자궁'을 뜻하는 히스테리였으나, 이후 히스테리나 성폭행의 증상과 전쟁 신경증이 유사하다는 연구 보고가 나왔고 히스테리가 여성들만의 장애가 아님이 밝혀지면서 히스테리라는 용어는 공식 진단에서 사라지게 되었다. 1980년대 제3차 개정판으로 출판된 미국의 『정신질환의 진단 및 통계편람 제3판(DSM–III)』에서 히스테리 대신에 외상후 스트레스장애, 전환장애, 신체화장애, 해리장애 등의 세부 항목으로 분류되었다. 당시에는 진단 미숙으로 경련성 질환(간질), 뇌의 기질성 질환의 감별이 되지 않아 혼재된 상태였을 것이며, 여기에 여성들에게 많고 히스테리의 합병증과 감별 대상인 우울, 불안장애까지 합치면 정말 많은 질환이 해당하였다고 추정할 수 있다.

'히스테리'라는 말은 그리스어로 '자궁'을 뜻하는 후스테라(hustera)에서 기원했다. 일찍이 플라톤(Plato, 기원전 428?~347?)은 여성의 자궁이 제때 먹을 것을 찾지 못하기 때문에 히스테리가 발생한다고 말했다고 한다. 이미 그리스 시대부터 여성과 관련된 병으로, 히스테리와 성의 연관성을 어렴풋하게 인정했다고 한다. 기원전 460~370년경에 살았던 히포크라테스는 히포크라테스 학파를 만들어 의학의 아버지로 불린다. 이 학파는 고대 그리스의 의학을 혁명적으로 바꾸었으며, 마술과 철학에서 의학을 분리하여 의사라는 직업을 만들었다. 그는 의사들의 윤리적 지침이 된 히포크라테스 선서를 만든 사람이기도 하다. 히포크라테스는 질병에 대한 연구 결과를 집대성해서 『히포크라테스 의학 집성(Hippocratic Corpus)』을 발간했다.

히포크라테스는 여성 질병 연구에서도 뚜렷한 업적을 남겼다. 불면증, 기억상실, 발작, 간질, 우울증, 몽유병 등 여성들에게서 발견되는 여러 증세를 한데 모아 히스테리아(독일어: Hysterie, 영어: Hysteria)라는 병명을 부여했으며, 이 병은 자궁에 이상이 생겼을 때 나타나는 증상들이라는 진단을 붙였다. 더불어 이 병을 치료하는 가장 확실한 처방은 성관계, 즉 섹스라고 주장했다. 주기적으로 섹스를 하면 여성의 자궁이 균형을 되찾고 이러한 증상들도 없어진다는 것이었다. 여성들의 거의 모든 정신적 이상 증세가 남자와 섹스로 치료될 수 있다고 믿었던 히포크라테스 이후 수천 년 동안 그의 이론은 많은 의사에게 영향을 주었고 의학의 바이블이 되었다. 이후 중세에 들어서면서 기독교 시대에 히스테리는 귀신과 악령이 사람의 몸에 들어가 사람들을 마녀로 만드는 것으로 잘못 알려지게 되었다. 그래서 히스테리라는 명칭은 '마녀, 악형, 귀신'으로 이름이 바뀌면서 잠시 잊혔다. 서기 5세기부터 14~17세기까지 유럽에서 마녀로 처형된 여성들이 10만 명이 넘는다고 기록되어 있으며, 스코틀랜드에서는 3만 명이 마녀로 오인되어 화형으로 처형되었고, 제네바에서는 3개월 만에 300명이 화형으로 처형되었다는 기록이 남아 있다. 지금도 마녀사냥(witch hunting)이라는 말이 집회 용어로 사용되고 있다. 마녀사냥은 문예부흥(르네상스)의 시대인 16~17세기에 절정을 이루었다. 14세기 이탈리아에서 시작된 문예부흥은 그리스와 로마 문화의 부흥을 부르짖으며 무지, 미신, 종교에 대한 맹신에서 절대왕권, 계몽주의 시대로 변화하면서 사람이 무지에서 깨어나기 시작하는 이성의 시대, 과학의 시대로 흘러갔다. 17세기까지는 정신적으로 병든 히스테리 환자를 귀신이 들린 사람으로 취급해서 때리거나 고통을 가하거나 고문을 해서 몸에 숨어 있는 귀신을 몸 밖으로 내쫓는 것이 대부분의 문제 해결 방식이었으나, 18세기부터는 계몽주의 영향으로 "보이는 것을 믿는 것"이라는 인식이 생기게 되었다. 사제인 요한 가스너(Gassner)는 퇴마 의식으로 악귀를 쫓아 병자를 치료하여 유명하게 되었고, 이후 가스너의 위기를 도와준 메즈머(Mesmer)의 등장으로 병을 자석과 최면으로 치료하는 치료법이 유명해졌으나 과학자와 의사들의 지지를 받지는 못했다. 이 시점에서 고대 그리스 시대의 히스테리가 부활한 것으로 볼 수 있다. 메즈머의 등장은 미신, 마녀, 굿을 하는 퇴마에서 최면치료와 이를 검증하는 플라세보의 사용을 가져다주었고, 이후 이성, 과학, 의사의 치료로 진화하는 출발점이 되었다. 이 시점에서 샤르코(Charcot)와 베른하임(Bernheim)이 등장하였다. 19세기 말에 들어서 샤르코와 베른하임은 히스테리의 요인이 심리적인 것임을 주장했고, 브로이어와 프로이트 이후 현대의 정서과학은 히스테리를 심리적인 트라우마의 기억과 환경 요인, 유전 요인이 만든 신체적 · 정신적 반응에 의한 질환으로 규정하고 있다.

영화 〈히스테리아(Hysteria)〉는 2011년 개봉한 영국의 로맨틱 코미디 영화이다. 이 작품은 17세기 유럽 의사들의 음부 마사지나 기계를 사용한 유사 성적 행위가 히스테리 환자의 치료 행위로 포장되는 우스꽝스러운 장면을 보여 준다. 1653년부터 히스테리는 인위적인 심리적 발작 상태, 즉 오르가슴을 겪어야만 치료된다는 믿음이 일반화되었다. 환자들에게 제대로 된 오르가슴을 선사하지 못하는 배우자 대신 의사들이 직접 물리치료를 하겠다고 나서면서부터 상황은 더 재미있게 발전했다. 이때부터 의사가 손에 향유를 바르고 여성의 성기를 마사지하는 치료법이 도입되었다. 영화에서는 의사의 실력을 예민한 손동작으로 평가하는 환자의 은밀한 수다가 황당한 시대상을 보여 준다. 부인들은 쾌락치료를 받기 위해 줄을 서서 기다렸고, 의사들은 고정수입이 늘어나서 히스테리 환자를 기피하지 않았다. 치료가 효과가 있는지는 중요치 않았다. 여성 성(性)에 대한 왜곡된 지식과 신경증에 대한 무지가 빚어낸 촌극이 일상적으로 벌어졌다.

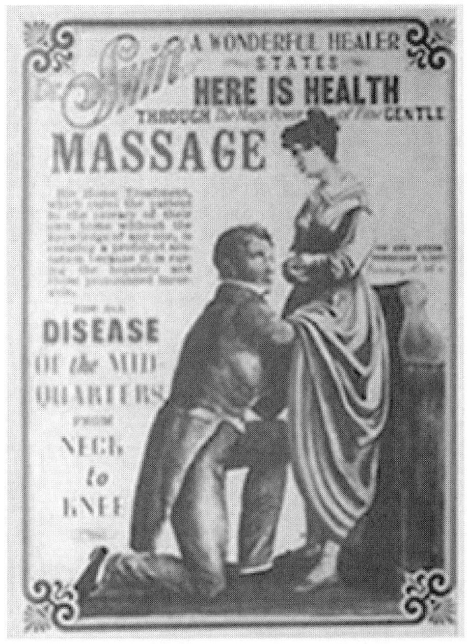

[그림 4-1] 자궁 마사지

마사지기는 이렇게 히스테리 진단이 남발되고 성기 물리치료가 성행하던 시대 배경에서 탄생했다. 왜곡된 여성에 대한 시각, 사회적 편견, 남성 위주의 의학 논리 속에서 의사들은 더 짧은 시간 안에 더 많은 환자를 치료하기 위해 고심했다. 때론 몇 분에서 몇 시간까지도 걸리는 치료 시간만 단축한다면 더 많은 환자를 고통에서 구하고 병원의 수입도 수직으로 상승시킬 수 있었기 때문이다. 1869년 최초의 증기 마사지기가 발명되고 몇 년 후, 영국에서는 조셉 그랜빌이 개발한 전동 마사지기가 탄생했다. 의사의 손보다 훨씬 빠르고 효과적으로 마사지를 할 수 있는 이 신제품은 빠른 속도로 여성병원 진료실을 점령해 나갔다. 그랜빌의 전동 마사지기는 폭발적 수요에 힘입어 다양한 용도의 의료기기로 판매되었다. 마사지기는 진공청소기보다 9년, 전기 다리미보다도 10년 앞서 각 가정에 보급된 최초의 가전제품이었고, 의료기기라는 인식 때문에 지금과 같은 매서운 눈초리를 받지 않았다.

마사지기의 보급이 활성화되던 19세기 말, 프랑스의 의사 샤르코로부터 시작된 최면치료의 효과는 히스테리가 의학적 질환이고 성적 트라우마가 원인임을 널리 알렸다. 1895년 브로이어와 프로이트는 정신분석학의 시초가 된 그들의 논문에서 히스테리는 신체적 문제가 아닌 정신적 트라우마에 의한 질환임을 알렸다. 드디어 히스테리가 누명을 벗기 시작한 것이다. 간질, 우울증, 발작, 몽유병, 불면증이 별도의 질병으로 분리되었고, 히스테리의 원인도 자궁의 문제가 아닌 유아기에 경험한 성적 억압, 환상, 갈등, 오이디푸스 콤플렉스 등 정신의 문제로 세분되었다. 프로이트는 최면치료를 사용하면서 히스테리 환자들이 어린 시절에 받은 근친상간, 성폭행 등의 정신적 외상이 원인임을 알고 이를 유혹 이론(Seduction Theory)으로 발표했다. 그러나 환자들의 어린 시절 성적 학대를 증명할 방법이 없었고 가해자는 완강히 부인하여 이 이론은 곤경에 빠지게 되었다. 명망 있는 가문의 환자 때문에 가족이 가해자 또는 파렴치범으로 몰리게 되어 사회적 물의를 일으킬 수 있었으므로, 실제 일어난 일이라기보다는 상상에 의한 기억의 왜곡 이론으로 오이디푸스 콤플렉스가 탄생하였다. 히스테리라는 용어는 20세기 중반이 지나면서 점차 사라지게 되었다. 이것은 제1차 및 제2차 세계대전과 관계가 있었다. 전투에 참여한 군인들이 히스테리와 유사한 증상을 보이면서 울거나 마비되고, 불안에 떨면서 중얼거리거나 악몽을 꾸며 벌벌 떨고 기억상실을 경험하는 등의 증상이 히스테리와 유사하다는 것이 보고되면서 정신건강의학과 의사들의 관심을 끌었다. 미국의 아브람 카디너(A. Kardiner)는 프로이트 밑에서 정신분석학을 공부한 사람으로, 군의관으로 복무하면서 전쟁에 참여한 군인들이 히스테리와 유사한 증세를 보인 것을 알게 되었다. 이미 제1차 세계대전 후에 많은 정신과 의사에 의해서 '포탄 쇼크' 혹은 '전투 신경증'이라는 용어가 사용되고 있었다. 카디너는 10년 동안 자신의 연구 결과를 모아서 1945년 『전쟁 신경증(The Neurosis of War)』이라는 책을 출판했다. 즉, 깜짝 놀람, 불면증, 입맛 상실, 악몽, 비명을 지르는 것, 과도한 긴장, 기억상실, 꽁꽁 얼어붙는 마비 증세 등은 여성들의 히스테리 증세와 유사하다는 것을 밝혀냈다. 즉, 남자들도 히스테리에 걸릴 수 있다는 것을 입증한 것이었다. 결정적인 역할을 한 것은 베트남 전쟁에서 귀국한 전쟁 군인이

후유증을 겪는다는 것을 알고 이들을 치료하기 위해서 국가가 관심을 가지게 되면서부터였다. 건강한 군인들이라도 전투에 오래 노출되면 히스테리와 유사한 증세를 보인다는 것이 밝혀지면서 히스테리라는 용어는 사라졌다.

샤르코와 프로이트가 처음에 주장한 히스테리의 원인이 성적 학대라는 이론은 1970년대에 와서 여성 인권 운동가들에 의해 다시 부활하게 되었으며, 1970년대 여성 폭력, 가정 폭력, 어린이 학대에 대한 폭로 운동에 의해 매 맞는 여성과 어린이 증후군에 관한 연구가 쏟아졌다. 페미니즘 여성 운동의 대부인 베티 프리던(B. Friedan)이 가정을 창살 없는 감옥으로 비유하면서 "침묵에서 깨어나자.", "여성들이여, 자각하라."라는 의식적 자각 운동을 벌이게 되었고 여기에 호응한 여성 운동가들의 강간 폭로 운동으로 이어졌다. 이것이 최근의 성범죄 폭로인 미투 운동의 효시라고 할 수 있다. 1970년대에 여성 운동 동맹이 결성되었고 강간이 성행위가 아닌 성폭행 범죄라는 법안이 뉴욕주를 통과하면서, 이후 10년 동안 미국의 50개 주에서 통과되었다. 1974년에는 보스턴 시립병원의 심리치료 전문가로 있던 부르게네스와 린다 홀스트롬이 「강간 상처 증후군」이라는 연구 논문을 발표하여 시선을 끌고 성폭행의 후유증이 히스테리 증상과 유사하다는 점을 밝혔으며, 악몽, 놀람, 플래시백 현상, 기억상실 등을 보고하였다. 1975년에 미국 국립정신건강연구소에서 성폭행 연구소가, 1976년 브뤼셀에서 여성에 대한 국제 범죄 조사국이 설립되었고, 1980년에 사회학자이자 인권 운동가인 다이애나 러셀이 900명의 건강한 여성을 설문 조사한 결과, 미국 여성 네 명 중의 한 명이 성폭행을 당했고 세 명 중의 한 명이 성추행을 당했다는 충격적인 발표를 하여 미국 사회를 놀라게 했다. 1980년대 이후부터 성폭행 여성 학대, 어린이 학대 등의 실제 상처로 인한 정신장애에 대한 연구가 쏟아져 나왔다.

현대에 와서 히스테리가 줄어들게 된 원인은 성 해방으로 상징되는 여성의 감정 표출과 소통의 개화 때문이라고 생각해 볼 수 있다. 성 연구가 본격화되면서 성 욕구를 건강한 욕망으로 받아들이게 되었고, 사회가 개방되고 감정, 정서의 표현이 활발해지면서 응급실에서 볼 수 있는 급성 기억상실이나 운동장애 등과 같은 심한 히스테리 증상의 발생 빈도가 현저히 감소하였다. 그러나 브로이어와 프로이트 시대와는 상황이 많이 다르지만, 저자의 진료실에도 여전히 이 질환군이 제일 많은 것은 사실이다.

제5장

정신분석과 인간의 영혼

현대 마음의 뇌과학에서 중요한 것은 프로이트가 옳았는지 여부가 아니다. 그가 심리학 자체에 가장 크게 기여를 한 부분은 인지 지각 과정과 감정 과정을 묘사하기 위해 꼼꼼한 관찰을 활용했다는 점이며, 그 덕분에 훗날 뇌과학 발달의 토대 역할을 할 수 있었다는 것이다. 이런 면에서 프로이트의 연구는 새로운 마음의 과학으로 이어지는 경험 연구에 특히 유용하다.

— 『통찰의 시대』(Kandel, 2012)

프로이트의 사상과 그 이론, 가르침을 보는 측면은 다양하다. 정신분석과 역동 무의식의 출발점이 되는 억압은 그가 의사로서 환자의 질환과 증상을 치료하면서 관찰하고 경험한 것에서 시작했으며, 억압에 대한 최초의 해석은 당시의 뇌신경과학을 바탕으로 시도하였다. 그의 40대 이후는 정신분석의 시대로, 깊은 개인의 심리 구조가 부모(환경)와의 갈등과 상호 관계에서 만들어진다는 독특한 마음의 모델, 메타심리학을 점차 완성하게 된다. 그의 임상의학과 진화생물학에 바탕을 둔 메타심리학은 인정할 수밖에 없는 탄탄한 논리적 배경을 가지고 있다. 또한 신학, 문학, 인류학을 넘나드는 프로이트의 사상과 주장에는 인간 운명에 대한 비장함이 느껴지고 비극의 갈등이 살아 숨 쉬고 있다. 그래서 의문이다. 한 개인심리학이 치밀한 논리 체계를 구성했고, 동시에 매력적인 문학적 정서를 함께 가지고 있다. 그는 대중의 감성과 소통하며 동시에 개인의 미숙한 이성에 성찰을 촉구한다. 그의 정신분석과 과학적 사실 사이에 숨겨진 크레바스는 무엇일까?

마음의 상처(트라우마), 히스테리, 화병

정신적 트라우마와 화병은 격동의 21세기 한국의 정서를 잘 표현하고 대중이 자주 사용하는 문화적 용어가 되었다. 스트레스질환인 '화병'은 문화적 진단에서 의학적 진단으로 자연스럽게 넘어갔다. 프로이트 시기에도 역동 무의식과 이를 대표하는 용어인 '억압'을 탄생시킨 '히스테리'는 트라우마 모델이었다. 억압의 개념이 전 세계로 알려지자 약하고 병든 상태에서 외면당하는 사람은 자신의 감정을 대변하는 의미로 감동을 받았으며 또 대중들은 자신의 마음을 표현하는 문화 용어로 사용하였다. 프로이트의 초기 '히스테리' 사례 환자도 어려서부터 정신적 · 감정적 충격을 받아 온 사람이었다. 억압은 잘못된 영문 번역에도 불구하고 프로이트의 '구원'을 알리는 매우 적합한 용어로 전환되어 지식인과 일반인의 마음을 빠르게 사로잡을 수 있었다. 억압의 개념은 한국 사람들의 정신적 트라우마를 상징하는 한(恨), 화병(火病)과 맥을 같이한다고 보아도 무방할 것이다. 전통적인 프로이트의 정신분석은 수동적 '억압', 무의식적인 과정을 표현하는 용어이지만, 또한 사람은 "나는 ○○을 하고 싶은 욕구를 억압해 왔다."라고 말하듯이 '억압'을 사용할 때 의식적이고 의도적인 뜻(이 책에서는 억제로 표기)으로도 많이 사용하고 있다. 프로이트도 이런 혼용을 하였고 정확하지 못한 표현 때문에 독자들을 혼동시켰다.

다양한 프로이트의 모습과 영향은 정신분석(Psychoanalysis)이라는 용어가 함축하는 의미로 간결하게 표현할 수 있다. 많은 사람이 알고 있듯 정신분석은 영혼을 의미하는 정신(Psyche)[1]과 분해를 의미하는 분석(Analysis)의 합성어이다. 이 두 개의 단어는 상반되며 또 보완적이다. 정신(프시케)은 영혼을 가진 인간, 즉 비과학적인 감정과 예술, 사랑의 경지이고, 분석은 과학적인 관찰과 검토를 의미한다. 프로이트와 동향이며 정신분석가인 브루노 베텔하임은 『프로이트와 인간의 영혼』(Bettelheim, 1983)에서 이렇게 말했다.

> 프로이트는 자신의 작업을 기술하기 위해 정신분석이란 용어를 만들어 냄으로써 다음과 같이 강조하고자 하였다. 즉, 무시받고 감춰진 영혼의 측면을 조사하고 분리함으로써 영혼들이 우리의 삶에서 해내는 역할을 우리가 이해하고, 이러한 측면을 알 수 있다는 것을 강조하

1) 그리스 신화에서 프시케는 에로스의 아내이자 영혼의 여신이다. 그리스어인 프시케는 생명, 마음이라는 의미를 가지고 있으나, 영혼이라는 의미가 더 강하다. 따라서 '프시케'와 이를 번역한 '정신' 사이에는 다소 의미의 간격이 있다.

고자 하였다. 프로이트의 분석이 다른 모든 사람의 분석과 다른 것은 바로 그의 영혼에 대한 강조였다. 우리가 인간의 영혼, 즉 우리 자신의 영혼에 대하여 느끼고 생각하는 것이 프로이트의 견해로서 가장 중요하다. 불행하게도 우리가 지금 정신분석이라는 합성어에서 혹은 심리학과 같은 다른 합성어에서 정신이라는 단어를 사용할 때, 우리는 프로이트가 불러일으키려고 했던 감정을 지닌 그런 단어에 다시는 반응하지는 않는다(Bettelheim, 1983, p. 35).

프로이트의 성장 환경[2]과 학문적 배경

모든 작가의 출생과 환경적 배경은 그의 사상과 이론을 이해하는 데 매우 중요하다. 특히 이 책의 주제인 '억압'을 설명하기 위해 중요한 초기 작품인 『과학적 심리학 초고』(Freud, 1895)에 담긴 가설을 이해하는 데 필요한 부분을 요약한다.

지그문트 프로이트는 1856년에 지금의 체코공화국에 속한 모라비아의 프라이베르크라는 소도시의 유대인 부모 밑에서 태어났다. 아버지는 직물 상인인 야콥 프로이트였고, 그의 세 번째 아내이자 프로이트의 어머니인 아말리아는 남편보다 20년 연하였다. 이복형 둘은 아말리아와 거의 같은 나이여서, 맏형의 아들이 프로이트보다 약간 어렸다고 한다. 프로이트 아래로 7명의 형제자매가 태어났다. 1859년에 그들은 빈으로 이사했고, 프로이트는 1938년 6월 독일이 오스트리아를 병합하면서 영국으로 이주할 때까지 계속 빈에서 살았다. 어려서 레오 볼트 스테터 김나지움에서 늘 학급 수석 자리를 놓치지 않은 뛰어난 학생이었던 프로이트는 1873년 9월 빈대학교에 입학했다. 이 시기는 빈의 주식 시장이 붕괴한 직후였다고 한다. 그 영향으로 일자리가 줄고 유대인에 향한 편견과 적대감이 되살아난 시대였다. 프로이트는 1924년에 쓴 자서전에서 대학교에 다닐 때 겪었던 따돌림이 나중에 독립심을 갖게 된 원천이었다고 적었다. 장래 법률가와 의사 사이에서 고민하던 그는 빈대학교의 의과대학에 입학하여 다윈주의자였던 카를 클라우스 교수 밑에서 공부하였다. 그가 의대를 택하게 된 가장 큰 원인은 다윈의 『종의 기원』과 괴테의 『자연』을 읽었기 때문이었다.

프로이트가 빈 의대에 입학했을 당시에는 로키탄스키가 학장직을 맡고 있었는데, 그는 1844년부터 30년간 빈 의대의 학장을 맡은 뛰어난 임상의사 및 병리학자로 6만 건의

2) 김덕영, 2009.

사후 부검을 하면서 환자의 증상과 질환 그리고 병리 소견을 연결해서 진단을 확립하고 최초의 병리학 교과서를 저술한 저명한 의학자였다. 그는 38세의 젊은 나이에 스트레스와 그 외의 본능적 반응들이 뇌에서, 특히 시상하부에서 나온다는 것을 발견했다. 사실, 그는 프로이트의 초기 신경해부학 연구에 관심을 가지고 살펴보기까지 했다. 1877년 1월과 3월에 로키탄스키는 오스트리아 과학아카데미에서 두 차례에 걸친 프로이트의 연구논문 발표와 평가에 참여해서 두 번 다 승인해 주었다. 1878년에 로키탄스키가 사망했을 때, 빈 의대의 거의 모든 사람과 같이 프로이트 역시 슬픔에 잠겨 운구까지 했다. 1905년 프로이트는 「농담과 무의식의 관계(Jokes and Their Relation to the Unconscious)」라는 글에서 그를 '위대한 로키탄스키'라고 칭했다. 말년에도 프로이트는 로키탄스키가 1862년에 한 '생물학 연구의 자유'라는 중요한 강연을 기록한 글을 서가에 두고 들춰 보곤 했다(Kandel, 2012).

입학한 후 프로이트는 필수과목이 아니었던 철학 강의를, 주로 프란츠 브렌타노(F. Brentano, 1838~1917)의 강의를 들었다. 프로이트는 철학에도 관심이 있었던 것 같다. 브렌타노는 스콜라 철학의 지향성(指向性, Intentionality)의 개념을 다시 소개했으며, 정신의 행위라는 아리스토텔레스의 개념을 부활시킴으로써 당시의 철학과 심리학에 큰 영향을 미쳤다(김덕영, 2009, pp. 71-72). 지향성이란 단순하게 이해하면 "~에 관함(aboutness)"이라는 특성이다. 모든 정신적 현상과 심리적 활동(신념, 욕구)은 내용을 가지고 있으며 어떤 사물로 향하는 지향성이 있는데, 물리적 현상에는 지향성이 없다. 그러므로 이 지향성은 정신적 현상과 물리적 현상을 구별하는 핵심적 특성이다(Edelman, 2006). 후일 현상학(現象學) 전개에 큰 영향을 준 지향성의 개념은 의식, 즉 모든 정신 활동을 그 자체에서 내부에 존재하는 대상을 향하는 관계에서 파악하려는 견해는 매우 중요한 발견이자 칸트 이후 철학과 심리학의 커다란 발전이었다. 브렌타노의 교수 시기와 프로이트의 학생 시기가 거의 일치했다는 김덕영의 글(2009)을 보고 저자는 프로이트가 이미 학생 시절에 가장 중요한 정신분석의 개념적 기초를 그를 통해 얻을 수 있었다고 추정한다. 정신 과정을 목표를 가진 기능으로 보는 관점을 작용심리학(act psychology)이라 하는데, 브렌타노는 '마음이 무엇인가'보다는 '마음이 무엇을 했나?'라는 마음의 과정을 강조했다. 그는 현실에 밀착된 의미 있는 경험에 대한 현상학적 · 내성적 분석(內省的分析, introspective analysis)을 도입한 것이다. 여기서 필자는 정신분석의 기본 용어인 표상, 내적 대상 등이 이 당시 철학의 교육 내용에 있었던 개념이라는 것을 알게 되었다. 그리고 브렌타노의 작용심리학의 내성적 분석은 프로이트의 정신분석으로, 의식의 지향성은 표상 또는 내재적 대상에 대한 심리적 연상(association)과 비슷한 의미로 이해해도 무리가 없을 것이다.

또한 의과대학생이던 프로이트는 1874년에 에른스트 빌헬름 폰 브뤼케의 저서 『물리학적 생리학에 대한 강의』에서도 많은 감명을 받았다. 브뤼케는 유기체를 물리학적 세계의 현상, 물리학적 힘에 의해 운동하는 원자들의 체계로 파악했다. 결국 모든 유기체의 생명 현상을 물리학적 힘들 사이에 작용하는 인력과 척력으로 환원시키며 에너지 보존 법칙을 따른다고 했다. 프로이트는 1876년에 브뤼케의 생리학연구소 조수가 되어 1882년까지 6년 동안 연구했다. 의대에서 체험할 수 없었던 평온한 마음을 생리학연구소에서 얻었으며, 역할에 만족하고 또한 존경할 만한 인물들을 만났다. 그들은 브뤼케와 그의 조수인 지그문트 엑스너, 에른스트 폰 플라이 등인데, 이 중에서도 브뤼케를 평생 존경해 왔고 브뤼케와 함께 가장 보람 있는 젊은 시절을 보냈다고 말했다. 어쨌든 이 집중적인 연구가 이루어진 기간에 그는 과학적 원칙들로 무장하고 자신의 연구에 더욱 개인적 의미를 부여했다. 결국 세 차례에 걸친 발표(뱀장어의 척추 신경절과 척수, 가재의 신경세포에 관한)는 모두 과학아카데미 회보에 실렸다. 이처럼 일찍이 대학생 신분으로 브뤼케의 생리학연구소에서 행한 신경계통 연구는 훗날 정신분석학이 발전하는 초석이 되었다. 프로이트는 배운 것에서 기본 원리들을 추출하고, 해부학적 토대를 활용하여 정신적 과정에 적용함으로써 자신의 독특한 지적 세계인 정신분석학을 발전시킬 수 있었다. 그래서 그는 마음과 정신이 생리 현상이나 물리 현상과 같이 자연과학적 법칙에 따라 결정된다는 태도를 견지했다. 프로이트의 정신분석학이 브뤼케의 물리-생리학에서 어떤 영감을 받았는가는 1926년 정신분석학의 역동적 측면을 강조하면서 한 다음과 같은 진술을 보면 명백하게 알 수 있다(김덕영, 2009).

> 일차적으로 정신분석학은 모든 정신적 과정을 …… 서로 촉진하거나 저해하는, 서로 결합하는, 서로 화해하는 힘들의 작용으로 소급시킨다.

신경계를 연구하라는 브뤼케의 말에 힘을 얻은 프로이트는 단순한 척추동물인 칠성장어의 신경계 연구를 끝낸 뒤, 무척추동물인 가재의 신경계를 연구했다. 그는 무척추동물 신경계 세포가 척추동물 신경계 세포와 근본적으로 다르지 않다는 것을 발견했다. 이 연구로 프로이트는 신경세포, 즉 뉴런이 모든 신경계의 기본 단위이자 신호전달의 기본 단위임을 발견했다. 이렇게 첫 출발이 유망했기에 프로이트는 과학자로서 탄탄한 길로 들어섰다. 하지만 연구를 직업으로 삼으려면 돈이 있어야 했는데, 그는 가난했다. 프로이트가 마르타 베르나이스(M. Bernays)와 혼인할 예정임을 안 브뤼케는 그에게 연구실을 떠나 임상의학을 공부하라고 조언했다.

프로이트는 그의 조언을 따라 3년 동안 지금의 수련의처럼 임상 경험을 쌓았다. 젊은 프로이트에게 많은 영향을 준 인물 중 한 명은 빈대학교의 정신의학과장이었던 테어도어 메이너트(T. Meynert, 1833~1892)이다. 메이너트는 정신질환을 연구하기 위해 처음으로 뇌 속을 들여다본 정신의학과 의사였다. 그는 뇌의 발달에 관심을 두고 연구했는데, 다윈의 이론 사상을 받아들여 인간의 뇌에서 진화적으로 더 오래된 영역이 먼저 발달한다고 주장했고, 이 개념을 토대로 그는 대뇌겉질 아래쪽에 놓인 이 원시적인 구조들이 무의식적이고 선천적이며 본능적 기능을 매개한다고 주장했다. 게다가 메이너트는 본능적인 기능이 대뇌겉질을 통해 조절되며, 대뇌겉질은 진화적으로만이 아니라 인간의 발생 과정에서도 더 나중에 출현하며 대뇌겉질이 집행자, 즉 자아 기능을 하는 부위, 복잡하고 의식적인 학습과 반성하는 행동을 매개하는 영역이라고 생각했다(Kandel, 2012). 이미 이 시대에 뇌 기능에 대한 현대적 개념을 주장한 학자가 있었다니 놀라울 따름이다. 이렇듯 정신의학에 커다란 영향을 미친 그는 특이적인 치료법을 처음으로 도입한 4명의 제자를 두었다. 최면 요법의 브로이어(J. Breuer, 1842~1925), 정신분석으로 히스테리 같은 질병을 치료하는 데 성공한 프로이트, 매독에 열치료법을 도입한 야우레크(J. W. Jaurgg, 1857~1990, 1927년 노벨의학상 수상), 정신질환치료에 인슐린 혼수(insulin coma) 요법을 도입한 사켈(M. Sakel, 1900~1957)이 바로 그 제자들이었다. 프로이트는 메이너트 밑에서 정신의학을 공부했지만, 병원의 다른 학과에서도 일하면서 신경학자가 되어 진단 기술을 개선하는 쪽으로 진로를 생각했다. 이 시기에 프로이트는 연수(신경계에서 호흡과 심장박동의 중추가 있는 곳)의 신경해부학에 이바지했으며, 뇌성마비와 언어상실증의 임상신경학 쪽으로도 몇 가지의 중요한 연구를 했다.

1891년에 프로이트는 언어상실증을 연구하다가 눈, 망막, 시신경이 정상인데도 시야에 있는 대상을 인지하지 못하는 환자들과 마주쳤다. 그는 뇌에 결함이 있어서 시각 상실이 일어났다고 추론하면서, 이를 시각 인식 불능증(blindness agnosia)이라고 하였다. 또 그는 코카인을 가지고 다양한 실험을 한 끝에 코카인을 국소마취제로 쓸 수도 있다는 결론을 내렸다. 메이너트는 프로이트의 재능을 간파했고, 프로이트는 자서전에 이렇게 썼다.

어느 날 메이너트는 …… 내게 뇌의 해부학에 전념해야 한다고 말하면서 자신의 강의를 내게 넘겨주겠다고 약속했다.

메이너트의 뒤를 이어서 학과장을 맡은 리하르트 폰 크라프트에빙(R. V. Kraft-Ebing, 1840~1902)은 메이너트와 달리 정신의학을 분석보다 관찰과 기술 중심의 임상과학이라고 보았다. 그래서 그는 임상 정신의학에서 뇌과학의 중요성을 상대적으로 낮게 보았고, 법정신의학과 임상정신의학 분야의 주요 교과서 두 권을 저술하기도 하였다. 그는 의학의 영역을 넘어 일상생활에서 성적 활동이 어떤 기능을 하는지를 말한 최초의 정신과 의사였다. 크라프트에빙은 1886년에 쓴 고전『성행위의 정신병리』에서 성적 행동의 다양성을 기술하면서 성적 본능이 중요하다고 예측했다. 이 두 개념은 나중에 프로이트의 정신분석에 차용되었다고 한다. 사실, 그는 성적 본능이 성적 기능에서만이 아니라 미술과 시를 비롯한 창의성의 발현 형태에서도 중요하다고 말했다. 그는 성 행동의 유형을 기술하기 위해 사디즘, 마조히즘, 소아 성애 같은 개념을 도입해 현대 성 병리학의 토대를 마련했다.

억압된 가족사, 규칙과 질서

개인의 본능과 사회 문명 사이의 갈등은 프로이트 심리학에서 볼 수 있는 원대하고 근본적인 비전 중 하나이다. 저자는 작가의 이론이 성장 환경에서 비롯된다고 생각한다. 작가가 알거나 모르거나 관계없이 그의 성격과 생각이 만들어진 어린 시절 환경과 경험, 그리고 지금 현실의 반영이며 이 또한 프로이트의 심리결정론[3]이다. 저자는 마음의 뇌과학을 공부하고 사람의 마음을 경험할수록 이 생각이 옳고 당연하다고 믿게 되었다. 독자도 프로이트의 출생 환경과 생활 습관을 알면 이 생각에 수긍할 것이다. 그는 흔히 정신분석을 고고학에 비유했고, 본업이 정신분석이었다면 부업은 고고학과 역사학이라고 할 정도였다. 젊어서 뇌과학을 연구했으나 개업 후에는 자연과학에 대해서 흥미가 없어졌다고 한다. 고대 그리스, 로마, 이집트의 골동품 수집과 신화에 관심이 많았던 그는 현대 세계사를 고대 이집트와 그리스, 로마의 신화와 역사에서, 각 개인의 역사를 어린 시절과 무의식에서 찾았으며, 인류 문화와 역사를 토템과 터부에서 찾았다. 자신의 억압

3) 심리결정론(psychological determinancy): 모든 심리 현상은 선행하는 사건 경험이 만든다는 이론으로, 연상 학습과 뇌신경망의 형성에 의한 결과이다.

이론을 고대 신화, 역사와 인물을 소재로 한 셰익스피어 등의 작품 해석에 적용하였으며, 고대 델포이 신전에 쓰인 "너 자신을 알라."라는 유명한 문구가 제안하는 것처럼 대중에게 억압된 무의식을 알려 줌으로써 갈등과 고통에서 벗어나게 해 줄 수 있다는, 마치 종교적 계시 같은 비전으로 감동시켰다. 또한 프로이트의 사회 비전 중심에는 갈등의 이미지가 있다. 그는 문명화된 삶의 요구는 본능과 충돌한다고 생각했다. 여기서 본능은 성욕동(libido)이고 공격성이다.

그의 심리 사상은 가족사와 기질을 조사하면 쉽게 이해할 수 있다. 앞서 소개하였듯이 프로이트의 가정 환경은 복잡했다. 가부장적인 아버지, 아버지보다 한참 어린 어머니 그리고 어머니 연배의 이복형들이 있었고, 그의 밑으로도 동생이 많아 재능이 뛰어나지 않으면 관심을 받지 못하는 환경이었다. 프로이트 전기작가이며 분석가인 어니스트 존스는, 남다른 배경 때문에 장남이지만 셋째 아들인 프로이트가 일찍부터 가족 역동성에 관심을 가졌다고 추측했다. 상상해 보자. 프로이트의 부모는 성장기에 경제적으로 넉넉하지 않았고(사업 실패로 이주), 형제들은 바람 잘 날 없이 언쟁과 화해를 반복했을 것이며, 유대인 가족이기 때문에 지역 사회에서 주변인의 냉대와 따돌림이 심해 정착하기 쉽지 않았을 것이다. 정착한 후에도 나치에 의한 조직적인 박해와 뒤이은 홀로코스트[4]는 프로이트와 가족에게 지대한 영향을 미쳤다. 프로이트의 다섯 누이 중 네 명은 나치의 강제수용소에서 살해당했다. 가족의 처참한 비극이었다. 그는 인간 내면의 성 충동과 파괴적인 속성, 공격성을 본능의 관점에서 표현했지만, 또한 이는 경험에서 활성화된 학습 감정이라는 것도 쉽게 추정할 수 있다. 정신분석은 가장(독재자)의 나르시시즘 이미지에 도전하고 환상으로 도피하는 것을 경계한다. 그는 환자의 고통을 분석해서 내면의 양가감정과 깊게 자리 잡은 유아의 자기중심성(나르시시즘)을 일깨웠으나, 이는 자신의 마음을 모델로 삼았을 것이다. 프로이트의 통찰은 진지하고 혁신적이어서 독자에게 감동을 줄 수 있는 일반화의 속성을 가지게 되었다.

프로이트의 생활은 빈틈없이 규칙 있는 일과(Billig, 2004, p. 77에서 재인용)로 유명했다.

> 그는 7시에 일어나 정각 8시에 환자들과 진료를 시작한다. 정확히 1시 정각에 그는 진찰실을 나와 아파트를 가로질러 식당으로 걸어가서 나머지 가족들과 함께 점심을 먹곤 했다. 그가 식탁의 맨 앞에 앉자마자, 하녀가 식사를 가지고 도착한다. 그는 자신의 음식과 다른 사람

4) 홀로코스트: 나치 정권과 그 협력자들에 의하여 6백만 명의 유대인에게 자행된 국가 차원의 체계적인 탄압과 대량 학살. '홀로코스트'는 '불에 의하여 희생된 제물(번제)'이라는 의미의 그리스어에서 유래된 말이다.

들의 대화에 집중하면서 거의 말을 하지 않았다. 만약 아이 중 한 명이 자리에 없다면, 지그문트는 나이프나 포크로 빈 의자를 조용히 가리킬 것이다. 하녀는 테이블 반대편에서 자녀의 부재에 관해 설명하곤 했다. 지그문트는 고개를 끄덕이며 식사를 계속했다. 점심 후 오후 산책을 하고 3시에 환자들을 다시 만나곤 했다. 상담이 끝났을 때 …… 그는 저녁 식사를 마치고 또 산책하거나 가족끼리 카드놀이를 하곤 했다. 그러면 저녁 작업이 시작된다. 사례 작성, 노트, 원고 준비, 일지 편집 등이다. 일반적으로 그는 일을 마치고 새벽 1시에 잠자리에 들 준비를 한다. 그의 대부분은 직업적인 삶, 그는 하루에 8시간, 일주일에 6일을 상담하며 보내곤 했다. 그는 주요 저작을 집필하거나 상상력이 신나게 발휘될 때에도 늘 환자의 말을 들으며 하루의 대부분을 보냈다. 일요일 아침에 지그문트는 그의 어머니를 방문했고, 저녁까지 어머니를 돌보았다. 그의 질서 정연한 일상의 패턴은 아내(마르타 베르나이스)의 애착과 헌신에 달려 있었다. 마르타는 시계와 같은 정확성으로 지그문트의 작업을 방해하지 않고 가족들을 돌봤다. 그의 일상적인 여행은 침실에서 진찰실로, 식당으로, 다시 책상으로 그리고 결국 침대에서 잠들기까지 그는 아내 덕택에 집안일의 세부 사항에 대해 거의 생각할 필요가 없었다. 그녀는 그의 옷을 펼쳐 놓고 손수건까지 모든 것을 고르고 심지어 칫솔에 치약까지 발랐다. 그는 진료하면서 그렇게 가계를 부양하고, 아내와 자식들에게 옷을 입히며, 24시간 내내 식당으로 음식을 가져다주는 하인들에게 임금을 지불하기 위해 생계를 꾸렸다.

프로이트의 규칙적인 생활은 철학자 칸트를 닮았다. 프로이트가 수필 『강박 행동과 종교적 실행(Obsessive Actions and Religious Practices)』(Freud, 1907)에서 전형적인 강박증 환자의 '침상 의식(the bed ceremonial)'이라 표현한 것처럼, 그의 나머지 시간은 정확한 패턴에 따라 습관으로 실행되고 있었다. 이 '침상 의식'은 군대 내무반 생활을 한 남자들이라면 다 경험한 바 있을 것이다. 모든 사물은 정해진 장소에 가지런히 놓아야 하고, 의자도 침상 옆의 특정 장소에 세워야 한다. 옷은 특정한 순서로 각을 세워 접혀 있어야 한다. 담요는 바닥에 넣고 시트를 평평하게 펴야 하고, 베개도 가지런히 중앙에 배치되어야 한다. 그리고 몸은 정확하게 정의된 위치에 있어야 한다. 이 모든 일이 완벽해진 후에 환자는 안심하고 잠들 수 있다. 강박증 환자들은 익숙한 패턴에서 조금만 벗어나도 괴로워하면서 그러한 의식에 매달린다. 프로이트에 따르면, 강박 의식은 사소한 것에 그들 자신을 바침으로써 걱정스러운 생각을 멀리하는 심리적 이득을 수행한다. 프로이트는 침상 의식과 같은 강박증 환자의 개인적인 의식은 '정상적인' 삶의 의례와 크게 다르지 않다고 말했다. "이러한 대수롭지 않은 의식은 관습적이고 정당하며 질서 있는 절차의 과장일 뿐인 것 같다." 그는 강박관념이 일상생활을 위해 만들어 내는 의식들에 대해 동정적으로 썼다. 그의 생각에 따르면, 자신의 가정생활은 일종의 관습이고 정당한 과정을 나타내는 것처럼 보이지만, 사실 강박적 의식의 약간 축소된 형태일 뿐이다.

프로이트는 그의 친구 빌헬름 플리스에게 쓴 편지에서 환자 진료와 일상적 부담에 대한 양면적인 감정을 적었다. 프로이트가 그의 진료실에서 습관적으로 행했던 상담과 연구는 플리스와의 대화에서 규율과 욕망의 억제로 표현된다. 그는 1895년 많은 스트레스를 플리스에게 호소하면서 "나는 유아마비[5]에 걸려 (답답증이) 목까지 차오르고 있다. 그럼에도 사람들은 나에게 전혀 관심이 없다." 환자에 대해서도 많은 스트레스를 받았는데, 그는 분석 시간 동안 지루함뿐만 아니라 인내심 없는 환자들의 조급한 재촉에 억눌려 있어야 했다. "환자가 인내심이 없다면, 의사 역시 조급해할 것이다." 프로이트는 환자들이 특히 부담스러울 때 "내가 명랑하지 않고 침착하지 못할 때, 내 환자 한 사람 한 사람이 나를 고문하는 사람"이라고 털어놓았다. 그는 또 편지에서 "나의 수수께끼들을 맹목적으로 더듬기 위한(자기분석) 모든 의식적인 활동을 포기함으로써" 탈출구를 찾았다고 했다. 1898년 3월, 그는 플리스에게 "내 삶의 방식, 1년 중 8개월 동안, 매일 8시간의 분석은 나를 황폐하게 했다."라고 썼다. 그는 마치 '어두운 갱도에 묻힌' 것처럼 '분명히 멍청하다.'라고 느꼈다고 했다. 더구나 오후 분석 때는 잠을 잔다고 고백했다. 그는 긴 분석 시간이 끝난 후, 더 많은 억압을 해야 했다. 프로이트는 자신의 소중한 시간을 투자했음에도 종종 그를 실망시킨 환자에 대한 적개심을 표출하고 다시 감정을 철회했다. 이런 장시간의 작업은 엄청난 정신적 에너지를 소모하며, 매일 8명씩 매주 6일씩 환자와의 대화는 계속되어야 했기에, 이들 개인은 질환의 피해자였을지 몰라도 프로이트에게는 가해자였다. 그는 "나는 이 생활이 싫고 내 8명의 희생자는 가해자와 동등하다."라는 말로 자신이 벗어나지 못하는 직업의 아이러니를 표현했다. 얼마 후, 프로이트는 씁쓸한 유머로 그의 감정을 분명히 드러냈다. 그는 정신분석가가 된 신입회원에게 "당신이 분석가가 된 것은 당신에게 합당한 처벌입니다."라고 축하의 글을 썼다. 또 그는 플리스에게 "나는 내 작업에 대해 반성하지 않도록 주의한다."라고 하였다. 대신 남는 시간에 "나는 내 환상에 몸을 맡기고, 체스를 두며, 영어소설을 읽고, 심각한 것을 모두 추방한다."라고 하였다. 그 결과, 그는 무해한 식물 상태로 돌아가 온종일 작업한 주제에서 주의를 다른 곳으로 돌리게 했다. 프로이트는 자신을 꼼꼼히 분석하여 관찰함으로써

5) 그는 공황장애, 공포증을 앓고 있었다.

그 현상을 하나하나 이해하려고 노력하였는데, 이 역시 완벽을 추구하는 성격에서 온 것이다. 그는 자신의 심리적 · 직업적 고통에서 벗어나고자 스스로 억압된 것을 분석하고 부단히 억제했다. 저자의 연구 결과, 억제는 마음의 건강을 유지하거나 회복을 꾀하는 예방적 치료 행동이다.

환자 프로이트의 자기치료[6)]

사실 그의 '억압' 이론과 마음의 모델을 포함한 여러 업적은 자신의 질환과 싸움에서 얻는 부산물일지도 모른다. 그의 병력을 보면 경쟁적이고 완벽을 추구하는 성격에 일생의 상당한 기간 동안 '공황장애'와 유사한 불안 증상에 시달리고 고통을 받았다. 어머니 아말리아는 아름답지만 매우 고집이 세고 열정적인 성격의 소유자였다. 그녀의 긍정적이고 적극적인 성품이 프로이트에게 전달된 듯하다. 그녀는 죽을 때까지도 장남 프로이트를 "나의 소중한 지기"라고 부를 정도로 아들과의 유대감이 각별했다. 프로이트는 대학에 입학할 당시 혼자서 독방을 차지할 만큼 집안에서 특혜를 누리고 있었다. 다른 8명의 가족은 방 3개를 공동으로 사용했다. 그는 자신을 위한 이런 가족의 희생을 당연한 것으로 받아들였다. 한편으로 그는 책임을 저버리지 않았다. 타협을 모르는 프로이트의 성격은 어머니의 성격과 과잉보호가 한몫한 것일지도 모른다. 프로이트가 태어난 이듬해부터 7명의 동생이 계속해서 태어나자 그는 어머니의 애정을 동생들에게 빼앗기지 않을까 하는 강한 불안감과 경쟁심에 사로잡혔다. 프로이트는 성장한 후 모라비아의 민족적 영웅의 이름에서 딴 자신의 이름 지기스문트를 버리고 독일 전설에 나오는 영웅의 이름 지그문트로 바꾸었다. 혹자는 유대인 신분을 부정하고 싶은 피해의식에서 나온 행동이었다고 말하지만, 저자는 그의 타고난 기질과 함께 경쟁자들을 물리치고 영예를 독차지하려는 욕심과 영웅이 되고자 하는 마음이 자리 잡고 있었기 때문이라고 생각한다. 그는 학창 시절에 독일인 동료와 잘 어울리지 못하는 소심함을 보였지만, 학업에서는 항상 1등을 유지함으로써 우월함을 드러냈다. 다행히 그때까지는 유대인의 대학 입학이 허용되어 원하던 의과대학에 진학할 수 있었지만, 그의 고백에 따르면 학창 시절부터 단지 유대인이라는 이유로 심한 차별을 받았으며, 동시에 시민권도 얻을 수 없다

6) 이병욱, 2007.

는 부당한 현실에 상당한 충격을 받았다고 한다. 분명 그에게도 분노와 공격성이 발달한 시기가 있었으며, 성장기를 통해 심각한 정체성 혼란기를 겪었던 것으로 추측한다.

청년 프로이트는 정기적으로 자신에 관한 모든 기록을 불태우는 의식을 거행했다고 하는데, 1885년 29세 생일을 앞두고 그는 지난 14년간 써 왔던 일기, 편지, 논문 초안 등을 모조리 불태운 사실을 어머니에게 말하며 자신이 얼마나 새롭게 거듭나고 싶은가를 호소하였다고 한다. 저자는 이 사건을 예사롭지 않다고 느꼈다. 자신을 취소, 부정하고 다시 시작한다는 생각을 행동으로 옮긴 일은 매우 강박적인 불안이 있음을 의미한다. 그리고 언제부터인지 알 수는 없지만, 프로이트에게는 불안발작이 있었다. 그때마다 호흡곤란, 심장발작, 식은땀, 어지럼증, 기절 등의 신체 증상을 보였다. 지금 저자가 진단한다면 이병욱(2007)의 의견과 같이 공황장애를 말할 것이다. 그는 대학 시절 교내 건물의 둥근 원주 기둥 사이를 지나갈 때마다 이러한 불안발작을 경험했다.

프로이트는 막내딸 안나가 태어난 1895년, 39세부터 자기 정신분석에 돌입했다. 그는 당시 성공한 개업의였으며 행복한 결혼생활로 외견상 부러울 것이 없었던 시기였음에도, 이유를 알 수 없는 불안과 우울감, 증오심, 위통과 심장발작 증세에 시달렸다. 또한 기차 공포증으로 여행을 두려워했으며, 심지어는 시내에서 거리를 횡단하는 것조차 불안해했다. 플리스에게 보낸 서한에서 자신의 공포증을 솔직하게 밝히면서 스스로 해석을 내리기도 했는데, 3세 때 프라이베르크에서 라이프치히로 이사 가는 도중에 역에서 목격한 작은 불빛을 통해 지옥에서 불타고 있는 유령들을 연상한 경험이 자신의 여행 공포증과 연관이 있을 것이라고 분석하였다.

한편으로 기차 공포증도 배고픔에 대한 공포와 관계가 있는 것으로 설명했는데, 그가 어머니의 애정과 관심 속에 성장하긴 했지만, 정작 프로이트 자신은 항상 정서적으로 굶주린 상태에 있었다고 보는 심리학자도 있었다. 왜냐하면 당시 어머니는 남편의 사업을 도와야 할 처지에 있었기 때문에 체코인 유모에게 아기를 맡기고 대부분 집을 비웠기 때문이라는 것이다. 신기하게도 그는 1896년 아버지가 사망한 이후 집중적인 자기분석을 통한 부분적 통찰로, 비록 일시적이긴 했지만 그런 증상이 씻은 듯이 사라진 경험을 했다. 프로이트는 아버지의 장례식에 지각하였는데, 이발소에 들르느라 늦었다는 것이 그 이유였다. 이런 경험은 프로이트가 아버지의 징벌과 보복에 대한 두려움에 대해 진지하게 생각해 보는 계기가 되었다. 그러나 아버지의 죽음으로 프로이트의 거세 불안이 일시에 사라진 것은 아니었고 관련된 광장공포증의 기미는 여전히 남아 있었다. 그는 기차 편으로 여러 차례 로마 여행을 시도했지만 실패를 거듭했다. 기차를 타는 데 어려움이 없어진 후에도 로마 입구까지 갔다가 돌아서는 일이 수차례 반복되었다. 그의 증상은 오랜 기간이 지난 후 융과의 만남에 의해 다시 나타났다. 그들의 관계는 마치 부자 관계처럼 미묘한 갈등이 있었다. 상징적인 아버지의 위치에 서 있던 프로이트에 대하여 융은 반항적인 아들처럼 저항을 보였는데, 프로이트는 융이 보는 앞에서 의식을 잃고 쓰러지기도 했다.

억압, 금기와 문명에 대한 불만

성욕, 공격 본능은 비록 그 본질이 생물학적이지만 사회적 문제를 흔히 발생시키므로 반사회적인 것으로 취급되어 사회에서 제거된다. 만약 우리가 본능을 억제하지 않고 지금 멋대로 하도록 허락된다면 도덕성도, 양심도, 친절도 없을 것이다. 프로이트는 어쩌면 강한 본능의 성향으로 가족과 사회가 무너질지도 모른다고 경고하였다. 그래서 도덕성과 안보는 자연이 준 쾌락을 희생하여 이루어진다고 하였다. 『토템과 금기(Totem and Taboo)』(Freud, 1913a)에서 프로이트는 도덕적 규칙에 대한 훌륭한 통찰력을 제공했다. 그는 엄격한 도덕 규범은 금지된 욕망의 표시라고 제안했다. 그는 "아무도 하고 싶지 않은 것을 금지할 필요는 없으며, 누구나 원하는 것의 금지를 가장 강조하였다."라고 말했다. 프로이트는 이 단어들을 쓸 때 근친상간에 대한 금지법이나 원시민족들이 왕을 기리기 위해 고안한 치밀한 규칙과 같은 노골적인 금기 규정을 염두에 두었다. 프로이트는 그러한 규칙들은 근친상간과 왕을 살해하려는 욕망의 표시라고 주장했다. 그리고 이러한 욕망은 본능적이고 생물학적인 성향을 반영한다고 믿었다. 그렇다면 문제는 같은 논리가 일상생활의 비공식적 만남에도 적용될 수 있느냐 하는 것이다. 사회생활은 복잡한 규범과 관습, 습관으로 구성되어 있다. 우리가 사람들을 만나 인사하고 질문하며 답변하는 방식은 모두 일정한 코드에 의해 얽매여 있는데, 우리는 이를 전통과 관습, 습관의 문제로 알고 있다. 사회학자 중 일부는 현대문명이 자기통제를 강화해야 하며, 이는 자발적이고 지속적으로 행사되어야 사회가 발전한다고 주장한다. 실제 사회질서의 복잡성이 클수록 행동의 통제는 자동으로 이루어지고, 출생 초기부터 부모와 사회에 의해 개인에게 더 규칙적이고 안정적인 방식으로 주입된다. 그 결과, 도덕과 자제심은 '제2의 본성'이 되어, 다시 생각하지 않고 일상적으로 실천하는 습관이 된다. 도덕과 자제는 일상생활에서 모든 행동을 지배하는 복잡한 행동 규칙을 따르려면 필요하고, 반대로 지키지 못하면 처벌을 받기에 유지된다. 그는 매일 실행하는 인사법 및 작별인사 같은 우리의 일상적인 행동이 행동강령, 사회생활의 규칙이 원시적 본능을 억압하는 것으로 생각했다. 당연히 인간이 질서 정연한 사회생활을 하고 약간의 문명화된 행동을 보이려면 이러한 본능은 억압 · 축소해야 한다. 프로이트가 1908년에 출판한 수필에 적은 것처럼, 그는 "우리 문명은 본능의 억압 위에 세워져 있다."라고 믿었다(Freud, 1908, p. 38). 그는 이 주제를 더 연구하여 말년에 『문명과 그 불만들(Civilization and its discontents)』(Freud, 1930)에서 문명이 본능적인 행복과 충돌한다는 개념을 발전시켰다.

사회질서 문명의 수준이 높을수록 개인이 포기해야 할 본능의 양이 많아지는데, 프로이트는 "문명이 그렇게 큰 것을 강요한다면, 인간의 성적인 면뿐만 아니라 공격성 면에서도 우리는 왜 그가 그 문명에서 행복하기 어려운지 더 잘 이해할 수 있다."라고 하였다(Freud, 1930, p. 306). 간단한 예로, 그는 미국 청중들에게 정신분석에 관한 다섯 가지 강의를 하면서 강의에 참석한 학생들의 비유로 억압의 개념을 설명했다. 프로이트는 강의 도중에 나쁘게 행동한 청중을 다른 사람이 쫓아내는 것처럼 방해되는 생각들은 억압을 통해 의식에서 배출된다고 비유하였다. 또 무엇 때문에 평범한 청중이 그들의 자리에 조용히 있는 것인지 궁금하다면, 이들은 '제2의 본성'으로 내재화한 사회적 행동의 코드를 받아들였다는 것이다. 강사의 연설이 시작되면 강당에 앉아 수첩을 펴고 일정 수준의 정숙을 유지하는 것을 의식적으로 생각할 필요가 없다. 주어진 상황에서 일상적으로, 자동으로, 정말로, 강제적으로 행해진다. 설령 강사가 실수하더라도, 학생들인 청중들은 보통 비교적 조용한 자세를 유지할 것이다. 강사를 비난하고 싶어도, 심지어 웃고 싶어도 조심해야 한다. 보통 강의를 어지럽힐 수 있는 욕망은 억제되어야 하며, 만족스러운 '강의 출석' 행동을 위해 파괴적인 욕망을 의식적인 관심에서 밀어내야 한다. 만약 어떤 청중이 그러지 못하고 경거망동했다면 다른 사람들의 비난을 받고 수치심에 고통스러울 것이다. 『토템과 금기』의 논리는 일상생활에서의 제약과 그것을 벗어나려는 욕망 사이의 직접적인 관계를 암시한다. 유전적으로 대대로 전해지는 본능적인 욕구의 유혹은 사회적 조건에 의해 제한되고 구속받는다. 사회적 규칙의 존재 자체가 부끄러운 욕망의 가능성을 유발하기 때문에, 삶이 질서 정연할수록 그런 욕망은 더 줄어들 수밖에 없다. 그리고 정신분석학자가 의심하듯이, 더 큰 축소가 있을수록 유혹은 겉으로 드러난 사회질서의 고요함 아래에서 더 많은 불만의 목소리를 낼 것이다.

제6장

신경 이론과 '히스테리의 연구'

과학이 빠르게 발전할 때는 개인들이 동시다발적으로 표현했던 생각들이 곧 공동의 자산이 되어 버리고 만다. 따라서 오늘날 히스테리와 그 심리적 기초에 관한 자신의 견해를 펼쳐 보이려는 사람치고 개인의 소유에서 일반의 소유로 넘어가 버린 다른 사람의 생각을 되풀이하는 것을 피할 수 없다.

– 『히스테리의 연구, 이론적 고찰』(Breuer & Freud, 1895b)

"이 프로젝트(『과학적 심리학 초고』)의 의도는 자연과학이 될 심리학을 제공하는 것입니다." 당시의 프로이트에게 '자연과학'이란 측정과 실험을 통해 물질을 다루는 생물학과 물리학과 같은 학문을 의미했다.

프로이트 마음 모델의 변천

프로이트의 사상은 그의 긴 생애에 걸쳐 계속해서 발전했지만, 크게는 두 단계로 나눌 수 있다. 첫 단계는 1874년에 시작되어 1895년까지 이어졌는데, 신경생물학 용어로 정신과 심리를 기술하는 데 초점을 맞춘 뇌-신경학자였던 기간이다. 저자는 이 시기의 초기 논문인 『과학적 심리학 초고』(Freud, 1895)에서 이 책을 만드는 아이디어를 얻었다. 그래서 이 책에 담긴 사상을 중요하게 다루고 있다. 두 번째 단계는 1900년부터 1939년까지이며, 이 시기에 뇌-신경 생물학에서 독립해서 새로운 마음의 모델을 발전시켰다.

샌들러와 동료들이 저술한 『프로이트 마음의 모델』(Sandler et al., 1997)은 프로이트의 이론과 사상이 집약되어 있어 관심 있는 독자라면 일독할 만하나, 역시 혼자 공부하기에는 어렵기에 저자의 책을 먼저 이해하면 많은 도움이 될 것이다. 이 책에서 샌들러는 프로이트가 그의 생애를 통해서 이론을 자주 수정하였으므로 이론적 체계의 연결성이 부족하여 이론의 발전을 시간의 경과, 즉 역사적인 시기로 분류하는 것이 참고의 기준을 만드는 적절한 방법이라고 하면서 프로이트의 활동 시기에 따라 주제를 달아 다음과 같이 분류하였다. 첫 번째(1874~1897) 정서 외상(affect-trauma) 시기, 두 번째(1897~1923) 지형 모델 시기, 세 번째(1923~1940) 구조 모델 시기이다. 그의 관심과 치료 전략은 무의식(원초아, 욕동)을 의식화(1886~1905), 전이-저항의 분석(1905~1914), 자아 기능의 최적 조건(1923~1939), 대상분석(1923~1939) 등으로 옮겨 가면서 달라졌지만, 그 관찰 방법은 항상 같았다. 공교롭게도 그의 관심 변화 순서는 본능(정서) → 양육자(어머니) → 자아/환경 → 외부 대상의 체화 등 아이의 뇌-마음의 발달 순서와 비슷하다. 저자의 책에서 중점으로 다루는 시기는 『히스테리의 연구』(Breuer & Freud, 1895b)라는 기념비적인 책이 발간되어 영향을 주었던 정서 외상의 시기이다. 이 시기에 기억, 정서를 포함한 '무의식의 의식화'에 관심을 두고 치료의 목표로 삼았지만, 그는 기억이 수정, 재구성되는 성질을 가지고 있다는 것을 잘 알고 있었다. 이후 그의 마음 모델이 자리를 잡아 가면서 자아의 기능을 돕거나 자아가 기능하도록 최적의 조건을 만드는 것을 주요 치료 목표로 삼았다.

첫 번째 마음의 뇌과학 모델

요크대학교의 판처(Fancher, 1973, pp. 63-77)는 프로이트가 고안한 마음의 첫 번째 모델이 되는 작품을 『과학적 심리학 초고』라고 말하였다. 1895년 브로이어와 공동 집필한 『히스테리의 연구』는 초(메타)심리학 분야에서 최초의 저서였고, 이미 여기서 정신분석의 여러 개념, 무의식, 방어, 억압, 치환, 부정 등을 구사하면서 다른 한편으로는 이런 심리학적 개념을 기초로 한 신경계=뇌의 구조와 기능이라는 가정에 미련을 떨치지 못했다. 그래서 이 책은 장차 프로이트가 의학자(생물학자)로 일관할 것인가 아니면 정신분석의로 새로운 계기를 모색할 것인가에 대한 갈등 속에서 집필한 책이다(Freud, 1895b, p. 17). 따라서 프로이트가 시도한 뇌과학적인 접근과 이론을 드러낸 최초이자 마지막 작품이라는 것이며, 히스테리의 연구와는 매우 다른 구성으로 초보 신경학과 정신분석적 개념의 원형이 되는 내용을 가지고 있다. 프로이트의 에너지 충전(cathexis) 모델의 집약이라고 할 수 있다. 저자는 이 책에서 중요한 발견을 하였다.

프로이트가 당시 친구이며 베를린의 이비인후과 개원 의사인 플리스(W. Fliess, 1858~1928)에게 보낸 편지에 적었듯이, 그는 1895년 4월 27일부터 『과학적 심리학 초고』 작업에 매달렸다. 이는 정신 기능에 대한 이론에 효율적인 신경 에너지의 힘과 양적인 개념을 가미하면 어떤 모습이 될지 연구한 작업이었는데, 프로이트는 그의 신경학적 지식을 통해서 신경증은 물론 정상 정신 기능에 적용할 수 있는 마음의 모델에 대한 가설을 세우려고 하였다. 그러나 손으로 쓴 이 100페이지의 글은 그가 1895년 8월 두 권 분량을 플리스에게 보냈고, 1896년 10월 아버지 사망 후 원본은 11월경 프로이트의 책상 서랍에 던져졌다고 한다. 그렇게 정열을 쏟은 글이 그가 죽을 때까지 출간되지 않고 이후의 작품에서도 다시 언급된 일이 없었던 것은 의문으로 남았다. 1928년 플리스가 사망하자 그의 아내는 이 책을 플리스에게 보낸 284통의 편지와 함께 베를린의 '라인홀드 슈타르'라는 서점에 팔았다. 프랑스에서 프로이트의 지인인 보나파르트 공주(덴마크)가 이를 100파운드에 매입했고, 빈의 로스차일드 은행에 보관했다. 이 소식을 들은 프로이트는 다시 회수해서 파기할 것을 원했다. 독일 나치의 침공으로 프로이트의 책들이 불태워지자, 보나파르트는 위험을 느끼고 파리에서 덴마크 공사관을 통해 책을 런던으로 보내서 지켜 내었다. 이 책은 그의 사후에 플리스에게 보낸 편지와 함께 『정신분석의 기원(The Origins of Psycho-Analysis』(Freud, 1954)에 포함되어 출간하였다.

1887년부터 1902년까지 프로이트와 교류했던 베를린의 이비인후과 의사 빌헬름 플리스는 나이가 두 살 아래였지만, 사실상 프로이트에게는 정신적 치료자 내지는 조언자 역할을 맡았다(이병욱, 2007, p. 24). 프로이트는 그를 지칭하여 '나의 또 다른 자신'이라고 불렀다고 한다. 그들 간에 이루어진 서신 교환에서 프로이트는 자신의 신경증 및 여러 성향에 대하여 솔직하게 고백하였는데, 대중에게 공개할 수 없는 상당히 비밀스러운 부분도 있었다. 이 책은 제목이 없었고 플리스에 보낸 편지에서 『신경학자를 위한 심리학』으로 암시하였지만, 후에 번역자가 『과학적 심리학 초고』라는 제목을 붙였다. 그런데 역사적으로 이 책은 프로이트의 글 중에서 역사상 중요한 위치를 차지하고 있음에도 가장 읽히지 않는 책이다.

프로이트의 환경론은 그가 1895년에 쓴 『과학적 심리학 초고(The Project for a Scientific Psychology)』라는 글에서 찾아볼 수 있다. 이 논문은 마음의 과학과 뇌의 과학에 관한 지식을 통합하려는 대담하면서도 다소 혼란스러운 시도였다. 이 글은 미국의 철학자이자 심리학자이면서 뇌 연구자이기도 했던 윌리엄 제임스(W. James)의 비슷한 시도와 극적인 대조를 이룬다. 제임스는 1890년에 『심리학 원리(Principles of Psychology)』라는 두 권짜리 책을 썼다. 이 책은 명쾌하면서도 유려하게 저술된 논총이지만, 프로이트의 글은 대단히 이해하기 어렵게 쓰였다. 프로이트의 이 글은 그가 발표한 저작의 특징인 명쾌함과 세련된 문체가 결핍된 미완성 논문임이 분명하다(Kandel, 2012, p. 81).

에릭 캔델은 2016년 4월 베를린미국학회(American Academy in Berlin)에서 열린 자신의 저서 『통찰의 시대』(Kandel, 2012)를 주제로 한 강의에서 청중들에게, 이 프로이트의 책은 아마도 여러분이 읽은 책 중에서 가장 난해한 책이 될 것이라고 말했다. 자신의 책을 쓰는 데 6년이 걸렸는데, 이 '과학적 구상'은 5년 반이 걸려도 이해하는 데 실패했다고 농담했다. 다른 강의에서도 이 책을 읽느라 시간을 허비하지 말고, 읽지 말라고 하였다.

프로이트는 자연과학의 확장을 염두에 두고 과학적 심리학(신경세포에서부터 복잡한 정신 상태에 이르기까지)을 발전시키려 시도했으나 실패한다. 다시 말해, 그는 마음의 과학인 심리학에 생물학이라는 확고한 토대를 마련하고자 시도했다.

프로이트는 1985년 『히스테리의 연구』를 출판했을 때부터 『과학적 심리학 초고』를 집필하다가 아버지의 사망 후 중단하였다. 이 책은 샌들러 등의 마음의 모델 같은 유명한 프로이트의 개론서에서 언급하지 않았고 프로이트의 지적 노력, 당시의 학문 수준, 그의 정신분석학의 신경학적 기초 개념을 이해하는 데 도움이 된다. 특별한 관심이 없다면 캔델의 말처럼 일독할 필요는 없으나 독자들의 어려움을 덜어 주고자 요약해 보았다. 이 작품은 뇌과학적 · 의학적 지식을 가지고 임상 현상을 설명하려고 시도하였던 시기에 만들어졌는데, 오히려 저자 같은 사람이 초심리학이 아닌 마음의 뇌과학으로 그의 이론을 설명할 때 적절한 참조가 되는 작품이다. 또한 이 글은 그의 '초심리학'이 자리 잡기 전 신경학으로서 연구 경험과 지식을 사용한 것이므로, "어떻게 한 개인의 지식과 창의력이 초심리학, 더 나아가서 인간의 삶과 철학적인 부분까지 전개될 수 있는가?"라는 감탄을 불러일으켜 상당히 흥미롭다. 예를 들어, 정신분석학의 기본 가정인 정신 결정론은 운명론의 의미로 개념의 혼란이 있을 수 있지만, 이 책을 읽어 보면 순수한 신경의 기능 입장에서 출발한 개념임을 알 수 있다.

예나 지금이나 연구자나 작가처럼 창의적인 작업을 하는 사람에게는 작업의 원천성이 매우 중요한 자산이며 명예이다. 그런데 프로이트는 왜 저작을 중단했을까? 캔델은 『과학적 심리학 초고』를 시작하자마자 포기한 이유를 당시 과학 발전의 미흡 때문이라고 하였다. 이러한 언급은 프로이트의 저서에 정확히 나온다. 외부 자극–지각(감각 정보)–기억(의식)의 단순하고 추상적인 생물학 모형을 만들기로 한 것이고 이를 초심리학이라 이름하였는데, 당시의 심리학도 아니고 신경학도 아닌 자신만의 창조물이라는 것이었다. 또한 몇 주 만에 쓴 격정적인 이론서이므로 자신의 임상 경험이 글에 녹아들어 있지 않아 엄격한 기준에서 벗어난다고 생각했을지도 모른다. 한편, 저자는 『히스테리의 연구』를 일독하면서 자연스럽게 다음과 같은 추리를 머리에 떠올렸다. 1893년 「히스테리 현상의 심리 기제에 대하여」의 예비적 보고서(Breuer & Freud, 1893)가 완성된 이후 1895년 『히스테리의 연구』 본문이 완성되기까지, 브로이어가 중요한 이론적 고찰을 작업하였고 스승이자 경험 많은 선배로서 프로이트를 압도하였다. 저자는 프로이트가 『과학적 심리학 초고』로 인해 브로이어에 대한 경쟁심이 있었을 것이며, 자신의 신경학적 이론의 배경을 문서화할 필요가 있었을 것으로 추측했다. 그러나 신경학에서 초심리학으로 바꾸면서 점점 의미가 감소하였을 것이다. 1908년 『히스테리의 연구』의 재출판 서문에서 브로이어는 1895년 이후에 자신이 공헌한 것이 없었다고 하였고, 프로이트는 변화와 발전이 너무 광범위해서 원본을 수정하려면 다 뒤엎어야 한다고 말했다. 프로이트는 브로이어와 추구하는 방향이 달랐기에 신경학적 이론을 과감히 버리고 초심리학의 발전에 몰두하였다. 그 결과 『히스테리의 연구』 출판 후 13년이 지나 두 사람은 수정 없이 재판을 진행하기로 하였다. 저자가 생각하는 또 한 가지 이유는 편지들의 문제일 것이다. 편지의 내용은 그의 사적 비밀을 여지없이 드러내는 것이라 다시 사들여서 폐기하려고 노력했을 것이다.

신경학적 모델을 가지고 심리학을 설명한다는 것은 당시의 학문 수준에서는 매우 어려운 문제였고, 상당히 경험적인 추론과 가설이 주된 서술이 되어 과학적이지 못하다는 비판을 넘지 못했다. 그것을 잘 알고 있었기에 그의 논리를 정립하기 위해 초심리학에 대단한 노력을 기울였다는 것을 알 수 있다. 다만, 이 책을 관통하는 프로이트의 소원은 다른 자연과학자들의 입장과 같이 초심리학을 물질론의 기초 위에서 세우기를 원했고, 실제로 일생 동안 이러한 의도를 한 번도 포기한 적이 없었다고 한다. 프로이트가 미래의 누군가가 자신의 심리학적 구조에 대한 가설을 해부학적으로 증명해 주리라는 것과 자신이 정신 장치에 대한 회화적인 표상을 만들려 했다고 자주 말한 것으로 보아, 인간의 마음이 물질적인 공간 속에 자리 잡고 있다고 생각했음을 알 수 있다(Greenberg & Mitchell, 1983, p. 22). 프로이트는 뇌과학이 궁극적으로 자신의 마음 개념을 혁신할 것이라고 내다보았다. 그는 "우리가 사용하는 심리학의 모든 임시 개념이 언젠가는 유기적인 토대 위에 놓일 것을 염두에 두어야 한다."라고 말하면서 1920년에 쓴 『쾌락 원칙 너머(Beyond the Pleasure Principle)』(Freud, 1920)에서 이렇게 설명했다.

> 우리가 심리학 용어를 생리학 용어나 화학 용어로 대체할 지점에 이미 와 있다면 우리의 설명에서 부족한 점들은 이마도 사라졌을 것이다 …… 우리는 생리학과 화학이 어쩌면 놀라운 정보를 제공할 것이라고 예상할 수 있지만, 우리가 힘겹게 씨름하고 있는 의문들에 그것이 앞으로 수십 년 안에 어떤 답들을 내놓을지 추측할 수는 없다. 그 답들이 우리가 가설로 구축한 인위적인 구조 전체를 날려 버리는 것일 수도 있다.

노먼 도이지는 『기적을 부르는 뇌』(Doidge, 2007)에서 이 『과학적 심리학 초고』의 정교함에 감탄하며 뇌 가소성 입장에서 이 책의 의미를 설명하였다. 그는 '발화하는 뉴런은 함께 연결된다'는 법칙을 설명하였는데, 이 법칙은 헵(Hebb)보다 60년 먼저 제안했지만 보통 헵의 법칙으로 불리고 있다. 저자가 알기에 이 법칙의 원조가 프로이트인 것을 아는 과학자는 도이지 외에 없었다. 프로이트는 '접촉 장벽(contact barrier)'이라는 신경 시냅스를 제안하였고, 이것이 기억의 학습으로 변화할지 모른다고 묘사함으로써(Freud, 1895, p. 36) 캔델의 연구를 예견하기까지 하였다. 다행히 저자는 캔델이 5년간 읽다가 해독을 포기한 이 난해한 책에서 억압의 원형을 찾았고, 중요한 정신분석 개념의 시작을 보았다. 올리버 색스의 『의식의 강』(Sacks, 2017)에는 프로이트의 『과학적 심리학 초고』를 상당히 칭찬하는 말이 있다. 이 책을 다시 연구하는 이들이 있으며, 이들은 프로이트의 천재적인 '구상'을 다시 재해석하고 있다고 말했다. 저자는 외로운 연구에 대한 가치를 인정받는 듯하여 순간 감동하였다. 한편으로 두 석학의 이 책에 대한 평가가 이렇게 다르니 참 알다가도 모를 일이다.

『과학적 심리학 초고』의 내용

스승인 헬름홀츠, 브뤼케 등과 다른 동료들의 연구 업적으로 뇌신경은 모든 인간 행동의 기능을 담당한다는 것이 프로이트의 시대에 알고 있던 지식이었으며, 기계론적인 설명이 가능한 신경을 기본 단위로 설정하였다. 그러나 심리적 · 신경증의 문제는 해부학적인 손상 부위의 연구로는 밝힐 수 없었다. 프로이트는 이러한 과정을 거쳐 해부학 · 신경학적 관심에서 심리학적인 관점과 관심으로 옮겨 갔다. 정신 활동은 전기 화학적인 에너지가 복잡한 신경계를 따라 움직이면서 만들어 내는 것이며, 프로이트는 스승인 메이너트가 말한 "특정한 부위에 있는 신경이 특정한 관념, 기억, 지각을 표상한다", 즉 사건을 지각하고 후에 기억하는 것은 같은 위치의 신경을 흥분시켜 이루어진다고 가정하는 '국재론(localization)'을 지지했다. 그리고 이 시스템 안에서 신경의 흥분은 다른 신경으로 전달되어 특정한 기억의 연속 혹은 생각의 연속을 만들어 낸다. 그러나 프로이트는 브뤼케 밑에서 공부할 때 브뤼케의 학생이자 조수였던 지그문트 엑스너(Sigmund Exner)가 내놓은 느슨한 구성주의이자 대뇌 국소화 관점에 푹 빠져 있었다. 엑스너는 개를 대상으로 실험한 끝에 대뇌겉질의 영역들이 서로 뚜렷이 나뉘어 있지 않다는 견해를 내놓았으며, 이 실험을 통해 겉질 영역들이 어느 정도 서로 겹친다고 결론을 내리고 온건한 국소화 개념을 제시했다. 그는 브로카와 베르니케가 서로 다른 곳이라고 기술한 수용성 언어 영역과 표현성 언어 영역이 사실은 하나의 커다란 연속된 영역이라고 생각했다. 그래서 그는 역동적인 기능 중추들로 구성된 전체적인 언어 기구가 있다는 개념을 주장했다. 그는 그것에 겉질 장(cortical field)이라고 이름 붙이고, 해부학적 영역이 아니라 뇌의 특정한 기능 상태를 통해 정의했다. 이 개념에 힘입어 프로이트는 뇌에서 특정한 의식적 기능과 무의식적 기능이 어디에 있는지를 걱정할 필요 없이 마음의 기능 모형을 자유롭게 생각할 수 있었다. 그는 자신의 모형을 간단히 세 가지 추상적인 신경망의 집합이라는 토대에 올려놓을 수 있었다(Kandel, 2012, p. 85).

프로이트는 신경증이나 정신-심리적 질환에 대해서는 기능의 국소성을 부정하였다. 현대 뇌과학의 기억 연구 결과는 관념, 감정, 이미지, 시간, 장소 등 서로 다른 부위의 대뇌겉질과 해마, 편도체에서 저장된 기억이 신경망 패턴에 의해 동시에 연결되어 나타난 현상임을 밝히고 있다. 그의 스승인 브뤼케 등이 발표했던 '총화 현상' 혹은 '자극의 합산'이라는 말은, 신경계는 적은 자극 때문에 흥분된 것은 축적하여 가지고 있다가 역치를 넘는 자극의 양과 강도에 의해서 방출되고 신경반사가 발생한다는 개념이다. 이에 더하여 프로이트는 모든 신경 뉴런은 '용기(receptacle)'의 기능이 있어 흥분을 받고 잡아두며 전달한다고 생각하였고, 흥분의 본질은 전기적 혹은 화학적 에너지라고 믿었다. 그러나 정확한 흥분의 정체는 밝혀지지 않았기에 그는 그 에너지를 'Q'라고 표기하고, 이는 일반적인 물리 법칙을 따를 것이라고 말하였다. 프로이트가 표현한 정신적 내부 장치의 힘들은 Q라는 에너지의 양으로 부르게 된다. 단순히 'Q'라고 표기하였지만, 신경 수용체의 개념을 제안한 것은 놀라운 우연이 아닐 수 없다. 'Q'의 가장 중요한 특질은 충전(집중, fill up, 혹은 cathect, cathexis)에 있는데, 모든 신경 뉴런은 흥분으로 인해 때에 따라 충전되는 정도가 다르다고 하였다. 역치를 넘어 과도하게 충전된 뉴런은 일시에 에너지를 방출하게 되는데, 마치 풍선에 공기가 가득 차면 그 압력을 버티다가 일시에 배출하면서 터지는 것과 같다고 설명하였다. 개별 뉴런의 충전과 방출에 대해서, 후일 신경학자들은 프로이트가 기가 막히게 운이 좋든가 아니면 천재적인 생각을 한 것이라고 말했다. 왜냐하면 최근에 신경의 충전이 실제 있는 일이라고 밝혀졌기 때문이다.

Q의 흥분이 배출되면 근육의 활동과 각성이라는 반응이 나타난다. Q의 근원으로는 개체의 마음에서 발생하는 배고픔, 갈증, 성욕, 분노 등의 내부적인 것과 환경에서 비롯된 빛, 열, 소리, 냄새, 촉감 등의 외부적인 것이 있다. 프로이트는 두 가지 근원의 Q는 질적인 것보다는 양적인 차이가 있으며, 외부적인 것이 내부적인 것보다 많은 양을 차지하나 작용하는 방식은 같다고 하였다. 그러나 외부적인 자극은 강하면 피할 수 있으나, 내부적인 것은 피하지 못한다는 문제가 발생한다. 당시 대외적인 자극에 대한 개체의 회피 반응은 반사로 잘 알려져 있었는데, 기침 반사 같은 것으로 뉴런의 흥분과 흥분의 전달 그리고 근육의 반응을 설명하였다.

저자는 판처(Fancher, 1973, pp. 73-76)의 그림을 수정하여 다음의 [그림 6-1]에 프로이트의 가설을 집약했고, 그의 첫 번째 모델인 Qn과 신경계의 특징을 설명하였다.

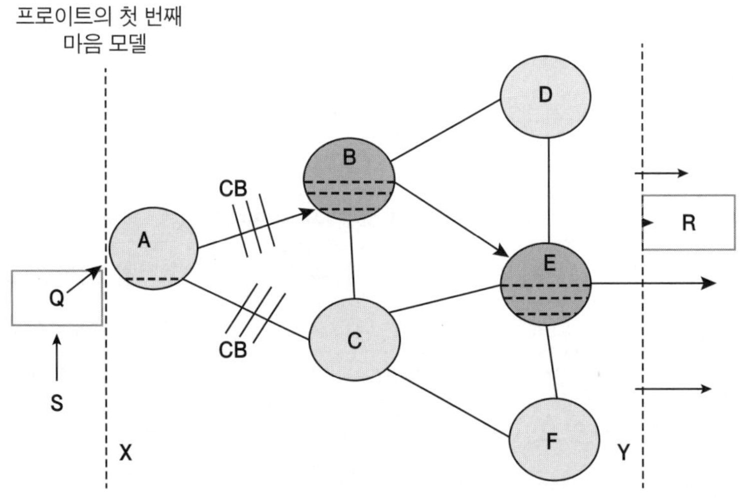

[그림 6-1] 프로이트의 첫 번째 신경 모델

① Qn: 흥분 에너지, S: 자극(stimuli), R: 운동반사(reflex)

② X, Y: 신경세포의 경계. Q의 통과 시 스크린 같은 작용을 하며, 자극의 양이 큰 외부 자극의 경우 Q의 양을 줄이는 역할을 한다.

③ 양이 줄어 신경세포를 통과한 Q는 세포 A를 흥분시키며, 충분한 양이 충전되면 흥분을 방출한다. 원 안의 점선은 흥분의 크기를 의미하며 뉴런으로 들어오면서 상당히 줄어든 Q는 적절한 조작적인 반응을 유발하고, 내적인 요구에 필요한 운동에너지와 불필요한 행동의 억제에도 사용되므로 인간 행동의 선택성을 설명하는 기전으로 제시되었다. Q는 프로이트의 정신 에너지의 원형이 되었으며, 정신 장치를 움직이는 연료가 되었다.

④ 외부에서 발생한 Q는 에너지의 양이 많고, 유입된 Q는 근육반사를 통해 자동 소멸하지만, 내부에서 발생한 Q는 요구 만족을 위한 운동기관의 에너지가 필요하고, 적절한 조작적 반응을 위해 여분의 Q를 저장해야 한다.

⑤ →: 흥분의 전달 방향. 흥분된 세포 A는 주변의 세포 B, C에 흥분을 전달하는데, 서로 비슷한 양의 충전을 하여 조화를 이루려고 한다. 또한 세포 간의 접촉 장벽(Contact Barrier: CB, 수직의 빗금)은 흥분의 전달을 방해하나, 흥분이 더욱 충전되면 장벽을 넘어서 전달된다. 같은 장벽이 있어도 C보다는 미리 부분적으로 충전된 신경세포 B, 그리고 E로 전달된다.

⑥ 서로 연결된 여러 개의 뉴런은 신경의 흥분을 공유하므로, 하나의 뉴런이 쉽게 과도하게 충전되지 않아 방출을 억제하는 기능을 한다. 동시에 다른 뉴런은 작은 양의 Q를 보유하고 여러 곳에 분산되어 있으므로, 언제든 필요한 조작적 행동을 유발할 능력을 갖추고 있다.

요크대학교의 판처(Fancher, 1973)는 『과학적 심리학 초고』를 다음과 같이 정리하였다.

첫째, 프로이트는 이 논문을 통하여 매우 생산적인 탐험을 하였고 중요한 몇 가지 개념을 제시하였다. 충전, 일차적 · 이차적 사고 과정, 자아, 부착된 혹은 움직이는 정신 에너지, 대치, 에너지 처리기관으로서의 마음 등은 그의 일생에 걸쳐 중요한 이론으로 남았고, 초심리학적으로는 옳고 유용하나 신경학적 수준에서는 정확하지 않은 개념이다.

둘째, 『과학적 심리학 초고』를 집필한 시기는 프로이트의 마음의 구조를 구성하는 데 있어서 중요한 시기였고, 이 작업을 통해서 꿈의 본성에 대해 진지하게 고민하였으며, 『꿈의 해석』과 같은 걸작을 생산해 내는 출발점이 되었다.

셋째, 프로이트는 Q가 어떻게 한 뉴런에서 다른 뉴런으로 자동으로 즉시 전달·대치되는지 설명하지 못했다. 그리고 억압과 히스테리의 기전을 충분히 설명하지 못했다. Q는 단일 신경 에너지 흐름의 개념에서 전체 신경계 에너지량 그리고 자아가 관여하는 억제 에너지까지 개념이 확장된다.

『과학적 심리학 초고』와 뇌신경 기능의 주요 원리

신경 시냅스와 학습, 가소성

에릭 캔델은 우리가 학습할 때 뇌신경의 개별적 뉴런의 구조가 바뀌고 뉴런 간의 시냅스 연결이 강화된다는 사실을 실험으로 보여 주었다. 특히 장기 기억을 형성할 때 뉴런의 해부학적 형태가 바뀌고 다른 뉴런에 연결되는 시냅스의 수가 늘어난다는 것을 처음으로 증명했다. 그러나 그의 과학적 증명은 선배 과학자들의 끊임없는 가설 제시와 연구의 결과일 것이다. 100여 년 전 산티아고 라몬 이 카할(S. R. y Cajal, 1852~1934)은 스페인의 조직해부학자였다. 그는 신경세포가 오늘날 시냅스로 불리는 특수한 접합부를 통해 다른 신경세포와 소통한다는 의심할 수 없는 해부학적 증거를 제시했다(Kandel & Squire, 2009, p. 78). 뇌의 조직학적 구조를 그린 그의 숙련된 소묘 자료는 오늘날에도 뇌과학 교재로 사용되고 있다. 뇌신경의 미세 구조에 대한 그의 선구적인 업적으로 말미암아, 1906년 스승인 카밀로 골지(C. Golgi, 1843~1926)와 함께 노벨 생리의학상을 공동 수상하였다. 골지는 염색법으로 신경세포를 관찰하여 모든 신경이 하나의 거대한 그물로 연결되어 있다는 결론을 내렸고 이를 '망상 이론'이라고 하였는데, 카할은 골지의 주장과는 달리 각각의 신경세포가 서로 떨어져 있다고 주장했다. 이것이 바로 '뉴런 이론'이었다. 카할은 1894년 영국 왕립학회 크룬 강의(Croonian Lecture)에서 다음과 같이 말했다(Kandel & Squire, 2009, p. 91).

> 정신적 훈련은 사용되는 뇌 부분에서 신경 부속지들을 더 많이 발달하게 만든다. 이런 식으로 세포 집단들 사이의 기존 연결이 말단 가지들의 증가를 통해 강화될 수 있다.

이것이 바로 에릭 캔델이 일생 동안 연구한 시냅스 가소성이다. 이는 뇌를 사용할수록 기능이 좋아지고 이에 맞추어 형태도 변화한다는 속성을 말한 것인데, 학습 과정으로 뇌신경 활동의 구성 요소인 전기 신호의 패턴과 강도를 변화시키고, 그 결과 뉴런의 상호 소통 능력이 수정될 수 있다는 것이다. 저자는 앞서 신경 가소성의 개념이 실린 프로이트의 『과학적 심리학 초고』의 집필 연도가 1895년임을 언급하였다. 카할은 프로이트보다 4년 연상이고 국적도 다르지만, 좁은 의학계 내에서 골지와 카할의 유명세와 업적이 프로이트에게도 영향을 주었을 것으로 짐작할 수 있다. 19세기의 의과대학에서 학생들에게 주어진 과제는 현미경으로 본 관찰 기록을 그대로 그려 내는 것이었다. 보통의 의대생들은 조직학이 끝나면 다시는 그림을 그리지 않는다. 프로이트는 20세 학생 때부터 신경세포의 그림(Gamwell & Solms, 2006)을 그려 왔고, 이후에 신경해부학에 전념했던 것은 잘 알려진 사실이다. 그는 당시 금속을 사용한 염색법을 개발하기도 하였다. 당시의 연구자들은 자신이 볼 수 없는 것들에 대한 가설을 도식을 사용해서 설명하기도 하였고, 그래서 프로이트는 사망하기 몇 년 전까지 그림을 남겼다. 그의 그림도 상당히 정교하고 예술적 가치가 있으며, 지금은 프로이트 박물관에 보관되어 있다.

다음은 그의 책에 제시한 네 가지 신경 기능의 원칙이다.

원칙 1. 뉴런 관성의 원칙

뉴런은 스스로 양(Q)을 잃으려고 하는 경향, 즉 양의 수용과 그 방출을 통해 균형을 유지한다는 원리(Freud, 1895, p. 29)이다. 나중에 '에너지 항존의 법칙(principle of constancy)'으로 불리게 된다. 이는 생리학의 항상성(homeostasis)을 시사한다.

원칙 2. 동시성에 의한 연합의 법칙[1)]

거의 동시에 흥분한 두 뉴런 사이에 접촉 장벽의 저항이 약해져서 뉴런의 소통이 강화되는 현상을 말한다. 그는 양 Q가 통과하는 동안 접촉 장벽의 저항은 소실되고 그 후에 다시 회복한다고 말하였다. 포괄적으로 말하면 '접근성에 의한 연상(association by contiguity)'으로 설명되어 있다. 같은 시기에 파블로프는 고전학습 이론을 발표하였는데, 여기서 중요한 두 가지 원리가 두 신경(사물)의 시간적 접근(contiguity)과 조건(예측, contingency)임을 기억하면 프로이트도 학습의 신경학적 기초를 공유한 것으로 보인다. 후에 프로이트는 연합 과정(association process)의 2대 원칙은 유사성(similarity)과 접근성이며, 접근성 연합은 직접적 의미의 접촉이고, 시공간을 넘어 상상에 의한 것도 가능하다고 했다. 한편, 유사성 연합은 비유적 의미의 접촉이라고 말했다(Freud, 1913a,

1) Freud, 1895, p. 65.

p. 141). '억압' 이론이 학습의 정신-심리적 표현이라는 저자의 주장을 뒷받침할 수 있는 대목이다. 프로이트의 접촉 장벽과 같은 시냅스(걸쇠)라는 용어를 창안한 영국의 찰스 셰링턴(C. S. Sherrington, 1857~1952)은 1908년에 고양이의 뒷다리를 반복해서 건드리면 '다리-움츠림' 반사가 감소하고, 어느 정도 휴식 후 이 반사가 다시 회복하는 것을 확인하였다. 이를 반사의 습관화라고 하는데, 카할이 제안한 시냅스 변화에서 영감을 얻은 것이다. 1949년에 발표된 유명한 헵(D. O. Hebb, 1904~1985)의 학습 원칙(Hebbian learning theory)[2] 혹은 가소성, 시냅스(Hebbian plasticity, synapse)도 프로이트보다 한참 늦게 나왔다. 헵은 학습과 기억이란 틀림없이 신경회로망의 변화, 즉 적절한 기술이 발달하면 증명될 수 있는 실제적인 물리적 변화에 의해 일어나는 것이라고 제안했다.

원칙 3: 충전된 신경 선호, 최저 저항의 원칙

에너지 Q의 흐름은 우선 미리 충전된 신경들로 향하는데(priority of cathected neuron) 그 이유는 접촉 장벽이 상대적으로 약해지기 때문이며(Law of at least Resistance), 서로 흥분의 전달을 강화되면 에너지가 균등해진다. 프로이트는 접촉 장벽의 저항이 영구적으로 적어지면 이후에도 다른 전달이 빨라지고 마치 하나의 뉴런처럼 작용하게 된다고 했다. 현대 신경과학에서 1973년에 처음으로 제안된 장기 증강(Long Term Potentiation: LTP)은 빠르고 반복적인 자극을 받은 뉴런이 약한 자극에도 장기적으로 반응이 증가하는 현상으로, 두 뉴런이 서로 연결된 시냅스의 지속적인 활성화에 대한 반응으로 의사소통이 촉진되는 것을 말한다. 지금 장기 증강은 여러 형태의 학습 및 기억에 대한 신뢰할 수 있는 신경 시냅스 모델로 인정되고 있다. 프로이트는 『과학적 심리학 초고』에서 시냅스 수준의 기억을 사건 Q에 따른 영구적 변화로 나타낼 가능성에 대해 이론화했으며 LTP의 몇 가지 중요한 생리학적 특성을 예상했다(Centonzea et al., 2004). 심리적 수준에서는 과거에 한 번 연상된 기억이 미래에 연상될 가능성이 큼을 말하고 있으며, 저자가 단일 신경 시냅스를 뇌의 기능적 영역과 신경망 모듈로 확장하여 프로이트의 결정론, 반복 강박, 전이 등 여러 정신분석 현상을 설명하는 신경학적 이론이기도 하다. 또한 생각의 연속과 자유연상(free association)도 이 원칙으로 설명할 수 있다.

자유연상이란 정신분석의 고유한 관찰 및 치료 방법으로, 환자는 소파에 앉거나 누워서 마음에 떠오르는 모든 것을 말하는 방식이다. 방해하는 요인이 없다면 환자는 주제

2) 제8장의 '학습 이론과 마음의 뇌과학' 참조.

와 관련 없어 보이는 내용을 말하다가 차차 자연스럽게 자신이 중요하게 생각했던 주제를 찾아간다. 이는 우리의 모든 정신적인 연상이 서로 관련된 기억의 그물망 안에 형성되어 있는 고리에 있다는 것을 의미한다. 원칙 1, 2를 통하여 뇌과학적 설명이 충분하다. 따라서 과거에 활성화에 함께 배선된 원래의 뉴런 모듈 연결이 보통 그 자리를 지키고 있다가 환자의 자유연상 속에서 모습을 드러낸다. 충전된 뉴런의 신경망은 특정한 기억에서 활성화된 관념을 표상하며, 이로 인해 일련의 정신적 사건이 진행되는 동기 효과를 발휘할 수 있다. 현대 뇌과학의 기억은 관념, 감정, 이미지, 시간, 장소 등 서로 다른 부위의 장소에서 저장된 기억이 신경망에 의해 동시에 연결되어 나타난 현상임을 밝히고 있으며, 그 연결은 학습에 의한 것임을 밝혀냈다. 그가 『과학적 심리학 초고』에서 밝힌 이 두 가지 원칙에 우리는 정신분석에서 중요한 경험을 연결시킬 수 있다. 그것은 인간의 정신 활동은 현재와 과거 경험의 결합 요인에 의해서 결정된다는 것이다. 과거 경험은 이미 충전된 신경 모듈이 있다는 것을 의미한다. 이것은 과거 자극의 형태에 의한 것(의존된 것)이며, 현재 시작된 내적 · 외적 근원의 자극이 과거의 것과 같은(유사한) 패턴의 자극이라면 과거에 충전된 뉴런을 강화해 더욱 많은 Q를 전달할 것이다. 배고픈 사람의 신경계는 '배고픔'의 기억과 연관된 충전된 신경세포를 가지고 있을 것이며, 현재의 배고픔이라는 흥분이 이 충전된 신경세포와 연결될 것이다. 산에서 곰을 만난 사람은 과거 곰과 연관된 기억의 충전 세포를 가지고 있을 것이며, 바로 그 과거의 충전이 남아 있는 세포를 자극할 것이다. 저자는 이러한 프로이트의 생각에 놀라움을 금치 못하고 있다. 어쩌면 당시 브뤼케 연구소의 연구 성과나 신경학의 개념을 몰랐기에 너무 과소평가한 것 같기도 하다. 현대 뇌과학에서는 과거의 경험과 기억을 재사용하는 뇌의 효율성과 특징에 관해서 많은 연구 결과가 나오고 있다. 제프 호킨스는 뇌겉질의 근본 속성(Hawkins & Blakeslee, 2005)에 대해서, ① 기억-예측의 기준 틀(reference frame)은 패턴의 서열을 저장함으로 이루어지며, ② 자극의 유사성을 통해 자동연상으로 기억을 불러낸다고 했다. 이 부분은 저자가 설명해 온 트라우마의 재발(감정의 회귀)을 뒷받침한다. 또한 ③ 새로운 상황에 적용을 위해 불변 형태로 저장하고(서열이 표상이 되고 이름이 만들어짐), ④ 뇌겉질 기둥의 계층 구조에 저장한다고 제안했다.

원칙 4: 흥분 전달 패턴의 수정: 신경(기억) 가소성의 원칙

프로이트는 환자들을 치료하기 시작하면서 기억이 단번에 기록되거나 새겨져서 영원히 유지되는 것이 아니라, 뒤이은 사건의 영향으로 바뀌고 다시 고쳐 써질 수 있다는 사실을 관찰했다. 이 현상은 정신치료와 정신분석이 치료 기전을 설명하는 매우 중요한 사실이다. 만약 새로운 경험이 전과 다른 자극이라면 촉진된 뉴런을 부분적으로 상쇄하여 접촉 장벽을 변화시킬 것이다. Q의 전달 패턴이 달라지고, 이것이 지속되면 역시 다음 미래의 유사한 패턴 자극에 촉진될 수 있다. 그래서 신경의 활동은 뉴런 사이의 순간적인 에너지 관계에서도 결정되지만, 학습에 지배된다는 것이 매우 중요하다. 이 부분은 도이지(Doidge, 2007)가 지적했듯 기억에 대한 가소성(수정) 관점이다. 충격적인 사건을 경험하더라도 시간이 지나면서 그 의미가 변질될 수 있다. 사람은 슬펐던 과거의 기억에 새로운 의미를 부여하여 긍정적인 것으로 만들기도 한다. 너무 어려서 성추행을 당했던 사람이 자라서 성추행의 의미를 알게 되면, 그 기억에 분노하여 매우 부정적인 영향을 줄 수 있다. 1896년에 프로이트는 다음과 같이 말했다(Doidge, 2007, p. 290).

> 기억의 흔적은 때때로 새로운 환경에 따라 재배열, 곧 다시 고쳐 쓰이기 쉽다. 따라서 내 이론에서 근본적으로 새로운 것은 기억이 한 번 존재하는 것이 아니라 여러 번 반복해서 존재한다는 명제이다. 기억은 한 국가가 초기 역사에 관한 전설을 지어내는 과정과 모든 면에서 유사하게 끊임없이 개조된다. 기억이 바뀌기 위해서는 의식적이어야 하며, 의식적인 주의의 초점이 되어야 한다.

『일상생활의 정신병리학』(Freud, 1908b)에서 은폐 기억(screen memory)에 대한 설명은 다음과 같다.

> 소위 가장 어린 시절의 기억들에서 우리는 진정한 기억 흔적이 아니라, 이후에 '수정된 흔적'을 갖게 된다. 결국 이런 수정된 기억이란 그사이에 일어날 수 있는 다양한 심리적 요인에 의해 영향을 받았을 것이 분명하다. 따라서 개개인의 어린 시절 기억은 일반적으로 '은폐 기억'이라는 의미를 가지며, 나아가 그렇게 됨으로써 한 민족이 전설과 신화 속에 보존하고 있는 어린 시절의 기억과 상당한 유사성을 보인다.

심리적 외상의 치료 방법 중 사고 이후에 위험에 관한 기억과 완화된 공포의 반복이후에 일어난 사건, 즉 마음의 구조와 현재 안전하다는 의식 기억과 연결이 되면 이러한 다른 생각들 때문에 자신의 얽힌 감정들을 연상 과정을 통해서 제거할 수 있다(Breuer & Freud, 1895b, p. 21)고 했다. 1972년에 항체의 다양성 연구로 노벨상을 받은 미국의 생물학자 제럴드 에델만은 "일란성 쌍둥이라도 두 개의 뇌는 같을 수 없다. 왜냐하면 신경 구조가 발화하고 확립되는 동안 함께 발화하는 신경세포가 결합하기 때문이다."(Edelman, 2006, p. 40)라고 말했다. 처음에 같은 구조로 출발한 일란성 쌍생아의 뇌일지라도 경험이 다르기 때문에, 자극에 발화할수록 점점 처음과 다른 구조의 신경망으로 발달하고 분화한다는 뜻이다. 1977년에 그는 뇌신경계가 면역계와 마찬가지로 각자의 삶에서 작동하는 선택적 시스템이며 자연선택이라는 다윈의 진화론을 응용하여 '신경 다윈주의(Neural Darwinism)'를 제안하였다. 저자는 에델만의 이론이 이미 프로이트가 『과학적 심리학 초고』에 제시한 신경 발달과 신경 가소성의 기초가 되는 신경 원칙과 같은 개념을 바탕으로 이루어졌다고 생각한다. 우리는 조상에게서 물려받은 유전자를 통해 뇌를 가지게 되었어도, 신경 네트워크는 뇌 자체와 마찬가지로 그 다양한 발현 양상이 환경적인 맥락과 개별적인 경험에 의존하기 때문에 대단히 가변적이다(Edelman, 2006, p. 40).

프로이트의 창의력: 신경망의 분화와 파이(φ), 프사이(Ψ) 시스템

프로이트는 신경 흥분 전달의 수정 개념에 추가하여 기능 해부학적인 것을 고려한 시스템을 제안하였다. 여기서 자아와 1차, 2차 사고 과정이 출발했음을 알 수 있다. 다음은 그의 상상에 기초한 것이므로 정신분석의 사료적 입장에서 흥미를 끈다. 요약하자면, 의식의 두 지각 표면에 대한 간단한 가설을 제시했으며 우리의 감각을 느끼는 신경, 기억 저장 뉴런, 외부 자극과 내부 기관의 자극을 저장하는 뉴런에 대한 단순 가설이다. 최근에 와서 다마지오(Damasio)의 의식에 대한 설명이 다시 그의 생각의 방향이 옳았음을 밝히고 있다.[3)]

파이(Φ, Phi) 시스템

감각 뉴런은 몸의 바깥에 존재하며, 뉴런의 수는 적으나 몸 안쪽의 신경층으로 들어가면서 많은 수의 뉴런과 연결된다. 깊이 들어가서 뉴런과 연결될수록 Q의 양은 분산된다. 감각 뉴런의 흥분은 상대적으로 시스템 깊이 잘 전달되는데, 이를 투과성이 좋다고 표현하였다. 이런 감각 뉴런 시스템을 파이(Φ) 시스템이라 부른다.

---

3) 다마지오는 논평에서 "우리는 의식의 본질에 대한 프로이트의 견해가 현대의 신경과학 관점과 일치한다고 믿는다."(Damasio, 1999a, p. 38; Crick & Koch, 2000)라고 말했다.

프사이(Ψ, Psi) 시스템

반대로, 깊은 층의 뉴런은 접촉 장벽에 의해서 투과성이 좋지 않은데, 기억을 담당하는 뉴런이 이에 해당한다. 즉, 내부의 비투과성 기억 저장 뉴런을 프사이(Ψ) 시스템이라고 부른다. 프사이 시스템은 투과성이 낮아도 충전의 횟수가 많아서 규칙적 패턴의 흥분 전달이 가능하다. 프로이트는 기억이 프사이 뉴런 간의 소통 차이에 의해서 나타난다고 하였고, 프사이 시스템을 둘로 분류하였다. 하나는 외피 맨틀(mantle) 혹은 팔리둠(pallidum) 뉴런은 프사이 시스템과 직접 연결되고, 프사이 시스템을 통한 외부 자극을 기록하는 지각 충전(perceptual cathexes) 뉴런 성격이다. 다른 하나는 내부 자극에 연결되어 있으며 핵(nuclear) 뉴런이라 부르고, 내적인 요구와 긴장을 표상하여 요구 충전(need cathexes) 뉴런의 성질을 가지고 있다.

사람이 음식을 먹는 과정을 심리학적으로 확장하면, 배고픔의 내부 자극을 받은 핵 뉴런은 배고픔을 표상하는 맨틀 뉴런으로 Q를 전달한다. 배고픔은 과거 음식을 먹고 만족했던 기억 뉴런과 대상을 자극하고, 현재 요구에 대한 원천적인 소원이 된다. 그리고 음식을 찾는 행동이 시작되는데, 프로이트는 이런 과정을 소원 충전(wishful cathexis)이라고 불렀다. 맨틀 뉴런이 지각 충전, 아니면 소원 충전으로 작용하는 기능적 차이는 없다. 여기서 프로이트는 시스템의 매우 중요한 의미를 유추하였다. 외부에서 시작한 것이 아닌, 모든 내적인 자발적 정신 활동은 소원 충전이 확립되어 시작할 수 있다는 것이다. 그래서 모든 자발적 정신 활동은 한 수준 혹은 다른 수준에서라도 소원을 충족하려는 생각(wishful thinking)이 있다는 것으로 해석할 수 있다.

오메가(ω, Omega) 시스템과 자아(Ego)

프로이트가 제안한 또 하나의 뉴런 시스템은 오메가(ω) 시스템이다. 오메가 시스템은 외부 근원 자극에만 반응하며, 지각 충전과 소원 충전을 구별하는 현실의 지침이 된다. 이 시스템이 제안된 이유는 배고픔의 경우를 예로 들어, 핵 뉴런과 맨틀 뉴런이 과거 만족의 경험 때문에 강하게 연결된 경우에 외부의 음식이 지각되지 않은 상태에서 음식을 먹는 행동과 같이 부적절한 행동이 나타날 수 있으며, 유아의 경우에 간간이 관찰할 수 있다. 그리고 서서히 발달하는 자아(Ego)를 제안하였는데, 자아라는 대리인은 같은 뉴런에 지각 충전과 소원 충전이 동시에 일어날 경우 충전의 방출을 방해하는 작용을 한다. 그래서 프로이트는 오메가 시스템과 자아, 유기체가 내부의 요구와 외부의 현실의 필요에 대한 적응 활동을 지휘하는 역할을 주었다. 프로이트는 외부 자극을 찾아내는 오메가 시스템에 시간적(기간) 속성이라는 유일한 특성을 주었는데, 기억에 시간적 속성이 없어서 지각과 기억을 구분하는 데 필요하였고, 오메가 시스템은 Q보다는 시간에 충전된다고 제시하였다. 즉, 오메가 시스템의 충전은 외부 자극이 있다는 것을 의미하고, 주관적인 심리적 수준에서는 의식 현상이라고 하였다. 이론적으로는 세련되지 않았지만, 오메가 시스템의 출현으로 인간에게는 매우 중요한 현실과 환상을 구별하는 기능이 프로이트의 모델에 추가되었다. 오메가 시스템의 명명은 단순하게 시작되었다. 앞서 파이, 프사이 시스템이 그리스어로 명명되었었고, 독일어의 지각(perception)을 의미하는 'wahrnehmung'이 w로 시작하고 또한 w는 그리스 글자인 오메가(ω)와 비슷하여 이렇게 명명하였다.

이 시기의 에고는 Q의 방출을 조절하여 자아의 힘이 약하거나 강한 조건이 고안되었다. 만약 새로운 자극이 감각신경을 통해 Q를 충전할 때, ① 인접한 뉴런들이 사전에 골고루 충전되어 있고, ② 전체 Q의 양이 적당하다면, 새로운 Q는 이 특정한 뉴런의 충전을 따라 균등하게 전달될 것이다. 강한 자아는 전체 뉴런 시스템에 흥분을 균등하게 분산시키는 역할을 해서 특정 뉴런의 방출을 방해하게 된다. 그래서 자아는 이후로 유기체의 신경 조직화를 담당하는 공식적인 용어로 도입하였고 적응과 현실적 기능을 담당하게 되었다. 강한 자아와 약한 자아는 1차, 2차 사고 과정(primary, secondary process of thinking) 가설을 담당하는 역할을 한다.

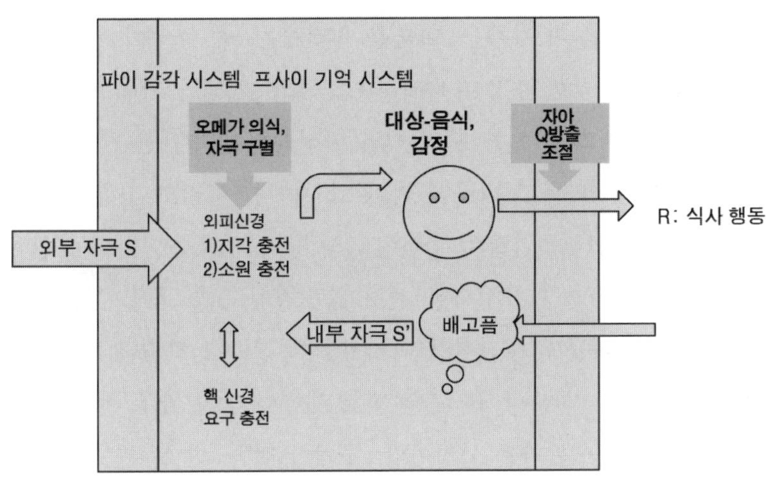

[그림 6-2] 『과학적 심리학 초고』(1895)에서 본 프로이트의 신경 시스템 개념도

1차 사고 과정, 2차 사고 과정과 자아

그의 이론이 철저히 물리적인 개념을 바탕으로 전개된 것을 잘 이해하기 위해서, 일정한 수위에 도달하도록 논에 물(Q)을 공급하는 경우를 가정해 본다. 가뭄에 바닥이 드러난 논과 어느 정도 물이 있는 논에 수로의 물이 흐르는 속도와 유입되는 양(새로운 Q), 일정한 수위에 도달하기 전까지의 전체 양 Q를 측정한다고 하면, 그의 논리에 대한 적절한 비유가 될 것이다. 여기서 자아의 역할은 수문으로 물의 양과 수위를 일정하게 조절한다.

1차, 2차 과정은 서로 다른 두 가지 기본적인 정신기능을 나타내는 용어로서 『과학적 심리학 초고』에서 이 용어를 처음으로 소개하여 신경학적인 의미로 사용되었으나 꿈, 증상, 농담 등 비합리적이고 의미 없는 것으로 보이는 현상을 설명하는 데도 사용했다. 1차, 2차 사고의 구분은 지금도 사용하고 있는 편리한 개념이다. 그의 『과학적 심리학 초고』에 나타난 1차, 2차 과정은 앞으로 저자가 설명할 억압과 기억의 주제에 연관되어서 프로이트의 생각을 읽을 수 있는 중요한 부분이기도 하다.

흔히 우리가 알고 있는 신경반사는 충격자극에 대한 운동근육의 즉각적인 반응을 말하는 것이다. 반사와 비슷하게 사고의 과정에서도 1차 과정은 상황의 고려함 없이 즉각적인 반응을 하는 것을 의미한다. 정신 기능의 두 가지 방식은 약한 자아의 신경 시스템에서는 1차 과정이 빠르게 작용하고, 느리고 억제하는 자아의 신경 시스템은 느리며 2차 과정을 담당한다는 것이다. 이 가정은, 미숙한 유기체는 1차 과정이 우세하며, 성숙할수록 강한 자아를 가지므로 2차 과정이 우세하다는 발달 개념을 가지고 있다. 자아의 강도는 신경계의 발달에 따라서 변하게 되는데, 미성숙한 신경계는 사전 경험이 없으므로 접촉 장벽의 저항이 미약하고 따라서 자아도 약하다. 그리고 신경계가 성숙하게 되면 사전에 촉진된 관을 따라 통과하여 충전된 Q의 양이 점점 늘어나고 분산이 느려지며 자아의 강도도 증가한다. 따라서 성숙한 신경계는 전체 Q의 양이 증가하면 자아 강도가 강해지며, 반대로 줄어들면 충전이 적어지고 약해진다고 하였다. 자아가 강할 경우는 뉴런 시스템 내에 Q가 잘 분산되어 고정되고 채널이 많아 자주 전달되나, 고정된 것에 비해 움직이는 양이 줄어든다는 설명이다. 주의할 점은, 이 분류는 절대적인 것이 아니고 연속상의 상대적 개념이다. 『과학적 심리학 초고』에서 설명한 강한 자아와 약한 자아의 정신적 기능에 대한 의미는 정신분석에서 중요하고 임상과 이론을 연결하는 그의 놀라운 창의성을 엿보는 예일 것이다.

〈표 6-1〉 1차 사고 과정과 2차 사고 과정

	1차 사고 과정(원초아)	2차 사고 과정(자아)
자아의 강도	약함	강함
방출의 즉시성	즉시	지연
현실성	소원, 쾌락 원칙	현실 원칙
에너지 Q의 움직임	상대적으로 많은 양이 움직임	많은 양이 고정, 충전됨
새로운 에너지 Q 흐름	Q의 전달 양이 많음	Q의 전달 양이 적음
논리	비논리적, 불규칙	논리적
감각(sensory)	시각 이미지 우세	
정서(affect)	강함	약함

즉시 방출

심리적으로 충동적인 행동과 즉각적인 만족을 요구하는 것이 1차 사고 과정에서는 즉시 일어나고, 2차 사고 과정에서는 지연될 수 있다는 것이다. 그래서 1차 사고 과정은 가장 원시적인 정신작용이다. 1차 사고 과정은 욕구를 충족시켜 주는 대상의 기억 흔적에 리비도 에너지를 충전시킴으로써 즉각적이고 완전한 방출을 추구한다. 무의식 안에서 발생하는 이러한 리비도 충전은 소망과 관련된 연합 망(wish related associative network) 안에서 하나의 생각이 다른 하나의 생각을 상징하도록 허용하고(상징, 전치), 하나의 생각은 다른 몇 가지의 생각을 상징적으로 표현할 수 있다(응축). 따라서 수용될 수 없는 생각은 내용이 달라져 전의식-의식 체계의 검열을 피할 수 있다. 서술인 측면에서 본다면, 1차 사고 과정은 논리적 연결이 무시되고, 모순들이 상호 공존하며, 시공을 초월하고, 부정적 요소가 부재하며, 언어 대신에 표상과 구체적인 이미지가 사용된다. 상징 형성, 꿈, 히스테리성 강박증에서 관찰되는 과정이라고 했다.

현실성

자아가 강하면 방출을 방해하게 되며, 충동을 멈추고 자신에게 유리한 현실을 좇게 된다. 일단 내부 신경계에서 오는 신호가 바람직한지(맨틀 프사이의 소원 충전), 현실적으로 가능한지를 오메가 뉴런이 조정하게 된다. 그래서 1차 사고 과정은 소원(소망) 충족, 그리고 2차 사고 과정은 외부 세계의 현실에 의해 주도되는데, 이후 프로이트는 전자를 쾌락 원칙(pleasure principle), 후자를 현실 원칙(reality principle)이 지배한다고 말하였고,

두 가지 과정을 구분하는 가장 중요한 기준이라고 하였다.

발달적 측면

1차 사고 과정은 차츰 2차 사고 과정에 의해 억제된다. 후자는 고정적으로 에너지 충전과 언어를 사용하고 외연적 상징이 특징이다. 2차 사고 과정은 현실 원리의 지배를 받으며, 지연되고 조절된 욕동 만족에서 볼 수 있는 논리적 사고를 따른다.

프로이트의 기발한 개념은 당시 임상 경험의 궁금증을 풀기 위해 신경 뉴런의 기능을 고민하여 고안한 결과이다. 여기에 신경학자로서의 지식과 당시 학자들의 발견과 학문적 환경이 가미된 것이라고 볼 수 있다(특히, 브로이어). 프로이트는 이 글의 상당한 부분을 자아(Ego), 파이(Φ), 프사이(Ψ), 오메가(ω)의 상호 관계와 신경계 내에서의 역할을 설명하는 데 할애하였다. 그럼으로써 자신의 임상 경험인 1차, 2차 사고 과정을 신경 내부의 기전으로 설명을 끌어내는 데 성공하였다. 이렇듯 초기 자아의 개념은 전체 에너지 Q의 방출을 제어하는 물리적 · 신경학적인 개념이었고 이후 심리적 · 역동적 대리자의 개념으로 점점 발전하는 것을 알 수 있다. 또한 인격의 삼중 구조론에서, ① 원초아의 본능 행동, 정서–감정 기능과 뇌 하부의 생존–반응 시스템, 좌뇌의 역할, ② 자아, 초자아의 충동 조절 기능과 앞이마겉질의 통제, 수행 기능, 우뇌의 억제성과 비교하기도 한다. ③ 1차, 2차 사고의 개념은 미성숙한 유아의 인지 기능이 일차적 사고에서부터 발달한 성인이 되는 동안 2차 사고로 바뀌는 것을 가설로 설명한 것이다. 임상에서는 성숙한 성인들이 병적인 증상이 있거나 스트레스 상황에서 자아의 충전이 줄어들면서 자아가 약해지고 정서가 지배하는 1차 사고로 바뀌는 경우도 자주 관찰되므로 유용한 개념으로 사용됐다.

'안나 O'의 억압과 고전학습

억압의 현상과 기전에 대해서 관심 있는 정신의학자들은 그 현상이 어디에 어떻게 존재하며, 어떻게 작용할 수 있는지에 대하여 과학적인 관심과 설명이 필요하다고 말해 왔으나 어느 누구도 그 근거를 제시하지 못했다. 저자는 B. F. 스키너의 『행동주의에 관하여(About behaviorism)』(Skinner, 1974)를 읽다가 "프로이트의 방어기제는 모두 강화의 기전으로 설명할 수 있다."라는 문장을 읽었다. 그래서 프로이트의 억압에 관한 글들을 모두 찾아보았으나 궁금증을 해결할 수 없었고, 우연히 알게 된 그의 초기 작품인 『과학적 심리학 초고』로 돌아가서 그의 생각의 출발점과 사고의 전개 과정을 조사하였다. 그가 기술한 히스테리성 강박과 억압의 개념과 서술 내용은 같은 시기에 브로이어와 프로이트가 함께 쓴『히스테리의 연구(Breuer & Freud, 1895b)』에서 설명한 이론적 개념과 같다(둘의 차이는 차차 설명한다). 프로이트는 스승이자 동료인 브로이어에게서 그가 치료한 '안나 O[4](Anna O., 본명은 Bertha Pappenheim, 1859~1936)'의 사례를 넘겨받아서 치료했으며, 히스테리 환자가 억압된 기억(기억과 관련된 증상) 때문에 고통을 당하고 그 기억을 말하게 하면 증상이 호전된다는 것을 배웠다.

브로이어와 프로이트는 안나 O 사례가 담긴『히스테리의 연구』를 출간하여 오스트리아 의학사에 커다란 공헌을 남겼다. 안나 O가 마음에 있는 것을 모두 털어놓는 기법을 '굴뚝청소' 또는 '대화치료'라고 부르면서 정신분석이 시작되었다. 임상 맥락에서 볼 때, 그 발견은 무의식적 정신 과정이 존재한다는 것, 무의식적인 마음의 갈등이 정신의학적 증상을 낳을 수 있다는 것, 기억의 밑바닥에 놓인 무의식적 원인의 기억을 환자의 의식적 마음으로 끌어올리면 그 증상을 완화할 수 있다는 것이었다. 브로이어의 선구적 연구에서 비롯한 정신분석은 프로이트를 통해 역동적이고 자기성찰적인 심리학으로 발전했으며, 이는 현대 인지심리학의 선행형태(Kandel, 2012. p. 20)로 볼 수 있다. 프로이트는 이 억압된 고통은 정신분석치료에서 의식의 표면으로 떠오르게 할 수 있으며, 그렇게 하면 증상으로부터 영원히 자유로울 수 있다는 생각에 도달하였다. 그는 히스테리 환자들이 왜 병원적인 관념을 연상하지 못하는지에 상당한 의문을 제기하였고, 그가 관찰한 작용은 인식이 개입할 여지가 없는 1차 과정(primary process of thinking)이며, 자동적이고 즉각적인 반사 반응이라고 하였다. 또한 그의 1차 과정은 '쾌-불쾌의 원칙(pleasure-unpleasure principle)'에 의해서 작용하며, 행동이 이 원칙에 의해 지배되면 사람은 불쾌한 것을 인식하려 하지 않는다고 하였다. 그러나 1차 과정, 자동적이고 즉각적인 반사 작용은 마음의 뇌과학에서는 학습의 기본이 되는 고전학습을 의미한다. 이 부분을 앞으로 설명하고자 한다. 프로이트는 '쾌-불쾌의 원칙'에서, 본능적 소망은 모든 대가를 치르더라도 불쾌한 긴장을 감소시켜 마음의 상태를 평정(항상성, homeostasis)으로 유지하려 하고, 이것을 쾌락이라 한다고 하였다. 이러한 불쾌 대상에 대한 자동적인 회피는 불쾌를 줄이려는 노력이며 억압의 원형이 되었다(Gedo & Goldberg, 1973)고 한다. 그의 마음 모델은『꿈의 해석(The Interpretation of Dreams)』(Freud, 1900)에서 분명한 모델로 자리 잡는데,

4) 프로이트의 부인인 마르타 베르나이스의 친구였다(이병욱, 2007).

이것이 유명한 지형 모델(The Topographic Model)이다. 1923년『자아와 원초아(The Ego and Id)』에서 삼중 구조 모델(The Tripartite Model, The Structural Model)로 대치되기까지, 그리고 지금까지도 신경증의 설명에 자주 이용되고 있다. 지형 모델에서의 억압은 '억압 장벽(repression barrier)'으로서 전의식과 무의식을 구분하는 정신적 국소성의 기능을 가지게 되었고, 이 억압 장벽을 통과하려는 무의식적 소원(unconscious wish)의 변형을 '꿈 작용'이라고 하였다. 이 문장은 얼마나 예술적인 표현인가? 이런 표현이 프로이트를 좋아할 수밖에 없는 매력이라고 생각한다. 사실을 추구하는 마음의 뇌과학에서는 하루 혹은 수일 동안 반복 경험된 작업 기억 안의 기억 내용(표상)이 해마를 거쳐 뇌겉질에 장기 기억화되는 과정에 나타나는 현상을 꿈이라고 설명하고 있다.

히스테리의 연구와 마음의 모델

브로이어(와 프로이트)는 치료 경험이 쌓이면서 증상과 병원적 관념은 일대일의 대응방식이 아니고, 거의 모든 증례에서 개개의 증상은 한 개뿐만 아니라 모든 특정한 기억이나 특징을 공통으로 가지는 감정이 얽힌 관념의 집합체와 연합 또는 연상(association)[5]이 있다는 것을 알게 되었다. 그리고 히스테리 증상의 비정상적인 반사를 '원칙 2. 동시성에 의한 연합의 법칙'과 '원칙 3. 충전된 신경 선호=최저 저항의 원리'로 설명했다.

> 감정을 방출하기 위한 여러 비이성적인 반사 중 하필이면 특정 반사가 일어나는 이유는 무엇일까? 이 질문에 대해서는 우리가 여러 경우를 관찰함으로써 답할 수가 있었다. 여기서도 방출은 최저 저항의 원리를 따른다는 것을 관찰했다. 즉, 상황에 의한 저항이 이미 약해져 있던 통로를 쫓아 방출이 일어난다는 것이다.

또한 히스테리의 현상은 연합의 동시성 법칙을 따른다는 말을 했다(Breuer & Freud, 1895b, pp. 276-277).

5) 브로이어는 히스테리 현상을 '연합의 법칙'으로 설명했고, 이는 고전적 연합학습을 의미한다. 『히스테리의 연구』(Freud, 1895)의 이론적 고찰을 브로이어가 집필했으므로 프로이트의 『과학적 심리학 초고』(Breuer & Freud, 1895b)의 네 가지 신경 원칙을 서로 공유하고 있었을 것으로 추정한다.

> 안나 O의 첫 번째 사례를 보면, 뱀을 쫓아내기 위해 공포 속에서 자신의 오른팔을 뻗치려고 애썼는데 이 오른팔은 당시 의자에 눌린 상태였다. 그때 이후로 뱀과 유사한 물체를 보면 그녀의 오른팔에 근육 강직이 일어났다 …… 이것은 우리의 정상적인 연상을 지배하는 동시성이 작용한 결과이다. 모든 감각 지각(Sinneswethrnehmung)은 원래 **동시에 일어났던** 다른 모든 감각 지각들을 **의식으로 다시 불러들인다**(고전적인 예를 들자면, 양의 시각적 상을 떠올리면 '메에' 하는 울음소리도 함께 떠오른다). 만약 원래의 감정이 생생한 감각 인상을 수반했다면, 이 감각 인상은 감정이 되풀이되면 다시 한번 상기된다. 그리고 과도하게 커다란 흥분을 방출시켜야 하므로 감각 인상은 회상이 아니라 환각으로 떠오른다. 골막염에서 비롯된 격심한 치통을 앓고 있을 때 고통스러운 감정을 경험했던 여성에게도 그러한 일이 일어났다. 그 이후로는 그 감정을 새로 경험할 때마다, 심지어는 그 감정을 회고만 해도 신경통이 생겼다. 여기서 우리가 다루고 있는 것은 일반적인 연상 법칙에 따른 비정상적 반사의 선택이다. 또한 우리가 말하고 있는 것은 상징에 의한 결정이다. 감정과 그에 대한 반사를 연합시키는 그 무엇이 단어나 소리 연상의 우스꽝스러운 놀이일 때가 종종 있다.

이 글을 읽어 보면 브로이어는 히스테리를 연합, 연상에 의한 반사(학습, learning)라고 설명하고 있다. 브로이어는 파블로프가 발견한 고전적 학습 현상을 개가 아닌 사람에게서 '반사'라고 표현했고, 고전 학습의 조건 자극을 종소리가 아닌 단어나 소리, 우스꽝스러운 놀이라고 말하고 있다.

파블로프 박사가 고전적 조건학습을 발견하기 전에 서양의 철학과 당시의 심리학은 인과관계 혹은 연상의 인과관계에 대한 기본적인 학문적 바탕이 있었다. 저자가 조사해 보니, 특히 회의론으로 유명한 영국의 철학자 데이비드 흄(D. Hume, 1711~1776)은 인과관계, 즉 원인과 결과에 대하여 고전적 조건화의 기본 원리를 정확히 기술하고 있다. 흄의 인과율의 특성은, 첫째, 접근(contiguity)이다. 두 대상 사이에 인과관계가 성립하려면 두 대상은 반드시 서로 인접해 있어야 한다. 시간적 · 공간적 근접성을 고전학습에서도 접근이라고 한다. 둘째, 원인은 결과보다 시간상으로 우선해야 한다. 즉, 어떤 계기가 있어야만 그에 따른 결과가 나타나며 동시에 일어날 수는 없다. 흄은 이러한 두 가지 특성에 이어, 셋째, 이러한 인과관계가 성립되면 개연성(蓋然性, probability)이라는 또 하나의 특성을 갖는다고 하였다. 인과관계라고 하는 것은 여러 변수에서 영향을 받기 때문에, 반드시 그런 결과를 나타내는 것이 아니라 확률적으로 높은 결과를 낳는 개연성을 갖는다는 것이다. 반복된 경험이 있을 때 사람은 아직 경험하지 못한 미래를 과거의 경험으로 추측하게 되는데, 이를 일양성의 원리(uniform convergence)라고 하였다. 이는 고전학습에서 조건(의존, 수반, contingency)이라고 하는 개념이다. 그러나 원인을 보고 그에 따른 결과를 추측하는 것일 뿐 항상 필연적으로 그 결론이 나오는지는 알 수 없다. 우리는 과거를 반복 예측하는 조건학습과 신경증의 원리를 흄에게서 이미 찾아볼 수 있다. 오늘도 저자를 찾는 환자들은 이 과거의 착각으로 고통을 당하고 있다.

흄은 절대적인 인과법칙은 존재하지 않는다고 생각했다. 마찬가지로 그는 '나'라는 존재 역시 항상 같이 존재할 수 없다고 하였으며, 그래서 그는 자아를 서로 다른 지각의 다발 묶음이라고, 자아는 무대 없는 극장과 같다고 주장했다. 즉, 첫인상, 관념, 경험이 각자 역할을 하고 다시 사라지는 무대라는 것이다. 흥미로운 점은 그의 철학이 부처의 무아 사상, 그리고 의식은 인식된 패턴을 선택한 결과라는 뇌과학의 주장과 비슷하다는 것이다. 이러한 영국의 경험주의 철학의 기본적인 생각들은 프로이트의 『과학적 심리학 초고』에서 표현된 기본적인 원칙에서 신경생물학적으로 표현되고 있는데, 서로 다른 접근이지만 공통적인 법칙을 만나 볼 수 있다. 브로이어와 프로이트가 연합의 법칙을 말하는 것이 흄과 같은 경험주의 철학에 바탕을 둔 인과관계 사상의 영향을 받았는지 정확히 알 수는 없지만, 파블로프가 실험으로 고전적인 조건화를 발견하기 이전에 이러한 학문적인 배경이 있었다는 것은 사실이다. 그리고 그가 히스테리를 설명한 연합의 법칙은 파블로프의 고전적 조건학습과 표현이 조금 다를 뿐이다. 브로이어는 히스테리를 신경학적 모델로 설명하기 위해서 네 가지 속성을 제시하였다.

첫째, "히스테리 증상은 뇌신경의 기질적인 병원체가 없는 상태에서 거의 모두 감정이 결부된 병원적 관념(affective, pathogenic Idea)에 의해서 야기되며, 전환 증상과 같은 물리적인 형태로 표현을 하게 된다". 이 첫째 속성은 앞서 설명한 '연합의 법칙'과 전환 증상의 이유를 설명하고 있다. 브로이어는 히스테리의 특성인 비정상 정서 반응(반사)을 설명하면서, 신체적 현상의 전환은 프로이트의 공로임을 표현하였다. 프로이트는 원래의 감정과 흥분이 운동 같은 방식으로 정상적으로 방출되지 못하고 비정상적인 반사로 방출되면 회상 역시 이와 같이 비정상적 반사를 방출시킨다고 하였고, 따라서 감정에 얽힌 관념에서 비롯된 흥분은 신체적 현상으로 전환된다고 했다.

> 만약 이 비정상적인 반사가 반복적으로 조장되면 그 관념의 작용력을 완전히 고갈시킬 수 있으며, 그렇게 되면 감정 자체는 아주 적게 떠오르거나 아예 떠오르지 않는다. 그러한 경우 히스테리 전환이 완성되는 것이다. 그리고 원래 감정이 얽혀 있던 관념은 환자가 무시하거

나 잊어버리고, 이제 다시는 그 감정을 일으키지 않고 단지 비정상적인 반사만을 일으킬 뿐이다(Breuer & Frued, 1895b).

전환 개념은 앞서『과학적 심리학 초고』에서 설명한 뉴런 관성의 법칙 혹은 에너지 항존의 법칙에 따른 것이다. 프로이트는 자신이 용어를 제안했다고 해도 전환 개념 자체는 두 사람 모두에게서 동시에 떠올랐다고 표현하였다. 그 후 프로이트는 욕동에 자극된 자아가 신호 불안(signal anxiety)을 발하고 억압을 주도하며, 욕동의 리비도 에너지가 증상을 만든다(Freud, 1926b)고 하면서 억압에 대한 자아의 역할과 불안에 대한 설명을 달리하였으나, 리비도 에너지의 정서 변환(affective transformation) 이론은 고수하였다. 지금의 정서과학에서 에너지 항존 원칙으로 뇌의 흥분을 히스테리의 신체 전환에 적용한 것은 은유로는 이해할 수 있으나 의학적으로는 인정하기 어렵다. 정서적 반응이나 신체 반응은 같은 원리에 의한 반응, 증상일 뿐이다. 현재 정신의학에 사용 중인 전환장애(conversion disorder)라는 용어의 탄생 배경은 정신분석의 영향에 의한 것이지만, 시대적 용어라는 것을 이해하기 바란다. 또한 전환 때문에 감정과 역인 관념의 에너지가 고갈되어 사라지므로 사건 기억이 잊힌다고 했는데, 이 또한 잘못된 해석이다. 히스테리를 일으킨 체험들(사건 일화)이 기억에 없는 것은 몇 가지 이유가 있는데, 간단히 설명해 보겠다.

히스테리 환자들은 과거의 정신적 외상(트라우마)이 있던 환자가 어떤 자극 때문에 신체 증상이 발생한 사례들이다. 이 과거의 정신적 외상에 의한 신체 흥분이 기억(동기화, 민감화)되었다가 다시 새로운 (비슷한) 자극에 반응하는 것인데, 이 반응의 특징은 브로이어가 말한 반사의 개념과 일치하며 사건 기억을 건드리지 않는 뇌겉질 하부 기관의 빠른 신경회로 통로가 담당한다. 이를 방어-생존 시스템이라고 하는데, 이것이 히스테리나 정신적 외상 반응이 재발(부활)할 때의 특징이며 빠른 대응이 필요한 진화적 생존 방법이다. 최초의 사건에 대한 반응이라면 사건 기억을 아는 경우가 대부분이다. 극심한 충격에 의한 하부 반사 시스템의 심한 흥분은 현재의 기억 저장을 억제하고 방해할 수 있다. 이를 해리 현상이라고 한다. 최초 사건(서술 기억)은 시간이 지나 기억에서 사라지나, 비서술(무의식) 반응은 하부 기관에 오래 존재한다. 이 반응이 재발할 때 환자는 시공간이 다른 과거 기억과 연결하지 못하므로 현재 증상의 이유를 당연히 모른다.

둘째, "전환 증상은 병원적 관념과 간접적인 관계가 있는 상징(symbol)을 가지게 되며, 이 결과 병원 관념은 무의식에 남게 된다. 이는 증상이 병원적 관념의 의식적 재인

(conscious recognition)을 대치하는 것으로 보인다".

> 또 하나의 놀라운 사실이 있는데, 그것은 이러한 히스테리 현상을 일으키는 기억들은 환자의 다른 기억들과 달리 환자로서는 어찌해 볼 도리가 없다는 것이다. 이 히스테리 현상을 일으킨 체험들은 환자가 정상적 심리 상태에 있을 때는 환자의 기억 속에서 아예 존재하지 않거나 기껏해야 매우 개략적인 형태로만 존재한다. 최면 상태에서 환자에게 물어보아야 하지만, 비로소 이들 기억이 마치 최근에 발생한 것같이 조금도 약화되지 않은 생생함으로 떠오른다(Breuer & Freud, 1895b, p. 21).

> 그 어떠한 조건 반응 때문에 해결되지 못한 정신적 외상은 연상이라는 작업으로도 해결되지 못한다는 것이다. 결론적으로, 병을 유발하게 되는 관념들은 억압되지 않은 연상 때의 재생과 정화 반응을 통해 정상적으로 바래지는 과정을 거치지 않기 때문에 그처럼 생생하고 강한 감정을 그대로 유지한 채로 계속된다고 말할 수 있다(Breuer & Freud, 1895b, p. 23).

> 사실, 우리는 어떻게 해서 하나의 관념이 고의로 의식에서 억압될 수 있는 것인지 알 수가 없다. 그러나 우리는 그에 상응하는 양(楊)의 과정인 관념에 주의를 집중하는 과정에 대해 잘 알고 있다. 그렇다면 의식이 딴 데로 돌려진 관념들은, 주 생각의 대상이 되지 못한 관념들은 또한 닳아 없애는 과정에서 철수하고 감소하지 않은 분량의 감정을 보유한다. 한 걸음 더 나아가, 우리는 생각에 따라 닳아 없어지지 않고 남아 있는 또 다른 관념이 있음을 알아내었다. 이런 일은 우리가 관념을 기억하고 싶지 않아서가 아니라, 기억할 수가 없어서 생길 수 있다. 원래 그 관념이 깨어 있는 의식 속에 기억상실 상태(최면이나 최면과 유사한 상태에서)의 감정 충만한 상태에서 생겼기 때문이다. 히스테리 이론에서 이 사실이 가장 중요한 것 같다(Breuer & Freud, 1895b, p. 284).

브로이어(프로이트)가 억압의 존재를 설명하는 관념의 상징과 대치는 은유와 환유로 불리며, 이는 비서술(무의식적)학습을 의미한다. 히스테리가 학습 현상이라는 증거인데, 후에 자세히 설명한다.

셋째, 히스테리는 유최면 상태(the hypnoid state)이다. 브로이어는 히스테리의 필수 조건이 생득적인 히스테리의 소질과 마음의 틀이며 후자는 최면 상태와 유사하다고 하였는데, 떠오르는 관념이 다른 그 어떤 관념의 저항도 받지 않는 의식의 빈 상태, 깨끗이

청소된 빈방과 같은 상태와 상응한다고 생각했기 때문이다. 그는 이러한 종류의 상태가 최면뿐만 아니라 공포나 분노 같은 정서적 쇼크나 수면 부족, 배고픔 같은 쇠진 요인에 의해서도 생길 수 있다고 했다.

우리가 생각하기로 최면과 유사한 상태들(유최면 상태)이 중요한 이유는 그에 수반하여 기억상실이 일어나고 우리가 마음의 분열을 초래하는 힘을 가지고 있기 때문이다. 우리는 지금 이에 대해 논의할 것이고, 이것은 '주(主) 히스테리(die große Hysterie)'에 근본적 중요성을 가진다. 여전히 우리는 유최면 상태에 이 같은 중요성을 부여하고 있다. 이제 우리의 명제에 관한 설명을 부연해야겠다. 전환 관념이 신체 현상을 일으키는 것은 또한 유최면 상태와 별도로 올 수 있다. 프로이트는 유최면 상태와 별도로, 관념 복합(Vorstellungskomplex)이 연상적 접촉에서 제외되는 두 번째 근원으로 방어의 고의적 기억상실을 들었다. 이 설명을 받아들인다 하더라도 나는 아직도 유최면 상태가 주 히스테리와 복합 히스테리의 수많은, 아니 대부분의 원인이며 필요조건이라는 견해를 가지고 있다(Breuer & Freud, 1895b, p. 286).

브로이어와 프로이트의 근본적인 견해 차이가 여기서 나타난다. 프로이트는 방어, 즉 후에 억압으로 이름 지은 고의적 기억상실[6]을 중시한다. 그러나 브로이어는 의식의 구조적 결함인 유최면 상태를 원인으로 중시한다. 브로이어는 당대의 유명한 정신의학자이며 잠재의식 개념을 주장한 자네의 영향을 받았다. 관념이 남아 있는 이유와 본 관념이 연결이 안 되는 이유를 깨어 있는 상태와 유최면이 교대로 나타나는 현상으로 설명하였다. 이것은 두 사람의 병리 견해 차이에서 오는 것일 수도 있지만, 안나 O를 치료했던 브로이어와 나머지 네 가지 사례를 치료했던 프로이트 환자들의 증상 차이에서 오는 것일 수도 있다. 이 다섯 증례 중에서 유최면 상태라고 볼 수 있는 의식의 혼탁, 즉 섬망 혹은 해리를 경험한 것은 안나 O이다. 의식의 혼탁, 해리 상태는 바로 의식의 분열을 생각할 수밖에 없다. 섬망, 해리 상태에 대한 기억상실은 이 책의 해리장애에서 설명하였으며, 당시 마음의 틀을 현대 마음의 뇌과학과 유사한 방향으로 이끄는 계기가 되었다.

히스테리성 전환은 깨어 있을 때보다도 자기최면에서 더욱 쉽게 일어난다. 그것은 인위적 최면 상태에서 암시된 관념이 신체적으로 마치 현실처럼 느껴져 환각으로 경험되기 쉬운 것

6) deliberate amnesia: 유도, 고의적 망각: PFL v. 3, p. 293. 저자는 의도적 '억제'의 뜻으로 받아들인다.

> 과 마찬가지이다. 그런데도 흥분의 전환 과정은 본질적으로 앞에서 서술한 바와 마찬가지이다. 일단 전환 과정이 일어나면 감정과 자기최면이 동시에 일어났을 때 신체 현상이 되풀이된다. 그리고 그런 경우, 마치 감정 자체가 유최면 상태를 이끈 것처럼 보인다. 그리하여 최면과 완전히 깨어 있는 동안에는 생활이 분명하게 따로따로 교대로 일어날 때, 히스테리성 전환은 유최면 상태 동안에만 한정되고 그 안에서 되풀이되며 강화된다. 더군다나 히스테리 증세를 일으킨 관념은 깨어 있는 동안에는 떠오르지 않으므로, 깨어 있을 때의 생각과 비판의 수정에서 면제된다(Breuer & Freud, 1895b, p. 287).

상태의 정도에 따라 다르지만, 마음의 뇌과학에서 보면 이러한 유최면 상태는 경험이 서술 기억으로 기록(부호화)되기 어려운 상태이다. 이는 유아의 초기 경험이나 어느 정도 강한 외상적 기억에 적용되는 것과 같다. 심한 외상적 사건의 사례에서는 해마의 구조적 손상처럼 사건이 단순히 일화 기억에 기록되지 않는다고 가정하는 것이 합리적이다. 그래서 기억에서 재인출되지 않는다(Solms, 2002, p. 169). 꿈에서도 앞이마겉질의 기능이 비활성화된 상태에서는 경험이 기억으로 저장되지 않는다. 그래서 유최면 상태는 '억압'의 뇌과학적 모델에 가깝다. 프로이트의 주장인 고의(유도) 망각에 대해서 저자는 '억제'의 뇌과학 모델을 가정하고 이 책의 제13장에서 해설하였다. 프로이트가 '억압'과 '억제'를 혼용해서 사용하였다는 비판의 근거는 초기 브로이어와 프로이트의 공저 『히스테리의 연구』에서 이미 시작되었는지도 모른다.

유최면 상태로 이끄는 자네와 브로이어의 뇌 시스템 상태는 해리나 섬망, 꿈처럼 자극에 예민한 상태이며, 의식의 주의가 필요한 해마와 겉질 기억의 부호화가 취약한 상태이다. 한편, 중요한 부분은 우리가 급성 히스테리, 섬망 혹은 해리의 기억상실 상태를 설명할 수 있는 유최면 상태가 아닌, 증상이 나타나지 않는 상태에서의 기억상실에도 관심이 있다는 것인데, 그렇다면 억압의 설명은 환자 상태에 따라 달라야 한다. 결국 유최면 상태 후의 기억상실은 의식의 변화가 오는 뇌의 기능 문제이고, 보통의 경우에는 주의력이 축소되는 여러 상황을 고려해야 한다. 일상에서는 잠을 자거나 깰 때의 경계에서 흔하게 나타나며, 깊은 명상에서도 변화된 의식을 관찰할 수 있다.

넷째, "증상과 병원 관념의 특정한 상징적 관계는 중첩 결정[7]된 것으로 보인다. 각각

---

7) Überdeterminierung: overdetermination, 중첩 결정. 이덕하 다음 카페(《정신분석학 번역어 모음》 cafe.daum.net/Psychoanalyse)에서는 독일어와 영어의 Über, over는 영어의 중첩(overlap)과 같은 뜻이라고 하며, 흔히 사용하는 과잉 결정은 오역이라 하였다.

의 증상은 동시에 여러 가지 다양한 병원 관념을 대표한다."라고 하였다. 이 말은 히스테리의 발병에는 크고 작은 외상 요인이 선행하여 몰려들어야 한다는 것이다. 다만 그는 『히스테리의 연구』(Breure & Freud, 1895b)에서 예시된 엘리자베스 폰 R의 사례나 나중에 언급될 로잘리아 H의 사례 등 히스테리성 통증 사례에서, 초기에는 언제나 진짜 기질적인 통증에서부터 시작하여 신경증이 신체적 통증을 이용하고 증대시키며 지속시켰다는 점을 지적한다. 즉, 신체 통증이 나중에는 고통스러운 심리적 흥분을 일으키는 기억의 상징이 된 것이며, 역시 상징화를 통하여 병적 관념과 통증과 강한 연합을 만들게 된 것이라고 하였다.

일반적인 서술 수준에서는 『과학적 심리학 초고』에서 설명된 모델이 히스테리의 특징을 매우 적절히 설명하고 있다. 프로이트는 히스테리의 전환 증상이 외부 현실의 조건과는 상관없이 많은 양의 내적·정서적 자극을 받아 발생한 관념과 기억 때문에 급격히 생성된 것이 분명하고, 또한 자아의 방해하는 힘이 미약해서 1차 과정이 일어난 것을 의미한다고 설명하였다. 앞서 1차 과정의 특징을 설명한 바와 같이, 히스테리 전환 증상의 성질은 병원 관념을 대표하는 신경의 충전을 상징으로 자동 대치시키고 있다. 여러분은 지금까지 설명을 읽고 그의 이론을 이해할 수도 있고, 반대로 더욱 혼란에 빠질 수도 있다.

조셉 브로이어 다시 보기

프로이트는 브로이어(J. Breuer, 1842~1925)와의 공저 『히스테리의 연구(Breuer & Freud, 1895b)』 초판 서문에 다음과 같이 적었다.

> 만약 어느 지점에서 서로 다른 의견이나 심지어 모순된 의견이 쓰였더라도 이것을 우리 견해가 우왕좌왕한다는 증거로 간주해서는 안 될 것이다. 이는 두 저자 간의 당연하고도 정당한 차이에 비롯된 것이다.

브로이어는 히스테리의 연구에서 프로이트보다 먼저, 샤르코의 명맥을 이어 보다 전통적이면서도 독창성이 있는 이론을 제시하였다. 두 사람이 공저인 『히스테리의 연구』에서 서로 병리와 치료적 개념을 공유한 것 같지만 중요한 부분은 차이가 있어 마음의 뇌과학 입장에서는 흥미로운 연구 대상이 된다. 사실, 환자의 삶과 성격의 모든 측면을 고려하고 통찰력과 해석을 중요시한 프로이트와 달리 브로이어는 정서적 표현에 초점을 맞춰 현대적인 대화 치료의 토대를 마련했기에 그의 공헌은 새로운 조명을 받아 마땅하다. 시간이 지날수록 두 사람은 개념과 접근법의 차이로 같이 갈 수 없다는 것을 알게 되었는데, 독자도 여기서 설명하는 브로이어와 프로이트의 차이를 안다면 이 책을 이해하는 데 도움이 될 것이다.

개업을 결심한 프로이트는 지적으로 중요한 공헌을 하면서 합당한 소득을 얻을 만한 관련 의학 분야들을 찾다가 신경증, 특히 히스테리에 관심을 두게 되었다. 1880년의 빈에는 히스테리 환자가 많았으며 브로이어는 빈에서 가장 잘나가는 개업의였다. 프로이트는 그를 보고 자극받아 히스테리에 관심을 두게 되었다. 그들은 브뤼케의 연구실에서 만나 친구가 되었다. 프로이트는 1885년 가을부터 6개월간 연구원 자격으로 파리의 살페트리에르 병원에서 샤르코에게 히스테리와 최면을 배웠다. 샤르코는 최면을 통해 히스테리 환자의 증상을 완화할 수 있으며 정상적인 사람에게 히스테리 환자와 다르지 않은 증상을 일으킬 수 있음을 발견했다. 또 샤르코는 매주 공개 강연에서 극적인 최면 시범을 보였다. 히스테리 환자와 정상적인 지원자에게 특정한 과제를 수행하거나 특정한 감정을 느끼도록 후 최면 암시(posthypnotic suggestion)도 걸었다. 그러자 최면 상태에서 깨어난 사람은 왜 자신이 그런 행동을 하거나 감정을 느끼는지 전혀 알아차리지 못한 채 암시한 과제를 하거나 감정을 느끼곤 했다. 사람들의 행동이 자신이 전혀 의식하지 못하는 무의식적 동기에 따라 결정될 수 있다는 것을 관찰한 프로이트는 브로이어와 토론을 하면서 갖게 된 초기의 확신, 즉 '사람의 의식에 숨겨진 강박적 · 정신적 과정이 있을 수 있다'는 확신을 더 굳혔다. 프로이트는 사람이 최면 상태에서는 고통스러운 감정을 기억하고 표현하지만 깨어나면 방금 표출한 것을 전혀 기억하지 못한다는 사실을 알아차렸다. 마치 인격의 의식적인 생각은 그 경험에 참여하지 않는 듯했다. 그는 히스테리 증상이 너무나 '고통'스러운 것이라서 환자가 울음이나 웃음, 감정 발산 운동 같은 정상적인 사회적 상호작용의 형태로 차마 직면하거나 자유롭게 표출할 수가 없는 감정의 표현이라고 결론지었다. 그들의 우정은 1886년 프로이트가 혼인한 뒤에 더 깊어졌는데, 실제로 프로이트는 첫째 딸의 이름을 브로이어의 아내 이름을 따서 '마틸데'라고 짓기도 했다. 또 1891년에 독자적으로 출간한 첫 책 『언어상실증에 관하여(On Aphasia)』를 내면서 "우정과 존경을 담아" 브로이어에게 헌정했다.

유대인이면서 프로이트보다 열네 살 연상인 브로이어는 1859년에 빈 의대에 입학했다. 그는 로키탄스키, 스코다에게 배웠고 브뤼케에게서 큰 영향을 받았다. 졸업 후에 그는 빈 의대에 연구 조교로 임명되었다. 이후 브로이어는 두 건의 세계적 발견으로 과학계에서 명성을 얻었다. 속귀의 반고리관이 몸의 균형과 평형을 조절하는 기관이라는 것과 호흡이 미주신경을 통해 반사적으로 조절된다(헤링-브로이어 반사)는 것이었다. 하지만 프로이트의 흥미를 크게 자극하여 정신분석학으로 발전한 것은 브로이어의 세 번째 발견, 즉 '안나 O(Anna O)'라는 가명으로 기록된 환자를 치료하며 발견한 '대화치료' 때문이었다. 실제 이름이 베르타 파펜하임인 안나 O는 1880년에 처음으로 브로이어에게 진료를 받을 때, 심한 기침, 몸 왼쪽의 감각소실과 운동 마비, 말하기 듣기 장애, 환각과 주기적 의식소실이라는 증상을 앓고 있었다.

파리에서 돌아온 프로이트는 브로이어에게 '안나 O'의 치료법을 배우게 된다. 프로이트는 안나 O의 병이 나중에 아버지를 죽게 한 실제적 · 육체적 질병에 대한 분노의 결과라고 암시했다. 안나 O와 비슷한 가짜 신체적 증상을 가진 다른 환자들은 어린 시절에 성추행을 당한 것으로 밝혀졌다. 프로이트는 정신적 과정의 결과로 신체 증상을 해석하면서, 이를 '억압의 회귀'라고 표현했다. 이것은 무의식 개념의 기초였고, 결국 그는 샤르코의 최면 시범과 브로이어와 함께 관찰한 사항들을 토대로 억압을 발견했다고 말했다. 프로이트는 모든 사례에 브로이어의 발견이 들어맞는다는 것을 확인하고 공동으로 책을 내자고 제안했고, 1893년 히스테리 치료에 대한 예비적 보고서에 이어 1895년에 그 유명한『히스테리의 연구』를 펴냈다. 그러나 프로이트는 히스테리의 '유혹 이론'을 주장하였는데, 이는 정신질환의 원인이 어린 시절 아버지나 가까운 친족에 의한 '성적 유혹', 즉 성적 학대 때문이라는 성적 트라우마 이론, 환경론이었기에 그 시대 의학계 인사들의 빈축을 사는 한편, 브로이어와의 결별을 가져온 하나의 이유가 되었다.

프로이트는 성 욕동과 관련된 갈등이 모든 히스테리 사건에서 필수적인 역할을 했다고 믿기 시작했는데, 이는 대부분 자신의 임상 증례에 의한 경험에서 얻은 생각이었다. 브로이어는 그 중요성은 인정했지만 어디까지나 많은 요인 중 하나일 뿐이라고 생각했다. 대신, 그는 최면 상태에 대한 그의 이론에 암시되었던 외상으로 인한 해리 현상이 더 근본적이라고 주장했다. 브로이어의 히스테리 이론에 따르면, 심한 외상은 심각한 신체적 또는 정서적 상해의 위험이 있는 상황으로 정의된다. 개인이 외상 경험과 관련된 감정을 느낄 수 없고 표현할 수 없다면 그들은 분리되어, 즉 일반적인 인식에 접근할 수 없는 별도의 의식상태로 격리된다. 브로이어는 정신질환에서 해리의 중요성을 가장 먼저 주장한 프랑스의 정신과 의사인 피에르 자네(P. Janet, 1859~1947)의 선구적인 업적을 인정하고 그 위에 자신의 이론을 단단히 세웠다.

브로이어는 의식의 변경된 상태를 유최면 상태라 하고, 최면 때문에 유도된 상태와 유사하며 히스테리의 회복과 치유는 정화–카타르시스를 통해 해리된 감정에 접근하고 표현할 필요가 있다고 하였고, 이 감정들이 정상 의식에서의 생각과 통합하는 과정을 연상 교정(associative correction)이라 불렀다. 프로이트는 성적 트라우마나 성 욕동의 문제를 정신병리학의 주요 원인으로 보았고, 심리적 억압(방어)이 기본 메커니즘이며 해석과 분석을 치료 수단으로 사용하였다. 한편, 브로이어는 정신적 외상을 기본 정신병리로 보고 최면, 해리는 병의 과정이며 정서 표현(카타르시스)을 주요 치료 수단으로 사용하였다. 근본적으로 그는 생리학적 관점에서 신경증의 문제를 다루었다. 그에 의하면 신경증은 비정상적인 정신 상태, 즉 유최면 상태에서 발생하며 그러한 이유로 외상적 결과를 초래한다고 가정했다. 이에 반해 프로이트는 신경증이란 여러 힘이 작용한 결과, 즉 정상적인 삶에서 관찰할 수 있는 다양한 의도와 경향이 작용한 결과라고 가정했다. 신경증은 정신세계의 특정한 정신적 의도나 경향이 그 지배적인 의도나 경향과 대립하여 방어기제를 불러일으키면 발생한다고 확신했다. 이처럼 근본적으로 다른 브로이어와 프로이트의 기본 가정은 최면성 히스테리와 방어적 신경증의 대립으로 표현되었다(김덕영, 2009, p. 192). 『히스테리의 연구』에서 프로이트가 담당한 「히스테리 정신치료」는 정신분석을 창립한 문헌으로 알려졌다. 그러므로 브로이어가 기여한 부분은 프로이트의 멘토이자 공동 작업자로서의 역할을 훨씬 뛰어넘었다. 브로이어는 프로이트보다 나이가 열네 살이나 많았고, 돈을 빌려주고 개업을 도왔으며, 환자를 그의 진료실에 의뢰하고, 자신의 집에서 그를 맞이한 대선배이자 프로이트에게는 은인이다. 예일대학교의 역사학자 피터 게이(P. Gay)는 프로이트의 전기에서 "1890년대 프로이트에 대한 불평은 그가 배은망덕한 사례의 전형이며, 그의 후원자에 대한 정당한 채무자의 분노"라고 썼다.

프로이트가 브로이어와 결별하고 자유연상법으로 이행하게 된 가장 결정적인 이유는 다름 아닌 무의식의 발견에 있었다. 프로이트는 신경증 환자를 치료하는 과정에서 환자의 정신세계 내부에서 저항하는 무엇인가가 존재한다는 사실과, 이 저항이 클수록 의사가 기울여야 하는 노력도 그만큼 커져야 한다는 사실을 인식하게 되었다. 그리고 이 저항은 무의식에 억압된 본능이 표출되지 못하도록 하는 자아의 정신적 기제라는 사실과, 이 억압된 본능이 어느 시점과 어느 지점에서 자아의 저항을 극복하고 표출되면서 신경증을 유발한다는 사실 또한 인식하였다. 이로써 프로이트는 억압 이론을 갖게 되었다. 그의 자유연상법은 바로 이 억압 이론, 즉 무의식화되고 억압된 충동에 대한 이론의 토대 위에 구축되었다.

억압 이론은 신경증 이해를 위한 초석이 되었다. 이제 치료의 과정은 다르게 실증되어야 했다. 치료의 목적은 잘못된 길에 들어선 정서의 정화 반응[8]이 아니라, 억압을 찾아내어 전에 거부되었던 것을 받아들이거나 폐기하도록 하는 판단 행위로 대체하는 것이다. 나는 이런 새로운 점을 고려하여 나의 연구 방법과 치료 방법을 이제는 감정 정화(카타르시스)라 하지 않고 정신분석학이라 불렀다(김덕영, 2009, p. 193에서 재인용).

간단히 말하자면, 정신분석학이 추구하는 치료의 목적은 인간의 정신세계를 억압으로부터 해방시키는 데에 있었다. 그리고 프로이트는 무의식화된 억압된 충동과 그에게서 오는 신경증은 임의의 비정상적인 정신적 상태의 결과가 아니라 역동적인 삶과 체험의 결과라는 견해를 피력했다(김덕영, 2009, p. 194).

그러나 지금의 현대 정신치료 요법은 점점 더 브로이어의 방법의 중요성을 깨닫고 정서의 안정과 의식(인지)의 조절, 두 가지의 균형을 추구하게 되었다. 정서과학의 탐구 결과, 생각은 정서를 지지하거나 보완하기 위해 만들어진다는 것을 알게 되었다. 프로이트의 정신분석은 그가 감정을 치료의 초점으로 강조했음에도 불구하고 지적 기능을 필요로 한다. 그렇기에 정서와 감정에 무게가 크게 실린 환자에게는 적용이 쉽지 않다. 여러 이유에서 그는 차차 무의식을 의식화하는 작업(1886~1905)에서 저항(전이)을 분석하고(1905~1914) 자아를 강화(1915~1923)하거나 자아가 기능하도록 최적의 조건을 만드는 것(1923~1939)으로 무의식의 의식, 그리고 현실 적응으로 정신분석의 목적과 방향, 전략을 변화시켰다. 저자의 경험에서도 보면 모든 정신치료는 공통적인 치료 효과를 가진 기술적 요인이 있으며, 정신분석 특유의 치료적 효과는 구체적 기법보다는 체계적인 탐색과 대화 과정에 있을 것으로 생각한다. 정신분석 과정 중의 가장 효과적인 부분은 브로이어와 프로이트가 강조했듯이 환자들로부터 마음의 감정적 반응을 끌어내어 안정시켜 가면서 갈등의 영역과 관련된 감정과 기억에 접근하도록 안내하면서, 환자 내부에서 변화하는 감각을 자주 보고하도록 유도하는 것이다. 이를 통해 변화와 성장의 과정을 극적으로 가속할 수 있다.

「히스테리의 연구」(1895b)에서 브로이어가 담당한 「히스테리의 연구의 이론적 고찰」은 놀랄 정도로 현재 정서의학에 가까운 서술을 하고 있다. 이 소논문은 60페이지 이상

8) 이 책에서는 소산(消散)이라 번역했던 abreaction을 '정화 반응', 카타르시스 catharsis는 '정화'로 번역하였다.

으로 구성되어 있으며 정신질환의 성격, 원인 및 치료 방법에 대해 포괄적으로 설명하고, 놀라운 명확성, 엄격함과 통찰력을 독자들에게 보여 주고 있다. 1955년에 영문 번역가 제임스 스트레치(James Strachey)는 이 소논문에 대해 "그의 주장은 절대로 시대에 뒤떨어진 것이 아니다. 그와 반대로, 이 안에는 아직도 충분히 설명하지 못하는 생각과 제안을 담고 있다."라고 말했고, 그의 말은 지금에도 해당한다는 것이 저자의 생각이다. 브로이어가 안나 O를 치료하기 위해 카타르시스 방법을 개발했을 때 그는 몇 가지 근본적인 변화를 시작했다. 첫째, 그는 치료의 초점을 치료자의 제안에서 환자의 자기발견으로 바꾸었다. 둘째, 그는 증상치료에 초점을 맞춘 좁은 범위에서 치료 범위를 확대하여 정신 요법을 환자의 삶과 성격의 모든 측면을 고려한 뚜렷한 목적을 지닌 독자적인 분야로 창립했다. 셋째, 그는 무의식 갈등에 관한 장기적인 탐구를 통해 정신질환을 치료한 최초의 사람이었으며 모든 형태의 심리 요법의 중심 치료 방법인 대화치료법(talking cure)을 발견했다. 이것이 프로이트의 업적이라는 것이 일반적인 상식이지만, 실제로는 브로이어와 프로이트의 협력이 시작되기 전 안나 O에 대한 모든 치료에 이미 존재하고 있었다.

브로이어의 연구는 현재 정신의학과의 치료 기술 발전과 관련이 있다. 예를 들어, 최면 상태에 대한 그의 개념은 오늘날 중요시되는 마음챙김(mindfulness), 신경 되먹임(neurofeedback) 및 안구운동 탈감작 및 재처리(Eye Movement Desensitization and Reprocessing: EMDR)와 상당히 유사한 부분이 있다. "누구의 아이디어가 더 효과적이었는가?"라는 질문에서 최근의 역사는 브로이어의 공로를 인정해 주었고 다시 조명의 대상이 되고 있다(Sandhu, 2015). 현대의학에서 인간 발달을 형성하고 정신병리학을 일으키는 주요 요인으로 성욕을 중시하는 프로이트의 주장은 받아들여지지 않는다. 그 대신, 정신적 외상으로 인한 해리 현상은 생물학적 반응으로 인식되고 있다. 또한 대부분의 치료자는 브로이어의 정화(카타르시스) 방법의 본질인 과거의 외상으로 인한 환자의 고통스런 감정에 접근하고, 그것을 통합하도록 돕는 것이 중요하다는 것을 알고 있다. 브로이어의 위대함은 환자도 의사에게 가르쳐 주어야 할 것이 많다는 사실을 인식하고, 권위에도 불구하고 환자들의 경험을 소중히 여기는 열린 마음과 지혜가 있었다는 점이다. 여기에 저자는 히스테리 증상, 억압(자동 회피)이 진화 현상이라는 입장 위에 생존 유지와 적응 측면에서 접근하여 마음의 뇌과학에서의 의미를 상세히 설명하고자 한다.

제7장

마음 모델의 진화

억압은 성숙과 관련된 유기적인 힘이다.

– 『억압』(Freud, 1915)

초기 프로이트 의식과 무의식의 마음 지형 구조는 상호작용하는 세 정신적 행위자인 자아, 초자아, 원초아로 합성 · 변신한다. 그는 이 개념들을 30여 년에 걸쳐 다듬어서 마음의 구조론(structural theory of mind)을 정립했다. 이제 우리는 프로이트의 억압과 마음의 모델을 현대 뇌과학으로 해석해야 할 임무를 가지고 있다. 저자는 비밀을 조사하는 탐정과 같은 마음이었고 미지의 탐험가처럼 가슴이 설레었다. 그런데 그의 정신분석학 용어는 암호와 같아 해석하는 데 많은 에너지가 필요했다. 여러분도 정신분석학에 나오는 용어들을 누군가의 도움 없이 이해하려면 제아무리 점잖은 사람이라도 화가 나서 던져 버릴지도 모른다. 그런 뜻에서 저자의 풀이가 많은 도움이 되길 바란다.

프로이트의 마음 모델

프로이트의 사상은 그의 긴 생애에 걸쳐 계속해서 발전했는데, 이를 크게 두 단계로 나눌 수 있다. 첫 단계는 1874년에 시작되어 1895년까지 이어졌는데, 기본적으로 신경생물학 용어로 정신과 심리를 기술하는 데 초점을 맞춘 신경학자였던 기간이다. 두 번째 단계는 1900년부터 1939년까지에 해당하며, 이 시기에 그는 뇌신경학에서 독립해 새로운 마음의 모델을 발전시켰다. 샌들러 등이 저술한 『프로이트 마음의 모델』(Sandler et al, 1997)에서는 첫 번째(1897년까지) 정서 외상(affect-trauma) 시기, 두 번째(1897~1923) 지형 모델 시기, 세 번째(1923~1940) 구조 모델 시기로 나누었다. 프로이트의 기본적인 무의식과 정신분석 이론 개념을 지형 모델과 구조 모델에서 먼저 설명하였고, 정서 외상 시기에서 만들어진, 「저자가 이 책에서 중요하게 생각하는」『과학적 심리학 초고』(Freud, 1895)에 대해서도 이미 설명한 바 있다. 이제부터 좀 더 자세한 내용으로 들어가기에 앞서 우리는 프로이트 정신분석의 기본 가정들에 대한 정보를 알고 있어야 한다. 이러한 정보는 독자들이 이런 종류의 책을 읽고자 할 때 도움이 될 것이며, 그래서 이해를 돕고자 몇 가지 중요한 개념을 설명해 보고자 한다.

프로이트의 의식 이론

의식을 정의할 때 프로이트는 사람이 '언어'로 의미를 전달하므로 언어 표상인 관념을 매개하는 기능을 중요하게 생각했다. 그래서 의식한 생각 이전의 관념 상태, 즉 생각에 특정한 관념이 배제된 상태가 억압이고 무의식의 개념이 되었다. 프로이트는 이 억압을 만들고 유지하는 힘이 분석 작업에서 감지되는 '저항'이라고 주장했다. 따라서 그가 말한 의식은 현대 뇌과학의 '각성-깨어 있음'의 의미가 아니고 '기억하고(알고) 있는가?'의 의미이다. 그의 무의식은, ① 자기가 이유를 모르거나 조절하지 못하는 본능적 충동(trieb)의 과도한 활동 상태, 즉 증상이며 억압된(감정) 기억이 돌아온 상태를 말한다. ② 그럼에도 경험에 관련된 기억이 없는 상태이다.

프로이트는 일반적으로 생각의 무의식 상태를 '자연스러운' 상태라고 가정했다. 정신에 대한 초심리학 이론의 핵심 주제는 관념(idea)이 어떻게 무의식에서 의식적 인식으로 어려운 과정을 통할 수 있는지를 보여 주는 것이었다. 이러한 관점은 최근의 의식 과학이 말하는 **인지 조절** 관점과 일치한다. 주의(의식)는 엄청나게 많은 하의식적 자극과 의식적인 자극을 받아들이고 그 일부를 선택한다. 그는 진료실의 대화에서 어떤 생각이 차단되고 있는지 알아내기 위해 노력했다. 예를 들어, 그는 엘리자베스가 자신과 의사에게 무엇을 숨기고 있었는지, 그녀의 무의식적 사고가 의식적 자각에 들어갈 수 있도록 하는 데 필요한 치료 기술을 발견하기를 원했다. 프로이트는 그의 의식 이론을 공식화하면서 이 특정한 치료 문제를 의식과 무의식 사이의 관계에 대한 일반적인 과정으로 해석했다. 그의 입장은 인본적인 것으로, 신경증 환자의 사고방식과 정상으로 추정되는 사람들의 사고방식 사이의 유사성을 강조(Billig, 2004, p. 39)하여, 환자는 억압된 생각을 의식의 표면으로 구슬려야 했고, 정상인과 같은 방식으로 생각하는 것으로 표현했으며, 이와 반대로 정상인의 의식적 사고는 무의식적인 영역으로부터 걸러진 것이었다.

프로이트의 초심리학 작품은 대부분 1910년 이후에 집필되었다. 『자아와 이드』는 1923년까지 나오지 않았다. 그러나 정신 과정의 역동적 기능에 대한 많은 아이디어는 1900년에 출판된 『꿈의 해석』 후반부에서 찾을 수 있다. 거기서 프로이트는 "의식이 갖는 특성의 과도한 평가를 포기하는 것이 필수적"이라고 주장했다. 무의식은 정신생활의 의식적인 영역보다 더 중요했는데, 그 이유는 무의식이 "의식의 작은 영역을 포함하는 더 큰 영역"이었기 때문이다. 그가 『무의식에 관하여』(Freud, 1915)에서 썼듯이, "정신생활에 대한 메타심리학 관점으로 가는 길을 더 많이 추구할수록, 우리는 '의식' 증상의 중요성으로부터 스스로를 해방시키는 법을 더 배워야 한다."라고 말했다. 또한 무의식이 더 크고 중요한 주체였던 이유는 "의식적인 모든 것은 무의식적인 예비 단계를 가지고 있다."라는 것인데, 그의 '전의식'에 대한 개념에서 이 입장의 근거를 찾았다. 이 개념은 한 개인의 생각과 신념의 대부분은 어떤 순간에도 '무의식적'으로 준비 단계에 의식에서 사용되기를 기다리는 것이다. 프로이트는 항상 마음의 지형 영역으로서 전의식(Preconscious: Pcs.)을 말했다. 어떤 생각이 의식적으로 사용될 때, 그것은 무의식의 사전 의식 영역으로부터 의식으로, 주의가 완전하게 주목받는 무대로 이동해야 한다. 이런 식으로 의식적인 사고는 무의식적인 생각에 기초한다. 『꿈의 해석』에서 프로이트는 이러한 정상적인 사고 패턴과 꿈에서 일어나는 일 사이의 유사점을 그렸다. 낮 동안 검열되는 소망은 전의식(일부 속해 있는)을 통해 사고 과정이 정상적인 경로를 따라 억지로 의식으로 나아가려고 한다. 자아의 검열이 느슨해진 밤에만 금지된 소망이 성공적으로 여행을 떠맡을 수 있고, 그다음에 변장할 수 있을 뿐이다. 다시 말하지만, 이 주장은 '정상적(또는 억압되지 않은)' 사고와 억압을 받는 사고 사이의 유사성을 강조한다. 두 개의 결정적 차이는, 정상적인 사고는 회피할 수 있는 장벽(억압)이 없다는 것이다. 프로이트는 의식의 모든 내용이 이런 식으로 설명할 수 있는 것은 아니라고 인정했다. 지각적 경험은 선입견에서 벗어날 필요 없이 직접 의식적 관심으로 들어가는 것처럼 보인다. 그러나 프로이트에 따르면, 지각적 경험은 적절한 사고와 동일시되지 않았다. 왜냐하면 일반적으로 '그림으로 생각하는 것'은 단지 '의식이 되는 매우 불완전한 형태'에 불과했기 때문이다. 또한 억압되지 않은 제3의 무의식도 인정했다.

프로이트는 "어떻게 사물이 의식을 갖게 되는가?"라는 질문을 "어떻게 사물이 전의식을 갖게 되는가?"라는 질문으로 재구성하면 좋을 것이라고 제안했다. 그때 프로이트는

'그것에 해당하는 언어 표상(word-presentations)과 연결됨으로써'라는 자신의 질문에 답했다. 이러한 생각들은 본질적으로 원초아가 말이 없다는 의미이다. 그런데 그는 깊은 무의식적 사고는 본질적으로 비언어적이지만, 말은 의식 속에 성공적으로 전달되는 수단으로서 무의식적 사고에 애착을 갖게 된다는 이해하기 어려운 주장을 했다.

그는『꿈의 해석』에서 '의식의 관심을 끌 수 있는' 자질을 갖추어야 한다고 제안했다. 그 필요한 자질은 언어였다. "전의식 시스템은 '전의식 과정을 언어 표시의 기억 체계와 연결시킴으로써' 의식으로의 전환에 필요한 자질을 얻었다."라고 했으며 거의 같은 생각을『자아와 이드』에서도 찾을 수 있다. 프로이트는 전의식과 억압된 생각의 차이를 논했다. 그는 억압된 무의식적 발상과 전의식적 발상의 '진정한 차이'에 대해 전자는 아직 알려지지 않은 것에 의해 진행되고, 후자(전의식)는 단어 표상과 관련되어 있으므로 언어의 역할이 결정적이었다고 주장했다. 오직 말을 통해서만 의식적인 자각으로 나아갈 수 있다는 이 이론에는 또 다른 암시가 있다. 초점의 전환이 이루어졌다. 마치 무의식적 생각(unconscious idea)의 개념이 문제없다는 듯 '어떻게 아이디어가 의식이 되는가?'가 핵심 질문이 됐다. 문제는 의식에서 밀어내기보다 의식 속으로 밀어 넣는 것이다. 그가 말한 논리의 유혹은 항상 평범한 의식적인 사고는 문제가 없고, 무의식적인 사고는 모든 관심을 받을 만한 흥미로운 관심사를 제공한다고 가정하는 것이다. 하지만 이는 이 책에서 설명한 '자아의 역설'에서 드러나는 심각한 오류가 있었다.

프로이트의 시대에는 현대 뇌과학의 무의식과 의식, 기억의 생리를 분명하게 구별할 수 없었다. 그의 저술에서의 혼동은 전문가조차 알기 어려운 한 가지 이유가 되었고, 알아도 그의 생각을 뇌과학의 언어로 설명하지 못했다. 프로이트는 정신분석이라는 미개척 분야에서 자신의 심리학을 만들어서 거기서 해답을 얻으려 한 것 같다. 그는 억압된 기억이 환자들의 증상을 만든다고 생각했다. 그래서 기억을 회복하는 것은 막힌 굴뚝을 청소하는 것과 같이 환자에게는 증상의 해방과 기억의 회복을 의미하는 것이었다. 그가 말하는, ① 본능적 충동(trieb)이나 활동 상태, 즉 증상으로 나타나는 억압된 감정 기억과, ② 의식에 들어오지 못하는 억압된 사건 기억의 두 가지가 뇌의 서로 다른 시스템에 의해서 운영된다는 것을 몰랐다. 앞으로 다루게 되겠지만, 억압된 감정 기억이란 뇌 하부 방어-생존 시스템의 감정 및 기타 학습된 반응 기억의 부활 현상이며, 이 시스템의 특징은 사건 기억과 연결 회로가 없다는 것이다. 일반인도 익히 알고 있는 무릎반사, 뇌척수 신경의 반사궁(reflex arc)처럼 겉질의 하부 기관은 각 신경 모듈이 의식이나 기억 회로와 무관하게 작동하며 수많은 자극의 공통 반응 장치이다. 그가 얻은 치료 효과와 성적은 아이러니하게도 기술적으로 어려운 사건 기억의 회복보다 감정 기억에 주의를 두며, 노출하고 공감을 담아내는 기술에 있다. 이는 현대 정신치료의 **공통적 치료 요인**이다. 프로이트는 정서(affect)의 중요성을 알고 있었다. 그러므로 저자는 정신의학자의 관점에서 "어떻게 우리가 생각을 억압하는가?"라는 질문을 "어떻게 생각을 의식에 들어오게 하고 배제할 수 있는가?"라는 과학적인 질문으로 전환하고, 주의가 생각을 차지하고 있을 때 무슨 일이 일어나고 있는지, 기억을 어떻게 조절하는지에 대한 인지 조절의 메커니즘을 궁금해했다.

무의식의 충동(욕동), 동기, 성 욕동

20세기 초 프로이트의 정신분석 이론은 인간의 본성에 대한 관념에 일대 혁명을 가져온 사건이었다. 그러나 당시 그의 본성 이론은 비록 임상 관찰에 의한 것이었지만 과학적 증거가 부족하여 많은 논쟁을 낳았다. 그는 인간의 생물학적 의미의 본능(instinet) 외에 우리가 미처 알 수 없는 마음의 힘, 즉 무의식적 힘으로 몸과 마음이 움직이고 있다고 했고, 신체에서 발생하여 마음에 영향을 주는 그것을 충동(욕동), 동기(動機, drive: 독일어로는 trieb)라고 하였다. 비록 영문 표준판에서 번역자가 '본능(instinct: 독일어로는 instinkt)'으로 잘못 번역하였지만 그의 충동 또는 동기는 타고난 본능과는 구별되는 개념으로, 인간의 마음을 활동시키도록 하는 힘을 가진 무의식적 소망(wish) 또는 욕망(desire)으로 가정하였고 무의식의 기본적인 단위로 생각하였다.

프로이트는 무의식의 소망(Instinctual Wishes)은 쾌락을 추구하는 원칙을 가지고 있다고 주장한다. 쾌락의 원칙은 쾌락-불쾌 원칙(pleasure-unpleasure principle)의 줄임말이다. 이 사상으로 그는 쾌락주의자라는 오해를 받기도 했지만, 프로이트는 무의식적 힘이 직접적이고 즉시 만족을 추구하려는 압력으로 작용하고 있고, 본능적 소망은 모든 대가를 치르더라도 불쾌한 긴장을 감소시키고 쾌락을 구하려 한다고 하였다. 즉, 긴장의 감소로 인해서 마음의 상태가 평정(항상성)을 유지하고 불쾌를 줄이려는 무의식적 노력이 바로 쾌락의 원칙이라는 것이다. 이 원칙의 작용 결과가 마음의 평정이며, 자기보존이라는 다윈의 진화 목적과 상통한다. 그가 말한 중요한 기본 충동 혹은 동기들은 성욕동(libido), 자아보존 충동, 공격 충동이었다. 그는 앞의 두 가지를 합해서 삶의 충동인 사랑 혹은 에로스(Eros) 개념으로 확장하였으며, 공격적 충동은 후에 죽음의 충동 또는 타나토스(Thanatos)로 변경되었다. 결국 중요한 무의식적 힘은 삶의 충동과 죽음의 충동인

에로스와 타나토스로 귀결되었다. 사람은 누구나 사랑을 갈망하고 누리며, 나중에 죽음의 평화가 찾아온다. 2,000년 전 무상을 깨달아 마음의 고통을 끊고자 한 부처의 가르침도 마음의 평정으로 행복을 추구한 에피쿠로스, 스토아 학파가 말한 행복도 고통이 없는 상태, 마음의 평정을 추구하고 있다. 니체는 초인처럼 보편적인 인간의 궁극적인 이상(理想)으로 사랑과 평화를 말했다.

프로이트의 마음 모델이 비록 개인의 임상 경험을 바탕으로 만들어졌지만, 그 근본 개념에 서구의 철학, 심리학, 과학 등 여러 학문의 토대 위에서 각 문화의 영향을 받은 상당히 합리적인 체계가 담겨 있다는 것이 새삼 감동을 준다. 앞으로 이 책의 후반에서 다룰 현대의 뇌 정서과학자 판크셉의 정서 의식 시스템에 의해서 프로이트가 말한 무의식의 충동, 동기가 무엇이었는지 과학적 확인이 이루어질 것이다. 그의 『과학적 심리학 초고』에서 충동은 정신(정서)적 에너지의 이동을 의미하는 [Q, 충전(cathexis)과 같은] 개념이었다. 그동안 많은 철학자, 과학자가 인간의 기본 정서에 관해 이야기해 왔다. 스피노자는 충동, 동기, 감정, 느낌을 통틀어 정서(affect)라고 부르고 자기보존(코나투스) 욕구와 함께 인간성의 중심으로 보았으며, 프로이트는 이를 참조했다(Damasio, 2003). 이러한 측면에서 프로이트의 충동과 동기는 현대 정서과학에서 본능적 정서와 같은 의미로 해석된다. 또한 타고난 것이고 뇌의 중뇌에 선천적으로 자리 잡은 정서 의식 체계이며, 일곱 가지 감정과 탐색 행동을 포함한 이것들은 환경과 경험을 통해 변형된다.

억압 이론의 과학적 기반

스키너(Skinner, 1974)는 프로이트의 정신 장치를 과학적 구성으로 인정하는 사람은 관찰할 수 있는 경험적 체계보다 과학적 방법에 맞추어 그것을 정당화하려고 시도한다고 비판하였다. 그의 비판은 사실이지만, 또한 프로이트 이론의 출발이 과학적 개념을 기반으로 시작한 것도 부인할 수 없는 사실이다. 『과학적 심리학 초고』를 보면, 프로이트 억압 이론의 출발점은 아마도 독일의 물리학자 게오르그 옴(G. S. Ohm, 1787~1854)의 전류 법칙이 아닐까 생각된다. 프로이트는 종종 신경 에너지 전달 과정에 대해 수압(물 압력) 관점을 가지고 있는 것으로 오해됐다. 그는 전기회로를 논할 때 곧잘 이 은유를 사용하였는데, 이는 신경학적 용어를 모르는 사람이 『과학적 심리학 초고』를 번역한 데 따른 것이다(Pribram, 2005). 앞서 저자는 첫 번째 뇌과학 모델인 『과학적 심리학 초고』에서 프로이트의 신경 원칙을 설명하였다. 그리고 이 책을 자세히 보면 전류의 법칙(옴의 법칙)을 신경의 법칙에 적용해 온 것을 알 수 있다. '활동 전류'는 전류 흐름 및 국소 전위 변화에서 충전된다. 이러한 국소 에너지의 Qn은 접촉 장벽(시냅스)의 저항 때문에 충전된 다음에야 방전이 쉬워지므로 활동 전류를 발생시키는 용기 역할을 한다. 한편, 두 개의 신경 중 미리 충전된 신경은 Qn의 흐름을 끌어당기는 역할을 한다(제6장의 '과학적 심리학 초고와 신경 기능의 주요 원리, 원칙 3: 충전된 신경 선호' 참조).

> 아직 논의되지 않았지만, 사실 우리가 '소원 끌림(wishful attraction)'과 억압 경향에 대한 가설을 세우면 이미 '프사이(Ψ)[1]' 상태를 말하기 시작한 것이다. 이 두 프로세스에 대해 프사이 안에서 이것의 존재로 인해 해당 대목의 [양]의 통과를 방해하는 특정한 과정이 처음 발생하면(즉, 만족 또는 고통) 해당 조직이 형성되었음을 의미한다. 이 조직은 '자아(Ego, 독일어 Ich)'라고 불린다 …… 그러므로 자아는 다음과 같이 정의될 수 있다. 주어진 시간에 프사이 충전의 총합, 그리고 이들에게서 영구적인 부분이 변화하는 부분과 구별될 수 있다. 프사이 뉴런 사이의 촉진은 자아의 영역 일부분을 형성하기 때문에, 순간에서 다른 순간으로 변화하는 자아의 정도를 결정할 가능성을 나타낸다는 것을 쉽게 알 수 있다. 만족(의 방법)은 충전을 제거하려는 자아의 노력임이 틀림없지만, 자아는 불가피하게 경험 안에서 고통과 감정의 반복적 영향을 받아야 한다. 그리고 반드시 흔히 '억제'라고 하는 방법을 사용해야 한다(Freud, 1895, pp. 384-385).

다음 [그림 7-1]은 『과학적 심리학 초고』에서 발췌한 프로이트의 '억압' 뉴런에 대한 스케치(Freud, 1895)이다. 만약 불쾌한(적대적) 기억 a가 활성화된다면 에너지양 Qn[2]의 흥분(좌측)이 a에서 b(불쾌에 대한 열쇠 뉴런)로 전달된다고 가정한다(그림의 아래). 그런데 이미 충전된 α 뉴런(그림의 중앙)이 있다면 접촉 장벽과 함께 측면 억제로 작용해서 Qn의 흐름을 왜곡(끌어당김)하여 a에서 b로의 흐름을 억제하고(저자가 넣은 점선 화살표), Qn은 b로 충분히 도달하지 못한다. 프로이트는 이러한 종류의 억제가 확실히 Ψ에게 이점이 있다고 하였다. α의 억제 효과 결과, 불쾌감의 방출은 매우 적고, 신경계는 다른 어떤 방법으로도 피해를 당하지 않으며, 갑작스럽고 많은 Qn 양의 발달과 배출을 면할 수 있다.

1) 프사이(Ψ, Psi) 시스템: 내부의 비투과성 기억 저장 뉴런 시스템, 몸의 바깥에 있는 감각 뉴런 시스템을 파이(Φ) 시스템이라 불렀다.

2) Q는 외부의 에너지양, Qn은 정신적 에너지양과 관련이 있으나 항상 구분해서 사용하지는 않았다. 그리고 이후 '양 quantity'로 대치하여 사용되기도 한다.

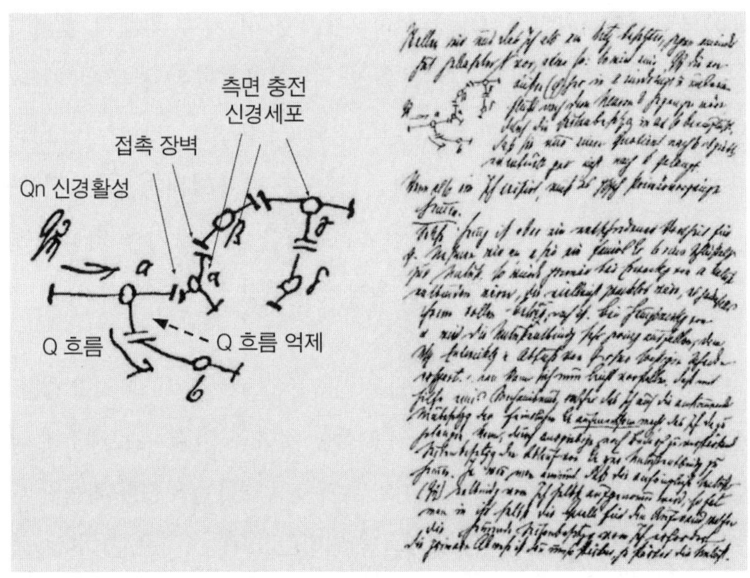

[그림 7-1] 억압의 기전을 설명한 프로이트의 1895년 스케치

> 실제로, 초기 불쾌한 Qn양의 방출이 자아 자체에 의해 수신된다고 가정할 경우, 측면 억제의 충전 목적에 필요한 지출의 원천이 그 자체로 남아 있을 것이다. 따라서 불쾌감이 강할수록 일차적인 방어력이 강해진다(Freud, 1895, p. 386).

이렇게 단순한 그의 초기 억압 개념은 시간이 지날수록 복잡한 마음의 3원 모델로 바뀌게 된다. 초기의 그림을 보더라도 신경 에너지 Qn을 조절하는 개념의 자아(Ego, Ich)는 3원 모델에서 심리적 장치 또는 기관으로 진화한다. 그리고 현대 마음의 뇌과학에서 앞이마겉질의 역할로 대체된다. 프로이트가 '접촉 장벽'이라고 말한 뉴런 사이의 틈은 2년 뒤 영국 생리학자 찰스 셰링턴이 발견하여 신경접합–시냅스(synapse)라고 명명했고, 이후 셰링턴은 신경세포의 기능에 대한 발견의 공로로 1932년 노벨의학상을 받았다. 젊어서부터 신경학자로서 재능을 나타낸 프로이트도 실험실에 남아 더 연구했더라면 노벨상을 받을 자격이 충분했을 것이지만, 그는 이미 노벨상 이상의 권위와 영예를 얻었다.

이중 의식, 잠재의식

신기하게도 히스테리 환자들은 언제, 어디서, 어떤 방식으로 자신이 영향을 받았는지 증상과의 인과관계를 잘 설명하지 못하거나 기억하지 못한다. 프로이트는 히스테리의 병적 관념(pathogenic idea, 사건 기억)이 심한 증상을 일으킬 만큼 강한데 왜 의식하지 못하는지에 대해 의문을 제기하였다. 이런 현상은 오늘날 저자의 환자들도 마찬가지이다. 진료실에서 저자가 "환자분에게 무슨 일이 있었죠?"라고 물으면 "몰라요."라고만 대답한다. 치료자로서는 중요한 병력조사가 막히니 답답하고 이해할 수 없다. 프랑스 정신의학자 자네(P. Janet, 1859~1947)는 마음의 분열(splitting of Mind), 이중 의식(double conscience) 때문이라고 하였는데, 히스테리 같은 병적 상태에서는 독립적 단위의 잠재의식(subconscious)[3]이 작용하므로 환자가 의식에서 병적 관념을 인식할 수 없다고 하였다(van der Hart & Horst, 1989). 저자는 이 해석이 얼마나 정확한 것인지 놀랍기만 하다. 앞으로 설명할 뇌신경해부학, 트라우마의 생리화학, 진화론, 앞이마겉질의 통제 기능과 같이 여러 가지 용어를 갖다 붙여도 이렇게 저자의 입맛에 맞게 깔끔하고 담백하게 설명할 수는 없을 것이다. 자네의 이중 의식 이론은 정신분석뿐 아니라 정신의학의 역사상 중요한 의미가 있다. 현대 정서과학과 기억 이론들의 기초가 되어 부활했기 때문이다. 브로이어는 자네의 이론을 받아들인 반면, 프로이트는 그의 이론을 긍정적으로 생각하면서도 해부학적으로 정신 활동의 장소를 알아내려는 시도는 채울 수 없는 틈이 있고, 심리학이 해야 할 일도 아니며, 정신의 지형학은 현재로서는 해부학과 아무런 관련이 없다고 하면서 더 이상 관심을 두지 않았다. 다음의 글(Freud, 1915)을 보자.

잘 알려진 이중 의식이란 개념의 경우는 우리의 견해에 반대되는 것은 아니다. 이 이중 의식이란 정신 활동이 두 그룹으로 분열되는 경우로, 같은 의식이 각 그룹에 교대로 나타나는 것으로 보면 충분히 이해할 수 있다. 그렇다면 이제 우리는 정신분석에서 정신 과정이란 본질에서 무의식적이라고 주장할 수밖에 없다. 그리고 의식을 통한 무의식적 정신 과정의 지각을 감각 기관을 통한 외부 세계의 지각과 비교할 도리밖에 없다(Freud, 1915, p. 168).

정신 과정이 일어나는 장소를 알아내려는 갖가지 시도, 말하자면 표상을 신경세포 속에 저

3) 프로이트 교수의 역동적 무의식과 구별하기 위해서 그의 제3의 무의식에 상응하는 용어가 필요하다. 르두의 비의식(非意識 nonconscious)' 캔들의 비서술 기억, 뇌과학자들이 사용하는 '암묵 기억(implicit memory)'을 포함하는 의미이다. 비의식은 의식이 아니라는 오해를 할 수 있고, 자네의 '잠재의식(subconscious)'은 병적인 해리 상태에서 의식이 축소된 현상을 말한다(Weinberger, 1997, p. 63, 이 책의 제15장 '의식과 마음의 뇌과학' 중 '의식의 가설' 참조). 저자는 뇌겉질 아래 기관이 작용하는 해부학적 의미, 정상적으로 작용하는 변연계의 방어-생존 시스템을 의미하는 하의식(下意識)이라는 용어를 비서술 기억(비의식)과 함께 사용한다. 하의식은 잠재된 의식이 아니라 활동 중인 배경 의식이다.

> 장된 것으로 생각하고 자극(흥분)은 신경섬유를 따라 움직이는 것으로 생각하려는 모든 노력은 완전히 실패로 끝나고 말았다. 마찬가지로, 해부학적으로 따져 의식 조직의 의식적인 정신활동은 대뇌겉질에 존재하고 무의식의 과정은 뇌의 대뇌겉질 하부에서 일어난다고 보려는 어떤 이론도 똑같은 운명에 처하게 될 것이 명약관화하다(Freud, 1915, p. 173).

자네는 마음에서 의식과 무의식의 서로 다른 두 가지 시스템을 인정하고 이론과 경험 그리고 실제 치료에 사용한 것이다. 그러나 프로이트는 억압의 역동적인 과정을 중시하고 병적 관념을 의식하지 못하는 것은 불쾌하거나 고통스러운 관념이 의식에 도달하지 못하도록 방어하는 힘이 있기 때문이며 이를 억압이라 하였고, 초기에는 방어(defense)와 같은 뜻으로 사용하였다. 이때의 프로이트는 본인이 원했던 뇌신경과학적 설명은 후학에게 맡기고 이미 초심리학과 역동적 무의식으로 현상을 설명하기 시작한 것이다. 그는 원인 모를 불안, 짜증, 소화불량, 통증, 우울감, 마비 등 신경증, 즉 정신 신체 증상은 억압된 것이 귀환(the return of the repressed)한 것이며, 정신 신체 증상은 억압의 대치물이라고 말하였다(Freud, 1933). 처음 발병한 이후에도 신경증은 계속 환자의 행동에 무의식적 영향을 주거나 부분적인 기억의 회복으로 증상이 나타나 고통을 준다고 설명하였다. 프로이트는 『쥐 인간-유아기 강박신경증에 관하여』(Freud, 1909)에서 강박신경증의 억압 메커니즘을 말했다. 히스테리에서는 거부감을 주는 표상을 의식에서 완벽히 추방하는 반면에, 강박증에서는 다른 그 표상으로 향하던 감정의 리비도 충전을 다른 곳으로 빼돌린다고 하며 억압도 신경증에 따라 두 종류가 있음을 말하였다. 프로이트가 주로 다루는 억압의 형태는 히스테리에서 일어나는 억압의 과정이며, 억압의 개념을 히스테리에서 나타나는 기전에 한정해서 사용하자고 하였다.

『과학적 심리학 초고』(Freud, 1895)에서 억압의 기전을 설명한 개념은 『억압(Repression)』(Freud, 1915a) 그리고 『억압, 증상 그리고 불안(Inhibitions, Symptoms, and Anxiety)』(Freud, 1926b)에 이르러 매우 복잡한 구도로 바뀐다. 저자는 [그림 7-2]처럼 억압에 대한 도식을 완성하기 위해서 이 논문을 읽고 또 읽으면서 어느 해 여름밤들을 보냈고, 드디어 그의 억압 과정의 모든 것을 하나의 그림으로 축약된 도식으로 만들어 개념을 이해했지만 전혀 만족할 수 없었다. 그렇지만 그 노력이 아까워 여기에 넣었다. 이후 오랜 시간 동안 공부한 마음의 뇌과학은 오히려 그의 생각을 더 잘 이해할 수 있게 해 주었다. 이 그림은 수년이 지나 매우 단순해지는데, [그림 7-5]가 그것이다.

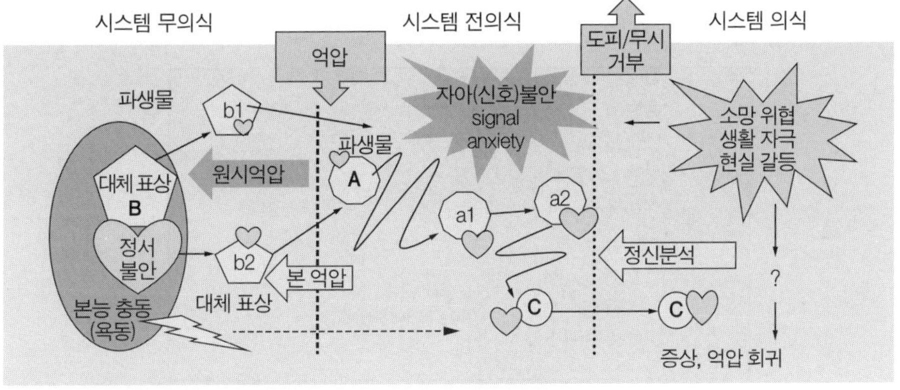

[그림 7-2] 저자가 그린 억압의 개념도

① 기억이 '억압'으로 역동적 무의식으로 변환되는 과학적 근거가 있는가? ② 억압이 다시 증상으로 회귀되는 과정이 흥미롭지만, 인위적이고 문학적 해석이 아닌가? ③ 의식적 억제는 과연 어떤 역할을 하는가?

지형 이론에서 구조 이론으로

전의식

전의식(Preconscious: PCS)이란 우리가 주의를 돌려 집중하면 언제든 떠올릴 수 있는 기억을 말한다. 연상(작업 기억)하기 전 단계로, '잠재되어 있으나 의식화될 수 있는 것'으로 표현하기도 한다. 이는 우리가 생각할 수 있는 대부분의 기억, 생각, 정신 활동으로, 특별한 저항 없이 떠오르는 기억이다. 실제로는 의식의 흐름상에 있으므로 서술적 무의식이라고 표현하였다. 사람의 생각 대부분은 이에 포함된다. 미국의 정신의학자 설리번은 억압되었다고 말할 수 있는 대부분은 단지 인지하지 못했거나 의사소통되지 않은 것이라고 비판하면서, '선택적 부주의'라는 말로 알아차리지 못하는 주의력과 관련된 문제에 집중하였다. 전의식은 단지 주위의 선택을 받지 못한 상태라고 볼 수 있다.

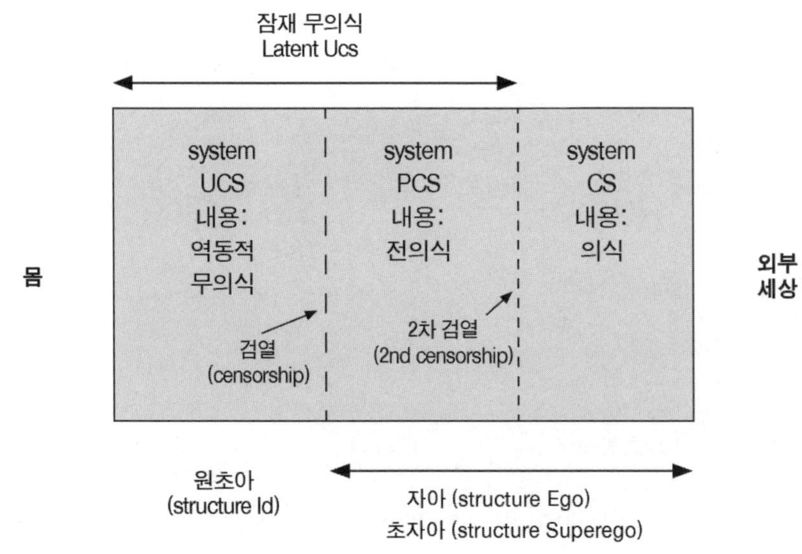

[그림 7-3] 무의식 시스템

프로이트는 처음에 두 종류의 시스템 의식[또는 의식(Conscious: CS)이나 전의식]과 시스템 무의식(Unconscious: UCS)으로 나뉘어야 한다는 독창적인 생각을 제안했지만([그림 7-4] 참조), 1923년에는 합리적이고 현실에 제약이 있는 실행 부분인 마음은 반드시 의식적일 필요는 없으며 반드시 의식적으로 될 수도 없다고 했다(Freud, 1923~1925). 따

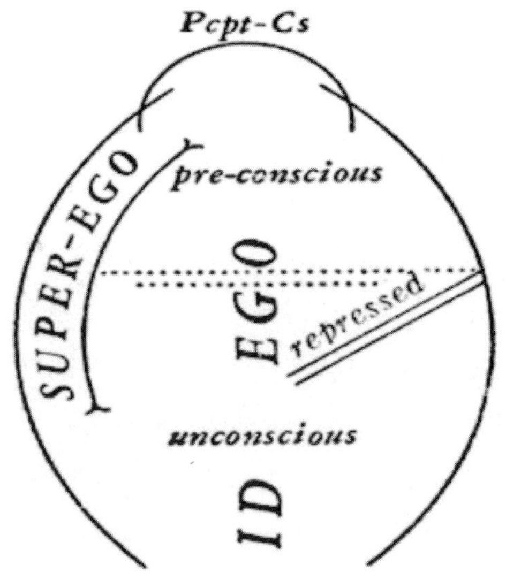

[그림 7-4] 마음의 3원 구조

라서 프로이트에 대한 의식의 의미는 정신의 기능적 구조에 대한 기본적인 조직 원리가 아니었다. 따라서 프로이트는 1923년 이후로 자신의 마음 모델을 재구성하고([그림 7-4] 참조), 이전에 '시스템 의식-전의식(CS-PCS)'에 기인한 기능적 특성을 '자아(Ego)'로 돌렸으며, 자아 활동의 일부만이 의식이 있도록(또는 의식이 가능하도록) 하였다. 자아는 주로 의식이 없었으며, 자아의 핵심 기능적 성질은 의식이 아니라 오히려 억제를 위한 능력이었다.

프로이트는 모든 자아의 합리적이고 현실에 제약을 두며 실행 기능의 기초가 될 수 있는 능력(충동 에너지를 억제)을 고려했다. 이러한 억제 능력은 프로이트가 2차 과정인 '사고'라고 불렀던 것의 기초였고, '일차적 과정'을 특징짓는 자유로운 정신 활동과 대조를 이루었다. 프로이트의 자아는 (의식보다는 오히려) 다마지오의 '자전적 자아(autobiographical self)'처럼 마음의 자동적 · 생물학적으로 결정된 기능에 대해 통제를 수행하는 속성이다. 그래서 우리가 뇌 일부가 손상되어 프로이트의 '무의식 시스템'에 기인한 기능이 해제되었다고 할 때, 우리가 실제로 찾고 있는 것은 ① 의식 생성 기능에 반드시 혹은 중추적으로 관여하는 뇌 영역이 아니라, ② 마음의 억제 기능에 중심적으로 연루된 영역이다(Solms & Turnbull, 2002). 또 하나는 '역동적 무의식'으로 억압되어 있는 것으로, 그 자체로는 순조롭게 의식화될 수 없다. 역동적이라는 말은 원래 의식의 수준에 있다가 무의식(기억하지 못하는)으로 넘어가 변신한 움직임을 의미한다. 그는 무의식이라는 용어는 억압되어 역동적으로 무의식적인 오직 하나에 국한한다(Freud, 1923~1925, p. 351)고 하였다. 또 프로이트는 기억이 억압되지 않거나 억압이 실패해서 여러 가지 현상(억압의 귀환)으로 나타난다고 표현하면서, 기억은 존재하는데 기억의 회복이 불안전하거나 혹은 기억을 피해 가는 어떤 작용이 있다고 하였다.

제3의 무의식[4]

앞서 무의식의 역사에서 소개했기에, 다음의 글은 같은 맥락에서 이해하면 된다. 프로이트는 점차로 무의식이 억압보다 광범위하고 자아의 일부분에 이런 억압된 성질과 다른, 무의식이지만 억압되지 않은(unrepressed) 부분 혹은 억압 없는(repression-free) 영역의 무의식(기억)이 있다는 사실을 인식하게 되었다. 그는 이를 제3의 무의식이라고 불렀다. 억압할 수 없고 스스로 느낄 수 없기에 잠재적이지 않은 무의식이 있다는 것

4) 제10장의 '브렌다 밀너와 기억 시스템의 증명' 참조.

때문에 무의식의 정의에 스스로 혼란을 가져왔다. 프로이트가 그것(원초아, It, Id)이라는 좀 특이하게 들리는 용어를 정신분석에 도입한 의도는 그때까지 사용해 온 무의식의 개념을 확장해야 할 필요성 때문이었다. 이와 관련해 프로이트는 『자아와 이드』(Freud, 1923~1925, p. 56)에서 다음과 같이 말하고 있다.

> 우리는 무의식이 억압과 일치하지 않는다는 사실을 알았다. 억압된 것이 무의식이라는 것은 여전히 옳으나, 무의식적인 것이 모두 억압된 것은 아니다. 자아의 일부분 역시(그 일부가 얼마나 중요한지는 하늘만 알고 있다.) 무의식일 수 있다. 아니, 틀림없이 무의식이다. 그리고 이 자아의 무의식은 전의식과 같이 잠재적이지 않다. 만약 잠재적이라면 그 무의식은 의식화되지 않고는 활성화되지 않을 것이다. 그리고 그것을 의식화시키는 일이 그렇게 어렵지는 않을 것이다. 이렇게 해서 억압되지 않은 제3의 무의식을 가정해야 할 필연성에 직면하게 되면, 의식적인 것의 특징이 그 의미를 상실하게 된다는 사실을 인정할 수밖에 없다. 이는 이제 많은 의미를 지닐 수 있는 어떤 질적 특성, 우리가 기꺼이 희망했던 것과는 달리 멀리 미치고 배타적인 결론을 허용치 않는 어떤 특성이 된다. 그런데도 우리는 이러한 특징을 무시하지 않도록 조심해야 한다. 왜냐하면 결국은 의식적인가 혹은 그렇지 않은가 하는 표식이 심층심리학의 어둠 속에서 유일한 등불이기 때문이다.

저자는 프로이트의 책을 읽다가, 다른 전문가들이 인용하지 않는 제3의 무의식이라는 특별한 용어를 발견하였다. 뇌과학 용어였다면 금방 알아차렸을 터인데 번역판, 영어판도 모두 해석이 어려웠다. 프로이트의 무의식, 역동성의 의미는 의식에서 제거된 기억이지만 언젠가는 다시 의식에서 활동할 수 있는 잠재력이 있어 표면으로 에너지를 전달하는 휴화산 같은 상태를 말하는 것이다. 프로이트가 이 제3의 무의식의 실체를 인정할 때, 무의식(역동적)이 적절한 도움으로 의식화할 수 있다는 그의 믿음이 무너졌음을 의미한다. 또한 제3의 무의식의 인정은 의식 대 무의식의 지형 모델로는 설명할 수 있는 한계를 넘어선 개념이자, 프로이트에게 새로운 삼중 구조를 만들게 한 동기이기도 하다. 저자는 제3의 무의식을 비서술적 기억(하의식, 비의식)이라고 결론지었지만, 뇌과학자들의 의견이 궁금했다. 에릭 캔델은 무의식이라는 용어에 대한 조건을 달았지만, 저자의 생각과 같았다(Kandel, 2012, p. 104).

저자는 비로소 프로이트의 기억과 의식 시스템을 뇌과학 개념으로 정리하였다. 바로 의식화되는, ① 전의식, ② 억압, 감정 기억만 있고 사건 기억은 없는 기억 시스템의 영역, ③ 대상 회피와 억제로 일상의 기억에서 제외되었고 노력하면 회복되는 기억, ④ 의도적인 억제가 학습되어 기억의 망각이 빨라진 것(선택적 부주의)으로 분류할 수 있다. 학습 현상에 관련된 ②와 ④는 비의식의 영역이 된다. 우리는 어려서 자전거나 자동차의 운전을 배울 때 몸의 균형을 익히지만, 어떻게 그것이 습관화되어 자동성을 갖는지 과정을 알 수는 없다. 이렇듯 비서술 기억은 본능적인 충동이나 갈등과 관련이 없으며, 대신에 그것은 습관과 지각, 운동, 판단 기능을 담당한다. 이는 프로이트식의 억압되는 무의식과 다르게 억압되지 않는 특성이 있으며 (과정은 의식이 접근할 수 없고) 그 결과만 의식할 수 있다. 제3의 무의식에 관한 프로이트의 생각에 토대를 제공한 사람은 저명한 생리학자 헤르만 폰 헬름홀츠이다. 그는 뇌가 처리하는 지각 정보의 상당량이 무의식적으로 이루어진다고 주장했다. 이는 현대 뇌과학에서 비서술적 기억, 비의식이라고 이름 짓고 있으며, 밀너가 증명하였다 (Kandel, 2006, p. 126). 지금 우리는 무의식적 정신생활이 프로이트가 생각한 것보다 훨씬 더 큰 부분을 차지한다고 생각한다. 우리에게 알려진 저자 티모시 윌슨(T. Wilson)의 적응 무의식(adaptive unconsciousness) 개념도 제3의 무의식이라 볼 수 있다.[5]

앞으로 프로이트가 몰랐던 제3의 무의식에 대한 정말 중요한 부분을 이야기하고자 한다. 자아에는 의식적인 부분과 무의식적인 부분이 있고 억압은 자아의 무의식적인 부분에서 나온다는 프로이트의 생각은 자아가 충동을 억압하기 위해 어떻게 작용하는지를 설명하지 못해 억압의 문제를 혼돈에 빠트렸다. 어떻게 엘리자베스가 형부에 대한 사랑을 인식하지 못했는지 반드시 해결해야 했다. 이때 엘리자베스의 불안한 생각을 바깥으로 밀어내고 있던 눈에 보이지 않는 어떤 내면의 메커니즘이 바로 억제의 습관, 프로이트가 말한 제3의 무의식의 역할이며, 저자의 이러한 생각은 프로이트의 억압에 이어 또 하나의 비밀의 문을 열었다.

구조 모델과 자아의 역설

우리는 주어진 상황에서 주도하고 명령하는 자(의지, 강요)이자 동시에 복종(움직임, 순응)하는 자이다. 그리고 그 사이에는 억압, 저항, 갈등의 감정들이 있다. 프로이트의 구조 모델은 인간 사회와 그들 사이의 관계와 갈등이 인간 내면에 복사(내재)되어 표상 간

5) 제10장 '프로이트의 뇌와 기억 시스템' 참조.

의 힘겨루기(역동)를 단순하게 잘 표현해 준다. 내면 인격의 행위자 간 역할 및 갈등 개념으로 내면의 심리역동을 주로 다루었으며, 프로이트의 구조론에 참여하는 각 행위자는 인지 양식, 목표 기능, 의식에 직접 접근할 수 있는지 여부가 서로 다르다. 1933년에 그는 [그림 7-4]에 실린 것과 같은 형태로 세 행위자를 도식으로 묘사했다. 프로이트가 말한 무의식의 저장 창고인 '원초아(Id, 그것)'에는 '무의식적인 것'과 '무의식'이 들어 있다. 역동적 무의식은 프로이트의 독특한 개념에 의한 것이며, 억압(수동 회피) 때문에 의식(전의식)으로부터 배제된 것을 말한다고 앞서 밝혔다. '무의식적인 것'은 유전이거나 태어나면서 가지고 나온, 선사시대부터 내려오는 것들을 포함하는 보다 넓은 개념이다. 조금 주의할 것은 '원초아'에서 '무의식적'이라는 말은, 과정은 무의식이지만 마음 일부분의 현상은 의식한다는 뜻이 있다. 본능적 충동(trieb)과 감정 같은 것이다. 그래서 '무의식적'과 '무의식'은 다양하고 깊은 마음의 현상을 담기에는 부족한 용어이다. [그림 7-4]의 '이드(원초아)'에서 왼쪽 부분을 '무의식적'인 부분 혹은 전의식으로 올라오고 있는 '무의식'이라고 보면, 실선으로 표시된 오른쪽 부분은 억압으로 전의식으로 못 올라오는 '무의식'이 있는 부분이다. 한편, 프로이트는 억압하는 주체는 의식, 전의식이기 때문에 원래 의식(전의식) 또한 '무의식적'이라고 말했고, 특히 억압, 저항하는 '전의식' 부분을 강조할 때는 '무의식적'이라고 말하였다. 원초아는 본질적으로 유전된 과거의 영향을 대변하는, 전적으로 무의식적인 행위자이다. 논리나 현실이 아니라 쾌락을 추구하고 고통을 회피하는 쾌락 원칙에 지배받는다. 그것은 유아의 원초적인 마음을 나타내며(원초아), 태어날 때부터 간직한 유일한 정신 구조이다. 원초아는 인간의 행동을 충동질하고 쾌락 원칙에 지배되는 본능적인 충동의 원천이다. 프로이트는 초기에 정립한 이론에서 이 본능적인 충동들이 모두 성적 본능(리비도, 성욕동)에서 비롯된다고 했다가, 나중에 공격 본능을 추가했다.

프로이트는 '그것=원초아(Das, Es)'의 개념에서 억압되지 않은 제3의 무의식을 표현할 가능성을 발견한다(김덕영, 2009, p. 211). 원초아의 개념은 그에 의해 창안된 것이 아니라 게오르그 그로데크(G. Groddeck, 1866~1939)에게서 빌려 온 것이라고 하였다. 그로데크는 일반적으로 정신 신체의학의 아버지로 불리는 인물로, 1923년 출간된 『이드에 관한 저서』에서 원초아의 문제를 집중적으로 다루었다. 프로이트와 그로데크는 1934년까지 활발하게 편지를 주고받았다(김덕영, 2009, p. 215). 프로이트는 자신의 책에서, 이 개념을 그로데크가 프리드리히 니체의 철학에서 빌려 온 것으로 추정했다.

저자가 프로이트 마음의 구조론을 볼 때 항상 생각나는 것은, 인생의 말년에 정신질환으로 고통받은 철학자 니체(F. Nietzsche, 1844~1900)의 세 가지 동물 상징이다. 프로이트 연구가들은 그가 자유주의 철학자 니체에게서 여러 가지를 참조한 것으로 보인다고 한다. 니체는 인간 정신생활의 대부분이 무의식적이라고 했으며 의식적 · 무의식적 행위와 정신세계를 언급하였다.

다음의 내용은 어디까지나 저자의 상상이다. 니체의 유명한 작품『차라투스트라는 이렇게 말했다』(Nietzsche, 1883, p. 58)에 나오는 용(龍)은 신, 법칙, 규범을 상징하는데, 이는 프로이트의 '초자아'에 해당한다. 삶의 현실과 생존, 노동을 의미하는 낙타는 자아에, 그리고 초원을 누비는 사자는 주인, 소원 충족, 자유를 상징하며 '원초아'에 해당한다. 초인(Übermenche)은 이들을 이끄는 현명한 지도자이며, 어린이는 이 동물들과 상징을 통합하는 평화, 사랑의 상징이다. 니체에게 인간의 지성이 도달해야 할 궁극적인 목표는 지적인 능력의 완성이 아닌 '사랑과 평화'라는 것이다.

니체는 우리 인간의 본질 속에 있는 비인격적이고 자연에 구속된 모습을 표현하기 위해 문법적으로 비인칭 대명사인 이드(원초아)라는 용어를 사용했던 것 같다. 우리가 흔히 Id라고 부르는 용어는 라틴어이다. 독일어로는 Es로 영어의 it에 해당한다. 그러니까 Id는 '그것' 또는 '거시기'라는 의미를 지니는 중성, 즉 비인칭 대명사인 셈이다. 독일어권에서는 천진난만한 아이들을 가리키는 말이다. 원초아(Id)는 그 본래의 언어적 의미에 상응해 인간 정신의 무성제 또는 비인격적 부분을 표현하는데, 이 때문에 원초아는 '전(앞)자아'라고 부르기도 한다.

프로이트는 그로데크의 개념을 도입한 이 새로운 구조 모델에서 "억압된 것도 역시 원초아(Id)와 합병되어 '그것(Id)'의 일부를 구성하며 단지 억압된 것은 자아로부터 완벽히 단절된 것이다. 그러나 그것은 원초아를 통해서 자아와 의사소통할 수 있다."(Freud, 1923~1925, p. 362)라고 하였고 프로이트가 원초아, 자아, 초자아의 새 모델을 제시하고 나서 자아는 외부 자극에 대한 감각 기관의 표상을, 원초아는 내부 감각 기관의 표상을 담당한다고 하였으며, 전보다 합리적인 구조 모델이 만들어졌다. 자아는 의식적 요소와 무의식 요소를 둘 다 지닌다. 프로이트는 의식적인 '자아', 즉 자발적인 자기는 집행자이며, 자기의식(sense of self) 및 외부 세계의 지각이 자아의 구성 요소에 포함된다고 보았다.[6] 의식적 요소는 시각, 청각, 미각 후각이라는 감각 기구를 통해 외부 세계와 직접 접촉한다.

6) 일부 논평가들은 영어 번역가들의 잘못을 지적한다. 자아(Ego)를 뜻하는 독일어의 원어는 'das Ich', 말 그대로 'the I'(예: Bettelheim, 1983)이다. 비평가들은 'Ego'나 'Id'와 같은 용어들이 프로이트가 정신생활의 주요 요소를 표현하기 위해 '단순 대명사'를 의도적으로 선택한 의미를 전달하지 못한다고 주장한다(Freud, 1926a, p. 316). 프로이트의 'das Es(the Id)' 사용에 대한 역사적 분석은 보스(Bos, 1997)를 참조하라. 그러나 프로이트의 자아에 관한 문제는 '나'로 바꿔서 해결할 수 있는 것이 아니다. 그의 억압 이론은 여전히 일상적이고 평범한 '나' 뒤에 숨겨진 '나'에 달려 있다.

지각, 추론, 행동 계획, 쾌락과 고통의 경험에 관여한다. 자아의 이 갈등이 없는 구성 요소는 논리적으로 작동하며 현실 원칙을 따른다. 반면에 무의식의 구성 요소인 자아가 원초아의 성적 · 공격적 충동을 억제하거나 전달하거나 다른 방향으로 돌리는 기제인 심리적 방어(억압, 부정 승화)를 담당한다. 프로이트는 일부 무의식적 정신 활동(역동적 무의식)이 적극적으로 억압되면서도 간접적으로 의식적 정신 과정에 영향을 미친다고 주장했다. 이 정신분석학의 중심 개념은 보이지 않는, 마음의 숨겨진 부분에 의해 수행되는 신비로운 작업을 묘사하는 것으로 보인다. 그러나 억압이 자아의 무의식적인 부분으로부터 나온다는 생각은 억압의 문제를 해결하지 못할 뿐만 아니라 이론적 혼란을 가중했다. 이는 프로이트가 말했듯이 자아가 억압하기 위해 어떻게 작용하는지 불분명했기 때문이다. 이런 혼동은 프로이트의 비평가들에게 공격할 무기를 건네주었다.

프로이트는『자아와 이드』에서 이러한 문제들을 논의하면서 우리가 '예기치 못한 상황'에 있다는 것을 발견했다고 말했다. 프로이트는 "자아는 '나(I)'보다 더 광범위하고, 더 당당하며, 더 불명확한 정신 영역인 원초아의 힘과 끊임없이 싸우고 있다."라고 말했다. 프로이트는 "억압은 자아가 성취하는 것이며, 억압은 무의식적으로 이것을 행한다."라고 주장했는데, 이로써 스스로 개념적인 난관에 봉착했다. 자아는 의식적인 '나'와 동일시될 수 없다. 왜냐하면 그 의무의 일부는 의식적인 '나'를 보호하는 것이기 때문이다. 그의 '자아'는 '파수꾼'과 파수꾼이 보호한다고 여겨지는 '나' 둘 다 해당한다. 비판가들은 이러한 자아의 역설(paradoxes of the Ego)은 자아(또는 '나')가 자기도 모르게 일을 하는 이중 역할의 모순[7]이라고 말한다. 동그란 원이 동시에 네모가 될 수 없다는 것이다. 검열관으로서의 자아는 욕망을 의식 속으로 들어오게 하기 전에 그것들을 검사한다. 의식적인 '나(I)'는 검열관이 무엇을 하고 있는지, 심지어 그러한 검열이 일어나고 있다는 것을 인식해서는 안 된다. 결과적으로, 자아는 보통의 의식적인 행위자와 동일시될 수 없다. 오히려 자아는 두 가지 부분이 있다. 통상적인 의식적 행위자와 그 행위자[나(I)]를 충실히 보호하고 있는 무의식적인 자아가 함께 있다. 프로이트의 숨겨진 자아[나(I)]에 관한 생각은 언뜻 보기에 억압, 특히 무의식적인 억압의 문제를 해결하는 것처럼 보인다. 하지만 명백한 해결책은 아니다. 숨겨진 자아는 독립적인 현실을 가지고 있지 않다. 그것은 관찰

7) 이것은 호문클루스(homunculus)의 문제이다. 다니엘 데닛(D. Dennett, 1991)은 이 문제에 대한 흥미로운 심리학 논쟁에서 호문클루스의 사용이 모두 개념상의 어려움을 일으키지는 않는다고 말한다. 그러나 호문클루스 형태의 은유를 제한적으로 사용한다면 일반적으로 낮은 차수의 과정을 가리킨다. 프로이트의 무의식적인 자아는 정신적 운영 책임자, 즉 데닛이 '중심적 중용자(central meaner)'라고 부르는 것과 닮았다. 데닛이 반대하는 것은 바로 이 개념이다.

될 수 없으며 또한 어떻게 작동할지 아무도 말할 수 없다.[8] 가장 간단하게 말하면, 스키마는 의식적인 삶과 무의식적인 삶 사이의 갈등을 묘사한다. 무의식의 자아는 이 이중성을 무시하고 알지 못하게 속이는 습관이 있고, 의식적 자아의 의지 작용은 일련의 추리 오류와 그 결과로 나오는 잘못된 가치 평가에 여전히 매달리게 된다. 이렇게 해서 자아의 행위는 의지만으로도 충분하다고 굳게 믿게 된다. 그러므로 정말 억압에 대한 정신분석의 태도는 이중적이다. 필요한 기능을 인정하면서도 이에 대한 인식은 부정적이다. 사실, 이 두 얼굴의 가면이 우리가 풀어야 할 수수께끼이며 매력이자 본질이기도 하다. 프로이트는 생애 말년에 쓰인 『새로운 입문 강의』에서 "원초아가 어디에 있든, 바로 거기에 자아는 있을 것이다."(Freud, 1933, p. 80)라고 선언했는데, 이는 억압의 메커니즘이었고 원초아라는 귀신은 환자의 자기인식을 통해 이성적으로 통제되고, 아마도 다시 억압될 것이라고 추론하였다. 또 그의 마지막 작품 중 하나인 『정신분석의 개요』에서 치료 결과에 대해 충격적인 발언을 했다. 그는 치료의 목적이 원초아와의 싸움에서 자아를 강화하는 것이라고 선언했다. 그러나 그 결과는 '무관심의 문제(a matter of indifference)'였다(Freud, 1940)고 씀으로써 다시 독자를 혼돈에 빠뜨렸다. 이 내용은 이 책의 후반부[9]에서 다시 다룰 것이다.

초자아는 본질적으로 다른 이로부터 넘겨받은 과거의 영향을 대변한다. 프로이트는 유아가 부모의 도덕 가치 체계를 자신의 것으로 동일시함으로써 이 행위자가 형성되며, 이는 자아에 영향을 미치고 자아를 검열하는 도덕 가치의 심적 표상으로 죄책감의 근원이라고 보고 있다. 또 초자아는 자아를 위협하고 논리적 계획과 사고 능력을 방해하는 본능적인 충동을 억압한다. 따라서 초자아는 자아와 원초아 사이의 갈등을 중재하는 역할을 한다. 프로이트의 관점은 원초아의 본능적 충동-자동성을 초자아가 억압하고, 그럼으로써 그 충동이 합리적인 사고를 교란하는 것을 막는다고 본다. 합리적인(자아) 과정들도 대부분 자동적이고 무의식적이므로 자아의 일부만이(그림에서 위쪽으로 불룩 튀어나온 부분) 의식적 경험을 담당한다. 이 의식적 경험은 지각과 긴밀하게 연결되어 있다. 초자아는 자아와 원초아 사이에서 지속해서 벌어지는 주도권 싸움을 중재한다. 프로이트는 이러한 가상의 구조물이 해부학과는 관련이 없다고 분명히 말했지만, 여러 정황을 보면 정신 기관 내의 영역에 해부학적인 개념을 도입해서 더욱 정교한 모델을 만들고자

8) 프로이트의 공헌이며 문제점인 자아의 대리인(agency to the Ego)을 지적한 탈베르크(Thalberg, 1983)를 참조. 프로이트의 생각은 우리가 잠들 때 자아 검열관(Ego censors)이 작용하여 꿈꾼다는 것이다.
9) 제16장 '억압의 회복' 중 '억압과 자아의 강화' 참조.

하였다는 것을 알 수 있다.

분명히 해부학적으로 정신 활동의 장소를 알아내려는 시도에는 채울 수 없는 틈이 놓여 있다. 그렇다고 그 틈을 채우는 것이 심리학이 해야 할 일도 아니다. 우리가 내세우는 정신의 지형학은 현재로서는 해부학과 아무런 관련도 없다. 다시 말해, 우리의 정신 지형학은 정신 기관이 신체의 어느 곳에 있음에 관계없이 그 정신 기관 내의 영역과 관련이 있는 것이지, 해부학적인 위치나 국소 부위와는 아무 관련도 없는 것이다.

유아의 기억상실: 원시 억압과 본유 억압

"환자들의 '신경증'은 어린 시절 초기에 그들을 다치게 했던 경험들 또는 고통과 긴밀하게 관련을 맺고 있는데, 환자들은 전혀 그런 일이 없다고 생각하고 있다. 그래서 그들로서는 자신들이 그러한 경험이나 고통을 겪었다는 것이 부당한 것이고, 자신들에게 가해진 모함이라고 판단할 수 있다"(Freud, 1916, p. 349).

"우리는 원시 억압이 있다는 것을 가정할 수 있는 이유가 있다. 억압의 첫째 단계에서는 본능적 충동(trieb)의 표상이 의식에 들어가는 것이 부정되고, 이 고착(fixation)이 확립되면 문제의 표상은 변하지 않은 상태에서 본능은 그것에 부착되어 남아 있다. 억압의 2차 단계는 고유 억압인데, 억압된 표상의 정신적 파생물에 영향을 주고 여러 곳에서 연유된 관념들과 연상으로 연결하게 된다. 이 연상 때문에 이 관념들은 원시 억압된 것과 같은 운명을 맞는다. 그래서 본유 억압은 실제로는 압력을 받은 후에 만들어진다. 무엇보다도 억압된 것을 의식에서 배출하는 것만을 강조하는 것은 오류이며, 원시 억압에 끌린 모든 것이 연결을 확립한다는 것이 중요하다. 아마도 사전에 억압되어 준비된 무엇이 의식에서 추방된 무엇을 받아들이고, 이 두 힘이 서로 협동하여 이러한 억압의 경향과 목적이 이루어진다"(Freud, 1915a, p. 148).

프로이트는 억압을 크게 원시(1차), 본유(2차, 사후) 억압[10]의 두 종류의 작용하는 힘으로 설정하였다. 이것들이 도대체 어떤 정신 현상을 설명하는 용어일까? [그림 7-5]와 제8장 '억압의 증례와 학습 이론'의 [그림 8-3]을 보면서 설명한다.

10) 원시 억압은 추정만 가능하지만 본유 억압은 현재 현상을 동반한 주된 억압이다. 이차 또는 사후 억압은 원시(1차) 억압 후 다음 차수의 억압이라는 뜻이다.

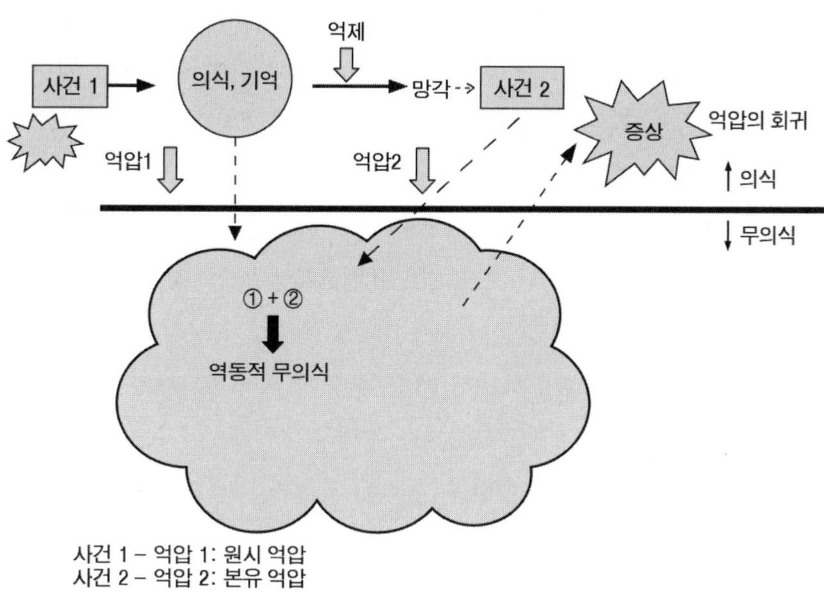

[그림 7-5] [그림 7-2]의 진화

① 원시 억압(Urverdrägung, Primal repression): 이 용어는 프로이트의 가설로서 최초 "정신적(관념적) 본능(trieb)의 표상[the psychical (Ideational) representative of the instinct]이 의식으로 들어가는 것을 거부당하는 과정으로 정의된다. 원시 억압은 최초의 근원적 억압이 있었음을 가정한다. 즉, 유아의 발달로 2차 사고 과정이 구성되기 전 억압의 고정 시점을 설정하는 것이다. 원시 억압의 동기는 미숙한 정신 기구에 불쾌한 자극이나 고통스러운 과잉자극이 도달하는 것을 회피하려 하는 행위이다. 원시 억압이 감정이 충전된 관념을 제공하면 본유(2차) 억압이 관념을 밀어내는 힘을 행사하게 된다.

② 본유 억압(Verdrägung, repression proper), 2차 또는 사후 억압(after-repression, after-pressure, after-expulsion): 어떤 생각이나 지각을 처음에는 의식했다가 나중에는 의식에서 축출시키는 구체적인 억압 행위를 뜻하는 것이다. 이것은 사전에 본능에 부착된 생각, 이미지, 기억에 대한 원시 억압의 출현에 의존하며, 의식적으로 인식되었던 기억자료가 무의식으로 자동 전송(Mackinnon & Dukes, 1962)됨을 가리킨다.

억압의 역동은 프로이트 전집(The Pelican Freud Library)의 영어 판본과 번역본을 여러 번 읽어 봐도 이해가 어렵다. 본능을 표상(대표)하는 관념이라는 것이 과연 무엇을 말하는 것일까? 저자는 이 글의 앞부분(제7장의 '무의식의 충동, 동기, 성 욕동')에, 정서과학의 입장에서 동기, 충동, 정서들은 본능처럼 타고난 '본능적'인 성격을 가진다고 설명했다. 그래서 용어의 번역 오류 여부와 관계없이 본능의 개념과 같이 취급해도 될 것이다. 그리고 정신분석에서 본능 혹은 본능적인 것들은 항상 관념(기억)과 같이 다니는 존재이다(제7장의 '정서의 억압' 참조).

다윈의 추종자인 프로이트의 본능은 타고난 자동적 행동 방식이며 무의식적이다. 역시 선천적이며 출생 후 생활 자극과 스트레스로 변화하는 감정, 충동, 생각은 억압 때문에(학습 현상) 의식하고 인지했던 것들이 자동화되고 무의식적 성질을 가지는데, 이 상태가 본능의 성질과 같아진다고 표현하면서 이를 "본능에 부착(충전)된다."라고 말했다. 프로이트의 원시 억압이 언제부터 발생하는지는 분명하지 않다. 저자는 원시 억압과 본유 억압의 공통점은 학습된 기억 반응이며, 자동화된 감정과 행동 방식을 따른다고 생각한다. "본유 억압은 원시 억압과 같은 운명에 처한다.", "원시 억압에 끌린 모든 것이 연결을 확립한다."라는 표현에서 연결이란 연상을 의미한다. 프로이트의 이론은 항상 실제 현상에 대한 해석 이론이다. 저자는 이런 현상적 요소들을 자유연상의 환자 관념과 감정을 추적하거나 표현하는 과정에서, 꿈 분석에서는 상징이나 은유로 나타나는 것을 관찰한다. 또한 저자는 연상이 있다는 것은 심리학의 학습 현상(파블로프의 연합학습)을 의미하므로, 초기 초심리학은 사실 연상의 심리학으로 불릴 만하다고 말한 바 있다.

그렇다면 프로이트는 왜 원시 억압을 설정했는가? 2차 억압의 경험적 증거는 무엇인가? 이에 대해서 설명해 본다. 프로이트는 1926년에 불안과 방어에 관한 이론을 수정하면서 원시 억압의 동기를 불쾌를 산출하는 특정 자극을 피하기 위한 것으로 정의하며, 원시 억압이 미성숙한 정신 기구가 과도한 자극에 직면해서 나타내는 반응이라는 새로운 제안을 했다. 실제 생후 3, 4년까지 아동의 기억을 저장하는 해마가 기능할 때까지 발생하는 유아 기억상실증(infantile amnesia)이 좋은 예가 될지도 모른다. 1차 억압 단계에서 원시 억압의 즉각적 유발 요인은 유아 초기의 매우 강렬한 불안감과 같은 정신-신체적 요인일 가능성이 크다. 아이가 배고픔 같은 어떤 욕구(need)[11]에 따라 심하게 보챌 때 엄마가 처벌[12]을 가하면, 이후 아이는 보챌 때마다 불안을 느낄 수 있다. 이러한 불안은 욕망의 억압으로 이어진다. 같은 상황이 반복되면, 이것이 내면화되면서 이러한 형태의 불안과 관련된 처벌의 위협이 초자아가 된다. 이 초자아는 원초아의 욕망에 대해 중재한다. 프로이트는 "아마도 원시 억압과 2차 억압 사이에서 경계선을 제공하는 것은

11) 인간의 요구(demand) = 신체 욕구(need) + 정신 욕망(desire)

12) 음식을 늦게 주거나 목소리가 커지고 짜증을 내는 등 평소와 다른 태도 변화도 포함된다.

초자아의 출현일 것"이라고 추측했다. 어느 누구도 온실처럼 풍족한 조건에서 양육될 수 없다. 신생아 때부터 성숙할 때까지 일어날 수 있는 크고 작은 스트레스나 정신적 상처는 비서술기억에 저장, 기억되어 있으며 이는 생후 초기부터 기능하는 편도체가 담당한다고 알려져 있다. 이런 생후 초기 유아의 트라우마를 1차 억압이라고 할 때, 이후 생애 과정에서 발생하는 스트레스나 정신 외상은 과거의 감정 기억을 활성화할 수 있다. 그래서 이를 관찰한 프로이트는 "1차 억압은 2차 억압을 유도하는 역할을 한다."라고 해석했다. 따라서 결과론적 측면에서 프로이트는 억압이 성공하기 위해서는 이미 억압된 물질이 존재해야 하며, 그 오래된 '원시' 억압의 힘으로 억압의 파생물과 연상을 가진 관념들을 무의식으로 끌어내어 무의식적 생각의 형태로 남아 있는 덩어리 속에 부착(충전)시켜야 한다고 주장했다.

어떤 무의식적인 생각(원초적인 억압된 물질)은 '최초의 무의식 핵'을 구성하며, 이는 나중에 억압된 요소들을 끌어당기는 극(pole)으로 작용한다(Freud, 1926b, p. 94). 이런 의미에서 억압이 처음 만들어진 순간을 '원시적'이라고 표현할 수 있다. 이 억압은 "지속적인 힘의 소비를 요구한다". 그래서 그는 무의식의 당기는 힘으로는 충분하지 않다고 생각했다. 동시에 이와 연계하여, 진정한 2차 억압의 힘이 반대 방향에서 밀어 주어야 한다. 따라서 '2차 억압' 혹은 '후압박'은 본능의 정신적 대표자를 향한 원시 억압의 견인력(리비도 반대 충전, anticathexis)과 2차 억압의 무의식으로 밀어내는 힘(전의식에서 리비도 충전 철회)이 결합한 결과이므로, 원시 억압의 존재는 그 필요성에서 추론된 것일 수 있다. 그에 의하면 '2차 억압'이나 '후압박'에 의해 전의식에 있는 충전의 철회도 역할을 하지만 반대 충전은 원시 억압과 관련된 유일한 메커니즘이다(Freud, 1915, p. 182). 그래서 프로이트는 억압의 과정에서 억압된 표상과 연결을 가진 관념들도 마치 자석에 이끌리듯이 모여서 표상(무의식에 들어간 기억)과 같이 억압당한다고 설명한 것이다. 논리적으로는 적절하지만, 억압을 운영하는 힘의 내용과 개념은 임상 관찰을 짜맞춘 듯한 가설로 만든 것이라 일반인들은 무슨 말인지 전혀 이해하지 못한다.

여기서 저자가 말하는 '억압'의 개념은 억누르는 것이 아니라 자동으로 피하는 것을 의미한다는 것을 다시 기억해 보라. 저자는 마음의 뇌과학 입장에서 '억압'이 그 과정을 알 수 없는 단순 공포학습이며 비의식 행위라는 것을 설명할 것이다. 프로이트의 '원시 억압'을 출생 후 사건이라 가정하면, 이 시점은 기억 기관인 해마가 정상적 기능을 하기 전이며 감정의 중계기관인 편도체는 해마와 달리 출생 후부터 기능한다고 알려졌다. 그가 원시 억압(1차 억압)을 유아 기억상실증(망각, infantile amnesia)이 있다는 사실에서 본유 억압(2차 억압)과 연결하여 그 정당성을 확보하려고 했지만, 이후 뇌과학에서 앞이마겉질과 해마의 미성숙 때문인 것이 밝혀져 생물학적 억압(Solms, 2002. p. 176)으로 부르게 되었다.

독자의 이해를 위해 일상의 언어로 좀 더 쉬운 예를 들면, 요즘 TV에 잘 나오는 학대받은 반려견의 이야기를 들 수 있다. 강아지 한 마리가 어려서 전 주인에게 매를 맞고 학대가 반복되어 상처가 억압(학습)되면 그 억압은 평생 갈 수도 있다. 그러다가 마음씨 좋은 새 주인을 만나 그가 내미는 손길에 뒷걸음치고, 껴안으려 하면 도망가서 구석에 숨어 버린다(원시 억압). 강아지는 전 주인에 대한 같은 태도로 새 주인을 대할 때 억압하게 된다. 오랜 시간 새 주인과 잘 지내서 어느덧 주인에 대해 두려움을 풀고 행복하게 살다가도, 어떤 일로 갑자기 새 주인이 화를 내면 개는 어려서 얻은 억압 반응이 다시 나타난다(2차 억압).[13] 이 반응은 처음 억압이 만들어졌을 때보다 빠르고 강력하게 나타날 수가 있다.

이번에는 저자의 임상 예를 제시한다. 30대 중반의 직장인 남성이 찾아왔다. 그는 요즘 자신을 괴롭히는 과장에 대해서 무척 화가 나 있었다. 그는 그에게 꾸중을 듣고 잘못을 고치라는 말을 자주 들으면 화가 나서 견딜 수 없다고 했다. 그는 직접 그 자리에서 과장과 싸우지 못하는 자신이 답답해서 집에 가면 더 스트레스가 쌓였다. 그렇다고 과장에게 반발하면 그가 화내거나 당황할 것 같아 죄책감이 들어서 말을 못 한다. 그래서 침묵할 수밖에 없고, 그러면 자신이 괴롭고 동시에 바보처럼 느껴진다. 그에게는 억압(회피)된 문제들이 있는데, 싸움과 침묵 사이에 대화를 포함한 여러 가지 소통 방법이 있음을 과장과의 관계에서는 알지(생각하지) 못한다(부주의해진다). 이 환자는 어려서 엄한 아버지에게서 매를 많이 맞으며 자랐다. 그래서 다른 누구에게 반발하거나 항의하려 하면 내재화된 초자아(아버지)의 꾸중이 그의 행동을 금지한다. 과장(아버지)과의 대화는 소통이 아닌 싸움을 의미하며, 싸움은 그에게 벌을 주는 의미가 있는 것이다. 이 남성의 아버지와의 심리적 갈등과 상처를 원시 억압으로 가정하면 과장과의 억압은 2차 억압, 본유 억압에 해당하는 좋은 예가 될 것이다.

13) 조건학습의 부활.

억압(된 것)의 귀환[14)]

프로이트는 억압된 것은 기억의 착오와 말 실수(Freudian slip)와 같이 사회생활에서의 '착오행위(parapraxes)'로 돌아온다고 주장했다(Freud, 1916~1917, pp. 25-40). 프로이트는 엠마(Emma, 제8장 '억압의 증례와 학습 이론' 중 『과학적 심리학 초고』의 엠마의 증례)나 안나 O의 증례처럼 최초 억압이 일어난 후 증상이 발현한 것을 억압(된 것)의 귀환(return of the repressed)이라고 이름 지었다. 억압의 귀환은 무의식에 보존된 억압된 요소가 의식이나 행동에서 이차적이고 다소 인식할 수 없는 '무의식의 파생물(derivatives of the unconscious)' 형태로 다시 나타나는 과정이다. 프로이트는 말실수(착행증, parapraxes) 또는 증상 행동이 무의식의 파생물이라고 말했다. 앞서 말한 대로 억압은 하나의 관념이 의식으로부터 제거되는 방어 과정을 말한다. 이 억압된 관념 안에는 문제가 될 수 있는 본능적 욕동 파생물과 그것의 충동적 힘이 포함되어 있어서 과도 흥분, 불안, 갈등 등의 고통스러운 정서를 자극할 수 있다. 프로이트는 『꿈의 해석』(Freud, 1900)을 시작으로, 기억 흔적을 다시 되돌릴 수 없는 특성이 있듯이 무의식적 재료도 '파괴할 수 없는' 특성이 있다고 강조했다. 그는 사람의 생후 1년 동안 사건에 대한 기억이 없다면, 이는 그들에게 영향을 미치는 억압 때문이라고 생각했다. 어떤 의미에서 모든 기억은 유지된다고 말할 수 있으며, 그 기억은 오로지 기억을 끌어당기는 방식(충전, cathected), 제거 방식(decathected) 또는 반대하는 방식(반충전, anticathected)에 따라 달라진다고 말했다. 그는 새로운 입문 강의(New Introductory Lectures)의 31번째 강의인 '정신 성격의 해부(The Dissection of the Psychical Personality)'에서 다음과 같은 용어로 억압된 것의 불변성을 제시했다. "인상(impressions)은 …… 억압에 의해 원초아에 가라앉은 그들은 사실상 불멸이다. 이들은 수십 년이 지나도 마치 방금 일어난 것처럼 행동한다"(Freud, 1933, p. 74). 『모세와 일신교(Moses and Monotheism)』에서 그는 다음과 같이 덧붙였다. "잊힌 것은 소멸되지 않고 '억압'될 뿐이다. 그것의 기억 흔적은 생생히 존재하지만 반충전에 의해 격리된다 …… 그들은 무의식이다. 의식에 접근할 수 없다"(Freud, 1939, p. 94).

따라서 프로이트에게 억압된 소망(repressed wishes)은 무의식에서 파괴되지 않는다. 일반적으로 억압을 요구하는 여러 특성을 종종 유지하지만, 오히려 그것들은 일반적으로 무의식의 파생물이라고 불리는 형태로 영원히 다시 나타나며, 그중 일부는 "대체 형

14) '억압의 귀환'을 소거된 학습의 재발이라고 볼 때, 조건에 따라 '신호-재생, 맥락-복원, 스트레스-역전'이라는 뇌과학 용어로 전환할 수 있다.

성과 증상으로 의식하게 된다"(Freud, 1915d, p. 193). 그리고 일반적으로 착행증, 심지어 성격 특성까지 있다. 이것들은 억압된 것이 의식이 된다는 것을 필연적으로 암시하지 않고 의식에서 나타나는 무의식의 표현이다. 억압된 것이 되돌아오지만 종종 인식할 수 없는 상태로 남아 있다. 이러한 '억압된 것의 귀환'은 분석가의 작업에 훌륭한 소재가 된다. 정신분석치료에서 환자의 억압된 아이디어는 쉽게 연상과 연결되고, 분석가는 그만큼 쉽게 전이를 언급할 수 있다.

프로이트는 '증상 형성(symptom formation)'을 '억압된 것의 귀환'과 연결했다. 억압은 자체로 '대체 형성' 또는 증상 형성을 하지 않지만, 증상 형성은 '억압된 것의 귀환'을 가리킨다(Freud, 1915c, p. 154). 보통 증상 형성은 '대체 형성' 또는 '타협 형성'에 의한 '억압된 것의 귀환'뿐만 아니라 억압된 소망에 대한 보루로서 생성된 '반응 형성'도 포함한다. '억압된 것의 귀환'은 프로이트에 의해 '특정한' 메커니즘으로 간주되었으며(Freud to Ferenczi, 1910년 12월 6일), 그는 '억압(repression)'에 관한 그의 논문에서 '원시 억압'과 '본유 억압' 또는 '사후 억압(after-pressure)'으로 세 가지 특정한 과정을 반복해 말하고 있다(Freud, 1915c, p. 148). 『모세와 일신교』의 한 장에서 억압된 것의 귀환을 다루면서, 프로이트는 어린 시절의 '인상' 재출현과 주제의 삶으로 분출할 수 있는 본능적 요구를 불러일으키고, 그의 행동을 지향하며, 그를 강압적인 충동에 종속시켰다. 본능은 "자신의 요구를 새롭게 하고, 정상적인 만족에 이르는 길은 우리가 억압의 흉터라고 부를 수 있는 약한 지점에 의해 닫혀 있기 때문에 대체 만족(substitutive satisfaction)이라고 알려진 또 다른 길을 스스로 열어 준다. 자아도 모르게 증상으로 빛을 발한다 …… 증상이 형성되는 모든 현상은 '억압(된 것)의 귀환'이라고 말할 수 있다. 그러나 이것도 원본과 다르게 귀환된 소재가 쉽게 해 온 것처럼 광범위하게 왜곡되어 있는 것이 두드러진 특징이다"(Freud, 1939, p. 127). 저자는 억압(일어난 것)은 '억압(된 것)의 귀환'과 사실적 동의어라고 생각한다. 억압 자체는 기억을 동반하지 않는다. 억압이 회귀한 증상, 신호가 아니면 억압(자동 회피)의 존재를 알 수 없으므로, 억압의 증상이 귀환한 다음 관찰자가 억압이 있었음을 유추한다는 말이다. 억압된 것은 최초의 충동, 즉 의식에 침투하려는 충동을 유지한다.

프로이트에 따르면, 억압의 귀환은 다음 세 가지 조건하에서 달성할 수 있다. ① 정신의 다른 부분, 즉 우리가 자아라고 부르는 마음의 한 부분을 압도하는 병리학적 과정에 의해 또는 상태나 수면에서와 같이 자아의 충전 에너지 분배 변화가 규칙적으로 발생하여 반충전의 강도가 약화되는 경우, ② 억압된 것에 붙어 있는 본능적 요소가 특별한 강화를 받는 경우(가장 좋은 예는 사춘기 동안의 과정), ③ 만약 최근의 경험에서 어느 때라도 억압된 것과 매우 유사하여 그것을 일깨울 수 있는 인상이나 경험이 발생할 경우이다. 마지막의 경우, 최근의 경험은 잠재된 억압 에너지로 강화되며, 억압의 귀환은 최근의 경험의 도움으로 작동한다. 프로이트는 덧붙여 "이 세 가지 대안 중 어느 것도 지금까지 억압되었던 것이 변경되지 않았다면 순조롭게 의식에 들어오지 못한다. 그것은 항상 반충전에서 시작되는 저항(완전히 극복되지는 않음.)의 검증 영향, 또는 최근 경험의 수정하려는 영향, 또는 둘 다에 대해 발생하는 왜곡을 견뎌야 한다."(Freud, 1939, p. 95)라고 하였다.

억압된 것이 다시 돌아왔다는 말은 증상이 재발했다는 말이다. "자라 보고 놀란 가슴 솥뚜껑 보고 놀란다."라는 속담처럼, 자라에 놀란 경험이 있는 사람은 솥뚜껑을 보고 놀란다고 해도 다른 장소, 다른 시간의 사건이므로 놀라는 이유를 모른다. 이는 앞서 ③ 조건처럼 비슷한 단서(신호) 자극, 맥락 자극으로 과거에 소거되었던 회피 행동(방어–생존 반응)이 재생 · 복원되기 때문이다. 또 외상의 순간 경험이 비서술적 기억의 부호화를 만들기 때문이며, 이때 서술적 기억의 부호화는 억제된다. 중요한 점은 소거되었거나 잠재된 트라우마 증상은 이와 연관이 없어 보이는 현재 스트레스의 압박이 심한 경우에도 증상이 재발(역전)할 수 있다는 점이다. 이는 방어–생존 시스템이라는 기억 반응기를 공유하기 때문인데, 앞서 1차 억압과 2차(본유) 억압의 관계에서 정신분석의 관점과 현대 정신의학의 경험이 일치하는 부분으로 설명한 바 있다. 이에 대해 제8장의 '학습의 신호 조건과 맥락 조건'에서 자세히 다룬다.

억압과 불안

불안은 정신질환에서 가장 많은 증상이다. 프로이트는 첫 번째 불안 이론에서, 히스테리에서 정서적 흥분(불안)이 신체로 전환(정서의 전환)되는 개념과 같이 불쾌감과 불안은 무의식의 리비도(성 욕동) 충전(집중)이 증가한 결과라는 가정에 따라 리비도 집중을 억압하는 힘이 불안의 원인이라고 말했다. 그러나 '억압의 귀환'에서 보았듯이 억압된 관념과 관련된 무의식적 충동은 나중에 불안으로 나타날 수 있음을 관찰했다.

두 번째 불안 이론에서 프로이트는 불안과 같은 리비도가 집중된 정서 상태가 애초에 겪은 외상성 경험의 잔존물이 비슷한 상황에서 부활하는 것이며, 불안을 일으키는 요인은 달리 있다고 생각했다. 이 불안 신호는 출생이나 발달과정, 생활에서 만나는 일련의 위협 때문에 자아가 불쾌해지면 불안 신호를 보낸다고 하였다. 따라서 자아가 불안의 실질적인 근원이며, 자아에 대한 위협이 불안 신호를 보내 본능적 충동을 자극하고, 이에 대한 방어반응 중의 하나를 2차 억압(본유 억압)으로 정리한 것이다. 프로이트는 이 시기부터 억압을 성적인 것만으로 해석하려는 경향을 거부하였고, 억압을 일으키는 과정에 대해서 잘 모른다고 대답했다. 성공적인 억압은 리비도가 충전된 관념이 계속해서 의식 바깥에 머무는 것을 의미한다. 그 관념을 계속해서 의식 바깥에 머무르게 하기 위해서는 리비도의 반대 충전(원시 억압)이나 충전의 철회(본유 억압)가 유지되어야 하며, 이는 계속 에너지의 소비를 의미한다. 만약 억압의 힘이 약해진다면 억압된 것의 귀환이 발생하며, 이는 신경증 증상, 실책 행동 그리고 관련된 꿈 내용을 불러일으킨다. 프로이트가 원시 억압과 무의식의 탄생 과정에 공을 들인 이유는 정신의 구조 이론을 확립하기 위한 것이라고 볼 수 있다. 원시 억압에 이어 초자아가 형성되기 때문에, 자아는 여기서 책임 있는 정신 기관으로 가정되어야 했다. 그래서 자아와 원시 억압의 확립은 상관관계가 있는 것으로 보인다. 그는 두 번째 불안 이론에서 억압과 불안과의 관계를 개념화했고 그 근원의 힘을 자아, 초자아라는 구조의 힘이라고 가정하였다. 불안 발생에 중요한 역할을 하는 개념이 정신적 외상 상황과 위험 상황이다. 즉, 어린 시절 입었던 정신적 외상이 불안 발생의 기본적인 골격을 제공한다는 것이 외상 상황의 개념이고, 이 대표적인 사례는 출산의 외상이 자동불안(autonomic anxiety)의 원인이 되는 것이다. 한편, 학습을 통해 원래와는 전혀 다른 상황에서 이런 외상 상황의 재현이 예측될 때, 위험을 예측하고 불안이 발생한다. 프로이트는 환자의 정서 상태와 불안이 초기의 억압으로 기억되어 있다가 비슷한 상황을 접해서 기억의 상징처럼 다시 나타난다고 설명하고 있다. 복제된 불안이란, 원시 억압된 불안학습의 기억이다. 항원과 유사 항원에 대한 면역 반응처럼 뇌의 하부기관에 기억된 정서 반응이다.

> 불안은 억압에서 새로 생겨나는 것이 아니라 이미 존재하는 기억 이미지와 일치하도록 정서적인 상태로 복제된 것이다. 만일 우리가 한 걸음 더 나아가 불안의 원인(그리고 전반적인 정서의 원인)을 캐고 든다면 우리는 순수한 심리학의 영역을 떠나 생리학의 영역으로 들어서게 될 것이다. 정서 상태는 애초에 겪은 외상 경험의 잔존물로서 마음에 새겨져 있다가 비슷한 상황이 일어나면 기억 상징들처럼 되살아난다 …… 내가 어딘가에서 밝혔듯이, 우리가 의료 업무에서 다루어야 하는 억압 대부분은 나중에 압박받은 사례들이다. 그것들은 더 최근의 상황을 끌어들이는 초기, 최초의 억압을 전제로 한다(Freud, 1926b, p. 215).

이렇듯 위험이 감지되어 불안이 올라오면 개체는 자아 방어 기계를 작동시켜 받아들일 수 없는 생각이나 감정을 의식에서 물리치는 방식으로 반응하게 된다. 그는 이런 불안을 신호 불안(signal anxiety)이라 하였고, 『억압, 증후 그리고 불안』(Freud, 1926b)에서 다음과 같이 말하였다.

> 자아는 내면적 위험과 외부의 위험을 똑같은 방법으로 차단한다. 외부의 위험이 있으면 생물체는 도피를 시도할 수단을 갖는다. 그것이 맨 처음에 하는 일은 위험한 대상을 인식하고 리비도 집중을 철회하는 것인데, 나중에 가서는 그 대상을 인식하지 않을 이유가 전혀 없더라도 아예 인식하지 못하도록 근육 운동을 수행하는 것(그 스스로 위험한 영역으로부터 물러나는 것)이 더 나은 방책임을 알게 된다. 억압은 도피하려는 시도와 대등한 것이다(Freud, 1926b, p. 214).

위험에 대한 불안은 리비도가 충전(집중)된 것이고 히스테리에서 관념의 흥분(불안)이 신체 전환으로 사라지는 것과 같은 과정으로, 외부 위험은 도피로, 내부의 위험은 억압으로 리비도 집중(불안)이 사라진다. 즉, 억압은 내부 위험에 대한 방어 작용이다. 그러나 프로이트는 억압(된 것)의 귀환과 자아의 억압(방어)−정신 운동의 기전을 설명하지 못했으며 스스로 이를 인정했지만, 더 큰 문제는 두 가지 다른 과정(기전)을 같은 용어로 사용했다는 점이다. 저자는 앞으로 마음의 뇌과학을 통해 억압을 공포(불안)학습이라는 현상으로, 자아의 방어인 억제를 앞이마겉질의 통제 기능으로 정확하게 설명할 것이다.

1940년대 인간관계 정신의학을 주장한 설리번의 방어(안전 작용) 기능 중 하나는 외부 불안 지점에서 주의를 분산시키고 종종 내적 환상의 힘과 자기 특수성의 도움을 받아 그들을 의식으로부터 분리하는 것이다(White, 2001). 이를 그 정도에 따라 선택적 부주의, 해리라 칭하는데, 이는 불안을 일으키는 현실적 측면과 자신의 주요 성격 특성에 부합하지 않는 행동, 태도, 욕망 등을 의식적 자각으로부터 배제하는 것을 말한다. 그 예로는, 이중인격, 몽유병, 잠꼬대, 건망증 등을 들 수 있다. 설리번의 이 개념은 안나 프로이트의 부정(Denial)의 개념에 매우 가까운 것으로 보인다. 그녀는 부정에 대해 아동이 종종 강력한 환상으로 대체하거나 회피적 행동을 취하는, 현실의 고통스러운 측면에 대한 인식을 피하는 원시적 방어 메커니즘이라고 설명했다(Sandler & Freud, 1985, pp. 311-354). 부정은 외부 현실의 가볍거나 무거운 선택적 왜곡을 모두 지칭하는 데 쓰이게 되었다. 안나 프로이트의 부정은 정신 내부 및 인간관계 요소를 모두 포함하고 연결하는 다리 개념이다.

이렇듯 프로이트와 안나 프로이트, 설리번의 방어(안전 작용) 개념에서 저자는 특정한 대상에 대해 정신 내부에서 일어나는 회피 행동이라는 점을 지적한다.

아동 학대, 정신적 외상과 억압

기억의 연구자들은, 특히 돌보는 사람(양육자)에 의한 학대는 피해자의 일상생활에서의 기능을 최대화하기 위해 '망각'될 수 있다고 한다. 돌보는 사람에 의해 성적으로 또는 육체적으로 학대받은 아동은 학대를 피하거나 다른 돌보는 사람을 찾기가 어렵기 때문에, 돌보는 근원으로서의 부모와 최대한 연관을 가지기 위해 학대자로서의 부모에 대한 기억을 일시적으로 망각하거나 분리하는 등의 제한된 심리적 자원에 의존한다. 영국의 정신분석가 페어베언(W. Fairbairn, 1889~1964)은 "아동은 이별[외로움(separation-panic) 상태]보다 학대하는 부모를 택한다."(Fairbairn, 1943)라는 말로 학대에서 탈출하지 못하는 아동의 심리를 설명했다. 잃어버린 기억은 그러한 '망각'이 더 이상 필요 없을 때 회복될 수 있으며, 이것은 학대하는 가정을 떠날 때처럼 위협이 없어질 때 일어난다. 그리고 그 개인이 만성적 우울증이나 공황발작 같은 기능적이고 설명되지 않는 증상의 원인을 찾으려고 할 때 시작된다(Stein, 1997, pp. 102-103).

아동기-학대에 대한 기억상실의 유병률을 평가하기 위한 연구 중 가장 훌륭한 사례는 병원 기록지와 병력조사 방법으로 아동기 학대가 있었던 여성 100명의 기억에 관한 것이다(Stein, 1997, pp. 102-103). 이 모든 여성이 12세 이전에 성적 또는 육체적 학대의 병원치료와 법적 증거가 있었고, 성인(18~31세)이 되어서 성적 학대를 포함한 다양한 생활 사건과 경험에 대해 면담하였을 때 38%가 학대를 기억하지 못하거나 학대받지 않았다고 하였다. 이 연구에는 두 가지 중요한 점이 있다. 첫째, 여성 중 대부분은 학대를 기억하고 보고했으며, 그들의 학대 경험에 대해 정직하고 정확한 정보를 가지고 있었다는 것이다. 둘째, 소수의 여성은 학대의 경험을 기억하지 않거나 부인한다는 것이 확실하다고 한다. 이와는 좀 다른 학대와 관련한 조사에서 환자 중 기억상실 비율은 보통 31~38% 사이였고 높은 경우는 59~64%였으며, 후자는 치료받는 환자군이었다. 이러한 차이는 치료받는 환자들이 더 정신적 학대가 심한 군이거나 정신치료 도중에 '잘못된 기억'을 심어 주었다는 견해(Loftus, 1993)가 있어 정치적 논쟁이 있었다고 한다. 헐버트 등(Hulbert et al., 2016)의 연구는 생활 사건과 의도적 기억 인출 억제 실험에서 등가쪽 앞이마겉질(Dorso Lateral Prefrontal Cortex: DLPFC)이 체계적으로 해마의 기능을 방해해서 기억을 억제하면, 해당 기간 원치 않는 기억은 물론 관계없는 일화 기억도 잊힌다는 사실을 밝혔다.

미사용

뉴런은 오직 활성화된 신경망 연결만 결과로 만든다. 사용하는 특정 연결은 강화되며, 이 과정에서 사용되지 않는 연결은 일반적으로 신경 가소성에 의해 시냅스의 강도와 뉴런 간의 패턴이 약화된다. 이러한 과정은 어린 시절에 끝나지 않고, 아무리 신경조직이 넘쳐 남아돌아도 "사용하지 않으면 잃어버린다."라는 원칙으로 평생 동안 계속 작용한다. 따라서 유아 기억상실증이 기억 붕괴, 즉 오래된 연결을 사용하지 않아서 발생하는 간단한 문제이므로 '억압하는 힘'을 적극적으로 가정할 필요가 없다는 주장은 얼핏 설득력이 있으나, 이 주장에는 몇 가지 생각해 볼 만한 중요한 문제가 있다.

첫째는 의식과 무의식의 기억이 완전히 다른 두 가지 과정이라는 것이다. 하의식(비서술적) 기억 흔적의 활성화는 의식 기억과 관련이 없다. 여러분이 의식적으로 아동기 학대 사건을 알아채지 못한다는 사실이 기억 흔적이 끊임없이 활성화되지 않는다는 것을 의미하지는 않는다. 그와 반대로, 발달기에 신경의 가지치기(pruning) 후에도 훌륭하게 살아남은 어린 시절의 신경망, 즉 이전에 정리된 추억이 주춧돌 역할을 해서 이후 기억들이 조직화하는 것이다. 이렇게 심층에서 통합된 '몸체 신경망' 회로는 단련시킨 사건들이 처음 의식에 편입되지 않거나 앞으로도 안 되더라도 매우 규칙적으로 활성화할 것이다. 뇌과학자인 밀너는 의식과 무의식의 기억 메커니즘이 매우 잘 구별됨을 발견했으며, 비서술 기억 과정은 의식 기억으로 나타나는 현존하는 경험 없이도 활성화될 수 있다고 하였다. 장기 기억 흔적이 활성화되어 의식에 들어오면(즉, 작업 메모리의 임시 '버퍼'에서 사용할 수 있을 때) 이를 서술(외현) 기억이라고 한다. 현대 신경과학에서 정리한 용어인 '비서술 기억'과 '서술 기억'은 더 오래된 용어인 '하의식 기억', '의식 기억'과 각각 같은 개념이다. 어린 시절의 기억이 단순히 '잊힌 것'이라는 주장에 의문을 제기하는 또 다른 이유는 가장 오래된 기억이 가장 강력한 기억이라는 테오듈 리보(Ribot)의 법칙[15]에 어긋나기 때문이다. 정신분석에서 어린 시절의 기억은 매우 강하게 자리 잡는다. 잊힌 것처럼 보일 뿐이며, 실제 의식에서 알아차릴 수 없을 뿐이다. 여기서 질문이 발생한다. 왜 의

15) 19세기 프랑스의 심리학자이자 철학자인 테오듈 리보(T. Ribot)는 질병에 의한 기억손상이 있으면 시간상 오래된 기억이 더 잘 보존된다고 하였다. 제10장 '프로이트의 뇌와 기억 시스템' 중 '서술 기억' 참조.

식에서 알 수 없는 기억인가? 정신분석에서 그 답은 억압과 무의식이다. 그러나 마음의 뇌과학은 정신분석의 설명이 어색하고 인위적임을 알고 있다.

해마의 발달

유아기 건망증은 감정 기억을 담당하는 편도체에 비해서 경험 기억을 담당하는 해마의 발달이 2~3년 늦은 이유로 발생하는 생후 4~5년까지의 기억상실을 의미한다. 정확히 말하자면, 이 시기 유아의 해마는 사건 기억을 잘 저장하지 못한다. 편도체는 감정을 매개하는 기관이라 출생 후 편도체만 작동하는 기간에 기억 저장의 결함이 있다. 프로이트는 이 시기에 억압 모델을 적용한 것이다. 이 사실은 유아의 생후 초기가 중요하지 않다는 의미가 아니며, 또한 기억이 전혀 없다는 것도 아니다. 생후 처음 2년 동안의 기억은 명시적이고 일화적인 기억이라기보다 습관(비서술)과 신념 형태의 기억(의미)이다. 영유아의 지식은 세상이 어떻게 굴러가는지에 대한 몸(신체) 기억과 비서술적 지식으로 저장된다. 그래서 출생 후 처음 18~24개월에 일어난 사건을 분명히 기억할 가능성은 없다. 그러나 정신의학 전문가들은 초기 경험이 ('신경 가지치기' 등의 증거를 고려할 때) 성격에 결정적인 영향을 미친다는 많은 증거를 가지고 있다. 정신분석적 환경에서 매우 초기의 사건을 기억한다면 이는 자신의 일화 기억에서 온 것이 아니라, 이 외의 출처에서 재구성되었거나 처음 2년 이후의 일화 기억이 역으로 투사되어 구성된 것이다. 프로이트의 '은폐 기억'[16] 개념이 여기에 적용되는 것으로 보인다. 이 기억은 억압 및 유아 기억의 '회복'에 중요한 역할을 한다.

이마엽의 성숙

우리는 앞이마겉질(Prefrontal Cortex: PFC)이 현실적이고 합리적이며 질서 정연한 방식으로 기억을 찾는 데 결정적이라는 것을 배웠다. 이마엽겉질은 해마와 비슷하게 생후 처음 2년 동안에는 잘 발달하지 않는다는 것이 중요한 사실이다. 그 뒤로 이마엽겉질에 상당한 성장이 일어나고, 약 5년 후에는 두 번째 성장의 분출이 일어나며, 정면 겉질의 양은 사춘기 전체에 걸쳐 계속 확장된다. 처음 몇 년 동안 이마엽 체계의 조직 수준은 너무

16) 스크린 기억(screen memory): 은폐 기억. 어린 시절의 사소한 기억들은 그 내용이 아니라 그 내용이 다른 억압된 내용과 맺고 있는 연상에 의해 보존되기 때문에 프로이트는 '은폐 기억'이란 단어를 사용한다.

빈약해서, 우리가 방금 논의한 조직적 인출 프로세스의 모든 의도와 목적은 어린아이에게는 불가능하다. 우리가 성인에게 원하는 목표 지향적이고, 합리적이며, 현실적이고, 선택적인 연대순 기억 방식은 인생 초기의 특징이 아니다. 그래서 어린아이들의 추억은 코르사코프 증후군을 앓고 있는 성인의 병적 추억과 다르지 않다. 목표 지향의 앞이마겉질 시스템은 부호화[17]와 통합 프로세스를 제어하는 데 중요한 역할을 하므로, 유아의 기억 흔적은 실제로 성인 뇌의 저장 방식과는 다르게 저장될 가능성이 크다. 무언가가 하나의 형식으로 부호화되었으면 다른 형식으로 정확하게 찾기가 더 어려워서, 앞서 언급한 것처럼 어린 시절의 기억을 재구성(수정, 편집)하는 성향을 강화할 수 있다. 이러한 사실은 해마의 성숙과 관련된 영향 이상으로 영유아와 선천적 기억상실에 대하여 중요한 새로운 시각을 제시한다. 이러한 모든 고려 사항 때문에 프로이트의 '1차 억압' 또는 '생물학적 억압', 즉 만 5세를 경계로 하는 억압 장벽의 자연적인 발달은 정상적인 이마엽 성숙과 관련이 있을 수 있다. 이러한 이유로 기억 메커니즘을 부호화하는 해마 기억에만 억압을 관련짓는 것은 실수이며, 이마엽의 발달을 같이 생각해 보아야 한다.

앞이마겉질의 인출, 통제 메커니즘

분명히 프로이트가 '억압'이라는 명제로 개념화한 뇌 기억의 문제는 질환을 다루는 임상 현상에서 중요한 역할을 한다. 개인의 특정 상황에서 앞이마겉질에 의해 실행되는 인출 프로세스는 일화(자서전) 기억 시스템에서 의식적 표상을 위해 채택된 자료이며 선택 편향이 있다. 즉, 상당히 주관적이라는 말이다. 하지만 어떤 것이 의식적으로 기억되지 않는다는 사실은 전혀 기억하지 못한다는 것을 의미하지 않는다. 또한 명시적으로 무언가를 생각할 수 없다는 사실은, 당신이 어떤 일이 일어났는지 모르고(무의식 또는 비서술적) 또는 이 지식의 기초 위에서 행동하지 않는다는 것을 의미하는 것도 아니다. 마크 솜스(Solms, 2002, p. 176)는 의식으로 또는 무의식적으로 기억하는 것은 기억이 부호화되고 인출될 때 어느 기억 시스템이 사용되는지에 따라 다르다고 하였다. 요즘 기억 장애를 호소하는 중년 주부가 많은데, 실은 경험 당시 일화 기억 시스템이 부호화-저장-공고 과정이 있을 때만 경험을 분명히 기억할 수 있다. 이러한 기억 과정을 위해서 여러분의 주의(attention)가 필요하다. 현재의 과학적 지식으로는 초기 유아기의 일화 기억

17) 부호화(encoding): 외부 자극이 뇌에서 일어나는 신경 활동으로 변환되고 기억에 저장되는 과정.

이 어떠한 방법으로도 결코 회복될 수 없다고 가정하는 것이 합리적이다. 우리의 초기 경험은 암묵(하의식적) 의미 기억과 절차 기억에서 도출된 추론을 통해서만 재구성될 수 있다. 이는 어느 정도 외상 기억에도 같이 적용(Solms, 2002, p. 169)된다. 이 기억은 외상의 순간 그 자체로 의식에 접근할 수 있는 형태로 부호화되지 않는다. 심한 외상 사건의 사례에서는 (해마의 구조적 손상처럼) 사건이 단순히 일화 기억에 기록되지 않는다고 가정하는 것이 합리적이며, 그러므로 절대로 그대로 재인출되지 않는다. 더구나 재구성하려는 큰 노력을 해도 그 기억은 부분적으로는 다른 출처에서, 나머지는 의미한 일화 기억에 덧붙은 쓸모없는 누더기 기억일 가능성이 크다. 이 책의 제8장에서 소개할 엠마의 사례는 매우 성공적인 재구성이라고 볼 수 있다. 『히스테리의 연구』(Breuer & Freud, 1895b)에서 브로이어는 히스테리를 유최면 상태로 정의했고, 이는 유아의 초기 경험이나 외상의 경험이 꿈에서와 같이 이마엽의 기능 상실로 경험의 저장이 어려운 상태로 추론할 수 있다. 이렇게 보면 뇌과학의 견해는 1차 원시 억압이 미숙한 뇌 발달에서 온 것이며 2차 억압의 전제가 될 수 없다고 생각하는 것이 합리적 설명이다. 그러나 억압이 편도체가 담당하는 비서술적 감정 기억 현상이라면 잊힌(소거된) 학습의 재생이라는 의미에서 원시 억압과 본유 억압을 다시 연결하고 생명을 줄 수 있다.

이 시기 이후에 발생한 억압을 순차로 1차, 2차 억압이라고 가정해 보자. 최초의 정신적 외상과 공포학습 그리고 그다음에 오는 스트레스나 정신적 외상 후의 2차 억압은 처음(1차 억압)의 몸 기억 또는 비서술 기억 반응을 일시에 불러일으키는 증강 반응이라고 생각할 수 있다. 저자의 연구 결과 '억압'의 본질은 사건 기억과 무관한 하의식 기억(학습)이며, 이 소거된 기억이 자극되는 환경에서 부활되면 지속해서 생활에 영향을 미치는 것이다. 일화 기억 시스템은 재사용되지 않으면 사건이 기억에서 사라져 버리고 의미 기억으로 남을 것이다.[18] 마크 솜스는 아마도 '억압된' 기억은 다른 형태의 비서술 기억 못지않게 절차적-의미 기억 시스템을 통해서 평생 인지 및 행동에 대한 명확한 영향을 행사할 것이라고 말했지만, 더 연구해야 할 흥미로운 과제이다.

정신분석에서 원시 억압은 전기 아동기, 청소년기, 성인기 동안에 겪는 정서적 경험이 본유 억압으로 쉽게 억압되게 하는 요인으로 작용하며, 본유 억압은 후기에 심리 내적 또는 환경적 자극의 결과로 일어난다고 알려져 있다. 브로이어와 프로이트의 『히스테리의 연구』의 대표적인 사례들도 그렇고, 오늘날 저자를 찾아오는 많은 신경증 환자는 현

18) 기억이 오래되면 연결된 이야기가 퇴화하고 가장 뚜렷한(사라지지 않은) 의미, 상징으로 남는다는 말이다.

재 문제로 스트레스를 받아 정서가 불안정하거나 감정 조절이 안 되며 불안하고 우울한 모습을 보인다. 청소년이나 성인 환자들의 아동기와 성장기를 살펴보면 크고 작은 정신적 상처에 노출되었다는 것을 자주 관찰할 수 있다. 또 증상의 발현에 대해서 프로이트가 설명한 중첩 결정(over determination), 즉 단일 스트레스 요인이 아닌 여러 요인이 중첩으로 작용해서 발병한다는 개념도 중요하다. 이 환자들의 정신적 증상(프로이트 시대의 히스테리 증상)은 최근 삶의 스트레스나 어려움(본유 억압)으로 악화하거나 발병하며, 재생된 과거의 정신적 상처(원시 억압)와 그 학습된 반응이 현재에 상당한 영향을 미치고 있다. 이는 환자와 중요한 사람(부모)과의 인간관계, 병력조사, 성격이나 행동 습관의 변화, 현재 증상의 깊이와 강도, 치료 과정에서 관찰로 쉽게 알 수 있다. 인간의 출생 시, 기타 정신적 충격에 대한 기본 불안(basic anxiety) 개념이 있었던 그는 이러한 사실을 근거로 원시 억압을 가정했고, 원시 억압이 본유 억압을 도와주는 끌어당기는 힘(반대 충전)으로, 그리고 본유 억압이 전의식이 가진 생각을 의식에서 밀어 버리고 철수시키는 힘(리비도 충전 철회)을 가정한 것으로 추정한다. 충전, 반대 충전 같은 심리적 힘들은 그의 마음 모델을 만들어 온 비유적 상상력의 결과지만 근거는 임상경험이고 현상이므로, 그 의미를 분석해 가면 이해에 도움이 된다.

1차 정신적 외상(억압, 회피) → 2차 정신적 외상(억압, 회피) → 학습 기억 부활: 반응의 연쇄 및 증강

앞이마겉질(PFC)이 생각을 억제하는 메커니즘은 이 책의 가장 무겁고 중요한 주제이며, 이 책의 후반부에 자세히 소개한다.

정서의 억압

냉장고를 열어 잘 익은 햇사과를 보기만 해도, 한입 물었을 때 달고 시원한 사과맛이 입안에 가득할 것이란 생각에 침이 고이고 기분 좋은 느낌을 받는다. 이렇게 외부 자극이 정신과 기억 속에 불러일으킨 정서적인 파장을 정서(affect)라 하는데, 바로 감정과 비슷한 용어이다. 스피노자(B. Spinoza, 1632~1675)[19]에 의하면 한국어로 정서, 정동으

19) 인간의 본질을 욕망으로 정의한 네덜란드의 중세 철학자. 스피노자의 욕망의 합리성은 프로이트에게 많은 영향을 미쳤다.

로 번역[20]하는 영어 'affect'는 라틴어 'affectus'가 어원으로, '영향을 받는 것', '타격을 받는 것'과 그 흔적(감정과 이미지)을 의미한다. 즉, 물리적인 접촉과 변화 그리고 그 정신적 영향을 의미하는 말로서, 스피노자는 외부 환경에 대한 마음의 반응과 그 영향으로 만들어진 관념과 함께 부착된 감정을 표현하는 말로 사용했다. 독자는 정서(affect)가 관념(idea), 기억, 감정(emotion)을 포함하는 용어라는 것을 알고 있어야 하며, 기억 회로의 신경망을 구체화(학습)하면 상상과 연상을 통해서 동시에 세 요소를 불러일으킬 수 있다.

정신분석가이며 의사인 찰스 브레너는, 사람은 발달 단계 초기부터 다양한 기억과 관념이 충동의 파생물(만족을 원하는 소원)과 연상되어 발달한다고 말했다. 그는 정신 발달 현상의 결과인 감각(쾌락과 불쾌의 감각)과 관념의 복합체가 정서라고 말했다(Brenner, 1982, p. 41). 이런 의미에서 정서는 그 일부인 감정과 쉽게 구분할 수 있다. 정신이 그 정서를 감당하지 못해 불편해지고 고통스런 여러 증상을 만들 때, 이를 질환의 입장에서 바라볼 때 애초의 사건 기억은 외상-트라우마를 만들어 내는 기억이 되는 것이다. 프로이트는 기억을 대신하는 말로 '관념(idea)'이라는 표현을 사용한다. 기억이라는 것이 형식적인 측면에서 사용하는 용어라면, 관념은 기억의 내용물들을 가리킨다. 기억이건 관념이건, 이것을 통합적으로 뇌신경의 표상(representation)이라고 부를 수 있다.

인간의 대뇌겉질은 평소 뇌겉질 하부에서 담당하는 정서, 감정의 격동을 통제(inhibition)[21]하고 있다(제11장 '억압과 스트레스의 신경생물학' 참조). 프로이트가 활동할 당시 의학에서는 규명이 안 된 부분이다. 한편, 많은 사람이 감정(실제로는 정서적 느낌, affective feeling)을 무의식적이라고 믿고 있다. 프로이트는 마음-의지의 힘이 감정, 느낌을 부인하거나 과도한 인지 활동으로 정서에 부주의할 때 억제(supression)로 표현했다. 그는 이때 마음의 충동(drive)이 원치 않는 방식으로 빠져나와서 삶에 영향을 주거나 혼란을 만들어 낼 수 있다고 했다. 작가이자 뇌과학자 야크 판크셉(J. Panksepp, 1943~2017)은 저서『마음의 고고학』(J. Panksepp, 2011)에서 이렇게 말했다.

> 몇몇 정신치료자는 프로이트가 말한 무의식의 전통적 구조가 완전히 "무의식적"이 아니라는 것에 충격을 받을 것이다. 이는 전혀 생소한 것이 아니다. 매우 무의식적인 것의 예는 자

그의 정서 철학은 에티카(윤리학) 3부 '정서의 기원과 본성에 대하여'에 담겨 있다.

20) 정동은 정서의 동적인 부분을 강조한 용어로 추측한다(감정의 움직임, e-motion).

21) 대표적으로 우뇌는 좌뇌를, 이마엽겉질은 겉질 하부에 억제성 되먹임 작용을 한다. 뇌 영역 간의 비의식적 상호작용에 신경학 용어로 활성 통제(inhibiton, 촉진의 반대말)를 사용한다.

동적 학습과 기억 과정이다. 프로이트가 말한 무의식 혹은 전의식은 부분적으로 이 책에서 말하는 감정 상태(emotional state)로 이루어져 있다. 이런 상태는 인간만 경험하는 것이 아니고 인지적으로만 경험되는 것도 아니다. 그리고 충분히 강렬할 때는 정서적으로 경험된다. 우리는 다른 포유동물이 정서적 각성을 경험하는 것을 확신한다. 대부분은 인간의 아기들처럼 그들이 경험하는 것을 인지하지 못할 수도 있다. 이제까지의 연구 결과가 증명하는 것이고 프로이트 역시 정서(affects)가 무의식적이지 않다고 말한 것을 기억할 필요가 있다. 마치 원초적 감정 상태에 있는 것과 같다. 이 가공되지 않은 정서적 경험은 마음의 특별한 현상으로, 의식의 기초로부터 출현하는 '감각질(qualia)'의 독특한 카테고리이다.

저자는 느낌, 감정, 정서는 의식의 원천인 중뇌에서 만들어진 샘물이며, 바탕 의식을 구성하고 잡다한 자극을 거르는 주의(attention)의 필터를 잘 통과하는 종류의 정보로 생각한다. 특히 느낌(감각)은 생존에 필수적이라 좀처럼 배제하기 어려운데, 불교의 집중명상은 느낌을 인지 훈련의 베이스캠프로 사용한다. 프로이트는 감정, 정서, 느낌도 그 본질이 사람이 그것을 인지하는 데 있으므로, 이것이 무의식의 속성을 가지고 있지 않다고 했다. 한편, 그는 충동은 결코 의식의 대상이 될 수 없으므로 의식과 무의식의 대립한 구분에 적용하지 말라고 했다. 다만, 본능(충동)을 대변하는 표상만이 의식의 대상이 될 수 있다고 했다. 감정은 무의식적인 것이 아니지만 그 감정의 표상(관념)이 억압되니 감정도 억압되어 더 이상 발달하지 않을 수 있다고 했다. 그의 말대로 관념이 억압(자동회피)되면 그와 연결된 감정도 억압될 수 있다. 같은 이유로, 자연스럽지 않지만 의도적으로 감정을 피한다면 그 관념도 피할 수 있겠다.

감정의 발달을 억제하는 것이 억압의 진정한 목적이며, 만일 이 목적이 달성되지 않으면 억압 작업이 완전히 이루어지지 않은 것임을 알고 있다. 억압으로 감정의 발달이 제지되는 모든 경우, 우리는 그런 감정을(억압 작용을 중단하는 경우 다시 회복되는 감정) '무의식의 감정'이라고 부른다(Freud, 1915, p. 178).

저자는 판크셉의 세 가지 정서 시스템 모델에 의해서 비로소 동물과 인간의 학습에 대한 입체적이고 정교한 개념을 얻게 되었다. 판크셉은 타고난 본능적 감정의 해부학적 위치와 일곱 가지 종류를 설명하였고 이를 1차 정서라 하였다. 그에 의하면 인간의 타고난 1차 정서는 고전학습의 무조건 반응의 역할을 하며, 편도체를 포함한 2차 감정-학습시스템에 의해서 자동화된다. 그 결과를 2차 정서라고 하며, 그리고 변화된 감정에 대한 대뇌의 판단, 실행 시스템과 합쳐져 새로운 해석과 인지가 부착된 것을 3차 정서라고 정리했다. 1차, 2차, 3차 정서 시스템이 만들어지면 비로소 성숙한 어른의 뇌 기능에 도달한다. 프로이트는 본능과 본능을 닮은 충동, 용인할 수 없는 관념이 억압에 의해 무의식과 자동화를 지향하는 현상을 1차 사고 과정이라 했다. 프로이트의 본능, 1차 사고 과정, 2차 사고 과정은 판크셉의 정서 시스템에 흡수되는데, 이에 관해서는 제12장의 '야크 판크셉의 정서 의식'에서 다룬다.

화학적 차단

사람은 거친 환경에서 살아가기 위해 정서, 감정의 에너지를 이용해 사물에 가치를 부여하는데, 이를 학습이라 하며 하의식의 과정이다. 학습은 세상의 경험 기억과 사물에 대해 좋고 나쁨의 가치 판단(필요)과 이에 관련한 사물의 기억(표상)을 뇌 안에 만든다. 기억은 뇌가 뇌 안에 외부 세상을 복사하고 축소하여 가치 모델을 만드는 과정이다. 관찰하는 나[자기(self) 또는 정신분석의 자아(ego)]는 효율적인 내부 가치 모델을 참조하고(생각, 의지) 감독받아(하의식, 비의식) 환경에 적응하고 살아간다. 여러 생존 적응 방식 중 하의식 기관이 운영하는 자동운동(출력) 프로그램을 방어-생존 시스템이라고 한다. 정서(정동)는 하의식, 의식의 일부이면서 가치 모델을 만드는 학습 과정과 방어-생존 시스템의 반응에 참여하고 중요한 지침을 제공한다.

적절한 스트레스는 몸의 적응과 균형을 유지하며 생존을 돕지만, 극심한 스트레스는 방어-생존 시스템을 과열시키고 혈류, 신경전달물질, 호르몬의 급격한 변화로 뇌-신체의 균형이 깨지게 하고 잠, 생각, 정서와 감정, 통증의 지각과 조절에 문제가 발생하여 일상을 방해하기에, 우리는 이를 증상, 질환, 병이라고 한다. 과열된 하의식 기관의 방어-생존 시스템이 방출하는 대량의 화학적 물질은 정서-감정-행동을 흥분시키고, 평소 이마엽의 하의식 기관에 대한 통제(inhibition) 기능을 차단하여 더욱 예민하고 감정적인 성격을 가지게 된다. 외상-스트레스 증후군이 좋은 예가 될 것이다. 증상을 만들어 내는 것, 즉 방어-생존 시스템의 출력을 자극하는 것은 정서를 배경으로 사건에 학습된 신호 자극과 맥락 자극이며 주로 현재의 스트레스이다.

스트레스가 해마(기억) 기능을 손상하는 생리학적 기전이 있다. 스트레스가 많은 상황에서 공포 시스템이 활성화되면 콩팥에 붙어 있는 부신에서 스테로이드 호르몬(글루코

코르티코이드)과 카테콜아민이 방출되어 심혈관 활동이 증가하며 다른 여러 생리적 과정을 억제 · 조절할 수 있다. 그러나 과도한 스테로이드는 뉴런 및 해마 뉴런에 손상을 줄 수 있다. 색터(Schacter, 1996)는 장기간의 스트레스가 스테로이드의 상승을 초래한다는 증거를 제시했으며, 또한 해마 부피가 현저히 감소하는 것으로 나타났다. 또한 스테로이드 호르몬의 약리학적 조작으로 일시적인 기억손상을 일으킬 수 있다. 이러한 사실은 외상적 기억이 해마의 부호화 해제로 인해 억압(즉, 의식을 할 수 없음)에 중요한 요소가 될 수 있음을 의미한다. 이 부분은 제11장 '억압과 스트레스의 신경생물학'에서 다시 논의한다.

억압의 비판: 로페의 역동적 무의식의 다섯 가지 조건

이미 현대 뇌과학은 프로이트가 생각하고 저술했던 그런 무의식과 상당한 차이를 두고 발전했음을 독자들도 알아챘을 것이다. 정신분석학의 수백 편 이상의 논문이 정신분석에 냉혹한 비판의 칼날을 들이대며 "억압-무의식이라는 초석을 세우거나 찢어 버리는" 해석을 내놓고 있다고 해도 놀랄 일이 아니다(Gur & Sackeim, 1979: Rofé, 2012에서 재인용). 하나는 '억압' 이론의 타당성이고, 또 하나는 정신분석의 치료 효과이다. 이 비판에 대해서 정신분석은 궁지에 몰린 쥐처럼 어쩔 줄을 모르는 상태이다. 많은 연구에도 불구하고, 정신-심리학 커뮤니티는 억압의 타당성에 의문을 제기하고 폐기해야 한다고 주장하는 쪽이 있는 반면, '억압'이 타당하며 계속해서 정신병리학 이론의 중앙에 자리 잡아야 한다고 믿는 연구자도 있다.

억압의 존재에 대한 가정과 논쟁은, ① 정신적 외상을 기억하거나 망각한 것을 되돌리면 치료적 효과가 있는가에 대한 것이다. 이스라엘의 바 일란(Bar-Ilan) 대학의 야코프 로페(Rofé, 2008)는 정신분석적 교리와 연구 문헌에서 묘사된 억압은 다차원 개념이며 여기에는 기억뿐만 아니라 동등하게 중요한 정신분석의 구성 요소가 두 가지 더 필요한데, 그것은 적절한 사회 적응과 해로운 긴장의 발산, 정신-신체적 건강의 유지를 위한 현실에 대한 정확한 인식이라고 했다. ② 억압은 현실을 왜곡하고, ③ 정신-신체적 건강에 대한 병적인 효과(Alexander, 1950; Dollard & Miller, 1950; Fenichel, 1946; Freud, 1926b; Freud, 1936)를 가져온다는 것이 정신분석의 중요한 가정이다. 이에 더해서, ④ 자동적 무의식적 실체가 존재한다는 가정인데, 무의식은 억압 과정을 활성화하고, 불안을 유발하는 내용물을 보존하며, 억압이 정신질환의 형태로 나타나는 병원성 증상을 통제(Fayek, 2005; Fenichel, 1946; Freud, 1915b; Wachtel, 1977)한다는 것이다. 또한 ⑤ 억압은 신경성 질환의 발전과 치료의 설명(Breuer & Freud, 1895a; Fenichel, 1946; Freud, 1914, 1915a)에 있어서 중심 역할을 하므로, 이 다섯 가지 가정의 포괄적인 평가를 통해서 신경성 질환의 이해에 많은 도움을 줄 수 있다고 한다.

로페는 억압의 존재를 증명하고 유효성을 검증하기 위해 억압의 다섯 가지 중요한 역할, "기억력, 현실의 왜곡, 병원성 효과, 무의식의 실체, 그리고 신경증의 발생과 치료 측면에 중요 영향"을 억압의 근본적 가정으로 설정했다. 그리고 이 다섯 가지 영역의 조사와 평가는 전반적으로 부정적인 연구 결과로 나타나서 억압의 고전적 개념은 심각한 도전을 받게 되었다. 로페는 이러한 여러 가지 가정에 대한 어떠한 결정적인 증거도 발견되지 않았으며, 실제로 정신분석과 모순되는 경향이 있다고 주장했다. 정신분석치료의 효과는 논란의 여지가 있을 뿐만 아니라 정신분석치료 효과가 억압의 해제에 의한 결과라는 경험적 증거가 없어 억압 개념은 과학적 심리학의 개념으로 사용될 수 없다고 했다.

억압에 대한 실험적 연구 결과는 무의식적 · 심리적 과정으로 보는 억압의 존재에 의문을 제기하고 있다. 홈스(Holmes, 1974)는 장기간 조사 결과, "억압이 존재한다는 증거는 없다."라는 결론을 내렸다. 그는 포괄적이고 경험적인 평가에 비추어 볼 때 억압의 포기가 불가피한 것처럼 보인다고 했다. 몇몇 연구자는 프로이트 자신이 원래 억압을 의도적인 인지적 과정으로 생각했다고 주장한다(Bowers & Farvolden, 1996; Erdelyi, 2001, 2006). 전통적인 프로이트와 그의 추종자들(Alexander, 1950; Fenichel, 1946; Freud, A. 1936; Kihlstrom, 2006a; Langnickel & Markowitsch, 2006)의 생각은 억압이 본래 무의식적인 기전이라는 것이다. 그래서 비록 억압이 의식적이고 의도적인 과정일 수도 있지만, 핵심을 이루는 억압에 대한 프로이트의 생각이 무의식이었다는 데는 논쟁할 의미가 없다고 한다. 이 말은 억압의 과정이 의식적이든 무의식적이든 프로이트에게 있어서는 무의식의 역할이 없음을 증명하지 않는 한 의미가 없다는 것이다.

정신분석 옹호자는 또한 의식, 주의, 잠재의식, 시각 시스템에서 무의식적 인지 과정과 같은 인지심리학의 재검토를 사용하여 정신분석에 의해 유지되는 개념과 조화시키려고 노력했다. 연구자들은 프로이트 무의식의 존재를 인지심리학에서 발견한 결과로 계속해서 사용한다(Ekstrom, 2004; Epstein, 1994; Erdelyi, 2004; Westen, 1999). 이들은, ① 운동을 자동으로 수행하는 기술(예: 신발을 묶고 차를 운전), ② 가면성 점화(masked priming, 예: '개'와 같은 중립적 자극의 잠재의식 표현은 '테리어'와 같은 후속적으로 제시되는 목표 자극에 대한 인식을 향상한다), ③ 해마의 신경학적 손상 때문에 의식적으로 정보를 표현할 능력이 없음에도 불구하고 새로운 정보를 학습할 수 있는 능력, ④ 조건 형성, 피험자가 유쾌하거나 불쾌감을 특정 자극과 관련짓는 것을 무의식적으로 배우기 등을 예를 들었다. 그러나 킬스트롬(Kihlstrom, 1987)이 지적한 바와 같이, 이 무의식적인 내용의 본질과 그 작동 원리는 정신분석의 제안과는 근본적으로 다르므로 인지 과정을 이용한 정신분석의 지지는 궁극적으로 실패했다. 또한 그린왈드(Greenwald, 1992)는 인지심리학의 발견이 무의식적 인식의 존재를 뒷받침하지만, 이러한 인지 과정은 분석 능력이 심각하게 제한되어 있어(Bruner, 1992: Greenwald, 1992; Loftus & Klinger, 1992) 정신분석적 무의식에 대한 정교한 증거가 발견되지 않는다면, "무의식적 인지가 의식의 분석적 동료(또는 상위에 위치)라는 정신분석 이론을 마침내 포기하게 될 것"이라고 결론지었다.

프로이트의 무의식을 과장하면 다양한 방어기제를 운영하는 특징이 있으며 많은 행동장애를 일으키는 창조적 능력이 있어 보인다. 더 나아가, 그의 무의식은 해리 정체성 장애에서 발견되는 것과 같이 복잡하고 잘 조직된 행동으로 구성되어 100명 이상의 인격을 제어하고 조작할 수 있다(APA, 2000; Kluft, 1988). '작은 한스'의 증례(Freud, 1909)처럼 무의식은 또한 무의식적 갈등에 대한 상징적 표현을 일으킬 능력을 갖추고 있다. 이러한 면에서 보면 앞에서 언급한 인지 연구 중 어느 것도 정교하고 강력한 프로이트의 무의식과 닮지 않았다. 인지 연구에서 나타난 인식이 없는 복잡한 행동이 정신병리학적 증상의 병인을 설명하는 것은 불가능하다. 비슷하게, 오브라이언과 주레이디니(O'Brien & Jureidini, 2002)도 무의식 인지 상태가 역동적 무의식과 매우 다르다는 점을 지적했다. 무의식 인지는 강력한 단일 체계라기보다 커다란 정보 중심으로 캡슐화되었거나 전문가의 전산 메커니즘이 미세하게 초점을 맞추어 운용하는 조각난 실체이다. 그것은 믿음, 사랑, 기억과 같은 고급 차원의 정신적 실체로는 채워지지 않는 것으로, 따라서 "역동적 무의식을 지지하는 것과는 거리가 멀고, 과학이 프로이트의 개념을 무시할 때가 되었다."라고 제안했다. 실험 결과를 통한 인지과학자들의 날 선 비판은 무의식이 차지했던 환상과 그림자마저 밀어내고 의식의 과학에 편입시켰다. 이제 프로이트의 초심리학은 뇌과학의 정론에서 추방될 때가 된 것일까?

프로이트 일병 구하기

이 책의 제15장 '의식과 마음의 뇌과학'에서 다룰 미국의 뇌과학자 다마지오는 의식의 연구로 유명하다. 그는 논평에서 "우리는 의식의 본질에 대한 프로이트의 견해(마음의 모델)가 현대의 신경과학 관점과 일치한다고 말할 수 있다고 믿는다."라고 말했다. 남아프리카 공화국의 신경심리학자이며 최근 영국 런던에서 활동하고 있는 마크 솜스(M. Solms)는 2004년 『과학적 미국인(Scientific American)』이라는 잡지에 「프로이트의 귀환(Freud Returns)」이라는 글을 써서 상당한 반향을 일으켰다. 그는 프로이트의 핵심 개념인 '욕동', '억압', '자아', '원초아', '초자아'를 담당하는 뇌의 영역을 간결한 그림을 통해 보여 줬다. 미국 워싱턴주립대학교의 생리 · 신경과학자인 판크셉(J. Panksepp)은 프로이트가 '충동, 욕동'이라고 불렀던 원시적 포유류의 감정-정서(분노, 두려움, 놀람, 성욕, 돌봐 주기, 놀기 등)를 담당하는 신경핵이 뇌 기저핵에 선천적으로 존재한다고 말했다. 다시 말해, 이들은 한동안 외면받던 프로이트의 정신분석학을 신경생물학적 측면으로 부활시켜 학자들이 새롭게 관심을 갖도록 했다. 저자는 여기서 프로이트의 구조 모델([그림 7-4] 참조)을 마음의 뇌과학으로 비교한 마크 솜스의 재미있는 분석(Solms, 2004, p. 87)을 언급하고자 한다.

솜스는 신경지도 작성 연구에서 다마지오가 연구한 앞이마겉질의 복내측(Ventro Medial Prefrontal Cortex: VMPFC) 영역은 편도체를 선택적으로 억제하는 영역으로, 여기에서 오는 입력은 대체로 초자아의 기능에 해당한다고 말한다. 한편, 자아의 의식적 사고를 통제하는 등가쪽 앞이마겉질(Dorsolateral Prefrontal Cortex: DLPFC)과 바깥 세계를 표상하는 뇌 후면 감각겉질은 대체로 자아에 해당한다. 따라서 솜스는 프로이트의 역동적 모형의 핵심이 뇌해부학적 기능의 설명과 꽤 맞아떨어진다고 설명한다. 원시적이고 본능적인 감정 체계가 앞이마겉질의 더 고등한 집행 체계를 통해 조절되고 억제된다는 것을 설명한다. 앞서 정신분석에서 원초아의 개념(무의식적)이라는 말은 과정은 무의식이지만 본능, 감정 현상은 의식한다는 뜻이라고 저자가 설명한 것을 기억하라. 또 솜스는 「의식하는 원초아(The Conscious Id)」라는 논문에서 의식의 두 가지 양상이 뇌에서 나타나고 다르게 표현된다고 지적하면서, 다마지오의 이론을 신경정신분석에 도입함으로써 기존의 정신분석 개념을 뒤집어 세간을 당황스럽게 했다. 앞서 설명한 대로 자율신경계에서 유래된 상부 뇌간(및 관련된 변연 구조물)은 생물, 정서 의식과 관련이 있으며, 프로이트의 그것(원초아)에 상응하는 장소이고, 느낌과 의식이 일어나는 장소이다. 한편, 대뇌겉질은 감각 운동 체계에서 유래된 의식의 내용, 인지, 고차 의식과 관련되어 있지만 본질적 의식의 기관은 아니며, 이에 해당하는 곳은 프로이트의 자아이다. 이 말은 현대 뇌과학의 이론을 정신분석의 이론에 끌어다 붙인 것이지만 어쨌든 발생학적으로 뇌간, 변연계에 대응하는 원초아는 의식의 샘이며 뇌겉질에 상응하는 자아는 그 자체로 의식이 없다는, 뇌과학과 정신분석을 연결한 재미있는 설명을 했다. 제15장 '의식과 마음의 뇌과학' 중 '조셉 르두의 고차 의식'에서 마크 솜스의 주장을 이어 간다. 과연 저자의 마음의 뇌과학은 프로이트 일병을 구할 수 있을까?

제8장

억압의 증례와 학습 이론

우리는 정신분석학과 신경생물학이 잘 어울리고 사실상 일치하며 상호 보완적이라고 생각할 수 있다. 사후성과 재범주화가 같은 개념임을 고려하면, 우리는 외견상 이질적인 두 개의 우주(인간이 의미를 부여한 우주, 자연과학에서의 우주)를 통합하는 방법에 관한 힌트를 얻을 수 있다.

– 『의식의 강』(Sacks, 2017)

이 장의 내용은 이 책에서 가장 중요한 부분이다. 여러분은 어느덧 산의 정상을 바라보는 언덕에 와 있다. 프로이트의 억압은 정신역동과 심리학적 현상의 경계에서 모습을 드러내었고, 저자의 마음의 뇌과학으로 보다 정교한 설명을 할 수 있게 되었다. 생각은 행동의 전 단계이며 그 자체가 행위이다. 그래서 행동 모델은 생각의 모델이기도 하다. 억압/억제는 도피 행동과 등가의 행위이므로 회피 행동 모델과 실험을 찾는 것은 매우 중요하다.

프로이트의 억압과 억제의 비밀을 두 가지 방향과 전략으로 풀고자 한다. 첫째는 무의식의 '억압'이 뇌겉질 밑의 하의식 시스템(비서술 기억)에서 일어나는 일로, 불안, 공포에 의한 방어–생존 반응으로서 감정학습이 매개되는 편도와 해마의 역할과 고전적 학습을 설명해야 한다. 둘째는 그러한 불안과 불안한 생각을 조절하는 '억제'가 앞이마겉질(PFC)이 하부 뇌 영역(시상, 해마, 편도체)에 상호작용하는 인지 조절의 특성에 의한 것임을 알아야 한다. 그래야 비로소 뇌의 계통 발생과 인류 진화의 연장선 위에 대뇌겉질과 겉질 아래 기관이 존재하는 이유가 설명된다.

우리는 일상에서 불편한 행동은 회피, 억제하는 것이 흔히 반복되며, 습관으로 바뀌는 과정에서 의식적 행위가 비의식화 · 자동화된다는 것을 알고 있다. '억압'은 무의식으로 표현했지만 하의식 과정이고 전통적 학습(혐오)이 모델이며, '억제'는 도구학습이 모델로 의식에서 하의식 상태로 전환한다. 파블로프의 전통 학습은 도구학습 동기의 일부를 이루며(파블로프 조건학습–도구학습 전이), 그 결과 '프로이트의 뇌'에서 하부와 상부는 독립적이나 상호 보완하는 기능으로 통합된다. 우리가 상–하부 두 체계의 운용 방식과 실체를 알수록 억압의 실체가 있는 비밀의 문을 열 수 있으며, 동시에 신경증과 정서질환의 기본 원리를 덤으로 알아보고 정신건강을 유지하는 인간의 기본 방어 전략을 이해할 기회를 얻게 된다.

억압과 고전적 조건학습

저자는 프로이트의 여러 저술에서 찾을 수 없었던 해답을 찾기 위해 조사해 보았다. 프로이트의 『과학적 심리학 초고』는 특정한 단일 신경이 특정한 기억을 담당한다고 하는 당시 백 년 정도 유행한 신경계의 개념을 넘어 대뇌의 느슨한 국재론에 기초한 것[1]으로, 모델에서 제시한 단일 신경의 충전을 '신경망의 활성화 패턴' 정도로 현대 뇌과학에 맞도록 수정해서 받아들인다면 설득력이 상당한 이론들을 발견할 수 있다. 저자는 프로이트가 이 책을 쓴 지 120년이 지난 뒤, 브로이어와 프로이트의 『히스테리의 연구』(Breuer & Freud, 1895b)의 이론적 고찰과 프로이트가 신경학자로서 마지막으로 시도한 『과학적 심리학 초고』(Freud, 1895)에서 '억압'이 학습 현상을 기술한 것이라는 과학적 단서를 찾았다.

저자는 브로이어와 프로이트의 글을 읽다가 신경계 작용의 네 가지 원칙을 포함한 억압에 관한 기술을 읽고 깜짝 놀랐다. 왜냐하면 1차 과정, 동시성의 연합 법칙으로 설명한 증례들은 우리가 중 · 고등학교 때부터 교과서에서 배운 파블로프의 조건 반사(고전학습) 현상을 기술한 것이기 때문이었다. 1902년에 개의 침샘을 대상으로 연합학습을 연구한 파블로프의 역사적 발견 이전에, 프로이트는 Q라고 하는 신경계 에너지를 가정하였고, 브로이어와 함께 증례의 치료 경험과 환자들에게서 관찰한 현상을 연합과 상징 형성이라고 표현하였다. 억압이 고전학습이라는 주장을 뒷받침하는 보다 구체적인 사

1) 프로이트는 대뇌의 느슨한 국재론을 믿었다.

례로, 『과학적 심리학 초고』의 '히스테리의 정신 병리학' 중 「히스테리성 강박(hysterical compulsion)」(Freud, 1895, pp. 104-107)에 발표된 모델을 확인할 수 있다.

> 분석하기 전에 A라는 관념이 매우 강력하게 자주 의식에 떠올라 그때마다 울게 되는데, 본인은 자신이 왜 A(CS)를 의식할 때마다 울게 되는지(CR) 모르며, 그것을 한심하다고 여기고 있으나 어쩔 수 없는 일이다. 분석하면서 환자는 A(CS) 외에 B(US)라는 관념이 존재한다. B 사건에 의한 울음은 인정되고, 이해되고, 나아가 극복할 수도 있다. 이 환자는 A(CS) + B(US)의 체험이 존재하는데, A–B의 연상에 의해서 운다는 사실을 알지 못한다. B는 영속적 영향을 미칠 만한 위력을 가지지만, 과정에서 A로 대치되어 상징된다. 따라서 B는 A에 대해 특별한 관계를 갖는다. 그 결과, A에서 적합하지 않은 여러 결과를 초래하는 부조화가 생기게 된다.

괄호 안의 무조건 자극(US), 조건 자극(CS), 무조건 반응(UR), 조건 반응(CR)의 기호[2]는 저자가 적은 것이다. 내용을 간략히 정리해 보면 다음과 같다.

1. A(CS) → 울음(CR)? 상징 형성
2. A(CS) + B(US) → 울음(UR): A–B의 연합: 조건학습
3. B(US) → 울음(UR) 트라우마 사건: 억압됨.

프로이트가 이 환자를 분석한 순서는 1–2–3이며 사건이 일어난 순서는 3–2–1이다. 그는 A가 강박적(compulsive)이며 B는 의식으로부터 억압되어 있으니, 강박 혹은 의식의 지나친 침입이 있는 곳에는 반드시 그에 상응하는 억압과 건망(amnesia)이 있다고 하였다. 그는 정상인에서 강박과 억압의 총 에너지양 Q가 동등할 것이고, 따라서 에너지가 B에서 A로 이동하는 과정을 꿈에서 관찰하는 대치이고 1차 과정이며, "히스테리성 억압은 분명히 상징 형성이다."라고 그 과정을 논리적으로 설명하고 있다. 프로이트의 억압, 대치, 상징 형성은 1차 과정인 동시에 분명히 지금 용어로 학습 과정을 설명한 것이며, 이런 측면에서 보면 정신분석가는 증상으로 고통스러운 환자의 학습 과정의 무조건 자극과 조건 자극을 찾고 그 관계와 의미를 분석하는 탐정이나 고고학자의 역할이라고 말

2) 파블로프의 조건학습([그림 8-4]) 참조. 무조건 자극(Unconditioned Stimulus: US): 음식물, B 무조건 반응(반사)(Unconditioned Response: UR): 침 분비, 조건 자극(Conditioned Stimulus: CS): 종소리, A 조건 반응(Conditioned Response: CR): 침 분비.

할 수 있다. 파블로프 조건화(형성)는 자극(stimulus)–반응(response) 관계이며, 외부 사건과 내부 사건의 연결 짓기 과정으로 사물의 의미와 가치를 부여하여 묶음(연합)을 만든다. 또한 인간의 '경험을 통해 행동의 변화'를 끌어내는 연합학습(association learning)의 기초 원리이다.

과학적 심리학 초고의 엠마의 증례

다음은 '히스테리의 근원적 착오'에 제시된 증례이다(Freud, 1895, pp. 114-118). 프로이트는 『과학적 심리학 초고』에서 엠마라는 여성의 증례를 히스테리 억압의 전형으로 생각했다. 저자도 이 사례 분석을 보고 프로이트의 억압이 파블로프의 고전학습이라고 확신하게 되었다. 엠마는 젊은 여성으로, 가게에 혼자 들어가지 못하고 가족들과 같이 가야 할 정도로 두려워하여 일상생활에 상당한 불편을 겪었다.

> 엠마는 혼자서 상점에 갈 수 없다는 강박관념에 사로잡혀 있어 일상생활에 불편이 있다. 그녀가 연상하는 기억은 13세 때였는데, 어느 상점에 물건을 사러 갔다가 두 명의 점원이 서로 웃고 있는 것을 보았고, 그녀는 왠지 모를 공포감에 휩싸여 달아났다. 그 두 명 중 한 명은 그녀의 옷을 보고 비웃었고, 다른 한 명은 그녀가 성적(性的)으로 매력적이라고 느꼈었다. 더 연상해 보니 8세 때 사탕을 사러 들어간 식료품점의 주인이 옷 위로 성기를 만지는 등 두 차례 추행한 기억이 떠올랐고, 지금에 와서 당시 두 번이나 더 찾아간 것에 대해 자책하였다.

엠마는 13세의 기억은 의식에서 잘 떠올랐으나 8세의 기억은 맨 처음 순간적으로 떠올랐음에도 이를 부인하였다. 이때의 기억은 처음에는 '옷'이라는 것 외에는 아무것도 의식에 떠오르지 않았다. 그리고 13세의 기억이 주변에 있는 재료(점원, 옷, 웃음, 성적 감각)에서 가상의 결합을 만들었는데, 즉 그녀가 옷 때문에 조롱당했다는 것과 점원 중 한 명이 그녀의 성적 호감을 자극했다는 것이다. 그러나 자주 연상을 시도해 보니 13세의 '웃음'에 대한 기억은 8세에 식료품점 주인이 그녀를 성추행하면서 지었던 교활한 웃음을 연상시켰고, 그로 인해 점원들이 자신을 추행할지도 모른다는 공포를 느껴 도망갔다고 해석하였다.

프로이트는 엠마가 연상을 통해 알 수 있었던 8세의 기억은 '옷'이라는 정서적으로 가장 안전한 관념으로 대치되어 '옷'이라는 상징을 만들었고, 나머지 기억은 억압이 생겨 의식 위로 떠오르지 않았다고 보았다. 여기서 그는 또한 8세에는 없었던 성적 수치심이 나이가 들어 성숙해지면서 기억의 해석을 바꾸어 불쾌한 감정과 이에서 도망치고 싶은 마음을 일으켰다고 하였다. 8세의 잊어버린 기억에 대한 소위 히스테리 억압을 요약해 보면, 사춘기 이후 성적 발달로 나중에 불쾌감이 편입된 것이지만 성추행에 대한 수치심인 감정적 요소가 있고, 당연히 있어야 할 기억의 망각이 있으며, 기억하려 하면 저항이 있고, 상징을 만들며 상징의 연상을 통해 가까스로 사건의 추정과 복원을 할 수 있으니 그 과정을 자동적인 무의식이라고 말할 수 있다.

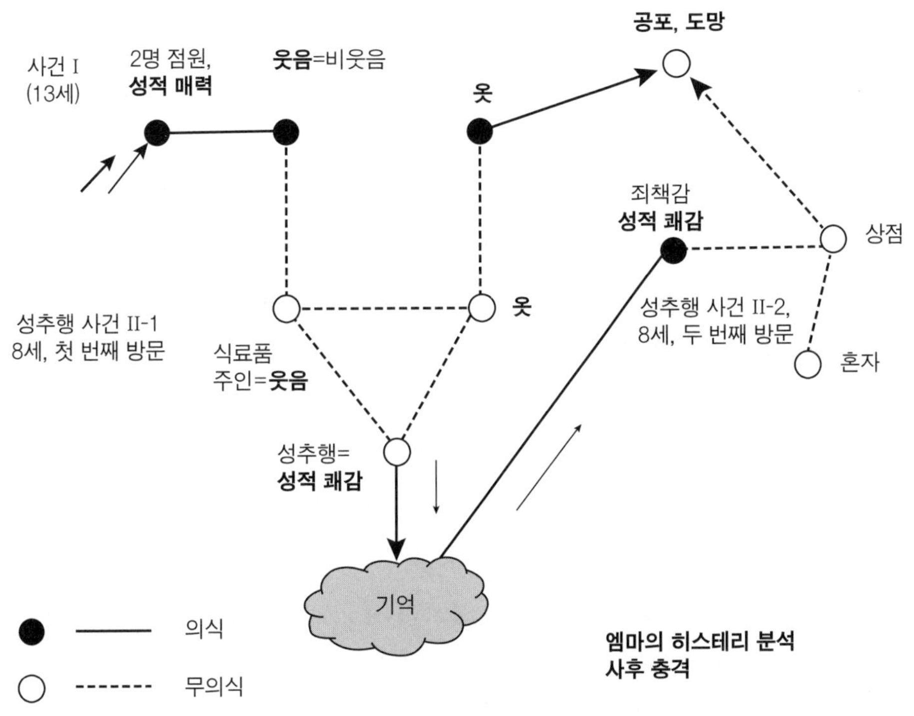

[그림 8-1] 엠마의 증례

저자는 엠마의 증례를 [그림 8-1]로 다시 구성하였다. 여기에서 검게 칠한 동그라미는 의식의 기억이고 밝은 동그라미는 무의식의 기억인데, 후에 억압을 풀고 연상된 것이다. 억압된 복합체(콤플렉스)는 의식에서 '옷'이라는 가장 안전한(중성) 관념으로 대치되고 있다. 엠마의 사례에 대한 정신분석적 해석은 다음과 같다. 프로이트는 언어가 존재하지 않는 비논리적인 무의식의 내면세계는 결코 있는 그대로 표현될 수 없으며, 오직 전위(대치, displacement)와 압축(condensation) 과정을 거쳐야만 의식표면으로 떠오를 수 있다고 하였다. 전위란 하나의 상징이 다른 안전한 상징으로 바뀌는 것이며, 압축이란 스핑크스처럼 사람과 사자의 둘 이상의 상이 합쳐져 내용이 축소되는 것으로 꿈이나 신화, 조현병 환자나 어린이의 그림에서 볼 수 있다. 무의식은 직접 표현할 수 없는 것을 간접적으로 담아내기 위해 전위와 압축이라는 일종의 위장술을 사용한다고 볼 수 있다.

따라서 무의식적인 성적 욕구로 인해 생겨난 두려움과 욕망은 '옷'이라는 의식 세계의 이미지로 전위되어, 혹은 의복이라는 더 강렬한 이미지에 점령되어 모습이 바뀐 채 엠마 앞에 나타난 것이다. 한편, 두 사건에서 모두 '옷'과 '웃음'에 이중적 의미가 담겨 있었음을 생각해 보면 무의식의 압축 과정을 알 수 있다. 무의식 세계에 존재하는 한 가지 생각은 다른 여러 가지 생각의 충전을 압축해서 나타낼 수 있다. 엠마의 경우에는 두려움, 모욕감, 성적인 만족감이라는 감정이 의복이라는 하나의 모티브로 압축되어 나타난 것이다(Cohen, 2005, p. 49).

엠마의 증례를 파블로프의 고전학습 과정에 적용해 보겠다. 엠마는 어릴 때 상점에서 상점 주인에게 두 차례에 걸쳐 성추행당하고, 자기 경험에 상당한 두려움과 공포의 감정이 학습되었다. 13세 때 다시 가게의 젊은 점원 둘이 옷을 보고 웃어서 조롱당한 것 같다고 느끼고 성적 수치심과 불안, 공포감 때문에 달아났다. 후에 성숙한 뒤에도 혼자서는 상점에 갈 수 없었다. 엠마가 어릴 때 1차로 두려움과 공포가 학습된 후, 남성의 웃음과 옷, 가게, 성적인 느낌 등 사건을 둘러싼 환경적 · 물리적 조건은 어려서의 비서술 공포학습(fear conditioning)을 연상시키는 조건 자극이 되었다.

① 8세, 두 차례의 성추행: 당시 의미를 모르며 '옷' 말고는 사건 기억에 없었다. 사건 II, 두 번째 기억
② 13세, 사춘기: 사건 I, 첫 번째 기억, CS(옷, 비웃음) → CR(공포, 도망)
③ 13세 이후 성숙한 상태: 이미 히스테리 증상이 있는 상태 또는 회상학습,[3] 두 번이나 찾아간 죄책감, 과거 성추행에 대한 수치심
조건 자극(CS): 옷, 상점, 점원, 웃음, 성적 감각 → 조건 반응(CR): 두려움, 공포, 도피
④ 이후로 상점과 이에 관련된 것들은 CS → CR: 두려움, 공포, 도피: 불안, 회피 증상

처음에 프로이트는 중성적인 상징인 '옷'에 대한 기억만 있어 억압이 발생했었다고 판

3) 저자의 신조어. 회상 기억에 의한 학습 강화, 프로이트가 말한 사후성(事後性, nachträglich), 즉 후충격(after-brow)이 감정을 동반한 상상에 의한 것이라는 의미이다. 제16장 '억압의 회복' 중 '정신분석치료의 공통 치료 요인'에서 다시 다룬다.

단했고, 분석 과정에서 13세, 8세의 웃음, 추행 등의 사건과 감정이 연상되었다. 사실, '옷'은 공포학습으로 시각적 조건 자극이 되었다. 따라서 상점을 가면 '옷'이 있고 불안, 공포 등 비의식의 증상을 발생시켜서 회피하게 되었다. 상점, 옷 등의 물리적인 조건 자극은 겉질 밑의 공포 반응을 매개하는 방어-생존 회로(편도체 등 변연계)에서 증상이라 부르는 감정 및 신체 반응을 자동 동기화시킨다. 이 반응-증상들은 뇌겉질의 최초 사건 기억과 무관하게 유사 자극(옷, 웃음)에만 반응하므로 증상과 원 사건의 연상은 일어나지 않는다. 사건 기억과 무관한(통과) 이 현상이 프로이트의 억압이며, 생각하려 해도 안 되는 것이 '저항'이다.

연합학습은 하의식-겉질 밑의 학습으로, 깊은 무의식(하의식, 비서술 기억)에서 이루어지는 빠른 자동화 과정이다. 만들어진 상징은 사실 조건 자극이며 상징의 연상을 통해 가까스로 사건의 추정과 복원을 할 수 있으나, 원래의 사건 기억은 남아 있으므로 장시간 분석을 통해 우회하는 연상을 찾아서 사건 기억을 떠올릴 수도 있다. 반복적인 공포학습, 불안 긴장 등은 학습 현상을 가속할 수 있다. 겉질 밑의 감정 신체 반응 회로는 일반화된 유사 조건학습 자극에 반응하는 공통 반응 회로(common response pathway)[4]이다. 이런 측면에서 엠마에게 여러 번 일어난 공포학습을 2차(본유) 억압의 필요조건으로 본다면, 원시 억압이라는 가설을 주장한 프로이트의 견해를 이해할 수 있다.

로잘리아 H의 증례

피아노를 연주할 때마다 한 손의 떨림과 잡아당기는 듯한 움직임을 호소하는 이 여성은 증상과 연관된 세 가지 잊어버린(억압된) 불쾌한 기억을 찾아내어 호전되었다. 로잘리아는 어려서 학교 선생님에게 벌로 손에 채찍을 맞은 기억이 있었는데, 이후 피아노를 치다가 소스라치게 놀라는 증상을 겪었다. 그 후 류머티즘을 앓던 그녀의 숙부가 등을 마사지해 달라고 하였는데, 갑자기 그녀를 넘어뜨려서 매우 놀랐던 사건이 있었다. 이처럼 그녀의 손에 나타난 증상은 모두 어렸을 때 불쾌한 기억과 관련이 있었다. 이 여성의 '손'은 '숙부', '채찍' 등의 관념과 공통적인 연상이 있었다.

---

4) 저자의 용어. 제11장의 '하의식(방어-생존) 시스템과 공통 반응 회로' 참조. 무릎반사와 같은 반사 궁(reflex arc) 개념을 기억하라.

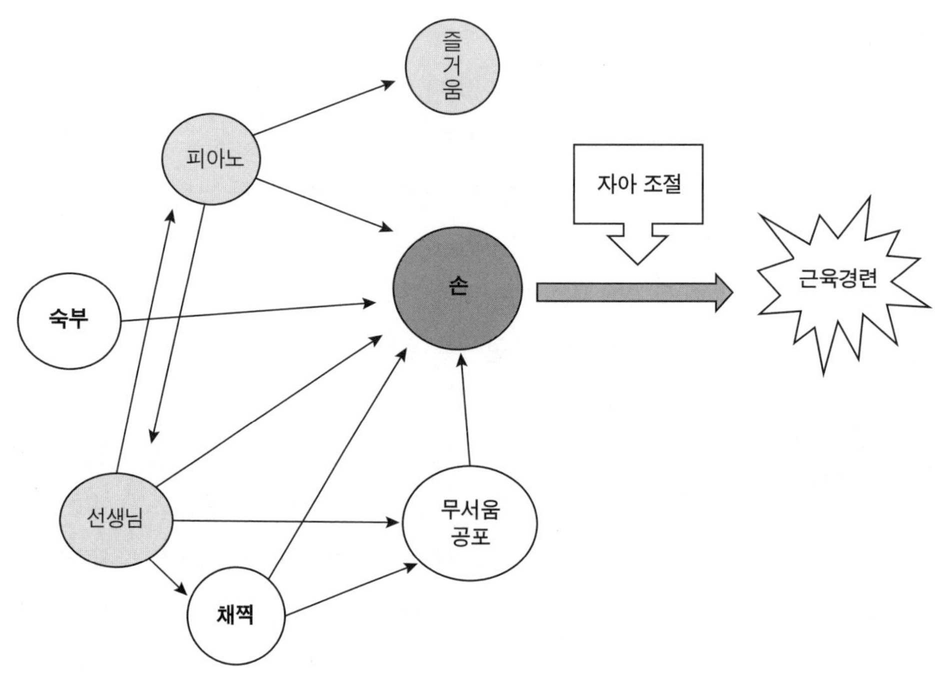

[그림 8-2] 로잘리아의 증례

프로이트는 그녀의 손에 공통으로 관련된 기억, 즉 숙부의 등을 마사지하다 발생한 충격적 기억과 손에 맞은 채찍의 기억이 중첩 결정되어 두 배로 충전된 Q를 받았고, 억제하는 강력한 자아가 없는 상태에서 충전이 증가하여 손 근육의 수축을 가져왔다고 설명하였다. 그래서 중첩 결정, 약한 자아 등은 1차 사고 과정의 공통된 결과이며, 많은 다른 자원에서 Q를 받으므로 억제력이 없는 신경은 잦은 방출을 하게 된다고 하였다. 저자는 로잘리아의 손 떨림 등도 모두 조건학습으로 설명할 수 있다. 손에 대한 그녀의 이미지, 손에 대한 감각 등은 과거 채찍으로 맞은 손의 이미지, 감각, 삼촌의 등을 문질러 주던 손의 이미지, 감각 등의 병원적 관념과 반복적 사건으로 인해 강하게 연합(공포 학습)되어 있으며, 환자가 피아노를 연주할 때와 같이 긴장과 흥분 또는 현재의 스트레스가 불안을 초래하면 손의 감각, 연상된 이미지 등이 조건 반응(증상)을 일으킨다고 해석할 수 있다. 여기서 최초 증상을 일으킨 사건과 이후 학습된 조건 자극이 손의 감각 혹은 손과 연상된 이미지 혹은 연주라는 상황(긴장, 불안)인지는 정확히 알 수 없으나, 프로이트는 여러 사건 자극이 관여할 때 발병의 에너지가 점차 충전되는 의미에서 '중첩 결정'이라고 하였다. 심리학에서는 다중학습이라고 표현한다. 이 외에도 프로이트가 연상으로 설명한 히스테리 신경증 증례를 모두 고전학습 현상으로 설명할 수 있다.

〈표 8-1〉 프로이트의 증례 정리

사례	증상	연상(연합)	환경	가족력
안나(21)	1) 신경성 기침 2) 물 공포 3) 하지 마비	댄스 음악, 개가 컵의 물을 핥음, 간호할 때 고통에서 자유, 죄책감	아버지의 질병과 한 달 간호, 자유에 대한 억압	정신병
에이미(40)	1) 식사 2) 물 거부 3) 틱 4) 위장병	폐병에 걸린 오빠의 기침, 식탁 위 가래, 식은 고기와 허연 지방	19세 때 어머니 사망, 결혼 후 남편 사망, 독살 혐의	
루시 (알 수 없음)	탄 냄새	아이들과 푸딩 요리를 태움, 주인의 비난(손님이 아이들에게 키스하지 않게)	입주 가정교사, 주인에 대한 사랑 억압	
엘리자베스 (24)	양다리 통증	붕대 교체 시 아버지의 다리를 자기 다리에 올려놓음, 형부와 산책	아버지 사망과 간호, 어머니 눈 수술, 언니 사망, 형부에 대한 억압된 사랑	
로잘리아 (22)	1) 노래할 때 소리 막힘 2) 피아노 칠 때 손 떨림 통증	아버지에 대한 울분을 말하지 못함, 학교에서 체벌, 숙부의 등 마사지할 때 손 감각	아버지의 학대, 성추행, 숙부가 노래와 피아노 연주를 원하나 숙모가 감시	

프로이트는 히스테리의 전환 현상은 인식이 개입할 여지가 없는 자동적이고 즉각적인 반사 반응이라고 하였다. 무의식과 이드는 1차 과정으로, 전의식과 자아는 2차 과정으로 설명하였고, 이후 분석가들은 1차 과정이 이미지나 감정과 관계되어 있고, 2차 과정의 의식적 사고는 언어와 관계되어 있다는 의미로 해석했다.

브로이어는 프로이트와의 공저인 『히스테리의 연구』(Breure & Freud, 1895b)에서 감정을 방출하기 위해 특정 반사가 일어나는 이유를 '동시성 연합의 원칙', '흥분된 신경 선호=최저 저항의 원리'로 설명하였지만, 프로이트는 『과학적 심리학 초고』 이후의 히스테리 증례들에서도 상징의 대치가 일어나는 신경학적 이유를 만족하게 설명하지 못하였다. 판처(Fancher, 1973)는 프로이트의 설명이 기술적인 면에서는 합리적인 설명이 되었지만 왜 병원 관념이 상징 관념으로 즉시 대치가 일어나야 하는지, 즉 병적인 신경이 자동으로 그 충전을 대치해야 하는 신경 시스템의 특징을 밝히지 못했다고 지적했다. 병원 관념이 재빠르게 대치되므로 의식으로 알 수 없는 (무의식) 상태라는 것을 설명할 수 있지만,

왜 그래야 하는지는 밝히지 못했으므로 억압의 원인을 설명하는 모델이 될 수 없다고 했다. 그러나 세 번째 속성인 중첩 결정의 현상에 대해서는 완벽한 설명을 하였다고 말하였다.

프로이트의 사례와 같이, 저자가 치료한 많은 스트레스 관련 환자들도 증상과 과거 자신의 증상과 관련된 충격적 외상 혹은 스트레스를 주었던 생활 사건을 연관 지을 수 있는 환자들은 거의 없다. 저자는 프로이트가 억압이라는 용어를 만든 이유를 오늘도 진료실에서 경험하며 공감한다. 또한 의사와의 상담을 통해서 그 원인과 이유를 안다고 해도 이것을 병식, 통찰이라는 용어를 사용하지만 증상에서 바로 해방되지 않는다. 경험 있는 정신건강의학과 의사들은 병원의 인식과 신체 증상은 별개의 문제라는 것을 알고 있으며, 저자는 억압의 병리 과정에서 이미 두 개 이상의 서로 다른 뇌 상하부 시스템과 경로가 작용한다고 생각한다. 반사 혹은 1차 과정이라고 한 전환 과정은 뇌겉질 밑의 비서술 기억(잠재 기억, 하의식 기억)에 저장되고 반응하는 과정이라는 것을 뇌과학적 · 진화론적 입장에서 근거로 설명할 수 있다. 아쉽게도 우리는 이제 프로이트의 창의적인 문학 표현과 작별해야 한다. 중성적 관념(옷), 위장술(전위, 압축)을 재미없고 건조한 '조건학습'과 '비의식 기억'이라는 용어로 대체한다. 이러한 단순화 과정이 바로 과학이다.

프로이트는 그의 후반기 저작(Frued, 1937)에서 정신분석치료가 어려운 이유를 욕동과 자아의 유전적 성향과 자아의 저항으로 설명하려 했지만, 치료의 어려움이 두 개 이상의 뇌신경 경로와 관련된 것일 수도 있으며, 정신분석의 치료 효과가 그가 말한 것처럼 감정의 정화와 통찰에만 있는 것은 아니었다. 프로이트가 중첩 결정이라고 한 복합적 생활 사건의 연상은 심리학적으로는 다중학습이라고 말할 수 있지만, 더 깊이 보면 당시 어려운 삶을 살았던 사례자의 스트레스가 상당했다는 의미이며, 그로 인해 스트레스 물질이 과도하게 생산되어 혐오학습을 강화하거나 기억력에 변화를 일으켜 증상의 재발에 기여했을 수 있다.

샤르코의 히스테리와 자네의 이중 의식

프랑스의 의사인 샤르코(J. M. Charcot, 1825~1893)가 살던 시대의 히스테리는 요즘처럼 교육과 약물에 영향받지 않은 순수한 정신(심리, Psyco)-생물(Bio)-환경

(Environment) 3요인의 정신질환 혹은 신경증 모델을 볼 수 있는 환경이었다. 그는 미국의 야구 선수 루 게릭(L. Gehrig, 1903~1942)과 우주 물리학자 스티븐 호킹(S. Hawking, 1942~2018)이 앓았던 근위축성 측색 경화증(Amyotrophic lateral sclerosis)을 처음으로 보고한 사람이기도 하다. 당시에 찍은 사진을 보면 바빈스키, 투렛 등의 유명한 의사가 그의 공개 강의에 참여한 것을 확인할 수 있다. 미국 작가 헨리 제임스의 동생이며 『심리학의 원리』를 저술한 윌리엄 제임스도 샤르코 밑에서 공부하기 위해 대서양을 건너갔다. 프로이트 역시 1885년 가을에 샤르코 밑에서 6개월간 연수받았다. 그리고 그곳에서 마침내 히스테리 환자의 정신세계에 눈을 뜨게 되었다. 당시 샤르코는 내재 관념 같은 새로운 소재로, 환자의 육체 상태가 아닌 마음속 깊이 있는 기억(Idea)을 집중적으로 연구하고 있었다. 프로이트의 경력 초기에 의학과 법학 사이에서 결정을 내릴 수 없었을 때, 샤르코 밑에서 6개월 동안 근무한 후 그는 샤르코와 공동으로 성-정신성 질환의 기원에 대한 첫 번째 논문을 발표하고 의사로서의 새로운 미래(개업)를 결정했다고 한다. 프로이트의 연구는 히스테리에 관한 새로운 이론과 치료법 개발의 움직임이 본격적으로 활성화되는 계기를 제공하였다. 이 질환은 아마도 요즘은 병원 응급실이나 급성 트라우마에 노출된 사람에게서 볼 수 있으며, 저자도 인턴이나 수련의 시절에 당직을 서다 응급실에서 전형적인 히스테리 발작을 간간이 경험했었다. 저자의 수련 시절 지도교수는 '3일 정신증(3days psychosis)'이라고 했는데, 정신적 혼돈, 해리, 약간의 운동 증상 그리고 신체 증상이 3일이 지나면 신기하게 없어지는 질환으로, 경험이 풍부한 의사만 신들린 점쟁이처럼 예측할 수 있는 질환이었다. 1800년 중기에는 히스테리를 여성 성기(들뜬 자궁)의 자극에 의한 것이었거나 여성이 타인을 조정하려는 상상의 결과라는 학설이 많았는데, 샤르코는 이러한 설명을 부정하면서 남자에게서도 나타나는 신경증이라고 불렀고 성적 트라우마나 타고난 뇌의 변성질환으로 생각했다. 샤르코의 네 가지 대(大)히스테리 증상(Charcot's Four Stages of Grand Hysteria)을 보면 다음과 같은 진단 기준-증상이 있다.

① 유사 간질 단계: 경련성 질환을 닮은 강직성 떨림(tonic rigidity)
② 대 운동 단계: 극적인 몸의 움직임(dramatic body movements)
③ 환각 단계: 격정적 태도, 정열적 감정 표현(Passionate Attitudes)
④ 섬망 상태(state of delirium)

샤르코는 히스테리와 최면 상태를 동등한 것으로 보았고, 따라서 최면을 통해 히스테리를 치료할 수 있음을 보여 주었다. 안나 O의 사례를 잘 들여다보면 이 증상과 더불어 해리(dissociation), 다중인격 등의 다양한 증상이 있었다. 브로이어가 지적했듯이 안나의 친척에게 정신병이 있어 유전적인 소인이 있었고, 친아버지를 간호하면서 받은 스트레스로 인해 증상이 발병했으며, 이러한 스트레스는 많은 연합을 만들어 냈다. 저자에게는 메타심리학보다 '연합학습의 심리학'이 억압의 열쇠를 푸는 실마리가 되었다. 당시 빈의 중산층에서는 여성에 대한 학대, 비하, 성적 추행 등 트라우마가 만연했고, 심지어 프로이트의 사례인 로잘리아 H는 아버지에 의해 성추행당하기도 하였다. 당시 여성에게는 스트레스와 억압이 많은 환경이었다. 요즘의 환자들도 과거에 비해 크게 다르지 않다. 생활환경이 좋아 스트레스의 대처 방안이 다양하고 증상이 발생하면 바로 조기에 치료받을 수 있어서 전형적인 히스테리는 외래진료에서는 보기 어려우나, 정신건강의학과의 의사들은 여전히 이와 유사한 신체화 증상을 치료하고 있다. 그러나 신체화 장애 환자들을 유심히 살펴보면, 정신(심리)-생물-환경의 모델을 바로 적용할 수 있고, 증상은 약물로 쉽게 치료되며, 정신(상담)치료도 오래 하지 않는다. 환자들은 대부분 만족하고 또 증상 발생의 요인인 병원 관념(Pathogenic Idea)에는 관심 없거나 알 수 없는(억압) 상태가 되어 있다.

스위스의 정신의학자이며 조현증(정신분열증)이라는 용어를 처음 사용한 오이겐 블로일러(E. Bleuler, 1857~1939)가 사용한 사이코이드(die psychoide)의 개념을 제자인 융(C. Jung, 1875~1961)은 자신의 책(Jung, 1969, pp. 150-151)에서 다음과 같이 인용하였다.

> "주로 대뇌겉질 아래에서 일어나는 생물학적 '적응 기능'과 관련 있는 과정을 나타내는 집단적인 용어로 사용하고 있다", "블로일러는 '조건 반사'와 종의 발달을 이런 과정에 포함시킨다", "우리가 익히 정신으로 여기고 있는 그런 대뇌겉질의 기능을 제외하고, 육체와 중추신경계가 하는, 목적이 있고, 기억을 돕고, 생명을 보존하는 모든 기능의 총합이 사이코이드이다".

저자는 융이 인용한 그의 글이 대뇌겉질 아래 병리인 자네의 '잠재의식(idee fixe subconsciente)'의 개념과 유사하며 변연계의 기능을 설명한 것처럼 보인다. '조건 반사'라는 말을 조사하지 못했지만, 당시 학자들이 사용하는 개념적 용어와 비슷한 개념으로 보인다. 융은 블로일러의 지도하에 부르크횔즐리(Burghölzli) 병원에서 연구원으로 일했으며 1902년 파리에서 자네와 함께 공부했는데, 그는 콤플렉스라고 부르는 정신 현상을 자네의 잠재의식과 동일시하는 등 자네의 영향을 많이 받았다고 한다.

당시의 임상가, 학자들은 히스테리의 불안정한 의식 상태를 '사이코이드', '유최면(hypnod)'이라는 용어를 사용하여 표현했다. 브로이어와 프로이트는 『히스테리의 연구』(Breuer & Freud, 1895b, pp. 24-25)의 예비적 보고서에서 히스테리 환자들이 정상 상태가 아니라 최면 상태에서 심리적 외상을 기억(회상)할 수 있었고, 이러한 이중의식 또는 의식의 분열이 모든 히스테리에 원형적으로 존재한다는 것을 확신하게 되었다고 말했다. 두 사람은 이 비정상적인 의식 상태를 유최면(hypnoid)이라는 용어 하나로 묶어서 표현할 것이며, 이 성향을 바로 히스테리라는 신경증의 기본 현상으로 인정하고 놀라운 발견을 한 비네(A. Binet, 1857~1911)와 자네(P. Janet, 1859~1947)의 공로를 칭찬했다. 두 사람은 "최면은 인위적인 히스테리이다."라는 익숙한 명제에 다른 명제, 즉 "히스테리의 기초와 필수 조건은 유최면 상태의 존재이다."를 추가하자고 했고, 또 유최면 상태와 최면 간의 공통점은 이 상태에서 떠오른 심상들이 매우 강하긴 하지만 나머지 의식 내용과의 연상적 연결이 끊겨 있다는 사실을 강조했다. 히스테리 환자들은 발병 이전에 유최면 상태가 존재하는 소질(소인)이 있어 정신적 외상이나 억압(요즘의 스트레스)에 쉽게 발병할 수 있다. 히스테리 발작의 근저에 있는 기억은 정화 반응이나 연상적 사고작용으로 제거되지 못한 심적 외상에 관한 것이었다. 그것은 정상적 의식 상태에서 기억하려 해도 전혀 기억할 수 없는, 혹은 그 본질적인 요소를 기억해 낼 수가 없으며 연상이 통제되는 유최면 상태의 심상 내용물이다. 마지막 공통점으로는 둘 다 모두 치료적 검사가 적용된다는 점이다. 그들의 관찰에 의하면 발작을 일으킨 기억도 최면 중 반응 과정과 연상에 의한 정정 과정(정화)을 거친 다음에는 발작을 일으키지 않게 되었다고 하였다.

샤르코의 제자이며 당시 프랑스의 신경학 의사이자 최면 전문가로 히스테리(해리, dissociation)의 권위자인 피에르 자네는 자신의 학문적 성과인 잠재의식의 심리분석(subconscious psychological analysis)을 프로이트가 표절했다고 비난했다. 그는 과거의 트라우마와 현재 환자의 생활에 대한 영향, 해리, 라포(신뢰, 전이)의 개념을 발표했고, 그리고 미드(G. H. Mead)의 사회행동주의(social behaviorism)와 비교될 정도로 사회적인 개념과 영향으로 성격을 설명하였다. 당시 신경증(히스테리)은 통합의 장애로서 초기 상태로 퇴행하는 질환으로 알려졌지만, 자네는 마음의 분열(splitting of Mind) 혹은 이중의식(double conscience)이 존재하며 잠재의식(subconsciousness)을 '높은 수준의 행위 중에 나타나는 하위 형태의 행위(an act which has kept an inferior form amidst acts of a higher level)'로 정의하여 신경증을 현대 뇌과학적 개념으로 설명하였다.[5)]

프로이트는 자네의 '심리분석(psychological analysis)'을 표절하였다는 항의에 대해 '정신분석'이 자신의 독창적인 개념이라고 강조하였고, 자네의 이중 의식에 대해서도 의식과 무의식을 말한 자신의 이론과 반대되는 것은 아니지만 자신의 초심리학은 해부학과 상관없으며 입증할 수도 없다고 하였다. 프로이트는 의식에 접근할 수 없는 연상과 충동을 묘사하기 위해(Freud, 1886~1899) 1893년 처음에는 '잠재의식'이라는 용어를 사용했다. 그는 나중에 이 용어를 포기하고 (역동적) 무의식을 선택하며 다음과 같이 설명했다.

> 누군가 잠재의식에 대해 말하면, 그가 지형학적 용어를 의미하는, 의식 아래에 자리한 마음을 의미하거나 질적으로 다른 지하 의식을 나타내는 의미인지 여부를 알 수 없다. 믿을 수 있는 유일한 대조법은 의식과 무의식 사이에 있다는 것이다.

1896년, 52번 편지에서 프로이트는 정신적 과정의 층화를 소개하면서 새로운 환경에 따라 기억 흔적이 때때로 재배열된다는 점을 지적했다. 이 이론에서 그는 '지각의 표지(Wahrnehmungszeichen)', '무의식(Unbewusstess)'과 '전의식(Vorbewusstess)' 사이를 구별했다. 프로이트는 이 시점에서 더 이상 '잠재의식'이라는 용어를 사용하지 않았다. 왜냐하면 자기 생각에 이 용어로는 내용과 과정이 무의식 또는 전의식에서 발생했는지를 구별하지 못했기 때문이다. 이후 억압(자동 회피) 이론을 중심으로 한 지형 모델은 마음 모델의 전형이 되었으며 상부에서 하부로, 의식에서 무의식으로 이동하는 신경 에너지(관념)의 흐름, 억압의 장벽의 역할과 심리 지형의 역학은 정신분석의 기초가 되어 상당 기간 학계를 지배하였다. 그러나 그가 마음의 모델을 구조론으로 바꾸면서 『자아와 이드』(Freud, 1923)에서 프로이트는 자아의 일부이면서 기존 무의식의 특징과 다른, 억압되지 않는 제3의 무의식이라는 표현을 사용하면서 또 다른 무의식의 시스템을 인정하지 않을 수 없었다. 저자는 제3의 무의식이 비서술, 암묵 기억으로 습관, 지각 및 운동 기능, 감정학습을 담당한다고 추정한다. 자세한 것은 제10장 '프로이트의 뇌와 기억 시스템' 중 '브렌다 밀너와 기억 시스템의 증명'에서 다룬다.

자네의 잠재의식에서 '행위(act)'의 개념은 "억압의 기본 작용은 단순히 무언가를 의식에서 멀리 두는 것, 그리고 거리를 유지하는 것이다."라는 프로이트의 억압(회피)의 정의를 보다 구체적이며 구조적으로 다른 또 하나의 행위 시스템으로 말한 것이다. 자네는 억

5) 제15장 '의식과 마음의 뇌과학' 중 '의식의 가설' 참조.

울하긴 했지만, 용어의 지배라는 것은 유명해지거나 대가가 될수록 권위에 따라 소유권을 인정받는 정치적인 것일 수 있다. 한때 프로이트는 "히스테리 현상에 대한 이론은 처음 자네에 의해서 등장하였고 브로이어와 내가 이를 정교하게 다듬었다."라고 하며, 이에 더해 자네의 인격 해리와 마음의 분열 이론이 우리 입장의 중심이 되어 그의 예시를 따랐었다고 말하면서, 자네에게 빚진 만큼 회의 석상에서 예우해 주었다고 한다. 그러나 1913년 자네가 자신의 '심리분석'을 프로이트가 표절했다고 비난하자, 프로이트는 격분해서 자네를 비난하기 시작했다. 이후 억압의 메타심리학이 정신분석학과 인문, 예술계에 계속해서 지대한 영향을 미치는 동안 자네의 '이중 의식' 이론은 그만 묻혀 버리고 말았다. 누군가가 "인생은 돌고 도는 것"이라고 했듯이 학문의 세계 역시 발전하는 것 같아도 "돌고 도는" 부분이 있는 것 같다. 저자가 최근 억압에 관해서 연구해 본 결과, 히스테리와 해리에 관한 한 브로이어와 자네의 이론이 훨씬 현재의 신경과학에 적합한 시스템 이론으로 생각한다. 그 근거는 이미 뇌과학에서는 메타심리학에서 벗어났고, 밀너(Milner)의 연구(H. M. 사례) 덕택에 기억 시스템이 의식 기억(서술, 외현 기억), 잠재-하(비)의식 기억(비서술, 암묵 기억)의 두 가지의 시스템이라는 것과 그 기능 차이도 알게 되었다. 최근 정서과학자인 조셉 르두 등의 연구로 인하여 공포의 조건학습 과정이 뇌 겉질 아래 생존-반응 시스템과 겉질의 의식에서 일어나는 인지의 조절 등으로 독립된 과정임을 각각 확인하게 되었다. 히스테리, 해리, 정신 외상(트라우마, PTSD)의 병리적 진행 과정은 하부 뇌 구조물이 활성화되는 현상에서 시작하고 있다. 자네의 이론은 두 가지의 독립된 의식을 가정했다는 면에서 진화론, 억압에 대한 저자의 과학적 설명, 의식과 정서에 대한 마음의 뇌과학 발전과 맥을 같이하고 있다.

피에르 자네는 자기 작품을 종합하고 저술한 적이 없었다. 가장 가까운 출판물은 그가 기본적인 원리를 말하고 그의 이론의 주요 특징을 스케치한 백과사전식 기사였다고 한다. 아마도 그는 자신의 50년지기 제자이며 스위스 바젤의 신경과 의사인 레온하르트 슈워츠(Schwartz)가 그를 이어 이론을 정리하고 있음을 알았기 때문에 하지 않았다는 견해도 있다. 실제로 완성되지는 않았지만, 슈워츠의 사후에 출판된 책은 자네의 작품에 대한 참고 논문 중 하나로 남아 있다. 자신을 자네의 직계 후계자로 내세웠던 슈워츠는 때 아닌 사망으로 독일어권 국가에 자네의 연구를 보급할 수 없었다. 그의 죽음은 정신분석에 비판적인 목소리의 소멸을 의미하였는데, 그가 죽지 않았다면 프로이트의 교리에 반대하는 다양한 집단을 형성했을지도 모른다. 이러한 이유로 자네가 죽은 지 50년이 넘은 2002년에 비로소 베를린에 피에르 자네 협회가 설립되었다.

슈워츠는 자네의 이론을 퍼뜨리는 데 공헌하였고 엘렌버거(H. F. Ellenberger, 1905~1993)에게 자네에 대해 관심을 가지라고 독촉했다. 엘렌버거는 영국 태생의 정신과 의사로, 프랑스에서 정신과 의사 자격을 얻은 뒤 스위스에서 정신분석을 공부하고 캐나다에서 범죄학 교수가 된 재능 있는 연구자이며, '역동 정신의학'이라는 이름을 만들어 대중화한 사람이다. 이 용어는 정신질환에 대한 이해도를 높이기 위해 정신분석 이론에서 끌어낸 정신의학을 의미한다. 엘렌버거는 『무의식의 발견』(Ellenberger, 1970, 1994)을 완성해서 자네를 역사의 망각에서 되살렸다. 이 책은 그의 걸작일 뿐만 아니라 출판된 지 50년이 지난 지금도 정신과학사에 가장 중요한 공헌 중 하나로 남아 있다. 사실, 이 책의 이름은 슈워츠의 책 제목에서 유래된 것이다. 엘렌버거의 억압에 대한 개념도를 보면 프로이트의 '억압'을 이해하기 쉽게 도와주고, 저자가 '억압'을 학습 이론으로 설명한 부분과 일치하는 것을 알 수 있다. [그림 7-5]와 비교하여 감상하면 더 재미있게 이해할 수 있어 소개한다.

저자는 상호 보완적이면서 독립적인 두 가지 의식과 기억 시스템 그리고 심리적 고통에 대한 적응 반응으로서의 '의식 축소' 개념이 포함된 자네의 잠재의식, 브로이어의 기여

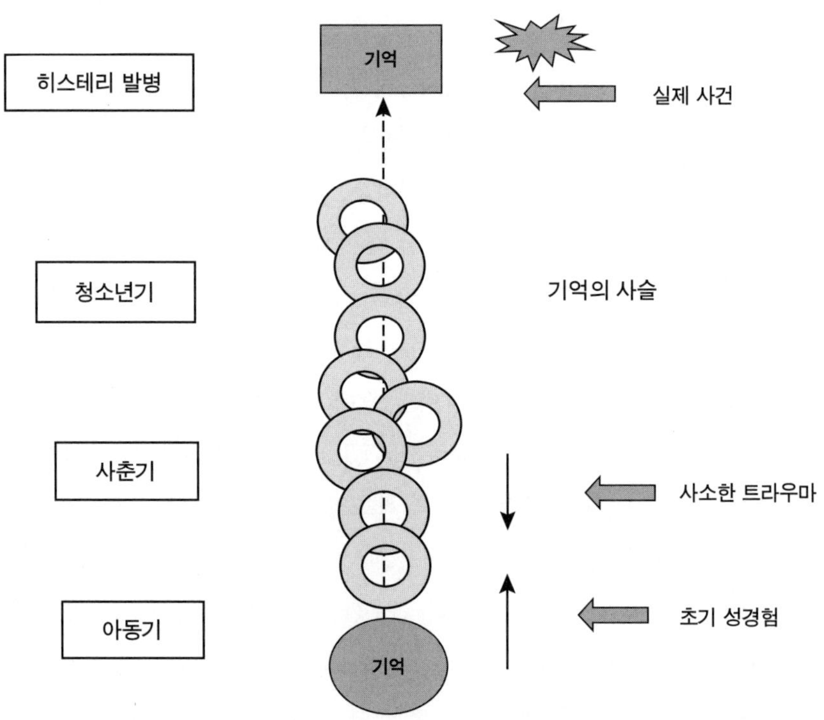

[그림 8-3] 엘렌버거의 억압

를 현대 뇌과학에서 재조명했고, 이후 의식 기억의 해리 수준을 상세히 설명한 힐가드(Hilgard, 1986)의 모델(neodissoiciation model)[6]을 참조했다. 그리고 억압과 억제의 학습 이론을 도입해서 억압의 과정과 뇌과학적 설명을 완성할 수 있었다. 그리고 덕분에 약물치료와 정신치료가 어떻게 조화되어야 하는지 알게 되었고, 과학에 근거한 정신치료의 개념을 좀 더 분명히 하였다.

학습 이론과 마음의 뇌과학: 파블로프, 캔델

프로이트의 언어는 매우 친절하고 예의 바르지만, 실상 속 내용은 임상 경험 없이는 이해하기 매우 어렵다. 독자들은 '억압'에 대한 정신분석의 개념을 얻기도 어려운데, 이에 더해서 '학습 이론'까지 알아야 저자의 설명을 제대로 이해할 수 있다. 독자들의 난처함을 알고 있으나, 지금은 다시 고등학교 생물 시간에 배운 파블로프의 연합학습을 복습해야 할 시간이다.

학습은 생존, 적응 행동의 중요한 수단이자 개인과 사회가 발전하는 유일한 수단이다. 저자에게 동물과 사람이 환경에 적응하여 살아가는 데 이용할 두 가지 주요 방식을 선택하라고 하면 머뭇거리지 않고 진화와 학습이라고 말한다. 생물학적 진화로 일어나는 변화는 일단 느리고 고등한 생물에게서는 수천 년이 걸리지만, 학습은 가장 기초 과정이라도 변화가 빠르며 효율적이고 자동적이다. 그리고 개체가 살아 있는 동안 반복해서 일어난다. 일상에서 우리는 분위기 좋고 맛있는 음식점을 또 찾아가며, 반대로 같이 간 애인과 싸웠거나 종업원이 불친절했던 음식점은 다시 찾지 않는다. 특정한 유형의 음식, 장소 또는 중립적이라고 할 만한 자극, 이를테면 소리에 대해서도 특수한 감정을 가지는 것은 과거에 우리가 그 환경 자극과 연관된 경험을 하였기 때문이다.

타고난 기본 정서에서 추출된 감정은 우리의 경험 기억에 색칠하여 경험을 특별하게 포장해 명품 브랜드로 만들어 준다. 이를 감정이 사물에 가치와 의미를 부여한다고 표현한다. 이러한 작업은 감정의 중개인인 편도체와 사건 기억(자서전 기억)을 만드는 해마의 협동에서 이루어진다.[7] 사물이 가치를 가지면 의미가 있는 것과 없는 것이 잘 구별되고, 특별한 신체 반응과 짝을 이루어 기억에 오래 남는다. 그다음 이 기억을 근거로

6) Stein, 1997, p. 63. 이 책의 제15장 '의식과 마음의 뇌과학' 참조.

7) 사건(경험)이 발생하면 감정과 그 관련된 관념이 만들어지며 변용된다. 이것이 스피노자의 정서(affect)의 개념이다.

학습된 대상에 접근하거나 피하거나 하는 방어–생존 행동이 결정된다. 이를 감정학습(emotional learning)이라고 하는데, 점화(priming), 지각학습(perceptual learning)과 더불어 중요한 비서술(하의식, 무의식, 암묵적) 기억을 이루고 있다. 무척추동물은 비서술 기억만 가지고 있다고 한다. 인간을 포함한 고등척추동물의 기억에 관한 연구가 특히 매력적인 것은 동물이 강력한 의식(서술) 기억 능력을 발전시켰을 뿐 아니라 비서술 기억 능력도 보유하고 있기 때문이다(Kandel & Squire, 2009, p. 373). 앞선 경험 기억이 학습되면 이후 유사한 경험 처리에 속도와 효율성만 향상하는 것은 아니다. 앞선 경험은 그 경험 사건에서 학습된 감정으로 우리의 감정을 예측하고, 지배할 수도 있다. 이것이 프로이트가 '억압'이라는 은유를 사용한 정신–신체 질환의 특징이다. 감정은 항상 이성(理性)을 애완동물로 다루므로 주어진 정보를 우리가 어떻게 평가하느냐, 주어진 자극에 우리의 기본적 감정이 호감이냐 반감이냐는 대체로 감정학습의 결과이다. 반대로, 과거 경험 기억에 의식 혹은 하의식에서 좋은 긍정적 감정을 부착–학습시켜 새롭고 바람직한 학습(정신치료)도 가능하다.

저자는 감정학습이 주로 하의식, 비서술 기억 시스템에서 일어나며 상부 겉질도 같이 도와주는 협응 작용이라는 것을 잘 알고 있다. 그래서 우연한 기회에 프로이트의 초기 작품과 브로이어와의 공저에서 억압의 증례가 감정학습의 유형이라는 증거를 찾아내기까지 저자는 고고학자나 탐정 같은 기분이었다. 20세기 초, 동시대에 살았던 파블로프, 브로이어와 프로이트는 각각 트라우마, 공포도 학습될 수 있음을 발견했다. 기막힌 우연일까 아니면 과학과 과학자가 폭발적으로 발전하고 성장하는 문명 확장의 시기였기 때문일까? 저자가 아는 바로는 파블로프와 두 사람이 학문적으로 교류했다는 기록은 없다. 정확히 말하자면 브로이어와 프로이트의 연합학습이 설명된 시기는 1895년 『과학적 심리학 초고』와 『히스테리의 연구』에서였고, 파블로프는 1902년에 자기 조수를 보고 침을 흘리는 개를 관찰하며 조건 반사 연구를 시작했다. 프로이트는 현상의 실체를 1차 사고 과정[8]과 억압(정신 외상의 학습)으로 보았고, 브로이어와 연합의 법칙, 상징과 대치로 설명했으며, 뇌의 흥분과 심리적 갈등의 에너지 변환으로 생각했다. 하지만 파블로프는 학습을 자극과 행동의 결합으로 보았고, 동물과 인간의 적응 능력으로 생각했다. 공포를 학습한 개체는 외적인 위험의 조짐이 조금이라도 있으으면 싸움 또는 도주를 준비한다. 소리처럼 본래 중립적인 자극도 충격과 같은 공포–산출 자극과 연결되어 조

8) 제6장 '신경 이론과 히스테리의 연구' 중 '1차 사고 과정과 2차 사고 과정' 참조.

건화된 공포를 일으킬 수 있다. 프로이트는 이 현상을 신호 불안(signal anxiety)라고 불렀다. 프로이트와 파블로프는 천성적 공포뿐 아니라 학습된 공포, 위험 신호에 대한 예기(anticipatory) 방어 반응도 생물학적 적응이며, 따라서 진화 과정에서 보존된다는 것을 알고 있었다.

러시아의 의사이며 생리학자인 파블로프(I. P. Pavlov, 1849~1936)는 1902년 실험 조수인 톨로키노브(Tolochinov)와 개의 소화 반사를 연구하는 과정에서 조수가 먹이를 가지고 다가오는 모습을 본 개가 침을 흘리기 시작하는 행동에 강한 인상을 받았다. 침 반사 실험과 무관한 중립적인 자극, 곧 조수가 개의 침 분비를 촉발한 것이었다. 이에 파블로프는 원래 중립적이거나 약하거나 다른 방식의 비효과적인 자극도 다른 강한 먹이 자극과 연결되면 효과적으로 반응을 산출할 수 있음을 깨달았다. 처음에 개의 먹이(무조건 자극, Unconditioned Stimulus: US)만이 침샘 분비(무조건 반응, Unconditioned Response: UR)가 가능했는데, 개 먹이와 연결이 반복되자 조수만 보아도 효과적 자극(조건 자극, Conditioned Stimulus: CS)으로 단독으로 침을 흘리게 하는 조건 반응(Conditioned Response: CR)이 된 것이었다. 이후 두 사람은 수년간 다양한 실험을 했고, 조수 톨로키노브는 거리 반사(reflex at a distance)로, 파블로프는 '조건 반사(conditioned reflex)'로 이름을 붙였다. 그리고 조수가 먹이를 가져오지 않는 일이 한동안 반복되자 조수의 모습이 침 분비를 촉발하는 능력이 점차 감소하는 소거(extinction)가 일어났다. 그는 이 연구 결과를 1903년 마드리드의 14회 세계 내과 학회에서 「동물의 실험 심리학과 정신병리(The Experimental Psychology and Psychopathology of Animals)」라는 제목으로 발표했다. 다음 그림은 파블로프 고전학습의 가장 간단한 도식이다.

[그림 8-4] 개의 조건학습

개는 음식(US, 무조건 자극)을 먹으면 침샘에서 침(UR, 무조건 반응)이 나온다. 그러나 음식과 종소리(CS, 조건 자극)를 연결하는 학습 훈련을 하면, 이후 종소리만 들려주어도 개의 기억에서는 음식을 연상시키므로 침을 흘리게(CR, 조건 반응) 된다. 파블로프 조건 형성은 야생 동물이 경험을 기억하는 가장 흔하고 단순한 방법으로, 동물이 기억을 위해서뿐만 아니라 위협을 학습하여 생존하는 기초적인 학습 방식이다. 일반적으로 파블로프 조건 형성은 자극[조건 자극(CS)과 무조건 자극(US)] 사이에 관계가 형성되는 연합학습의 한 사례이다. 무조건 자극이 조건 자극의 의미를 변화시켜 조건 자극이 선천적인 방어 반응과 생리 반응을 이끄는 자극과 자극이 연합하는 학습이며, 세상의 사건과 동물의 감정 반응을 연결하며 무조건 자극이 뒤따를 가능성이 크다고 경고를 보내는, 원래 의미가 없었던 자극이 예측적 가치를 학습하는 것이다. 침샘 분비와 기타 감정 반응은 학습하는 것이 아니라 선천적이며 단순한 무조건 자극에 의해 유도될 뿐이다. 파블로프 당시에는 대뇌에서 일어나는 것으로 여겼지만, 실제는 대뇌 아래 방어-생존 반응 시스템에서 일어나는 반사이다. 파블로프 박사가 실험에서 얻어 낸 자극 일반화(stimulus generalization), 변별(discrimination)이라는 개념은 억압의 설명에 매우 유용한다. 자극 일반화란 원래 자극과 비슷한 자극, 그러니까 원래 종소리가 아니라 비슷한 울림소리를 들려줘도 개는 침을 흘릴 수 있으며, 이는 사람이 숲에서 나뭇가지를 뱀으로 오인해서 놀라거나 도망치는 것 등을 말한다. 즉, 감정학습에 관련된 조건 자극의 일반화는 흔히 당사자가 두 자극을 변별하지 못해서 일어난다. 유명한 심리학자 존 왓슨(J. Watson)의 '리틀 알버트(Little Arbert)' 실험은 너무나 유명한 실험으로, 심리학 교과서에도 나오는 소재이다.

존 왓슨 교수는 대학에서 일하는 직원의 아이인 알버트를 알고 있었다. 알버트는 너무 뚱하게 반응이 없는 참 심심한 아이였다. 단 한 가지, 큰 소리라는 자극만 빼면 그렇다는 말이다. 왓슨은 조수인 레이너와 함께 알버트를 대상으로 실험하였다. 그 내용은 흰 쥐를 보여 주면서 깜짝 놀랄 만할 큰 소리를 같이 들려주는 것이었다. 5일 동안 이렇게 했더니 알버트는 흰 쥐를 무서워하는 건 물론이고, 다른 흰 털을 가진 동물들이나 흰 털코트, 왓슨의 흰머리 등에도 놀라는 반응을 보였다.

이 내용에서 보듯 알버트는 쥐의 색, 흰색은 물론이고 유사한 자극을 주는 흰털 종류에 혐오 반응을 보여 이 학습 현상을 발표한 왓슨을 심리학의 거장으로 만들어 주었다. 이처럼 고전학습은 조건 자극(신호 조건)과 유사한 주요 감각을 자극하는 유사 자극에 반응하는데, 뇌겉질과 해마에서 감각 자극의 패턴 분리와 패턴 완성과 관련된 기능이다. 뇌가 자극을 정확히 구별하지 못하는 성질은 '억압(된 것)의 귀환'을 설명하는 중요한 열쇠가 된다. 이런 측면에서 저자는 프로이트의 초기 메타심리학을 연합의 심리학으로 별명 지었다. 앞서 저자는 프로이트의 『과학적 심리학 초고』에 나온 신경 원칙 중 뉴런의 두 번째 원칙(Freud, 1895, p. 62)은 '동시성에 의한 연합의 법칙(헵의 원칙)'이라고 설명했다. 프로이트는 이 신경 뉴런의 두 번째 원칙으로 연상과 억압을 수반하는 상징 형성을 설명하였고 상징이 대치되는 과정, 즉 다른 뉴런으로 에너지가 이동하는 메커니즘은 수수께끼라 하였다(Freud, 1895, p. 112).

헵(D. Hebb, 1904~1985)의 학습 원칙(Hebbian learning theory) 혹은 가소성(Hebbian Plasticity)의 개념을 설명해 보자. 두 신경세포군 간 시냅스 가중치의 변화 규칙(rule of convariation of synaptic weight)이라고도 하며, 요약하면 "동시에 발화하는 두 신경세포는 함께 연결된다(cells that fire together, wire together)."라는 것이다. 프로이트보다는 한참 늦게 발표된 것이지만, 그는 프로이트의 뉴런의 원칙을 '기억 흔적(engram, memory assembly)'이라고 하는 신경망으로 확장했다. 그는 학습과 기억이란 틀림없이 신경망의 변화, 즉 적절한 기술이 발달하면 증명될 수 있는 실제적인 물리적 변화에 의해 일어나는 것이라고 제안했다. 헵의 학습 원칙을 요약하면, "신경세포 A가 신경세포 B를 자극하는 데 충분하고 지속적인 원인으로 작용한다면, 신경세포 B에 대한 신경세포 A의 작용력이 내부적으로 변화를 일으켜 증가하게 된다."라고 말할 수 있다. 헵의 가장 유명한 저서인 『행동의 조직(The Organization of Behavior)』(Hebb, 2005)에서 기억, 학습과 같은 모든 심리학적 기능은 특정 회로망으로 연결된 세포군의 활동 때문일 것이라고 제안했다.

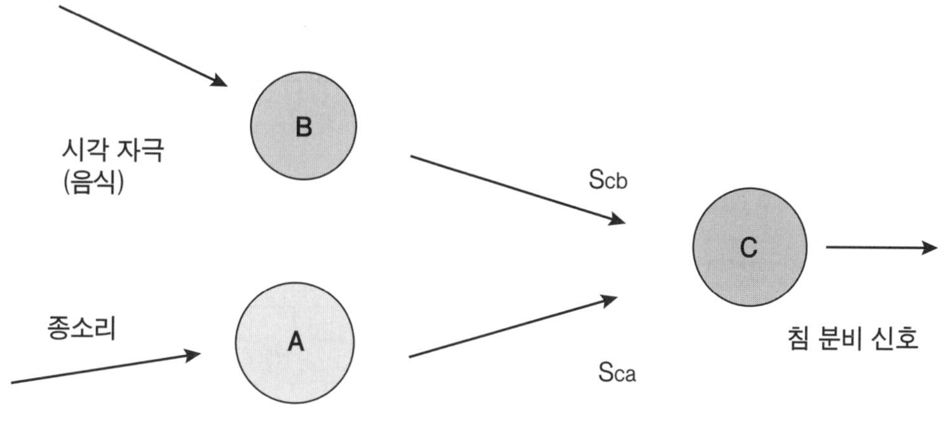

[그림 8-5] 헵의 학습

헵에 따르면 세포군 A가 세포군 B를 흥분시키고, B는 다시 다른 세포군 C를 흥분시키는 방식으로 세포군이 서로 협동 작용을 한다고 하였다. 경험이란 세포군들의 조합으로 이루어진다. 예컨대, 한 물체의 장면은 일군의 세포군에 해당할 것이며, 그 물체의 이름은 또 다른 일군의 세포군에 해당할 것이다. 헵의 학습 이론에서도 조건 자극을 대표하는 신경 뉴런(망) A는 무조건 반응을 대표하는 신경 뉴런(망) B와 함께 충전되므로, 이것이 반복되어 학습되면 신경망의 연결이 강화되어 조건 자극 A만으로도 생물체는 조건 반응을 일으킨다.

고전학습은 지연학습(delay conditioning)이라 불리며, 비서술 기억에서 진행되고 해마의 참여 없이 가능한 학습으로 알려져 있다. 지연학습은 조건 자극이 무조건 자극을 선행하고 무조건 자극이 일어날 때까지 남아 있어야 강한 조건 형성을 얻는다는 파블로프의 연구 결과에 의한 용어이다. 그러나 조건 자극이 계속 남아 있지 않고 무조건 자극 간의 간격을 둔 학습을 흔적학습(trace conditioning)이라고 하는데, 모러(Moeller, 1954)를 비롯한 다른 연구자들의 실험에서 대략 0.5초(500msec)의 간격이 조건 형성에 최적이며, 2초(2,000msec) 전후가 되면 불가능하다고 하였다. 이는 기억 용량의 부족 때문일 것이다. 리처드 톰슨(R. Thompson)과 동료들은 흔적학습(Kandel, 2005, p. 77에서 재인용)에 해마가 필요하다는 것을 발견했으며, 로버트 클라크(R. Clark)와 래리 스콰이어(L. Squire)는 시간적 통합에 관해 간단한 「눈꺼풀 반사의 경과 시간 조건화(time lapse conditioning of the eyelid reflex)」라 불리는 실험을 실시했다(Clark & Squie, 1999). 공기(air) 분출 자극에 눈을 감는 반사는 빠르게 학습되지만, 그것이 무의식적인지 의식적인지는 놀랍게도 자극 사이의 시간의 간격에 달려 있었다.

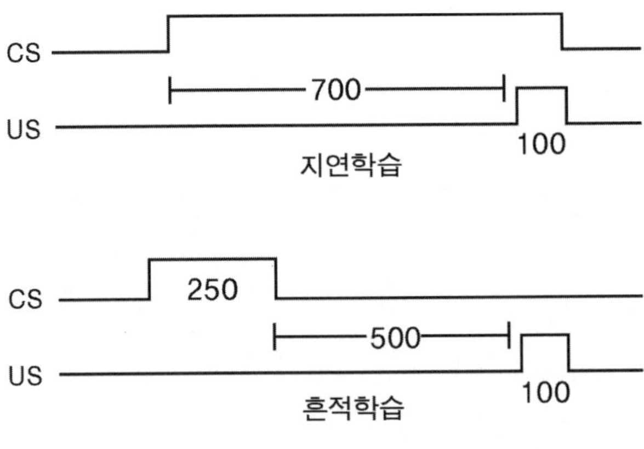

[그림 8-6] 흔적학습(단위: msec)

사실상 동시 자극이 바탕이 된 지연 조건화에는 대뇌겉질이 전혀 필요하지 않다. 대뇌를 제거한 토끼는 대뇌겉질, 기저핵, 대뇌변연계, 시상, 시상하부 등의 구조물이 없어도 경고음과 공기 분출의 시간이 겹칠 때 여전히 눈꺼풀이 닫히는 조건화를 나타낸다. 하지만 기억 흔적 조건에서는 해마와 그것이 연결된 구조(앞이마겉질 포함)가 제대로 기능하지 않으면 아무런 학습이 이루어지지 않는데, 피험자인 동물이 앞서 나온 경고음과 후속되는 공기의 분출 사이에서 체계적인 관계를 발견하기 위해 그 경고음이 활동적이었던 기억 흔적을 유지해야 하기 때문이다. 인간 피험자의 경우, 그 사람이 경고음과 공기 분출 사이의 체계적인 예측 관계를 알고 있음을 보고할 때 비로소 기억 흔적 조건화가 일어나는 것 같다. 노인이나 건망증, 치매 환자 등과 같이 너무 산만해 시간 관계를 알아차리지 못하거나 해마의 손상이 있어 의식 기억에 문제가 있는 사람은 조건화가 나타나지 않는다. 조건화된 피험자는 뇌 영상 촬영에서 학습 도중 대뇌겉질과 해마를 활성화하는 사람임을 확인할 수 있다.

저자는 조건화의 패러다임에 의식과 진화로 얻어진 어떤 특별한 역할이 있음을 추측한다. 지연학습의 무의식적인 과정(비서술 기억)을 조건 자극의 인식이 필요한 의식적 과정(서술 기억)으로 변환하는 도중에 있는 단계가 흔적학습이며, 순간학습이 시간 기억이 필요한 학습으로 변화하는 것이다. 이를 위해 해마와 그것에 연결된 영역(앞이마겉질)으로 이루어지는 계통 진화가 시간과 기억 용량을 연장하는 데 필요 불가결한 역할을 맡게 되었을 수 있다. 추측건대, 진화적 생존 방법의 고전학습은 더 오래되었고 단순하고 빠른 반응을 통해 회피를 주목적으로 한 생존 방법이며, 최소한의 기억 용량으로 효율적인 반응을 한다. 그래서 학습의 형태가 진화, 도약하면서 비서술학습의 불확실성을 대뇌와 해마가 참여해서 보완했다고 생각한다. 얼핏 보기에도 흔적학습은 비서술 무의식 학습인 고전학습과 의식적 회피학습인 도구학습의 중간에 위치한다. 기억의 진화라는 측면에서 흥미 있는 자료이다. 비서술과 서술 기억의 두 가지 기억 장치는 종종 공통 과제와 각기 다른 감각 자극의 부호화에 함께 참여한다(Kandel, 2005, p. 77)고 한다. 저자는 자연에서 일어나는 대부분의 지연성 자극이 뇌의 진화적 자극을 준 것이 아닌지 상상해 본다. 흔적학습은 의식의 참여와 비서술학습이 혼합된 모델이며, 이 학습은 조건 자극과 무조건 자극이 관련한 의식이 필요하므로 일상에서 일어나는 위협 조건 형성, 정신적 트라우마 과정에 신호, 맥락 자극에 의한 우연한 학습을 설명할 수 있다. 그러나 해마와 앞이마겉질의 어느 부분이 흔적학습을 담당하는지, 뇌의 어느 부분과 함께 작용하는지는 아직 알려지지 않았다.

캔델과 스콰이어(Kandel & Squire, 2009)는 파블로프의 조건학습과 헵의 학습 이론, 프로이트의 신호 불안을 신경 기억의 패러다임으로 전환하고, 실험신경증(experimental neurosis)이라고 말했다. 캔델은 바다민달팽이(Aplasia California)의 공포 조건학습을 연구하여 신경세포의 구조적 변화와 세포 내 신호 전달과 단백질 합성을 증명하였고, 기억의 신호 전달(signal transduction)로 2000년에 노벨 생리의학상을 받았다. 즉, 학습이 있으면 신경의 구조적 변화가 있으며, 새로운 신경전달이 생성되거나 강화되어 기억 현상으로 전환되는 것을 증명하였다. 학습 현상에 대한 증명은 과학사의 대단한 업적이다.

> 바다민달팽이의 신경회로는 놀라울 만큼 불변임이 드러났다. 모든 바다민달팽이 개체에서 같은 세포가 반사회로를 이루고 있을 뿐 아니라, 그 세포들은 똑같은 방식으로 연결되어 있다. 각 감각세포와 각 사이 신경세포는 특정한 표적 세포 집합에만 연결되어 있다. 이 발견들은 칸트가 말한 선험적 지식[9]의 단순한 사례를 처음으로 보여 준 것과 같았다. 유전적 · 발달적 통제에서 뇌에 새겨진 것이 행동의 기본 구조임을 보여 주었다 …… 이 깨달음은 한 가지 심오한 의문을 제기했다. 그렇게 정확히 배선된 신경회로에서 어떻게 학습이 일어날 수 있을까? 즉, 행동의 신경회로에 가변성이 없다면, 어떻게 행동이 수정될 수 있는 것일까? 이 명백해 보이는 역설의 해답은 꽤 단순하다. 학습이 신경세포 사이의 연결 강도를 바꾸는 것이다. 설령 바다민달팽이의 유전적 발달적 프로그램이 세포 사이의 연결을 하나하나 세밀하게 지정해 불변성을 띠게 한다고 해도, 그런 연결의 '강도'는 규정하지 않는다. 따라서 로크라면 예측했을 것도 같지만, 학습은 신경회로의 연결 부위에 작용해 기억을 형성한다. 게다가 연결 강도의 지속적인 변형은 기억이 저장되는 메커니즘이다. 우리는 이 기본적이고 환원된 형태에서 본성과 양육, 칸트와 로크의 견해가 화해하는 것을 본다(Kandel, 2016, pp. 74-75).

이 얼마나 멋진 표현인가? 캔델은 신경생물학에 두 철학자를 소환했다. 캔델은 정신의학을 수련했고 책에서 프로이트의 정신분석을 자주 인용하는 학자이다. 지금까지 뇌신경 연구자들은 파블로프와 프로이트 두 사람의 연구를 연결조차 하지 않았지만, 저자가 프로이트의 억압이 학습 현상이라는 것을 밝히면 비의식-비서술 기억의 세계에서 이루어지는 것이며, 이는 캔델이 증명한 기억 현상이 된다.

---

9) 선험(a priori)적 지식은 시공간 지각, 범주(기억 분류) 같은 인류 공통의 비경험 지식을 말한다. 컴퓨터 뇌과학자 제프 호킨스는 『천 개의 뇌(A Thousand Brains)』(Hawkins, 2021)에서 뇌겉질 기둥은 기준틀이라는 공통 알고리즘을 가지고 세상의 구조를 학습한다고 주장한다.

그렇다. 지금까지 저자의 말에 집중한 독자라면 이제 이해할 것이다. 파블로프의 고전학습도 연합학습인데, 앞선 조건 자극이 무조건 자극을 예측하기 때문에 조건학습은 미래를 예측하는 것이 아니라 과거를 투사하는 것이다. 수학에서도 회귀 분석(regression analysis)이 미래를 예측한다고 흔히 표현하지만, 정확히 말하면 과거 사실의 통계이고 경험 패턴이다. 그러나 감정 조건이 학습된 환자들은 과거 일이 현재처럼 생생하므로, 현재 진행되고 있으며 미래에도 일어날 것으로 착각한다(화학적 감정이 현재 재연되므로, 엄밀하게는 착각이 아니다). 이것이 신경증의 기본 병리이다. 과거 경험을 현실처럼 느끼게 해 주는 것은 하의식 기관의 감정의 역할이다. 뇌신경이 나이를 먹고 늙게 되면 시냅스의 연결이 깨지면서 앞이마겉질의 통제 기능이 줄어들어 사소한 자극에도 감정 기억이 활성화되며 쉽게 노여움을 타게 된다. 엠마의 사례에서 옷, 웃음 같은 프로이트의 상징이란 감정학습이 발생한 환경에서 만들어진 신호 자극의 학습이며, 이후에 다시 증상을 재연할 수 있는 조건 자극이 된다. 가장 쉽고 낮은 단계의 학습에서 서술 기억이나 비서술 기억 모두 이런 짝짓기로 시작하는데, 이렇게 짝짓기가 부호화되는 것이 연합학습의 특징으로, 정신분석의 자유연상은 이렇게 학습의 기원을 찾아가 거기에 묻혀 있는 상징의 의미, 부착된 정서를 발굴하는 과정이다. 분석의 과정에서 서술 기억과 비서술 기억, 연상된 기억을 탐색하게 된다. 프로이트 본인이 고고학을 좋아했듯이, 정신분석의 과정도 고고학자가 유물을 발굴하는 작업과 비슷하다.

학습의 신호 조건과 맥락 조건

파블로프의 조건 형성은 특정 조건 자극뿐만 아니라 조건 자극과 유사한 자극, 외적·내적 환경(맥락)이나 상황에서도 조건 형성이 일어나서 무조건 반응(UR)이 나타날 수 있다.

> 더운 여름에 사슴 한 마리가 물가에서 시원한 물을 마시고 있다. 갑자기 호랑이 한 마리가 나타나 사슴을 공격한다. 사슴은 놀라고 상처를 입었지만, 가까스로 도망갔다. 이후 사슴은 물가에 다가가는 길이 매우 두려워 바짝 긴장하지만, 살기 위해서는 본능을 쫓아 물가로 와서 물을 먹어야 한다.

사슴은 아마도 호랑이 자체(호랑이의 모습, 냄새, 울음 등)의 물리적 신호뿐 아니라 사건이 일어난 장소와 관련된 물리적 환경, 그리고 방어-생존 반응, 공포, 두려움까지 포함한 경험과 관련된 정보를 기억해 둘 것이다. 이는 야생의 현장에서 일어나는 파블로프 조건 형성으로 인간과 동물에게 모두 공통으로 작용한다. 이러한 특정 조건 자극, 호랑이에 의한 파블로프 조건 형성을 단서(신호) 조건 형성(cued conditioing), 기타 외부 환경 및 내부 자극 등에 의한 조건 형성을 맥락 조건 형성(contextual conditioning)이라 한다. 신호, 맥락 조건 자극은 쉽게 일반화될 수 있다. 브로이어와 프로이트의 『히스테리의 연구』(Breuer & Freud, 1895b, p. 30), 『억압, 증상 그리고 불안』(Freud, 1926b, p. 216)에도 이런 글이 있다.

> 연상의 법칙에 따라 기억을 불러일으킬 수 있는 것과 마찬가지로 발작도 불러일으키는 것이 가능하다. 발작을 일으키려면 히스테리를 일으키는 부분(hysterogenic Zone)[10]을 자극하든지, 병인이 되는 경험과 유사한 새로운 경험을 하면 된다.

> 정서 상태는 애초에 겪은 외상성 경험의 잔존물로서, 마음에 새겨져 있다가 비슷한 상황이 일어나면 기억 상징들처럼 되살아난다.

신호 단서와 맥락 조건 형성으로 사건 기억을 자극하여 현재도 나쁜 영향을 미치는 경우, 흔히 정신적 외상(트라우마)을 입었다고 말한다. 앞서 말했듯이 '억압의 귀환'도 기억을 자극하는 조건 자극에 의한 것이다. 저자는 여기서 오랫동안 궁금했던 "억압의 파생물(자)이란 무엇인가?"라는 용어에 대한 의문을 풀 수 있었다. 프로이트는 환자의 연상과 꿈에서 여러 상징을 발견하였고 관찰했을 것이다. 저자는 그가 관찰한 다양한 선호 단서, 맥락 자극을 상징, 억압의 파생물이라고 지칭했다고 추정한다.

> 실제로 우리가 환자에게 어떤 목적을 지닌 의식적 사고의 영향 없이, 그리고 아무런 비판적 판단 없이 내보이라고 요구하는 연상(이 연상을 토대로 우리는 억압된 표상을 의식의 내용으로 재구성할 수 있다.)이 바로 억압된, 멀리 떨어져 있거나 변형된 파생자인 것이다. 이런 과정에서 우리가 관찰한 것은, 환자가 그와 같은 연상을 실타래처럼 계속 풀어내다가 어떤 생각에서 장애에 부딪힌다는 사실이다. 이것은 그 생각과 억압된 표상과의 관계가 너무 분명하여 그 환자가 어쩔 수 없이 재차 억압을 시도하기 때문에 일어나는 현상이다. 신경증 증상들도

10) 샤르코가 자주 사용한 말이라고 한다.

마찬가지로, 이와 똑같은 조건을 내보이는 것 같다. 왜냐하면 그 증상들 역시 억압된 표상의 파생자로, 억압된 표상은 그 파생자들을 이용하여 이전에는 진입을 거부당했던 의식에 성공적으로 진입할 수가 있었다.

우리는 자연에서, 그리고 일상에서 동물이나 곤충을 보면 선천적으로 무서움을 느낀다(1차 억압, 방어-생존 회로). 물론 어려서 그 동물에 놀란 경험이 있을 수도 있다. 우연히 산길에서 뱀에 물려 놀란 경험이 있는 사람은 선천적인 방어-생존 회로가 활성화된다. 그 물렸던 사건 일화가 기억에 없다고 해도, 다른 장소나 다른 시간에서 다른 뱀을 보더라도, 심지어는 나뭇가지나 젓가락을 볼 때면(비슷한 단서, 신호 자극, 맥락 자극) 불안하고 불쾌한 감정이 나타나며 회피 행동(방어-생존 반응)을 만들어 낸다([그림 11-3] 참조). 방어-생존 반응 시스템은 비서술 반응 시스템만 공유하므로 신체적 · 정신적 반응-증상만 나타난다. 또한 유사 자극은 별개의 다른 사건이기 때문에 곧바로 과거 뱀에 물렸던 원사건(경험)의 기억을 연상시킬 수는 없다. 또한 커다란 사건이었다면 전두엽의 기능이 차단되어 미래에 기억 회상이 더욱 어려울 것이다.

이런 현상은 일상생활에서 얼마든지 관찰할 수 있다. 우리 속담에 "자라에 놀란 가슴, 솥뚜껑 보고 놀란다."라는 말이 있다. 조건 형성의 일반화를 잘 표현한 말로, 자라에 물려 공포 반응이 생긴 사람이 자라와 비슷한 검은 솥뚜껑을 보고 공포 반응한다는 것이다. 남편에게 학대당한 아내는 남편이 왔음을 상징하는 한낮의 초인종 소리에 소스라치게 놀라고, 퇴근 무렵이 되면 불안해진다. 교통사고 경험이 있었던 택시기사는 그 사고 장소를 피해 돌아다니기도 한다. 주변의 사람에게 스트레스를 받는 사람은 그들의 출현을 의미하는 모습, 목소리, 발소리 등의 물리적 조건 자극에 놀라고 가슴이 뛰며 두려워한다. 그러나 이렇게 일반화(왜곡, 상징)된 유사 자극에 자신이 왜 두려워하는지는 전혀 알 수가 없다. 또 한 가지 중요한 점은 신호나 맥락 자극이 아니더라도 과거의 잠재된 혹은 회복된 트라우마 증상이 현재 스트레스의 압박이 심하면 재발할 수 있다는 점이다(스트레스 유발 역전). 이는 앞서 1차 억압과 2차(본유) 억압의 관계에서 정신분석의 관점과 현대 정신의학의 경험이 일치하는 부분으로 설명한 바 있다. 파블로프의 학습, 비서술인 기억처럼 서술 기억도 맥락 의존적이다. 이 부분은 제10장 '프로이트의 뇌와 기억 시스템'에서 다시 설명한다. 사람은 누가 다치거나 위협을 당하는 관찰만 해도 학습 형성이 가능하며(관찰 조건 형성), 부모님이나 교사의 가르침에 의해서도 위험과 위협을 배운다(지시 조건 형성). 이러한 두 가지 변형된 형성은, 특히 인간에게만 의미가 있다고 한다. 실험실에서는 피험자에게 실제 전기 충격 없이 전기 충격(조건 자극)이 뒤따를 것이라고 간단히 말만 해 줘도 조건 반응을 끌어내기 충분하다고 한다.

이제 여러분은 한발 더 나아가 무조건 자극(UC)과 무조건 반응(UR)의 의미를 살펴본다. 개가 음식을 보면 침을 흘리는 것은 단순한 행동이 아니며, 음식이 주는 감각적 자극에 대한 선천적 반응과 먹고 난 후 만족감이나 쾌감 그리고 정서에 대한 기억 때문이다. 결국 학습이란 감각적 자극, 선천적 반응(본능), 정서(동기), 기억(의식) 때문에 만들어지고 유지된다는 것이다. 파블로프의 개에게는 제공된 음식-고기가 발생시킨 개의 정서-느낌이 학습의 강력한 동기가 된다. 파블로프의 무조건 반응(UR)은 개가 가지고 있는 기본적인 생리적 욕구와 욕망-정서이고, 이는 다윈에 의하면 선천적이다. 다윈의 영향을 받은 미국의 초기 심리학자인 손다이크(Thorndike, 1874~1949) 역시 동기와 학습에서 쾌락주의적 느낌의 역할을 강조한 영국 사상가들(로크, 흄, 홉스, 벤담, 밀, 베인, 스펜서)의 오랜 전통을 따랐다고 한다. 그는 "동물이 시행착오를 통해 행동을 학습하며, 쾌락을 가져오거나 고통(불쾌)을 피하는 반응이 동물에게 각인된다."라고 주장했다(LeDoux, 2015, p. 163). 그는 이 학습 규칙을 '효과 법칙(law of effect)'이라 불렀다. 다윈의 원리를 개인에게 적용한 이 법칙에 따르면 쾌락, 만족이나 고통, 불쾌가 유기체의 생존을 돕고, 이 쾌락주의적 상태와 연결된 행동은 후일의 사용을 위해 획득된다(Panksepp & Biven, 2011, p. 58). 미국의 뇌과학자 판크셉은 선천적 욕구, 욕망의 정서를 과학적으로 연구했다. 그는 이러한 정서학습, 비서술 기억은 겉질 아래에 정서를 담당하는 시상, 편도체 그리고 중뇌의 신경핵에서 이루어진다고 생각하고, 전기 자극을 통해서 뇌의 깊숙한 중뇌에 위치한 수도관 주위 회백질 등은 일곱 가지의 1차 기본 정서와 무조건 반응을 일으키는 구조물이 선천적으로 배선되어 기능하고 있음을 많은 실험 결과를 바탕으로 설명하고 있다(Panksepp & Biven, 2011, p. 81). 그는 자신의 책과 강의에서 정서를 통한 학습의 원리를 설명한 손다이크의 효과의 법칙에 대해서, 이 용어를 '정서의 법칙(law of affect)'으로 변경하는 것이 좋겠다고 말했다(Panksepp & Biven, 2012). 판크셉은 손다이크 이후 왓슨이나 스키너 등 행동주의자들에 의해서 쾌락과 고통이라는 주관적 개념이 보상과 처벌(강화)라는 용어로 대치되고, 도구학습이 학계의 주류를 이루었기에 정서, 감정이 학계에서 한동안 주목받지 못하고 발전하지 못한 것을 상당히 아쉬워하였다. 판크셉은 결국 동물과 인간의 진화의 한 시점에서, 내적으로 경험된 정서적 느낌에 이끌려 외부 사건과 그 의미를 의식적으로 숙고하는 능력이 진화함으로써 행동의 유연성이 확보되었다고 한다. 행동의 유연성이란 해로운 환경과 포식자를 피하고 유익한 음식을 찾는 것을 말한다.

어두운 곳을 선호하는 실험 쥐가 어두운 곳에 있을 때마다 전기 충격(공포 자극)을 주면 쥐는 어두운 곳을 피하게 된다. 비의식적인 신호 또는 맥락 자극이 엠마의 공포학습을 재생시켜 엠마가 옷 가게를 가지 못하고 두려워하는 것이 바로 자동 회피 행동이다. '억압'은 재생된 공포학습이며, 동물 모델은 수동, 자동 회피를 잘 설명하고 있다. 제14장 '억제(회피)의 학습(습관)'의 2요인 학습 이론에서 다시 설명한다.

파블로프와 프로이트의 불안

앞서 제7장 '마음 모델의 진화' 중 '억압과 불안'에서 프로이트의 불안 이론을 언급하였다. 행동주의자들은 불안을 일종의 자극 대체라고 본다. 처음에는 무조건 자극에 대응해서만 방어적인 반응(무조건 반응)이 생성된다. 조건 자극과 무조건 자극이 짝을 이룬 후에 조건 자극은 무조건 자극에 의해 유도된 것과 같은 방어 반응(조건 반응)을 산출한다. 프로이트의 관점(현대 인지심리학의 관점)에 따르면, 예기 불안의 학습은 내부의 불안이나 방어적 각성을 일으키는 능력을 갖춘 중립적 자극의 부여를 포함하며, 그다음에 동기화된 일관된 방식으로 단일 반응이 아니라 전체 반응 또는 행동 레퍼토리가 포함된다(Kandel, 2005, p. 132). 그는 실제(자동) 불안[actual(automatic) anxiety]과 신호 불안(signal anxiety)으로 구분하였다. 자동 불안은 외적 · 내적 불안에 대한 선천성인 반응이며, 그 원형을 출산 외상에서 기원하여 생명의 위협을 초래하는 두려움과 공포에 의한 충격으로 보았다. 억압 이론에서는 1차 억압이라고 표현하였다. 그러나 자동 불안을 선천적인 공포(fear)로 본 학자도 있다. 프로이트는 처음에는 신호 불안을 이드에게서 기인하는 무의식적인 성적 혹은 공격적 충동과 이 충동에 상응하여 초자아가 행할 수 있는 처벌의 위협 사이에서 발생하는 심적 갈등의 결과로 생각하였다. 나중에 그의 해석은 달라지는데, 신호 불안은 자아의 방어 기능이 어느 정도 갖추어지고 위험을 예상하는 능력이 생긴 이후에 느끼게 되는 불안이며, 이러한 신경증적 불안은 자기 내부에서 발생한 위험을 마치 외부의 위험인 것처럼 취급하는 자신의 리비도 요구로부터 도주(회피)를 의미하는 것과도 같다. 이는 직접적으로 갈등을 일으키는 긴장이 아니라 예상되는 본능적 긴장을 자아에 알리는 경고, 혹은 자아의 방어적 경계를 취하도록 하는 기능을 한다. 따라서 불안은 자아가 위험에 반응할 때 발생하고 도피로 이어지는 신호가 되는 것이다. 그의 생각으로는 신호 불안이 받아들일 수 없는 생각이나 느낌이 의식에서 인식되지 못하도록 방어기제를 동원하는데 이것이 억압(본유 억압)이며, 자아의 방어기제를 적절하게 활성화하지 못하면 보다 지속적이고 심각한 불안이나 다른 신경증적 증상을 초래한다는 것이다. 그래서 이 신호 불안은 신경증적 갈등의 인식을 피하려는 적응적 신호인 동시에 신경증적 갈등의 증상 발현이라고 개념화하였다. 파블로프는 조건 반사에 대한 연구에서 무조건 자극이 보상을 줄 때 욕구적(appetitive)이라고 평가했지만, 무조건 자극이 혐오 자극이라면 방어적 조건 형성이 만들어지는 것은 같은 과정이라고 했다. 다음에 그는 방어적 조건 형성이 학습된 공포의 한 형태인 신호 불안에 대한 좋은 실험 모델을 제공하여 상당한 이점이 된다는 것을 발견했다.

> 자연조건에서 정상적인 동물은 즉각적인 이익이나 해를 입히는 자극뿐 아니라 그 자체로 이러한 자극이 오는 신호를 나타내는 다른 물리적 또는 화학적 실체에 대해서도 반응해야 한다는 것을 분명히 알 수 있다. 먹이가 되는 작은 동물에게 해를 입히는 것은 맹수의 치아와 발톱만이 아니라 그들의 모습이나 소리도 포함한다(Kandel & Squire, 2009, p. 135에서 재인용).

이 문장처럼 파블로프의 제안과 비슷한 내용이 프로이트에 의해 독자적으로 만들어진 것이 바로 신호 불안으로 생각된다. 고통스러운 자극은 상징적이거나 실제로 종종 중립적인 자극과 연관되기 때문에, 중립적인 자극과 해로운 자극의 반복된 짝짓기 결합으로 인해 중립적인 자극을 위험한 것으로 인식하고 불안을 유발할 수 있다고 가정했다. 저자가 보기에 신호 불안은 후천적인 공포 반응으로, 내적 · 외적 위험의 예측에 대해 학습된 두려움이다. 프로이트는 이 논의의 생물학적 맥락에서 다음과 같이 썼다.

> 무기력을 수반하는 이런 종류의 외상적인 상황을 개인이 예견하고 예상할 수 있다면, 단순히 상황의 발생을 기다리기보다는 자기 자신을 보존하는 능력을 발휘할 수 있을 것이다. 그러한 기대에 대한 결정 요인을 포함하는 상황을 위험 상황이라고 부르자. 이 상황에서 불안의 신호가 주어진다(Freud, 1926b).

따라서 파블로프와 프로이트는 실제 위험이 나타나기 전, 위험 신호에 방어적으로 대응할 능력을 갖춘 것은 생물학적 적응이라고 평가했다. 이렇게 보면 두 사람은 같은 내용의 불안을 말하고 있다([그림 8-7] 참조, Kandel, 2009, p. 132). 신호 불안 또는 예기불안은 마치 신호가 환경에서 온 것처럼 싸우거나 도망갈 준비를 시키는 예측, 경고이

〈행동주의자의 예기 불안〉

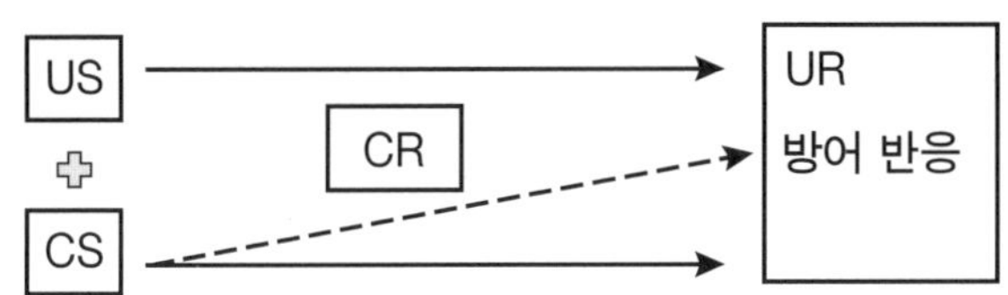

〈프로이트의 예기 불안〉

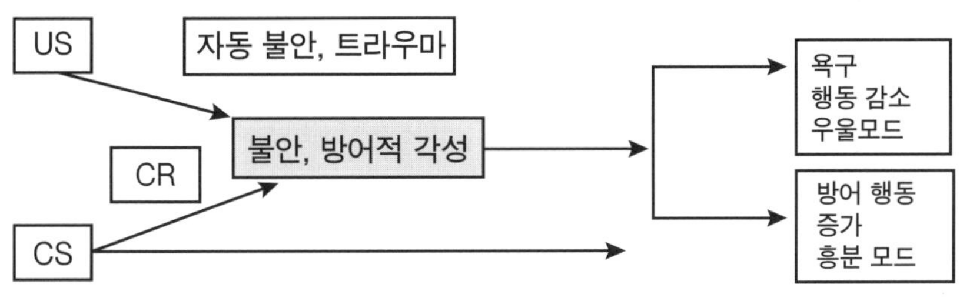

[그림 8-7] 예기 불안

지만, 정확하지 않아서 많은 착각을 불러일으킨다. 프로이트는 정신적 방어를 내부 위험에 대해서 실제처럼 싸우거나 혹은 철수하는 것에 대치하는 행위라고 했다. 따라서 신호 불안은 어떻게 심리적 방어가 형성되는지, 정신병리학에 결정론이 어떻게 태동하였는지 연구할 기회를 제공한다(Kandel, 2005, pp. 78-79). 이 둘이 만나서 토론했다면 얼마나 흥분되었을지 즐거운 상상을 해 본다.

저자가 비록 프로이트의 초기 저작에서 억압의 비밀을 풀 열쇠를 찾았지만, 평소 궁금했던 같은 시대에 살았던 두 거장, 프로이트와 파블로프의 학문적인 관련성에 대해서는 문헌을 통해서도 발견할 수 없었다. 다만, 파블로프가 베를린에 근거를 둔 경험주의 학파의 회원인 칼 루드비히 밑에서 수학하였으며, 프로이트도 같은 학파인 브뤼케 아래에서 수학했다는 사실이 있다. 파블로프는 동물 연구 중에 감정의 힘을 잘 알고 있었으며, 네바강 홍수 때 자신의 연구실이 침수되어 키우던 실험용 개들이 익사할 뻔했던 사고 이후 그 개들에게서 요즘의 외상후 스트레스 증후군(PTSD) 같은 증상이 나타나 더욱 감정의 힘을 중요하게 생각하였다고 한다.[11] 한편, 프로이트는 뇌과학을 단념하고 감정에 기반한 정신분석적 메타심리학(emotion-based psychoanalytic metapsychology)

11) 파블로프는 노년에 “내 실험에 희생된 700마리의 강아지 이름을 모두 기억한다.”라며 자신의 죄책감을 토로했다.

을 발전시켰으나, 과학이라는 확실한 인증을 획득하지는 못했음을 마지못해 인정하였다 (Panksepp & Biven, 2012, p. 61).

제9장

스키너의 도구학습과 억제의 행동과학

어떤 의미에서 우리는 모두 프로이디안(Freudian)[1]이다.

–『자유와 존엄을 넘어서』(Skinner, 1971)

저자는 앞서 프로이트의 '억압'을 파블로프와 스키너의 두 가지 유형의 학습으로 설명한다고 밝혔다. 독자들은 지난 단계에서 억압(자동 회피)의 고전학습을 이해하였다. 책의 흐름보다는 앞으로 전개할 의도적 억제와 억제 습관화의 기전 이해를 위해서, 많은 사람이 알고 있는 스키너의 도구학습과 관계를 설명하는 것이 이 장의 목적이다. 스키너의 도구학습은 고등학교 교과서에도 나오는 내용이며, 정신의학과 심리학을 전공했거나 평소 관심이 있었다면 비교적 이해가 쉬울 것이다. 프로이트의 억압에 대한 스키너의 행동주의 설명은 인간 행동을 설명하는 데 매우 도움이 되지만 다소 깊이가 있는 내용이다. 동물의 학습 과정은 대부분 사건과 사물 간의 다양한 연합과 짝짓기로 이루어져 있다. 학습은 묶음을 기초로 경험과 지식을 넓혀 가는 과정이며, 경험에 의미와 가치라는 색을 칠해 준다. 학습은 포유류의 보편적 발달 과정으로, 생명 유지의 수단이자 도구이다. 또한 기억과 망각, 인지 조절의 기본 메커니즘을 제공한다. 학습 현상을 최초로 실험으로 입증한 과학자는 러시아의 파블로프이며, 그는 개의 소화계 생리에 관한 연구로 1904년에 노벨 생리의학상을 수상하였다. 고전적 조건화는 아주 단순한 짝짓기 학습 과정이며, 많은 심리학자는 고전적 조건화가 피험자의 인지 과정이 개입되지 않고 이루어지는 자동적인 것으로 생각하고 있다. 파블로프의 고전학습 이론은 조건(CS) 무조건(UC) 등 자극을 조작하는 것이고, 도구학습은 결과–반응을 조작한다는 점에 차이가 있

1) 프로이트 추종자를 일컫는다.

다. 행동주의 학자들은 동물들이 의식, 인식 혹은 인지한다는 표현을 싫어하지만, 도구학습의 특징은 학습의 당사자가 의도적으로 도구를 조작하여 보상받아 그 행동을 지속(강화, 습관화)시키는 구조이다.

행동주의와 도구학습

[그림 9-1] 도구학습

그림에서 보듯이, 상자 안의 쥐가 우연한 기회에 벽에 돌출된 지렛대를 눌렀을 때 먹이가 튀어나온다. 이를 반복적으로 알게 된 쥐는 지렛대를 눌러 먹이를 얻을 수 있다. 실험자는 지렛대의 모양이나 색을 달리해서 쥐의 먹이 구하기와 관련된 행동을 학습하거나 행동 자체를 변형(조성, shaping)할 수 있다. 지렛대를 누르는 행동을 재촉하는 것은 먹이이며, 이때 먹이를 강화자(reinforcer), 그 학습에 대한 영향을 강화(reinforcement)라고 한다.

두 가지 학습의 유형

〈표 9-1〉 조건학습 비교

전통적 조건학습(파블로프)	도구적 조건학습(스키너)
조건 자극, 무조건 자극, 조건 반응, 무조건 반응	반응, 강화, 처벌
조건 자극을 조건 반사 전에 제시	강화와 처벌은 행동 뒤에 제시
조건 자극와 무조건 자극을 짝지음/조건 자극을 통제	반응 행동과 결과를 짝지움/강화를 통제함
비의식학습	인지(인식)에서 시작, 도구 행동이 비의식학습됨
주로 내장, 1차 정서 반응학습	1차 정서: 골격근 반응학습
소거(학습 취소): 무조건 자극 없이 조건 자극만 제시	소거: 반응 후 강화 생략
일반화: 조건 자극과 유사한 자극이 무조건 반응과 유사한 반응 유발	강화와 유사한 자극이 제시되면 유사한 반응률이 나타남

이 두 가지 학습 방법은 진화의 시간에 따라 모든 동물의 종에게서 공통으로 발견되고 나타난다는 특징이 있다. 스키너는 철학자 파스칼의 말을 빌려 타고난 본성이 첫 번째 습관이고 습관은 제2의 본성이라고 말함으로써, 그가 우리가 지금 알고 있는 것을 일찍 내다보았다고 말했다. 스키너는 종으로서의 인간은 생존 조건(본능)으로 행동을 습득하는 반면, 개인은 강화의 조건(습관)[2]으로 행동을 습득한다고 말하였다. 본능의 무조건 자극과 외부의 조건 자극을 짝짓기해서 행동을 습득하는 전자는 파블로프의 고전학습을, 후자는 자신이 오래 연구한 도구학습의 진화(생존) 핵심을 지적한 말이다. 도구학습에서는 분명히 더 발달한 대뇌의 협응이 필요하고, 생존에 필요한 주요 도구의 조작과 솜씨 기술을 익힌 다음 다시 자동화로 진행되는 비서술학습(절차적 무의식)이 가능하여 뇌의 효율성을 꾀할 수도 있다. 사람의 기준으로 볼 때, 파블로프의 학습은 조건 자극에 대한 무의식적 본능, 감정 반응을 묶는 학습 과정이며, 스키너의 학습은 인지 상태에서 유익하거나 해로운 결과와 의도적 행동을 묶는 과정이 비의식화된 것이다. 앤서니 디킨슨(A. Dickinson)은 도구적 반응에 두 가지의 반응, 즉 목표 지향적 행동과 습관이 있음을 밝혔다. 파블로프의 학습과 도구학습의 두 가지 반응까지 합친 이 세 가지 과정은 저자가 억압과 억제를 설명하는 데 매우 중요한 원리이다. 이는 이 책의 제14장 '억제(회

2) 강화의 조건(contingency of reinforcement: contingency)은 '조건', '수반', '의존성'이라고 번역하였다. 강화의 결과와 강화 요인의 인과관계, 예측이라는 의미이다.

피) 학습(습관)'에서 다시 설명한다.

스키너의 프로이트에 관한 저서를 읽어 보면, 스키너의 프로이트에 대한 비판은 학문적이지만 개인적으로도 상당한 관심을 가지고 연구한 것을 알 수 있다. 종종 프로이트와 스키너를 아는 사람들도 두 사람이 양극단에 대치하고 있다고 생각한다. 그러나 오슬로 대학의 게일 오버스케이드(G. Overskeid)는 이를 잘못된 견해(Overskeid, 2007)라고 말한다. 실증주의와 결정론에 따라 형성된 기본 가정들을 보면 프로이트와 스키너는 서로 공통점이 더 많다. 스키너는 분명히 정신분석에 관심이 많았고, 젊어서 정신분석을 받기를 원했지만 포기한 경력이 있다. 그의 견해는 꿈의 상징주의, 은유 사용 및 방어기제와 같은 많은 분야에서 프로이트의 영향을 받았으며, 자신의 저술에서 다른 연구자보다 프로이트를 더 많이 인용하였고 상당한 관심을 가졌다. 그는 행동 통제에 대한 무의식, 의식적 분석과 결과에 의한 선택(selection by consequence)[3]에 프로이트와 직접적인 평행선을 그렸으며, 정신분석을 비판하면서도 내용 자체보다는 정신분석 가설이 가지지 못한 과학적 기반이라는 근본적인 문제를 더 지적하였다. 그는 인간 문명에 대한 방법론과 분석의 측면에 대해서도 프로이트의 생각에 동의했다고 한다. 저자는 『스키너의 행동심리학(About Behaviorism)』이라는 책을 읽으면서 우연히 억압의 뇌과학적 해법의 실마리를 찾을 수 있다는 아이디어를 얻었다. 그는 이 책에서 프로이트의 억압(방어기제)을 혐오 자극에 대한 반응으로 설명하였으며, 억압과 대부분 방어기제도 강화의 조건으로 설명할 수 있다고 하였다(Skinner, 1974, p. 191). 이 대목에서 저자는 스키너가 프로이트의 이론에 대해 과학(실험 심리학)적 해석을 시도한 최초의 과학자라고 생각하게 되었다. 프로이트의 사상에 대한 스키너의 심리행동학적 양식을 설명하는 뉴욕주립대학교 심리학과 교수인 찬드라의 글(Chandra, 1976, pp. 53-75)을 참고해 보기 바란다.

워싱턴주립대학교 수의과학대학의 판크셉(J. Panksepp)은 행동주의자가 동물의 감정과 정서를 무시했기 때문에 감정에 대한 과학이 한때 암흑기를 겪었다고 안타까움을 토로했다. 손다이크에서 시작한 동물 감정을 사용한 학습, '효과의 법칙' 개념이 사막같이 건조한 행동주의로 패러다임이 바뀌면서 감정에 대한 과학은 오랫동안 지연되었다고 비난하였다. 그는 2011년 3월 뉴욕 정신분석연구소의 아널드 페퍼 센터(Arnold Pfeffer Center)에서 「정서의 연속성? 찾기부터 놀이까지: 과학, 치료 그리고 그 이상의 것」이라는 주제로 강연했다. 그는 이 강의에서 '강화'가 과학적으로 밝혀진 것이 없다고 하였다.

3) 행동의 결과(consequence)는 스키너 심리학에서 매우 중요한 개념이다.

우리는 광범위하게 사용되고 있는 과학적 개념인 '강화'를, 변화하는 세계의 사건들 한가운데에서 핵심 정서(동물의 무조건 자극과 무조건 반응)가 작동하는 복잡한 방식을 간략하게 요약하는 용어에 지나지 않는 것으로 바라보아야만 하는 시대에 살고 있다. 강화라는 폭넓게 쓰이는 절차는 매우 효과적이긴 하지만, 강화의 과정은 뇌의 입증된 기능이라기보다는 하나의 추정된 기능으로 남아 있다. 현재 '강화'는 실질적인 하나의 뇌 과정이라 대체로 추정되고 있으나, 그것은 실재에 대한 하나의 서술에 불과한 것으로 점차 받아들여진, 행동 분석에서의 플로지스톤[4]과 마찬가지로 드러나는 것 같다(Panksepp, 2011).

프로이트와 스키너의 유사점

첫째, 두 사람은 모두 엄격한 결정론자이다. 적어도 결정론이 심리학에서 보편적으로 받아들여지는 원리는 아니지만, 프로이트와 스키너는 철저한 결정론을 자신의 과학을 운용하는 철학의 공리로 이끌어 갔다. 둘째, 프로이트와 스키너 모두 소위 환경에 대한 적응 기능을 중요시하는 '심리학 기능'의 전통(Boring, 1950)에 속하는 사람이었다. 이는 두 사람의 중요한 공통점이다. 이 두 사람의 과학 철학의 또 닮은 점은 심리학과 생물-신경학의 관계에서 이를 설명하는 견해이다. 둘은 생물학의 변수에 의지하지 않고 독자 시스템을 구성했다. 스키너는 처음부터 이 작업을 수행했지만, 프로이트는 처음에는 생물학적 설명을 시도하였고 이후에는 모두 '초심리적' 설명에 의지했다. 그러나 스키너와 프로이트 모두 미래의 어떤 시간에 뇌과학이 발전하면 유기체 내부의 생리적인 변화를 찾아낼 수 있다고 기대했고, 생리적 설명과 무관하게 심리학이 과학적이며 바람직하다는 생각을 하고 있었다.

두 사람은 다윈의 정신적 후계자들이며, 이 두 시스템 간 유사점은 생물 행동의 출현과 관련이 있다. 생물체의 행동이 결정될 때 각각 유전과 경험의 위상(영향)의 요인으로 설명될 수 있다. 이론에 관해 간단히 말하자면, 처음 원료에서 유기체의 행동 형성이 주로 계통 발생(phylogenesis)을 따라가는 것이다. 계통 발생은 행동을 위한 원료 물질을 단순히 전달하는 것 이상으로, 이 자료가 행동으로 '형성'되어 가는 기본 프로세스를 제공한다. 스키너는 이 생각을 설명하기 위해 조각가가 점토 조각을 형상화하는 방식에 비유하였다. 프로이트의 리비도 에너지에 대한 은유도 비슷하게 '원료'를 가리키는 것으로

4) 1679년 슈탈이 물질이 타는 데 필요한 기본입자라고 주장한 물질로, 당시에 발견되었던 많은 화학 현상을 설명하기 위하여 사용되었다.

보인다. 스키너에서 이러한 과정은 '1차 강화제'가 들어가는 기능적 관계로 표현되며, 도구학습은 계통 발생의 기여로 가능한 것이다. 프로이트에서 스키너와 상응하는 과정은 그의 저술인『본능과 그 변화』(Freud, 1915d)에서 표현된 것처럼 보인다. 두 과학자는 '미리 형성된' 행동의 존재를 인식하고 있었다. 즉, 환경에 의한 형성 이전에 결정된 행동의 형태 또는 '지형(topography)'이 있다[5]는 것이다.

프로이트와 스키너는 주어진 행동의 특징에 대한 유전적인 설명보다 환경에 대한 설명을 우선하는 것은 "유전은 설명할 수 없는 행동에 대한 투기장이 되기 쉽다."라는 실용적인 이유가 있기 때문으로 설명한다. 두 사람의 가장 중요한 차이는, 프로이트는 내적 심리 기능을 설명하는 데 있어서 정신 내부의 구조를 만들어 고통, 갈등 등의 증상(종속 변수)과 그 증상을 만들거나 영향을 주는 요인이나 원인(독립 변수) 사이의 차이를 설명하였다는 것이다. 정신분석적 개념과 이론에 대한 비판에서 스키너는 프로이트의 전통적인 내적 심리구조를 사람들의 피할 수 없는 행동을 설명하기 위한 도구로 보았다. 스키너는 과학 초기 단계에서 편의성을 이유로 이러한 구조를 사용하는 것은, 특히 용어의 세부 사항에서 필요한 비판적 관심을 다른 곳으로 돌리거나, 불필요하게 간결하거나, 참과 거짓을 구별할 수 없는 가설을 말하는 등 심각한 오도의 소지가 있다고 주장했다. 그런데도 스키너는 자신의 여러 저작물을 통해 행동에 대한 이해와 정신분석의 기여에 대해 상당한 관심을 표명했다. 특히 그는 자신의 시스템을 가지고 인간 행동을 추론하는 데 있어 정신분석에서 제기된 여러 주제를 자신의 목적에 맞게 수정한 것으로 보인다. 여러 곳에서 그는 자신의 용어로 많은 정신분석학 용어(예: '소원' 또는 '심리 에너지')와 과정('방어기제'와 같은)을 분명하게 '번역'하였다.

스키너 시스템에서 의식과 '무의식'의 개념

스키너는 늘 무의식 행동(동물)만 다루어 왔으므로, 그의 시스템에서 의식이 없는 행동은 문제가 되지 않는다. 그에게 있어서 행동은 근본적으로 의식이 없으며, 유일한 문제가 의식이다. 스키너는 프로이트와 마찬가지로 '의식'이 일반적으로 예외적이며 사회적 경험의 결과로만 발생한다고 하였다. 따라서 행동의 과정에서 우선의 순위를 프로이트의 경우처럼 무의식에 둔다는 것이다. 스키너(Skinner, 1974, p. 189)는 다음과 같이 말했다.

5) 프로이트 의식의 지형론, 스키너의 강화 등, 인류가 공통의 인식 구조 또는 알고리즘을 가지고 있다는 의미에서 프로이트는 칸트의 선험(a priori) 또는 초월(transcendental)주의의 입장이다.

마음의 구획으로 가장 잘 알려진 것이 의식과 무의식을 나누는 구획이다. 억압된 소망과 두려움은 무의식에 거하지만 의식으로 튀어나올 수도 있다. 행동주의가 무의식을 다룰 수 없다는 얘기가 있는데, 특히 정신분석학자들은 곧잘 이러한 지적을 한다. 일단 사실을 말해 보자면, 행동주의는 무의식 외에는 그 어떤 것도 다루지 않는다. 유전 및 환경 변수들과 행동 사이의 통제적 관계는 우리가 관찰하지 않는 한 무의식적이다. 프로이트는 이 관계가 관찰되지 않더라도(즉, 의식적이지 않더라도) 얼마든지 효력을 지닐 수 있다고 강조한 장본인이다. 행동하는 동안에 자기 신체에 반응하게끔 유도함으로써 행동에 의식을 부여하려면 특수한 언어 환경이 필요하다. 의식이 원인으로서 효과를 지니는 것처럼 보이지만, 사실은 자기 관찰을 유도하는 특수한 언어 환경의 효과인 것이다. 행동주의가 거부하는 것은 행위 주체(agent)로서의 무의식이다. 물론 행동주의는 의식(conscious mind)을 행위 주체로 보는 것도 거부한다.

『스키너의 행동심리학』(Skinner, 1974)에서 행동주의에 대한 일반인의 오해를 설명하면서, 행동주의는 인간에 대한 과학이 아니라 그 과학에 대한 철학이며, 행동주의가 거부하는 것은 행위 주체(agent)로서의 무의식이라고 말했다. 이는 저자가 '뇌 안의 호문클루스의 존재'로 프로이트의 무의식을 비판한 것과 같은 맥락이다. 그는 마음과 정신을 부정하지 않으며, 정신(psyche)도 마음과 마찬가지로 일견 감정이나 내적 관찰과의 연관성 때문에 그럴듯해 보이는 은유[6]에 지나지 않는다고 지적하면서, 급진적 행동주의는 또한 인간이 자기 신체를 얼마나 관찰할 수 있느냐는 의문을 제기한다고 했다. 내성적 사건을 관찰 불가능하다고 보지 않고, 주관적이라고 내치지도 않으며, 그저 관찰되는 것들의 성격과 관찰의 신뢰도를 따질 뿐이라고 했다. 저자는 스키너의 날카롭고 정확한 비판에 감동받았다. 여기에 저자는 정신분석가들에게 흔한 심리 구조의 인격화, 억압의 사유(기계)화, 비실증적 예측과 해석에 대한 비판도 포함해야 한다고 생각하고 있다.

스키너는 인간의 행동을 설명하려면 파편적인 내적 행위 주체가 아니라 인간 자체, 그가 실체를 가진 인간으로서 존재하게 한 (개인의) 역사와 환경을 살펴야 한다고 주장한다. 인간의 정신 내적인 활동을 주목해 보면 대체로 강화와 수반성(의존성, contingency)으로 설명할 수 있다. 이는 그에게는 도구학습과 파블로프 고전학습의 다른 말이기도 하다. 또한 스키너에게 언어라는 것은 특수한 행동, 차별 행동의 개념이다. 차별 행동

6) '은유=유사성(similarity)' vs '환유=인접성(contiguity)'

(discriminant behavior)이라는 것은 자타를 구분하는 것, 자기에 주의를 두는 행동인데, 거울로 자신을 본다든지 언어의 자기관찰 응답(self-observing responses) 같은 것이다. 이러한 자기관찰 응답은 때때로 '억압' 과정이 특징인 특정 변수의 효과로 인해 의식에서 빠질 수 있다. 이처럼 스키너의 행동주의 시스템은 상당히 견고하다. 그의 시각은 동물과 사람은 말이라는 행동을 하고 못하고의 차이이지, 무의식과 의식을 거론하는 것은 사람의 입장이며 본질이 아니라는 것이다.

프로이트의 방어, 억압과 처벌의 역할[7)]

프로이트의 심리역동인 방어기제는 정서와 동기의 내면세계를 극적으로 설명한다. 그러한 방어기제는 "개인이 정서적 욕구를 충족하고자 동원하는 인격 반응"으로 정의된다. 이를테면 "서로 갈등을 일으키는 노력을 조화시킨다든가, 용인될 수 없는 소망과 생각과 감정에서 비롯되는 불안이나 죄의식을 줄인다든가" 하는 것이다. 그러한 역동은 행동에서 추리된 것이니 행동을 낳는 수반성에서 또 다른 정의를 끌어낼 수도 있을 것이다. 웹스터 사전에서 억압은 "충족 불가능한 소망이나 충동이 의식에 접근하지 못하게 하는 자아 방어기제나 그 과정"을 말하는데, 스키너는 소망이나 충동을 '행동 가능성'으로 읽으면 된다고 한다. '충족 불가능한'은 소거당하거나 처벌을 받는 것을 뜻한다. '의식에 접근하지 못하게 하는'은 '내적으로 관찰되지 않는'으로 읽으면 된다고 한다. 따라서 스키너는 이렇게 말할 수 있다. "처벌받는 행동은 혐오스러운 것이 되며, 그러한 행동에 참여하지 않거나 그러한 행동을 '보지' 않으면 우리는 조건화된 혐오 자극을 피할 수 있다. 이때 연관되는 감정이 있기는 하나, 사실들 자체는 조건(수반성)으로 설명된다"(Skinner, 1974, p. 192).

스키너는 억압이라는 단어가 처벌의 효과에 역동적 성격을 부여하는 정교한 은유의 일부라고 말한다. 스키너의 전문 용어로 사용되는 처벌이 그 대상이 되는 행동에 이바지한 역할은 프로이트의 억압과 비슷하다. 프로이트가 억압에 대한 설명에서 고통을 호소하는 사건 기억은 처벌과 같은 특성이 있으며, 정신 외상의 해로운 경험이며, 처벌 후에는 혐오 반응이 발생한다. 정신분석적 설명에서 억압의 원인 또는 요인으로 '소원(wish)' 또는 '생각(thought)'(Brenner, 1982)의 '수용할 수 없는' 부분을 호소하는 경우, 소원이나 생

7) Chandra, 1976, pp. 53-75.

각을 받아들일 수 없는 본질은 궁극적으로 과거 소망이나 생각에 상응하는 행동의 과거 처벌(스키너가 프로이트의 소망과 생각에 대해 행동 자체로 표현하는 방식)을 의미하는 것이다. 억압이란 감정이 표현되지 못하여 쌓이고 압력이 발생해서 결국 폭발한다는 의미도 있다. 예를 들어, 아내가 남편에 대한 분노를 속에만 담아 놓고 사는 경우나, 반대로 아들이 아버지가 반대한 대학에 입학한 희소식을 터뜨리고 싶은데, 얘기할 상대의 눈치를 보다가도 끝내 말하지 못하는 이유는 만약 뜻대로 한다면 처벌이 따른다고 생각하기 때문이다. 우리는 분노를 표현하면 벌을 받아 왔기 때문에 분노를 억눌러 왔다. 그러나 갑자기 얘기할 상대를 찾아 억압을 풀고 끊임없이 이야기를 풀어놓았다면 그 이유는 상황이 변했기 때문이며, 이 행동이 이전에 그 행동을 못 하게 했던 양립 불가능한 다른 행동보다 더 강해졌기 때문이다.

에너지 묶기(충전, 카덱시스)

스키너의 행동 시스템에서 행동을 예측하는 기본 데이터는 반응 확률이다. 어떤 행동(또는 반응)이 반응 확률이 높은 경우(강점이라 표현함), 초기 처벌로 인해 억압될 때 처벌의 역할은 처벌 대상의 행동과 양립할 수 없는 반응을 강화(확률 증가)하는 것이다. 그래서 '억압받는' 행동은 계속해서 강점을 지니며, 그 확률은 감소하지 않는다. 이것은 스키너가 처벌 효과를 공식화하는 데 중요한 역할을 하며, 그로 인해 여러 가지 해로운 영향을 설명할 수 있다. 이 공식은 프로이트가 억압을 유지하기 위해 일정한 양의 '정신 에너지'가 묶여 있다고 말한 것, 즉 충전(cathexis)과 관련이 있다. 스키너의 설명에서 처벌받는 행동은 회피나 도피로 조건화된, 동시에 수행할 수 없는 어떤 행동으로 대체된다. 우리는 양립할 수 없는 행동이 단순히 '아무것도 강요하지 않는' 일종의 (굳건히 계속 유지하고 있는) 행동일 뿐이라는 것을 알 수 있다. 처벌된 행동이 어떤 이유로든지 만성적으로 강하면, 대치 움직임 또한 만성적으로 강할 수 있다. 주어진 순간에 생물체의 행동 능력이 제한될 수 있다고 생각하면, 이는 정신의 억압에서 에너지를 묶는 것에 해당한다고 말할 수 있다. 또한 처벌된 행동이 양립 불가능한 행동으로 옮겨지기 전에 특정 초기 단계에 도달할 수 있는 정도까지 조건화된 혐오감이 유발될 수 있다. 이는 불안으로 느껴질 수 있으며, 다양한 형태의 대치 행동은 다양한 프로이트 방어 메커니즘의 주제이기도 하다.

억압의 차원

억압에 관한 프로이트와 스키너 사이의 차이점으로 주목할 만한 부분은 억압의 차원에 관한 것인데, 스키너의 경우 억압은 행위를 나타내는 것이 아닐 수도 있다는 점이다. 중요한 부분은 관찰되는 억압 행위가 없으며 하나의 행위(처벌할 수 있는 행동)가 다른 행위로 옮겨지는 과정을 의미한다. 이 전체적인 대치 행위의 결과를 억압이라고 한다(Skinner, 1974). 사람은 대치 행위에 참여함으로써 양립할 수 없는 행동을 실행하면서 단순히 억압하고 있다. 억압에 의한 행동의 전환은 프로이트가 말한 '대치', '승화'와 같은 개념으로 볼 수 있을 것 같다. 이처럼 스키너가 학습, 차별, 추상화 등과 같은 많은 다른 과정의 차원을 만든다는 점이 스키너의 행동에 대한 이해에 중요하며 많은 학습이론가가 놓치는 부분이다. 여기서 정신분석의 용어와 개념이 스키너에 의해서 행동주의 용어로 충분히 대체된다는 것을 알 수 있다.

'억압'은 사전에 처벌이라는 두려움을 발생하는 기억(관념)이 있으며, 이 두려움 때문에 대상을 피하거나, 보지 않거나, 다른 행동으로 대치하는 의도(확률 높은 행위 전략)가 있는 은유이다. 여기가 '억압'에 대한 프로이트와 스키너의 사상이 만나는 지점이다. 스키너가 억압을 정신 내부의 회피 또는 대치 행동의 은유로 보는 관점은 저자의 뇌과학적 이론 및 여러 실험적 관점과 정확히 일치한다. 이 책의 후반부에서 주로 이 부분을 다루고 설명할 것이다.

파블로프, 프로이트, 스키너(행동주의자)의 만남

저자는 파블로프와 프로이트라는 동시대의 두 대학자가 서로 교류가 없었음을 아쉬워했다. 나중에 알고 보니 우리 뇌는 두 사람의 이론과 실험이 같은 현상을 다른 방식으로 말하고 있는 것을 알고 있었다. 그리고 물과 기름처럼 서로를 비난한 정신분석과 행동주의자(스키너는 제외하고)도, 뇌 안에서는 사이좋게 손잡고 영향을 주고받고 있었다. 파블로프의 고전학습과 프로이트의 억압은 감정학습으로 대상(사물)을 감정과 연결시켜 그 가치를 분별하도록 만드는 작업이며, 스키너로 대표되는 도구학습은 습관(자동)학습으로 그 대상에 대한 접근(처리) 방식을 학습하는 작업이다. 감정학습을 만든 조건 자극의 내적 가치가 결정되면 그 결과에 따라 접근 혹은 회피가 자동화된다. 그래서 프로이트의 억압(억제)을 좀 더 과학적으로 설명할 수 있는 이론이 스키너의 도구학습 이론이다. 이 세 사람이 뇌에서 협응하고 있다면 놀라겠지만, 저자는 이후에 나올 어려운 설명을 접하기 전에 눈과 뇌가 익숙해지도록 먼저 말해 두고자 한다.

“하늘이 무너져도 솟아날 구멍이 있다.”라는 말처럼 첫 번째 단계에서 고통스러운 동물의 파블로프 조건(혐오)학습은 우연하게 이를 회피하고 이익을 주는 도구적 상황으로 옮겨 갔는데, 이를 2요인 회피 이론이라고 한다. 상황이 종료되더라도 도구적 상황은 인연이 된 조건학습의 영향을 지속해서 받는다. 이를 ‘파블로프 조건학습-도구학습 전이(Pavlovian–Instrumental Transfer: PIT)’라고 부른다. 이 영향은 결과적으로 행동의 습관화를 만드는데, 이를 3요인 회피 이론이라고 한다. PIT는 동물은 물론 인간에게도 존재하며 같은 뇌 구조를 포함하고 있다. 당연히 조건학습에서도 파블로프 조건 자극(CS)은 이에 대한 회피, 보상과 관련하여 학습된 내용과 같거나 다른 내용일지라도 보상을 위한 도구적 반응에 영향을 미치고 있다. 예를 들어, 심리적 트라우마에 대해 한 가지 방편과 상책은 일단 문제는 회피하는 것이며, 이후 자신의 회피 행동이 불편하고 이를 알아차린다면 해결 방식을 도모한다. 정신 내부에서 일어나는 이 현상이 억압과 억제이며, 우리 몸이 감정(가치)에 따라 스스로 움직이는 현상을 학습의 전이라고 볼 수 있다. 이후 일어나는 일들은 시간이 알아서 해결해 준다. 이 세 가지 학습은 양육자(the Other)와의 관계에서 보상과 애착 그리고 처벌과 두려움이라는 사회 정서의 발달을 촉진하며, 각각 찾기(탐색: 행동–접근)(보상–강화) 시스템, 회피(방어–생존) 시스템과 연결되어 행동을 유발한다. 자연과 신이 우리 몸에 숨겨 둔 진화의 씨앗은 공정한 스피노자의 말대로 목적이 없으며 목적 때문에 존재하지도 않는다. 하지만 저자는 파블로프 조건학습–도구학습 전이 ‘신의 선물’이라고 표현하고 싶다. “아픈 만큼 성숙한다.”라는 말처럼 자연에서 이루어지는 생사를 넘나드는 수많은 실패와 성공을 통하여 두 가지 학습 현상이 실제로는 동시에 일어나고, 학습으로 연결되어 있으며, 강화함으로써 자동으로 움직이는 도구적 습관을 만들도록 유전자에 새겨 놓은 제2의 본성이 있음을 말하고 있다. 이 부분은 이 책의 제13장 ‘억제(회피) 연구’와 제14장 ‘억제(회피)의 학습(습관)’에서 더 자세히 다룰 것이다.

저자는 포유류의 진화, 자연의 섭리에 대해 신비함을 다시 느꼈다. 척박하고 고단한 삶을 살아온 동물과 인간은 조그만 환경을 다툴 기회가 온다면 거기서 벗어날 방편을 이미 가지고 있었다. 뇌의 정서 시스템만 올바르게 작동하고 있다면, 아무리 정서적 충격이 심한 사건에 휘말렸더라도 조금 쉴 수 있는 마음과 환경을 가질 수 있다면, 기다림이라는 시간에 녹일 수만 있다면 공포와 불안을 안정과 기대로 바꿀 수 있는 자질을 가지고 태어났다. 이는 우리 몸의 유전자가 가진 급한 상처를 회복하려는 복원력의 일부일 것이다. 그래서 일정 기간 스트레스에 무너지거나 비극적 사건에 한두 번 휘말리는 일은 누구에게나 있을 수 있지만, 좀처럼 과거의 트라우마에 벗어나지 못하는 사람은 환경의 이유도 있지만, 뇌의 타고난 정서 구조와 시스템의 취약성 때문이라는 생각이 들면서 측은한 마음을 감출 수 없다.

저자는 이 책의 제1장에서 제9장까지 도입 부분을 다행히 잘 마쳤다. 지금까지 저자가 드린 말씀으로만 해도 독자들은 이 책의 의도를 대부분 알게 되었을 것이다. 저자는 억압/억제를 뇌과학의 인지 조절 개념과 병렬 대치하여 연구 주제의 차원을 전환하고 동기(부여)와 회피의 학습 모델로 설명하고자 한다.

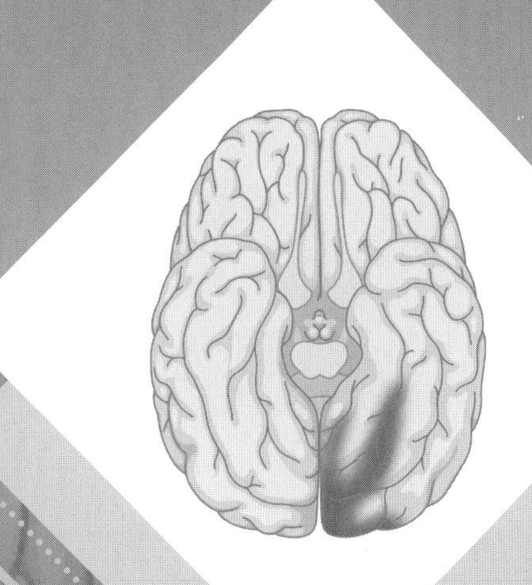

제 2부

억압의 비밀과 마음의 뇌과학

제10장

프로이트의 뇌와 기억 시스템

사람은 자신의 행위와 욕구를 의식하지만, 그들이 어떤 욕구를 (갖도록) 규정하는 원인에 대해서 무지하다. 이런 이유로 자연이 이따금씩 실수하고, 잘못을 저지르며, 불완전한 사물을 생산한다고 그들이 통속적으로 말하는 것을 나는 다수의 허구 가운데 하나로 간주한다.

—『에티카』, 4부, 인간의 예속 혹은 정서의 힘에 대하여(Spinoza, 1677)

억압은 의식(서술) 기억(앞이마겉질)과 정서, 습관(하의식, 비서술) 기억(겉질하)의 기억 시스템의 분리된 기능이 만드는 현상이며, 이 복잡한 기억 생리를 이해해야 억압의 뇌과학을 진정 이해할 수 있다. 이제 우리는 뇌가 의식 기억과 하의식 기억의 독립된, 그러나 보완적인 이중 시스템으로 운영된다는 것을 알았다. 그러므로 이마엽의 의식이 관여하지 않는 하의식 기억의 자극에 의한 증상이 형성, 재연되는 과정은 사람이 알 수 없고, 그 결과인 감정(증상)만을 느낄 뿐임을 이해했다. 물론 병원 사건의 정신적 충격이 큰 경우, 해리 현상처럼 스트레스 물질이 해마의 기억 저장을 방해해서 사건 기억 전체 혹은 부분적인 망각이 생길 수도 있다. 브로이어는 이를 유최면 상태라고 했고 자네와 설리번이 관심을 두었던 주의와 의식의 축소가 그 현상이다.

프로이트 이후 뇌과학적 발견의 중심에 영국 태생의 과학자 브렌다 밀너가 있다. 조셉 르두가 말한 공포 자극의 두 경로를 이해하면, 마음의 뇌과학에서 신비로운 진화의 시간을 거슬러 올라가는 재미를 느낄 수 있다. 그리고 하의식(비의식)이 진행되는 뇌피질 아래 편도체를 포함한 신경핵의 공포 기억과 조건 형성, 그리고 방어-생존 시스템을 잘 이해할 수 있다. 여기에 프로이트가 오해한 (뇌 기능, 해부학과 다른 은유의 차원으로 설명한) 기억의 생리에 대한 억압의 비밀이 자리 잡고 있다. 여러 과학자 중 이 책에서 많이 인용한 에릭 캔델의 『기억의 비밀』을 참고하기 바란다. 서술 기억은 의식하고 알고 있는 기억이며 일생 생겨나고 감소하지만, 비서술 기억은 전혀 작용을 모르고 있는 기억과 알고 있었으나 익숙해지면 알아채기 어려운 기억이다. 그리고 비교적 어린 나이에 생겨서 나이가 들어서도 그대로 남아 있다. 서술 기억은 인지와 판단 등 "마음을 실행"하는 대뇌겉질의 고위 기능의 작동을 말하지만 좀 더 유연하고 침범받기 쉬우며, 비서술 기억은 운동과 지각-감각 활동을 포함하는 좀 더 원시적이고 지속적이며 잘 견디는 형태의 기억이다. 또한 비서술 기억은 신경학적인 손상, 알코올, 벤조다이아제핀의 복용, 우울증에 의해 영향받지 않는다고 알려졌다.

뇌 기능 개요

앞으로 프로이트의 억압과 억제의 비밀을 뇌의 해부학과 진화에 기초한 뇌 기능 입장에서 풀어 보기로 한다. 진화 과정에서 나타난 우리의 뇌는 몸을 움직이는 부분(자동차의 엑셀)과 이를 제어하는 부분(브레이크)으로 분화하고 새롭게 세밀한 신경 시스템이 만들어지는 과정으로 발전해 왔다. 뇌 하부 신경핵은 움직이는 운동에 특화되어 먹이를 찾아 잡고 소화하며 위험을 피해 움직이는 등 생명을 유지하는 데 매우 중요한 방어 체계를 지휘하여 빠르게 반응하므로 의식(인식) 기능이 없다. 뇌 상부 신경핵은 운동, 감정, 생각을 제어하는 부분으로, 더욱 효율적으로 움직이도록 반응 속도를 조절하고 억제하며 먹이의 움직임에 의식(주의)을 집중하면서 점차로 의식(인식) 기능이 발달했고, 군집 생활을 하면서 모방과 공감을 발달시켰다. 저자를 포함해 많은 진화, 뇌과학자는 상부의 뇌가 나중에 진화했다고 믿고 있다.

이러한 단순하면서도 자연스러운 뇌 기능에서, 복잡한 억압 모델을 쉽게 설명하는 단서를 찾을 수 있다. '억압의 귀환'이란 뇌 하부에 자리 잡은 기본 방어-생존 체계가 외부 위협 자극에 흥분한 상태이며, 억제는 이를 진정시키고 고통을 회피하는 학습 과정이다. 저자는 이러한 과정의 이해를 위해서 뇌의 기능, 해부학적 구조를 소개하는 것이다. 독자에게는 참 어려운 공부지만 늘 자신의 몸에서 일어나는 일이니 이 책을 통해 유익한 상식을 알고 나면 생활이 더 흥미로워질 것이다. 또한 의식적 서술 기억과 하의식 비서술 기억의 의미와 기능을 알게 되면, 억압과 억제를 이해하는 데 많은 도움이 될 것이다.

뇌의 진화

인간의 뇌가 현재의 모습을 갖춘 것은 100만 년이 채 되지 않았다고 한다. 우리의 뇌는 먼저 환경의 자극에 대응하고 이후에 적응 · 수정하는 '소 잃고 외양간 고치는' 식의 진화를 해 왔고, 그럭저럭 운영하기에 손색은 없었지만 우리가 과학으로 이해하기에는 많은 시간과 노력이 필요했다. 여기서 뇌 진화 이론의 대표자이며 의사인 미국의 신경과학자 폴 매클린이 1970년에 제안한 삼중 뇌(Triune Brain) 개념을 살펴보기로 한다. 그의 이론은 태아 뇌의 개체 발달 과정과 원시 고대로부터 진화해 온 계통 발달 개념을 합하여 각 뇌 영역의 기능에 맞추어 설명하고 있다. 매클린의 삼중 뇌 이론은 실증적 토대를 갖추지 못한 채 지나치게 많은 것을 설명하려 한다는 비판도 있지만, 한편으로 저자를 포함해 많은 전문가는 이 이론을 잘 사용하고 있다. 저자가 자주 설명한 것처럼 포유류는 뇌겉질과 겉질 속과 아래 두 부분 뇌 영역의 상호작용으로 살아간다. 지적인 생각과 판단, 행동은 상부 뇌겉질이 담당하고 겉질 밑의 구조는 지능이 없는 영화의 '좀비'처럼 하의식적 행동과 원시적 감정을 담당하는 식이다. 또한 이 가설은 진화를 추종하는 프로이트의 삼중 심리 구조와 참 비슷하다.

이 이론에 따르면 가장 오래된 뇌이며 우리 뇌의 깊숙이 자리 잡은 뇌는 원시파충류의 뇌(Proto reptilian brain)로, 기본적 운동과 원시적 감정(찾기, 두려움, 공격성, 성욕)을 가졌다. 판크셉은 일곱 가지 원시적 감정 시스템의 연구를 그 근거로 제시한 바 있다. 다음으로 진화된 뇌는 원시포유류의 뇌(Paleomammalian brain)로, 외부의 경험을 내부의 학습, 기억으로 만들 수 있는 능력을 갖추었다. 외부 환경, 사건 자극에 대한 반응은 타고난 본능적 동기, 감정 시스템과 상호작용하면서 자신의 주관적 의미(가치)와 정서 경험으로 학습된다. 좀 더 복잡하게 발달한 사회적 감정, 사회적 유대, 분리의 고통, 모성적 수용이 가능한 변연계(limbic system)[1] 또는 내장 뇌(內臟 腦, visceral brain)[2]가 진화한 뇌이다. 저자가 이 책에서 자주 인용하는 르두의 방어-생존 시스템이라고 부르는 체제를 갖추고 있는

1) 둘레 계통(변연계): "limbic"은 경계, 가장자리를 뜻하는 라틴어 limbus에서 유래한 말로, 대뇌겉질과 간뇌 사이의 경계에 있는 부위로 겉에서 보았을 때 귀 바로 위쪽(또는 관자엽의 안쪽)에 존재한다. 감정, 행동, 동기부여, 기억, 후각 등의 여러 가지 기능을 담당한다. 폴 브로카(P. Broca)는 "le grand lobe limbique"(1878)라 불렀고 1952년 폴 매클린(P. D. MacLean)에 의해 체계가 정의된다.

2) 진화 초기의 뇌는 주로 후각 기능을 담당하였는데, 이것이 먹이 찾기, 짝짓기, 포식자 피하기 등 적응에 중요한 역할을 하였다. 유인원과 같은 고등동물도 후각, 미각, 내장 감각 등과 관련짓는 데 중심적 역할을 하는 뇌 구조들이 있으며, 이러한 뇌를 총칭하여 내장 뇌라고 한다. 내장 뇌는 내장 활동의 조절뿐만 아니라 정서의 조절에도 관계하고 있다. 이후의 학자들은 이 뇌구조들을 변연계라고 불렀다.

뇌이다. 변연계는 변연겉질과 그 안에 해마 그리고 그와 연결된 조직으로 이루어져 있다. 최종 단계인 신포유류의 뇌(Neomam-malian brain)는 앞이마겉질이 발달하면서 대상을 지향하는 의식(주의), 인지 능력을 갖추고 감정, 행동, 기억을 조절하는 능력이 있다.

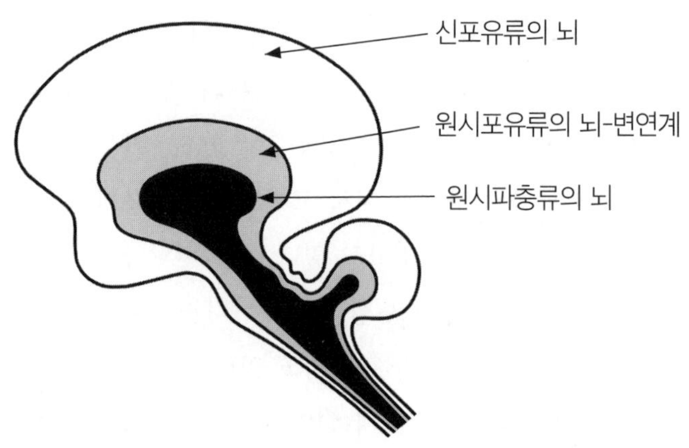

[그림 10-1] 매클린의 삼중 뇌

매클린의 선구적인 모델은 지대한 영향을 미쳤지만 오류도 많았다. 새겉질, 옛겉질인 하부 변연계, 기저핵은 그가 말한 대로 후기, 초기 포유류, 파충류 시기에 처음 나타난 것이 아니었다. 변연계가 감정을 관장하며 새겉질이 인지를 담당한다는 이론도 잘못되었다. 둘 다 인지와 감정에 광범위한 기여를 한다. 매클린은 뇌의 진화에 대해 오래된 것이 새로운 것으로 바뀌는 것이 아니라 오래된 것 위에 새로운 것이 덮어 씌워진 방식이라 했고, 기억의 뇌과학자인 에릭 캔델은 자신의 책에서 진화의 자연선택 과정은 기술자의 작업이 아니라 '땜질(프랑스어로 bricolage)'과 닮았다고 했다. 왜냐하면 기술자의 작업은 프로젝트에 정확하게 맞는 도구들과 원재료에 의존하는 반면, 땜장이는 잡동사니를 가지고 그럭저럭 작업해 나가기 때문이라고 설명하였다. 이처럼 비록 진화는 완벽함을 목표로 진전하는 것이 아니지만, 과학은 질문에 대한 완벽한 해답에 가까워지는 것을 목표로 한다(LeDoux, 2019, p. 256).

뇌의 역할과 기능

뇌의 기본 기능은 크게 지휘, 수용, 저장/기억, 감정, 학습/운동 출력의 세 가지 체계로 분류할 수 있다. 기억, 감정, 학습 체계는 다시 방어-생존과 보상 강화의 두 가지 체계로 나누어 분리할 수 있으며, 이렇게 분류한 기능을 중심으로 우리의 하루 생활을 생각해 보면 세상의 감각 수용(외부 감각의 느낌을 지각), 몸과 생각의 움직임, 감정(정서), 감정을 매개로 한 방어 행동/보상과 강화 그리고 기억한 바를 운동하는 자동학습, 인지(계획, 판단), 그리고 의식과 관련된 각성-수면을 조절하면서 생활한다. 뇌의 기본 기능은 출생 후 기본 생활과 어머니(양육자)와의 관계를 통해 학습되고 발달한다. 그래서 이 기능들은 타고난 기본 감정이 사회(관계) 정서로 변환하면서 발달하는 부분과 밀접한 관계를 가지고 상호작용한다. 이렇게 단순하고 자연스러운 모델로 우리의 관심사에 적용해 보면, '억압의 귀환' 현상을 프로이트의 은유적인 생각을 떠나 뇌과학 용어로 표현한다면 하부 뇌 영역 방어-생존 시스템의 재활성(각성)을 의미한다[억압은 이전의 활성화된 시스템의 경험 기억, 즉 원시(1차) 억압이 있었음을 전제한다]. 마음의 뇌과학에서는 하(비)의식 시스템이라 표현하고 해마, 편도체, 시상하부, 수도관 주위 회백질 등 뇌겉질의 아래와 속에 있는 신경핵의 기능을 주로 설명한다. 자극으로 뇌겉질 아래 뇌에서 '억압-흥분'이 일어나면 내장 기관과 하부 뇌에서 생성된 화학 물질로 '전투' 방식에 돌입하고, 동시에 흥분을 진정시키기 위한 '억제' 작용이 일어나며, 스트레스가 더 지속하면 겉질 기

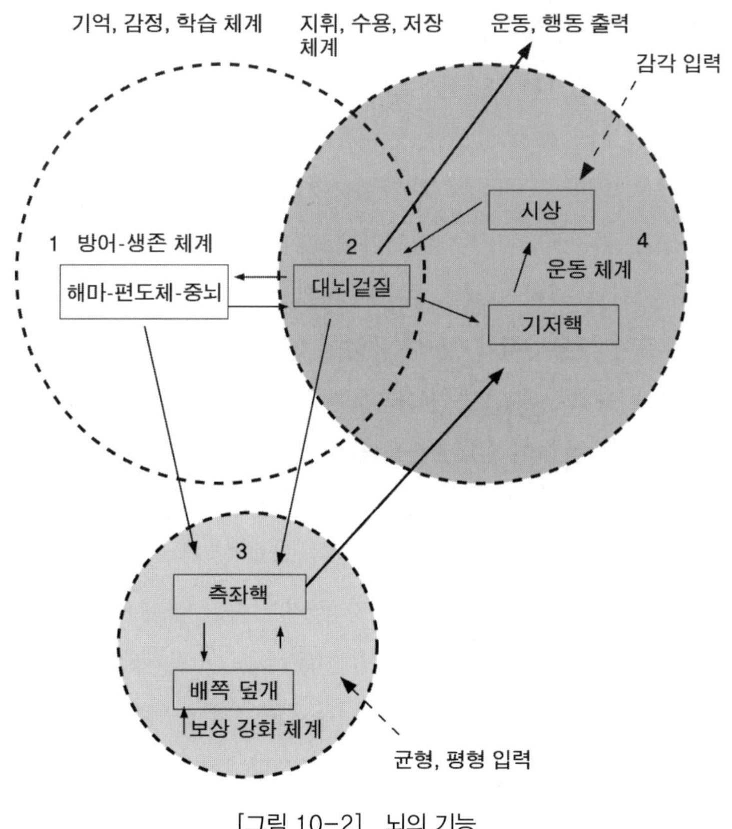

[그림 10-2] 뇌의 기능

능이 차단될 수 있다. '억제'에는 앞이마겉질이 의도적 · 비의식적 조절 작용에 참여하며 해마와 편도체의 신경 흥분과 활성을 억제하고 조절하게 된다. 억제 또는 회피가 성공하면 흥분이 가라앉고, 이 과정이 반복되면 다시 보상 강화 체계와 연결되어 자동학습이 이루어진다.

뇌의 상부, 겉질 구조

뇌신경의 발생학을 보면, 뇌는 배아의 3층 껍질 중 바깥 외배엽에서 시작하는 세포 분화의 결과이다. 신경판에서 길고 납작한 튜브 모양의 신경관이 만들어지고, 여기서 분화한 신경세포는 성인이 되면 약 100억 개의 겉질 뉴런으로 만들어진다. 신경세포들이 서로 연결하는 시냅스는 하나의 신경세포가 평균 약 10,000개, 모두 100조 개의 시냅스를 가지고 있다. 신경세포 수가 너무 많고 분산되어 있어 각 세포는 평균 100만 개 중 한 개의 세포와 연결된다. 뇌신경세포는 축삭돌기의 신경 말단에서 신경전달물질을 분비하여 다른 세포의 수상돌기가 그 물질의 영향을 받아 정보를 전달한다. 또한 뇌하수체처럼 호르몬을 분비하여 혈액을 통해 각 기관에 정보를 전달할 수도 있다. 대뇌에 들어가는 정보의 입력은 자연환경과 몸 내부의 사건을 감각 기관이 받아들이는 것이 목적이고, 출력은 적절한 판단으로 말로 소통하거나 몸 움직임(운동)으로 환경 자극에 빠르게 대응하는 것이 목적이다. 마치 호두 알맹이같이 생긴 성인의 뇌는 좌우 대칭으로 나뉘어 있으나 기능은 대칭이 아니다. 겉모양에 이렇게 주름이 많은 이유는 자동차의 방열판처럼 면적과 공간을 넓히기 위해서이다. 바깥 부분은 새겉질(neocortex)이라고 하는데, 새로 생긴 껍질이라는 뜻이다. 흥미롭게도, 인간에게 있어서 앞이마겉질의 일부 기능은 하나의 반구에 특화된 기능이 있다. 오른손잡이 개인의 경우, 좌뇌는 언어 생산 및 기타 얼굴 운동 기능과 관련이 있다. 예를 들어, 브로카 부위(BA44)는 언어의 생산에 매우 중요하며 우리의 후두, 입술, 혀를 물리적으로 제어하는 운동 영역에 가깝다. 그래서 저자는 생각과 인지를 운동 기능의 범주로 보는 뇌과학자들을 지지한다. 이 영역 이외의 언어에도 이바지하는 곳이 있지만, 브로카 영역이 주요 관심사이다. 좌뇌는 사회적 관계에 더 사용되고 긍정적 감정에서 활성화된다. 우뇌는 그 반대로 비사회적이며 부정적인 감정에 더 반응하는 기능이 있다. 그래서 흥미롭게도 좌뇌는 정상 조건에서 응원 부장 역할을 한다는 것을 알 수 있고, 만약 좌뇌에 병변이 발생하면 우울증이 올 수 있다. 이와는 대조적으로, 우뇌는 규율 부장으로서 부적절한 생각, 행동, 감정을 억제하는 데 특화되어 있다. 우반구에 대한 병변이 있거나 기능을 약화하는 실험적 조작은 충동 조절을 못 하므로 부적절한 사회적 행동을 유도할 수 있다. 정신질환은 이마겉질의 편중화와 중요한 관련이 있다.

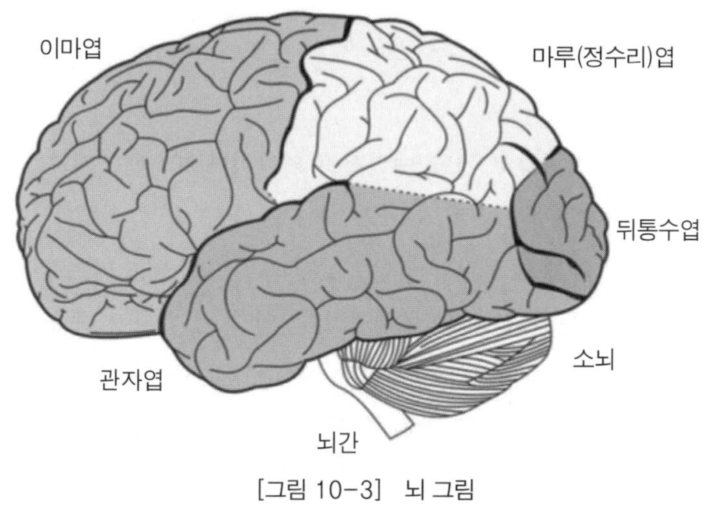

[그림 10-3] 뇌 그림

이마겉질(Frontal Cortex: PC)은 앞운동 영역(Premotor Area: PMA)과 운동 영역(Motor Area: MA) 그리고 앞이마겉질(Prefrontal Cortex: PFC)로 나눈다. 마루(정수리)겉질(Parietal Cortex: PC) 또는 두정겉질은 머리 꼭대기에 있으며 관자겉질(Temporal Cortex: TC) 또는 측두겉질은 머리 양 측면, 귀 안쪽을 말한다. 뒤통수겉질(Occipital Cortex: OC) 혹은 후두겉질 그리고 소뇌(Cerebellum)와 뇌간(Brain Stem)으로 나누고, 뇌의 영역은 전문 표기법인 브로드만 영역(Broadmann Area: BA)[3]으로 나누어 표기한다. 이마겉질의 기능은 운동 명령이며 일반적인 지식의 저장소이다. 이마엽은 또한 성격과 감정의 성향을 담당한다. 이곳에는 언어 표현 중추인 브로카 영역이 있으며, 프로이트는 이를 자아 기능이라고 간단히 말했다. 앞운동 영역은 운동 패턴을 저장하고, 운동겉질은 의도적인 운동을 담당한다. 마루엽은 감각 자극을 처리하고 느끼며 구별하는 지각인식의 영역이며, 몸의 방향, 감각 영역의 지도가 있다. 여기에는 경험한 외부 세상과 내부 장기의 지각이 복사되어 있다. 그래서 마루엽은 자기의식을 만드는 데 큰 역할을 차지한다. 인지장애와 정서장애에서 마루엽의 역할을 이해하면 증상 파악에 도움이 될 것이다. 관자엽은 청각을 처리하고 알아듣는 수용성 언어를 담당한다. 또한 행동 표현과 기억, 정보의 인출을 담당

3) 이 책에서 뇌 영역을 설명할 때, 영문 대문자 약자와 브로드만 영역(BA)을 사용하기로 한다.

한다. 안쪽에는 해마와 편도체가 자리 잡아 기억의 저장과 수정 그리고 감정의 생산에 관여한다. 감정은 기억의 기초 과정인 학습을 가능하게 하는 무조건 자극과 조건 자극 연합의 원천 에너지 또는 방아쇠로 사용된다. 뒤통수엽은 시각 중추로서 시각의 처리와 구별을 담당한다.

앞이마겉질

앞이마겉질(PFC)은 광범위하고 정말 매력적인 기관이다. 억제의 뇌과학적 이해는 물론 주요 정신질환들의 신경생물학적 기초[4]를 배우는 데도 참 중요하다. PFC는 이마뼈 바로 뒤에 있고, 이마엽의 운동겉질과 앞운동겉질의 앞쪽에 있으며, 고차원의 인지 기능과 감정을 조절하는 새롭게 진화한 뇌 영역이다. 인간 뇌의 가장 중요한 점은 이곳이 다른 포유류에 비해 크게 확장되었다는 것이다. 앞이마겉질은 진화의 나중 단계에서 하부 뇌와 연결을 가지며 진화했고, 그 중간에 변연계가 다리 역할로 기능하는 것으로 추정하고 있다. 사람의 앞이마겉질은 유인원이나 영장류에 비해 다른 겉질 영역의 신경세포와 더욱 단단히 연결되어 있으며, 특히 마루엽 및 관자엽의 다중 양식 영역과 훨씬 높은 연결성을 가진다. 최근 연구 결과는 에너지 대사 및 시냅스 형성과 관련된 유전자 발현에서도 인간의 것은 새로운 패턴을 보여 준다. 인간 인지의 독특한 특성 중 몇 가지는 오작동이 발생하기 쉬워 자폐증이나 조현병 같은 질환을 일으키기도 한다. 토드 프레우스(T. Preuss)는 인간의 앞이마겉질이 '재배선 후 과열'되었다고 표현(LeDoux, 2019, p. 341에서 재인용)했다. 제프 호킨스는 인간의 뇌겉질이 겨우 2백만 년 전의 비교적 새로운 구조이며, 다듬어지려면 훨씬 더 오랜 진화를 거쳐야 한다고 말한다(Hawkins & Blakesless, 2005). 아직 인간의 뇌, 특히 앞이마겉질은 자연선택의 검증 과정이 진행되고 있다. 잘 알려진 것처럼, 앞이마겉질은 특히 1차 감각, 운동 영역보다 매우 느리게 발달해서 생후 1년 동안은 신경 연결의 수가 매우 많아지고, 특히 5세 무렵에 비교적 회백질이 더 두꺼운 상태가 된다. 뇌는 발달하면서 잘못된 연결을 제거한다. 이러한 현상은 젊은 나이에 성숙한 상태에 도달한 감각 및 운동겉질에서 매우 빠르게 일어난다. 앞이마겉질은 20~30세가 되어서야 성숙 상태에 도달하는데, 그 과정은 남성보다 여성에게서 더 일찍 일어난다. 청소년기는 회백질과 앞이마겉질의 급격한 변화가 오는 시기라는 것을 주목해야 하는데, 이 기간에 정신건강의 취약성을 일으킬 수 있으며, 조현병의 발병 시기가 남자가

4) 예일대학교 의학대학 뇌신경학자 에이미 알스텐의 유튜브 동영상 강의(Arnsten et al., 2018) 참조.

여자보다 평균 5년 이상 앞선다는 것은 이러한 발달 시기와 관련 있다.

1948년 존스홉킨스대학교의 저지 로즈(J. Rose)와 클린턴 울시(C. Woolsey)는 앞이마겉질의 다양한 영역이 시상의 특정한 신경세포 집단 및 모든 감각 회로(촉각, 후각, 미각, 시각, 청각)와 연결되어 있다는 것을 밝혀냈다. 그들은 앞이마겉질이 독특한 연결 양상을 토대로 크게 네 부분으로 나뉠 수 있다는 것을 발견했다(Kandel, 2012).[5] 스트리터(Striedter, 2005)에 따르면, 인간의 앞이마겉질은 기능, 형태학 그리고 진화 측면에서 다른 두 영역으로 설명될 수 있다. 즉, 모든 포유류에 존재하는 배안쪽 앞이마겉질(VMPFC)은 배쪽 영역(ventral)과 안쪽 영역(medial)으로, 유인원과 사람에게만 있는 가쪽 영역(Lateral)은 배가쪽 앞이마겉질(VLPFC)과 등가쪽 앞이마겉질(DLPFC)로 구성된다.

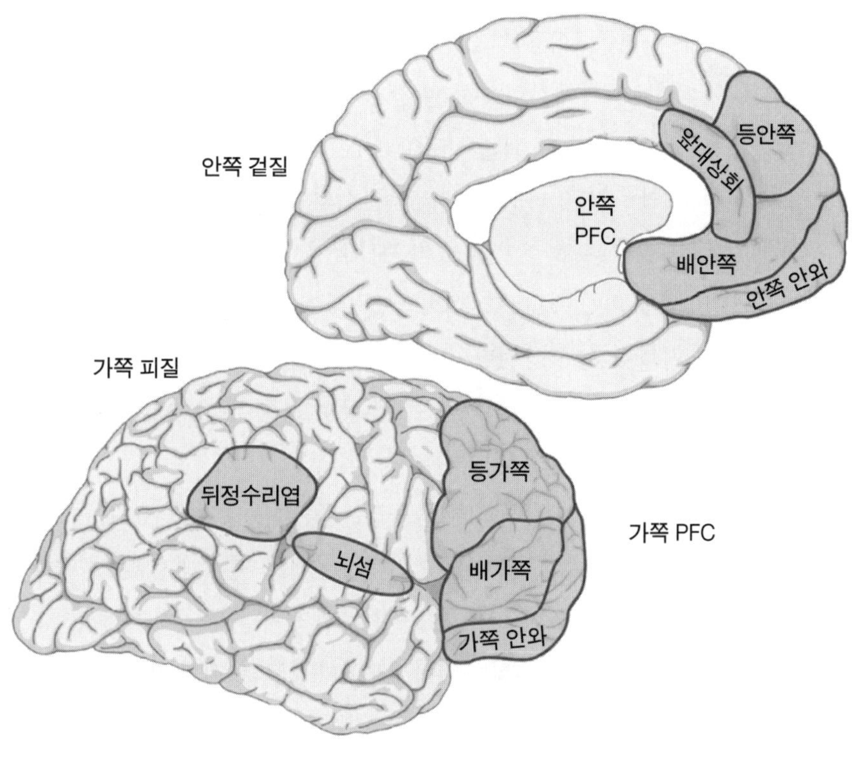

[그림 10-4] 앞이마엽 구분

5) 이 책의 제13장 '억제(회피) 연구'에서 '피니어스 게이지'의 사례 참조.

〈표 10-1〉 앞이마엽의 구분

8	9	10	46	45	47	44	12	25	32	33	24	11	13	14
가쪽(Lateral)							배안쪽 앞이마겉질(VMPFC)							
등가쪽 앞이마겉질(외) (DLPFC)				배가쪽 앞이마겉질(외) (VLPFC)			안쪽(내) (medial)					배쪽(ventral)		

앞이마엽의 네 영역은 기능이 독자적이거나 겹치기도 하며 모두 편도체와 연결된다. 진화의 역사에서 특이한 점은 이 앞이마겉질의 용적이 상당히 커졌다는 점이다. 설치류의 뇌는 아주 작은 반면 원숭이는 매우 커지고, 특히 인간은 더욱 커졌을 거라고 추정했지만, 뇌 영역의 인지 기능은 내부 조직과 그 안의 세포 기능에 좌우되며 전체 크기는 그리 큰 영향이 없다고 한다. 뇌의 새겉질은 6개의 층을 가지는 반면, 그 안쪽의 옛겉질은 6개 미만의 층을 가진다. 신경해부학자들은 감각 정보의 중계 기관인 시상핵으로부터 입력을 받는 앞이마겉질에는 많은 과립세포(Granule Cell)[6]를 가지고 있는 IV층이 있어 매우 중요한 부위라고 말하고 있다. 과립세포는 소뇌와 대뇌겉질의 작은 신경 단위를 구성한다. 다른 동물의 겉질은 IV층이 없으며, 오직 영장류만 앞이마겉질에 과립세포로 구성된 IV층을 가진다. DLPFC, VLPFC, 이마극 등 작업 기억과 숙고적 인지에 관여하는 핵심 영역은 모두 과립세포로 구성된다. 이 과립세포들이 형성한 고유한 패턴은 층간 처리가 가능해진다. 과립세포에서 일어나는 층간 상호 작용이 상향식 및 하향식 처리(계층적 관계 추론)를 조정하는 중요한 역할을 한다.

앞이마겉질 회로는 정신적 표현을 생성하는 놀라운 능력을 갖추고 있다. 즉, 이들은 아무런 외부 감각 자극 없이 정보를 나타낼 수 있다. 실제로 일어나지 않는 것에 대해 생각하는 능력은 추상적인 사고의 토대이며 작업 기억과 계획을 가능하게 하는데, 이를 통해 정보의 상징적 표현인 언어가 진화하였다. 앞이마겉질의 계통 발생에 따르면, 바깥 측면 회로는 인지를 매개하고 안쪽 내부 회로는 감정을 전달한다. 등에서 배쪽으로, 바깥(가쪽)에서 안쪽 방향, 꼬리에서 입 방향으로 운동, 생각, 정서(감정)를 담당하며, 앞이마겉질의 겉질 하부 기관에 대한 억제 기능도 마찬가지 순서이다. 앞이마엽뿐만 아니라 신경회로를 투사하는 띠이랑, 바닥핵도 단면을 잘라 보면 바깥쪽과 안쪽이 이마엽과 같은 순서로 회로가 겹치지 않게 분리되어 정보를 전달할 수 있다.

6) 과립세포(granular cell): 뇌겉질(2, 4층), 해마의 치상핵, 소뇌에서 발견되는 신경세포로 흥분성 신경전달을 담당한다.

제15장 '의식과 마음의 뇌과학'에서 설명하겠지만, 앞이마엽과 마루엽, 뇌섬은 의식의 경험에 참여한다. 등가쪽 영역(DLPFC, BA 8, 9, 10, 46)은 작업 기억을 매개하며, 원하는 결과를 얻겠다는 목표를 갖고 행동을 계획하고 조직하는 집행 기능과 인지 기능을 수행한다. 이를 위해 등가쪽 앞이마겉질(DLPFC) 영역은 배가쪽 앞이마겉질(VLPFC) 영역에서 오는 정보를 이용한다. 두 영역은 서로 협력해 우리의 욕구를 충족시켜 행동이 효율적으로 향하도록 한다. DLPFC는 우리 주변의 세계에 대한 고도로 가공된 정보를 받는다. 예를 들어, 시각적 겉질, 소리에 대한 청각적 겉질로부터 정보를 받아 사물이 어디에 있고 무엇인지 파악한다. 그래서 DLPFC은 우리의 외부 세계를 나타내고 또한 조절한다. 그래서 종종 정신적 스케치패드(mental sketchpad)라고 부른다. 이러한 기능, 저장된 정보를 통해 미래에 대한 예측과 이에 따른 판단을 할 수 있고, 변화하는 환경에 따라 신속하게 변경할 수 있는 고차원의 유연한 의사 결정을 내릴 수 있다.

특히 이마극은 인간이 다른 영장류와 가장 구별되는 점이며, 에티엔 코힐린(E. Koechlin)은 "DLPFC의 최정점에 있는 '기능적 부가 장치'로 묘사했다". 그에 의하면 이마극은 인지적 분기, 즉 대안적 행동 방식[7)]을 보유하는 능력을 가지도록 한다(LeDoux, 2019, p. 256). 이마극에서 목표가 설정되면 이는 DLPFC에 영향을 주고, 다시 숙고적 행동을 제어하는 운동겉질과 연결된다. DLPFC은 우리의 행동과 감정에 대한 생각, 주의 그리고 우리의 감정에 대한 하향식 조절을 하는데, 이를 실행 기능(executive functioning)이라고 부른다. 실행 기능의 일부 예로는 미래에 대한 계획 수립, 조직 및 다중작업, 충동 제어, 주의 집중과 집중 배제 기능이 있고, 언어를 사용하는 능력이 중요하다. 그래서 우리의 연구 주제인 억제와 이를 이용한 명상은 이 기능에 의존한다. 또한 우리가 도덕적인 양심을 가지고, 다른 사람에 대한 공감을 가지는 것을 포함하여 적절한 사회적 행동을 가능하게 한다. 그리고 자기인식 또는 메타인지(metacognition)라고 부르는 자신을 관찰하고 인식할 수 있게 한다. 뇌 영상 데이터로 자기인식 능력이 지형적으로 조직되어 추상적 기능은 입 쪽에 위치하는데, 예를 들어 통찰력과 도덕적 양심과 같은 메타인지 능력은 앞이마 쪽 정상에 집중되어 있다. 단순한 표상, 예를 들어 공간에서의 위치를 기억하는 표상은 좀 더 꼬리 쪽에 있다. 그리고 이 겉질은 감각 입력과 주의를 조절하고 운동 출력에 영향을 주기 위해 같은 영역으로 다시 투사(연결)될 수 있다. 그것은 또한 기저핵(subcortical nuclei)에도 투사된다. 예를 들어, 시상에 대한 앞이마겉질의 투사는 주

7) 계층적 관계 추론, 문제해결 및 멀티 태스킹과 같은 사전 계획에 의해 조직된 것이 아닌 다수의 선택지에서 동시에 참여하는 능력으로 계층적 관계 추론과 밀접한 관련이 있다.

의 관문(attentional gating)에 중요한 것으로 생각되며, 기저핵의 일부인 미상핵과 시상하부핵에 대한 투사는 무의식적 습관을 조절할 수 있다. 또한 생각의 조절에 큰 역할을 할 수 있는 연수를 통해 소뇌에 대한 거대한 연결을 가지고 있으며, 동기부여에 중요한 역할을 할 수 있는 뇌간 각성 시스템에 대한 투사가 있다. 그리고 DLPFC는 해마와 밀접하게 연결되어 있어서 장기 기억을 부호화하고 기억시킨다. 예를 들어, 기억을 떠올리고 그것을 우리의 정신 무대에서 재생시킬 수 있다.

대조적으로, 눈확앞이마겉질(OPFC) 및 VMPFC는 우리의 내부 상태, 예를 들어 상과 벌의 유연한 표현을 포함한 감정을 표현하고 조절한다. 이 영역은 긍정적인 감정 경험을 사회적 행동 및 도덕 판단과 통합하여 목표 지향적 행동에 중요하다. 앞에서 볼 때 VMPFC는 뇌의 가운데 안쪽 면을 말하고, OPFC는 배(바닥)쪽 표면을 말한다. 이것을 눈확앞이마겉질이라고 부르는 이유는 눈의 바닥에 위치하기 때문이다. OPFC는 맛과 냄새에 대한 정보를 받아 이를 한데 모아 맛의 감각을 만들어 줄 뿐만 아니라 음식의 만족도를 유연하게 변화시킨다. 예를 들어, 초콜릿의 첫 한 입까지는 OPFC를 많이 활성화하여 맛있지만, 너무 많이 먹었을 때는 활성이 감소되어 반대로 역겨운 느낌을 받는다. OPFC 및 VMPFC는 자극의 가치에 대한 원시적인 평가를 수행하는 편도체와 측좌핵(nucleus accumbens) 그리고 정서적 연관성과 습관과 관련된 소위 변연계의 입력을 받는다. VMPFC는 통증 정보도 수신한다. 이 회로들은 만성통증에 과민 반응을 보이는 감정적 고통과 관련한다. VMPFC는 장의 자율적 조절과 우리의 감정 상태를 조절하기 위해 변연계로 되돌아가는 많은 신경회로를 가지고 있다. VMPFC는 감정 자극에 반응해 인지를 방해할 수 있는 편도체를 통제함으로써 공포학습의 소거에 관여하는데, 이는 억압을 설명하는 매우 중요한 기능이다. 배안쪽 영역이 손상된 사람은 인지 능력은 정상이지만 충동적인 의사결정을 내리는 성향을 보인다. 또 그들은 도덕적 추론을 제대로 하지 못하며, 사람을 육교 위에서 미는 행동을 별 거리낌 없이 할 수 있다. 이는 특히 BA 25영역에서 두드러지는데, 우울증에 있어서 이 영역의 역할이 매우 중요하다. 그리고 DLPFC와 VMPFC–OPFC 사이에는 많은 연결이 있는데, 우리의 행동에 영향을 미치는 감정과 우리의 감정 상태의 하향식 조절을 한다.

안쪽 앞이마 영역(Medial PreFrontal Cortex: MPFC)은 BA12, BA25와 띠다발겉질(Anterior Cingulate Cortex: ACC) BA32, BA33, BA24를 포함한다. ACC는 감정과 동기부여를 평가하고 혈압, 심장박동, 기타 자율 기능을 조절하는 데 중요한 배쪽 영역과, 보상을 예측하고 결정을 내리고 감정 이입을 하는 것과 같은 인지 기능의 하향 모니터링에 핵심적인 역할을 하는 등쪽 영역으로 세분된다. ACC가 손상된 사람은 정서적으로 불안하며, 갈등을 해소하고 예측된 보상의 문제점을 검출하는 데 어려움을 겪고, 따라서 환경변화에 부적절한 반응을 보인다. 따라서 ACC의 배쪽 영역과 PFC의 배쪽 바깥 영역은 사회 인지 체계의 일부가 된다. 이 영역 중 어딘가가 손상되면 정상적인 도덕 기능에 이상이 나타나고, 이 비정상적인 기능은 사회적 행동에 장애를 일으킨다. 이와 관련되어 철도 공사장 인부 '피니어스 게이지'의 유명한 사례가 있으며, 제13장 '억제(회피) 연구'에서 소개한다.

〈표 10-2〉 앞이마엽의 기능 구분

앞이마겉질		기능	목표 기관
등쪽	우측하 앞이마겉질	부적절한 행동 억제	전운동겉질, 바닥핵, 선조체, 뇌하수체, 각성/동기 시스템
	등가쪽 앞이마겉질	주의와 사고를 하향식 조절	VMPFC, 해마, 편도체, 감각겉질. 바닥핵
배쪽	등안쪽 앞이마겉질	현실 감각, 실수 조절	
	배안쪽 앞이마겉질	감정, 정서 조절, 알아차림	편도체, 각성 동기 시스템
	눈확앞이마겉질	자극의 정서 가치와 균형, 애착	가쪽 앞 이마엽

앞이마겉질의 기능을 잘 살펴보면, 생각(의지, 인지)을 실행하는 기능과 이를 억제하는 기능이 진화의 시간 동안 조화와 균형을 이루어 온 것을 알 수 있다. 우리가 지금껏 다루어 온 생각, 주의, 집중하는 기능과 이를 억제하는 것도 같은 맥락이다.[8] 앞이마겉질은 하부 뇌의 기억과 감정을 조절하는 기능이 있다. 앞이마겉질은 불쾌한 감정과 이와 관련된 사건 기억을 억제하는데, 프로이트의 억압과 함께 묶어 저항을 설명할 수 있다. 해마와 편도체의 상호작용은 지속해서 앞이마겉질의 조절과 억제를 받는다. 그래서 다수의 정신질환의 원인은 앞이마겉질의 이러한 조절 기능장애와 관련이 있다.

이 책의 주요 주제인 억압의 모델인 히스테리의 현대적 진단은 일종의 급성 스트레스

8) 제13장 '억제(회피) 연구'의 앞이마겉질과 억제 기능의 진화 참조. 주의, 집중, 생각을 유지하기 위해서는 다른 부수적인 감각 자극의 지각을 차단하고, 불필요한 생각을 억제해야 한다.

질환 또는 정신–신체형 질환이다. 우리가 과중한 업무에 지쳤을 때 또는 장기간 스트레스를 받을 때 앞이마겉질은 하부 뇌에 대한 통제력을 상실하고 기억, 주의력, 실행능력 등 의식의 고차원 능력에도 장애가 온다. 앞이마겉질의 운동 조절 기능에서 계통발생으로 진화한 생각의 '억제' 기능은 이 책의 목적인 억압의 비밀에 대한 설명에 매우 중요한 역할을 담당한다. DLPFC, ACC가 해마와 시상을 통해서 생각의 억제를 조절하며 VMPFC는 편도체의 공포–불안 학습의 소거를 담당하지만, DLPFC의 억제 역할로 감정학습은 안정되어 도구학습의 동기가 될 수 있고 하의식으로 전환되어 자동화와 학습이 가능하다. 그래서 과거 정신적 외상으로 만들어진 '억압'은 VMPFC의 새로운 학습의 영향으로 진정한 소거(extiontion)의 형태를 띠게 된다. 이에 관해서는 이 책의 제13장 '억제(회피) 연구'에서 다시 설명한다.

변연계–겉질 아래 하의식(비의식)[9] 기관

일생의 사건, 경험은 피부 및 감각 기관으로 들어와 감각의 중계 기관인 시상(thalamus)을 통해 뇌의 감각겉질로 정보가 전달된다. 시상은 감각의 집합 장소이며, 운동 정보도 전달한다. 그러므로 이마엽과 광범위하게 연결하고 있으며, 사실상 뇌의 리듬을 만들어내는 배경 음악을 담당한다. 시상하부(hypothalamus)는 내분비 기관으로 뇌하수체와 함께 뇌와 몸의 기관으로 혈액을 통해 전달되는 호르몬을 분비하는 역할을 한다. 바닥핵(Basal Ganglia: BG)의 중요 신경핵인 선조체(stratum), 담창구(Globus Pallidus: GP)는 반사 운동, 걷기, 운전, 운동 등 살아가는 데 필수적인 불수의(하의식) 운동을 담당하는 중요 기관이다. 이 신경핵이 저자가 이 책에서 뇌 속에 사는 하인, 좀비라고 표현한 부분이다. 소뇌는 부드럽고 섬세한 운동을 담당한다. 평소에는 뇌겉질의 운동 중추를 통해서 몸을 움직일 수 있으나, 감각의 위험에 따른 반사 운동은 바닥핵이 척수반사신경과 연결하고 있어 가능하다.

9) 저자는 변연계 등 원시 뇌의 정보 전달과 기억 과정을 하의식 기억이라 말한다. 에릭 캔델은 비서술적 기억, 조셉 르두는 비의식 기억이라는 용어로 사용하고 있다. '하의식'은 직관적인 의미 전달이 잘 된다.

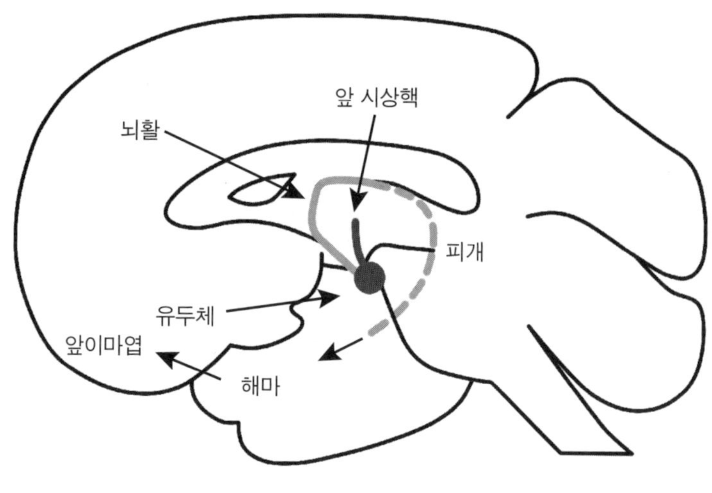

[그림 10-5] 파페츠 회로

변연계, 파페츠 회로와 앞이마겉질의 소통

피부 감각기에 들어온 외부 감각은 시상이라는 중계 센터를 통해야 하는데, 시상에서 변환된 정보가 변연계로 많은 양이 빠르게 전달되고 새로운 뇌에 도달하는 정보는 다시 걸러지므로 상대적으로 느리게 전달된다. 원시 뇌의 상행 영향에 비해 새로운 뇌의 아래쪽 조절은 상대적으로 약하다고 보고 있다. 변연계는 특수 기능을 가진 신경핵들로 뇌의 중심을 둘러싸서 둘레 계통이라고도 한다. 파페츠 회로 또는 안쪽 변연회로(medial limbic circuit)는 뇌과학자 파페츠(J. Papez, 1883~1958)에 의해서 발견된 해마-유두체-시상-대상회-해마방회-해마로 이어지는 순환 신경 구조를 말한다. 이 회로는 장기 기억과 감정 표현의 제어를 위한 신경회로이다. 1937년 파페츠는 시상하부와 변연엽을 연결하는 회로가 감정 경험의 기초라고 제안했다. 이후 앞서 소개한 매클린은 파페츠의 제안을 받아들여 변연계라는 용어를 만들었다. 매클린은 이 회로를 변연엽과 앞뇌의 주요 연결부, 즉 시상하부, 편도체, 격막으로 구성된 '입체 뇌'로 다시 정의를 내렸다. 이후, 감정 표현의 제어를 위한 앞뇌 회로의 개념은 앞이마겉질을 포함하도록 수정되었다. 연인의 사랑으로 비유하자면 정신적 사랑(platonic love) 또는 관념적 사랑은 새겉질에서 하고, 육체적인 사랑은 변연계에서 한다.[10] 정신적 사랑도 육체를 통해서 만

10) 헤르만 헤세의 『지와 사랑: 나르치스와 골드문트』, 니체의 『비극의 탄생』에서 비유적으로 잘 설명되고 있다. 즉, 아폴로(Appolo)는 새겉질에 속하고, 디오니수스(Dionysus)는 변연계에 비유할 수 있다.

나야 진정한 사랑이라 할 수 있다면, 이 과정이 앞이마겉질과 파페츠 회로를 통해 이루어지는 것이다.

해마와 편도체

이 기관은 학습(장기 기억)이라는 방식을 통해서 경험 기억을 만들고 겉질에 저장을 중계한다. 프로이트 무의식인 억압의 비밀이 있는 곳이다. 편도체는 보상과 공포, 그리고 짝짓기와 같은 사회적 기능과 관련 있는 구조로 아몬드 2개 모양의 신경 집합체이다. 편도체는 해마를 자극하여 환경을 둘러싼 여러 세부 사항을 기억하게 한다. 감정의 증폭기로서 감정을 매개로 한 학습을 담당한다.

감정학습(감정 기억)은 위험을 피하고 먹이를 찾는 중요한 동기를 에너지로 사용하는데, 감정과 경험을 묶어 기억을 만들어 줄 때 그 연료는 신경(세포의 에너지)이다. 학습에 타고난 본능적 감정이 사용되면, 신경에서 신경전달물질이 분비되어 이를 재료로 정보 기억이 만들어진다. 양쪽 편도가 손상되면 과도한 구강 욕구, 과도한 성 충동, 무절제한 행동이 나타나는 병적인 현상을 클리버-부시 증후군(Kluver-Bücy syndrome)이라 한다. 끔찍한 사건을 겪고 난 뒤 편도체의 감정학습은 때로 외상후 증후군이라는 질환을 만드는데, 이유 모를 불안, 공포, 깜짝 놀라는 증상이 갑자기 찾아오는 하의식 증상이 자주 나타나지만 환자는 그 이유를 알아채지 못한다. 그래서 편도체는 프로이트의 '억압'의 비밀을 설명하는 첫 번째 중요 기관이다. 편도체와 같은 뇌 하부 기관은 무의식의 방어-생존 반응을 주도한다. 과거에 만들어진 감정 기억이 우연한 자극으로 활성화된다고 해도 이와 관련된 특정한 사건 기억을 바로 재생시킬 수 없고, 그저 자극에 대한 반응기제로서만 작용하도록 설계되어 있다. 이를 프로이트는 억압(회피)이라 했고, 뇌의 방어-생존 반응이 활성화되는 현상(증상)을 정신병리로 보고 '억압의 귀환'으로 불렀다.

편도체와 해마의 상호작용은 감정 기억의 생성과 소거에 중요한 역할을 한다. 해마는 편도체와 더불어 억압과 억제의 비밀을 밝히는 두 번째 중요 기관이다. 해마(hippocampus)는 그 모습이 바다에 사는 해마처럼 생겨서 붙여진 이름이다. 소뿔처럼 곡선으로 생긴 2개의 조직 끝에 편도체가 있다. 해마는 장기 기억을 매개하는 정말 신비한 기관으로 공간, 시간 인식에 매우 중요하며 새로운 경험을 과거 기억과 구별하고 재사용하는 역할을 하는데, 이 과정을 패턴 분리, 패턴 완성이라고 한다. 해마는 일화 사건의 대상, 배경, 환경 정보, 감정 등을 연결(학습)해 장기 기억으로 이마엽에 저장하는 역할을 한다. 해마는 또한 사물의 상대적 위치와 사건의 순서를 관장한다. 우리가 기억하는 것은 변하지 않는 공간, 시간(순서)의 관계이다. 거실에서 가구들의 상대적 위치, 오늘 일어난 일들이 사건 순서의 경우라고 할 수 있다. 사건의 순서는 시간상 순서로 기억되고, 사물인 경우는 공간상 배치로 기억되는 것이다. 해마가 자극을 순서 패턴으로 기억하는 방식을 계층적 시간 기억(Hierarchical Temporal Memory)이라고 한다. 해마 주변 겉질의 공간적 위치는 해마의 기능과 회로를 이해하는 데 필요하다. 내후각겉질(Entorhinal Cortex)은 해마와 관련된 중요 구조로 이 장에서 설명한다. 조롱박겉질(Piriform Cortex)은 후각과 관련된 기능을 하고 앞서 설명한 측좌핵(NAc)이 주변에 있으며, 눈확앞이마겉질은 의사결정과 관련된 구조이다. 변연계의 해마와 연결된 기타 조직은 변연엽과 해마와 관련된 조직을 말하는데, 해마 곁이랑(Parahippocampal Gyrus)은 공간 기억을 형성하는 역할, 띠이랑(Cingulate Gyrus)은 심박수, 혈압을 조절하는 자율 신경 기능, 인지적 과정, 주의 집중 과정에 관여하고, 치아이랑(Dentate Gyrus)은 새로운 기억의 형성에 관여한다. 편도체 다음으로 뇌활(Fornix)은 해마에서 유두체(Mammillary Body)와 사이막핵(Septal Nuclei)으로 신호를 전달해 주는 C자 모양의 축삭돌기 다발이다. 유두체는 뇌활의 앞쪽 끝에 있으며 인지 기억과 관련이 있다. 사이막핵은 뇌들보(corpus callsum)의 아래쪽에 있으며, 후각 신경구, 해마, 편도체, 시상하부, 시상 등에서 오는 상호 신호를 받는 부위이다. 후각과는 관련이 없으며 보상과 관련된 중요한 역할을 한다.

보상–강화/접근 행동 시스템

사냥하거나 먹이를 구하던 동물이 야생에서 다른 동물을 만났을 때, 싸워서 먹을 것인가, 도망칠 것인가, 숨을 것인가 하는 판단과 실행은 세 가지 시스템의 작용으로 결정된다. 위협을 기억하고 피하는 방어–생존 시스템, 행동하는 뇌에 동기를 부여하는 행동 접근 시스템,[11] 마지막은 행동, 정서, 생각의 억제 시스템이다. 방어–생존 시스템과 행동 접근 시스템이 자동차의 액셀이라면, 억제 시스템은 브레이크로 생각하면 좋은 예가 된다.

행동 접근 시스템은 인간 행동의 가장 중요한 본질이 되는 음식, 생식, 수면 등 생명 유지와 이에 대한 가치인 만족감과 행복이 따라오는 기능에 필요한 기관을 말한다. 주로

11) 판크셉은 탐색(찾기, seeking system)이라 불렀고, 중뇌에 있는 일곱 가지 본능 감정 핵 중의 하나이다.

좌뇌와 본능의 동기, 욕구 행동, 욕망 시스템[12)]이라 불리고 신경, 운동 기능을 촉진 · 보상하는 작용을 하며 기관들을 직접 연결한다. 인간 행동에서 자신에게 이익이 되는 방향으로 움직이는 동력을 발생하는 기관이다. 뇌과학자들이 동기와 충동의 근원 연구 중 실험동물 스스로 전기 자극 추구를 유도한 실험은 획기적인 결과를 얻어 냈다. 1953년 캐나다 맥길대학교의 올즈(J. Olds)와 밀너(P. Milner)는 쥐의 뇌 여러 곳을 전기로 자극해 쾌감을 느끼는 부위, 즉 쾌락중추(pleasure center)를 밝혀냈다. 다음에는 발판을 만들어 쥐가 밟으면 뇌의 쾌락중추에 전기 자극이 가해지도록 했다. 쥐는 처음에는 우연히 발판을 누르다가 곧 반복해서 발판을 누르기 시작했다. 쥐는 발판을 누르는 데 너무 열중해 음식을 먹거나 물을 마시지도 않아서 결국 쓰러지고 나서야 발판 누르기를 멈췄다. 전기 자극으로 인한 쾌감은 쥐가 발판을 누르는 특정 행동을 스스로 강화하는 보상이었다. 그래서 이 부위를 보상–강화(reward–reinforcement) 시스템이라 불렀다. 1963년 히스(R. G. Heath)는 수면발작과 간질을 앓는 두 남자의 뇌 중격과 중뇌의 덮개에 직접 전기 자극을 한 실험을 통해 즐거움과 행복, 성적 쾌감을 보고했다. 1970년대에는 이 보상–강화 회로가 뇌의 매우 넓은 영역에 걸쳐 있다는 것이 밝혀졌다. 이 본능 욕망 시스템은 내장 기관의 감각(배고픔, 목마름, 영양, 혈압, 호르몬 등 균형 시스템), 찾기 욕구와 감정을 생산하는 신경핵 기능을 포함하며 중뇌의 배쪽 덮개 영역(Ventral Tegmental Area: VTA)부터 안쪽 앞뇌 다발과 가쪽 시상하부(MFB–LH)를 통해 가장 중요한 측좌핵(Nucleus Accumbens: NAc)에 도달하는 경로, 중뇌에서 감정학습과 습관을 담당하는 변연계에 이르는 중뇌 변연 경로, 중뇌에서 앞뇌 내측까지 도달하는 경로가 있다. 이들 경로는 모두 뇌의 가운데 부분에 있으며 이 신경계의 대표적 신경전달물질은 도파민이라는 것이 밝혀졌다. 이는 조건학습, 도구적 학습과 보상 행동, 중독에도 관여한다.

우리는 경험학습에서 보상 작용을 하는 이 시스템과 측좌핵을 눈여겨봐야 한다. 과거에는 쾌락 중추, 배쪽 선조체(ventral striatum)라고 알려진 이곳은 도구적 학습에서 도파민을 분비하여 강력한 보상을 주며 운동에도 관여한다. 원숭이는 모르는 나무에서 과일을 발견하면 먹이 냄새를 맡고 흥분한다. 이때 배쪽 덮개 영역에서 도파민을 분출하여 편도체에는 그 감정을 생산, 증폭하고 먹이와 연결되는 가치가 만들어진다. 동시에 해마에 정보가 전달되어 바나나가 달린 나무와 장소 환경의 맥락 정보가 장기 기억되면 다음에도 그 장소를 찾을 수 있게 된다. 이를 학습이라고 한다. 한편, 측좌핵에 전달된 정

12) 제12장 '정서–감정의 진화와 억압' 중 '야크 판크셉의 정서 의식' 참조.

보는 보상으로 도파민을 분비하여 더 큰 흥분을 상으로 주고, 앞이마겉질에 전달되면 우리의 의식적 주의가 활성화되는 것이다. 그러므로 불쾌감을 주는 생각의 억제가 어떻게 학습되어 습관으로 변하는지는 측좌핵과 선조체의 역할이 대답해 줄 것이다. 도파민은 성취할 것이라는 기대에 의한 흥분을 주는 물질이며, 행복을 주는 것은 오피오이드의 활성을 통한 작용이다. 이를 뇌과학에서는 각각 원하기(want)와 좋아하기(like)로 나누고 있다. 소풍 가기 전날의 흥분과 불면은 도파민 시스템에 의한 것이고, 일단 다음날이 되면 도파민의 활성은 바로 감소하고 오피오이드가 계속 활성을 유지한다.

방어-생존 시스템은 프로이트 시대의 히스테리 현상과 최근 잘 알려진 외상후 스트레스장애를 설명하기 좋은 모델이며, 반복된 심리적 자극 때문에 뇌겉질 하부 기관이 활성화된 반응을 말한다. 장기 기억에 관련된 파페츠 회로에 더해서 편도체에서 이루어지는 자극에 대한 감정 기억 반응과 빠른 반사(회피) 반응은 조셉 르두(J. LeDoux)가 잘 사용한 개념이다. 판크셉은 이를 정서 지시 시스템이라고 불렀다. 제11장 '억압과 스트레스의 신경생물학'에서 자세히 설명한다.

억제 시스템은 우뇌에서 우세하고 앞이마겉질에는 바닥핵, 변연계 등 다른 하부 신경 시스템을 억제하는 간접 연결 회로를 운영한다. 억제 시스템은 이 책의 주제가 되는 억제와 억압을 설명할 수 있는 기관이다. 앞이마겉질의 억제 작용에 이상이 오면 주의력결핍장애, 조울증, 조현병 증상이 발생할 수 있다. 과거에 정신분열증이라 불리던 조현병은 심각한 사고장애와 감정 조절장애를 동반한다. 이 질환은 DLPFC의 미상핵에 대한 억제 기능이 적절하게 작동하지 않는다는 연구 결과가 있으며, 주의력 결핍장애와 양극성 조증에서도 앞이마겉질의 오른쪽 반구가 부적절한 행동을 억제하는 기능에 문제가 있는 경우이다. 기분장애(주요 우울증과 양극성 우울증)도 DLPFC의 MPFC에 대한 억제 조절 문제가 원인이라고 한다. 알츠하이머병은 신경 퇴행과 관련된 치매로서 앞이마겉질 회로에 심각한 장애가 와서 감정의 폭증, 부적절한 성적 행동이 나타난다. 저자는 앞이마겉질의 억제가 방어-생존 시스템에 대한 진정 효과를 가질 때 행동 접근 시스템이 작용하여 억제 행위가 자동화(회피학습)될 수 있다는 파블로프 조건학습-도구학습 전이에 관해서 설명하면서 동물과 사람의 실험 연구를 소개할 것이다. 앞서 프로이트가 쾌락-불쾌의 법칙이 인간 행동의 원리라고 말한 것처럼, 고통을 회피하는 것도 절반은 행복해지는 길이다. 이 과정은 필연적으로 보상과 강화가 있고, 이로 인해 행동적 접근이 이루어진다.

각성-수면 시스템

각성, 수면은 뇌의 숨뇌(연수)에서 시작해서 대뇌에 전반적으로 영향을 주는 확대 망상 시상 활성화 시스템(Extended Reticular and Thalamic Activating System: ERTAS)이 담당하고 있다. 수면과 꿈은 의식의 한 종류로 볼 수 있다. 이에 관해서는 제15장 '의식과 마음의 뇌과학'에서 좀 더 설명할 것이다.

여자의 뇌 남자의 뇌

남녀의 결정은 염색체 외에도 태생기의 안드로겐이 남녀의 외적·내적 표현형을 결정짓는다. 일반적으로 남자는 공간 인지력이, 여자는 언어 능력이 더 뛰어나다. 한 연구(新井康允, 1994, p. 52)에 따르면 남자는 공간 회전, 종이 접어 구멍 겹치기, 표적을 겨누는 운동, 숨은 그림 찾기, 수리력, 추리 능력이 뛰어나고, 여자는 지각 속도, 관념화, 언어 유창성, 손놀림의 정확도, 산수 능력이 뛰어난 것으로 나타났다. 또한 남자는 뇌가 더 무겁지만 좌우 뇌를 연결하는 뇌들보의 팽대부는 여성이 더 크다. 좌우 뇌의 신피질과 피질 아래 변연계를 연결하는 전교련의 단면 역시 여성이 더 크다. 전자는 언어 능력과, 후자는 정서 반응에 관계된 신경섬유의 분포 때문이다. 저자가 소개한 프로이트의 정신분석 증례나 저자가 진료실에서 보는 환자는 특정 질환의 성비가 일관성 있게 나타난다. 우울증, 불안장애, 히스테리 신경증은 환자 대부분이 여성인 질환이다. 이 책에서 소개하는 트라우마와 관련된 질환도 마찬가지이다. 알코올 의존증, 강박신경증은 유달리 남자에게서 많다. 치매도 알츠하이머형은 여성이, 뇌혈관장애로 인한 치매는 남자가 많은 것으로 나타나고 있다.

생각, 기억의 생리와 분류

생각의 신경생물학

심각하게 고민하는 사람을 보면 오귀스트 로댕(1840~1917)이 조각한 〈생각하는 사람〉이 떠오른다. 로댕은 단테의 『신곡』「지옥」 편에서 영감을 받아 〈지옥의 문〉이라는 조형물을 제작했고 그중 일부가 〈생각하는 사람〉이다. '지옥'이라는 주제가 의미하듯 이 작품은 그 조형미뿐만 아니라 인간의 마음을 잘 표현했다는 점에서 사람들에게 기억되고 있다. 앞서 프로이트가 신경증을 예술작품에 비유해서 '과장 해석'[13]이라고 설명한 것처럼 로댕의 〈생각하는 사람〉을 보면 손이 다른 신체 부위보다 더 크게 만들어져 있고, 근육과 감정의 표현을 위해 일반적으로는 취하지 않는 불편한 자세로 앉아 있다. 마치 회화의 인상주의처럼 예술의 감정 표현을 위해서 사실은 얼마든지 희생될 수 있다.

〈생각하는 사람〉이 무엇을 생각하고 있는지 우리는 알 수 없지만, 그 모습에서 '생각하는 고통'은 느낄 수 있다. 그 고통을 덜어 주고 싶지만, 그러기 위해서는 뇌에서 생각이 어떻게 만들어지는지, 불편한 감정과 생각을 조절하는 기전이 무엇인지를 먼저 알아야 한다.

생각의 세포생물학적 근거는 무엇인가? 이 질문은 생각할수록 저자의 가슴을 뛰게 만든다. 뇌과학의 오랜 숙제인 생각의 생성을 자세히 알 수 있다면 지금 의문의 해결은 물론 "미쳤다."라는 오명을 안고 살아가는 정신질환자의 치료에 혁명적인 변화를 가져올 것이다.

기억은 경험의 학습과 그것의 검색-인출로 이루어지는 과정이다. 단기 기억은 감각 기관에 의해 유입된 정보가 15~30초간 동시에 발화되는 서로 연결된 신경세포 집단의 닫힌 회로가 만든다. 단기 기억에 들어가는 정보는 시각, 청각으로 부호화[14]되다가 나중에는 언어 의미의 부호로 변환된다. 단기 기억의 기억 용량은 제한이 있다. 초기에는 7±2개의 용량으로 가정되었으나 후속 연구를 통해 최근에는 평균 3~4개의 용량을 가진 것으로 인정하고 있다. 단기 기억 내에 저장된 정보를 장기 기억으로 전환하기 위해서는 반복적으로 시연하거나 조직화하는 과정이 필요한데 이를 응고라고 한다. 작업 기억(working memory) 역시 단기 기억과 같은 기억 체계를 가리키나, 수동적인 저장소 개념에 해당하는 단기 기억보다 능동적인 정보의 통합과 변형에 대한 개념으로 구분된다. 의식의 기억 선택 과정은 대상에 대한 주의 집중과 반복이 필요하고, 그로 인해 기억의 첫 단계인 부호화가 이루어진다. 단기 기억이 좀 더 유지되려면 장기 기억으로 전환이 필요하다. 장기 기억을 위해서는 각성(vigilance)과 주의(attention)가 필요하며, 그 정보가 인식되어 다른 사람에게 이야기할 수 있는 알아차림(awareness)과 의식화(conscious access)가 이루어져야 한다. 수면과 꿈은 장기 기억으로 전환되는 중요 과정이라고 알려

13) 예술작품에서 작가의 '억압'된 부분이 과도한 혹은 위장된 표현으로 나타나는 것을 말한다.
14) 가공되지 않은 상태의 경험 자료(정보)를 뇌와 호환되는 전기적·화학적 포맷으로 변환하는 과정에 대한 은유이다.

져 있다. 학습 또는 장기 기억 과정은 부호화(encoding), 등록(registration), 저장(storage), 인출(회상, retrieval), 응고(consolidation)의 과정을 거치고 언제든지 다시 편집 · 수정할 수 있다. 이를 재응고(reconsolidation)라고 한다.

기억장애를 호소하는 사람은 대부분 동시에 여러 가지 생각을 하면서 기억할 대상에 집중하지 않는 경우가 많다. 인터넷 정보의 홍수 속에서 오히려 정보가 부호화되지 않는 상황이 자주 발생한다. 앞서 소개한 프로이트의 동시성에 의한 연합의 법칙(제2신경의 법칙)과 도널드 헵이 제안한 "함께 발화되는 신경세포들은 함께 묶인다."라는 법칙은 단기 기억이 장기 기억으로 강화되는 과정을 말한 것이다. 장기 기억이 오래가는 이유는 대뇌겉질에 널리 분산되어 새로운 신경 연접이 만들어지고 결합 패턴을 이루기 때문이다. 이렇게 되면 해마의 의존에서 벗어난다. 뉴런의 거대한 집합들 사이의 계층적 · 순차적 연결 패턴이 기억이며, 일부가 손상되어 그것을 조금 약화할 수는 있어도 전체 네트워크를 없애기는 어려운 일이다. 또한 퇴화한 기억 흔적들이 재구성될 수 있지만 재구성된 것은 정확하지 않다.

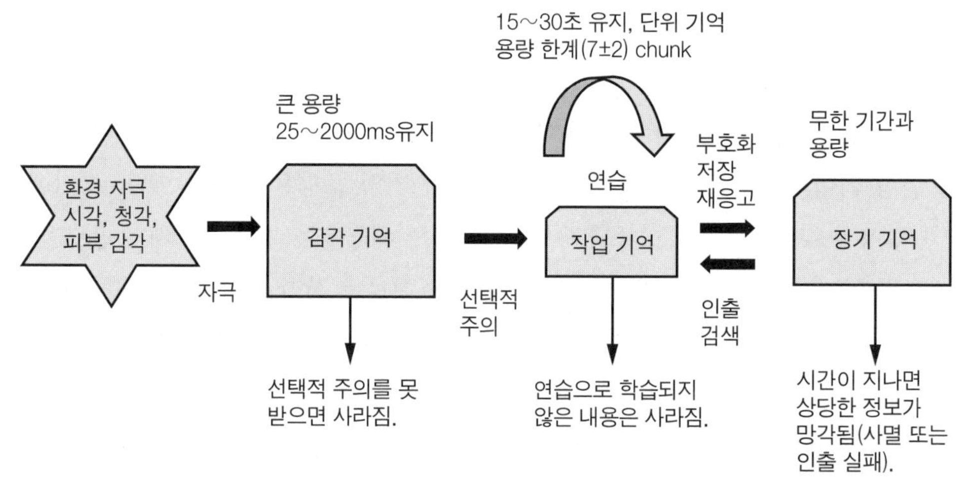

[그림 10-6] 기억 단계

기억은 시간이 지날수록 소멸하기 마련이다. 기억이 오래 지속되는 방법은 기억 회상을 통한 반복 연습과 인출뿐인데, 기억을 끄집어낼수록 기억은 수정되고 변조된다. 그 이유는 인출 과정에서 새로운 정보, 신경 연결이 이루어지기 때문이다. 의식 기억의 결정적인 특징 중 하나는 회상에 의식의 주의 집중이 필요하다는 점이다. 회상을 통해서 과거 기억이 수정된다는 것은 정신치료의 과학적 근간이 되는 원리이다. 브로이어와 프로이트는 주의 집중을 통한 과거 기억의 회상이 치료적이라는 사실을 알고 있었다. 두 사람은 자유연상이라는 과정을 통해서 환자들의 기억에 단서를 제공하여 기억을 불러오고 찾았으며, 연상된 감정으로 의미와 가치를 드러내자 마음이 안정되는 것을 알았다. 프로이트 이후 등장한 설리번도 경험의 학습에 주의 집중이 필요하며, 선택적 부주의(억제, 회피와 비슷한 용어)가 미치는 병리적 영향과 그에 대한 치료적 대책을 말했다. 불안에 의한 의식 축소, 부주의에서 발생하는 기억, 경험의 영향은 알려진 것보다 크다고 강조했다. 최근의 뇌과학은 회상을 통한 기억의 수정과 재응고 과정을 잘 밝히고 있으며, 해마의 패턴 완성 과정이 알려지면서 뇌과학적 사실로 확인되고 있다.

작업 기억, 단기 기억: 골드만-래킥

누군가에게 갑자기 "삶이 무엇인가요?"라는 질문을 받았다고 가정해 보자. 우리 뇌는 그 대답을 얻기 위해 질문에 합당한 자기경험과 기억을 끄집어내 짧은 시간 동안 검토하면서 무엇이 옳은 대답인지 생각하고 말할 것이다. 이렇게 보면 생각이란 세상과 자신에 대한 지각, 경험 기억을 현재의 정신적 표상으로 전환하는 것이다. 이 생각의 대상이 되는 기억, 즉 정신적 표상을 작업 기억이라 하며, 단기간 사용한다는 의미에서 단기 기억이라고 한다.

우리는 책상 위에서 여러 가지 작업을 한다. 학생들은 노트 필기도 하고 그림도 그리고 컴퓨터 모니터와 키보드로 작업하는 것처럼 '생각하는 사람'은 생각을 위해서 필요한 몇 가지 조건이 있다. 첫째, 작업을 위해 필요한 여러 가지 도구를 펼쳐 놓을 수 있는 책상이라는 마음속 가상의 공간이 필요하다. 둘째, '생각하는 사람'은 그것이 생각이든 말이든 매우 짧은 시간 동안이라도 내용이 사라지지 않고 기억에 가지고 있어야 작업(생각과 말)을 이어서 할 수 있다. 즉, 작업이 끝날 동안 작업 공간을 유지할 지속 시간이 필요하다. 하지만 작업 기억은 뇌 용량의 한계 때문에 정해진 짧은 시간만 사용할 수 있기에 뇌과학자들은 컴퓨터의 램(RAM) 메모리[15]에 비유하기도 한다[또한 이를 보충하기 위한 진화한 대뇌의 장기 기억 장소를 하드(hard) 메모리[16]로 비유하기도 한다]. 셋째, 짧은 시간에 외부, 내부의 잡다한 방해 자극을 물리치고 대상에 전념하는 의식 과정을 주의(attention)

15) 컴퓨터 메모리 또는 랜덤 액세스 메모리(RAM)는 시스템의 단기 데이터 저장 장치로, 정보에 빠르게 액세스할 수 있도록 컴퓨터가 실시간으로 사용하는 정보를 저장하는 기억 장치이다.

16) 램 메모리와 달리 장기 저장에 필요한 정보를 저장하는 컴퓨터 기억 장치이다.

라고 한다. 그리고 생각하는 동안 머릿속에 일시적으로 어떤 정보를 떠올릴 수 있는 기능을 집행 제어 기능(실행 제어 기능)이라고 한다. 이 기능은 외부 환경 또는 신체 내부에서 얻은 감각 정보를 선별하여, 여기에 주의를 모으고 관련 기억을 검색해 선택된 감각 정보와 기억이 일시적인 활성 상태로 유지되도록 전 과정을 조율하는 기능이다. 그 결과, 정보를 평가하고 다른 정보와 통합해 새로운 표상을 형성함으로써 이를 사고, 추론, 계획 및 의사결정에 사용할 수 있다. 넷째, '생각하는 사람'이 생각하기 위해서 관찰하고 작업할 주체와 그 작업을 비판해 줄 대상, 즉 자기 자신이 필요하다. 이를 정신분석에서는 관찰자아(observing ego) 혹은 초자아, 인지과학에서 메타인지, 자기의식이라고 불러왔다. '생각의 생각', 즉 생각을 생각한다고 표현하기도 한다. 마음 이론(theory of mind)[17]은 자기의식과 공감의 발달 과정이다. 작업 기억은 이 책의 주제인 억제의 설명에 매우 중요한 요소이며, 저자의 명상의 '주의 배제' 이론, 사티와 작업 공간([그림 17-1] 참조)에 필요한 용어이니 잘 기억해 두어야 한다.

작업 기억의 본질은 무엇일까? 그동안 과학자들은 뇌가 어떻게 생각을 만들어 내는지 너무 궁금해했다. 눈, 피부, 귀 등 각종 감각 기관에서 온 정보는 의식의 주의를 받으면 가상의 공간에서 작업 기억 과정을 통해 정보에 대한 처리가 이루어진다. 작업 기억은 매시간, 매 순간 정보를 통합하고 연습하며 과거 경험, 활동, 지식으로 저장된 정보 기억에 결합하는 역할을 하므로 우리 일상생활 속에서 매일 하는 일들에 매우 중요한 역할을 하고 있다. 최근에 와서 DLPFC가 서술 기억이라고 하는 저장 정보를 불러와서 단기간 보유하는 기억 시스템(단기 기억)의 한 부분을 차지한다는 것이 확인되었다. 인지심리학자인 앨런 배들리(Baddeley, 1986)는 처음으로 앞이마겉질 손상 환자의 임상 사례로 작업 기억의 아이디어를 내놓았다. 이후 퍼스터(Fuster, 1997), 골드만-래킥(Goldmann-Rakic, 1996) 같은 연구자들은 앞이마겉질의 작업 기억이 연상을 담당하고 전의식에서 의식으로 서술 기억을 회상하는 기능과 관련이 있음을 밝혔다.

밀너 이후 우리의 인식과 인지에 대한 시각을 근본적으로 바꾸어 놓은 골드만-래킥(P. S. Goldman-Rakic, 1937~2003)을 소개한다. 그는 앞이마겉질 생리학에 대해 수십 년간 연구하였고, 신경세포와 미세 회로를 기반으로 추상적 사고의 기본 구성 요소인 앞이마겉질과 정신 표상 관계의 많은 사실을 밝혀냈다. 그의 연구로 인해 앞이마겉질의 세포가

17) 사람은 5~7세 전후로 사물과 자신을 관찰하는 능력이 발달한다. 작업 기억과 자기의식의 확장이다. 이때부터 자기중심에서 벗어나 객관성과 공감 능력의 발판이 만들어지는데, 정신질환 상태는 물론이고 지적 훈련이 부족한 많은 성인이 이 상태에 도달하지 못한다. 용어 설명의 '마음 이론' 참조.

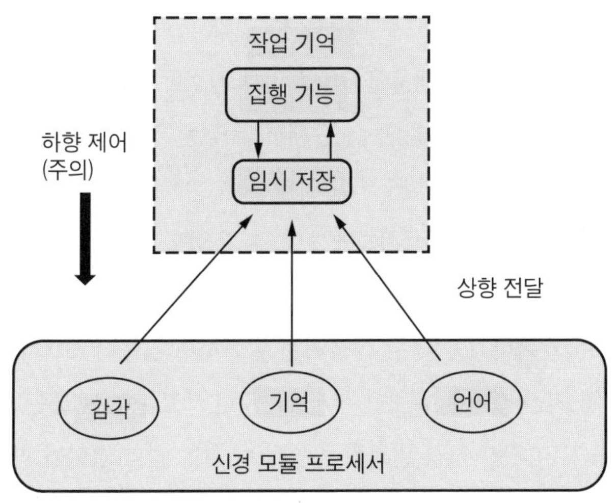

[그림 10-7] 작업 기억

특정한 작업 기억에 전념한다는 것을 알게 되었고, 공간 작업 메모리에 필수적인 DLPFC 영역과 공간 인식의 광범위한 회로를 처음 확인했다. 저자는 그의 자료를 접한 순간 "생각을 생물학으로 설명"할 수 있다는 점에서 정말 흥분했는데, 이는 철학자들의 오랜 고민을 단순한 실체로 풀어낸 것이다. 이 뉴런들의 세포체는 피라미드처럼 생겼기 때문에 소위 피라미드 세포라고 부른다. 작업 기억 과제에서 한 장소의 단서 자극(cue)이 나타났다가 사라지고 다시 다른 장소에 나타나는 기간 동안 단서 자극의 위치를 기억하고 유지할 수 있는 것은 DLPFC의 겉질(층 II)에 있는 발화를 유지하는 지연세포(delay cell) 덕택이라고 한다. 이 피라미드 뉴런 세포는 선호하는 방향이나 위치에서만 발화하고 그것을 유지하며 그 세포들이 돌아가면서 발화하기 때문에 마음속에 정보를 간직할 수 있다. 즉, 아무런 감각 자극도 없이 같은 선호 방향을 가진 인접 신경세포가 있는 경우, 서로 반복적으로 흥분시켜 정보를 유지하는 것이 생각의 신경생물학적 근거이다. 이로써 우리는 뇌가 어떻게 생각을 만들어 내는지에 대한 기초를 알게 되었다. 다음 내용은 시각 공간의 정신적 표상을 만드는 미세 회로에 대한 실험이다.

피실험자가 작업 메모리 과제를 수행할 때 신경의 발화는 근처의 전극에서 기록된다. 피실험자의 시점은 컴퓨터 화면의 중앙 점에 고정된다. 중앙 점을 둘러싼 대기열에는 8개의 점멸등이 있고, 이 중 하나에서 단지 0.5초 동안 잠깐 깜박이는데 이를 대기열 기간이라고 한다. 대기열이 사라지면 피험자는 지연 기간 해당 위치를 기억해야 하며, 이 위치는 몇 초 동안 지속할 수 있다. 그런 다음, 고정 지점이 사라지고 피험자는 보상으로 가장 좋아하는 주스를 받기 위해 눈을 기억된 중앙 점으로 이동할 수 있다. 그런 다음, 새 위치의 대기열에서 깜빡임이 시작되고 작업 메모리의 내용을 이 새 위치 정보로 업데이트해야 한다. 연구자들은 등쪽 앞이마겉질에서 대기열 점멸등이 더 존재하지 않는 지연 기간 동안 발화를 유지할 수 있는 지연 세포인 신경세포를 발견했다. 이 지연 관련 발화는 노란색으로 강조 표시되어 있으며, 뉴런이 세포가 좋아하는 공간 위치에 신호가 가졌던 모든 시험마다 지연 기간 발화를 증가시키고 있음을 보여 준다. 즉, 지연 세포는 우리가 선호하는 방향을 가지고 있다. 그들은 한 장소의 기억으로 발화하지만 다른 장소에는 발화하지 않는다. 그리고 그들은 방해물이 있는 곳에서도 지연 기간 발화를 유지할 수 있다. 지연 세포는 반복 흥분이라는 과정으로 인해 감각 자극 없이 지연 기간 신경 발화가 가능하며, 같은 선호 방향을 가진 인접 세포가 서로 흥분해 정보를 유지할 수 있다.

이 피라미드 세포들의 수상돌기는 글루탐산이 작용하는 NMDA 수용체[18]를 통해 세포회로 내의 반복적인 흥분에서 서로를 발화시키는 반면, 이 회로는 또한 GABA성 수용체[19]가 측면 억제 회로로 조정할 수 있다. 그는 특히 D1 수용체 작용을 통해 도파민이 DLPFC 기능에 필수적이라는 것을 처음으로 발견했으며, DLPFC 작업 기억 활동의 장애가 조현병의 주요 증상인 생각장애에 기여할 것을 정확하게 예측했다. 이 시냅스는 또한 높은 수준의 칼슘 Ca^{++} 순환 AMP(Cyclic AMP) 신호로 열 수 있는 칼륨 K^+ 채널을 가지고 있는데, K^+ 채널이 개방되면 시냅스 연결부의 강도를 급격히 떨어뜨려 신경 발화를 감소시킨다. 각성 시에는 K^+ 이온을 준비하고 피로나 스트레스 상태에서는 K^+의 분비를 줄여 각성 시스템(에피네프린, 노르에피네프린)[20]에 영향을 주어 조절할 수 있다. 동시에 앞이마겉질과의 연결을 강화 혹은 약화할 수 있는데, 극단적인 예를 들어 우리가 깊은 잠에 빠져 있거나 심한 정신적 스트레스에 시달리고 있으면 각성 시스템과 앞이마겉질과의 시냅스 연결을 약화할 수 있다.

예일대학교 의과대학의 에이미 알스텐(A. Arsten)은 〈정신질환에서 앞이마겉질의 역할〉(Arsten, 2018)이라는 강의에서 작업 기억의 생물학적 기반과 정신질환과의 관계를 설명

---

18) NMDA 수용체(NMDA receptor)는 N-메틸-D 아스파르트산염(N-Methyl-D-Aspartame: NMDA)에 선택적으로 결합하기 때문에 NMDA 수용체라고 한다. 칼슘에 의한 세포 신호 및 시냅스 가소성 조절, 기억 세포 활성화에 관여한다. 용어 설명 참조.

19) GABA 수용체(GABA receptor)는 중추신경계의 주요 억제 신경전달물질로 감마-아미노 부티르산(Gamma-AminoButyric Acid: GABA)에 반응하는 수용체군이다. GABAA와 GABAB의 두 가지 부류가 있다. GABAB 수용체는 G단백질 결합 수용체로 특히 염소 이온 통로와 연계되어 있고, 이 수용체가 흥분하면 이 이온 통로가 열려서 신경 흥분을 억제한다.

20) 제11장의 '스트레스와 화학적 차단' 참조.

했다. 최적의 각성 수준에서 DLPFC는 행동과 감정에 대해 하향식 사고 조절을 하므로 우리는 의식 있고 주의 깊은 반응을 할 수 있지만, 상당한 스트레스를 받으며 높은 수준의 카테콜아민을 방출하여 DLPFC의 기능이 손상된다. 이때 뇌는 더 원시적 · 본능적 회로를 강화하고 더욱 반사적인 상태로 뇌를 전환한다. 이렇게 되면 방어–생존 반응이 빨라지고 감각이 예민해지는데, 이 회로가 저자가 설명한 하의식의 회로이며 방어–생존 시스템이다. 과거 프로이트는 이런 현상을 일반화하여, 무의식의 습관적 감정과 행동 때문에 우리의 의식도 지배를 받게 된다고 말했다. 정신건강의학과의 진료실에서는 스트레스질환을 앓는 환자들이 매우 많은데, 대표적인 것이 과거의 히스테리로 불렸던 질환이다. 지금은 전환장애, 신체형 · 신체화 질환이라는 여러 이름이 붙었다. 이와 다른 분류의 정신질환도 앞이마겉질의 기능장애일 가능성이 크고, 또한 스트레스 노출 때문에 악화하거나 발병이 빨라지면서 하의식 기관의 과민 증상들이 나타날 수 있다. 앞이마겉질은 우리가 지적으로 계획하고 반응하는 능력을 조절하고 있으므로, 이에 문제가 발생하면 작업 기억에 담긴 서술적 기억에 대한 반응, 현실 조사, 평가 기능이 달라지고 정보의 내용이 함께 달라진다. 많은 사례에서 앞이마겉질이 손상된 환자들은 윤리적 판단에 문제가 있는 것이 관찰되었다. 이런 의미에서 마크 솜스(Solms, 1998)는 앞이마겉질의 수행 기능이 정신분석에서 말하는 자아와 초자아의 기능에 해당한다고 말했다.

브렌다 밀너와 기억 시스템의 증명

저자는 영화 〈토탈 리콜〉[21]처럼 미래의 어느 순간에 기억을 직접 다루는 장비가 개발될 것이라고 확신한다. 그런 의미에서 일반인에게는 잘 알려지지 않은 인물을 소개한다. 그는 신경심리과학자로서 우리에게 익숙한 '비서술 기억'을 임상에서 최초로 증명한 인물로, 기억과 학습의 노벨상 수상자인 캔델이 업적을 칭찬한 사람이다.

뇌신경과학 연구자인 브렌다 밀너(B. Milner, 1918~)는 어려서 뇌손상에 의해 발생한 경련성 질환(간질)을 치료하는 수술 후유증으로 장기 기억이 손상된 미국인 남성 HM의 증례 보고(Scoville & Milner, 1957) 및 추적 조사 과정에서 사람의 장기 기억의 다양한 저장소와 기능을 확인하기 시작했다. 그의 연구는 정확히 기억 시스템이 구별되고 장기 기

21) 『도매가로 기억을 팝니다(We Can Remember It for You Wholesale)』. 미국의 필립 K. 딕이 쓴 단편 소설(Dick, 1966)로 〈토탈 리콜〉(1990)로 영화화됨.

억으로 분류되는 하의식[22] 기억 시스템의 존재를 증명하였다. 덕택에 정신건강 전문가들은 좀 더 과학적으로 기억과 무의식에 대한 지식을 알 수 있었다.

밀너는 1918년 영국 맨체스터 출생이다. 어린 시절 그는 정원사이며 음악을 좋아하는 아버지와 현명한 어머니의 밑에서 자랐다고 한다. 다윈이 다녔던 케임브리지대학교의 심리학과를 졸업하고, 1949년 캐나다 맥길대학교(McGill University)의 박사 과정에 들어간 그는 앞서 소개된 헵(Hebb) 교수의 지도를 받았다. 이후 당시 유명한 미국계 신경외과 의사이며 뇌겉질의 표상으로 소인간을 창작한 와일더 펜필드(W. Penfield, 1891~1976)[23]가 속한 몬트리올 신경연구소(Montreal Neurological Institute: MNI)의 연구원이 되어 그가 시술한 정신 외과술을 받은 환자들의 기억 연구를 하던 중 한쪽 관자엽 절제술 환자의 기억상실증 두 개 증례를 발표했다.

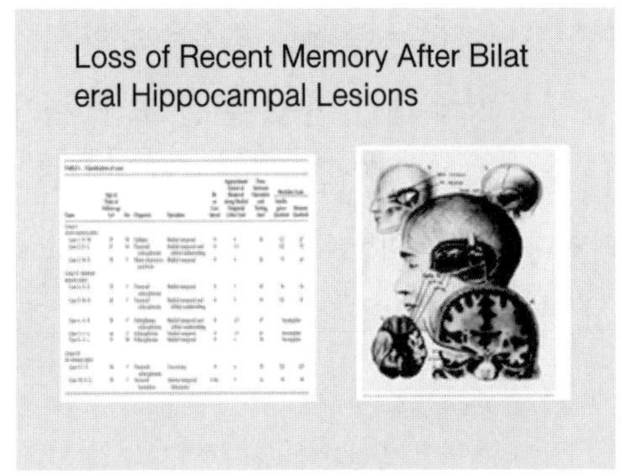

[그림 10-8] 스코빌과 밀너의 10 증례 보고

미국의 신경외과 의사인 스코빌(W. B. Scoville, 1906~1984)이 그 소식을 알게 되어 자신의 환자에게도 특이한 증상이 있다고 펜필드와 이야기를 나누었고, 이 이야기를 들은 밀너는 바로 미국으로 건너가서 1955년 HM(H. G. Molaison, 1926~2008)을 처음 보게 되었다. 이후 1957년 스코빌과 함께 HM을 포함한 열 가지 증례([그림 10-8] 참조)를 발표했다.

22) 조셉 드루의 비의식 개념과 같으나 '의식 없음'으로 오해할 수 있어 해부학적 위치와 배경 의식의 의미를 부여한 저자의 용어이다.

23) 펜필드는 수술 전 의식 있는 환자들에게 전기 탐침으로 자극하여 훌륭한 감각, 운동겉질 지도를 만들었다. 신체의 각 부위를 지배하고 있는 '신경세포 양'의 비율을 몸의 면적으로 나타내고 있는 겉질 호문클루스(cortical homunculus)도 그의 작품이다.

HM은 9세 때의 사고로 인한 심한 관자엽 간질(경련성 질환) 환자로서, 1953년에 스코빌에게서 수술을 받았다. 수술 내용은 양쪽의 내측 관자엽과 해마의 2/3 그리고 편도체를 포함하였다. 수술 후 HM에게는 수술 이후의 모든 기억이 없어지는 심각한 전향성 기억상실증(anterograde amnesia)이 나타났는데, 그의 수술 전 기억은 정상이었고 지능 검사에도 이상이 없었다. 다만, 새로운 학습이나 기억을 할 수 없는 상태가 되었다. 약간의 역행성 기억상실(retrograde amnesia)도 있었는데, 수술 전에 잘 알고 있던 병원 직원, 병동의 공간적 위치에 대한 기억상실이었다. 더구나 친했던 삼촌이 3년 전에 사망했다는 사실을 기억하지 못하였다. 반면, 자신의 사춘기 기억, 유명인들의 얼굴은 잘 기억하였다. 그의 생활을 관찰하면 매일 일어나는 생활 사건에 심한 기억 장애가 있었다. 그는 점심 식사 후 30분이 지나면 자신이 무엇을 먹었는지, 심지어 점심 식사를 했는지조차도 몰랐다. 그러나 단기 기억(작업 기억, working memory), 수분간 지속되는 기억력은 정상이었다. 그의 수술 후 지능은 정상이었으며, 평소처럼 친절하고 재미있는 성격을 유지하였다. 그는 자신이 기억장애를 가지고 있는 것을 알고 있었으며, 그의 장애에 대해서 마치 "꿈에서 깨어난 것 같은" 기분이라고 하였다. 시간에 따른 기억의 연결성이 없고, 그 기억은 수분 단위로 조각나 있다가 사라지는 것이었다. 가장 큰 결함은 새로운 단기 기억을 새로운 장기 기억으로 변환시키지 못하는 것이었다.

HM은 매번 방문하는 밀너를 기억하지 못하였고 심지어는 자신의 최근 사진, 거울에 비친 모습도 알아보지 못하였다. 그의 기억 속에는 사고 전 모습만이 각인되어 있을 뿐이었다. 밀너는 HM의 연구를 통하여 복잡한 기억의 생물학적인 기초를 발견하여 네 가지 중요한 원칙을 추론하였다.

① 기억은 뚜렷한 정신 기능으로 지각, 운동, 인지 기능과 구별되는 것이다.
② 단기 기억과 장기 기억은 뇌의 다른 곳에 저장된다. 내측 관자엽, 특히 해마의 손실은 새로운 단기 기억을 새로운 장기 기억으로 변환하는 능력을 손상시킨다.
③ 적어도 한 가지 종류의 특수한 기억과 연관된 장소는 내측 관자엽과 해마이고, 장기 기억의 변환을 담당하지만 (공간 기억을 포함하여)[24] 영구적인 장기 기억의 저장소는 아니다. 뇌의 다른 부위 손상은 기억에 영향이 없다.
④ (1962년에 추가된 것) HM이 거울을 통하여 별을 그리는 기술을 배우고 발전시킬 수

24) 밀너 이후에 확인된 사실.

있음에 따라, 이 장기 기억은 관자엽과 해마와는 다른 부위에서 저장됨을 알게 되었다.

1962년 수잔 콜킨(S. Corkin)[25]이라는 대학원생이 밀너의 연구팀에 합류했다. 그녀는 HM이 2008년에 82세의 나이로 사망할 때까지 그의 사례를 연구하게 되었다. 수십 년 동안 두 사람의 관계는 관심 있는 연구자에게 중요해졌다. 그녀의 저서『영구 현재 시제: 기억이 없는 남자, 그리고 그가 세상에 가르친 것(Permanent Present Tense: The Unforgettable Life of the Amnesic Patient, H. M.)』(Corkin, 2013)에서 콜킨은 그리운 친구에게 경의를 표하고, 그가 가능하게 한 신경심리학적 발견에 대한 명쾌한 설명을 세상에 알렸다.

HM은 2008년에 사망할 때까지 세간의 관심을 받았다. 이후 그의 뇌는 수잔 콜킨의 주도하에 2,401개의 조각으로 나뉘어 보관되었다. 살아서 뇌과학자들의 관찰과 실험의 대상이었던 그는 죽은 뒤에도 관찰 대상이 되었다. 그를 모델로 기억장애 증례를 다룬 유명한 영화 〈메멘토〉(크리스토퍼 놀란 감독, 가이 피어스 주연)와 〈첫 키스만 50번 째〉(아담 샌들러, 드류 베리모어 주연) 등은 한국에서도 개봉되어 많은 사랑을 받았다.『환자 HM』은 HM의 뇌 절제 수술을 진행했던 윌리엄 스코빌의 손자인 루크 디트리치(L. Dittrich)가 집필한 책이다. 자신의 외할아버지가 집도한 수술로 인해 탄생한 한 남자의 비극과 HM을 향한 비인간적인 의학계의 태도 등을 무심하게 바라볼 수 없었던 작가는 10년간 자료를 모으고 6년에 걸쳐『환자 HM』을 집필했다.

밀너의 열정적인 연구가 발표된 후 수십 년 동안 이를 뒷받침하는 여러 가지 흥미로운 실험이 있었다. 다음의 실험(Bechara et al., 1995)은 편도체가 비서술(하의식) 기억, 해마는 의식 기억을 담당하는 역할임을 입증하는 실험이었다.

편도체와 해마가 각각 손상된 환자와 정상인을 대조군으로 연구를 진행하였는데, 이 세 사람에게 다양한 색상의 슬라이드를 보여 주면서 훈련시켰고, 다음에 푸른색 슬라이드와 매우 시끄러운 소음을 조건학습시켰다. 그리고 피실험자들의 하의식 반응을 피부 전도로 측정하였다. 그다음, 푸른색 슬라이드를 보여 주고 소음을 들려주지 않았다. 그러자 재미있는 반응이 관찰되었는데, 편도체가 손상된 환자는 아무런 반응이 없었다. 그는 불쾌한 감정 기억이 만들어지지 않아서 조건학습이 이루어지지 않았다. 반면에 정상인과 해마가 손상된 환자는 푸른색에 놀람 반응을 일으켰다고 보고했다. 그러나 해마 손상 환자는 어느 색에서 반응을

25) MIT 뇌인지과학·신경과학과 교수. Montreal Neurological Institute, American Psychological Association 및 American Association for the Advancement of Science의 연구원 경력. 그의 장기간 추적 연구는 놀랍다.

일으켰는지 알지 못했다. 그의 의식(서술) 기억, 맥락 기억에는 해마가 필요했다.

서술 기억(의식 기억)

이 유형의 기억의 의미는 일반적으로 쓰이는 기억이라는 뜻이다. 친구의 이름, 오늘 아침에 나눈 대화를 의식적으로 기억하는 것이 서술 기억이다. 이는 사건, 사실, 언어, 얼굴, 음악 등에 대한 기억, 우리가 살면서 경험과 학습을 통해 얻었으며 잠재적으로 서술될 수 있는 온갖 지식에 대한 기억으로, 언어적 명제나 정신적 이미지로 상기할 수 있는 것이다. 어느 경우에서나 서술 기억은 외부 세계의 대상과 사건들, 그리고 그것들 간의 관계를 표상하게 되어 있다. 서술 기억은 임의의 두 자극이나 두 사물을 접속하고 연결하는 학습 작업에 알맞게 적응하였다. 사람은 신속하게 서로 무관한 두 단어를 연결할 수 있고, 일부 형태의 서술 기억은 한 번에 획득할 수도 있으며, 점차로 획득하는 기억은 긴 목록을 학습하거나 쥐가 공간적 위치를 학습할 때처럼 단계적으로 진행된다. 서술 기억은 동물을 통해서도 연구할 수 있다. 이 기억의 중요한 특징 중 하나는 산출되는 표상에 대한 융통성을 가진다는 점이다. 동물은 기억에 저장된 항목 간 학습을 마친 다음, 새로운 상황에서 이 관계 지식을 표현할 수 있다.

1972년에 심리학자 엔델 툴빙(E. Tulving, 1927~2023)은 대상, 장소, 냄새 등 외부 세계의 조직화한 단순한 지식에 관한 사실 기억을 의미 기억(semantic memory)이라 했는데, 이는 대상 간 관계에 대한 경험이나 맥락이 배제된 기억이다. 그리고 경험과 관련된 일화(사건) 기억(autobiographic memory)을 구분했다. 이 두 기억은 사람이 의식적으로 정보를 되새기며 자신이 저장된 정보에 접근하고 있음을 알고 있는 의식 기억이다. 이 두 가지 기억의 구분은 중요하다. 의미 기억은 살아가는 데 필요한 '일반적이고 객관적인 지식'이다. 또한 한때 학습했던 것으로 언어의 규칙, 수학적 규칙, 형상의 지식 등이라고 말할 수 있고, 이들은 대뇌겉질의 연합 영역에 대규모로 저장된다. 의미 기억과 달리 일화 기억은 사건이 일어난 시간과 장소를 알려 주는 공간적 · 시간적 표지를 저장한다. 예컨대, 일화 기억은 어느 날 저녁에 어떤 여자 친구와 고급 식당에서 저녁을 먹은 일과 같이 자신의 삶에서 일어난 사건들에 대한 자서전 기억이다. 의미 기억은 단순히 경험과 안쪽 관자엽의 도움으로 겉질에 저장되며, 일화 기억은 이 겉질 저장소들과 안쪽 관자엽, 이마엽의 협동이 필요하다. 이 모든 구역이 협동해야 과거 경험이 발생한 때와 장소를 특정하여 저장할 수 있으며, 저장된 것을 회상할 수 있다. 일화 기억은 뇌간의 정서 핵심 구조에 의한 각성과 관련된다. '얼굴 인식 회로'는 시각-특수성의 이미지를 우측 대뇌반구의 관자엽-내측 뒤통수엽 부위에 부호화하고, '이름 인식 회로'는 청각-특수성의 이미지를 좌측 관자엽의 마루엽-뒤통수엽 부위에 부호화한다.[26] 이 유형의 정보를 회상하는 사람은 어떤 특정한 과거 사건을 되새길 필요가 없고, 다만 이를테면 특성 대상이나 냄새, 정서가 익숙하다는 것만 확인하면 된다.

이마엽은 정보의 출처를 보유하고 일화 기억의 일관성을 유지하는 데 결정적 역할을 하는 것으로 알려졌다. 정상인 면에서도 의식 기억의 효율이 개인마다 다른 것은 이마엽 신경 장치의 개인적 차이 때문일 수 있다(Kandel & Squire, 2009, pp. 244-245). 이러한 의존성으로 의식 기억은 연약하고 불완전한 생물학적 이유 중 하나라고 한다. 과거 사건의 내용을 원래 출처와 분리하면 그 내용은 다른 출처와 연결되거나 다른 출처에서 나온 내용과 재조합될 수도 있다. 기억은 편집과 수정이 언제나 가능하다는 말이다. 이마엽이 손상된 환자는 자신이 아는 바를 학습한 때와 장소를 혼동하는 경향이 있으며, 발달 미숙과 노화로 이마엽의 기능이 불안정한 아동과 노인에서 출처 기억의 오류는 흔한 현상이라고 한다(Kandel & Squire, 2009, p. 244). 이마엽에 저장된 서술 기억에서 표상을 재활성하여 찾는 과정은 종종 맥락, 즉 내부적 · 외부적 환경의 특징에 영향을 받는다. 기억을 찾기 위해 제시하는 단서와 기억 표상이 일치할 때, 그 과정을 환기(ecphory)라고 한다(Siegel, 2020, p. 247). 환기는 자극 특징과 표상이 기억에 저장되는 형태에 좌우되며, 기억을 회상할 때의 조건이 처음 그것들을 부호화할 때의 조건과 유사할 때 인출이 강화된다. 유사성은 물리적 세계(시각, 소리, 냄새)나 마음 상태(정서, 정신 모델, 일반적 각성)상에서 나타날 수 있어서 이러한 방식을 '맥락 의존'이라고 부른다. 해마는 경험을 등록할 때 맥락을 제공함으로써 경험에 인지적 지도를 부호화할 수 있다. 그러한 경험들에 대한 실제적 표상은 뇌의 더 뒤쪽 부분에 저장되는 것으로 추정된다. 해마와 앞이마겉질 영역은 일화 기억의 인출 상태를 만들어 내는 과정을 수행하는데, 이곳에서 인출 단서와 저장된 표상 간의 비교(환기)가 일어난다고 한다.

서술 기억은 하의식 기관 중 해마라고 하는 특별한 기관에 의해서도 운영되는데, HM이나 EP의 사례[27]에서 보듯 해마가 손상된 환자들도 어린 시절의 사건들을 잘 기억한

26) 노화에 의한 가장 초기 장애는 지인의 얼굴을 떠올려도 이름이 생각나지 않는 것인데, 저자는 뇌 안의 두 장소가 너무 멀리 있어 시냅스 결합의 취약성 때문이라고 추측한다.

27) 미국의 은퇴 기술자로, 70세에 급성 단순포진성 뇌염으로 대뇌 양반구 안쪽 관자엽이 손상되었다. HM과 같이 장기 기억 능력을 잃었다.

다. 19세기 프랑스의 심리학자이자 철학자인 테오듈 리보(T. Ribot, 1839~1916)는 뇌손상이나 병으로 기억 결함이 생기면 먼 기억보다 최근 기억이 더 많이 손상되는 것을 관찰하여, 이 현상을 리보의 법칙(Ribot's law)이라고 명명하였다. 텡(E. Teng)과 스콰이어(L. Squire)도 완전히 해마가 손상되더라도 오래전에 학습한 장소들에 대한 기억은 온전하게 유지된다는 것을 발견했다(Teng & Squire, 1999). 이들은 대뇌 양반구 안쪽 관자엽이 크게 손상되어 새로운 사실과 사건을 학습할 능력이 없다는 진단을 받은 환자 EP에게 성장기에 살다가 50여 년 전에 떠난 지역의 공간적 배치를 기억해 보라고 요청했다. 그는 같은 지역에서 살다가 떠난 같은 나이의 대조군 다섯 명과 대등하거나 더 나은 회상을 하였다. 반면에 EP는 기억상실증에 걸린 후 이사 온 현재 사는 지역에 대해서는 아무것도 몰랐다. 이 연구 결과는 해마, 안쪽 관자엽이 공간 지도의 영구 저장소가 아님을 보여 주는 것이다. 안쪽 관자엽에 있는 해마를 비롯한 구조물들은 공간 기억이든 아니든 상관없이 장기 서술 기억의 형성에 필수적이지만 아주 먼 기억의 인출에는 필수적이지 않은 것이다. 해마는 장기 기억의 일시 저장 역할을 하는 것이며, 저장 기간은 며칠에서 몇 달 정도이다. 해마를 비롯한 안쪽 관자엽 구조물들의 역할은 정보가 처음 처리될 때 겉질 구역들에서 형성된 초기 표상을 조절하는 일을 한다는 것이다. 이 견해에 따르면, 해마의 기능은 여러 겉질 구역에 독립적으로 형성된 이 저장소들이 서로 간접적으로 연결되도록 만드는 주소 색인(index)을 통한 결합 기능이다. 따라서 우리는 꽤 길지만 한정된 기간 동안 안쪽 관자엽 시스템이 필요하다. 장기 기억의 최종 저장소는 처음에 사람, 장소, 대상에 관한 정보를 처리한 대뇌겉질의 다양한 구역이라고 추정한다(Kandel & Squire, 2009, p. 251).

연구자들은 앞이마겉질의 주의와 해마를 통해서 기억의 표상을 찾아 해당 겉질을 연결하여 기억을 수정하고 학습된 기억을 다시 응고하는 필요 과정이 서술 기억의 불안정한 원인이 되며, 이것이 기억의 생리이며 운명이라고 한다. 또한 기억의 효율성과 미래의 변경을 위한 궁극적 목적이다. 그 불안정성은, 특히 뇌의 각성이 저하되는 최면 상태나 의식 시스템에 충격을 가하는 정신적 외상 등에서 억압, 잠재의식, 해리 등을 발생시키는 구조적 취약성을 가지고 있다. 학습 후 시간이 지나면 기억은 재조직화되고 안정화된다. 이 재조직화 기간에 해마의 역할은 점차 감소하고, 다른 겉질에서 더 영속적인 기억이 형성된다. 더 흥미로운 점은 이 고착 과정이 그 다른 겉질 구역들의 점진적 변화를 허용하고, 이 변화의 와중에 그 겉질 영역들은 세계에 관한 사실과 기타 환경의 규칙성을 기존 표상 속으로 천천히 통합한다는 것이다. 요컨대, 겉질의 표상들은 서서히 변하므로 불안정해지거나 간섭받지 않는다(Kandel & Squire, 2009, p. 237). 기억의 점진적 안정화 과정의 바탕에 깔린 신경학적 과정들은 밝혀지지 않았지만, 초기 단계 하나가 해마 내부에서 일어나는 것은 확실하며, 장기 기억은 겉질 구역들 사이의 연결이 성장함에 따라 안정화된다고 추정하고 있다.

장기 기억

우리는 영국 태생의 신경심리학자 밀너의 연구를 통해, 뇌과학에서 말하는 하(비)의식 기억은 사건 기억을 담당하는 서술적 기억과 무관하다는 것을 알았다. 그러므로 '억압'이란 하의식 기억(감정) 반응이고, 사건 기억은 의식 기억의 문제이며 서로 다른 차원인 것이다(결국, 사건 기억은 다른 방식으로 하의식화되지만). 이를 이해해야 억압의 문제가 해결될 것이므로, 이 기억 시스템에 대해 좀 더 알아보기로 한다.

장기 기억은 며칠이 지나도 남아 있는 기억을 말한다. 장기 기억의 기능 해부학적 분류는 1950년대 하버드대학교의 인지심리학자 제롬 브루너(J. Bruner, 1915~2016)가 행동 기반을 통해 했다고 한다. 앞서 설명했지만, 하의식(비서술) 기억의 존재는 밀너가 증명했고, 미국의 스콰이어(Squire, 1986, 2015)와 셰리와 색터(Sherry & Schacter, 1987)는 서술 기억과 비서술 기억으로 두 기억을 분류하였다(〈표 10-3〉 참조). 스콰이어와 졸라-모건(Squire & Zola-Morgan, 1988)은 '비서술적(non-declarative)'이라는 용어를 만들고 "운동 능력, 지각 능력 및 인지 능력과 같은 이질적 능력 모음[이 능력과 다른 능력은 절차 기억(procedural memory)의 예일 수 있음.]"이라고 정의했다. 그뿐만 아니라 고전적 조건화, 적응 수준 효과, 점화(프라이밍) 등 경험이 독립적으로 행동을 변경시킴과 동시에 과거 사건의 의식적인 회상을 위한 기초가 되는 기타 사례를 정의했다. 따라서 장기 기억은 암묵 기억(implicit memory)과 명시 기억(explicit memory)으로 구분했던 인지심리학적 구별을 통합하여 비로소 해마를 기반으로, 의식이 접근할 수 있는 기억을 서술 기억(declarative memory)으로 정했다. 일반적으로 흔히 사실/의식 기억이라고도 한다. 이 기억 시스템은 HM의 사례처럼, 해마와 안쪽 관자엽 부위의 치매와 같은 두 곳을 넘어 이마엽 전반까지 손상하는 질환에 취약하다. 그리고 우리가 진행 과정을 알아챌 수 없는 장기 기억 시스템 ([그림 10-9] 참조)은 비서술적 기억(non-declarative memory)으로 구별하였다(Kandel, 2006, p. 80).

서술 기억: 기억 정보가 처음 유입된 해당 기관의 피질에 장기 저장

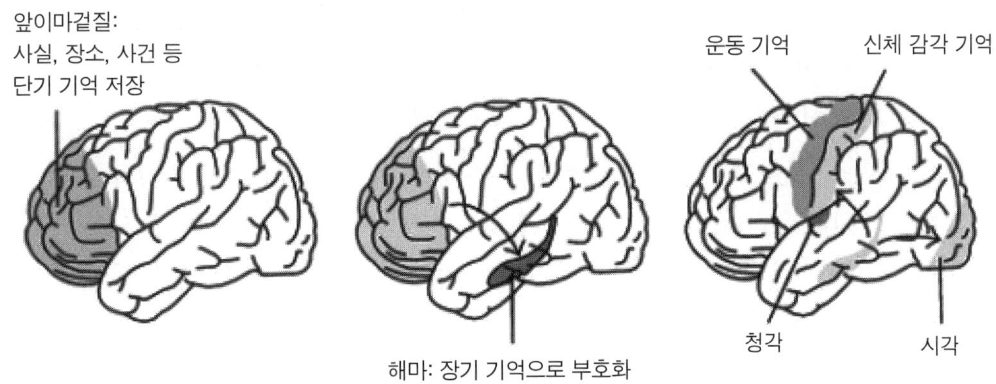

비서술 기억: 기술, 습관, 조건학습은 소뇌, 선조체, 편도에 저장됨.

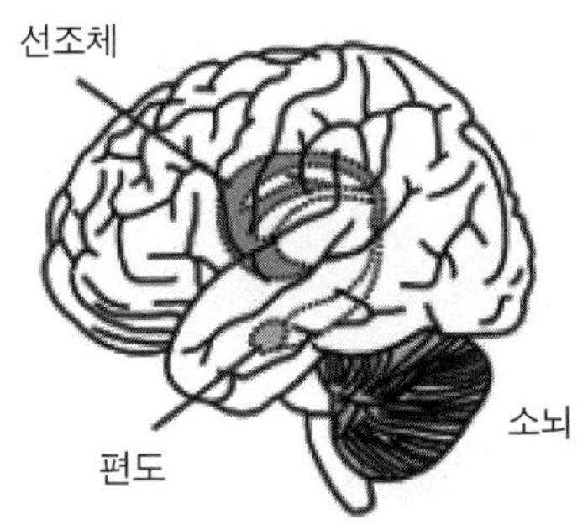

[그림 10-9] 포유류의 장기 기억 시스템

〈표 10-3〉 래리 스콰이어의 장기 기억 구분

서술 기억(언어 기억)		비서술 기억				
일화 기억 맥락 연상, 이야기, 은유	의미 기억, 상징,	연합(조건)학습		습관	기술	프라이밍 (점화)
		고전 연합학습	도구학습			
해마, 앞이마겉질	내후각겉질, 후각주위겉질, 해마옆겉질, 앞이마겉질	편도체	선조체, 측좌핵	선조	운동 겉질 선조, 소뇌	새겉질
회상, 의식, 의도		비의식, 자동 반응				

비서술 기억 중에서 특히 운전, 운동 기술 같은 솜씨 기억은 절차(procedure) 기억, 운동 기억이라고도 한다. 저자는 비서술 기억을 겉질 아래 기관이 담당한다는 해부학적 이유 그리고 의식의 배경(하위)을 차지한다는 뜻으로 하의식 기억이라는 용어를 즐겨 사용한다. 이 기억 시스템은 먼저 진화하였고 뇌 내부에 깊이 자리 잡아 뇌손상으로부터 비교적 안전하다. 하의식은 의식의 바탕에 존재하므로 의식 대부분을 차지한다. 이 기억 시스템이 정확히 얼마나 많고 그것들을 어떻게 명명해야 하는지 여전히 불확실하지만, 정신의 주요 기억 시스템과 각 시스템을 위해 가장 중요한 뇌 구역에 대해서는 뇌과학자들 간 합의가 이루어졌다고 본다. 저자는 캔델의 용어대로 '서술 기억', '비서술 기억', '솜씨 기억'을 저자가 좋아하는 '의식 기억', '하의식 기억', '운동 기억'의 두 종류 표기로 혼용하기로 한다. 비의식(nonconscious)은 르두의 용어이나 직관에 맞지 않아 불편하다. 저자가 사용하는 용어는 혼동되기 쉬워서 여러 차례 제시하여 독자들에게 익숙하게 하려 한다. 이 책을 정독하다 보면 억압은 비서술(하의식) 기억이 만들어 내는 현상이고 고전적 수동학습의 형태이며, 억제는 의식(서술) 기억을 주의가 회피해서 도구적 능동학습의 형태로 학습, 습관화되어 비서술 기억으로 전환됨으로써 사건 기억이 망각에 이르는 과정을 거치게 됨을 알게 된다.

기억의 신비와 무한 반복

시시포스의 신화

시시포스(Sisyphus)는 그리스 신화의 인물로, 신을 거역한 죄로 저승에서 가파른 산 정상으로 큰 돌을 밀어 올리는 형벌을 받았다. 그런데 산 정상에 돌을 올리면 다시 밑으로 굴러 내려가 처음부터 다시 밀어 올려야 했다. 알베르 카뮈(A. Camus, 1913~1960)는 그의 에세이 『시지프 신화』에서 인생에 만연한 부조리에 동의하지 않는 실존적 자세를 촉구했다. 카뮈가 이 작품에서 고단한 삶의 문제를 성찰할 때, 저자는 기억과 관련된 사례나 영화들, 앞서 소개한 HM이나 영화 〈에지 오브 투모로우(Edge of Tomorrow)〉를 떠올렸다. 이 영화에서 케이지 소령(톰 크루즈 분)은 '미믹'이라 불리는 외계 종족과의 전투에서 외계인의 혈액에 오염되어 사건을 반복 경험하는 시간 반복에 갇힌다. 그는 전투 중 피살이나 자살로 죽음에 이르면 다시 과거로 돌아가 지옥 같은 경험을 반복한다.

저자가 진료실에서 마주하는 부조리는 악몽 같은 가족 간의 갈등이다. 하루 벌어 하루 사는 어머니는 아들의 도박 빚을 갚아 주는 것을 그만두라는 저자의 말을 듣고 처음으로 아들의 요구를 거절하였다. 그러나 어머니의 마음은 너무 불안했다. 아들을 내려놓겠다고 다짐하지만, 매일 죽겠다고 돈을 달라고 협박하는 아들의 부탁을 엄마가 거절할 수 있을까? 삳바끈같이 질긴 모자의 악연은 계속해서 반복된다. 저자 역시 스트레스를 받거나 몸 상태가 나쁘면 여러 가지 악몽을 꾼다. 꿈속에서 수험생 시절로 돌아가 준비하지 못한 시험을 치르거나, 출석 시간이 모자라서 낙제하는 꿈을 꾸기도 한다. 아버지가 돌아가시기 전으로 돌아간 꿈에서는 당신의 병중에 최선을 다하지 못했다는 불편한 마음과 죄책감이 반복된다.

기억이란 무엇일까? 뇌는 기억의 정보를 어디에 저장하고 어떻게 끄집어내는 걸까? 시시포스의 형벌처럼 꿈과 기억은 왜 반복되는 것일까? 기억이란 반복의 루프 회로, 즉 재순환 고리가 있다. 과학자들은 그것이 어디에 있고 무엇이며 어떻게 작동하는지에 대해 연구해 왔다. 저자가 생각하는 신경증의 부조리는 과거의 사건 이후 변화된 생각과 환경이 편입(수정)되지 않은 상태에서 과거 기억에 담긴 걱정과 불안이 고스란히 재연될 때 현실에서 불안으로 느껴지는 착각 현상이다. 1972년 노벨상 수상자인 생물학자 제럴드 에델만(G. M. Edelman, 1929~2014)은 이런 현상을 '기억된 현재'[28]라는 용어로 설명했다. 그는 기억이란 신경회로의 재활용, 즉 재진입 현상이라고 말했다. 의식도 기억이 만드는 것이며, 1차 의식이라고 말한 장면 기억(HM처럼 장기 기억이 없는 단편 기억)의 연속, 뇌의 감각겉질이 만드는 충만한 느낌, 여기에 현재 생각이 만드는 고차 의식의 총합이라고 말했다. 그의 이론은 제15장 '의식과 마음의 뇌과학'에서 더 자세히 살펴볼 것이다.

뇌과학자들은 앞서 소개한 파페츠 회로의 일부이며 해마에서 시작해서 해마에서 끝나는 기억 순환 루프에 주목하고 연구해 왔다. 몸에 수용된 도달한 모든 감각은 시상을 거쳐 해마로 들어가 다시 뇌겉질로 출력되는 반복 루프가 있다. 감각 자극은 해마에서 맥락 기억과 서술 기억에 연합되어 다시 장기 기억으로 겉질에 저장된다. 기억은 같은 방식으로 수정될 수 있다.

28) 제럴드 에델만의 용어로, 과거 기억의 회상이 현재에 현실처럼 느껴지는 착각 상태.

해마와 새겉질의 진화

뇌의 새겉질 아래에는 중요한 하부 뇌 구조물들이 있는데, 이들은 새겉질과 의사소통을 한다. 이는 바닥핵, 소뇌, 편도체, 해마이다. 이 네 가지는 새겉질보다 먼저 등장했다. 원시 운동계인 바닥핵,[29] 사건의 시간 관계와 자율 운동을 학습하는 소뇌, 특정 사건과 장소에 대한 기억을 저장하는 해마의 기능은 새겉질이 어느 정도 흡수·보완하면서 진화했다. 미국의 컴퓨터 엔지니어이자 인기 작가인 제프 호킨스(Hawkins & Blakeslee, 2005, p. 263)는 해마와 새겉질의 연결 양상을 보면 해마가 별개의 구조물이 아니라 새겉질의 상위 영역임을 알려 주는 것이라고 지적했다. 그는 나이를 먹을수록 새로운 것을 기억하기 더 어려운 이유가 중년의 생활 경험에는 과거 기억과 중복되는 기억들이 많으므로 해마까지 도달하지 못하기 때문이라고 했다. 그래서 새로운 기억을 담당하는 해마가 겉질의 정보 피라미드의 정상에 위치해야 한다고 생각한 것이다. 하지만 저자는 해마가 과거에 단기 기억을 담당했었고, 새겉질의 생성 과정에서 지금의 중계 연상 역할을 하고 있다고 생각한다(기억 색인 이론 참조). 감각이 찰나의 기억을 담당할 수 있지만, 하등동물 진화의 어떤 시기에도 새로운 기억을 빠르고 단순하게, 적은 용량으로 기억하는 해마 같은 기관이 꼭 필요했다. 포유류는 사회 활동과 접촉이 많아지면서 큰 저장 용량이 필요했고 감각, 의미 기억, 일화 기억 중 해마를 통과한 새로운 기억들이 일정한 조건을 갖추면 새겉질에 장기 기억으로 저장되었을 것이다. 해마가 중요한 이유는 새 기억의 형성뿐만 아니라 맥락 기억을 만들어 준다는 사실이다. 맥락이란 환경, 사물과의 관계이며 시간, 공간, 장소의 상대적 순서나 위치이다. 2차원, 3차원 가상공간에 상대적 위치가 만들어지며 사실 기억, 의미 기억은 이 맥락의 생성으로 실체적 의미를 갖는다. 이는 '아버지'라는 사용 언어는 같지만 사람마다 의미가 다른 이유를 설명한다. 저자는 타인과 자기를 구별하고 관찰하는 고차원 인지 기능이 해마의 환경, 좌표, 공간 기억의 도움으로 시작된다고 생각한다. 내후각겉질(Entorhinal Cortex: EC)과 해마곁이랑은 배쪽 시각 처리인 '무엇'을 담당한다고 한다. 내후각겉질은 복잡한 대상의 표현에 중요하고, 해마 곁이랑은 후마루엽 및 후비장겉질(Retrosplenial Cortex: RSC)과 강한 연결로 등쪽 시각-공간 정보 '어디에'의 정보 처리 역할을 한다. 일부 연구자는 '회상'이 해마와 전시시상핵(The Anterior Thalamic Nuclei: ATN)과의 연결에 의존하는 반면, '친숙

29) 또는 기저핵(Basal Ganglia): 겉질 아래의 신경핵들을 총칭하는 용어.

성'은 비주위겉질과 내측 등쪽 시상핵(Medial Dorsal Thalamic Nuclei: MDTN) 사이의 직접 연결로 처리된다. 머리 방향(Head−direction cells) 세포는 동물의 머리가 특정 방향을 가리킬 때만 기준치 이상으로 발화 속도를 높이는 뉴런인데 중뇌, 전시시상핵, 전해마 이행부(presubiculum), 내후각겉질에서 발견된다.

해마의 운영 방식과 인지 지도

해마에서 만들어진 새로운 기억은 며칠, 몇 주, 몇 달에 걸쳐 기억의 창고인 새겉질로 전달된다. 해마의 운영에 대해서는 기억 색인 이론(Hippocampus Index theory, Teyler & Discenna, 1986)으로 설명하며 몇 가지 중요한 사실에 바탕한다. 첫째, 기억을 지원할 수 있는 여러 신경망이 있는 것으로 나타났고, 둘째, 새겉질 자체는 기억의 일부 측면을 충분히 지원하고 있으며 일화적 기억, 즉 맥락적 세부 사항이 풍부한 기억이 특히 해마에 의존한다는 것이다. 이 이론에 따르면, 해마는 사건 자체에 대한 세부 사항을 저장하지 않고 오히려 지표 역할을 한다. 해마는 활동 패턴이 주어진 기억 흔적의 회상을 유도할 수 있도록 새겉질 영역의 활동을 결합하는 역할을 한다는 것이다. 정보가 새겉질 전체에 저장되어 있고 그것을 도서관의 책이라고 가정해 보자. 도서관의 책과 마찬가지로 기억은 추가, 제거 또는 대체된다. 기억을 재구성할 때 도서관의 책 리스트 정보에 접근해야 하는데, 여기에서 우리의 믿음직한 사서인 해마가 등장한다. 기억 흔적이 부호화될 때 피질 감각 영역의 입력은 상대적으로 적은 수의 해마 시냅스를 활성화하고, 해마는 차례로 새겉질 영역의 네트워크를 활성화하여 기억이 통합됨에 따라 해마와 새겉질 사이의 연결을 강화하는 방식으로 해마−새겉질 연결을 배치하면 기억 추적의 물리적 지표가 생성된다. 기억 색인 이론은 두 가지의 지배적이고 경쟁적인 이론으로 발전한다. 하나는 표준 기억 응고 모델(Standard Model of Systems Consolidation: SMSC)이고 다른 하나는 다중 추적 이론(Multiple Trace Theory: MTT)이다. SMSC에서는 기억이 겉질 연결에 더 의존하게 됨에 따라 결국 해마에서 독립하며, 따라서 해마는 오래된 기억을 검색하는 데 필요하지 않고 최근 기억만 필요하다는 주장이다. 반면에 MTT는 기억의 나이와 상관없이 해마가 항상 필요하다고 주장한다. 이 모델은 검색 중 해마의 주요 기능이 '재맥락화' 또는 겹치는 흔적을 사용한 기억 재구성임을 강조한다. 그러나 기억은 나이가 들어 감에 따라 부분적으로 겹치는 흔적 간의 경쟁으로 인해 비맥락화되고 더 의미론적이며 겉질 저장에 의존하는데, 이를 경쟁 추적 이론(Competitive Trace Theory:

CTT)이라고 부른다. 이 이론에서 기억의 강화로 이어지는 통합 사건은 맥락적 세부 사항(일화 기억)을 희생시키면서 개념적 지식(의미론적 기억)을 향상시킨다는 것이다. 결과적으로, 오래된 기억은 더 강력한 의미 표현을 가지거나 환상적 세부 사항이 포함될 가능성이 높다고 설명한다.

1971년, 유니버시티 칼리지 런던의 존 오키프(J. O'keefe)[30]와 존 도스트로프스키(J. Dostrovsky)는 해마가 뇌의 내부에 바깥세상 환경에 대한 인지 지도(cognitive map)를 만든다는 것을 발견했다. 이들이 발견한 장소세포는 특정 공간에서 동물의 위치가 이 세포의 발화 패턴에 부호화된다는 것이다. 이 장소세포는 고주파수로 발화하는 해마의 뉴런이며, 동물이 특정한 지점에 도달했을 때 특정한 위치의 세포들이 발화하는 특성을 가졌다. 그래서 일화 기억과 뇌의 항법 장치(Global Positioning System: GPS)를 담당한다고 알려졌다. 2014년 노르웨이 트론헤임의 에드바드 모서와 메이 브리트 모서(M. B. Moser)는 EC 안쪽 중심부 좌표계의 일부이면서 장소세포와 다른 방식으로 지도 표상을 만드는 격자세포(grid cell)를 발견했다. 이 두 팀은 차례로 노벨상을 받았다. 이후 두 가지 세포 외에도 시간, 속도 등을 표상하는 세포들이 발견되고 있으며, 주변 상황 등 맥락 의존적인 것과 그렇지 않은 세포에 대한 연구가 진행되고 있다.

뇌과학자들은 해마에서 가장 중요한 것이 해마 곁이랑에 있는 내후각겉질(EC)이라고 하는데, 이는 기억망의 허브로 작용한다. 내후각겉질은 냄새를 적절한 기억과 매치시키는 기능도 한다. 뇌활(fornix)을 통해 연합겉질의 모든 감각 정보를 받고 입출력을 관장하는 접속 장치 구실을 한다. 내후각겉질은 관통로(Perforant Pathway, [그림 10-10] 참조)를 통해 과립세포가 풍부한 치아이랑(Dentate Gyrus: DG)과 연결된다. 치아이랑은 해마체를 구성하며, 공간 기억과 새로운 기억 형성에 관여한다. 치아이랑에서는 두 개의 엇비슷한 감각 입력의 차이를 구별해 내는 패턴 분리(Pattern Separation), 즉 전에 봤던 것과 비슷하지만 다른 것을 구분하는 일을 한다. 또 사물 혹은 사건에 대한 순서를 연결하는 영역으로 대상 순서 연합(Object-order Association)이 일어난다. 순서는 시간에 대한 개념을 만든다. 치아이랑은 이끼 섬유회로(mossy fiber, [그림 10-10] 참조)를 통하여 다시 피라미드 모양의 추체세포로 구성된 암몬각(Ammon's Horn)[31]에 위치한 CA3에 연결된

30) 영국 유니버시티 칼리지 런던의 인지신경과학 연구소(Institute of Cognitive Neuroscience)와 해부학 교실(Department of Anatomy)의 교수이다. 2014년 노벨 생리의학상을 공동 수상하였고, 영국왕립학회 회원이자, 밀너가 공부한 캐나다 맥길대학교의 생리심리학 박사이다.

31) 고 암몬각(Cornus Ammnis Cr). 고대 이집트의 암몬신의 뿔과 비슷하다 하여 붙여진 이름이다.

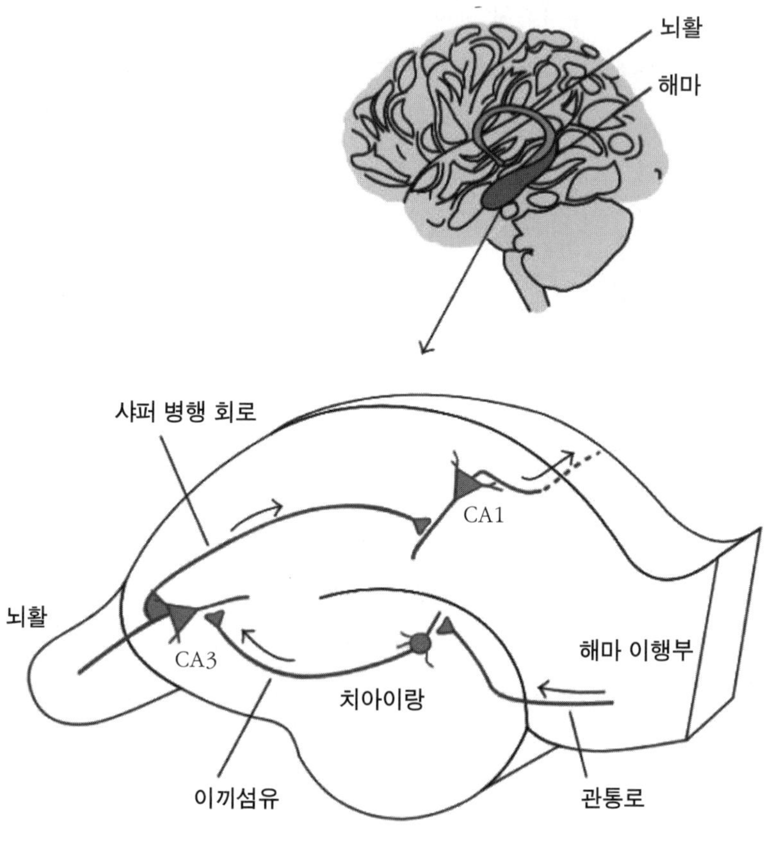

[그림 10-10] 해마의 구조와 회로

다. 이 회로는 서로 양방향으로 상호작용하며 밀도가 높아 새로운 패턴의 활동을 조절할 수 있는 신경회로이다. CA3에서 정보는 샤퍼 병행 회로([그림 10-10] 참조)를 따라 CA4, CA2, CA1로 전달되는데 이 신경회로는 NMDA 수용체의 밀도가 높다. CA3는 패턴 완성(pattern completion)[32]을 수행하는 재귀 회로(recurrent circuit)가 잘 발달되어 있다. 재귀 회로는 자신의 발화를 순서대로 되먹임받는 신경 강화 구조로, 자동연합(autoassociation) 시냅스라는 용어도 사용한다. 치아이랑에서 패턴 분리된 부분 입력으로부터 겉질 저장 부위와 상호작용하며, 그 요소와 결합된 나머지 정보도 인출하여 전체를 완성하는 것이다. 또한 CA3에서는 공간과 장소에서 주체의 위치와 방향을 찾는 공간 기억(Spatial Memory)이 외현 기억의 한 형태로 만들어진다. CA1은 해마 이행부

32) 우리가 '어머니'라는 단어를 보면 어머니에 대한 관련 이미지, 정서, 생각이 떠오르듯, 단서(cue) 자극이 저장된 기억 패턴 속 일부 정보를 활성화시켜 기억 저장 부위와 상호작용하여 그 요소와 결합되어 있는 나머지 정보들도 인출하여 한 기억 조작으로 전체를 기억하게 하는 것. 패턴 완성은 사람마다 경험이 다르기 때문에 서로 다르다.

(subiculum), 뇌활(fornix)을 통해 출력하여 관자 연합 영역(Temporal Association Area)에 감각 정보가 최종적으로 도달하여 사물의 인식이 완전하게 이루어진다. 해마 이행부는 내후각겉질, 앞이마겉질 등에서 입력을 받고 뇌활을 통해 다시 내후각겉질로 정보가 들어가는 순환 회로를 완성한다. 그림에서 보여 준 해마의 세 가지 삼중 회로는 매우 유명하며, 기억하면 도움이 된다.

기억의 생성과 회상 오류

재미있는 것은 장소세포들의 발화가 매우 맥락[33]–특징적이라는 점이다. 즉, 해마에서는 매우 세분되고 경험–특징적인 표상이 형성된다는 것을 의미하는데, 이는 자연에서 생존에 매우 유리한 인식 기능이다. 즉, 학습이 일어난 곳과 유사한 환경에서 기억의 인출이 더 유리하다는 말이며, 프로이트의 트라우마 환자의 증례에서 보듯 비슷한 환경과 과거 기억과 유사한 물리적 신호 자극이 증상의 재생을 유도한다(억압의 귀환)는 말과 같다. 이 부분은 해마의 패턴 분리와 완성 기능에 관련이 있다. 아이헨바움(Eichenbaum, 1988)은 해마에는 공간과 시간에 관계없이 근접하지 않은 사건과 연결시키는 능력이 있다고 하였다. 엠마는 어려서 발생했던 성추행 사건 당시에는 불편이 없다가, 자의식의 관찰 능력이 발달하고 나서 비로소 수치심을 느꼈다(사후 충격).[34] 이후 일상의 단서에서 재생된 하의식 기억으로 정신적 고통을 받아 프로이트에게 치료를 받았다. 정신분석 과정에서 연상의 퍼즐 맞추기로 복구된 사건 기억은 해마의 패턴 완성과 기억의 가소성에 의한 것이며, 스트레스에 의한 기억의 자극은 해마의 가소성을 높인다는 현대 뇌과학의 상식과도 부합한다. 고통스러운 정신 외상의 기억은 변형된 형태로 두뇌에 저장된다. 최근 뉴욕대학교의 연구진은 "기억 회상에서 재응고로 이어지는 사이에 새로운 감정 기억을 끼워 넣을 수 있다."라고 발표했다. 기능성 자기공명영상으로 두뇌를 실시간으로 관찰하다가 다른 연상 자극을 삽입하여 나쁜 기억을 없애는 것인데, 이는 아직 연구 단계이다. 뇌 기억을 조작하는 것은 공상 과학 영화뿐 아니라 세뇌(brainwashing)에서도 사용되며, 정신 치료는 공감을 통한 정신 외상의 소거와 현실 수용을 극대화하는 기억의 수정 작업이다.

---

33) 사물 따위가 서로 이어져 있는 환경, 상황적 관계나 연관을 일컫는다.

34) 후억압, 후압박(after-pressure), 후충격(after blow), 혹은 사후 결정론. 인지 발달에 의해 과거 회상에 의한 충격일 수도 있고 관련 없는 스트레스, 신호 자극에 의해 관련된 사건 기억의 복원(본유, 2차 억압)일 수도 있다.

저자는 '엠마'의 사례처럼 정신적 외상에 의한 감정 기억이 남아 있고 유사한 자극에 반응하여 증상이 재발된 사례를 수없이 많이 경험했다. 왜 사람은 단순 자극에도 잊힌 감정 기억이 되살아날까? 과거 사건과 무관하게 현재의 스트레스에 의한 영향(스트레스 유발 역전)도 분명히 있었다. 편도체와 해마에 대한 앞이마겉질의 억제가 약해지는 틈에 재빨리 검문 없이 통과하는 현상이 아닐까? 정신치료 중에 발생하는 '전이'[35] 현상이나 환자의 '반복 강박'[36]도 좋은 예가 될 것이다. 왜 이러한 현상이 벌어지는 것일까? 보통 사람의 경우에서도 새로운 경험과 과거 기억을 구별하지 못하는 현상은 흔히 관찰된다. 우리의 뇌는 근본적으로 패턴 분리(구별)에 취약해서 일반화가 잘되는 것일지도 모른다. 그리고 같은 두뇌 영역에서 어떻게 서로 상충되는 두 가지 임무를 수행할 수 있느냐는 의문이 계속 남아 있다. 패턴 분리란 중복되거나 비슷한 경험을 다른 기억으로 차별화시키는 것이다. 반면에, 기억의 패턴 완성은 관련된 기억의 흔적들을 재생하면서 중복을 강화시키는 과정으로 볼 수 있다.

뇌과학 연구가 진행되면서 기억을 구성하는 것과 오랜 기억을 끄집어내는 것의 처리가 동시에 가능한 프로세스를 수행하고 있음이 밝혀지고 있다. 해마가 패턴 완성 또는 분리 어느 한쪽에 편향될 수 있는지를 알아본 최근 연구에 의하면, 새로 기억을 형성하거나 오래된 기억을 끄집어낼 때 우리 뇌의 기억 시스템은 최근의 경험을 기반으로 그에 적응되도록 편향하고 있음이 보고되었다. 피험자들이 새로운 것 혹은 유사한 것이라고 구별하는 능력은 그 직전의 상황에 의존한다고 한다. 특히 직전에 '새로운' 자극을 경험하면 참가자들이 '유사한' 것을 오래된 것이 아닌 새로운 것이라고 답할 가능성이 높다는 것이다. 예를 들어, 새로운 음식점에서 식사하는 경우 우리의 기억 시스템은 새로운 환경을 분석하면서, 이와 병행하여 최근에 친구와 식사했던 유사한 음식점을 기억해 내도록 한다. 적응 무의식에서 언급했듯 이러한 연구 결과는 우리가 백화점에 걸어 들어가기 전에 했던 선행 행동으로, 앞으로 어떤 물건을 구매할 가능성이 높은지를 결정할 수도 있다는 말이 된다. 세계관, 정치 이념에 대한 양극단의 대결이 존재하는 것은 자신이 몸담은 과거로부터의 경험이 현재에 많은 영향을 주고, 현재 상태를 과거의 것과 분리(변별)하지 못하는 뇌 기억의 패턴 완성 현상에 의한 것으로 볼 수 있다. 그래서 저자는 생물학 입장에서 우리는 모두 정치 편향을 가진 보수이며, 가정과 사회에서 받는 환경 스트레스가 그 성향을 더 강화시킨다고 말한다.

---

35) 전이(transference): 정신치료자에게 중요한 가족 구성원(부모)에 대한 태도, 감정을 투사하는 행위이다.

36) 반복 강박(repetition compulsion): 고통스러운 과거 상황을 반복하고자 하는 강박적 충동이다.

해마 연구자들은 해마 CA3 영역의 패턴 완성이 이와 상충되는 패턴 구별을 어떻게 적절히 통합하는가를 밝힌다면 PTSD에 적절한 치료 방법을 도출할 수 있을 것이라고 말한다. 한 연구(이석후, 2017)에 따르면, 치아이랑에서 이루어진 패턴 구별과 패턴 완성 입력 신호를 동시에 받는 해마 CA3의 피라미드 세포가 서로 모순되는 두 정보를 통합하는 신경생물학 기전이 있으며, 이끼 섬유 회로만이 특이적으로 이종 시냅스 간 가소성(heterosynaptic plasticity) 능력에 의한 것이다.

장기 증강(강화)

저자는 앞서 라몬 카할, 프로이트, 도널드 헵의 신경 가소성에 대한 개념을 설명하고, 에릭 캔델이 이를 실험으로 증명하였다고 소개하였다. 동물들은 기억 가소성, 장기 증강(강화)이라고 하는 특별하고도 특이한 기억 현상으로 인해 기억의 능력과 효율의 증대로 많은 정보를 뇌겉질에 담아 생존할 수 있었고, 인류는 추상적 사고와 언어의 탄생 그리고 고차 의식이 가능해져 문명사회를 만들고 지구 자원과 다른 동물을 지배하여 풍요로운 삶과 행복을 누리게 되었다. 1973년 노르웨이의 페르 안데르센 연구소의 팀 블리스(T. Bliss)와 테리에 로모(T. Lomo)는 토끼의 해마에 있는 특정 신경 경로를 50~100Hz 고주파 전기로 자극했을 때 시냅스 세기의 증가가 몇 시간 지속하고, 반복 자극하면 심지어 몇 주 동안 지속되는 것을 관찰하였다. 이 현상은 알려진 일반 신경세포의 생리와 매우 다른 것으로, 연구자들의 커다란 관심을 불러일으켰으며 장기 강화라고 부르게 되었다. 장기 강화는 해마의 주요 정보 전달 경로 모두에서 일어나고 여러 특징을 가지고 있어 기억 저장 메커니즘으로 적합(Kandel & Squire, 2009, p. 252)하며, 신경 세포 내 2차 전달자[37] 분자들을 사용하여 칼슘 이온이 NMDA 수용체를 통해 유입되도록 만든다. 이렇게 칼슘 이온 유입이 증가되면 공간 기억과 해마에 의존하는 기타 형태의 기억들이 향상된다. 제10장의 '생각의 신경생물학'에서 저자가 설명한 일정 시간 정보를 유지하는 지연 세포도 추체세포였으며, 해마의 추체세포들도 장기 강화를 겪는 세포들이라는 것은 공통된 사실이다.

37) 신경세포 내 전달자, 시냅스에서 방출된 신경전달물질은 1차 전달자 또는 세포외 전달자라고 하고, 1차 전달자가 시냅스 후 수용체와 결합한 뒤 2차 전달자는 세포 안에서 대사 작용을 발생시킨다.

하의식(비의식) 기억 시스템

뇌과학자들은 진화에서 비서술적 인지-정서 과정을 담당하는 부분은 서술적 과정보다 발생 기원이 오래되었다고 한다. 또한 비서술 의식 과정이 생물체의 종의 교차에서 공통으로 우세하며, 알츠하이머병과 같은 질환에도 손상을 보다 적게 받는다고 한다. 연구자들은 스스로 과정을 알 수 없는 자동화된 장기 기억으로 존재하고, 연합 또는 비연합학습과 함께 감정 기억이 연결된 장기 기억을 비서술적 기억이라고 한다. 이 기억 시스템은 기술, 습관, 조건학습, 감정, 감각 등과 습관 및 운동의 기술이 저장되는 하의식 기억이고, 소뇌는 운동 기술과 합동 활동을, 선조체는 새로운 운동과 습관을 담당하며, 편도와 최근 기능이 알려진 중뇌의 수도관 주위 회백질(Periaqueductal Gray Matter: PAG)에는 감정의 학습, 연상(공포, 행복), 반응 등을 매개하는 선천적 감정 핵들이 자리잡고 있다. 비서술 기억은 서술 기억과 마찬가지로 경험에서 비롯되지만, 회상으로 표출되는 것이 아니라 행동의 변화로 표출된다. 비서술학습 기억은 비의식적이지만, 물론 흔히 회상 능력이 동반될 수 있다. 예컨대, 우리는 운동 솜씨를 학습한 다음에 그 솜씨에 관해서 무언가를 기억해 낼 수도 있다. 이를테면 우리 자신이 그 운동을 수행하는 모습을 그릴 수 있지만 그 솜씨를 수행하는 능력, 과정 자체는 어떤 의식적 회상에도 의존하지 않는 듯하다. 그 과정을 비서술이라고 표현하며, 형태도 다양하고 편도체, 소뇌, 선조체 등의 다양한 뇌구역뿐 아니라 반사적 과제 수행에 동원되는 특수한 감각 및 운동 시스템들과도 관계한다. 과학자들은 무척추동물이 서술 기억을 담당할 수 있는 해마와 같은 뇌 구조물을 갖고 있지 않기 때문에, 비서술 기억은 무척추동물이 사용하는 단 하나의 기억 유형일 수도 있다고 한다. 캔델은 다음과 같이 말했다(Kandel, 2009, p. 158).

> 한 가지 명심해야 할 것은, 서술 기억(의식 기억)은 다른 형태의 기억들로부터 격리된 채로 홀로 작동하지 않는다는 점이다. 바꿔 말해, 동일한 경험이 다양한 기억을 산출할 수 있다. 길거리에서 개와 마주치는 단 한 번의 경험을 생각해 보자. 나중에 당신은 그 장면을 직접적인 서술 기억에서 회상할 수도 있지만, 이 마주침의 다른 여파들을 경험할 수도 있다. 그 여파들은 다양한 비서술 기억으로 나타난다. 예컨대, 그 개와 다시 마주치면 당신은 눈앞의 동물이 개임을 처음보다 더 신속하게 파악할 것이다. 뿐만 아니라 첫 만남에서 무슨 일을 겪느냐에 따라서 당신은 개에 대한 공포나 애정을 갖게 될 수도 있다. 이런 감정은 당신이 그 일을 얼

마나 잘 기억하느냐와 대체로 무관하다.

동일한 경험이 다양한 기억을 산출한다는 것은 동시에 적어도 두 개의 기억 시스템이 작용한다는 말이다. 그것은 서술 기억 시스템과 비서술 기억 시스템이다. 캔델은 서술 기억은 융통성이 있으며 상대적으로 비서술 기억은 융통성이 적다고 한다. 이는 쥐의 공간학습 및 기억에 대한 실험 연구에서 증명되었다. 보스턴대학교의 하워드 아이헨바움(H. Eichenbaum)과 동료들은 온전한 쥐들과 해마 시스템이 손상된 쥐들을 연구했다(Kandel & Squire, 2009, p. 226).

그 동물들은 탁한 물이 담긴 커다란 원형 풀의 가장자리에서 출발해 여물에 가려 잠시 보이지 않는 발판이 있는 곳까지 헤엄쳐 가는 법을 학습했는데, 해마가 손상된 쥐들은 새로운 위치에서 출발시키면 발판을 찾지 못하고 시행착오를 거쳐야 했고 정상 쥐들은 다양한 환경 맥락의 공간 관계를 스스로 학습해서 잘 찾아갔다. 정상 쥐들은 서술(의식적)이며 관계적인 유형의 기억을 획득한 것이다. 그 기억은 새로운 상황에서도 융통성 있게 활용되어 행동의 지침으로 기능할 수 있었다. 반면에, 해마가 손상된 쥐들은 같은 과제를 학습하면서도 특정 단서들과 특정 반응들 사이의 고정적 관계를 학습했다.

해마가 손상된 쥐들은 서술(의식적) 기억을 사용하지 못하고 비서술 유형의 자극-반응 기억을 획득한 것인데, 이를 습관학습(habit learning)이라고도 한다. 우리가 매일 하는 경험은 상당히 주관적인 것이다. 그 이유는 경험이 언제, 어디서, 누가, 무엇에 해당하는 의식 기억(서술 기억)뿐만 아니라, '어떻게?', '왜(감정)?'에 대한 비서술 기억으로 같이 만들어지기 때문이다. 비서술 기억과 서술 기억이 발견된 것은 우리의 두뇌가 서로 다른 회로 및 기능을 가진 이중 기억 시스템으로 운영된다는 것을 말해 주는 것이다. 앞서 설명했던 자네의 이중 의식 시스템은 이제 뇌과학의 정설이 되었다. 그리고 억압의 설명에 매우 중요한 의미를 가진다. 이 시스템은 출생 시부터 작동하는 시스템이며 출생 직전 유아의 경험, 특히 어머니의 경험이다. 어머니의 리듬과 목소리의 음색을 기억하고, 유아의 첫 2년 동안 어머니와의 교류에 중요한 정보가 된다. 이때 편도체는 출생 후 바로 성숙하여 우리의 감정을 지배하는 역할을 하며, 의식 기억에 필수적인 해마는 적어도 2년은 지나야 기능을 하게 된다. 그래서 이 시기 유아의 정서와 정서적 경험, 환상, 그동안의 방어는 필연적으로 비서술 기억에 저장되는 것이다. 이들은 유아 초기 기억에서 무의식의 구성 요소가 된다. 이 무의식은 의식 기억과 달리 억압될 수 없는 기억[38]이며, 억압 가능한 서술 기억 구조와 관계된 해마는 나중에 성숙한다. 유아가 기억하는 어머니 목소리의 억양과 리듬은 피부에 주는 감각처럼 유아의 마음을 감싸고 '각인(imprinting)' 되어 두 사람의 정서적 관계와 상호작용을 형성한다. 이러한 '음악 차원'의 정서적 환경이 초기 관계에서부터 성장하면 아이 인생의 특징이 될 수 있다고 한다. 언어 외에 몸은 정서적 교환의 또 다른 대상이다. 어머니가 아이를 안아 주고, 만지고, 보고, 말하는 방식으로 유아의 성격 발달에 필수적인 정서와 감정을 의사소통한다.

맨시아(Mancia, 2006, p. 108)는 심리적 외상을 포함한 조기 유아 경험은 비서술 기억에 저장되는데, 그 이유는 생애 초기부터 유일하게 사용할 수 있기 때문이라고 하였다. 그러나 인생이 진행됨에 따라 많은 스트레스 또는 외상적 경험이 해마 뉴런의 손실을 초래하면 이 기억들은 다시 비서술 의식의 기억에 보관해야 하며, 이는 늦게 만들어진, 억압되지 않은 무의식의 기초를 형성한다. 아직 비서술 기억을 지배하는 신경회로에 대해서 우리가 완벽하게 알지는 못하나, 억압되지 않은 무의식의 조직인 비서술 기억은 앞서 설명한 감정의 매개 중추인 편도체의 활성화로 촉진되며 소뇌, 기저핵들 그리고 감정 표출을 담당하는 우측 반구의 연관 겉질 영역인 관자엽-마루엽-뒤통수엽 영역 등 '감정의 반구'는 언어 정보와 연결된 회로가 있는 것이 알려졌다. 이 영역들은 왼쪽의 해당 영역보다 꿈꾸는 동안 더 활동적이라고 한다. 각회(angular), 상악(supramarginal)이랑(브로드만 영역 39, 40)은 최대 감각의 통합이 이루어지는 곳(신체, 청각, 시각)이며 상징, 인지 및 실행 기능과 관련된 정교한 처리 과정이 진행되는 곳이다. 마루엽과 이마엽에 있는 운동겉질 영역은 솜씨학습에 관련되며, 습관이 자동화되면 절차 기억은 바닥핵과 소뇌에 저장된다.

정신치료와 정신분석에서 비서술 기억은 중요한 역할을 한다. 전이, 의사-환자 관계의 형성, '의미의 순간(moment of meaning)'이라는 상호 협동의 과정은 언어라는 의식적 도구와 비서술 기억의 교류와 영향을 통해 기억의 가소성(탄력성)을 이용하여 재조직하고 재학습하는 치료 과정을 거치게 된다.

38) 프로이트의 '제3의 무의식'의 개념을 말한 것이며, 우리는 이미 억압(자동 회피)은 의식적 기억과 무관한(회상시킬 수 없는) 현상임을 알았다.

뇌 속의 비서와 좀비

과거 프로이트가 말한 제3의 무의식, 하(비)의식 시스템은 밀너의 연구를 통해 증명되었고, 이 중 운동 시스템이 솜씨 기억을 통해서 우리가 알아차리지 못하는 상태에서 일하고 있다는 것을 알게 되었다. 이에 추가하여 감정 기억과 자율신경도 우리가 모르는 상태에서 우리의 마음과 몸을 움직이고 돕는 비의식의 조절 기능을 수행한다.

일상에서 서둘러 물건을 구입해야 하는 순간에 물건의 첫인상이 훨씬 더 나은 판단 도구 역할을 할 때가 있다. 백화점에서 아내와 함께 옷가지와 선글라스를 골라서 구입하려면 많은 시간이 필요하다. 한 점원이 선택을 주저하는 부부에게 이렇게 말했다. "고객님께서 처음에 마음에 드신 것이 제일 낫답니다."

뇌과학자들은 우리 뇌 안에 일상생활 대부분을 자동으로 처리하는 하의식 메커니즘을 가지고 있으며, 이를 도와주는 존재를 '비서' 또는 '좀비'라고 표현해 왔다. 티모시 윌슨(T. Wilson)은 이 비서와의 협동과 적응 기능을 강조했다. 이것이 그의 적응 무의식[39] 개념이다. 저서 『내 안의 낯선 나(Strangers to Ourselves)』로 한국에 소개된 그는 우리가 상황에 따라 의식과 무의식 상태의 사고를 오가며 유연하게 대응한다고 말한다(Wilson, 2004). 의식의 결정에 무의식이 도와주는 예를 설명한다. 예를 들어, 어떤 친구를 저녁 식사에 초대할지 말지 결정하는 것은 의식이다. 우리는 이 문제를 곰곰이 생각한 끝에 즐거운 자리가 될 거라는 결론을 내리면 친구를 초대하지만, 사실 자연스러운 결정은 뇌의 다른 영역에서 하의식적으로 이루어지며 그 동기는 인간성의 또 다른 영역에서 유발된다. 즉, 의식과 하의식은 분업 관계에서 효율적이라는 말이다. 그는 다음과 같이 말했다.

> 인간의 정신은 고도의 정교한 사고를 많은 부분 무의식의 영역으로 끌어내림으로써 효율성을 높인다. 이는 마치 오늘날 '의식 있는' 인간 조종사가 거의 혹은 아무런 입력을 하지 않아도 제트기가 자동 항법 장치만으로 비행할 수 있는 것과 같은 이치이다. 적응 무의식은 세상을 판단하고, 위험을 경고하며, 목표를 설정하고, 치밀하면서도 능률적으로 행동에 착수케 하는 등 훌륭한 임무들을 수행한다.

39) 책의 저자와 번역된 용어대로 무의식으로 표기하나 하의식, 비서술 기억이다.

심리학자 낼리니 앰버디(N. Ambady)는 학생들에게 교수 한 명당 10초 분량의 강의 비디오 세 편을 음소거한 채로 보여 주었는데, 이것만으로도 학생들이 교수의 자질에 등급을 매기는 데 아무런 어려움이 없다는 사실을 발견했다. 교수를 전혀 만난 적 없는 학생이 2초짜리 소리 없는 비디오를 보고 내린 결론이 한 학기 내내 강의를 수강한 학생이 내린 결론과 유사했다. 앰버디는 바로 이것이 적응 무의식의 힘이라고 했다. 고전이 되어 있는 뷔리당(Buridan)의 「당나귀 우화」는 복잡한 결정을 재빨리 처리해야 할 때 무의식의 역할을 알려 준다. 이 이야기에서 목도 마르고 허기가 진 당나귀 한 마리가 물통과 건초 더미 사이의 정 가운데에 자리 잡는다. 둘 사이에서 무엇을 먼저 먹고 마실지 결정을 내리지 못한 이 당나귀는 결국 허기와 갈증에 시달리다 죽고 만다. 이 문제는 우스꽝스러운 것처럼 보이지만, 우리는 끊임없이 이와 비슷한 종류의 어려운 결정과 대면하면서 세상을 살아가고 있다. 세상은 우리에게 불확실한 개연성의 결과를 내놓을 기회만 제공할 뿐이다.

우리의 뇌에는 모든 의식 신경세포에 대해 10개의 무의식 신경세포가 있다. 하의식의 일 처리는 의식의 처리보다 30배 빠르다고 한다. 전화번호처럼 숫자 기억은 고작 7개의 정보 단위만 동시에 기억할 수 있고, 이를 작업 기억(working memory)의 용량이라고 보고 있다. 시공간 기억은 작업 기억보다 더 용량이 적은데, 보통 동시에 4개의 정보 단위를 기억할 수 있다고 한다.

여러 실험 결과, 하의식의 가치 평가가 의식의 결정에 많은 기여를 하는 것으로 나타났다. 바그(Bargh)와 차트랜드(Chartrand)(Solms, 2002, p. 84에서 재인용)에 의하면, 행동에 의한 영향으로 의식과 하의식의 영향을 측정해 보면 95%의 행동이 하의식에서 결정된다. 뇌과학에서는 불과 20년 전부터 뇌 영상 기법을 사용하여 눈에는 보이지 않는 그림이 뇌속 하의식에서 처리되는 과정[40]에 대한 연구를 시작하면서 빠른 속도로 많은 것을 알게 되었다. 의식은 입력되는 세상 정보에 대한 수천 가지 해석 가운데 오직 하나에만 우리 주의를 기울이게 함으로써 이 문제를 해결한다. 우리의 하의식 지각은 감각 정보를 사용해 우리 주위에 색상, 형태, 동물 또는 사람이 나타날 개연성을 계산(예측)한다고 한다. 다시 말해, 하의식은 통계학자들이 분포와 표본이라 부르는 것을 제공하는 것이라면, 우리의 의식은 이러한 개연성에 의한 세상의 일부 모습, 온갖 모호한 것을 가로질러 단순화된 하나의 모습이다. 현재로서는 세상에 대해 요약된 최상의 해석을 만들어 내며,

40) 식역 아래(subliminal)의 지각(perception).

그러면 이제 그것이 의사결정 시스템에 전해진다고 한다. 수많은 하의식적 통계학자와 단일한 의식적 의사결정자 사이에서 이루어지는 이 분업은 세상에 대응해 행동해야 할 필요성 때문에 살아 움직이는 유기체에서 자동적으로 발생하는 것이다. 원칙적으로 의식은 선택하는 반면 하의식은 제안하지만, 일상에서는 의식이 집중하는 기회가 적으므로 대부분 하의식의 제안이 받아들여진다. 뇌 안의 비서는 뇌겉질 아래 하부 기관의 원시 감정과 타고난 기능, 그리고 생후 학습을 통해서 자동화된 행동을 하는 뇌 기능을 말한다.

시간 연장이 필요한 앞이마엽의 작업 기억에 의식이 필요하다면, 우리의 하의식적 사고는 시간을 가로질러 연장할 수 있을까? 실험 결과, 식역[41] 이하의 활동이 지속되는 시간을 측정한 것에 의하면 그것은 불가능하다. 식역 이하의 사고는 뇌 속에서 급격한 속도로 줄어서 1초 정도 지나면 하의식적 활성은 보통 감지하지 못할 수준까지 쇠퇴해 버린다. 드앤(S. Dehaene, 1965~)은 자신의 동료인 리오넬 나카슈(L. Naccache, 1969~)가 이 발견을 요약하면서, "무의식이 언어로 구성되었다."라고 천명한 프랑스 정신분석학자 자크 라캉(J. Lacan)에 대한 반박으로, "무의식은 언어 같은 구조가 아니라 붕괴하는 기하급수 같은 구조로 되어 있다."라고 결론 내렸다. 언뜻 하의식의 자율적인 도움으로 보이지만 사실은 구속된 성질, 즉 기존에 가지고 있던 경험 자료를 거의 다시 사용하는 뇌 보수성의 결과일 것이다. 다시 말하면, 우리의 뇌는 현재 시점에서 자료를 분석하는 이성적인 뇌가 아니라는 말이다. 하의식은 강력하고 놀라운 직감을 만들 수 있지만, 의식을 가지고 있어야 합리적인 전략의 단계별로 돌아가는 지속적인 사고를 할 수 있다는 것이 지금까지의 실험으로 얻은 교훈이다. 여기서 프로이트에 의해 잘 알려진 역동적 무의식 말고도 심리적 갈등 밖에서, 우리의 의식과 주의가 관여하지 않는 삶을 지배하는 중요한 기능이 있고 이것을 하의식(비의식)으로 부른다는 것을 충분히 이해할 수 있을 것이다.

운동을 도와주는 또 다른 비서도 있다. 우리는 아침에 일어나자마자 의식하지 않은 채 샤워하고, 수염을 깎고, 옷을 입고, 장애물을 건너 차를 운전하거나 지하철을 이용해서 직장에 간다. 거기서 현실을 마주하고 하루를 시작하는 것이다. 이러한 일상적인 일들에는 신중한 주의나 의식이 필요 없다. 어려서 배운 자전거 타기를 기억해 보자. 처음 자전거 안장에 앉을 때는 부모나 형, 누나가 도와주어야 했고, 균형 잡기가 어려워서 셀 수도 없이 넘어지며 배웠을 것이다. 시간이 지나 균형 잡기가 나아지고 혼자서 도움 없

41) 식역(sensory threshold): 감각이나 반응을 일으키는 경계에 있는 자극의 크기, 문턱치.

이 자전거를 타게 되면 큰 성취감을 느끼게 된다. 일단 몸에 익혀 동작하기 시작하면 자동화되어 동작이 의식의 레이더에 더 이상 걸리는 일이 없다. 인간의 학습 능력은 이렇듯 놀랍다. 경험이 더 이상 의식으로 지각하지 않게 되는 것인데, 사실 이쯤 되면 의식이 해방되면서 어깨의 긴장된 근육을 풀고 중력에 몸을 맡기고 스스로 움직이거나 음악을 듣는 등 여유가 생긴다. 마치 내가 의식하지 않는 수수께끼 같은 존재가 도와주고 있는 셈이다. 그 머릿속에 있는 비서는 오히려 우리보다 훨씬 잘 연주하고 우리의 개입 따위는 받아들이지 않기 때문에, 더 잘하려고 의식하면 오히려 동작은 방해받고 느려진다. 의식의 과학자 마르체로 마시마니와 줄리오 토노니(Massimini & Tononi, 2013, p. 44)는 이처럼 자연스런 행동을 도와주는 비서를 섬뜩하게도 좀비[42]라고 불렀다. 하지만 우리가 그들의 존재를 알아차리는 경우는 거의 없으며, 그들의 존재를 알려고 하지도 않는다. 그 이유는 그들은 이미 의식의 빛이 미치지 않는 곳에서 살며, 공포 영화의 이미지와는 반대로 대부분 우리를 도와주기 때문이다. 뇌 기능의 개관에서 설명한 폴 매클린의 3중 뇌 개념을 다시 떠올려 보기 바란다.

마음의 뇌과학자들은 좀비의 대부분이 두 신경계에 들어 있음을 확인할 수 있었다. 두개골 뒤쪽에 있는 소뇌와 뇌반구의 깊숙한 곳에 가라앉은 신경세포의 커다란 덩어리인 기저핵(바닥핵)의 중요 신경핵인 선조체(striatum)와 담창구(Globus Pallidus: GP)는 반사운동, 걷기, 운전, 운동 등 살아가는 데 필수적인 불수의(하의식, 비의식) 운동을 담당하는 중요 기관이다. 여기에 소뇌는 부드럽고 섬세한 운동을 담당한다. 이 비의식 운동 기관과 중뇌와 편도체 등의 감정을 매개하는 신경핵들은 서로 겉질 밑 지하의 세계에서 소통하고 있다. 즉, 그들이 말한 '좀비'는 진화에서 오래되고 깊은 자리에 차지하는 뇌를 말하는 것이며, 뇌를 다친 많은 환자의 사례에서 좀비의 비서 기능에 이상이 나타나는 것을 볼 수 있다.

뇌졸중으로 기저핵, 운동 신경세포가 손상된 환자는 기능이 마비되어 운동 이상, 조절 이상, 반복적 행동이 나타나고, 치매 환자들은 앞이마겉질의 정서 조절력이 손상되어 흥분, 난폭성, 몰염치한 성적 행동이 나타난다. 특히 소뇌와 기저핵 중 어느 하나가 파괴되거나 기능을 하지 못하면 우리는 생활하기가 매우 어려워진다. 하나하나의 움직임이 괴로울 정도로 머릿속에 떠오르기 때문인데, 특히 지금까지 생각한 바 없던 움직임을 의식한다면 좀비가 날마다 했던 일이 얼마나 중요했는지를 비로소 깨우친다. 책상 위

42) 좀비(zombi)의 어원은 크레올어로, 카리브해 지역의 아이티 등에서의 부두교의 주술사가 마술 등으로 되살려 낸 시체를 말한다.

에 놓인 물컵을 잡는 단순한 움직임이 어렵고, 앉았다 일어나거나 발을 옮기는 행위 자체가 정말 뼈가 끊어지는 듯 어려운 일로 바뀐다. 거리를 계산하고 움직임을 의식하면서 "여기다!"라고 할 때 빠르게 손을 벌렸다가 잡지 않으면 안 된다. 움켜잡는 힘이 너무 세거나 너무 약하면 소용없다. 자전거를 운전하거나 피아노 건반을 누르는 것조차 매우 어렵고, 걷기조차 도움을 받아야 하는 사태가 벌어진다. 기저핵과 뇌신경핵에 문제가 발생하는 파킨슨병, 본태성 떨림, 근긴장 이상, 투렛 증후군이라는 질환이다. 뇌의 하부 기관은 상부 기관과 태생이 다른 이복형제이며, 기본적으로 우리의 의식과 상관없이 움직이며 살고 있는 좀비와 협동을 하고 있다.

어떤 평론가는 '적응 무의식'은 무의식의 중요성을 말한 프로이트의 현대판 수정본이며 프로이트가 간과한 '일상 속 무의식'이라고 말한다. 그러나 알다시피 프로이트의 관심사는 심리적 갈등에서의 억압 방어였다. 정확히 지칭하지는 않았지만, 프로이트는 적응 무의식을 제3의 무의식이라는 용어로 표현하면서 오히려 "오로지 하느님만 아는" 매우 중요한 기능이라고 말했다.

저자가 다음 장에서 설명할 방어-생존 반응 시스템도 위험을 피하려는 의식의 개입 없는 선천적인 자동 반응 시스템이며, 다시 비슷한 자극에 재생된 반응이 프로이트의 생각처럼 기억의 억압으로 오해할 소지가 있음을 설명할 것이다. 이것이 제3의 무의식, 하의식의 세상이다. 판크셉은 우리의 뇌는 상부 겉질의 연결과 도움 없이도 하부 겉질 하기관에서 선천적인 정서, 감정을 느낄 수 있다는 전기 자극 연구 결과와 증거가 수없이 많다고 말한다. 그 예로, 무뇌아는 선천적인 이상으로 대뇌겉질이 없는 유아인데, 그래도 어느 정도 감정 표현을 할 수 있다. 이렇듯 여러 과학적 연구 결과와 증례들에서 우리의 뇌는 상부의 인지, 수행 기능이 하부의 운동과 감정 기능을 조절 혹은 명령할 수 있고, 이 경우 상호 보완적이지만 그럼에도 그 배후 하부의 운동, 정서 기능은 독립적으로 작용할 수 있다.

제11장

억압과 스트레스의 신경생물학

하지만 기억하는 건 잊는 게 아니라
고통의 생생한 리허설
그날을 떠올리게 하고
내 뇌엔 공포가 머물게 하지.

—『에밀리 디킨슨의 시』(Paterson, 2017)

독자들은 프로이트의 억압(repression)을 학습과 인지 조절(회피, 거리 두기) 이론으로 설명한 저자의 생각을 점차 이해하고 있을 것으로 짐작한다. 저자는 억압의 모델이 불안, 공포의 고전적 (파블로프) 학습 현상이라는 것을 설명했다. 그런데 자칫 간과할 수 있는 중요한 사항이 있다. 그것은 저자가 화학적 차단(chemical blocking)이라고 부르는 억압, 억제(suppression)의 강화 요인이다. 앞이마겉질은 평상시 하부 정서 감정 기관에 대한 상–하 조절(top–down regulation) 통제(inhibition)[1] 기능이 있다. 그러나 불안과 공포를 만드는 상황을 스트레스(정신적 트라우마)라고 정의한다면, 우리 뇌는 스트레스를 대처하기 위해 카테콜아민 같은 화학 물질을 만들어 앞이마겉질의 기능을 차단하고 약화시키며, 마치 뇌는 진화의 시간을 슬러 올라가는 것처럼 원시 상태로 변신(퇴행[2]) 한다. 이 원시 뇌는 우리의 관심 대상인 억압에 의한 방어–생존 시스템이 활성화(동기화, 각성)된 상태와 유사하다. 또 이 뇌는 뇌겉질–상부 기관에 대한 화학적 차단으로 해

1) 저자는 영어 inhibition을 뇌 상하부 신경 시스템의 내부 상호작용을 의미할 때 억제(inhibition), 앞이마엽 겉질의 하부 기관에 대한 상–하 조절의 의미로 통제(inhibition)라는 용어를 사용하는데, 스트레스의 카테콜아민 등 화학 물질은 이 조절 제어 기능을 약화·차단한다.

2) 어린 나이의 뇌 기능으로 후퇴한다는 뜻의 정신분석 용어이다.

리(dissociation) 발생의 최적 조건에 놓여 있다. 저자는 조셉 르두(J. E. LeDoux 1949~)의 방어-생존 시스템, 스테판 포지스(S. W. Porges, 1945~)의 다미주신경 이론(The Polyvagal Theory), 에이미 안스텐(A. Arnsten, 1954~)의 스트레스와 앞이마겉질 차단 이론이 뇌의 진화와 기능에 대해 통찰을 주고 있어 여기에 소개한다.

사람은 모두 크고 작은 스트레스 생활 사건에 조건학습되어 있으며, 그 사건의 영향이 클수록 뇌 기능은 원시 상태로 퇴행하고 방어-생존 시스템이 활성화된다. 스트레스 상황에서 뇌겉질의 급격한 차단은 하부 뇌의 정서, 감정의 변화를 가속한다. 심리적 고통이 있으면 억압(자동 회피)과 부수적으로 따라오는 당연한 억제(의도적 회피) 현상이 있다. 앞으로 제13, 14장에서 의도적 억제가 화학적 차단의 도움으로 고통을 피하는 도구적 학습의 대상이 됨을 설명한다.

영화 〈마음의 행로〉와 해리

[그림 11-1] 〈마음의 행로〉, 〈스펠바운드〉, 〈스네이크 핏〉

마음과 정신의 상처가 사건에 대해 망각을 유발할 수 있다는 사실은 19세기 후반부터 시작된 정신의학과 심리학의 발전과 더불어 일반인의 상식이 되었다. 외상후 기억장애, 해리장애는 '새로운 히스테리'로서 의학적 치료나 심리치료에 적합하다는 대중의 상식에 의해 영화 제작자는 뇌과학적 이미지, 정신분석 그리고 멋진 배우들의 연기를 결합해 매력적인 영화를 만들었다. 20세기 중엽, 이런 종류의 영화가 흥행하자 정신분석은 미국의 대중문화와 단단히 밀착되었다. 당시 정신분석의 인기는 감정(감성)보다 이성(논리, 과학)을 중요시한 서구의 사상의 경향과 맥을 같이한다고 볼 수도 있다. 그 과정에서 "너 자신을 알라."라는 철학자의 메시지가 대중에게 더 파고들었을지도 모른다.

저자는 휴일에 가끔 '기억을 잃어버린 연인들'의 이야기와 미녀 배우가 등장하는 영화를 감상한다. 기억장애를 소재로 하는 〈마음의 행로(Random Harvest)〉(1942)라는 영화를 본 적이 있는가? 여자 주인공을 연기한 그리어 가슨(G. Garson, 1904~1996)은 당시 최고 미녀 배우로 부드러운 미소와 얼굴의 후광이 아직도 관객의 가슴을 두근거리게 한다. 〈스펠바운드(신들림, Spellbound)〉(1945)에서는 잉그리드 버그만(I. Bergman, 1915~1982)이 매혹적인 정신과 의사 역으로, 환자 역으로는 그레고리 펙과 함께 출연한다. 그는 기억상실을 겪는 이중인격자로 그려지고 있다. 또 〈스네이크 핏(The Snake Pit)〉(1948)에서 귀여운 미녀 올리비아 드 하빌랜드(O. de Havilland, 1916~2007)가 조현병 환자로 등장한다.

다음은 해리성 기억장애 (dissociation disorder) 환자 J의 사례이다.

"무엇인지 모르지만 답답하고 불안해요. 그런데 내가 왜 여기에 있는 거죠?"

J는 출산한 지 얼마 안 된 두 아이의 엄마이다. 남편의 바람기에 의한 잦은 배신과 집안일에 대한 무관심으로 고통을 겪다가, 급기야 참다못한 어머니가 이혼시킨다며 사위와 충돌하였다. J는 동시에 평소의 허리 디스크가 악화하여 어머니가 있는 도시로 와서 수술을 받고 입원치료 중이었다. 남편은 문병도 오지 않고 전화로 이혼을 요구했다. 이 시기에 J는 갑자기 기억상실증에 걸렸다. 그녀는 자신의 결혼 이후 10여 년의 정체성을 완전히 잃어버렸다. 다행히 어머니는 알아보나, 자신이 결혼해서 아이를 낳고 살았던 기억은 전혀 떠올리지 못했다. 어머니가 사는 도시의 병원에 환자복을 입고 입원한 자신을 보고, 그녀는 도대체 영문을 모르겠다고 자신이 왜 여기 와 있냐고 물었다. 그 와중에도 그녀의 마음과 감정은 기억과는 달리 완전 해리되거나 억압되지 않았기 때문인지 이유 모를 답답함과 불안을 느꼈다.

저자의 치료로 이 환자는 특별한 어려움 없이 5일 만에 기억이 완전히 회복되었다. 그 이유는 오로지 이 병의 특성 때문이다. 신체가 건강하다면 대부분의 경우 증상의 경과가 짧다. 처음에는 자신의 정체성을 모르고 감정 반응이 없다가, 2~3일 지나면서 우울과 반복적인 정신발작 등의 히스테리가 관찰되었다. 그리고 3일째가 되면서 격한 감정과 분노를 표출하고, 쉴 새 없이 눈물을 흘리며 지난 일들을 말하기 시작하였다.

전환장애라고 부르는 히스테리와 해리장애 환자들의 신경 증상은 환자 역할, 해리 증상으로 위험에서 보호하는 일차적 이득이 있다. 이차적 이득은 주변의 관심을 끌고 상황의 주도권을 가지는 것이다. J는 증상을 통해 남편이 자신을 찾아와서 사과하고 이혼을 취소하는 이차적 이득을 얻거나, 자신의 마음을 잘 모르고 남편과 이혼시키려는 어머니에 대해 경고의 메시지를 보낼 수도 있다.

기억이 돌아온 뒤, 환자의 어머니는 종합병원에서 정밀 검사를 받겠다며 진료 의뢰서를 요구했다. 저자는 진단 결과를 적어 주었지만, 아내가 정신적 충격으로 기억을 잃었음에도 병원에 찾아오지 않는 사위와 어떻게 사태를 마무리했는지는 끝내 듣지 못했다.

스트레스와 화학적 차단

앞이마겉질은 겉질 아래 신경핵에 대한 조절력을 가진다. 신생아 시기에 가진 원초적인 뇌줄기 반사들이 있다. 특히 잡기 반사는 신생아 손바닥 위에 성인 손가락을 잡으면 잡고 들어 올릴 정도의 힘이 있다. 이 잡기 반사는 신생아와 양육자 사이의 결합하는 경험을 증가시켜 준다. 그런데 출생 후 몇 개월이 지나게 되면 대뇌겉질에서 나온 내림 신경섬유가 이런 반사를 자극하는 뇌줄기와 연결되면서 반사가 점점 감소한다. 대뇌는 이러한 원초적 반사를 통제하고 억제함으로써 새로운 손 운동을 익히도록 한다. 그런데 성인이 되어 치매, 뇌졸중과 같은 질병이 있는 경우, 뇌겉질의 신경세포가 죽어 통제 기능이 약화하면 다시 초기 반사가 나타난다. 이를 겉질 해제 징후(cortical release signs)라고 부른다.

영국의 신경학자 허글링스 잭슨(H. Janckson)은 '해체의 원칙(Principles of Dissolution)'이라는 가설에서 계통분류학 입장은 고등한(최근의) 신경회로가 열등한(오래된) 신경회로를 통제(inhibition)하며, 고등회로가 기능을 상실했을 때 하등회로가 쉽게 흥분하고 지배하기 시작한다고 하였다(Hays, 2019에서 재인용). 이러한 앞이마겉질의 통제력 상실은 스트레스에서도 일어난다. 때로는 심한 스트레스가 '심인성' 또는 '기능적' 기억상실을 초래하는 억압 및 해리와 같은 정신적 방어와 혼란을 유발할 수 있다. 해리는 히스테리와 유사한 증상이 많지만, 크게 다른 점은 환자가 자신이 누구인지 주체성을 잃어버리는 기억장애 증상도 있다는 것이다. 저자가 생각하는 '해리'의 가장 유력한 생물학적 원인은 심리적 스트레스에 의해 내분비 기관이 만든 카테콜아민(catecholamine),[3] 코르티코이드 같은 신경 작용 물질이 과도하게 활성화되어 기억과 인식 기능을 차단하는 것이다. 저자는 이를 화학적 차단(chemical blocking)[4]이라고 부른다. 스트레스는 포유류의 생존 반응을 끌어내는 자극이며 기억 기관을 발달시키는 도구이고 적응과 진화를 위한 동기를 주는 자연의 선물이지만, 과도하게 지속되면 스트레스질환을 발생시키는 요인이 된다. 독자들은 프로이트와 브로이어가 연구한 '히스테리'가 심리적 충격(트라우마) 모델이었음을 이미 알고 있을 것이다. 하의식 시스템(방어-생존 시스템)이 활성화됨으로써 생산되는 다양한 화학적 물질은 오로지 생존을 위해 긴장과 각성 유지, 에너지 저장과 절약 그리고 싸움에 대비해 상처 치료 물질을 준비하는 일들을 포함하고 있다. 그러나 스트레스가 장기화하면 카테콜아민과 부신겉질 호르몬(글루코코르티코이드)의 영향으로 수면, 영양, 정서가 균형을 잃고 자기조절과 억제력 감소, 경직된 생각, 판단력 및 결정장애가 발생한다. 또한 자극에 민감해지고 짜증, 집중력장애, 건망증, 불안, 우울증이 동반하고 공감 능력이 감소한다. 또 두근거림, 불면, 어지러움, 두통, 전신의 근육통이 흔하게 나타난다. 에이미 안스텐(A. Arnsten, 2019)은 새로 진화한 앞이마겉질에는 행동, 사고 및 감정의 '하향식' 조절 제어 기능이 있지만, 이러한 회로는 특히 제어할 수 없는 스트레스에서 앞이마겉질을 '오프라인'으로 빠르게 전환(차단)하는 강력한 세포 내 기전[5]이 있어 스트레스에 대응한다고 말했다.

① 대상이 안전하며 스트레스를 받지 않는 각성 상태에서 고도로 진화된 앞이마겉질은 행동, 생각 및 감정을 하향식으로 조절한다. 이것은 카테콜아민 뉴런을 포함한 편도체, 기저핵 및 뇌간과 같은 광범위한 연결을 통해 행동 반응을 조정하고, 이러한 각성 조건에서는 적당한 수준의 카테콜아민 방출과 적절한 자극에 대한 청반핵(locus coeruleus) 뉴런의 발화가 있다. 중간 수준의 노르에피네프린은 앞이마겉질을 강화하지만 편도체를 약화시키는 고친화성 알파-2A 수용체에 관여하고, 알파-2A 수용체는 또한 청반핵 뉴런의 긴장

3) 부신의 수질과 교감신경 시냅스 말단에서 분비하는 신경전달물질. 에피네프린, 노르에피네프린, 도파민을 포함한다. 이 물질은 정신 활동 촉진, 혈압, 혈당 증가 등 대사 및 활동을 촉진한다.

4) 화학적 차단은 편도체, 해마와 같은 하부 감정, 기억 기관의 활성화로 외상후 스트레스장애 PTSD의 병인이 되며, 스트레스는 소거된 공포학습을 재발(역전, reversal)시키는 원인이다.

5) 등가쪽 앞이마겉질의 시냅스는 피라미드 세포의 수지상 가시에 있는 글루탐산염 NMDA 수용체 시냅스를 통해 서로를 흥분시킨다. 이 가시들은 또한 높은 수준의 칼슘 순환 AMP 신호로 열 수 있는 K^+ 칼륨 채널을 표현한다. K^+ 채널이 높은 수준의 Ca^{++} 순환 AMP 신호로 개방되면 시냅스 연결부의 강도를 급격히 떨어뜨려 신경 발화를 감소시킨다. 노르에피네프린과 도파민과 같은 각성계는 이 메커니즘을 이용하여 인지 상태를 우리의 각성 상태와 조정한다.

발화를 감소시킨다. 이러한 모든 과정은 뇌와 행동에 대해 조심스럽게 대응하는 앞이마겉질의 조절을 촉진한다.

② 통제할 수 없는 스트레스는 뇌에서 높은 수준의 카테콜아민 방출을 만들고, 더 낮은 친화력의 알파-1 아드레날린 및 베타-1 아드레날린 수용체와 결합하여 편도체를 강화하고 앞이마겉질 기능을 빠르게 약화시켜 원시 회로(편도체의 정서적 반응과 기저핵의 습관적 반응)를 강화[6]하는 악순환을 생성한다. 편도체는 스트레스 반응의 다른 측면[예: 수도관 주위 회백질(Periaqueductal Gray: PAG)로의 투사]을 조정하는 것 외에 여러 경로로 카테콜아민을 활성화하여 신체 증상을 만든다(백광열 외, 2008). 코르티코트로핀 방출 호르몬(Corticotropin Releasing Hormone: CRH)을 통한 청반의 편도체 활성화는 긴장 발화를 증가시킨다.

③ 만성 스트레스로 인한 앞이마겉질과 해마의 지속적인 약화는 신경세포 위축으로 이어진다. 편도를 제거한 동물 실험에서 외상후 스트레스장애에 의한 해마의 용적이 축소되는 등의 악영향을 방지[7]할 수 있었다.

환자는 이유와 원인을 모르는데 몸의 증상만이 불편한 경우, 저자는 이런 현상을 '몸 기억(body memories)'이 작용한다고 표현하기도 한다. '몸 기억'과 같이 자신도 이유를 모르는 신체 증상이 있다면, 이는 언젠가 나에게 정신 외상성 사건이 발생했으며, 이 사건 기억이 뇌에 저장된 것이며, 지금도 영향을 미치고 있고,[8] 현재의 스트레스가 심하면 사라진(잠재된) 기억을 자극하여 재발(역전)할 가능성이 있다는 것을 뜻한다. 증상을 악화시키는 자극 신호를 일상에서 알아차리기 어려운 정신적 외상질환은 약물치료가 가장 효과적이며, 마음이 안정되면 정신치료와 함께 증상을 만든 여러 가지 요인을 조사하고 적절한 조처를 취해야 한다. 만성 스트레스, 우울증 환자에게 오랜 시간이 지나 기억장애가 나타나는 것은 드문 일이 아니다. 앞이마겉질의 하부 뇌에 대한 조절 통제 기능은 이 책의 제13, 14장에서 다시 설명한다.

---

6) 이 상태에서 '억압', '억제의 학습' 등 학습이 쉽게 일어난다.
7) 알파-1 수용체 차단제 프라조신(prazosin) 또는 알파-2A 수용체 자극제 구안파신(guanfacine)은 스트레스 동안 앞이마겉질의 기능을 보호한다. α2 수용체 효능제 클로니딘(clonidine)은 외상후 스트레스 증상을 줄인다.
8) 프로이트는 '억압의 귀환', '전이' 현상, 에델만은 '기억된 현재'로 표현했다.

불안, 공포의 처리 과정

조셉 르두는 억압의 뇌과학적 해석에 근거를 제공했다([그림 11-2] 참조).

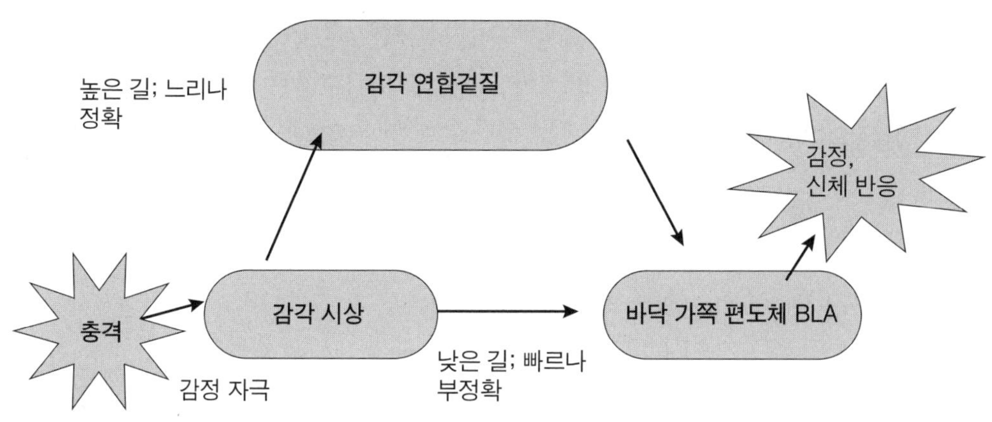

[그림 11-2] 공포 처리의 두 가지 길

뇌과학자들은 감각 자극이 공포 반응을 매개하는 편도체를 활성화하는 주된 방식은 뇌겉질의 감각 처리 과정 후기 단계인 상위 경로를 거친다고 오랫동안 추정해 왔다. 그러나 1980년대 중반 조셉 르두는 감각 자극이 시상으로 들어와 직접 편도체를 활성화하고, 그럼으로써 선천적인 방어 반응(얼어붙기)과 자율신경계의 반응을 일으키기 위해 뇌겉질의 처리 영역이 관여할 필요가 없다는 점을 생쥐 실험을 통해 입증했다. 판크셉은 겉질 없이도 겉질 아래 하(비)의식 기관에서 불안, 공포 등의 기본 감정을 느낀다고 주장했다(르두와 차이점). 구체적으로, 이 연구들은 1차 감각 기관에서 보내 온 정보를 뇌 시상(thalamus) 영역이 받아 겉질에 감각 입력 신호를 보내면서 또한 직접 편도체로 신호를 보낸다. 감각겉질에서는 정보 처리 후 다시 편도체로 신호를 보낸다. 시상에서 겉질과 편도체로 들어가는 감각 입력 신호를 각각 감정학습의 상위 경로, 하위 경로라고 한다([그림 11-2] 참조). 하위 경로는 상위 경로보다 빠르나 정확하지 않다. 두 경로는 시상의 같은 일반 영역에서 비롯되지만, 그 영역 내에서 각기 다른 능력을 갖춘 다른 뉴런 집단과 연관된다고 한다(LeDoux, 2015에서 재인용). 이 결과를 해석하면 공포의 조건학습이 뇌겉질과 그 아래의 편도체 두 부위에서 이루어진다고 볼 수 있다. 이로 인해 편도체에서는 감정의 학습이, 그리고 대뇌 감각겉질에서는 시각겉질에서 연결된 자극이 학습된다는 추론이 가능해졌다. 르두는 처음에 하위 경로는 비의식적 처리 과정과, 상위 경로는 의식적 처리 과정과 같은 것으로 생각하였으나, 지금은 두 경로 모두 편도체로 가는 비의식적 입력 신호로 봐야 한다는 것이 분명하다고 말했다(LeDoux, 2015, pp. 276-278). 의식적 경로는 아직 해부학적으로 규명이 안 되었지만, 르두는 두 개의 비의식적 경로가 있다는 것을 발견한 것이다. 이 발견은 저자가 주장한 억압(자동 회피)의 기전을 뒷받침할 수 있는 근거가 되었고 억압 연구의 참조가 되었다. 앞서 소개한 피에르 자네의 이중 의식, 해리 현상, 브로이어와 프로이트의 1차 과정, 르두의 비의식 방어-생존 반응, 그리고 앞이마겉질의 기능이 차단되는 스트레스질환 등 억압의 뇌과학 모델은 여럿 찾아볼 수 있다.

하의식(방어-생존) 시스템과 공통 반응 회로

조셉 르두가 공포 조건 형성(fear conditioning, 공포학습)의 특징을 말한 강의[9)]를 소개한다. 이 강의의 초반 슬라이드를 보면, 여러분은 저자가 앞서 말했던 브로이어와 프로이트의 『히스테리의 연구』 증례들 속 연합학습에 관해 언급한 것과 프로이트의 1차 사고 과정이 같은 현상임을 추론하는 것이 어렵지 않을 것이다.

> 인간에게서 공포를 끌어내는 것은 대부분 연합학습(associative learning)에 의한 것이다. 공포 조건 형성에서 연합학습은 빠르고, 그 기억은 지속된다. 공포 반응은 학습되지 않고 뇌 안에 선천적으로 배선된 것이다. 학습은 공포를 끌어내는 자극을 포함한다. 많은 종류의 자극이 조건화(학습)되며 실험용 쥐와 인간, 많은 동물에서 유사하게 작용한다. 쥐의 공포 메커니즘을 확인하는 것은 인간의 공포를 이해하는 데 도움이 된다.

진화 결과로 인해 사람을 포함한 동물은 선천적으로 특정 자극을 위협으로 간주하도록 되어 있다고 한다. 그 선천적 정서 반응은 분노나 공포의 표정을 한 사람 사진, 또는 뱀이나 거미와 같이 독이 있는 동물 사진을 위협으로 지각하고 먼저 반응한다. 선천적 반응은 원시 억압(1차 억압)의 생물학적 근거를 제시하는 것일지도 모른다. 이는 하의식(비서술 기억)이 담당하며 톰킨스(S. Tomkins, 1911~1991)는 '정서 프로그램', 르두는 '방어-생존 시스템', 판크셉은 '정서 지시 시스템'이라고 불렀다. 저자는 르두의 용어인 '방

9) NYC-CBT 강의. 코넬대학교 의과대학의 Weill 강당(2015년).

어-생존 시스템'을 선호하며, '하의식 시스템'을 같은 의미로 사용한다. 그는 편도체가 공포 회로의 중심이라는 과거 생각을 수정하여 '방어-생존 시스템'의 일부 역할을 한다고 하였다.

저자는 이 반응 회로가 일정한 문턱을 넘은 자극에 대한 최종 반응 경로이며, 일대일 대응 방식이 아닌 공통 반응 장치라고 생각한다. 집에서 쓰는 모든 전기 기구의 전기량은 두꺼비집이라고 하는 계량기가 마지막으로 관리한다. 사무실의 컴퓨터 프로그램으로 진행되는 모든 명령은 결국 프린터에서 출력된다. 즉, 방어-생존 시스템은 경제적 방식으로 사용되며, 일정한 강도를 넘은 자극에만 출력하고, 특정한 자극에만 반응하는 특이성은 없다. 그리고 이 반응기는 자극과 반응이 기억되면 유사한, 일반화된 조건 자극(신호, 맥락 자극)에도 자동으로 반응하는 공유 프린터와 같은 역할이다. 사실, 이 공유 개념이 경제성을 가진 진화였다기보다는, 진화 초기에 먼저 이런 방식의 단순 자동 반응 시스템이 갖추어진 후 상위 겉질과 그 밑의 입출력 모듈이 덧붙어 복잡하게 만들어졌다고 보는 것이 맞을 듯하다. 그래서 이 단순 시스템은 진화 초기부터 해마와 겉질 없이 시작되었고, 최소의 용량으로 빠른 반응이 장점인 하의식 시스템(비서술 기억: 감정, 습관)이며, 생존에 유리한 방어-생존 시스템으로 기능한다. 생명의 보존을 최선의 이익 추구로 보는 진화는 쉽고 빠른 길을 가지고 있으며, 캔델의 말처럼 진화는 어려움이 닥치면 '땜질'을 택한다. 쉽고 빠른 길 덕택으로 생명은 안전해질 수 있지만, 이 반응 기계는 자극의 참과 거짓을 감추는 의식의 판단을 거치지 않고 일반적 자극에도 쉽게 자동 반응하는 과민성이 특징이다. 그래서 현대인에게는 신경증(히스테리, 정신 신체형 장애)이라는 불편한 정서질환이 만들어졌다고 생각한다.

감각 기관을 통해 위협 정보를 얻은 편도체는 감정 반응을 하부 기관과 대뇌겉질로 전달하며, 대뇌는 주의를 집중할 위험 물체의 위치를 확인한다. 여기서 중요한 부분은 프로이트의 억압 모델에서 과거 위협에 반응한 감정 기억이 현재의 스트레스나 과거 유사한 자극(환자는 알 수 없는) 때문에 부활[10]하는 과정이다. 이를 2차(본유) 억압이라고 설명하였다. 이 과정을 방어-생존 회로가 담당한다. 저자는 뇌에서 일어나는 공포, 불안의 처리 과정을 [그림 11-3]에 도식화하였다.

10) 증상 재발의 원인에 따라 스트레스 유발-역전(reverse), 맥락 자극-재생(renewal), 조건 자극-복원(reinstatement)으로 사용한다.

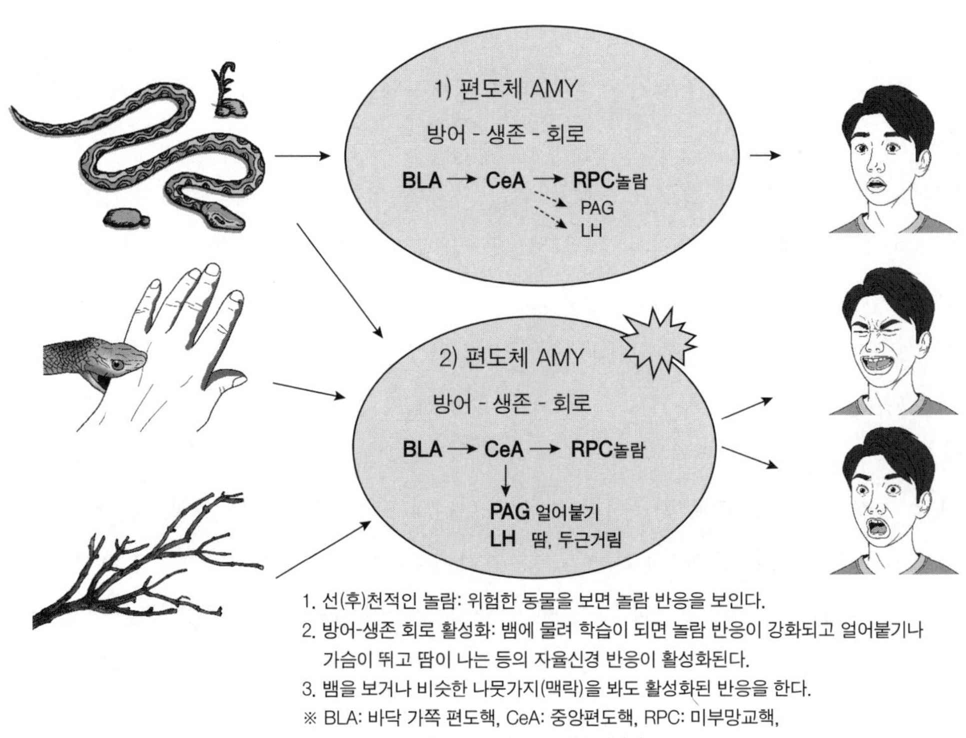

[그림 11-3] 방어-생존 반응

[그림 11-3]에서 무조건 자극(US)은 뱀에 대한 선천적인 공포나 물린 경험이고, 조건 자극(CS)은 나뭇가지이다. 뱀에 물린 경험이 있는 등산객이 산에서 뱀과 유사한 자극(나뭇가지)을 보면 소스라치게 놀라고 그 자리에서 얼어붙는다. 이후 스트레스 작용으로 여러 기관의 다양한 증상이 나타나지만, 그는 자신이 왜 그러는지 이유를 알 수 없다.

① 선천적인 놀람 반응: 위험한 동물을 보면 놀람 반응을 한다. 본능, 원시(1차) 억압
② 하의식 시스템, 방어-생존 회로의 활성화: 뱀에 물려 공포학습이 되면 놀람 반응이 강화되고 얼어붙기(PAG)를 포함하여 빈맥, 불안, 불면 등의 교감신경 반응이 활성화된다.
③ 뱀과 비슷한 나뭇가지의 흔들림(신호, 맥락 자극)에 놀람 반응: 본유(2차) 억압

편도체는 즉시 존재하는 위협에 대한 반응 제어 회로의 중심 허브이다. 가쪽 편도체(Lateral Amygdala: LA)는 위협에 대한 감각 입력을 수신한다. LA에서 편도체의 중심핵(Central Amygdala: CeA)을 통해 공포의 자율신경계, 내분비계, 행동 반응을 유발하는 각 영역으로 파급된다. LA에서 바닥 편도핵(Basal Amygdala: BA)까지의 연결부와 배쪽

선조체까지의 연결부는 도망 및 회피와 같은 수행 작용을 통제한다. 수도관 주위 회백질(Periaqueductal Gray: PAG)은 얼어붙기, 미부망교핵(Nucleus Reticular Pontis Caudalis: RPC)에서는 놀람 반응이 증폭되며, 가쪽 시상하부(Lateral Hypothalamus: LH)에서는 심박과 땀, 호흡 증가, 혈압 상승 등의 자율신경계 반응을 촉진한다. 확장 편도라고 불리는 선조말단침대핵(Basal Neucleus of Stria terminalis: BNST)은 불확실한 위협의 예측(불안 지속) 반응과 호르몬 분비에 참여한다.

이제 엠마의 사례로 다시 돌아간다. 18세의 엠마는 가게에 대한 두려움과 공포가 있어서 혼자 들어가지 못하고 가족들과 같이 가야 할 정도로 일상생활이 상당히 불편하였다. 프로이트가 관찰하면서 분석한 사실에 의하면, 엠마는 8세에 가게 주인에 의해 성추행을 당했고, 13세에는 옷가게 점원으로부터 성적이고 불쾌한 감정, 불안 등을 느껴 도망치듯 나온 기억이 있었다. 그녀가 현재 시점에서 과거 기억을 복원한 것은 환자의 연상을 좇아 연결을 시키는 자유연상, 정신분석이라는 특별한 도움에 의한 것이다. 프로이트가 병원 관념의 기억은 많은 저항이 따른다고 말한 것처럼, 최초의 사건과 현재의 사건 자극이 연상되어 증상을 일으키고 있다는 사실을 환자 스스로 추론하거나 인지하기는 불가능하다. 또 오래된 사건은 자연적으로 소멸하므로 기억에서 멀어질 수밖에 없다. 물론 특별한 재능이 있는 사람은 자신의 노력과 자기 분석을 통해서나 혹은 분석가의 도움으로 기억하거나 알아낼 수도 있을 것이다. 그녀는 가게라는 특정한 장소에서 불안해하고 두려워하는 감정이 있는데, 이것은 편도와 해마를 통해 공포학습된 하의식(비서술) 감정 기억이며, 그녀가 생활에서 접할 수 있는 맥락 또는 조건 자극에 의해 감정 기억이 재발(복원, 재생)을 보인 것뿐이다. 기억은 뇌겉질에서 연합에 의해 거미줄처럼 연결되어 있는데, 이 연결이 기억의 인출을 돕는 셈이다. 반응을 끌어내는 조건 자극을 단서 자극(인출 단서, cue signal)이라고 하며, 활성화된 하의식 시스템은 감정, 정서와 행동의 불편한 증상을 만들어 낸다. 여러 연구를 통해서 기억 인출 조건은, ① 점화 효과,[11] ② 상태 의존성[처음 경험한 기억이 만들어진 감정, 정서(기분), 신체 상태가 비슷할 경우], ③ 맥락 인출(contextual retrieval, 같은 내용, 장소, 환경에서 인출)이 될 가능성이 크다. 광역 작업 공간 이론[12]을 말한 버니 바스(Baars, 1983)는 무의식 출력이 의식에 선택되기 위해서는 신경 활성의 강도와 맥락의 두 가지 요인이 필요하다고 하였다.

11) 점화 효과(priming effect): 특정한 정서와 관련된 정보들이 그물망처럼 서로 결합되어 한 가지 정보가 자극받으면 관련된 기억들이 함께 떠오르는 것이다.

12) 이 책의 제15장 '의식과 마음의 뇌과학' 중 '의식의 가설'에서 설명한다.

예를 들어, 과거 고부 갈등이 잦았던 시기가 있었다. 혼내고 무시하는 시어머니가 공포학습된 며느리는 시어머니의 얼굴, 모습, 목소리, 발소리 등의 물리적 조건 자극에 놀라고 가슴이 뛰며 두려워한다. 그러나 유사한 자극에는 자신이 왜 깜짝 놀라는지 알 수가 없다. 어떤 환자는 명절 때만 되면 불안하고 답답해지는데, 한참을 이야기하고 나서야 자신이 명절에 만날 시부모와 많은 일 때문에 불안해한다는 것을 알게 된다. 명절은 1년에 한두 번이므로, 명절 전 두어 달 전부터 자신이 왜 불안하고 답답해지는지 이유를 모르는 경우도 상당수 있다. 같이 모시고 사는 시모가 자주 노출되는 병적 자극인 경우, 원인과 결과의 시간 차이가 없으므로 조건 자극이 시모인 것을 큰 노력 없이 알 수도 있다. 이제 독자들은 이런 현상이 프로이트의 억압이며, 하의식 기억의 감정학습 반응이라는 것을 과학적으로 이해할 수 있다. 불안의 증상들은 학습된 자동 증상이므로 사건 기억과 분리되어 불안한 감정, 자율신경 증상만을 느낄 수 있다.

저자는 여기서 스트레스와 관련된 '억압' 현상도 설명할 수 있다. 독자들은 엘리자베스를 포함한 프로이트의 대부분 사례에 정신적 스트레스(트라우마)가 있었다는 것을 기억할 것이다. 아버지의 병을 장기간 간호한 엘리자베스의 스트레스는 하의식 시스템을 동기화(각성)시켰고 여러 증상을 만들었으며, 특히 기억을 통제하고 억압의 학습을 가속화했을 것이다. 르두는 스트레스에 의한 화학 물질은 신경 시냅스의 가소성(plasticity) 변화를 일으켜 조건화된 공포 반응을 강화한다고 하였다(LeDoux, 2004; Grawe, 2007에서 재인용). 스트레스 상황에서는 앞이마겉질이 겉질 아래 학습 과정에 대해 조절력이 약해지고 감정학습의 민감도가 커져서 스트레스 대상 혹은 기원에 의한 학습이 더 쉽게 형성된다는 것이다. 프로이트 사례의 환자들도, 그리고 저자가 매일 진료실에서 보는 환자들도 크고 작은 생활 사건에 노출되어 많은 스트레스에 시달렸고, 다양한 신체 증상을 감정학습의 결과로 관찰할 수 있다.

앤더슨과 피쳇(Pichet & Anderson, 1977)은 이전에 접근할 수 없었던 정보가 관점의 변화 후에 회상될 수 있음을 보여 주었다.

> 피험자들은 강도 또는 집 구매자 중 한 사람의 관점에서 수업을 빼먹는 두 소년에 대한 짧은 이야기를 읽었다. 이야기를 한 번 회상한 뒤 피험자들에게 관점을 변화시키도록 하였다. 두 번째로 회상하는 동안에는 이전에 회상되지 못했던 정보들이 튀어나왔다. 강도의 관점으로 두 번째 회상을 한 피험자들은 강도의 주제에 대한 내용(예: 집에 보석이 있었는지)을 더 잘 기억해 내었다. 대조적으로, 집 구매자의 관점에서 두 번째 회상을 한 피험자들은 그 관점에

적절한 세부 항목을 더 잘 기억했다(Stein, 1997, p. 94에서 재인용)

기억 시스템이 위협의 의식적 처리 과정에 미치는 영향에 관해서는 아직 많은 연구가 필요하지만, 일반적으로 의식적으로 위협을 처리할 때 안쪽 관자엽 기억 시스템(해마)이 관여할 것으로 추정한다. 예를 들어, 위협을 받고 있다는 사실을 의식하려면 어떤 위협인지 알아야 하고, 뇌에 위협 개념이 저장되어 있어야 한다. 또한 현재의 특정 자극이 위협의 한 사례임을 알아야 하는데 여기에도 의미 기억이 필요하며, 그뿐만 아니라 여러분이 위협 경험과 관련해 가진 과거 기억의 인출될 가능성이 크다. 여기에는 일화 기억이 필요하다. 다양한 안쪽 관자엽 표상이 작업 기억으로 들어가면 최종적으로 자기인식적인 의식 상태를 조립하기 시작한다. 그리고 기억 처리 과정은 감각 처리 과정과 마찬가지로 중립적 자극보다 위협 자극으로 더 크게 활성화된다(LeDoux, 2015, p. 273).

기억의 억제와 해리, 다미주신경 이론

심각한 스트레스에서 발생하는 해리(dissociation) 현상은 '억압'의 모델이 되는 '히스테리'의 병리 현상에 포함된다. 앞서 히스테리의 '이중 의식'과 '분열'을 말한 자네(P. Janet)는 해리의 개념을 처음 의학계에 도입했다(Ellenberger, 1970, 1994). 해리는 평소 잘 유지된 의식, 기억, 정체성, 지각의 이상이 발생하는 질환으로 '억압', '억제'의 신경생물학과 공통점이 많다. 따라서 우리는 억압을 현대 뇌의학으로 설명하면서, 급성 정신적 스트레스가 ① 앞이마겉질의 기능을 차단하고, ② 교감신경계–뇌하수체–부신 시스템을 통해 카테콜아민, 코르티코이드 호르몬의 분비 작용에 영향을 마치며, ③ 비수초화 미주신경에 작용함을 같이 알아야 한다. 동물은 중추신경(뇌신경)과 자율신경(교감신경)의 계통 발달과 진화를 통해, 즉 수초화 미주신경 경로와 서로 대응하는 자율신경의 흥분성 및 억제성 회로를 통해 변화하는 환경에 대해 효율적 · 선택적으로 그 강도를 조절하여 빠르게 반응하고 적응할 수 있을 뿐 아니라, 신경계와 얼굴 근육 움직임을 연결하게 함으로써 사회적 공감 반응을 표현할 수 있게 되었다. 그래서 뇌–마음을 이해하기 위해서는 자극에 대한 반응 조절 수위의 분화 과정에서 상호작용뿐만 아니라 신경 발달의 통합과 진화의 겹침을 이해해야 한다.

다미주신경 이론을 중심으로 스트레스 환경에서 기억의 억제와 해리 상태가 어떻게 나타나는지 알아본다. 미국의 행동심리학자 스테판 포지스(S. W. Porges)[13]는 다미주신경 이론(polyvagal theory)에서, 포유류에서 진화한 유수미주신경과 사회적 행동을 연결하고 감정 상태와 사회적 행동의 조절에서 뇌신경과 자율신경이 수행하는 역할을 탐구하였다. 이 이론은 억압과 해리에 관심 있는 독자들이라면 당연히 알아야 할 이론이다. 우리가 일상의 사건으로 스트레스를 받으면 뇌의 상태가 심장에 영향을 미쳐 혈압이 오르고 심장이 두근거리면서 불안해진다. 이렇게 뇌와 심장은 우리 몸의 가장 중요한 두 기관이며 서로 상호작용을 하는데, 이러한 상호 기관은 중추신경계의 일부인 미주신경(vagus nerve)이라는 열 번째 뇌신경을 통해 일어난다. 이 이론에 따르면(Fosha et al., 2009, pp. 56-57), 포유동물에서 자율신경계는 정서 처리와 스트레스 반응을 위한 신경 생리적 기질로서 기능하여 적응 행동과 심리적 스트레스 경험의 범위를 결정한다. 신경계의 진화를 통해 어느 정도까지 감정을 표현하고 의사소통을 할 수 있는지가 결정되었을 뿐 아니라, 스트레스에 반응하고 이로부터 회복하는 등 몸과 행동 상태를 조절하는 능력 또한 형성된다. 계통 발생 원칙은 사회 및 감정 행동의 적응과 관련해서 뇌-얼굴-심장 회로가 출현했다는 것인데, 포지스는 특히 미주신경에 의해 조절되는 심장, 하부 신경계와 그 해당 기관은 계통분류학적으로 정렬되어 있을 뿐 아니라 각각 심리–행동 양식에 연결되는 특징을 갖는다고 하였다.

〈표 11–1〉 다미주신경 이론

관계(사회) 움직임	수초화, 미엘린(myelin)	의식, 감정	관계(사회) 움직임
배쪽 미주신경	○	평온, 안정감	유연한 참여와 거절
교감신경, 시상–뇌하수체–부신 축	○	격한 감정, 혼돈	투쟁, 도피
등쪽 미주신경	×	혼미, 마비, 무력	얼어붙기, 죽은 듯 숨기

포지스는 자율신경이 계통분류학과 기능에서 세 종류로 구분되어 있다고 주장했다. 이러한 주장은 자신의 연구뿐 아니라 다윈 이후 지속된 비교 신경해부학자들의 연구 결과에서 도출된 것이라고 한다. 첫째, 표정이나 발성, 청취와 같은 움직임의 사회적 의사소통 체계가 있고 수초화 미주신경이 담당한다. 둘째, 싸움-도피(fight–flight) 등과 관계된 움

13) 행동과학(Behavioral Neuroscience) 전공으로, 인디애나대학교에서 킨제이 연구소 산하 트라우마 연구센터를 이끄는 세계적 과학자로서 노스캐롤라이나대학교의 정신의학 교수이며 시카고에 있는 일리노이대학교와 메릴랜드대학교의 명예교수이다.

직임 체계가 있는 교감신경의 영향이다. 셋째, 죽은 척하기, 얼어붙기 등과 관련된 비수초화 미주신경이 담당하는 비움직임 체계가 있다.

첫 번째로 가장 우월한 사회적 의사소통과 관련된 체계는 뇌간 수질부에서 시작하는 배쪽 미주신경 복합체로, 수초(myelin)[14]로 된 신경다발을 가지고 있으며 '똑똑한 미주신경'이라고도 불린다. 그래서 빠른 속도로 심장 박출량을 조절하여 통증이나 불쾌감에 빠른 반응을 보여 사회 환경의 유연한 참여와 거절을 촉진한다. 미주신경은 일반적으로 심장 운동을 촉진하는 교감신경을 억제해서 평온한 마음-행동 상태를 만든다. 이는 안정적인 애착, 유대, 감정적 소통에서 관찰되는 양상들이다. 포유류의 계통 발생 발달을 따라 수초화 미주신경 체계를 통해 심장의 신경 조절 능력이 향상되었고, 이는 얼굴 근육의 신경 조절 능력 향상에 대응하는 사건이었다. 이는 진화 과정에서 뇌간의 측좌핵(Nucleus Accumbens: NAc)과 연결되었는데, 이 신경핵이 표정과 머리의 근육을 조절하기 때문이다. 이 연결 체계를 통해 우리는 타인에게 안전과 위험에 대한 신호를 전달할 수 있게 되었으며, 교감신경계나 부신을 활성화하지 않아 신진대사량 낭비 없이 개체가 일시적으로 교감신경계의 긴장도를 올리고 교감신경계가 항진될 때와 같은 모습이 가능해졌다. 그래서 긴급 상황에 일시적으로 개입할 수 있고, 잠재적 포식자에게서 몸을 피할 수 있는 것이다. 또한 심장의 신경 조절 방식 변화와 동시에 얼굴과 후두 및 인두의 신경 조절이 향상되었는데, 이에 따라 사회적 의사소통과 관련되는 복잡한 표정과 소리 내기도 가능해졌다. 이렇게 계통 발생 변화가 일어나면서 뇌와 내장 사이의 양방향 소통이 훨씬 더 원활해졌고, 자발적으로 행동하고 몸 상태에도 영향을 미칠 수 있는 정신과정이 형성되었다.

두 번째로 진화한 움직임 체계는 일반적으로 심장을 포함한 혈관을 활성화하는 교감신경계의 기능에 의존한다. 배쪽 미주신경 복합체가 조절할 수 없는 외상적 스트레스는 시상하부-뇌하수체-부신(HPA) 스트레스 축이 작동하여, 에너지를 소비하는 교감신경계의 발화, 흥분 증가로 심박동수와 혈압, 호흡수가 증가하며 불안-공포, 투쟁-도피 상태를 경험하게 한다. 스트레스 사건에 의해 부신[15]에서 만들어지는 코르티코이드 같은 화학 물질은 기억의 과정을 직접 통제하여 경험이 기억에 남지 않는 경우[16]를 설명해 주는 모델이 된다. 또한 안쪽 앞이마겉질의 기능을 저해하는 효과가 있어서 소거에 필요한 새로운

14) 수초는 신경세포의 축삭(axon)을 감싸고 있는 물질로, 포유류에서만 발견되며 신경전달 속도를 빠르게 한다.
15) 콩팥에 붙어 있는 내분비 기관으로, 부신겉질에서는 코르티코이드가 수질에서는 에피네프린 같은 카테콜아민이 분비된다.
16) 설리번의 '내가 아닌 나(not me)'의 경험 같은 해리 상태이다.

학습을 방해한다.

세 번째로 가장 원시적인 비움직임 체계는 비수초화(unmyelinated) 미주신경계로, 척추동물 대부분에서 공통으로 발견된다. 등쪽 미주신경 복합체는 비수초화 미주신경으로서 외상 스트레스의 후기 반응인 해리, 얼어붙기 상태와 연관되고, 심하게 낮은 각성 및 고통의 둔화를 담당한다고 알려졌다. 이러한 보존/위축을 담당하는 부교감신경계 우세 상태는 무력하고 희망이 없는 스트레스 상황에서 발생하며 개인은 억제되면서 '안 보이기', '초연', '공허' 상태가 되는데, 이는 정신건강의학자에게 중요한 해리 상태를 말한다(Fosha et al., 2009, pp. 142-143).

이와 같은 세 종류의 신경회로는 안전, 위험, 생명을 위협하는 환경 단서에 대한 적응을 위해 진화한 것으로 보인다. 주변 환경이 안전하다고 여겨질 때는 수초화된 미주신경계에 의해 자율신경계가 지배된다. 따라서 심장박동은 느려지고 과격한 행동이 억제된다. 안전한 환경은 몸의 상태와 행동이 사회적 의사소통과 관련된 미주신경에 유리하게 작동하도록 한다. 주변 환경이 위험해지면 교감신경회로가 작동하기 시작하고, 생명이 위태로운 위험에 직면하면 비수초화 미주신경이 작동해서 움직임을 멈춘다. 일반적으로 사회적 의사소통을 위한 회로가 가장 먼저 사용되고, 이 회로가 안전을 보장하는 데 실패하면 순차적으로 다음 회로들이 사용된다. 하지만 만약 이런 환경에서도 가장 최근에 진화한 미주신경계가 효과적으로 작동한다면, 오래된 신경회로는 억제된다. 중요한 것은 미주신경과 중추신경계의 상호작용이다.

차폐 실험, 억압과 망각의 사례

뇌과학자들은 차폐(마스킹)라는 방법을 사용하여 피험자에게 제시한 자극을 알 수 없게 처리할 수 있다고 한다. 최근 발표된 연구에서 위협 자극을 피험자가 인식할 수 없게 차폐 처리한 위협 자극이 편도체를 활성화할 수 있다는 실험 결과가 나왔다. 이는 편도의 활성화가 자극의 의식적 자각과 상관없이 독립적으로 일어나는 것임을 제시하며, 인간의 뇌는 촉발 자극 자체를 자각하지 못해도 위협의 의미를 처리할 수 있다는 의미이다(LeDoux, 2015, p. 272).

인간의 위협 처리 과정 연구에서, 연구자들은 피험자에게 선천적으로 중립적인 자극과 위협적인 자극(분노한 얼굴 같은 선천적으로 위협적인 자극과 전기 충격을 짝짓기)을 제시한다. 실험자들은 차폐나 다른 실험적 조작을 이용해 위협을 자각하지 못하게 할 수 있다. 피험자가 자유롭게 본 정서적으로 중립적인 자극은 시각겉질과 더불어 이마엽 및 마루엽 영역을 활성화하지만, 마스킹 처리로 피험자가 보고하지 못한 자극은 단지 시각겉질만 활성화한다. 조건 형성된 위협 자극의 경우, 눈에 보이는 자극이나 마스킹한 자극 모두 편도체를 활성화한다.

피험자들의 자서전 기억(생활 기억)을 되살려 정서적 각성(활성)을 유도하면 다양한 뇌 변화가 나타나는데 분노, 공포, 슬픔, 즐거움이라고 부르는 감정을 경험하는 동안 겉질 아래 압도적 정서 각성이 나타나면 어떤 경우에도 앞이마겉질 기능은 차단되었다고 한다. 이 실험은 많은 범죄 사례에서 궁금한 현상을 설명해 준다. 피해자가 범인을 인지하지 않고도 그의 감정학습과 비서술 기억이 어떻게 느끼고 행동하는지 알 수 있는 사례가 있다. 과거 지하철 폭행 사건에서 범인이 누구인지 몰랐던 한 여성은 폭행 사건 1년 후 다시 탄 지하철에서 이유 모를 공포와 불안에 몸을 떨었다. 사실 그녀의 대뇌겉질은 의식적으로 눈치채지 못했지만, 하(비)의식에서 일하는 편도는 옆에 앉아 있는 남자의 향수 냄새가 그녀를 폭행했던 침략자의 것과 같다는 사실에 공포를 느끼고, 그 남자를 자신을 폭행한 남자로 경찰에 신고했다. 이처럼 편도체는 두뇌에 들어가는 모든 자극을 과거의 비서술 기억을 동원해 반응한다. 사람이 갑자기 이유 없이 사소한 말에 화를 내거나 짜증을 내는 것은 그 말이 내부 혐오 기억에 대한 자극으로 불쾌한 감정을 유발하기 때문이다. 정신분석은 이러한 현상을 '억압의 회귀', '말실수'라고 설명해 왔지만, 저자는 앞서 자극에 대한 비서술 기억의 반응으로 설명했다.

해리장애와 기억 과정

해리장애 중 가장 복잡하고 만성이며 심각한 해리정체성 장애(Dissociative Identity Disorder: DID)는 과거 다중인격장애로 불리던 질환으로, 다른 해리장애에서 나타나는 모든 증상을 가지고 있다. 그리고 이 질환이 있는 사람은 대부분 어린 시절의 심각한 충격을 받은 사람이다(Putnam, 1997). 충격적 사건 등 혐오 경험을 한 사람은 그 충격에 의한 자발적인 신경 흥분과 사건 기억의 발생으로 괴로운 시기를 겪는다(트라우마 정체성 시기, traumatic identity state). 이 시기가 지나 안정이 되면 자발적인 기억이 사라지면서 사건 일화의 기억상실을 호소한다. 이 중립적 정체성 시기(neutral identity state)가 사건의 기억 회상을 막는 신경의 억제 기전이 작용하는 기간이다. 이 시기가 지나면 비로소 환자는 과거의 사건 일화에 대한 기억이 없었던 것처럼 행동하고, 평소 생활을 유지할 수 있다(Berlin, 2011).

앤더슨(Anderson, 2013, p. 345)은 시간이 지남에 따라 기억의 직접 억제 효과가 사라지면 기억의 회복도 가능하다고 했다. 해리 상태에서 안정이 되면 기억은 복구된다. 저자가 말한 억제의 학습도 학습이 소거되면서 사건 기억이 회복된다고 생각한다. 그러나 기억의 회복 과정은 불완전하다. 이렇게 복구된 기억은 사실 기억도 있지만 일부 환자가 생각해서 수정한 화자(話者) 기억(narrative memory)일 수도 있다.

우리는 이 책 제7장의 '억압의 비판: 로페의 역동적 무의식의 다섯 가지 조건'에서 전통적 정신분석의 개념을 살펴보았다. 정신분석에서 사람은 정신적 외상 기억을 망각하는 경향이 있고, 이 망각의 내용은 꿈, 자유연상 등 특별한 방법을 통해 접근할 수 있다고 하였다(Breuer & Freud, 1895b; Fenichel, 1946). 프로이트는 억압의 역할은 심리적 갈등과 불안을 줄이는 것이라고 했으며, 기억과 정서적인 내용도 억압되는 것을 강조했다(Mancia, 2006. p. 343에서 재인용). 로페(Rofé, 2008)는 정신분석의 주장과는 다르게 트라우마 환자의 연구 결과, 이들이 대부분 외상 경험을 기억하거나 기억을 증진한다고 하였다. 정신적 트라우마를 관찰한 연구들과 임상 경험은 기억이 과도한 상태가 있다는 것을 확인해 주었다. 최근에는 억압이 외상의 기억과 거의 동의어로 사용되기도 하며, 기억상실이 있었다는 한두 가지의 드문 사례 보고는 프로이트의 전통적인 억압보다는 의도적 억제 등의 행위에 의한 것이었다. 포터와 버트(Porter & Birt, 2001)의 연구 조사에서도 환자들이 정신적 외상을 억압하기보다는 의도적으로 마음에서 강제로 쫓아내려 했다고 보고했다. 이러한 의식적 · 의도적인 행위는 너무 강해서 금전적 보상을 통한 실험에서 잊은 기억을 되찾을 수 없기도 했으며(Anderson & Green, 2001), 이러한 결과를 수집한 연구자들이 기억의 망각에는 억압의 기전이 꼭 필요하지 않다고 주장하기에 이르렀다. 억압의 연구자 중 에르델리 같은 이는 프로이트가 억압의 원래 의미를 외상을 망각하는 것에서 충동을 억제하거나 의도적 망각으로 변환시켰다고 주장하였다. 또한 기억상실 여부만 가지고 프로이트의 억압을 부정하기는 어렵다고 하면서 억압에 대한 이론을 변호하였다.[17]

또 다른 프로이트 정신분석의 가정은 억압된 기억이 오랜 시간 동안 남아 있을 수 있고, 최면이나 정신분석치료 같은 특별한 수단을 통해서 원래의 형태를 복구할 수 있다

17) 제14장 '억제(회피)의 학습(습관)' 참조.

는 것이다. 프로이트는 "환자들의 기억을 파헤치다가 저항의 층을 뚫고 밝혀낸 추억에서 극도의 '신선함'과 생생함에 깊은 인상을 받았다."라고 하였다. 프로이트는 임상 도구로서 최면을 포기했음에도 여전히 최면술이 환자의 기억에 접근할 수 있다고 믿었다. 그러나 최면 같은 방법으로 재생된 기억은 과거 생활의 이야기로 인해 원래 기억이 오염될 수 있다는 연구 보고가 많다. 이와 유사하게 연구자들은 일부 역동적 정신치료자가 어떤 환자들에게 거짓된 가짜 기억을 심어 줄 위험이 있다고 논평했다. 이 논쟁은 실험적으로 가짜 기억을 만들어 낼 수 있다는 연구 결과로 더욱 신뢰를 얻었다. 이에 더해 연구자들은 '거짓 기억 증후군'이라고 하는 새로운 정신행동질환의 카테고리를 만들자고 제안했다. 또한 아동기에 학대받은 아이들이 그들의 외상 기억에 대해서 건망증이 발생할 수 있고 적절한 정신치료적 교정을 통해서 억압된 외상 기억의 순수한 부분을 재수집할 수 있었다고 하였으나, 비평가들은 이 사례들에 근본적인 방법론의 결함이 있다고 하며 가치를 과학적으로 불신하고 있다. 예를 들어, 파이퍼(Piper, 1999)는 체이트(Cheit, 1998)의 사례 35건을 재평가하면서, 이러한 사례는 질문서를 잘못 만들었거나 다른 출처에서 온 자료로 오염되어 정신적 외상에서 복구된 기억이라는 과학적 증거가 없다고 지적했다. 따라서 이 자료가 반드시 억압의 존재를 증명하는 연구는 아니며 '위양성'의 결과일 수 있다고 했다. 또 다른 연구자들이 억압의 존재를 증명하는 연구는 억압의 결과가 아닌 해마의 미성숙에서 비롯된 생물학적 유아 망각일 가능성이 있다는 보고도 있다. 아동기 외상에 대한 역향성 자기 보고는 왜곡되거나 부정확할 가능성이 매우 크다는 것이 비판적 연구자들의 결론이다. 프로이트 억압의 사례와 여러 증례에서 로페가 간과했던 중요한 점은, 과거 연구자들이 정신적 외상 사건 기억의 존재 여부에 주로 관심을 두었다는 것이다. 이 환자들은 원래 사건과 관련되지 않은 생활사건(스트레스)에도 과거의 외상 기억을 불러일으킬 수 있는 불안정한 상태이며, 기억과 무관한 비서술 기억의 특징, 해리의 과정 등 여러 변수를 생각지 못했을 가능성이 있다.

제12장

정서-감정의 진화와 억압

진화(Evolution)란 수정을 통한 대물림이다.

– 『종의 기원』(Darwin, 1859)

정서를 제어하고 통제하는 데 있어서 인간의 무능력을 나는 예속이라고 부른다. 실로 정서에 묶인 인간은 자신의 권한하에 있지 않고 운명의 권한하에 있다. 운명의 지배 아래서 그는 자신에게 더 좋은 것을 보고서도 더 나쁜 것을 따를 만큼 그렇게 항상 강제된 상태에 있다.

– 『에티카』 4부, 인간의 예속 혹은 정서의 힘에 대하여(Spinoza, 1677)

이 장에서는 야크 판크셉이 뇌 전기 자극을 통해 알려 준 감정, 정서 시스템을 통하여 의식의 진화와 프로이트가 중요시한 본능의 억압에 관련된 정서의 실체에 대하여 좀 더 알아보려 한다. 의식의 출발은 회피 행동과 정서 시스템의 진화와 맥을 같이하고 있으며, 인지조절 시스템과 분리된다. 자연 적응과 생존 학습, 파블로프의 무조건 자극, 프로이트의 타고난 본능과 욕동은 그의 1차 정서 의식에서 시원하게 과학적 실체로 드러난다.

지킬 박사와 하이드 씨

앞서 제10장의 '뇌 속의 비서와 좀비'에서 설명한 좀비의 원조는 『지킬 박사와 하이드 씨(Dr. Jekyll and Mr. Hyde)』[1]라는 로버트 루이스 스티븐슨의 단편소설(Stevenson, 1886)

1) 원제 『지킬 박사와 하이드 씨의 이상한 사건(Strange Case of Dr. Jekyll and Mr. Hyde)』.

까지 거슬러 올라간다. 이 소설의 줄거리는 변호사인 찰스 어터슨이 그의 오랜 친구인 헨리 지킬 박사와 피의자 에드워드 하이드의 의심스러운 관계를 조사하는 내용이다. 의사 지킬은 런던 스퀘어 거리에 자신의 의원을 가지고 있다. 하이드가 정치인의 살인사건 현장에서 목격되고 어터슨이 그 범죄 수사를 돕기 시작하면서, 지킬은 점점 사람을 피하고 우울해지며 의심스러운 행동을 한다. 결국 어터슨은 지킬 박사가 하이드를 돕고 있다고 믿게 된다. 지킬 박사는 모든 사람에게는 끊임없이 자신과 싸우게 하는 두 가지 모습(선과 악)을 가지고 있다는 것을 알고 나서 이 두 가지 모습을 양분하고 고립시킬 수 있다는 이론에 관해 실험을 진행했다. 그리고 한 사람을 그의 악한 측면의 화신으로 바꿀 수 있고 또한 반대로 순수한 선으로 만들 수 있는 약물을 창조한다. 하지만 그 약물을 자신에게 사용한 후, 점점 지킬의 인간성은 약해지고 그의 악한 본성은 강력해졌다. 그는 이 인격을 에드워드 하이드라고 불렀다. 지킬이 하이드로 변신하면 지킬로서는 결코 저지르지 못할 반사회적 행동을 저질렀다. 그 기쁨에 취하고 중독될수록 하이드의 모습은 더 강하게 성장하기 시작했고, 지킬이 만든 반작용제로도 더 이상 통제할 수 없게 되었다. 결국 소설의 마지막에 하이드가 살인을 저지르고, 지킬과 하이드는 파국을 맞는다.

영국의 작가 메리 셸리의 소설『프랑켄슈타인』이 원작인 영화〈프랑켄슈타인(Frankenstein)〉(1931)도 저자가 어린 시절에 과학과 소설의 재미를 느낀 작품이다. 무생물에게 생명을 부여하는 방법을 알아낸 과학자 프랑켄슈타인은 조수 프리츠와 함께 시체를 절단해 인조인간을 만드는 과정에서 범죄자의 뇌를 이식하여 인조인간을 만들었다. 이 인조인간은 프리츠를 죽이고 광폭한 행동을 보이는 위험한 괴물이 된다.

인간의 양면성, 이중인격을 표현하는 가장 유명한 현대 작품은 만화 주인공인 '헐크'이다. 헐크는 정신적으로 억압된 과학자의 힘세고 난폭하며 감정적인 다른 일면의 자기이다. 헐크는 그가 분노나 공포와 같은 격렬한 정신적 스트레스를 겪을 때마다 전면에 나타난다.

좀비와 하이드, 프랑켄슈타인의 괴물, 헐크의 공통점은 이성이 없는 생존 본능에 지배되며 감정, 공격성, 분노가 우세한 원시 뇌를 가진 존재라는 점이다. 이 소설들은 인간 선악의 내면적 모순에 관해 다루었으며 서양 문화에서 중심적인 개념으로 자리 잡았다. 평론가들은, 특히『지킬 박사와 하이드 씨』는 '빅토리아 시대에 관한 최고의 안내서' 중 하나라고 말한다. 그 이유는 이 소설이 겉으로는 체면을 차리면서도 속으로는 욕정으로 가득한 19세기 인격자들의 양면성과 사회적 위선을 꿰뚫어 보고 폭로했기 때문이다. 저자가 이 소설에 흥미 있었던 이유 중 하나는 이 소설이 환각제의 영향 아래 쓰였다는 주장 때문이다. 집필 당시에 스티븐슨은 지역 병원에서 환각을 유발하는 균류인 맥각으로 치료받고 있었다. 맥각은 환각제인 LSD 성분을 포함하고 있고, LSD도 맥각류의 파생종에게서 합성되었다고 한다. 따라서 이 책이 작가의 마약 복용 경험에 의한 것이며, 자아와의 싸움이 통제 불능의 중독 경험에 의한 것이라는 주장은 제법 설득력이 있다. 약물에 의한 영향이 아니더라도 우리는 사람들이 싸우면서 흥분하면 좀처럼 볼 수 없었던 극단적인 행동을 하는 것을 보아 왔다. 지금도 세계의 여기저기에서는 '전쟁'과 '살인'이 일어나고 있다. 이 소설들은 앞이마겉질의 조절 통제에서 풀려난 인간의 불완전한 내면을 보여 주는 뇌과학에 기초하고 있다. 과학을 신봉하는 우리는 이제 선과 악의 시선이 아니라 인간 마음의 문제를 중심으로 어떤 병리가 숨어 있는지, 어떻게 해결해야 하는지 찾아내야 한다.

위장, 자기속임과 억압

동물의 세계에서 속임수는 매우 흔한 생존 전략이다. 나비는 날개의 색과 모양으로 위장하고 얼룩말은 무리 속에서 드러나지 않는 무늬를 가지고 있다. 침입자가 둥지에 접근하면 어미 새는 절뚝거리면서 침입자를 둥지에서 멀리 유인한다. 주변 환경을 닮은 보호색을 가진 동물이나 곤충은 먹이를 찾거나 자신을 보호하는 데 매우 유리하다. 이렇게 보면 진화란 속이는 자와 이를 의심하는 자 사이 전쟁의 역사라고 볼 수 있다. 자연선택이 동물의 뇌를 변화시켜 적응을 최대화하고 생존에 유리한 행동을 만들어 내는 방식은 인간의 세계에서도 같은 원리로 작용한다. 사람은 누구나 기본적으로 이기적이며 생존 본능의 습성이 있다. 사람이 서로 협조하는 행위, 그리고 남을 돕는 이타적 행위마저도 자신의 적응과 생존을 돕기 위해 진화된 행동이라고 말할 수 있다.

초기의 프로이트에게 영감을 준 억압의 증거는 해부학으로는 설명할 수 없는 환자들의 증상에서 비롯된 것이다. 그는 '억압'을 방어기제이며 투쟁-타협-도망 중 타협 혹은 적응의 선택이라고 표현하며, '억압'의 배경에 자연과 진화 과정이 있다고 가정하였다. 볼스(Bolles, 1970)는 동물들의 얼어붙기, 도망가기, 싸우기는 종 특유의 생태에 따라 선천적으로 프로그램된 방어 반응이며, 처한 공간 환경에 따라 선택되는 것이라고 하였다. 그가 말한 대로 억압이 자신의 이기적이고 비밀스러운 동기를 숨기는 목적으로 적응된 행동이라면, 한편으로 억압의 이러한 속성이 타인을 속이고 무리에 적응하는 데 더 유리하다는 설명도 있다. 정신분석가 하인즈 하트만(H. Hartman, 1894~1970)은 "정신분석의 많은 부분은 자기속임(self-deception)의 이론을 설명한 것이라고 말할 수 있다."라고 하였다(Nesse, 2019, p. 185에서 재인용). 자기기만 또는 고의적 (동기가 있는) 망각은 프로이트의 억압 개념에서 논란을 만들었다. 만약 우리가 우리 자신으로부터 비밀을 가지고 있다면, 우리는 그 비밀을 잊어야 할 뿐만 아니라 우리가 그것들을 잊었다는 사실도 잊어야 유리하다. 정신분석의 생물학적 근거를 마련해 준 학자가 있다. 1975년에 미시간대학교의 생물학자 리처드 알렉산더(R. Alexander, 1929~2018)는 "아마도 자연선택은 그러한 이기적 동기가 인간 의식의 일부가 된다거나 혹은 쉽게 받아들여질 수 있다는 생각과 반대 방식으로 작업해 왔다."라고 하였다. 1976년에 리처드 도킨스(R. Dawkins)는 『이기적 유전자(The Selfish Gene)』(Dawkins, 1976)에서 "확실히 속임수를 발견할 수 있는 강력한 자연선택이 있으며, 이와 반대로 어느 정도의 자기속임수를 허락하여 일부 사실과 동기를 무의식에 두어 자기앎(self-knowledge)의 미묘한 징후가 더 자신을 배신하지 않도록 연습하는 과정이 있다."라면서, 몇 가지 논문과 책을 통해 "자기기만은 다른 사람을 더 쉽게 속이기 위해 진화했다."라고 하였다(Nesse, 2019, p. 184에서 재인용). 정신분석은 우리의 행동이 무의식적 아이디어, 감정 및 동기, 어떤 불쾌한 사실을 우리의 의식에서 멀리하려는 강력한 자아 방어에 영향을 받는다는 관찰에 근거하고 있다. 정신분석의 교리는 이러한 방어 수단을 우회하여 억압이 이전에 숨겨 둔 것들을 서서히 드러내도록 돕고, 결국 자기속임수에서 벗어나도록 한다는 것이다. 과연 인간은 그러한 능력이 있는가? 마음의 뇌과학은 실험을 통해서 가설을 검증할 것이다.

초식동물의 희망: 피하고 살아남기

진화의 주요 목적 중 하나는 생존을 위해 포식자에게서 벗어나는 것이다. 생명체가 단세포동물에서 진화하면서 자기보호, 경계, 사냥 등 먹이 활동에 꼭 필요한 기능, 생명에 위협하는 자극에서 빠른 속도로 도주하는 기능이 먼저 진화되었고, 대뇌겉질이 다음 순서로 진화되었다. 따라서 먼저 나타난 감정, 운동과 반사 작용은 의식의 검열을 통과하지 않는 신경회로가 되었다. 자연에서 인간의 생존 전략은 세 가지로 압축해 볼 수 있다. 처음에는 겉질 아래 방어-생존 시스템이 작동하여 무조건 숨거나 피하고, 정서-감정회로나 뇌 자율신경회로, 내분비, 신경전달물질 등이 몸의 기관을 활성화하여 싸움에 대비한다. 물론 대뇌겉질에는 외부 및 내부(장기) 대상이 투사(체화된 뇌: 복제된 대상을 가지고 있으므로 항상 느낌은 신선하고 반응은 신속할 수 있다.)된다. 진화 단계에서 제일 나중에 만들어진 앞이마겉질은 주의를 활용하여 의식(무의식)이 평가, 판단, 명령을 할 수 있도록 돕는다.

철학자 칸트(Kant, 1798)가 사람이 "과거 기억을 회상하려고 노력하는 것은 오로지 미래를 예견하려는 의도로 발생한다."라고 말한 것처럼, 진화의 또 다른 목적은 인간의 행동을 예측하는 방법을 개발하는 것이다. 이는 경험을 유추하여 현재의 위험한 상황, 환경을 재기억, 재경험하는 것이며, 이 방식은 해마와 대뇌겉질의 도움이 필요하다. 미래의 예측은 생존에는 유리하지만 과거의 상황을 재경험하는 심리적 외상(트라우마)을 유발하는 정신병리의 바탕이 되며, 걱정이 많은 신경성 환자가 경험하는 불안의 원천이기도 하다. 조그만 환경 변화에도 불안해하며 항상 숨거나 도망칠 준비로 긴장된 신경불안자는 초식동물의 전형이며, 반면에 의심이 많고 공격적이며 타인에 대한 배려와 공감이 없는 사이코패스(Psychopath)는 포식동물의 전형이라고 볼 수 있다.

저자는 "당신은 성격이 민감해."라고 말하는 것처럼 개인이 과거 경험한 사건 환경과 유사한 모든 자극에 반응할 때 '민감도(sensitivity)가 높다.' 또는 '자극의 일반화'라고 표현하며, 꼭 포식자일 가능성이 있는 자극에만 반응하여 정확히 도피할 수 있는 능력이 있을 때 '특이도(specificity)가 높다.' 또는 '정확하다.'라고 표현한다. 자연 생태계에서는 이 두 가지 선택 사이에서 동물의 삶과 죽음이 결정되므로, 정확하나 느린 것보다는 소리만 들리면 무조건 뺑소니치는 영양처럼 몸이 수고하더라도 민감도를 높이는 방향이 올바른 진화 방향일 것이다. 빠른 학습-자동화 반응이 먼저 만들어진 후에, 멀리 도망가서 안전해지면 그 기억을 바탕으로 대뇌겉질을 통해 의식과 기억이 특이도, 정확도를 조절하는 방식으로 진화했다고 추측할 수 있다. 그래서 생존[싸움-도망(fight-flight)]학습의 특징은 민감도가 높거나 일반화가 쉬운 조건학습 반응이며, 평화 시기의 현대인에게도 시도 때도 없이 자주 나타나는 불안 신경증 또는 외상후 신경증이라는 달갑지 않은 질환이 된 것이다. 저자는 신경증의 고통에 시달리는 사람이 이토록 많다는 것에 항상 의문을 품어 왔다. 진화의 자연선택이 있다면 신경증으로 예민한 사람은 상대적으로 경쟁과 질병에 취약하며 자연에서 도태되어 그 수가 점점 감소해야 한다고 생각한 것이다. 그러나 예민하고 일반적인 반응을 하는 개체는 에너지 소모로 삶은 피곤하지만 위험에 대처가 빠르고 안전하게 몸을 피하므로 생존에는 매우 유리하다는 것을 깨닫게 되었다.

조셉 르두의 공포학습처럼 대뇌겉질 밑에서 진행되는 감정학습은 반응 속도가 매우 빠르다. 이렇게 불편한 반응과 증상은 진화적 이유가 있었으며, 해마보다 일찍 생후 초기부터 발달하는 편도체는 생존 경쟁의 중심에 있다. 남부캘리포니아대학교(USC, 로스앤젤레스)의 신경학자 안토니오 다마지오(A. Damasio, 1944~)가 말한 것처럼, 편도체는 실제로 감정적 두뇌의 핵심으로 일한다. 우리의 뇌-신경 체계에서 생각보다 감정과 학습된 반응이 우세하다는 것은 변연계[2]의 활동으로 잘 설명된다. 4억 5천만 년 전의 초기 조상들에게 변연계의 주요 기능 중 하나가 위험을 예기해 주었다. 정서 진화에 대한 다윈의 견해는 1960년대에 실반 톰킨스(S. Tomkins)가 주장한 기본 정서 이론에도 남아 있다(LeDoux, 2015, p. 167). 톰킨스는 다윈의 토대 위에서 몇 가지 1차 (또는 기본) 정서가 자연선택 때문에 유전적으로 인간의 뇌에 배선되어, 인종이나 문화 배경과 관계없이 모든 인간에게서 같이 발현된다고 주장했다. 그의 이론에 따르면, 이 선천적 정서는 정서 프로그램(Affect Program)이라는 신경 구조물에 배선되어 있는데, 이 가상의 겉질 아래 구조물은 변연계나 각성 시스템과 밀접하게 관련된 것으로 추정(Ledoux, 2004, p. 167; Grawe, 2007, p. 88.에서 재인용)하였다. 특정 정서를 촉발하는 자극이 있을 때 이 '정서 프로그램'이 활성화되어 해당 정서 특유의 신체 반응이 발현된다. 톰킨스가 확인한 1차 정서는 놀람, 관심, 기쁨, 분노, 공포, 혐오, 부끄러움, 번민이었다. 이 1차 정서는 죄책감, 당혹감, 공감 같은 문화적으로 결정되는 2차 정서와 구별되었다. 판크셉의 마음의 모델에서는 3차 정서로 이름하는데, 판크셉은 문화적 영향을 한 단계 발전시켜 인지가 개입한 3차 정서 개념으로 수정했다. 그리고 중뇌의 정서핵과 편도개 매개하는 감정학습을 2차 정서 과정이라고 과학적으로 설명했다. 정서에 대한 판크셉의 다윈주의적 접근은 뇌의 전기 자극에 의한 실험 결과, 편도체에 상응하는 중뇌의 수도관 주위 회백질의 신경핵(Periaqueductal Gray: PAG) 등의 신경핵들에 감정학습 기능이 있음을 확인한 것이다. 그는 본능으로 알려진 특정 행동과 기본 정서가 선천적으로 타고나 뇌에 배선되었다는 사실을 발견한 공로가 크다.

야크 판크셉의 정서 의식

감정(emotion)은 사람은 물론 동물의 생존에 매우 중요한 역할을 하면서 진화해 온 소중한 자산이다. 감정은 행동의 이유나 원인이며 가치의 기준이기도 하다. 감정에 자극된

2) 제10장 '변연계-피질 아래 하의식(비의식) 기관' 참조.

갑작스러운 생각(점화)은 직관이며 감정을 설명하기 위해 만들어진다. 어려서 강아지에게 물리거나 뜨거운 주전자에 데어 놀라면 다시는 그 대상에 가까이 가지 않는 공포-혐오 학습이 만들어진다. 감정은 위험한 포식자나 부주의로 일어나는 사건을 예측하고 피하게 하는 방어-생존 학습을 만들어 준다는 점에서 중요하다. 이에 더하여 기대와 희망을 주는 도구적 학습에도 감정이 필수 조건이 되어 악기 다루기, 컴퓨터, 운전, 인간관계 등 문명화된 도구의 사용과 자기 발전, 사회화의 바탕이 된다.

감정의 진화

여러분은 언제나 원할 때 자신의 감정을 느끼고, 그것이 어떤 종류의 감정인지 분별할 수 있는가? 선뜻 자신 있게 대답하기 곤란할 것이다. 몇 가지 단순한 감정은 분명하지만, 조금만 더 복잡해지면 어떤 종류의 감정인지 말로 표현하기 어렵다. [그림 12-1]은 진화생물학자들이 감정의 진화를 도식으로 나타낸 계통표이다. 모든 감정의 시작은 '깨어 있음=각성(arousal)'에서 시작한다. 앞서 감정(정서)은 의식에서 출발했고, 그래서 마음의 뇌과학자들은 '감정'을 확장하여 '정서 의식(affective consciousness)'이라는 용어를 사용한다고 말한 바 있다. 모든 생물체의 기능에는 그 쓰임새와 목적이 있는데, 감정

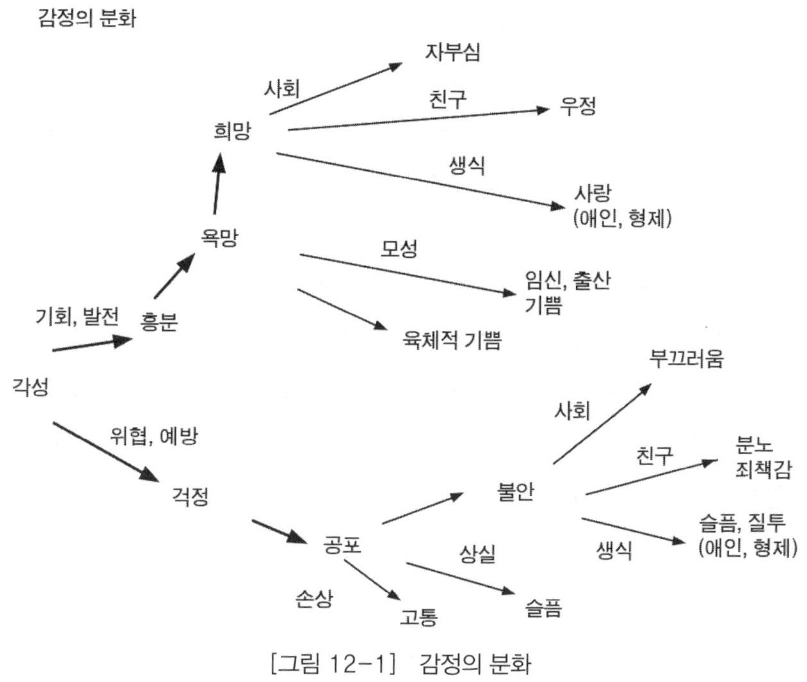

[그림 12-1] 감정의 분화

과 정서는 생존을 위한 의식 차원인 '깨어 있음'에서 시작하여 생존을 위한 '경고'와 '학습=기억'을 위한 소재와 도구로 활용되고 진화하였다고 볼 수 있다. 욕망과 공포 등 기본 감정은 신체, 사회적 경험과 상황에 따라 점점 다양하고 복잡한 감정으로 분화된다.

저자는 감정의 진화를 공부하면서 여러 학습된 감정, 부끄러움, 분노, 질투 등이 불안의 일종이라는 것을 알았고, 환자들의 감정을 알고 관찰하는 데 많은 도움을 받았다. 판크셉은 동물과 사람의 감정과 정서를 연구하면서 동물 뇌의 신경세포에 근거를 두고 기능하는 감정의 핵들을 전기 자극으로 찾아내어 세 가지 원시 정서와 일곱 가지 기본 감정으로 정의하였다. 감정과 정서가 뇌 안에 본거지(신경핵)가 있다면, 그 말은 사람이 감정을 타고난다는 뜻이다. 뇌과학의 진실은 철학의 본유 관념을 주장한 합리론자와 경험을 주장한 경험론자의 주장이 섞인 것이다. 타고난 감정은 출생 후 여러 환경 변화와 경험에 자극받아 학습을 촉진하는 매개로 사용되며, 특별한 감정이 발전하거나 반대로 퇴화하는 과정이 진행된다. 그래서 그 사람의 특성, 성격의 일부가 되며, 또한 중요한 기능으로 일상에서는 우리의 꿈을 만들기도 하고 장기 기억을 촉진하며 판단의 근거가 되는 가치를 부여한다. 그가 강조하는 것은 정서가 의식의 진화적 과정에서 만들어졌다는 것이며, 그래서 정서 의식은 세 가지 기본 정서와 1차 정서가 진화적 역사에서 그리고 실험적 증거에서 의식의 진화와 맥을 같이하고 있으며, 동물과 일부 대뇌가 없는 장애아도 정서와 감정을 느낄 수 있다고 주장한다. 판크셉이 2차 정서의 의식 과정으로 분류한 감정학습은 우리가 외부 자극의 존재를 알기도 전에 변연계에서 중뇌의 감정 핵(편도체)과 해마를 매개로 각각 들어오는 사물 지각, 우리 행동 감각 자극에 선천적 감정-의미를 부착하고, 반응의 자동화를 부여하는 것이 중요한 임무이다. 연합학습이란 생명체 내부의 사건(감정, 감각, 본능)과 외부의 사물(파블로프의 종소리, 음식, 위험물, 포식자)을 자동 연결하여 중요하거나 위협 대상에 빠르게 기억 반응할 표식을 심는 것이며 감정, 감각, 본능의 신경 에너지를 연료로 이용(연합)하는 방법이다.

한편, 학문은 동서와 고금을 관통하는 일관된 줄기를 찾아낼 때 참 재미있다. 동양 철학(중국, 한국)에는 판크셉의 기본 감정과 비교할 수 있고 비슷한 칠정(七情)과 사단(四端)이 있다. 서양의 많은 철학자, 심리학자, 뇌과학자도 사단, 칠정과 비슷한 감정을 열거한 바 있고, 판크셉은 이를 실험으로 증명했다. 이들도 자신의 아이들을 키우고 동물을 키웠을 터이니, 가장 흔하고 인류와 포유류 공통인 감정을 찾아낸 것은 당연하다. 독자들도 이번 기회에 저자의 글을 잘 읽고 저 감정들이 어떤 의미가 있는지(감정은 느낌과 반응에 따른 의미가 있으니) 확인하면서 자신과 주변 사람의 감정을 관찰하고 공감하길 바란다.

야크 판크셉의 정서과학

야크 판크셉(J. Panksepp, 1943~2017)은 에스토니아 출신의 동물학자이자 뇌신경학자이며, 미국에서 최고의 뇌신경연구소를 운영한 학자이다. 신경정신분석학회의 구성원으로 정열적으로 많은 공동 연구 및 학술 발표를 하였고, 많은 연구 논문을 저술하였으며, 『생물 정신의학(Textbook of biological psychiatry)』(Panksepp, 2003)의 편집인이었고, 『정서 뇌과학(Affective Neuroscience)』(Panksepp, 1998)의 저자였다. 저자가 속한 마음의 뇌과학연구회는 그의 연구와 사상을 일반인도 볼 수 있게 풀어서 저술한 책 『마음의 고고학』(Panksepp & Biven, 2012)을 1년여에 걸쳐 숙독했는데, 우리가 공부하는 동안 그는 2017년에 혈액암에 걸려 안타깝게 세상을 떠났다. 대학에서 전기공학을 전공한 판크셉은 직접 동물의 뇌에 전기 자극 실험을 하여 인간과 동물 감정 연구의 과학적 바탕을 만들었다. 그는 우리가 알고 있는 다수의 동서양 철학자, 심리학자, 심지어 퇴계 이황도 말한 타고난 기본 감정(basic emotions)을 연구하여, 감정과 연결된 행동과 생리적 표현을 조정하는 특정한 뇌간, 중뇌의 신경회로를 수십 년간 연구하였다. 지금까지 소개한 자네, 브로이어, 프로이트, 파블로프, 캔델, 판크셉까지 계승된 진화론과 대뇌겉질과 그 하부, 비서술 기억을 포함한 마음의 모델은 그의 뇌정서 과학에 근거한 진화생물학적 모델이 알려지면서 거의 완성되었다고 해도 과언이 아니다.

저자가 판크셉의 유작인 『마음의 고고학』을 읽고 진화생물학에 바탕을 둔 정서과학에 감동한 이유는 그의 연구 업적과 사상에 저자가 궁금해했던 프로이트의 본능, 충동과 욕망에 대한 정서과학적 근거가 자리 잡고 있었기 때문이다. 어떤 전문가들은 프로이트가 본능의 의미로 인용한 것이 몇 가지밖에 안 된다고 했지만, 프로이트는 본능과 충동의 개념을 정확히 제시하지 못했다. 판크셉의 큰 업적은 프로이트가 말한 충동(drive)과 본능(instinct)의 개념을 그의 연구와 실험 그리고 사상을 통해서, 신경생물학이 규명한 뇌해부학적 실체에 의해서 세밀하게 확인한 것이라고 말할 수 있다.

앞으로 간략히 설명할 판크셉의 일곱 가지 1차 정서, 감정은 중뇌를 포함한 여러 신경핵에 선천적으로 배선되며 프로이트의 성 욕동, 공격 충동, 보존 충동이 음식과 물을 마시려는 본능과 같이 인간 유전자에 새겨진 선천적인 기능이라는 점을 확인해 주었다. 고전학습에 필요한 무조건 반응의 실체가 무엇인지, 사람의 의식을 구성하는 정서와 감정은 도대체 진화와 의식에서 어떤 역할과 중요성이 있는지, 왜, 어떻게 시작되어 진화의 시간 동안 지금의 모습이 되었는지, 마음과 뇌, 정신질환에서 관련과 영향은 어떠한

지에 대하여 중요한 실마리를 찾을 수 있었다. 더 나아가, 프로이트의 충동(drive)을 환경 자극 때문에 본능적 정서와 행동이 학습되고 강화된 감정 반응으로 본다면 판크셉의 2차 정서라 말할 수 있는데, 앞서 설명했듯 르두는 이를 '방어-생존 시스템'의 역할이라고 하였다. 저자는 판크셉의 책과 르두의 『불안』(LeDoux, 2015)을 읽으면서 프로이트의 '억압'을 판크셉의 시스템에서 만족스럽게 설명할 수 있었다. 또한 뇌과학에서 관심을 확장하여, 욕망을 주제로 삶의 철학과 연결하는 부분도 좋았다.

찾기/기대 시스템

신경과학에서, 그리고 유전학에서 확실한 것은 새겉질이 기본적으로 출생기의 백지(Tabula Rasa)라는 것이다(이는 임의로 접근할 수 있는 기억 장치 유형의 빈칸이다). 이는 가장 예측 가능한 기능적 특화이고 성숙할수록 문화적으로 학습되는 것과 함께 후성 유전 과정(epigenesis)의 영향으로 겉질의 모듈화를 통해 겉질 하부의 특화와 함께 짜이는 과정이다. 이를 통해 우리의 자전적 지식과 기억의 저장소가 출현하고, 이는 찾기(seeking system)의 영향을 받는다(Panksepp & Biven, 2012).

판크셉의 마음 모델의 바탕은 동물 실험에서 찾기, 기본 정서를 담당하는 부위의 뇌 전기 자극을 통해서 얻은 실험 결과를 종합한 것이다. 1971년 미국의 워싱턴주립대학교 수의학연구소 소속이었던 판크셉은 생쥐 중뇌의 배쪽 덮개 영역(VTA)을 자극했더니 쥐가 배고프지 않은데도 냄새를 맡고 무엇을 찾는 것처럼 돌아다니는 발견하였다. 생쥐는 발의 앞바닥으로 걸으면서 어떤 대상에 관심을 두는 것 같았다. 이 부위는 새로운 무엇을 찾고 원하는 일반적인 욕망(desire)과 관련이 있는 뇌신경 조직으로 추정할 수 있었다. 이 시스템을 자극하면 먹고 마시고 갉는 등의 부속 행동과 이 행동들이 순서대로 변하는 자동 조정이 일어났는데, 과거의 보상 시스템 개념으로는 이 시스템의 특징을 설명할 수 없었다. 그는 이 시스템을 찾기/기대(seeking/expectancy) 시스템이라 하였고, 프로이트의 동기-욕동에 해당하므로 욕망 시스템이라고도 하였다.

찾기/기대 시스템은 화재를 진압하고 생명을 구하는 소방대원과 같은 경우에 그의 성격과 정서의 긍정적이고 유쾌한 부분이며, 이것이 역경과 생명 위협의 두려움을 견딜 수 있게 해 준다. 이 시스템은 뇌 안의 기본적인 대부분의 동기와 충동에 에너지를 공급하여 열정적 기대, 욕망, 다행감의 근원이 되며, 적극적이고 긍정적으로 세상에 접촉하여 생존과 신체에 필요한 물질을 찾고 지적인 영역을 탐색하며 긍정적인 감정으로 위협과 위험을 극복하게 해 준다. 이 시스템은 욕구 행동을 담당하지만, 새로운 일상적인 활동을 흥미로운 추구 대상으로 만들어 줌으로써 학습에 필요한 내부의 심리적 조건을 만들고 또한 인간의 창의성, 추상적 사고와 논리를 비약할 수 있게 한다. 이 시스템의 기능이 떨어지면 의욕이 없어지고 권태와 우울감이 올 수 있으며, 기능이 지나치게 항진되면 조증(mania)과 망상 상태가 될 수 있다. 저자는 이것을 스피노자의 코나투스,[3] 쇼펜하우어의 주관적 의지, 니체가 우리의 삶에 필요하다고 주장한 '힘의 의지(will to power)'의 철학적 개념에 상응하는 뇌신경 시스템으로 생각하고 있다. 쇼펜하우어는 "인간은 충족되지 않는 욕망과 권태 사이에서 오락가락하는 시계추와 같다."라고 말했다. 무게가 고작 1.4kg 정도인 작은 뇌 안에서 한 사람의 세상에서의 모든 생각, 감정, 삶이 펼쳐지고 있다는 것을 알게 되면 우리는 인생의 시한적 존재와 의미를 생각하는 철학자가 될 수밖에 없다.

프로이트의 충동, 동기와 찾기-기대 시스템

신경정신분석학자인 마크 솜스는 판크셉의 찾기-기대 시스템에 대해, 프로이트의 리비도를 성 욕동의 좁은 개념보다 일반적인 욕동의 개념이라고 생각한다면 찾기/기대 행동과 리비도가 매우 유사할 것이라고 생각했다. 솜스는 "프로이트는 쾌락의 대상을 찾는 일반적인 욕구-욕망(appetitive desire)을 필요로 하였다. 판크셉은 프로이트가 심리학으로 찾아낸 것을 신경과학자로서 발견하였다."라고 말했다. 욕망은 도파민이라는 신경전달물질이 주도하는 찾기/기대 시스템이 만들어 내는 현상이다.

프로이트는 의식에서 용인할 수 없는 소망(욕망)이 해소되지 않고 억압(자동 회피)되면 나중에 신경증이 발생한다고 하였다. 저자는 이 책에서 '억압의 귀환'을 설명하면서, 억압 신경증은 사실 정신적 외상을 경험한 뒤에 남아 있거나 주변 자극에 반응하는 불안, 두려움 등 학습된 감정학습, 감정 기억의 결과라고 하였다. 저자도 소망과 욕망의 적절한 해소가 건강한 정신을 만든다는 것에는 동의한다. 사실, 의욕과 욕망은 삶의 가치와 원천임에도 소수의 사람이 욕망에 두려움을 가지고 있다면, 그 이유는 욕망의 대상

3) Conatus는 노력, 추구, 충동을 의미한다. 자기보존에 대한 자연스러운 갈망과 노력, 각각의 실체의 현행적 본질이다(Spinoza, 1677). 욕구(affectitus)는 코나투스가 정신과 신체에 함께 관여하는 것을 말한다. 코나투스가 정신에만 관여하면 의지라고 한다. 욕구는 인간의 본질이다. 욕망은 욕구에 대한 의식이 욕구에 포함된 것을 말한다(진태원, 2017. 2. 16.).

을 얻어서 충족되었음에도 거기서 끝나지 않고 항상 결핍감에 시달리기 때문일 것이다. 라캉(J. Lacan, 1902~1981)은 만족하지 못한 프로이트의 소망을 철학적 의미의 욕망으로 대치하였다. 그는 인간의 요구(demand)에서 신체적이고 물질적인 욕구(need)를 뺀 나머지를 욕망(desire)이라 하였고, 심리적 욕망은 나머지 부분으로 절대 충족되지 못한다는 흥미로운 말을 남겼다. 마음의 뇌과학은 이러한 현상을 욕망이 충족되면서 신경의 흥분(활성)이 급격히 가라앉는 찾기/기대 시스템의 특성으로 설명할 수 있다.

욕망: 원함과 좋아함

마음의 뇌과학은 심리-철학의 욕망을 원함-찾기(wanting)와 좋아함-즐기기(liking)라는 두 개념의 생물학적 체계로 분리하였다. 판크셉을 비롯한 신경과학자들은 동물 뇌의 실험을 통하여 원함과 좋아함을 담당하는 해부학적 부위가 다르다는 사실도 밝혔다. '원하는 것'으로 표현되는 기대 욕망은 도파민 시스템이, 즐기는 것으로 표현되는 쾌락 욕망은 오피오이드 신경 시스템이 주도한다.

쥐에게서 도파민을 차단하면, 음식을 좋아하기는 하지만 찾으러 다니지는 않는다. 그러나 입에 음식을 넣어 주면 즐기는 표정이나 행동을 보였다. 텔레비전 광고에는 유혹이 많다. 우리가 원했던 것이 아니었는데도 광고에 유도되거나 주변인에 의해 욕망이 강요되기도 한다. 그래서 실제로 그 상품을 사고 나면 잠깐 즐기다가 금방 시들해진다. 이는 원함과 좋아함의 신경 체계가 따로 작동하기 때문이다. 흥미로운 사실은 찾기/기대 신경은 동물이 음식을 찾고 있을 때 가장 활발하게 활동하며, 동물이 음식을 찾고 먹기 시작하면 갑자기 신경의 활성도가 떨어진다는 것이다. 보상을 받을 때보다 보상을 기대할 때가 더 반응이 활발하다는 것은 이 시스템의 목적이 기대와 욕망의 대상을 찾는 행동 그 자체라는 것을 의미한다. 욕망은 도파민이라는 신경전달물질이 주도하는 찾기/기대 시스템이 만들어 내는 현상으로, 이 시스템은 찾기 그 자체가 목적이다. 그래서 이 시스템의 흥분이 가라앉으면 또 대상을 찾으려 하므로, 욕망은 채워도 채워지지 않는다. 이로써 그동안 끝없는 욕망, 채워지지 않는 욕망의 개념을 가진 철학자와 사람들의 궁금증을 해결해 주었다. 그래서 마음의 뇌과학은 프로이트의 본성 이론 개념을 실증적 사실로 밝히고 일부는 수정하였다. 여성의 섹시(sexy)함은 남성을 유혹하지만, 지속적인 매력(애착)은 모성(돌보기, care)에서 온다. 이 시스템과 달리 욕망의 대상을 즐기거나 좋아하는 것은 오피오이드(opioid) 신경 시스템이 결정한다. 연구자들이 '좋아함'

신경을 차단하면, 맛있는 음식을 덜 맛있는 것으로 느끼고 훨씬 적게 먹는다. 오피오이드란 엔도르핀(endorphin) 같은 내분비 물질과 모르핀(morphine) 등과 같은 합성 마약(아편 제제)을 총칭하는 말이며, 어머니의 모성과 애착은 오피오이드 시스템이 역할을 주도한다.

정서, 감정의 실체

판크셉은 전기 자극 방법으로 감정을 만드는 뇌의 신경 구조를 밝혀냈다. 그동안 포유류의 감정은 그 실체를 몰랐고, 그동안 뇌겉질 아래에서 전달되는 감각, 감정의 정보를 대뇌겉질에서 해석하여 감정을 알게(인지) 한다는 해석 이론이 우세하였다. 르두는 기본적으로 감정이 대뇌에 비의식적인 정보 전달을 하여 대뇌겉질에서 인지, 해석 때문에 알게 된다고 대뇌 해석 이론을 주장하였다. 르두는 인간의 의식은 진화를 통해 여러 복합적인 요소를 만드는 시스템을 가지게 되었는데, 감정은 느낌이 아니라 대뇌에서 여러 재료가 혼합된 수프를 맛보는 것과 같다고 하였다. 그러나 판크셉은 선천적으로 뇌겉질이 없는 무뇌아도 다양한 감정을 느끼고 표현하므로, 수많은 실험 증거를 바탕으로 르두의 주장은 틀린 것이라고 주장했다. 기본 감정(정서 의식)은 대뇌의 작용 없이도 느낄 수 있으며, 또한 이 감정과 정서는 여러 과정을 거쳐 다시 대뇌에서 해석될 수 있다고 말했다. 판크셉은 한동안 감정 기능의 센터로 잘못 알려진 르두의 편도체에 대한 강조와 중요성만큼 기본 정서를 담당하는 중뇌의 신경핵은 1차 정서는 물론 학습, 2차 정서에도 관여하고 그 영향이 상당하다는 것에 더 관심을 기울여야 한다고 주장했다.

그는 중뇌의 뇌 수도관 주위 회백질(Periaqueductal Gray: PAG)을 중심으로 뇌간 깊숙한 곳에 걸쳐 있는 감정의 신경핵이 선천적으로 존재하며, 여기서 일곱 가지 1차 감정인 찾기, 공포(불안), 공황, 분노, 성욕, 돌보기, 놀기를 느낀다고 하였다. 그리고 1차 감정은 출생 후 감정학습과 인지 발달 때문에 2차 감정, 3차 감정으로 분화한다고 했다. 평소 깨어 있는 상태에서 느끼는 이 감정들은 행동에도 영향을 주므로 행동의 기본 정서-감정 체계라고도 하는데, 앞서 말한 찾기/기대 시스템은 이 일곱 가지 감정 중 하나이다.

이 감정들은 이미 오래전부터 동서양의 철학자들이 말한 사람의 기본 감정이다. 데카르트도 사람에게는 놀람, 사랑, 증오, 욕구, 기쁨, 슬픔의 여섯 가지 감정이 있다고 했고, 『예기(禮記)』에서 인간에게 자연적 감정인 칠정(七情), 즉 희(喜), 노(怒), 애(哀), 구(懼),

애(愛), 오(惡), 욕(欲)이 있다고 한 것도 판크셉의 7개 감정과 매우 유사하다. 이렇게 보면 선조들이 말하던 감정의 실체를 뇌과학이 증명한 셈이다.

판크셉의 정서-지시 시스템: 세 가지 정서 의식, 일곱 가지 기본 감정

판크셉은 정서 의식을 1차 과정 정서, 2차 과정 정서, 3차 과정 정서로 나누었고, 1차 과정 정서(Primary-Process Affect)를 다시 세 가지 원시 정서(Basic Primordial Affect) 또는 기본 감정 체계(Basic Emotional Systems)로 세분화하였다. 이는 본능적 · 선천적이며 배고픔이나 목마름 등의 지각을 담당하는 균형 정서(Homeostatic Affect), 통증을 느끼는 등의 감각 정서(Sensory Affect), 그리고 감정 정서(Emotional Affect)의 세 종류이다(〈표 12-3〉 참조). 이 원시 정서는 의식의 각성을 담당하는 망상체, 중뇌 부위의 수도관 주위 회백질(PAG)을 포함한 상부 뇌간 깊숙한 곳에 걸쳐 있는 신경핵에 분포되어 있다. 판크셉은 정서를 담당하는 이 신경 체계가 진화 과정에서 각성과 의식 체계에서 발달한 것으로 추정하여 정서 의식이라는 용어를 사용하였다. 정서 의식은 또한 대뇌가 발달하지 않은 무뇌아[4]도 느낄 수 있는데, 역설적으로 원시 정서를 느끼는 상태가 몰입된 상태이므로 그 느낌이 있는지 알아채지 못할 수도 있다. 이를 현상 의식 또는 진정한 무의식이라고 하였다. 일곱 가지 감정 정서는 다음과 같다.

- 찾기-기대(seeking-expectancy): 뇌에서 행복과 기대의 생성
- 분노-짜증(rage-anger): 불쾌 자극과 노여움 반응
- 공포-불안(fear-anxiety): 신체적 위험과 죽음에 대한 반응
- 공황-이별(panic-separation): 비성적 애착의 근원
- 애정-성욕(lust-sexuality): 성적 욕망과 성애착 반응
- 돌보기-먹기(care-nurturance): 모성, 양육의 근원
- 놀이-즐거움(play-joy): 즐거움의 발산, 난투에서 얻는 상호작용

그는 이 타고난 느낌이 인과관계의 사슬에서 반응을 끌어내는 원인의 일부이며, 학습을 만들어 내는 먹이 같은 무조건 자극에 대한 무조건 반응이 되는 느낌의 정서라고 설

4) 무뇌아(decorticate child): 선천 이상으로 대뇌겉질이 없는 아동을 말한다. 이런 경우에도 1차 감정 표현은 할 수 있다.

명한다. 저자는 1차 정서가 2차 정서로 변환되는 '감정학습'에서 무조건 반응의 의미를 비로소 이해하게 되었다. 이 무조건 반응의 근원은 바로 세 가지 원시 정서이다. 판크셉은 정서, 느낌이 선천적인 반응을 제어하기보다는 부정적인 결과를 성공적으로 회피하고 만족스러운 결과를 준 행동을 강화하는 것이 더 중요한 역할을 한다고 말하였다. 이 기본 정서 시스템을 이해하면 무조건 자극과 반응을 설명할 수 있으며, 이를 포함해 공포 학습이 일어나는 과정도 상세히 설명할 수 있다. 그에 따르면, 각 특정한 기본 정서마다 이를 담당하는 신경핵과 정서-지시 시스템이 있고, 이 안에서 서로 얽혀 있는 느낌과 정서 행동은 서로 정서 촉발 자극을 감지하고 기본적 느낌을 일으키며 특정 정서 반응을 제어한다. 이론적으로 특정 정서에 대한 느낌과 반응이 같은 회로의 제어를 받으므로, 반응을 제어하는 회로를 알아내면 그 회로가 느낌도 제어한다고 볼 수 있다. 또한 이 회로는 모든 포유류 종에 잘 보존되어 있으므로 인간이 아닌 동물의 정서 반응 회로를 연구함으로써 인간의 기본적 느낌의 신경적 기반을 알아낼 수 있다고 한다. 판크셉은 또한 이러한 기본 정서가 출생 후 감정학습과 인지 발달 때문에 2차, 3차 정서로 분화하며 3차 정서는 뇌겉질 영역의 인지 처리 과정에 의해 정교해진다고 제안했다(〈표 12-1〉, 〈표 12-2〉, 〈표 12-3〉 참조).

〈표 12-1〉 기본 정서와 진화해부학

<table>
<tr><th>해부학</th><th>진화
(MacLean, 1970)</th><th>기본 감정 체계
(Panksepp, 1998)</th><th>행동 영역
(RDoc, 2010)</th><th>행동, 내적 표현형</th></tr>
<tr><td>새겉질</td><td>신포유류</td><td></td><td>인지 체계</td><td>인지 조절, 작업 기억. 서술 기억, 언어, 지각, 주의</td></tr>
<tr><td rowspan="2">새겉질</td><td rowspan="2">신포유류</td><td>놀기(Play),</td><td rowspan="2">사회화</td><td rowspan="2">지각, 이해, 사회 소통, 관계, 애착</td></tr>
<tr><td>돌보기(Care)</td></tr>
<tr><td>해마, 편도체, 후각계</td><td>고대 포유류</td><td>돌보기(Care),
찾기(Seeking),
성욕(Lust)</td><td rowspan="2">긍정 가치</td><td rowspan="2">보상에 반응, 보상학습, 습관, 접근, 동기</td></tr>
<tr><td>시상</td><td rowspan="3">파충류</td><td>성욕(Lust)</td></tr>
<tr><td rowspan="2">바닥핵, 중뇌, 뇌간</td><td>분노(Rage)
두려움(Fear)</td><td>부정 가치</td><td>손실, 위협, 두려움, 불안, 벌, 좌절, 보상 없음</td></tr>
<tr><td>공황(Panic)</td><td>각성, 조절</td><td>각성, 잠, 깨기, 생체 일주기</td></tr>
</table>

〈표 12-2〉는 토론척과 엘리스가 판크셉의 기본 감정 체계를 수정한 것(Toronchuk & and Ellis, 2013)이다. 이 표는 판크셉의 기본 감정 정서에 기본 생존(Basic Survival)을 위한 E2: 혐오 체계(DISGUST System, repulsion)와 E9: 권력/지배를 추가했다. 독자들은 저자가 제2장의 '억압의 정의와 중요성'에서 브루노 베텔하임을 인용하며, 프로이트가 사용했던 독일어 억압의 올바른 번역은 물리치거나 쫓아 버리는 의미의 '격퇴', '물리침(repulsion)'이라고 말한 것을 기억할 것이다. 이로써 저자가 '억압'을 뇌과학으로 변환한 '회피(혐오)'가 하나의 신경 시스템으로 인정될 수 있음을 확인하였다.

〈표 12-2〉 기본 정서와 신경해부학

진화 욕구 (Needs)	기본 감정 체계	협력	신경조절물질	뇌 영역
개인 욕구				
기본 기능	E1: SEEKING(찾기-기대) System 좋아함, 쾌락	E2-9	엔돌핀(+), GABA(+,-) 엔케팔린, 도파민(?),엔도카나비노이드(+)	NAc, VP , VTA, 뇌줄기핵
	E1: SEEKING(찾기-기대) System 원함, 보상 동기		도파민(+), 글루타메이트, 아세틸콜린, CCK (+,-), 뉴로텐신, 엔돌핀	NAc, VP, 가쪽시상하부, VTA에서 PAG까지
기본 생존	E2: DISGUST(혐오) System (repulsion 물리침, 회피)		세로토닌(+), 물질P(+)? 엔도카나비노이드(-)	앞뇌섬, 조가비핵, 아래뇌줄기 (맨아래구역; area postrema, NTS)
	E3: RAGE(분노-짜증) System	E4,E9	물질P (+), 아세틸콜린(+), 글루타메이트(+)	안쪽편도체, BNST, 시상하부의 안쪽과 뇌궁주위, 등쪽PAG
	E4: FEAR(공포-불안) System	E3,E9	글루타메이트(+), DBI, CRH(+), CCK(+), α-MSH, NPY	가쪽,중심편도체, 앞,안쪽 시상하부에서 등쪽PAG와 뇌교핵까지
사회 욕구				

번식	E5: LUST(애정) System Sexual desire(성욕)	E6,E7	스테로이드(+), 바소프레신(+), LHRH(+),도파민(+)	바닥앞뇌(Basal forebrain), 편도체, BNST, 안쪽앞안구와 VMH에서 배쪽 PAG까지
	E5: sexual satisfaction (성만족)		오피오이드(+), 옥시토신(+)	중격(Septum),앞안구안쪽(VMH in ♂?), VTA에서 PAG까지
집단 결속/ 유대 및 발달	E6: NEED/ ATTACHMENT (욕구/애착)(separation distress 분리 불안) (공황-이별: 판크셉)	E5,E7	오피오이드(-,+), 옥시토신(-,+), 프로락틴(-/+), CRH	앞대상회, BNST, POA, VTA에서 PAG까지
	E7: CARE/urturance (돌보기/먹기)	E5,E6	옥시토신(+), 프로락틴 (+), 도파민,오피오이드(+/-)	앞대상회, BNST, 앞안구시상하부에서 VTA과 PAG까지
	E8: PLAY System(놀이)	E6,E7	오피오이드 (+,-), 도파민, 아세틸콜린	등-안쪽간뇌(시상핵)에서 배쪽 PAG까지
집단기능: 갈등 조정	E9: 권력/지배(서열, 유지, 복종)	E3,E4,E5	세로토닌(+/-), 도파민(+/-) 테스토스테론(+/-) 바소프레신(+/-) CCK. CRH	안쪽앞이마겉질, 배쪽창백핵과 기타 바닥핵, 시상하핵에서 PAG까지

*신경 조절 물질: (+) 촉진, (-) 억제, 변동(+/-)으로 표기

Basal ganglia(바닥핵), BNST(bed nucleus of the stria terminalis, 종말줄 침대핵), Brainstem nucleci(뇌줄기핵), CCK(cholecystokinin,콜레시스토키닌), CRH(corticotrophin releasing hormone, 코르티코이드 분비 자극 호르몬), DBI(diazepam binding inhibitor, 디아제팜 결합 억제 요소), LH-RH(lutenizing hormone releasing hormone, 황체호르몬 분비 호르몬), MSH (melanocyte stimulating hormone, 멜라토닌세포 자극 호르몬), NPY(neuropeptide Y, 신경펩타이드 Y) ; PAG(periaqueductal gray,수도관 주위 회백질), NAc(Nucleus Accumbens, 측좌핵), NTS(nucleus tractus solitarius, 고립핵), POA(preoptic area, 앞안구 영역), VMH(ventromedial hypothalamus, 배안쪽 시상하부), VTA (ventral tegmental area, 배쪽 덮개), VP(ventral pallidum, 배쪽 창백핵).

저자는 원생생물의 의식이 단순한 자극과 반응의 과정에서 진화·분화했다면, 인간의 정서 의식은 마치 굵고 강렬한 붓의 터치와 화려한 원색이 어우러진 빈센트 반 고흐의

그림 같다고 말한다. 고흐가 팔레트(색판)에 색을 혼합하여 캔버스에 그림을 그릴 때 세 가지 원시 정서는 검정과 흰색, 투명한 기름이며 일곱 가지 감정 정서는 무지개의 원색이다. 원색과 무채색 기름의 혼합 과정으로 만들어지는 다양한 색채는 세 가지 원시 정서를 무조건 반응으로 사용하는 학습으로 비유한다. 색을 혼합해서 그림을 그리면 이 과정에서 대상과 감정, 의미를 연결하는 2차 정서가 만들어지며, 완성해 가는 그림을 감상하면서 느끼고 해석하는 것은 3차 정서에 비유할 수 있다. 이것이 대상의 학습 과정과 개인의 정서-인지 발달, 분화 과정이다.

뇌 발달과 감정과 정서의 상호 조절

판크셉의 이론 중 또한 중요한 부분은, 뇌가 발달하면서 감정과 정서의 조절 수준 또한 해당 신경회로와 기관 간의 상호작용 발생을 따른다는 설명이다. 그는 이것을 1차, 2차, 3차 과정 정서로 나누어 설명하는데(Panksepp & Biven, 2012, p. 10), 여기서는 간단히 살펴보겠다(〈표 12-1〉, 〈표 12-3〉 참조).

1차 과정 정서는 가장 기본적이며 타고난 원시 정서를 말하며 균형 정서, 감각 정서, 감정 정서로 분류하였는데, 겉질 밑(sub-cortical)에서 일어나는 하의식 신경 기관과 회로의 작용이다. 이는 일찍이 정신분석에서 프로이트가 말한 본능, 본능적 충동, 욕동과 그것(It) 혹은 원초아(Id)에 해당하는 기능해부학적 실체가 있는, 또는 기본 불안, 일차 억압이 이루어지는 기관일지도 모른다. 1차 과정의 강한 정서 각성은 절대 경험하지 않을 수 없는 의식적 경험이다. 앞서 억압에 대한 저자의 설명에서, 프로이트도 정서는 무의식의 대상이 아니라고(의식적) 잘라 말하면서 다만 억압, 억제가 감정의 발달을 방해할 수 있다고 하였다. 판크셉은 많은 사람이 감정(emotion)이 무의식이라고 믿고 있지만, 그것은 느낌(feeling)이 부인되거나 과도한 인지적 활동으로 억제될 때만 해당된다고 말한다. 나아가서, 이 1차 정서를 뇌의 겉질이 아닌 중뇌의 감정 핵에서 직접 느끼는 의식과 관련된 기능의 분화라고 말했다. 이를 좀 더 설명하면, 잘 알려진 뇌의 신경전달물질로 도파민, 아세틸콜린, 세로토닌, 노르에피네프린 등이 있으며 일반적 각성과 기억을 담당한다. 이 신경전달물질은 중뇌의 신경핵과 기저핵에서 1차 정서와 일곱 가지 감정을 만들어 낸다. 뇌 속 깊이 자리 잡은 1차 정서는 각성과 관련되어 진화되었으며, 이 중 특히 일곱 가지 감정은 변연계 진화와 더불어 2차 과정의 학습을 통해 대상에 감정의 색이 입혀지면서 구별되고 중요성과 가치를 가진다. 학습이란 외부 세상의 사건과 자극을 내부 반응과 연결하는 과정이며, 1차 감정은 이 감정 물질들을 학습의 연료(에너지)로 사용한다. 이를 '무조건 반응'이라 한다. 이러한 전환은 1차 감정을 매우 다양한 감정으로 분화시킨다. 학습과 기억은 우리의 1차 과정 정서(무조건 반응)을 환경의 사건과 연결하여 결정(예측) 방식으로 행동을 자동화하는 진화의 과정이다. 따라서 2차 과정 정서(Secondary-Process Emotions)도 무의식적 과정이며, 해부학적으로는 편도체, 해마 등 기저핵에서 이루어진다. ① 고전학습은 편도체, 해마에서 이루어지는 공포학습이고, ② 도구, 조작 학습은 찾기(Seeking) 혹은 욕망 행동으로 배쪽 덮개(VTA)와 측좌핵(Nucleus Accumbens: NAc)에서 이루어진다. 그리고 ③ 무의식적 행동-감정 습관(Unconscious Behavioral & Emotional Habits)은 등쪽 선조체에서 담당한다.

지금까지 공부한 정신분석의 '억압(본유 억압, 2차 억압)'은 1차 과정 정서와 대상이 연결되어 만들어진 2차 과정 정서이며 감정학습과 도구학습이 이루어지는 그 현상과 실체를 담당한다. 이에 의해 자극된 하부 신체 기관의 반응이 의지로 조절할 수 없는 증상으로 몸과 마음에 나타난다. 이러한 학습은 하(비)의식 과정이라 대상을 기억하거나 알아차릴 수 없다. 여러분은 저자가 프로이트의 정신분석을 탐정에 비유한 이유가 감정에 연결된 대상을 찾는 과정에서 출발하였기 때문임을 기억할 것이다. 자신의 아버지임을 모르고 아버지를 죽인 오이디푸스 왕이 상징하는 오이디푸스 콤플렉스는 아버지에게 대들거나 어머니에게 애착된 사건의 결과로 발생하는 죄책감(처벌의 불안)의 상징이며, 아동기의 대표적인 2차 과정 정서이다. 아동기 이후 불안정한 사회화 과정에서 자신감, 긍지, 공감, 신뢰, 창피(부끄러움), 비난 등의 2차 과정 정서가 만들어지며, 대상 관계(object relation), 상호 주관성(inter subjectivity) 등은 인간관계에서 일어난 학습의 좋은 예가 될 수 있다. 3차 과정 정서는 이 두 과정을 바탕으로 뇌겉질에서 일어나는 의식적 인지 과정이라고 할 수 있다. 2차 과정 정서 과정에서 중요성과 가치가 만들어진 대상들은 생각의 대상이 되며 경험, 환경의 맥락에서 해석되어 의미가 정교하고 공고해지는 것이다. 정신분석에서 감정을 조절하고 현실을 추구하는 자아(Ego)와 초자아(superego)의 관찰 기능, 우리가 지금까지 공부한 억제(거리 두기, 회피)는 대표적인 3차 정서, 인지 과정이며, 정신의학에서 사용하는 알아차림(mindfulness), 정신화(mentalization), 수용(containment) 등도 이런 종류의 인지 과정을 말하는 용어들이다. 3차 정서는 앞이마겉질의 '알아차리기'(Neo-cortical 'Awareness'), 가쪽 앞이마엽 기능인 인지 수행(cognitive Executive Functions), 안쪽 앞이마엽의 감정 반추와 조절(Emotional Rumination & Regulations), 고위 작업 기억 기능인 '자유의지(Free Will)' 행동을 말한다. 한마디로, 3차 정서는 자기 관련 지각(self-related percept)을 담당하는 자기-자각이며, 고위 정신 활동, 고위 인지 기능이라고 말할 수 있다. 이는 새겉질이 우리를 외부 환경과 접하게 해 주는 다양한 감각 경로에서 유입된 정보를 토대로 세상에 대한 이미지를 형성하고 복사하기 때문이다. 원시적 각성, 정서, 동기를 담당하는 겉질 하부 영역(비서술 기억 시스템)과 달리 나와 세상에 대한 더 순수한 인지적 표상을 가지는 것이다(〈표 12-3〉 참조).

〈표 12-3〉 정서 의식의 진화

판크셉(인지 발달)	내용	프로이트
3차 과정 정서, 인지, 대부분 새겉질 ↓(조절)	자유의지 혹은 의도 후 행동	초자아, 자아 의식, 억제
	인지 수행 기능: 정서에 유도된 생각과 계획	
	감정 조절과 반복(반추)	
↑↑ 2차 과정 정서, 학습, 기저핵, 편도체	고전학습	2차 억압(역동적 무의식), 원초아(감정은 의식됨), 억제의 학습
	도구학습	
	감정 습관	
↑↑(발달, 분화) 1차 과정 정서, 원시 정서, 깊은 겉질 밑 중뇌, 타고난 본능, 느낌	균형 정서: 배고픔, 목마름 등 내부 감각 수용기의 자극에 의한 느낌	1차 억압 이드, 제3의 무의식, 느낌과 감정은 의식됨.
	감각 정서: 외부 감각 수용기 자극에 의한 쾌감과 불쾌감	
	감정 정서: 감정 행동 시스템, 의도와 행동이 동시에 일어남.	

[그림 12-2]는 판크셉의 세 가지 정서 의식이 만들고 있는 마음의 모델이자 성격을 집 짓는 과정으로 도식화한 것이다. 1차 감정은 집의 기초 공사이고, 2차 학습은 실내 장식이며, 고위 인지 기능인 인지는 실외 장식이다. 이 간단한 그림으로, 길고 긴 진화의 시간을 따라서 마음의 구조가 어떻게 형성되었고 각 개인의 성격이 출생 후 어떻게 발달, 완성되는지 잘 이해할 수 있다.

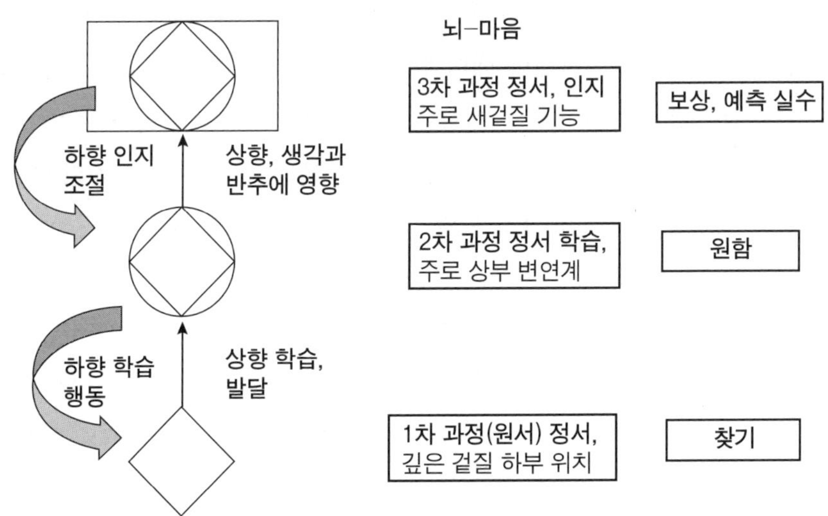

[그림 12-2] 정서 의식의 계층 발달

예를 들어 보자. 앞서 저자가 말한 바와 정신분석에서의 정서(정동, affects)는 감정, 감정을 대표하는 관념(생각), 그리고 변용(움직임)이다. 배고픈 아기를 예로 들어 보겠다. 배에서 느끼는 공복감, 혈관에서 전달된 저혈당의 불균형 정보는 뇌로 전달되어 불균형 정서가 스트레스 반응을 일으키고, 아기는 1차 정서인 분노-짜증을 느껴 몸으로 보채거나 울게 된다. 잠시 뒤 아기는 엄마의 부드러운 손길과 음성을 느끼고, 젖이 다가와서 배고픔을 해결해 주고 살펴 주며 달래 주는 것을 알고 만족하며 행복함을 느낀다. 아기는 엄마의 모유뿐만 아니라 신체의 여러 특성(젖가슴)에 대해 '젖'을 주는 엄마라는 대상을 상징으로 학습하며, 자신의 배고픔에 대해 일관성 있게 좋은 반응 혹은 나쁜 반응을 보이는 엄마의 여러 특성에 대해 자신의 감정, 행동 양식에 대응하게 되는 것이다. 이것은 2차 정서이다. 이러한 환경 자극에 학습된 2차 정서는 서서히 특정한 패턴, 우세한 1차 감정이 먼저 활성화하는 형태를 보이게 된다. 이후 아기는 지적 능력이 발달하면서 엄마와 그 부속 기관을 판단한다. 엄마가 바쁘고 힘들어 아기가 보채더라도 젖을 주지 않거나 빨리 나오지 않으면 아기는 울다가 나쁜 젖 혹은 나쁜 엄마라는 인상을 받게 되는데, 이것은 이 아기의 환경에 대한 특정한 반응-기질이 만들어지는 것이다. 이렇게 정서가 개입된 인지적 판단을 3차 정서라고 할 수 있다. 질투, 사랑 같은 2차 과정 정서는 특정 대상에 대한 인지와 판단, 해석에 영향을 주기 마련인데, 이 결과를 3차 정서라고 할 수 있다.

우리는 살아가면서 경험, 기억이 만들어지는 과정에서 감정을 유발한 사건에 의미를 부여한다. 생활 속의 단순한 사건도 생활의 맥락에 따라 의미(생각, 해석)를 부여한다. 돌부리에 걸려 넘어졌을 때, 아내나 애인과 싸운 남자는 상대의 복수라고 생각하거나, 시험을 앞둔 사람은 조심하라는 신의 계시로 해석하며 나름대로 의미를 부여한다(3차 과정 정서). 아기와 성인의 세 가지 정서 과정 발달을 서로 비교해 보면, 정상적인 성장일 경우 시간이 지날수록 1차, 2차 과정은 억제와 통제(inhibition)를 받아 큰 뇌를 사용하는 3차 과정의 비중이 더 커지게 된다는 것을 알게 된다.

감정에 대한 궁금증은 동-서양 철학자들의 중요한 관심거리였다. 저자는 판크셉의 세 가지 정서 의식 과정, 7개의 기본 감정과 동양 철학자의 감정 이론을 비교해 보았다. 조선의 학자들은 중국 문화와 유학에서 직접 영향을 받았는데, 유학의 수양론(修養論)에서 사단(四端)과 칠정(七情), 이를 둘러싼 논쟁을 '사단칠정론(四端七情論)' 혹은 줄여서 '사칠론(四七論)'이라고 부른다. 중국의 주자는 "사단은 이의 발동이요, 칠정은 기의 발동이다(四端理之發, 七精氣之發)."라는 말로 감정의 정의를 시작했다. 조선에서 주자학을 중심으로 퇴계 이황과 율곡 이이는 각각 이(理, 원리, 본성)와 기(氣, 물질, 에너지, 행동)를 중요시하는 학파의 대표이다. 물론 대응하는 다른 개념들도 있다. 당시의 학자들도 인간의 감정에 대해 세심한 연구와 분류를 했으며, 이와 판크셉의 정서-의식 시스템을 비교해 보면 흥미로운 결과가 나타날 것이라고 생각한다. 칠정은 우리가 일상에서 늘 느낄 수 있고 자주 접하는 감정이기에 생생하게 다가온다. 저자가 영어로 설명을 붙인 것은 좀 더 분명히 느낌을 구분하고, 판크셉이 추출한 일곱 가지 기본 감정과 매우 비슷하다는 것을 설명하려는 것이다. 예기(禮記)의 칠정(七情) 중 구(懼)와 오(惡)는 중복되는 감정이라 '구' 대신 중용에 나오는 락(樂)으로 대체한 칠정은 희(喜), 노(怒), 애(哀), 락(樂), 애(愛), 오(惡), 욕(欲)이다. 이를 판크셉의 일곱 가지 기본 감정과 비교하자면 다음과 같다.

① 희(喜): 기쁨, 자식을 갖는 기쁨, 돌보기(Care, 필자가 임의로 판크셉의 모성을 의미하는 돌보기 감정을 여기에 배당했다.)
② 노(怒): 분노, 짜증, 화(Rage)
③ 애(哀): 슬픔(Panic, Separation, Loss, Grief), 아기의 가장 큰 슬픔과 놀람은 엄마를 잃는(분리된) 것이며 공황 상태에 이를 수도 있다.
④ 락(樂): 즐거움(Play, Happy), 동물과 사람은 놀이가 즐거움의 원천이 된다.
⑤ 애(愛): 좋아함, 사랑, 성욕(Rust)
⑥ 오(惡): 싫어함, 두려움(Fear), 혐오(Anxiety)

⑦ 욕(欲): 찾기(탐색, Seeking), 욕망(Desire), 의욕(동기, Motivation), 기대(Expectancy)

4단(四端)이란 네 가지 단서(端緖), 즉 인간의 네 가지 본성에서 우러나오는 마음(情)을 말하는데, 이는 측은지심(惻隱之心, 어려움에 부닥친 사람을 애처롭게 여기는 마음), 수오지심(羞惡之心, 나쁜 것을 멀리하려는 마음), 사양지심(辭讓之心, 남을 배려하여 양보하는 마음), 시비지심(是非之心, 옳고 그름을 판단할 줄 아는 마음)이다. 사단은 각각 인(仁)·의(義)·예(禮)·지(智)의 네 가지로 발전한다고 한다. 그 뜻을 읽어 보면, 사단은 칠정보다 좀 더 품격 있고 차원이 한 단계 높은 감정을 말한다. 저자는 칠정과 같은 기본 감정이 생각, 관념과 합쳐져 좀 더 품격 있고 의지로 행동을 조절하는 고차 인지, 3차 과정 정서를 표현했다고 생각하였다.

제13장

억제(회피) 연구

우리는 개인적 경험을 통해 의도적으로 정서를 제어하는 것이 어렵다는 사실을 알고 있다. 오히려 정서가 우리를 제어하는 데 더 능숙한 듯하다.

– 『불안』(LeDoux, 2015)

우리는 생각을 어떻게 억제하고 있을까? 뇌과학은 망각이 능동적인 과정이라고 밝힌 바 있다. 기억의 소멸 과정이 있기 전에, 기억 영역의 경쟁(신경 홍분) 때문에 주변의 기억 영역이 방해받는 것이 실험으로 증명되었다. 에르델리(Erdely, 2006)는 프로이트가 수동적 억압에서 의도적 '억제'로 정신분석의 중요 구조, 즉 패러다임을 변화시켰다고 말했는데, 기억의 설명에 반드시 필요한 부분이었다. 이제부터 무의식이 아닌 의식의 억제를 다루려고 한다. 저자는 불쾌한 관념을 회피하기 위한 의도적 '억제'의 노력은 인지 조절의 측면에서 방어 개념 너머 실생활에 중요한 기능이 있다고 생각하며, 수의운동의 결과가 보상학습이므로 이에 상응하는 '억제'라는 인지 조절도 같은 원리로 작용한다고 생각하였다.

자신의 충동을 억제하고, 나쁜 습관을 극복하며, 목표와 이익에 반하여 행동하는 것을 피할 줄 아는 능력은 인간 본성의 기초이다. 우리는 자발적으로 어떤 의지력에 의해서 그렇게 할 수 있다고 믿지만, 행동과 생각의 억제 과정이 반드시 믿을 만하게 작동할 수는 없다. 생각과 행동 조절에 관한 주제에는 정신질환의 일종인 우울장애, 주의력장애, 도박, 중독, 뇌신경 시스템의 조절 통제(inhibition), 화학적 차단(blocking) 등 관련된 요인이 수없이 많아 연구자들이 어렵게 연구하고 있다.

잊기 위한 기억

과거를 기억하는 능력은 동전의 양면이다. 한쪽은 우리가 간직하고 싶은 소중한 과거의 기억이며, 다른 한쪽은 함께 있는 우리가 잊어버리고 싶은 슬픈 과거에 대한 기억이다. 기억과 생각은 분명 그 자체만으로 마음을 복잡하게 하고 산만하게 만든다. 때로는 쉬기 위해, 때로는 좀 더 숙고하기 위해 생각을 억제할 필요가 있다. 이 문제를 토론하기 전에 일반적인 정신, 심리 상태와 정신질환 같은 병적인 과정의 상태를 구분할 필요가 있다. 일반적인 심리 상태는 어느 정도 자기의 자발적 통제하에 있다는 것이 알려졌다. 사람이 과거 사건의 환영받지 못하는 부분을 기억할 때, 원치 않는 기억을 인식에서 배제할 수 있다. 이 과정은 차례로 억제된 기억을 유지할 수 없게 해체한다. 그러나 강박장애, 조현병과 같은 질환을 가진 환자는 침습적인 생각으로 고통스러워하며 이를 의지로 조절할 수 없다. 프로이트의 억압 사례 속 환자들은 당시 '히스테리'라고 불렀고, 지금은 스트레스장애, 심한 경우는 외상후 스트레스장애나 신체형 질환으로 진단할 수 있다. 질환의 급성기에는 관념으로 고통스럽다가 안정 후 어느 정도 의식적 인지조절이 가능한 상태로 바뀔 수 있다.

이 주제에는 누군가 설명해야 할 복잡한 의문이 여럿 있다. 만약 어떤 사람이 경험이나 소원을 억압(회피학습)했다면 그는 그것을 기억할 수 없다. 무의식의 의미에서 그 경험이나 소원은 잊혔다. 하지만 잊힌 경험의 모든 것이 억압을 수반한다고 말할 수는 없다. 그러나 프로이트는 무언가를 억압하는 사람은 잊으려는 동기가 있는 것으로 의심했고, 억압은 의도적 망각(willful or willed forgetting)으로 시작한다고 말한 후, 망각이 의도적이며 동시에 무의식적으로 일어난다고 말하는 모순을 발생시켰다. 또한 사람은 잊으려고 잊어야 할 것에 집중하는 순간, 확실히 잊어야 할 바로 그것을 기억하는 일이 일어난다. 어떻게 일부러 잊어버릴 수 있을까? 상식적으로 우리가 무엇인가에 집중할 때 그것은 기억된다. 어떻게 잊으려고 기억할 수 있나? 프로이트는 무의식적인 자아(호문클루스)를 가정함으로써 딜레마를 해결하려고 시도했다. 이 숨겨진 '나'는 아마도 의식적인 '나'로서 인식에서 감추어진 억압의 역할을 하는 것으로 보인다. 누구도 모르는, 심지어 프로이트도 모르는 억압의 비밀로 인해 억압은 더욱 신비롭고 관찰할 수 없는 것처럼 보였다. 이러한 또 다른 행위자를 통한 가설적 시도는 진정한 해결책이 아니었다.

억제와 대치[1)]

프로이트의 '문학적 감각'은 억압에 대해 은유를 사용하는 것 이상으로 신비감이 있다. 이것이 그의 글의 매력이다. 그는 '꿈의 해석'에서 꿈이 검열되어 인정받지 못하는 생각이 생략되거나 위장되는 과정을 실감 나게 표현했다. 그는 억압이 오스트리아-헝가리 제국의 검열관처럼 '정확하게' 기능한다고 말했다. 제국의 검열단은 국경을 넘어온 러시아 신문에 검은 글귀와 공백(검열받아 지워진 흔적)을 남겼다. 그렇지만 성공적인 억압은 그 자신의 흔적을 덮기 때문에, 프로이트가 비유한 억압과 정치적 검열의 비유는 정확하지는 않다. 의식적 경험이나 내면의 말과 대화에는 공백이 없다. 정신은 라디오 플러그가 뽑히는 것처럼 곧바로 꺼지지 않는다. 검열 대신 다른 것에 대해 생각해야 하며, 아마도 회피된 생각은 대체된 주제(생각)에서 간접적으로 자신을 표현할 수 있을 것이다. 이 점에서 정신적 검열은 현대의 정치인, 언론과 닮았다. 그들은 더 정교한 방법을 사용하는데, 공약을 뒤집기 위해 감정적 이슈로 대치하거나 대중의 관심이 높은 연예 및 스포츠 기사로 대체함으로써 검열의 징후를 은폐한다. 이것이 억제를 더 잘 표현한 것이다. 엘리자베스는 자신이 형부와 결혼해도 된다는 생각을 떨쳐 버려야 했기 때문에, 스스로의 관심을 옮기기 위해 다른 생각을 찾아 대체해야 했다. 그녀는 자신의 마음을 사로잡기 위해 고통과 통증을 겪었고, 다른 가족 구성원들과 이에 대해 긴 시간 동안 이야기할 수 있었다. 프로이트가 당신은 형부를 사랑한다는 불편한 이야기를 꺼내자, 엘리자베스는 자신의 아픔을 이야기하기 시작했다. 그녀는 침묵 속에서 고통을 겪는 모습을 겉으로 드러내며, 되도록 대화에서 주치의의 주의를 분산시켜 말의 주제를 딴 데로 돌리려 했다.

100여 년 전 프로이트는 『과학적 심리학 초고』에서, 방어적 심리 상태에 대해 다른 곳으로 에너지를 집중하는 '충전 행위'를 설명하면서 다음과 같이 말했다.

> 기억하기 힘들 정도로 고통스러울 때면 환자들은 이것을 마음 한쪽 구석에 가둬 놓고 빠져나오지 못하도록 주변에 튼튼한 방어벽을 쌓아 두게 된다. 그러나 방어벽을 쌓는다고 해서

1) 프로이트와 정신분석 이론가들은 일반적으로 '대체(replacement)'보다는 '대치(displacement)'에 대해 말해 왔다. '대치'라는 용어는 프로이트의 정신 에너지(Q)의 수력 모델이다. 억압되어야 할 생각 뒤에 놓여 있던 에너지가 내려져 관념의 대체에 사용된다는 가설이다. '대치'라는 용어는 프로이트의 억압 이론에 중요한 연상이 있다는 것을 시사한다. 즉, 대체된 생각과 대체할 생각 사이에 상징적 연결이 있을 것이다. 뇌과학적 해석은 두 관념 사이의 근접성과 유사성의 신경 강도에 비례하여 선택한다는 것이다.

기억 자체가 사라질 수는 없다. 우리가 방어하기 위해 할 수 있는 일은 고작 고통스러운 기억을 다른 모습으로 바꾸거나 다른 장소로 옮기는 것뿐이다(Cohen, 2005, p. 34에서 재인용).

대상을 상징, 은유로 표현하면 '대치'이고, 다른 대상으로 바꾸면 '대체'이다. 그러나 보통 대체된 대상은 상징성을 가진다. 저자는 정신분석의 표현과 용어가 뇌과학의 실험 결과와 가설로 전환되고 설명이 가능할 때 희열을 느낀다. 저자는 프로이트의 '방어벽'과 '다른 모습'을 뒤에 소개할 드퓨의 억제(inhibition)의 세 가지 뇌과학적 가설로 설명할 수 있다. 실험 결과, 의식의 참여를 불문하고 환자들은 기억의 내용을 변화(포장, 대체)시키거나 무의식화할 수 있다는 것이 분명해졌다. 이것은 정신분석의 억제(억압)를 일부 설명한다.

담론심리학

마이클 빌리그(Billig, 2004, p. 141)는 담론심리학을 지지하면서 억압을 사회적 기술, 특히 언어와 도덕적 발전 과정에서 습득되는 것으로 가정함으로써 문화, 정서, 과학의 차원을 강조하였다. 그의 주장은 설득력이 있다. 그는 억제(억압)를 단순히 일상의 언어 사용과 연결해서 숨겨진 '나'의 문제로 다시 생각했다. 즉, 상식적인 경험에서 아이들이 말하는 것을 배울 때 자주 거짓말로 잘못한 사실을 부정하다가 주제를 바꾸는 능력을 습득하는 것을 볼 수 있다. 아이들이 대화 도중에 바꾼 주제는 중요했지만 이내 의식에서 벗어난다. 의식에서 벗어난 생각과 기억은 점점 소멸한다. 즉, 어떠한 이유로 주제를 변경했는데, 이 변경으로 억제(회피)한다고 말할 수 있다. 그는 그동안 기억과 망각에 대한 기존의 상식적인 시각의 오해가 있다고 말한다. 언어와 기억 활동 모두 선천적이고 본질에서 비언어적이며 '자연적'으로 자발적으로 발생한다고 가정한 것과 달리, 후천적인 측면, 환경의 영향과 노력에 의한 학습이 더 영향을 준다. 그래서 중요한 부분은 인간의 기억은 언어에 뿌리를 둔 후천적인 학습 기술에 더 영향을 받는다는 것이다. 따라서 기억하는 것이 학습한 기술이라면, 같은 방식으로 다른 것을 잊어버리는 망각 역시 학습의 기술이다. 한 사람이 동시에 두 사람과 결혼할 수 없는 것처럼, 즉 우리가 기억할 수 있다고 말한다면 우리는 다른 것을 잊었다고 말할 수 있다. 그러므로 성공적인 억제와 망각은 진정한 의미에서 다른 것을 기억하는 것을 포함한다. 또한 정상적인 건강한 정신을 유지하기 위해 우리는 적절한 방법으로 잊어버리는 법을 배워야 한다. 그는 이를 인정한다면, 억압은 기억과 망각의 한 형태이기 때문에 기억과 망각 사이의 '보통' 관계를 먼저 파악하지 않고서는 그 본질을 이해할 수 없다고 말한다. 그는 "정통 프로이디언(Freudian)은 이 사실을 받아들이는 데 주저할 수 있지만, 만약 억압이 언어의 기술에 있다면, 그것은 아이가 그러한 기술을 연습하기에 충분한 나이가 되기 전에 일어날 수 없으므로 억압과 무의식을 아동이 억압할 수단과 동기가 없었던 유아기의 초기 시기까지 추적하지 않는 좋은 이유가 된다."라고 말했다.

사람들은 정신적 사건으로 고통받는 사람에게 당장 해결할 수 없는 문제를 피하고 현실 업무나 운동 또는 오락에 몰두하라고 권한다. 이들은 이미 억제(억압)는 생각을 대체하는 형태라는 것을 알고 익숙하게 시행하고 있다. "저것이 아니라 이것에 관해 이야기하거나 생각하라."라고 말하고 권하는 방법이다. 그러면 사람은 '이것'이라는 주제에 몰두하게 되고, 그래서 '저것'이라는 주제는 자신이 마음속으로 했던 말처럼 잊혀질 수 있다. 만약 억제가 내적 대화에서 일어난다면, 분석가는 내적으로 말하는 불연속성의 표식을 따라갈 필요가 있다. '진정한' 억제가 내적이라거나, 심지어 내적 정신생활과 외적 사회생활 사이에 첨예한 구분이 있다고 생각하면 오산이다. 화제의 전환, 주제의 이동은 한 사람이 자신에게 말하는 내적 대화에 국한되지 않고 외적 사회생활의 일부로 작용할 수 있다. 사람들은 화제 전환을 위해, 먼저 화제 전환을 암시하는 흔히 버릇같이 사용하는 단어나 행동이 있다. 이 작은 단어(표식)는 이러한 주제 이동이 일어나고 있음을 표시하고 그다음 다른 주제가 등장한다. 특히 억제가 특정한 생각을 몰아내는 데 목적이 있는 내부 과정으로 보인다면 더욱 두드러지는데, 억제가 외부의 대화를 끌어온다면 성공할 가능성이 더 크다. 그는 삶의 습관에 침전되어 억제(억압)가 반복되고 습관적 대화 활동이 된다면 억제는 더욱 잘 이루어진다고 말했다.

저자는 담론이나 언어로 '억제'를 설명하기에는 부족하다고 생각한다. 하지만 그의 전반적인 설명은 실생활에서 억제가 어떤 모습인지 잘 표현했다. 저자가 설명할 기억 억제의 기초가 되는 신경 인지 메커니즘이 재활성 억제와 경쟁적 주의 억제-생각의 대체라는 가설이 세워졌으며 실험에서 입증되고 있다. 즉, 생각을 억제하는 것은 서로 경쟁 관계의 다른 하나를 선택(기억 대체)하는 것도 포함하므로 담론학의 설명을 지지한다. 기억 선택에서 벗어나면 그 신경 연결이 약해지고 끊어지는 것이 망각과 소멸의 과정이다.

앞이마겉질의 손상: 피니어스 게이지

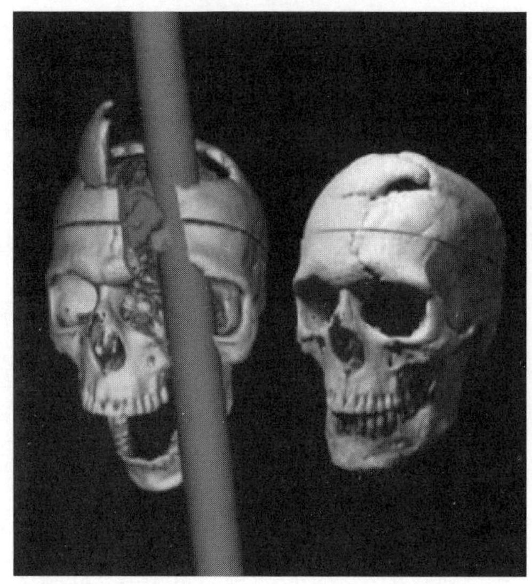

출처: Ratiu et al. (2004).

[그림 13-1] 피니어스 게이지의 두개골

피니어스 게이지(P. Gage, 1823~1860)의 사례는 뇌과학자들이 사고를 당한 인물의 사례와 증상을 통해 앞이마겉질(PFC)[2]의 기능을 알 수 있었던 매우 중요한 사례였다. 과학자들은 피니어스 게이지를 통해서 앞이마겉질이 감정과 행동을 통제(Inhibition), 통합의 역할을 한다는 것을 최초로 알게 되었다. 앞이마겉질을 프로이트의 정신분석과 비교하자면 초자아와 자아의 기능일 것이다. 그래서 그의 사례는 마음의 뇌과학 발전에서 매우 중요한 위치를 차지하고 있다.

게이지는 1848년 버몬트주 캐번디시 근처에서 바위를 폭파하여 철도를 내는 작업을 감독하고 있었다. 그는 실수로 화약을 폭발시키는 바람에 약 6kg의 쇠막대가 머리뼈를 관통하여 왼쪽 앞이마겉질의 대부분이 파괴되었다([그림 13-1] 참조). 게이지의 주치의 존 마틴 할로(J. M. Harlow)는 경험이 좀 부족하긴 했지만 사고 현장에서 매우 훌륭하게 게이지를 치료했다. 그 결과, 게이지는 엄청난 사고를 겪고도 잘 회복될 수 있었고 세 달도 채 지나지 않아 걷고 말하며 다시 일할 수 있었다. 하지만 회복된 게이지는 성격뿐 아니라 사회적 행동을 통제하는 능력 면에서도 전혀 다른 사람이 되었다. 사고가 나기

2) 이 책 제10장의 〈표 10-1〉 앞이마겉질의 구분 참조.

전에는 남을 배려하고 성실한 사람이었던 그는 사고 후 전혀 신뢰할 수 없는 사람이 되었고, 앞으로의 일을 계획하지도 못했으며, 혼자서 무언가를 적절히 실행하지도 못했다. 그는 일에도 무책임했으며 남을 배려하지 않았고 일의 순서를 결정할 수도 없었다. 할로는 사고 후 게이지의 상태에 관해 이렇게 말한 바 있다(Harlow, 1868, p. 327).

> 신체 건강은 좋으며 회복되었다고 말하고 싶다. 말하자면, 그의 지적 능력과 동물적 성향 사이의 평형 또는 균형이 파괴된 것으로 보인다. 그는 사악하고 불경하며 때로는 가장 거슬리는 욕설(이전에는 그의 습관이 아니었다.)을 탐닉한다. 그는 자신의 욕망과 충돌할 때 억지를 부리거나 충고를 듣지 못하고 때로는 변덕스럽고 격렬하게 움직인다. 이와 관련하여 그의 마음은 근본적으로 바뀌었고, 그의 친구와 지인은 그러므로 "이제 그는 게이지가 아니다."라고 말했다.

이런 환자들은 불경하고, 다른 사람들에게는 거의 존경심을 보이지 않으며, 욕망과 충돌하면 참을성을 보이지 않는 등의 성격 변화를 보이는데, 이를 오늘날에는 '앞이마엽 성격'이라고 부르고 있다. 이 사례는 특정 뇌손상 사건과 그가 어떤 성격인지에 대한 사실 사이에 예측 가능한 관계가 있음을 알려 주었다(O'Driscoll & Leach, 1998). 우리 중 누구라도 뇌의 특정 부위에 같은 손상을 입는다면 게이지처럼 바뀔 수 있으며, 다시는 이전으로 돌아갈 수 없을 것이다. 정신건강의학과 의사는 뇌의 손상은 물론 정신질환에 의해 성격과 습관이 전혀 달라지는 사례를 매일 경험하고 있다. 게이지 사후 그의 구멍 난 머리뼈는 박물관에 보관되었다. 이후 뇌과학자 한나 다마지오(H. Damasio)와 동료들은 연구를 통해, 쇠막대가 편도체를 억제하고 정서적 · 인지적 · 사회적 정보를 통합하는 데 중요한 앞이마겉질의 두 영역(배내측 영역과 일부 내측 영역)을 파괴했다고 결론을 내리고, 수술 후 전 앞이마겉질의 배쪽 영역이 손상된 EVR의 사례 연구를 통해 앞이마겉질이 편도체를 조절함으로써 인지의 하향 통제(Inhibition)에 핵심적인 역할을 한다는 독자적인 증거도 제공했다(Damasio et al., 1994). 다른 연구자들은 앞이마겉질의 이 부분에 뇌손상을 입은 아이들에게서 '사회적 정서' 발달이 장해가 되며 범죄자, 특히 반사회적 성격장애(psychopathy)들은 앞이마겉질의 부피가 감소한다는 것을 지적했다.

앞이마겉질과 활성 통제 기능의 진화

게이지에 의해 알려진 앞이마겉질의 기능 중 우리의 관심을 가진 '억제'의 기전은 [그림 13-2]와 같이 앞이마겉질이 겉질 아래 신경핵에 대한 조절력을 가지고 있다는 점이다. 우리는 앞서 제11장 '억압과 스트레스의 신경생물학'에서 '겉질 해제 징후', '해체의 원칙'을 통하여 앞이마겉질의 통제 기능을 알았다.

미국의 드퓨(B. E. Depue)는 인간의 진화된 뇌는 기억 인출 조절을 통해 기억 접근 가능성을 제어할 수 있으므로 자신의 환경에 유연하게 적응할 수 있다고 말한다. 그래서 일반적으로 적절한 행동을 선택하기 위해 인출 과정을 일관되게 조절하는 것은 거의 노력이 필요하지 않다고 한다. 이런 측면에서 더욱 포괄적으로 상부 뇌 기능의 측면에서 본다면, 인출의 억제는 앞이마겉질이 행동 취소 반응이나 감정 조절을 억제하는 것처럼 개개의 기억 표상에 대한 특수한 억제가 아니라 오래된 하부 뇌의 운동, 감정, 기억의 일반적인 정보 흐름을 새롭게 등장한 새겉질이 통제, 조절, 보완하는 인지 과정의 관문으로서 계통 발생 입장에서 작용하는 것으로 추정한다. 진화의 측면에서 보면, 기억의 인출을 억제하는 것은 감정의 억제나 운동의 억제와 같이 빠른 방어-생존 반응이 특징인 하부 변연계의 기능을 우측 앞이마겉질이 보완 · 견제하는 계통 진화의 결과로 보인다. 지금까지 설명해 온 '억압'은 하의식 기관의 생존과 방어를 위한 자치 기능이며, '활성 통제'[3]는 상부 기관인 우측 앞이마겉질이 하부 뇌와 몸을 관리하기 위한 체계적 시스템의 일부이다. 뇌 하부 기관은 자동차의 엔진으로, 앞이마겉질의 좌반구는 액셀의 역할, 우반구는 브레이크의 역할로 비유한다. 이렇게 앞이마겉질은 지휘 체계로서 감독하고 있으며 인간의 유연한 행동에 공헌하고 있다.

앞이마겉질의 계통해부학에서 보면, 등(뒤)에서 배(앞) 방향으로 운동, 생각, 정서(감정)를 담당하며 우측 앞이마겉질 통제 기능(Depue et al., 2016)도 마찬가지 순서이다([그림 13-2] 참조). 기억 검색의 기본이 되는 신경망은 주로 우측 중간 앞이마의 이랑(rMFG)[4]에 의한 해마체(Hippocampal Complex: HPC)의 조절을 허용하는 경로이다. 감정적 반응성의 억제 조절의 기본이 되는 신경망은 최소한 두 가지 경로를 포함하는데, 우측 MFG와 눈확앞이마겉질(Orbital prefrontal cortex: OFC), 우측 OFC와 편도체(Amygdala: AMY)이다. 운동 억제 조절의 신경망은 최소한 세 가지 경로를 포함하며 우

3) 저자는 뇌신경 시스템의 상호작용을 의미하는, 즉 앞이마겉질의 하부 뇌에 대한 전반적인 하(비)의식적 의미의 억제 기전은 '활성 통제(inhibition)'로 사용했으며, 작은 영역 간의 간섭은 억제(inhibition)를 사용했다.
4) 중앙 앞이마이랑(Middle Frontal Gyrus: MFG): 등가쪽 앞이마겉질(DLPFC)과 중복되는 뇌 영역이다.

측, 후방 MFG과 우측 아래 앞이마이랑(Inferior Frontal Gyrus: IFG), 우측 후방 MFG와 앞띠다발겉질(Anterior cingulate cotex: ACC), rIFG와 시상아래핵이다. 정신질환은 대부분 앞이마겉질의 장애와 연관된 경우가 많다.

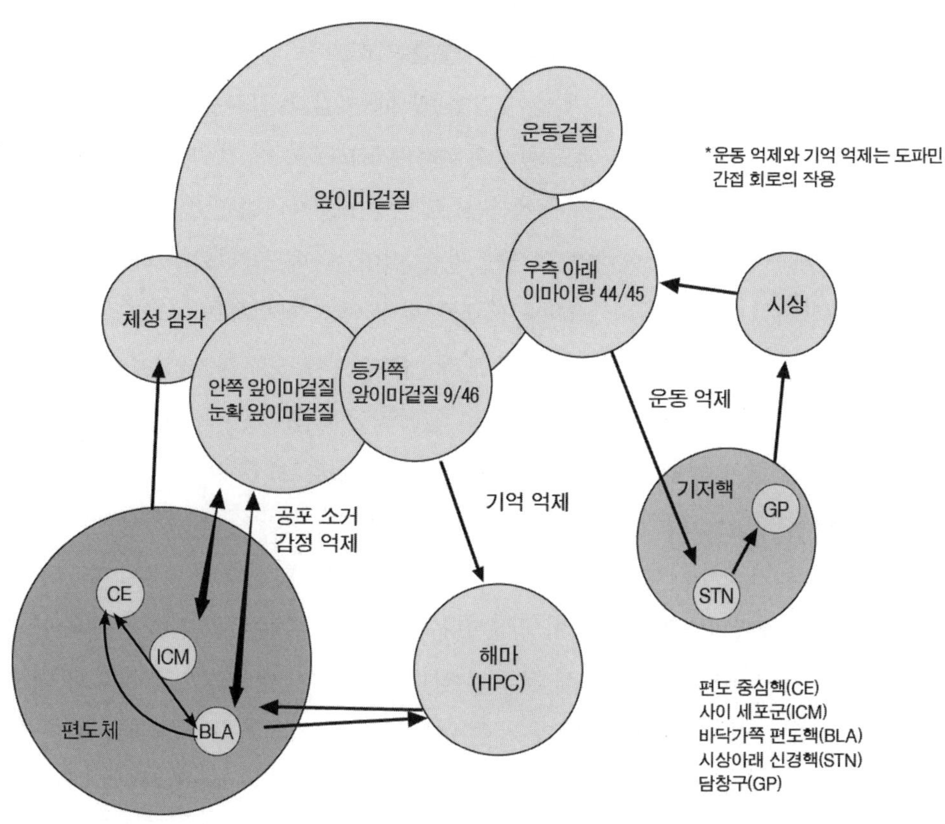

[그림 13-2] 뇌 통제 회로의 계통

주의와 집중을 위한 방해 자극의 하의식 통제

"당신은 쉴 자격이 있다."라는 방송을 들으며 휴가철에 찾아간 해변에서는 비키니를 입은 젊은 여성이나 근육질 남성들의 모습이 유난히 잘 보인다. 게임에 집중한 아이들은 엄마가 옆에서 밥 먹으라고 불러도 대답하지 않는다. 익숙한 광경이다. 감각 자극과 정보의 홍수를 접하며 살아가는 현대인이지만, 원시 때부터 사냥에서 진화한 뇌는 집중하고자 하는 대상에 대한 지각과 관련 없거나 주의를 분산시키는 자극을 통제할 수 있다. 신경과학자는 시상을 둘러싸고 있는 얇은 막으로 구성된 통제 신경인 시상 망상핵(Thalamic Reticular Nucleus: TRN)에 관심을 가지고 있다. 이 신경핵은 대뇌겉질로 투사되지 않는 유일한 시상핵이며 대신 시상(및 망상 핵)을 통과하는 신호를 조절한다. 이 핵은 담창구(Globus Pallidus)의 외절에서 거대한 투사를 받아 시상세포의 억제(inhibition) 역할을 하는 가바(GABA) 신경 뉴런으로 생각되고, 이는 운동 시작에 필수적이며 다른 생각과 행동 계획 사이를 정신적으로 전환하는 능력인 인지 유연성에도 관여한다. 2015년 마이클 하라사(M. Halassa)와 그의 팀이 발견한 회로는 앞이마겉질-기저핵(BG)-TRN-시상회로이다. 이 신경핵은 동물이 잠을 잘 때는 감각 입력을 통제하고, 깨어 있으면 통과시키며, 대상에 주의할 때도 활성화된다(Wimmer et al., 2015).

퇴근 후 TV에서 좋아하는 스포츠 중계를 보고 있을 때, 아내의 말을 무시해서 화나게 하지 않도록 조심해야 한다. 아내가 옆에서 말을 걸어 올 때, 남편의 청각 자극은 당장 필요한 자극이 아니면 기저핵이 TRN에 신호를 보내 바로 활성을 억제한다. 이러한 기능을 '방해 자극 여과'라고 하는데, 이는 정보가 시각겉질에 도착하기 전에 바로 시작된다. 이 기전은 조현병에서 중요하게 연구되고 있으며, 저자는 명상(선정)에서 감각과 지각의 차단에도 관련이 있을 것으로 생각한다. 이런 기능을 보면 앞이마겉질의 통제 작용은 하의식에서 자동으로 조절됨을 알 수 있다.

우리가 주의를 기울이는 행위는 뇌 안에서는 필요한 정보를 선택하는 것이다. 여러 이론에 따르면, 이 메커니즘의 산출물이 의식이다. 지각은 외부/내부의 감각기에서 선택된 정보를 받아들여 내면의 기억에 의해 조정된 상태를 말하며, 궁극적으로 의식의 내용이 된다. 두말할 필요 없이 우리는 지각과 관련 없는 정보를 의식하거나 그것에 주의를 기울이거나 배제할 수도 있다(예: 자기 생각과 느낌). 이때도 비슷한 메커니즘이 관여하며, 외적 환경과 내부 생각 사이에서 주의 초점을 전환하는 앞이마겉질의 관문 메커니즘과 함께 작동한다. 주의력(attention)은 에너지와 정보 흐름의 방향을 만드는 과정을 이야기한다. 주의력은 의식하에 있을 수 있다. 따라서 우리는 우리 자신이 주의를 기울이고 있는 대상을 알아차릴 수 있다. 이는 국소주의(local attention)이다. 그러나 주의력은 뇌겉질 아래 기관이 작용하는 하의식에서도 일어날 수 있다. 이때는 에너지와 정보의 흐름이 방향을 잡고 있지만, 우리는 그 흐름을 알아차리지 못한다. 이는 비국소주의라고 한다. 국소주의는 많은 방법을 통해 우리가 목적과 의지를 통해 의도를 행동으로 옮기게 해 주며, 의식 기억을 좀 더 효과적으로 만들어 줄 수도 있다. 비국소주의는 우리의 기억을 만들어 주지만, 이것은 주로 비서술 기억(암묵적 비서술 기억)에 영향을 주며 우리의 감정, 지각, 유사하다는 느낌 및 신체 반응을 부호화시키거나 저장한다.

의도적 억제와 망각

잘 알려진 선택적 기억의 또 다른 현상은 의도적 망각(의도적 억제)이다. 망각 효과를 볼 수 있는 통상적인 방법은 피험자들에게 일련의 단어를 보여 주고 각각의 단어에 대해 그것을 기억할 것인지 망각할 것인지를 지시하는 것이다. 특정한 정보를 잊어버리라고 지시된 피험자들은 나중에 시행되는 기억 검사에서 '잊어버리도록 한' 자료들에 대해 실제로 기억력(회상)이 저하된다는 많은 실험(MacLeod, 1975; Wetzel, 1975) 결과가 있다. 제10장에서 소개한 밀너의 연구를 통하여 편도체와 해마 두 시스템은 각각 비서술 감정 기억과 서술 기억을 독립적으로 담당한다는 사실이 알려진 이후, 인지 과정의 동기화를 실험한 연구나 의도 망각 패러다임 연구(Palter, 1999)에서도 이 사실은 확인되었다. 연구자들은 비로소 기능적 기억상실의 모델이 거의 규명될 수 있을 것(Stein, 1997, p. 99)으로 기대했다.

피험자들에게 두 가지 색 중 하나의 색으로 쓴 일련의 단어를 의미상으로 평가하도록 하였다. 한 색깔은 잊어버릴 단어를, 다른 색깔은 기억할 단어를 의미했다. 서술 기억 과제에 대한 피험자들의 수행은 잊어버리라는 지시 때문에(의도적 망각) 영향을 받아서 '잊어버린 단어'에 대해 낮은 수행을 보인 반면, 비서술 기억은 '잊어버릴 단어'와 '기억할' 단어에 대해 같은 수행을 보였다.

의도적 망각 연구에서 특정한 단어를 기억하거나 잊어버리게 되는 동기는 실험자의 지시를 따르려는 피험자의 욕구에서 나온 것이다. 이러한 상황은 잊어버리려는 동기가 고통스럽거나 부정적인 기억을 피하려는 욕구 때문에 유발되는 상황에서도 똑같이 적용될 수 있다. 어떤 사람은 그를 헐뜯는 소리를 듣는 것같이 감정을 동요시키는 사건을 잊어버리려는 동기를 가질 수 있다. 고통스러운 정보의 처리를 피하려는 성향이 있는 사람은 유쾌한 것은 기억하지만 불쾌한 것은 잊어버리라는 지시를 따르는 데 더 숙달되어 있을 수 있다. 아동기에 성적 학대를 경험한 사람들과 그렇지 않은 사람들에게서 유도된 망각 기술을 비교하였는데, 비서술 기억 과제의 수행에서는 차이가 없었지만 전자의 경우 유도된 망각 기술을 더 많이 가지는 경향을 보였으며(Cloitre et al., 1996), 그들이 피할 수 없는 상황에서 생존을 극대화하기 위해 정보를 피하거나 무시하는, 또는 반대로 긍정적이거나 중립적인(즉, 상처를 주지 않는) 자극에 집중하는 기술이 발달했다(Terr, 1994)고 한다. 결론적으로, 선택적인 집중 또는 회피 과정에 의해 특정한 정보(기억)가 유의하게 손상되거나 지켜질 수 있으며, 이는 억제(의도적 회피)의 반복 훈련이 효과가 있음을 보여 준다.

저자는 의도적 망각을 여러 가지 이유로 해석하는데, ① 사건을 즉시 잊어버릴 것으로 간주하여 저장하지 않기 때문에 기억을 못 한다, ② 사건이 저장되고 난 후, 기억 안에 표상하는 정보와 재생 단서로 주어진 정보가 맞지 않기 때문에(복원, 재생 실패) 기억을 못 한다, ③ 어떤 경험(예: 오래전 친구와 성가시지만 중요하지 않은 약속)은 그 사건과 거의 동시에 일어나는 잊어버리고자 하는 자기 지시의 결과(선택적 부주의)로 저장되지 않을 수 있다, ④ 사건 발생 시에는 기억되었지만 잊어버리려는 동기에 의해서 나중에 잊힐 수도 있다.

앞이마겉질, 편도체, 해마의 상호작용

해마와 편도체, 두 개의 안쪽 관자엽 기관은 각각 고유한 특성 기능을 가진 독립된 메모리 시스템이나 서로 직접 연결하는 회로가 있어, 동물이 스트레스를 받으면 공포 기억의 인출 동안 해마와 편도체 두 기관 사이에 세타(theta) 진동 동기화가 발견되어 이 두 기관의 협동이 확인되었다. 거의 모든 기억에는 감정이라는 색깔(가치)이 있으며, 편도체와 해마는 항상 정보를 주고받고 있다. 그러므로 일상에서도 통제된 실험에서도 피험자는 감정적 흥분을 일으키는 사건을 특히 잘 기억한다. 편도체에서는 감정의 색깔을 칠하고 구별하며, 해마에서 그 사건의 맥락이 부호화되고 저장된다. 또한 '화학적 차단'에서 설명했듯이, 편도체에서 매개되는 흥분 자극은 시상하부를 거쳐 스트레스 호르몬의 분비를 통하여 기억에 영향을 미치고 서술 기억을 강화한다. 장기간의 스트레스 화학 물질은 해마를 공격해서 서술 기억을 약화할 수 있다. 그렇다 보니 프로이트의 억압과 억제는 기억 시스템과 해마-편도체의 상호작용, 그리고 스트레스와 망각의 기전을 잘 알아야 풀 수 있는 수수께끼 같은 어려운 문제였다.

해마의 학습을 위해서는 환경 맥락과 의식적 기억이 필요하다. 이들 감정은 학습과 기억을 포함한 다양한 인지 과정에 영향을 미치는데, 바닥 가쪽 편도체(Basolateral Amygdala: BLA)는 해마-의존 부호화 및 저장을 모두 조절할 수 있으며, 해마는 사건의 정서적 의미와 해석이 가미된 일화 기억의 표상을 형성함으로써 정서적 자극이 발생할 때 편도체의 반응에 영향을 준다. 특히 배쪽 해마체(Ventral Hippocampal Complex: VHPC)는 광범위한 정서 기억을 부호화하는 역할을 한다. 사람과 동물 모델에서, 이 회로의 기능 이상이 신경정신질환의 원인이 될 수 있음이 확인되었다. 광유전 조작으로 해마 CA1 피라미드 세포를 억제하면 맥락 공포 기억의 획득 및 인출이 어려워지고, 배쪽 해마와 바닥 편도의 연결이 끊어지면 소거된 공포 기억의 재생이 실패한다. 이는 배쪽 해마가 바닥 편도에 대한 맥락 정보를 보내 공포 행동의 관문 역할을 한다는 것을 의미한다. 불안 관련 행동에서 상호작용을 연구한 결과들은 바닥 편도 뉴런 및 해마의 활동이 서로 상관관계[5]를 나타낸다. 그러나 둘 사이에 다양한 중복 회로가 있기에, 효과가 직접적인 단일 시냅스를 의미하는 것은 아니다. 안쪽 앞이마겉질(MPFC)은 이러한 영역 중 하나이며 이곳은 바닥 편도체, 해마와의 시냅스를 양방향으로 연결하고 있다.

뇌의 활성 통제 기전을 설명하는 데 HPC, 배안쪽 앞이마겉질(VMPFC)의 상호 관계를 이해하는 것이 또한 중요하다. 동물은 강화물이라는 음식, 칭찬, 정서적 동기에 의해서 일정한 행동을 하도록 학습한다. 목적이 뚜렷한 도구학습, 보상학습에서 VMPFC와 해마의 상호작용이 필요하다는 것은 잘 알려진 사실이다. 밀라드 등(Milad et al., 2007)은 맥락 의존적 소거 공포학습의 재생[6] 실험(extinction recall)을 통해 최초로 사람에게서 두 기관이 공포의 소거에 협력한다는 것을 밝혔고, 벤체넨 등(Benchenane et al., 2010)은 쥐가 미로 과제를 학습할 때 새로운 규칙을 배우면 행동과 동시에 HPC와 MPFC의 세타 리듬과 최고 신경 발화가 정확히 동시에 나타난다는 사실로, 학습에 두 기관의 참여가 꼭 필요하다는 것을 증명했다. 해마의 CA1과 해마 이행부(SUB)에서 직접 MPFC로 향한 신경회로가 있지만, 반대로 MPFC에서 HPC로 들어가는 직접적인 투사회로는 없다. 요즘 연구자는 HPC와 SUB에서 MPFC로의 직접 경로가 기억 과정의 인지 및 정서 조절에 특별하게 관련되어 있다고 가정하였고, MPFC로부터 중앙시상핵(RE midline thalamic nucleus reuniens)을 통해 HPC로 가는 간접 경로가 공간 및 정서적 기억 처리에 역할을 할 수 있다는 증거가 있다. 당연히 두 곳이 손상된 동물은 학습과 정신 기능의 장애가 생긴다. 예를 들어, 조현병, 주요 우울장애, 외상후 스트레스장애 환자는 HPC와 VMPFC 간의 조절되지 않은 상호작용이 공통 증상이다. 최근에 밝혀진 사실은 VMPFC의 일부인 앞변연(Prelimbic: PL) 회로는 맥락 조건화된 공포의 발현과 약물 탐색에 역할을 하며(Jin

5) 공포 조건학습에서 GABA 수용체 작용제인 mucimol로 BLA를 비활성시키면 해마 의존적 맥락 기억의 응고 장애가 발생하고, 또한 BLA를 조작하면 해마의 유전자 발현과 시냅스 가소성이 변화한다.

6) 재생(renewal): 공포학습이 소거된 이후 원래의 조건 형성 맥락에 노출되면 소거 효과가 사라지는 재발 현상이다. 프로이트의 '억압의 귀환'을 설명한다.

& Maren, 2015), 변연하(Inferior Limbic: IL) 회로는 이러한 행동을 억제한다. 과학자들은 우울증과 외상후 스트레스장애에서 해마의 부피 감소를 관찰하였는데, 해마의 활동 결핍이 앞변연회로의 활성을 초래해서 공포 반응이 증가하는 정서질환의 모델이 될 수 있다는 것이다. 제14장 '억제(회피)의 학습(습관)'에서 소개할 델가도 팀의 인지 재평가 연구는 공포학습의 소거와 새로운 도구학습이 일어나는 과정을 잘 이해할 수 있으며 정신치료의 모델이 된다.

억제의 실험: 동작 반응 취소

사람의 수의적(의식적) 운동은 두 개의 시스템이 협동한다. 정지–운동 시스템이 있고 응급 정지 시스템이 있다. 행인이 걷다가 도로를 만나 횡단보도에서 정지하는 동작은 전자이다. 그러나 횡단보도에서 신호등이 파란색으로 바뀌자 몇 걸음을 걷기 시작하다가 갑자기 차가 돌진하면 걷는 동작을 즉시 멈춘다. 이 행동이 후자이며 동작(반응)을 갑자기 취소(억제)하는 행위는 의식적 · 비의식적 행동이 복합된 것이다. 운동의 시작과 하지 않는 것은 앞이마겉질–운동겉질–선조체–시상의 연결 경로이며, 느리지만 대단히 구체적인 운동을 지시한다. 그러나 하던 운동의 취소 같은 갑작스런 행동은 빠르고 전면적[7]이다. 우측 배가쪽 앞이마겉질(VLPFC)–시상하핵(Subthalamic Nucleus: STN) 경로는 운동 반사를 중단하는 데 결정적 역할(Aron et al., 2003)을 한다. 앞운동겉질은 마루엽, 뒤통수엽겉질 등 세계에 대한 정보를 받아 움직일 계획을 만들어 내며 생각으로만 활성화될 수 있다. 이 운동 경로는 도파민을 매개로 보상에 기초한 강화학습으로 운영된다. 생각 억제의 연구자는 이렇게 행동을 갑자기 취소 · 억제할 수 있다는 사실에서 기억 억제에 대한 아이디어를 얻었다. 생각은 혼자 하는 말과 같은 것이며 생각에 필요한 언어가 말과 함께 진화된 것이라고 보면 말을 중단하는 행위와 생각을 중단 · 억제하는 행위가 같은 방식으로 조절된다고 추정할 수 있다.

세인트 앤드루 대학교의 마이클 앤더슨(M. Anderson)과 오리건대학교의 벤저민 레비(B. J. Levy)는 원치 않는 운동과 기억의 중단이 같은 신경 시스템을 사용한다는 가정[8]에 따라, 기능적 뇌 자기공명영상장치(fMRI)를 이용하여 의도적 기억 억제에 대한 신

7) 놀람 반응과 연결되어 몸의 전체 동작을 정지시킨다.

8) 기억 억제는 운동 취소와 달리 시상하핵의 활성이 일관되게 관찰되지 않는다. 애런은 앤더슨 실험의 등록 보고(registered report) 반복 검증에서 기억 억제 중에도 운동 정지에 나타나는 저주파 진동파를 관찰했다.

경학적 배경을 연구하였다. 이들은 서술적이고 적절한 기억 운동 반응의 수행 조절(executive control)을 실험하였다(Anderson & Levy, 2009). 앤더슨과 레비의 논문을 일부 인용한다([그림 13-3] 참조).

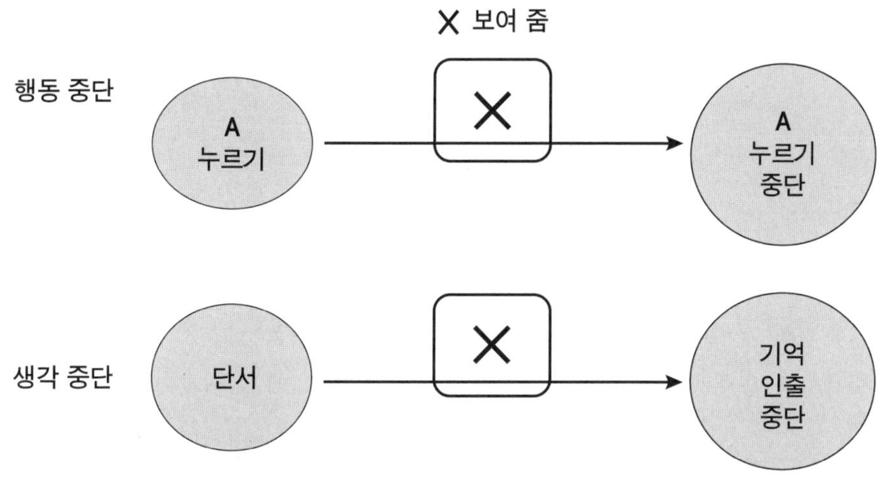

행동 중단과 생각의 중단은 각각 비슷한 방해 프로세스가 작용한다.

[그림 13-3] 생각 취소 모델

이들은 일반적인 행동을 멈추는 작업과 기억을 인출을 중단하는 것을 비유해서 설명한다. 왼쪽에서는 실험 참가자가 간단한 신호 자극을 받고 가능한 한 빨리 관련 운동으로 반응하도록 지시받는다. 예를 들어, A를 보고 'A' 키를 누르다가 중지하는 시도에서 피험자들은 운동 반응을 중단하는 중도 신호('X'로 상징)를 받고 행동을 중단한다. 이러한 요구를 충족시키기 위해서는 동작을 억제하기 위한 방해 제어가 필요하다. 이와 유사하게 전형적인 기억 인출 중지 상황에서 중단하려는 자극은 기억과 관련된 세계에 들어가서 자동으로 기억을 회상시키게 된다. 어떤 사람이 회상시키지 않으려는 경우, 관련 기억(연상의 X로 상징)의 인출을 억제하기 위해 방해 제어 프로세스를 수행해야 한다. 실생활에서 인출 억제는 종종 사람이 불쾌한 사건으로 정신적 외상이 발생하면 이후에 이를 회상(기억)시키는 것을 멈추게 한다. 예를 들어, 엠마의 사례처럼 무서운 성추행을 사건을 연상하는 '옷' 혹은 혼자 '상점 주인'과 닮은 대상과 만나는 것은 불쾌한 사건의 인출을 유도하므로 기억하지 않도록 억제를 촉발한다. 이들의 연구를 간단히 소개한다.

생각하기(think)/생각하지 않기(no-think) 패러다임 연구[9]는 약하게 연관된 짝지어진 한 쌍의 단어(제시어-반응어: 깃발-칼, 불편-바퀴벌레)들을 보여 주고 제시어를 주면 반응어를 되도록 빨리 크게 말(발성)하도록 훈련한다. 다음 단계에서는 어떤 제시어에서 반응어를 말하지도 말고 생각하지도 말라고 지시한다. 그다음 단계에서 모두 연상시켜 보니 전 단계에서 생각을 억제시킨 제시-반응어는 대조군에 비하여 기억의 인출이 현저히 감소함을 관찰하였다. 특이한 점은 단서 단어인 '불편(ordeal)-바퀴벌레'의 실험짝 외에 연구에 포함되지 않은 새로운 단서에서도 억제가 발생하였다는 것이다. 예를 들어, 새로운 단서 단어인 곤충(insect)을 제시하자 반응어인 바퀴(roach)의 억제가 발생하였다.

이로써 망각이 단순히 연상 간섭[10]에 의한 것이 아니라 억제의 영향으로 제외된 기억의 결함에 의한 것이라는 추론을 할 수 있었다. 이 피험자들의 fMRI 촬영 결과, 억제 수행에 관여하는 우측 앞이마겉질, 특히 우측 등가쪽 앞이마겉질(rDLPFC), 배가쪽 앞이마겉질(VLPFC), 앞띠다발겉질(ACC), 전보조운동피질(pre-supplementary motor cortex)의 활성이 증가했지만, 기억의 형성에 필수적인 해마와 안쪽 관자엽(Medial Temporal Lobe: MTL)의 활성은 감소하는 것으로 나타났다. DLPFC의 활성이 증가하고 해마의 활동이 감소하는 것은 기억의 억제가 능동적으로 진행되며 원치 않는 기억의 회상에 필요한 해마를 DLPFC가 억제하는 것으로 해석했다.

먼저 소개한 앤더슨 연구의 단점은 잊힌 단어들이 심리적 외상이나 불안을 유발하는 단어가 아니라 중립적이라는 점이다. 과연 이 패러다임은 프로이트의 억압 존재를 증명하는 실험일까? 연구자들은 자발적인 '억제'는 설명할 수 있으나 억압에서의 무의식적 영향을 설명하기는 어렵다고 고백하였다. 이는 잊힌 기억(억압)에 관한 연구가 아니라 알고 있는, 기억하고 있는 사건의 망각 효과를 보는 것으로 전향적 연구이다. 반면, 전통적인 프로이트의 개념은 역행적 사례 연구이다. 더 중요한 것은 앤더슨과 그린의 연

9) 생각하기(think)/생각 않기(no-think) 과제는 동작/동작 그만 과제(go/no-go task)를 응용한 것이다. 이 과제는 또한 주의력 검사에서 사용하는 지속 수행 검사(Continuous Performance Test: CPT)의 초기 형태이다. 실험자는 피험자에게 알파벳을 보여 주고, 보자마자 빨리 버튼을 누르도록 지시한다. 다만 X가 나오면 버튼을 누르지 말라고 한다. 대부분 보통의 알파벳이 제시되고 드물게 X가 나오므로 버튼 누르는 동작을 억제하기란 쉬운 일이 아니다. 동작 그만 과제는 어려서 하던 '코코코' 놀이를 연상하면 된다. 한 아이가 자기 얼굴의 코, 귀, 입을 빠르게 손으로 잡으며, 동시에 명칭을 부르면서 친구에게 자신을 따라 명칭에 맞는 얼굴의 부위를 잡으라고 지시한다. 그러다가 손을 잡는 부위(입)와 명칭(코)을 다르게 동작하면 친구도 따라서 실수하고 서로 웃는다. 짱구 깃발 들기도 유사하다. 짱구는 오른손에는 흰색, 왼손에는 검은색의 깃발을 들고, 흰색에는 명령의 수행을, 검은색에는 명령을 거부할 것을 지시한다. 깃발 색과 명령을 약속과 다르게 제시하면 상대방은 실수하게 된다.

10) 연상 간섭(associative interference): 기억할 단어의 순서나 유사성 때문에 기존 단어와 서로 경쟁하여 방해하는 현상이다.

구는 다른 연구자들의 세심한 시도에도 불구하고, 일부 연구자들은 이 실험 결과와 같은 결과를 도출할 수 없었다고 한다. 한편, 콜로라도 대학교의 드퓨 등(Depue, Banich, & Currant, 2007)의 실험은 프로이트의 억압 모델에 가깝게 평범한 (중화적) 얼굴과 교통사고 등 부정적인 그림을 연상하도록 설계하여 감정 기억의 억제 영향을 실험했는데, '생각하기(T)'에서 회상의 증가와 '생각하지 않기(NT)'에서 회상 감소가 커서 두 시도의 차이가 통계적으로 의미가 있었다. 이에 더해서 기억 접근의 억제는 편도체의 활성을 감소시키는 것으로 나타났다. 이는 불쾌한 추억을 불러일으키는 기억 영역을 억제하면 부정적인 감정도 제한할 수 있음을 의미한다.

이들은 감정적 기억이 두 가지 단계의 차별화된 신경 메커니즘을 통해 억압된다는 증거를 fMRI 기록을 통해 발견했다고 한다. 초기 억제는 rIFG에 의한 감각 기억 표상 영역(시각 겉질, 시상)에서 이루어지고, 다음에 rMFG에 의해 해마(다중 양식 기억 표상)와 편도체(감정 기억 표상)에 대한 조절이 이루어지며 rIFG, rMFG 둘 다 앞이마-극 영역(BA10, AFPC)의 영향을 받는다고 설명했다. 이 결과는 기억 억제가 적어도 정신의학적 질환이 없는 실험 집단에서 앞이마겉질 영역의 통제 아래에 있다는 것이다. 더구나 억제 조절 효과는 부정적 장면(예: 자동차 사고)에도 나타나서, 일상에서 불쾌한 자연 발생 기억에 대한 억제 효과로 확장할 수 있는 모델이 되었다.

첫째, 중요한 것은 '생각하지 않기' 동안에는 '생각하기' 때보다 해마와 편도체 모두 참여가 더 단순하거나 약하지 않았다는 점이다. 사람이 공허한 화면에서 수동적으로 응시하는 것보다 더 활동적이었다. 그래서 기억 인출을 중단하는 것은 뇌 영역을 능동적으로 분리하는 것을 의미한다. 주로 우측 앞이마겉질의 행동에 대한 통제 제어가 앞서, 연구 결과 인지 과정을 멈추는 것으로까지 확인되었다. 앞이마겉질은 감각, 운동, 감정 조절과 같은 방식으로 인지 조절의 해마 활성화를 하향 조정함으로써 기억을 억제하는 것이다(Anderson & Weaver, 2009). 둘째, 중요한 부분은 이 실험 시간이 지날수록 억제하는 rMFG-Hip와 rMFG-Amy의 역상관관계가 더 강해졌다는 것을 의미한다(Bulevich et al, 2006). 이는 기억 표상의 억제가 감정 조절 기전과 유사하다는 것을 의미한다. 셋째, 주로 rMFG(BA10: APFC 포함)가 감정 기억을 억제하였다. 여러 문헌에서 이 영역들이 감정 조절, 기억의 인출, 운동 과정, 사회 거부의 감정, 자기동기 조절 등 다양한 행동 영역과 관련되어 있다는 것을 지지한다.

한편, 뇌파를 이용한 시몬 한스메이어 등의 유사 실험(Hanslmayr et al., 2009)에서는 두 개의 사건 관련 전위(Event-Related Potentials: ERPs)[11]가 우측 이마엽과 좌측 마루엽에서 보였는데, '생각하지 않기'의 단서인 붉은 십자가가 보인 후 300밀리초(milliseconds) 근처와 기억 단서 다음에 나타났다. 두 개의 신호는 '생각하지 않기' 조건을 대뇌가 인식함을 알려 주어 의도적 기억 억제를 확인했으며, 뇌가 이를 예측하는 신경 기전이 있다는 것을 증명하는 실험이었다.

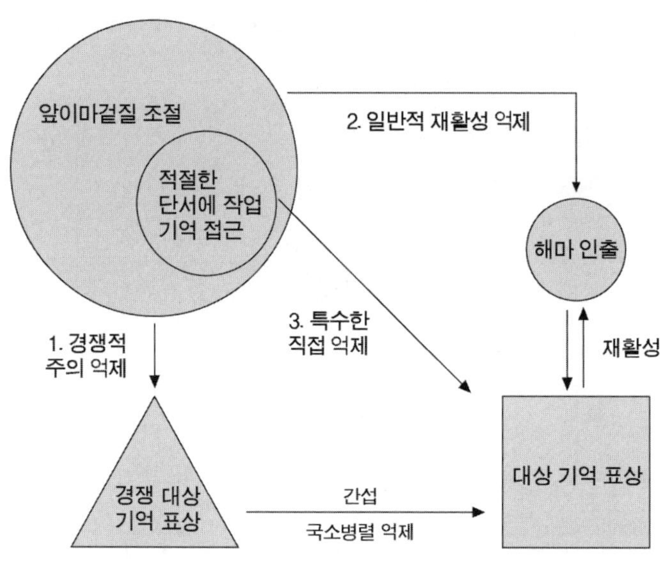

[그림 13-4] 기억 검색을 통제하는 세 가지 가설

드퓨와 앤더슨은 여러 연구 결과를 종합해서 비슷한 제안을 각자 발표하였다. 드퓨(Depue, 2012)는 세 가지 가설([그림 13-4] 참조)을 제시하였는데, ① 직접 억제, ② 재활성 억제(reactivation inhibition), ③ 경쟁적 주의 활성 억제(competitive attentional inhibition)이다. 직접 억제의 메커니즘은 작업 기억 단서가 앞이마겉질의 관련 저장 기억에 접근할 때 앞이마겉질이 직접 기억 표상 억제를 통해 해마의 사건 일화 인출을 차단하여 해마의 활성을 감소시키는 것이다. 재활성 억제 가설은 도파민이 매개하는 MFG(DLPFC)-해마/MTL의 상호작용에 의한 것인데 해마/MTL의 저장 기억 검색, 인출 과정을 억제하여 패턴 완성(pattern completion)[12]을 방해하는 것이다. 조사 결과, 드퓨는 이 가설

11) 사건 관련 전위는 유발 전위라고도 부르며 각종 자극에 의해 나타난 뇌의 전기적 활동(뇌파)이다. 뇌 자극 후 300밀리초 근처의 양의 전위인 P300은 대뇌의 주의력, 인지능력을 나타내는 표지로 사용한다.

12) 단서에 의한 일부 기억 활성화로 전체 패턴을 기억하게 하는 것. 해마 CA3 영역의 기능이다.

이 현재의 행동학, 신경 영상, 비교 신경 해부 논문에서 가장 지지를 받고 있다고 한다. MFG(DLPFC)와 해마/MTL은 바깥쪽/안쪽 신경 길을 통하여 부호화와 인출 과정을 조절한다. 이는 fMRI/ERP 연구 결과에서도 확증된 결과로 해마/MTL 활성화 감소, 기억 표상에 관련된 겉질의 활성화 감소, 마루엽과 우측 이마엽의 활성 증가를 나타내는 결과에서 가장 명확하게 입증되었으나 해부학적 경로는 아직 확인되지 않았다. 경쟁적 주의 활성 억제는 작업 기억에 안내된 단서의 목표 기억을 경쟁적 처지에 있는 기억으로 생각 대체(thought substitution)하는 방식이다. 작업 기억의 인출 프로세스를 사용하여 다른 방향으로 주의를 돌리는 방식으로, 대용물의 선택적인 인출을 지원하는 좌측 꼬리핵 앞이마겉질(left caudal-PFC)과 좌측 중간-배가쪽 앞이마겉질(left MID-VLPFC) 사이의 상호작용에 의해 매개된다고 한다. 이때 해마의 활성은 감소하지 않는다.

4년 후 앤더슨 등(Anderson, Bunce, & Barbas, 2016)은 이 밝혀지지 않았던 해부학적 경로를 앞이마겉질-해마 통로에 대한 종설에서 좀 더 구체적으로 설명하였다. 앤더슨은 사람에게서 해부학적 경로는 모르지만 rLPFC과 해마/MTL의 상호작용을 통한 인지 조절-인출 통제에 대한 증거가 확립되었다고 했다. 유인원의 연구 결과, 앞띠다발겉질(ACC)의 역할[13]이 중요한데, 이를 근거로 두 가설을 제안했다. 하나는 인출을 전향적으로 중단하는 내후각겉질(EC) 관문 가설(Entorhinal Gating Hypothesis)이고, 다른 하나는 시상 중앙 신경핵(nucleus reuniens: NR)을 통한 인출의 활성화를 중단하는 시상-해마 조절 가설(Thalamo-Hippocampal Modulation Hypothesis)이다([그림 13-5] 참조).

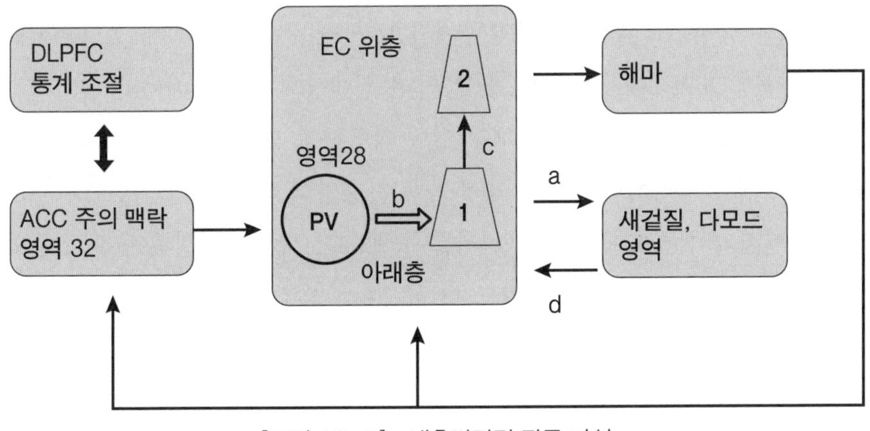

[그림 13-5] 내후각겉질 관문 가설

13) 몸 운동은 정지, 운동 시작, 급정지의 세 가지 유형에 따라 운동피질-담창구(내절/외절)-시상 또는 시상하핵을 거치는 경로가 확인되었다. 인지 조절도 이와 상응하는 경로가 있을 것으로 추측한다.

앞이마겉질의 안쪽 관자엽(MTL)에 대한 조절은 잘 알려진 사실이고, 이 중에서 MPFC의 영역인 앞띠다발겉질(BA32)을 경유하는 경로 특성이 영장류에 자세히 연구되어 있다고 한다. 특히 앞띠다발겉질은 청각 관련 겉질에서의 주의를 산만하게 하는 주변 방해 자극의 억제 조절에 관여한다고 알려졌고, DLPFC가 내후각겉질(BA 28)에 대한 강력한 투사를 통해 해마에 들어오고 나가는 정보 흐름을 방해할 수 있도록 해부학적으로 잘 배치되어 있다. 앞띠다발겉질의 흥분성 뉴런과 억제 뉴런이 내후각겉질에 도달하는데, 이 중 다수는 피라미드 세포체에 신속하고 강력한 억제 영향을 미치는 파르발부민(Parvalbumin: PV) 억제성 간섭 뉴런(b 흰색 화살표)에 도달한다. 이러한 특성은 내후각겉질 내부(1, 2) 및 해마로 향하는 외부 정보 관문(게이트)을 단속한다. 게다가 원칙적으로, 내후각겉질에 대한 이러한 투사의 영향이 해마 자체에 전파되어 이 구조가 억제를 조절(해마 입력 단서가 해마 인출 프로세스를 추진하는 것을 방해하거나, 대신 기억 경험에 필요한 사건 기억의 겉질 복원을 유도하는 해마 출력을 억제)할 수 있는 기초가 된다. 이와 함께 전대상회겉질 영역은 RE(중앙시상핵, midline thalamic nuclei)에 풍부하게 투사하고, RE 자체는 해마 영역 CA1, 내후각겉질 및 비주위겉질에 걸친 MTL 영역에 견고하게 투사하는 상당 부분 억제 뉴런 시냅스이다. 최근의 광유전자 실험에서 MPFC(중앙 앞이마겉질)가 RE 활성화를 유도하여 해마 상태를 조절하고 사건이 암호화될 때 특이성의 수준을 지시한다고 알려졌다. 따라서 앞띠다발겉질은, ① 해마로의 입력 및 출력 관문을 담당하는 것 외에도, ② 시상의 RE를 통해 해마 자체의 인출 과정(패턴 완성)을 억제하도록 메모리 제어 효과를 나타낸다. 그런데 아직 끝이 아니다. 정말 재미있는 부분은 더 남아 있다. 반응 억제와 감정 조절을 계통 해부학에서 보면 근육 운동의 억제 조절은 rIFG에서 기능하고, 인지는 DLPFC에서 VMPFC을 통하여 전대상회겉질이 해마와 기억의 억제를 설명한 것처럼 편도체에도 유사한 억제 기전이 작용하고 있다. 감정을 조절하는 흥분성 회로가 VMPFC에서 시작하여 편도체의 바닥핵과 중앙핵 사이에 있는 GABA 시냅스가 간섭 뉴런에 연결되어 편도체에 대한 억제를 수행한다. 앞이마겉질의 높은 수준의 인지 조절은 이렇게 이루어질 수 있고, 아마도 이 부분은 억압, 억제의 통합적 기전을 설명할 수 있을 것이며 제14장 '억제(회피)의 학습(습관)'에서 다시 다루기로 한다.

이 장에서는 생각의 '억제'라는 뇌과학적 메커니즘을 살펴보았다. '억제의 실험'에서 제시된 세 가지 가설은 세 가지 중 하나만 선택되는 것이 아니라 서로 관계가 있으며, 어쩌면 억제의 과정이 진행되면서 맥락에 맞도록 선택되거나 또는 우세해지는 현상이 아닐까 추측한다. 향후 연구를 지켜보기 바란다.

제14장

억제(회피)의 학습(습관)

자아의 억제 기능은 학습의 심리적 이득 때문에 하(비)의식으로 변환될 수 있다. 이것이 바로 '억제의 학습'이다.

—『억압의 비밀과 마음의 뇌과학』(김보연, 2024)

뇌과학자들은 기억의 억제를 밝혀냈지만 어떻게 반복, 자동화되어 무의식 속으로 잊히는지는 밝히지 못했다. 이제 이 책에서 세 번째 중요한 부분이자 가장 중요한 결론으로 들어간다. 저자는 이 책의 앞에서 정신분석의 개념, '억압'과 '억제'의 기능과 의미를 자세히 설명하였고, 이에 맞추어 진화생물학의 설명과 마음의 뇌과학의 실험 근거를 말했다. 엘리자베스의 사례에서는 억제가 반복, 습관이 될 수 있음을 제시하였다. 저자는 이 장에서 3요인 이론을 고찰하면서 억압과 억제는 서로 관련이 있는 연속 행위라는 새로운 개념을 설명할 것이다. 또한 우리가 의도적 '억제'를 반복하면 뇌의 어디선가 필요와 습관에 의해 학습과 자동화가 일어날 수 있으며, 저자는 프로이트의 무의식적 역동의 빈자리를 의식의 역동으로 대체한다. 정신적 외상(고통)을 피하려는 행동은 반드시 심리적 이득이 있기 때문에 진화의 시간에서 반복되어 회피 행동을 뇌에 배선하였다. '억제의 학습'은 의식 기억과 하의식에서 순차로 진행되는 진정한 의미의 '억압(회피)'이라고 말할 수 있다.

엘리자베스 증례[1] 다시 보기

억제의 신경학적 기전을 설명하기 위해서는 앞서 다룬 엘리자베스의 증례를 다시 떠올려야 한다. 이 사례에서 우리는 의문을 가졌다. 어떻게 엘리자베스가 그녀의 형부에 대한 사랑을 인식하지 못했을 수 있는지 알고 싶다. 어떻게 엘리자베스가 소유한 생각(형부에 대한 사랑)을 의도적으로 쫓아낼 수 있을까? 그리고 어떻게 그녀가 일부러 그런 일을 하고 있다는 것을 모를 수 있을까? 그럼으로써 자신의 약한 영혼을 보호할 수 있을까? 분명히 눈에 보이지 않는 어떤 내면의 메커니즘이 엘리자베스가 불안해하는 생각을 밖으로 밀어내고 있었다. 가장 중요한 것은 어떻게 이런 기막힌 기술을 습득했는가이다. 어떻게 엘리자베스의 숨겨진 자아가 그녀와 형부를 보호하는 방법을 정확히 배웠을까?

이 합리적 의문[2]은 프로이트가 자아가 수행하는 억압의 과정이 무의식적이라고 가정했기 때문에 더욱 복잡해진 것이다. 무의식적이고 의식적인 자아 외에 프로이트의 이론은 실제로 더 많은 자아를 가정할 수 있다.[3] 이렇게 숨겨진 자아의 개념은 프로이트 자신의 이론적 체계에 엄청난 손상을 입혔다고 한다. 중요한 자아의 문제와 억압의 난관은 결과적으로 프로이트가 제안한 무의식적 자아가 거부하는 정신 구조 안에서 발생하는 힘의 관점에서는 설명할 수 없다. 40여 년 전, 정신분석가 로이 샤퍼(R. Shafer)는 정신분석가는 심리 드라마에서 자아와 원초아, 그리고 다른 정신 구조를 주연 배우로 만드는 프로이트의 유사 과학 언어를 피해야 한다고 주장했다.[4] 샤퍼는 억압을 "구조적이고 에너지적인 속성을 가진 메커니즘"이라기보다는 행동으로 말해야 이해가 쉽다고 제안하였다(Billig, 2004, p. 36에서 재인용). 분석가들은 궁극적으로 말할 수 없는 무엇인가에 대한 추측에 빠져 있기보다 사람에 대해 분명하게 말하도록 노력해야 한다고 주장하였다.

---

1) 제2장 '억압과 정신분석' 중 '엘리자베스의 비밀' 참조.

2) 제7장 '마음 모델의 진화' 중 '구조 모델과 자아의 역설' 참조.

3) 색하임(Sackheim, 1983)은 프로이트의 자기검열(self-censorship) 과정 자체에 대한 이론이 자아에 대한 이중적 모델을 포함하고 있다는 설득력 있는 주장을 한다. 프로이트의 이론은 세계가 지각 기구(perceptual apparatus)에 의해 직접 이해된다고 가정했다. 이 역시 자아의 역할이다. 그런 다음, 센서로서의 자아(Ego-as-Sensor)는 지각적 자아가 제공한 정보를 검사한다. 따라서 지각적 자아(the perceptual Ego), 해석적 자아(the interpretative Ego)와 의식적 자아(the conscious Ego)의 세 가지 자아가 있어야 한다.

4) 프로이트의 메타심리학 언어가 추상적이고 비현실적이기는 하지만, 샤퍼는 이 문제가 후기 정신분석학자들의 글에서 더 심각해졌다고 말한다. 특히 그는 멜라니 클라인과 영국 분석학회의 연구가 "메타심리학을 기괴한 극단으로 몰고 갔다."라고 주장한다. 클라인의 말처럼 아동이 실제로 괴물 같은 극단(예: 생명 본능과 죽음 본능의 투쟁)에 도달했는지는 논쟁의 여지가 있다.

이것은 자아라는 관념적 용어보다 이 일이 벌어질 때 사람들의 행동을 표현하는 것이 편하다는 주장이다. 정신분석가는 창피하고 정신분석학의 언어는 신비감이 사라질 것이지만 자아의 혼란에서 벗어날 방법이지 않을까?

사람은 생각을 억압한다고 말할 때 사실은 관련 없는 다른 생각이나 행동을 하려고 노력한다. 골프 선수들이 불안을 억제하려고 루틴[5]을 실행하듯 우리의 일상 행동(루틴)은 마음에서 불안한 생각을 밀어내는 수단으로 사용할 수 있다. 사람마다 불안할 때 자주 사용하는 의도적인 행동들이 있다. 대화 시 주제를 바꾸고 손을 만지작거리거나 신에게 기도한다. 그리고 그 행동으로 불안한 생각을 잠시 몰아낸다. 따라서 이 일상 행동은 억압에 필요한 기술에 대한 단서를 주고 있다. 일상 행동은 종종 완전히 의식적인 행동과 무의식적인 행동 사이에 있다. 우리가 일상적으로 행동할 때 그 루틴을 수행하고 있다는 것을 알 수 있지만, 습관적 행동에 대해 알지는 못한다. 우리의 마음은 다른 것에 있을 수 있다. 이러한 생각은 저자가 소개한 1950년대에 활동했던 정신과 의사 설리번의 선택적 부주의 개념에 닿아 있다. 이 개념은 프로이트의 억제(회피)를 정확히 파악하고 뇌 안의 기전(뇌과학)으로 한 걸음 더 끌어들여 변환하였다는 점에서 의미가 있다.

프로이트는 엘리자베스가 아버지와 다른 가족 구성원들을 간호하는 데 헌신한 것에 주목했다. 나름 힘든 간호가 그녀의 마음을 불안하게 하는 생각에서 벗어나게 했을 것이다. "몇 주, 몇 달 동안 끊임없이 이어지는 힘든 간병에 정신이 팔린 사람은 한편으로는 자신의 감정과 몸의 모든 증상을 억제하는 습관을 들이고, 다른 한편으로는 그들에게 공평하게 대할 시간도 힘도 없으므로 곧 자신의 인상에서 딴 데로 주의를 돌리게 된다."(Breuer & Freud, 1895a, p. 232) 여기서 엘리자베스는 불안에서 벗어난다. 즉, 심리적 이득이 발생한다. 이 같은 심리적 이득은 행동을 지속할 수 있게 강화한다. 이것이 억제의 학습이다.

애마의 슬픈 운명

전해 오는 민담에서 동물의 습관 행동의 예를 찾아본다.

5) 루틴(routines): 골프 선수가 공을 치는 동작을 하기 전에 하는 일관된 준비 행동을 말한다.

가시리 잇고 버리고 가시리 잇고 날러는 어찌 살라 하고 버리고 가시리 잇고 잡사와 두어리마 나는 선하면 아니 올세라 서러운 임 보내 옵나니 가시는 듯 돌아오소서.

신라 김유신 장군과 천관녀의 슬픈 사랑 이야기는 천년이 훨씬 넘은 지금도 사람들에게 회자하고 있다. 그러나 저자는 두 연인의 이별보다 말의 억울한 죽음에 마음을 둔다. 그날도 당연히 천관녀의 집으로 가는 줄 알고 찾아갔던 유신의 애마는 주인의 칼에 죽고 말았다. 말은 주인의 속마음을 너무 잘 알아서 죽임을 당한 것일까? 아니다. 말이 술 취한 유신을 태우고 천관녀의 집으로 간 것은 주인의 마음을 알든 모르든 관계없이 주인의 평소 습관 때문이다. 어머니로부터 술과 여자에 빠져 있다고 호된 야단을 맞고 김유신은 다시는 그녀를 만나지 않겠다고 맹세했지만, 어느 날 술에 취한 채 말에 타고 집에 돌아가던 중 말이 늘 하던 대로 그녀의 집으로 주인을 데려간 것이다. 김유신은 말이 주인의 뜻을 모른다고 칼로 베었지만, 말은 주인과 하던 행동을 평소와 같이 따랐을 뿐이다. 동물은 칭찬과 먹이라는 강화를 통해 동기(각성)되고 습관 행동을 학습한다. 평소 주인과 함께 그의 애인을 찾아가던 말은 그때마다 김유신의 칭찬을 받았고, 유신이 술 마시는 동안 먹이를 먹고 쉬면서 보상을 받았기에 주인의 지시가 없어도 습관적으로 찾아가게 되어 있다. 저자는 여러 번 이사했는데, 이사 간 직후 그 사실을 잊고 퇴근길에 전에 살던 집으로 찾아간 적이 있었다. 퇴근길의 운전 시간은 저녁 식사와 아내 그리고 꿀 같은 휴식이 기다리고 있는 행복한 시간이다. 그 길로 가는 시간은 매일 직장에서 노력한 결과를 보상받는 기대가 있는 시간인데, 이러한 기대로 강화되어 이사 갔음을 잊고 자동으로 찾아가게 된다.

김유신의 말의 행동은 프로이트의 쾌락과 불쾌 원칙(pleasure and unpleasure principle)과 주인의 칭찬(강화)으로 이루어진 도구학습, 습관 행동으로 설명할 수 있다(Freud, 1940, p. 414). 자전거 타기를 생각해 보자. 처음에 여러 가지 동작을 생각하면서 넘어지기를 반복하다가 성공할 때마다 성취감(행복)을 느끼고 연습이 되면 의식하지 않고도 잘 탈 수 있다. 도구학습은 하의식의 비서술 기억으로 변환된 것이며, 보상-운동 체계가 가담한다. 의식적 억제는 불쾌감을 피하는 행동이므로 고통을 줄이는 방향(행복을 의미)으로 강화될 수 있고, 이것이 반복되면 강화의 조건으로 도구학습이 만들어질 수 있다.

앞서 이 책의 제9장 '스키너의 도구학습과 억압의 행동과학'에서 설명했지만, 스키너는 정신분석의 방어기제를 행동심리학으로 설명할 수 있다(Skinner, 1974)고 하였다. 저자는 프로이트의 책 속을 샅샅이 찾아 『과학적 심리학 초고』(Freud, 1895)에서 증거가 될 수 있는 단서를 찾았다. 이것이 엠마의 증례이며 혐오(공포)학습, 파블로프의 고전적 학습이다. 이 증례를 스키너의 이론으로 설명한다면, 엠마가 슬피 우는 행동을 증가시키거나, 상점에 가지 못하게 하거나, 피아노 연주를 피하는 행동을 증가(강화)시키는 조건자극(CS, 사건 일화, 불안, 공포, 불쾌한 감정을 일으키는 것들)은 부적 강화의 조건이라고 말할 수 있다.

일상의 억제(회피)와 억제의 학습

저자는 억제(회피)와 억제의 학습에 대해 프로이트 정신분석의 증례, 저자의 회피 행동 사례, 동물의 습관 행동과 회피학습 실험, 사람에 대한 억제(회피) 실험에서 많은 증거를 제시하고 있다. 우리 생활에서는 어떠한가? 우리는 일상에서 특정한 정서가 포함된 대화나 생각, 그리고 불쾌한 주제를 억제(회피)하는 것이 습관화되어 있지 않을까? 방금 전 주의했던 대상에서 다른 대상으로 주의를 돌리는 것은 처음 것을 회피하는 것이다. 저자가 TV를 보면서 관찰한 다음의 예를 보면 습관적 억제가 흔하게 일어나고, 설리번이 제안한 선택적 부주의와 같은 개념이며 회피 행동이라는 것을 알 수 있다.

> 얼마 전 유명한 원로 연기자가 자기 아내와 함께 TV 프로그램에 출연하여 택시 안에서 지난 인생을 간단히 소개하였다. 대화 내용은 돈이 없어 힘들었던 젊은 연극인 시절을 돌이켜 보는 내용이었다. 남편이 전혀 수입이 없어서 5평도 안 되는 분식점을 어렵게 시작했다면서 그의 아내가 옛날 일을 자세히 말하기 시작하자, 배우는 갑자기 창 밖의 풍경과 보이는 건물에 관해서 이야기를 시작했다. 아내의 말에 주의를 돌려 딴청을 피우는 것이었다. 그런데 표정의 변화 없이 갑자기 화제를 바꾸는 그의 모습은 의도적이라는 생각이 들지 않을 정도로 자연스럽게 보였다.

프로그램 중간에 누군가 아내의 말을 중단시키면 대화의 흐름이 끊기므로, 상식적으로 프로 연기자가 해서는 안 될 행동이었다. 이 원로 연기자가 기억하는 그 시절과 부인이 기억하는 시절은 내용과 느끼는 감정이 다를지도 모른다. 보수적 가장인 그에게는 훨씬 기억하고 싶지 않은 불편한 과거일 것이다. 같은 맥락에서, 아이들은 불쾌한 엄마의 잔소리를 습관적으로 회피한다. 대상에 부주의하면 기억에 있었던 것도 사용하지 않으므로 망각되기 쉬울 것이다. 일상에서도 의도적 억제가 관찰되며, 문제의 대상을 ① 선택적으로 회피(부주의)하거나, ② 다른 대상에 주의를 집중하거나, 이 행동이 ③ 습관적인 회피로 학습된다는 것을 알 수 있다.

인지 재평가 실험에서 확인한 억제의 도구학습

앞서 소개한 앤더슨과 드퓨의 억제 실험은 전통적인 프로이트의 억압, 무의식을 실험한 것이 아니지만 충분한 가능성을 확인했다. 저자는 프로이트의 쾌락–불쾌의 법칙에서 불쾌의 감소는 뇌의 보상 체계가 관여할 것으로 추정하였고, 동물의 회피 행동 실험에서 근거를 찾았다. 회피의 행동 실험을 뇌 안의 행동(생각)에 적용한다면, 고통스런 생각을 대상으로 한 회피, 도구적 기대학습 과정도 반드시 인간의 뇌에서 일어난다. 억압의 임상 사례는 너무 많고, 엠마의 사례처럼 수동 회피의 행동은 자주 관찰되었다. 억제의 의식적 노력이 능동 회피로 자동화, 습관이 되어 하(비)의식 행동으로 전환되는 것을 증명하는 것이 저자의 마지막 과제였다. 답답한 마음으로 지내던 어느 날, 르두의 『불안』(LeDoux, 2015)을 읽으면서 사람의 인지 재평가 실험을 발견하여 '억제의 학습'에 대한 오랜 숙제가 풀리는 순간이 와서 행복했다. 그런데 덤으로 PIT 종설(Cartoni, Puglisi-Allegra, & Baldassarre, 2013)이 저자의 눈에 들어왔고, 앞에서 설명한 2요인 이론에 습관학습을 더 보강할 수 있었다.

앞서 소개한 드퓨 박사팀의 감정 기억의 연구(Depue et al., 2007)는 이 실험 시간이 진행될수록 우측 앞이마겉질의 해마, 편도체 두 기관에 대한 억제가 더 강해졌다고 말했다. 이는 훈련과 학습 효과를 암시한다. 조셉 르두는 위협 자극을 인지의 재평가(생각의 수정)로 훈련한 연구에서, 뇌겉질에서 아래로 향하는 하향식 경로를 통해 편도의 활동을 변화시켜 정서를 조절할 수 있으며, 이 과정에서 비의식학습[6]이 가능하다는 주장을 하였다. 물론 이 연구의 목적과 결론은 저자의 방향과 다르지만, 저자는 이 연구 결과가 억제(회피) 학습의 증거가 된다고 생각한다. 두 연구(LeDoux, 2015, p. 283)를 소개한다.

옥스너와 그로스 팀(Ochsner et al., 2002)은 피험자들에게 정서 자극을 재평가하도록 가르

6) 조셉 르두는 비의식(Nonconscious)이라고 표현했다. 저자는 '하의식'을 선호한다.

쳤는데, 예를 들어 피험자에게 부정적 자극을 받는 동안 즐거운 것을 생각하라고 지시하자 (생각 대체), 피험자들은 자극의 강도를 상대적으로 낮게 평가했고 뇌 영상 검사에서 편도의 활동이 감소한 것으로 나타났다.

이전의 연구를 통해서 작업 기억과 실행 제어 기능을 담당한다고 알려진 등가쪽 앞이마겉질(DLPFC)이 이와 같은 편도체의 인지적 조절에 관여한다는 사실이 알려졌다. 그러나 DLPFC는 편도체로의 직접 연결이 없다고 알려졌는데, 어떻게 편도체의 흥분을 조절할 수 있는지 연구자들은 매우 궁금했다. 그러나 옥스너의 연구팀은 DLPFC에서 뒤쪽(후방) 영역으로의 연결이 시각 자극의 의미 처리에 관여하고 그다음 편도체로 연결되는데, 이것이 단서라는 증거를 찾아냈다고 한다(LeDoux, 2015, p. 283에서 재인용). 즉, DLPFC 겉질이 주의를 다른 곳으로 돌릴 때 편도체가 부정적인 장면에 덜 반응하는 것은 편도체에 대한 직접적인 조절이 아니라는 것이다. 시각 자극의 의미가 처리 과정에서 위협이 아닌 것으로 재해석되는 것은 시각겉질에서 편도체로 보내는 신호가 약해진 간접 효과 때문이라고 한다. 생각의 대체 사례는 우리가 산길에서 뱀을 보고 놀랐을 때 자세히 보니 나뭇가지였다면 바로 진정되는 것과 같은 예라고 볼 수 있다. 또한 걱정스런 사고나 사건을 긍정적으로 해석하면서 마음을 달래는 것도 유사한 예일 것이다. 이 실험의 연장으로 억압의 모델에서 매우 중요한 실험을 소개한다.

모리치오 델가도 팀의 연구(Delgado et al., 2008)에서는 편도체의 인지 조절 전략에 다른 접근법을 적용했는데, 특히 편도체를 활성화하고 피험자가 보고하는 정서가 아닌 객관적인 자율신경계 반응을 유도하는 조건 형성된 위협 자극의 영향이 이들의 재평가에 의해 조절되는지 알아보려 했다.

피험자들은 때때로 시각적 자극(조건 자극)을 볼 것이며 전기 충격(무조건 자극)이 뒤따를 것이라는 설명을 들었다. 그다음, 조건 형성을 받았다. 또 그들은 시각적 조건 자극이 나타날 때 기분이 좋아지는 자연 풍경을 떠올리도록 훈련했다. 일단 조절 전략에 잘 훈련된 후에는 뇌 스캐너 안에서 조절 전략을 상기시키고 조건 형성된 위협 자극에 노출시켰다. 생리적인 반응은 피부전도율(Skin Conductance Rate: SCR)로 측정하였다.

이 실험 결과 정서 조절 전략은 편도의 활동을 감소시키고, 그 결과로 무조건 자극-조건 자극으로 유도되는 반응(피부전도율)을 감소시키며, 이때 배안쪽 앞이마겉질[VMPFC,

슬밑 띠다발겉질(subgenual cingulate cortex)]이 관여하는 것으로 나타났다. 이후 다른 연구에서도 비슷한 결과가 나와 VMPFC가 하향식으로 편도체를 조절하는 것을 뒷받침하였다. 또 더불어 작업 기억과 그 실행 제어 기능을 담당하는 겉질 회로에는 편도체와 연결되지 않은 DLPFC 영역뿐만 아니라 편도체와 연결된 몇몇 PFC 영역(예: VMPFC의 등쪽, ACC, OFC)도 포함된다. 델가도 팀의 연구 결과, ① 처음에 정서 조절은 DLPFC가 관여하는 의식 기억, 인지 형태로 시작한다. 그리고 뇌 상부 겉질의 다른 곳에서 간접적으로 편도체를 조절하다가 일단 훈련이 완수되면, ② 재평가 과정이 자동으로 실시되어 편도체에 의존하는 자율신경계 반응을 제어한다. 이 조절 전략에서 VMPFC의 궁극적 역할은 편도체를 조절하는 소거학습과 마찬가지로 편도체에 저장된 조건 자극-무조건 자극 연합의 학습 발현을 통제하고 자동적 반응의 발현을 약화할 수 있게 하는 새로운 하향적 자동학습을 만드는 것이라고 볼 수 있다(LeDoux, 2015, p. 284). 즉, 브레이크처럼 편도를 단속한다. 인지 재평가는 전기 자극의 고통을 줄이는 기대와 동기를 유발하여 회피의 도구학습으로 이어진다.

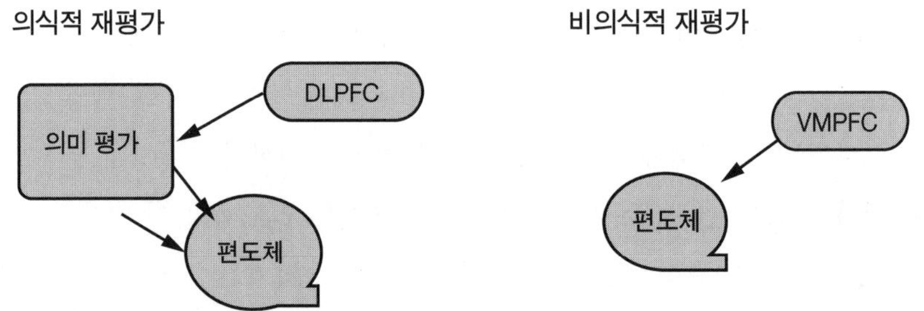

등가쪽 앞이마겉질은 의식적 감정의 재평가, 배안쪽 앞이마겉질은 자동적·비의식적 평가를 통해 편도체의 반응을 조절한다.

[그림 14-1] 재평가 과정

인지 재평가 실험은 정신분석, 노출치료, 마음챙김 인지치료 등 인지적 중재자(치료자)가 참여하는 심리치료의 중요한 치료 기전을 설명할 수 있는 실험이다. 이에 대해서는 제17장에서 다시 설명한다.

공포의 조건학습은 편도체에서 만들어지며, VMPFC가 관여하는 학습에 대해서는 아직 정밀한 해부학적 신경 통로가 알려지지 않았다. 옥스너와 그로스의 연구에 사용된 재평가 접근법은 자기가 보고한 의식적 경험을 바꾸었지만, 델가도 연구에서 재평가는 자동 반응의 전환에 이용되었다. 두 경우 모두 재평가 과정이 의식(서술)적 인지와 연관되지만 전자에서는 의식적 제어, 후자에서는 하의식(비서술) 제어에 영향을 준 것이다.

저자는 모리치오 델가도 팀의 인지 재평가 연구를 생각의 억제와 대체를 통한 감정 조절 연구로 전환하였다. 생각의 '억제' 방법은 개인마다 다양한 전략과 습관이 있기 마련이고, 그 공통의 목적은 불편한 감정에서 벗어나기 위함이다. 앤더슨과 드퓨의 '생각하기/생각하지 않기(T/NT)' 실험과 '즐거운 생각으로 대체'하는 인지 재평가 방법 모두 편도와 연결된 감정 기억을 조절하는 인지 조절 전략이다. 후자의 실험에서 해마의 활성을 같이 조사했다면 의미 있는 결과를 얻었을 것으로 추정한다. 우리는 앞서 소개한 드퓨 등(Depue et al., 2007, p. 283)의 프로이트의 억압 모델인 T/NT 감정 기억 연구에서 감정 기억의 억제가 감정 조절 기전과 유사하다는 것을 알았고, 우측 중간 이마이랑(rMFG, DLPFC)의 억제로 인한 활성은 시간이 지날수록 해마와 편도체 모두에서 역상관관계가 더 강해졌다는 실험 자료를 보면 합리적 추정이 가능하다. 능동적 억제, 회피는 이미 앤더슨과 드퓨의 실험에서 입증되었고, 이들의 메타연구(Depue, 2012)는 앞이마겉질의 인출 억제 가설 중 "해마의 인출 과정을 일반적으로 억제하는 것"이 가장 지지되는 기전이라고 했으며, 여러 연구팀의 반복되는 결과를 얻었다. 저자의 생각에 델가도 팀의 인지 재평가 방법은 드퓨의 가설(Depue, 2012)에서 3번째[이 책의 제13장 '억제(회피) 연구' 중 동작 반응을 취소 참조] 경쟁적인 주의 억제 방식으로 직접 불쾌한 생각을 피하거나 다른 생각으로 바꾸어 감정을 조절하는 방식(생각의 대체)이며, 뇌 영상에서 DLPFC는 활성화되고 해마를 사용하므로 해마의 활성이 감소되지 않을 것이다. 실험에서는 참여자들이 생각을 '억제'하지 않고 재평가만 할 수 있다고 가정하지만, 현실에서는 모든 방법을 다 사용해서 강박적 생각에서 벗어나려 할 것이다. 제일 중요한 부분은 편도체에 대한 하의식의 자동적 제어가 가능하다는 것이다. 생각의 회피, 대체나 재평가에 의해 편도체의 활성이 하향적 학습으로 안정된다면, 이제는 역으로 고통의 단서(조건 자극)나 맥락이 더 이상 해마의 활성화(패턴 완성)와 진화 시스템이 추구하는 경고에 대응할 필요가 사라진다. 그래서 오래된 사건 기억일수록 이를 복구하는 패턴 완성은 실패율이 높아진다. 개체는 단서를 수용하거나 적응하게 되었다고 표현할 수 있으며, 적은 양이 인출되면 ACC의 주의를 끌지 못하여 자연 망각될 가능성이 커진다. 이러한 논리로 우리는 '억제'의 학습, 자동화 과정을 이해할 수 있으며, 학습된 억제는 망각을 가속화해서 기억이 사라진다. 다른 연구자들의 결과와 유사하게 fMRI는 DLPFC, VMPFC의 활성화 증가가 편도체의 활성을 감소시킴을 확인하였고, 조건 공포 자극에 대한 생리적 반응을 줄였다. 이러한 편도체의 변화는 충분히 보상적이므로(고통에서 회피), 이 과정은 학습된다.

이제 몇 가지 더 생각해야 할 부분이 있다. 첫째, 사람들의 잊고자 하는 억제의 노력은 외상 사건의 충격에 비례하는데, 실제로는 억제하려 해도 효과가 없고 불안이 조절되기는커녕 불쾌한 기억이 오히려 심해졌다는 보고가 있다. 저자는 정신 외상의 영향이 잦아들고 망각의 시기가 있는 것같이 '억제'와 '억제의 학습'이 일어나는 적절한 시기가 있으리라고 생각한다.[7] 그래서 회피학습이 가능한 시기는 사건의 경과 시기에 따라 달라질 것이다. 즉, 사건의 회상으로 인한 공포의 재경험과 이에 따른 회피라는 두 가지 과정의 충돌과 연합이 있는 기간이 있다. 둘째, 억제 실험과 현실의 차이이다. 동물 실험의 조건 자극은 분명하고 단일하나, 현실의 사람에게 일어난 정신 외상 사건의 조건 자극은 자극과 지각의 종류가 다양하고 많다. 그리고 동물의 조건 자극은 실험 공간에서 분리되지만, 정신 외상 사건의 경우 조건 자극의 완전한 분리가 어렵다. 그래서 그 맥락의 접근이 풍부한 환경을 조절하기 어렵다. 그래서 사람의 억제와 습관적 회피는 행동으로 관찰되는 동물의 회피학습과 양과 질에서 다를 수 있다. 실험실에서 증명된 쥐의 회피 행동은 사람의 억제(회피)학습의 동물 실험 모델로 간주할 수 있다. 두 가지를 병합하면 사람은 행동의 조절(도주)을 통해서, 그리고 그 고통의 대상을 주의 전환(회피)해서 불쾌를 줄일 수 있다. 참가자들은 인위적 · 실험적 환자이며, 이들의 감정 조절을 위한 노력은 환자들의 행동과 유사하다. 환자도 무언가를 구체적으로 생각하도록 지시받거나 간단한 이미지 전략을 사용하여 감정의 조절 또는 산만한 감정을 효과적으로 바꿀 수 있다. 이러한 인지 조절의 심리적 이득은 반복 훈련을 통해 도구학습의 치유 효과를 기대할 수 있다.

급진적이라 평가받는 행동주의의 대학자 스키너의 다정하고 세심한 일면을 알 수 있었던 『스키너의 마지막 강의』라는 책의 문장을 인용한다(Skinner & Vaughan, 1987, p. 204).

> 죽음, 불가피한 종말
> 때가 되었을 때 그것이 오리니.
>
> —줄리어스 시저(기원전 100~44)

여기에 도움이 되는 몇 가지 전략이 있다. 공포를 불러일으키는 것은 죽음 그 자체가 아니

7) 제11장 '억압과 스트레스의 신경생물학' 참조.

라 죽음을 생각하고 받아들이는 마음가짐이며, 그렇기 때문에 죽음에 대한 생각은 멈출 수도 있다. 어떤 대화가 지루할 때에는 화제를 바꾼다. 어떤 노래를 흥얼거리다가 그 노래가 지겨워지면 다른 노래를 부른다. 바꾼 화제가 옛것보다 재미있고 새 노래를 부르는 게 더 즐겁다면, 변화는 더욱 손쉽게 다가올 것이다. 마찬가지 방식으로 우리는 죽음이 주는 공포에서 다른 곳으로 주의를 돌릴 수 있다.

양자 물리학자 카를로 로벨리(Rovelli, 2018, p. 221)는 죽음에 대한 두려움이 진화적 오류라고 말했다. 과학자들이 스스로를 '이과생'이라 농담하듯 물리학자의 입에서 나온 말이라고는 믿기지 않는, 생물학과 포유류 진화에 대한 대단한 통찰이다. 그는 동물들이 위험에서 도주하는 두려움의 본능은 잠깐이지만, 이 두려움으로 커다란 이마겉질을 가지게 된 털 없는 원숭이(인간)는 미래를 예상하는 능력이 지나친 나머지 평생 동안 죽음의 두려움을 안고 살게 되었다고 말한다. 그의 말도 사실이지만 해가 중천에 뜨면 따가운 볕을 피할 그늘도 있는 법이다. 인생의 크고 작은 사건에 마주치면서 고통스러운 생각에 압도당해 억제 혹은 회피의 노력은 어느 정도 사건이 해결될 때까지, 우리의 마음에서 불안이 적응될 때까지 효과가 없어 보인다. 그러나 시간은 언제나 오래전부터 이 기술을 진화시켜 온 털 없는 원숭이의 편에 선다. 이 동물은 세상의 힘든 경험을 많이 할수록 불쾌한 주제는 억제(능동적 회피)하고 주의를 돌리다 안전하거나 즐거운 생각을 하도록 습관화하는 능력을 발달시켜 왔다. 이 과정에서 2요인 학습 이론, 3요인 학습 이론은 원숭이가 생존과 적응에 성공할 것이라는 강한 암시를 주었고, 결국 억압과 억제, 억제의 학습(비의식화)은 한 세트의 과정이며, 포유류가 이미 가지고 있는 치유 시스템임을 깨닫게 되었다. 그리고 저자는 프로이트를 비롯해 많은 연구자가 혼동했던 이유를 충분히 설명하였다. 즉, 일련의 학습 과정 중 어느 시점을 관찰했는가에 따라 붙이는 이름이 달라진 것이다.

2요인 학습 이론

수십 년 동안 파블로프의 혐오적 조건 형성은 인간의 두려움과 불안에 대한 효과적인 모델이었다. 이 모델을 사용하면서 혐오 행동을 조절하는 동기에 대한 신경생물학적 이해가 크게 향상되었고, 재난이나 전쟁 후 부적응 공포와 불안으로 고통받는 환자를 치료하기 위한 잠재적 임상 모델로 학습된 혐오 행동이 어떻게 완화될 수 있는지 소거 연구가 진행되었으며, 소거가 원하는 만큼 치료에 효과적이지 않다는 것도 입증되었다. 혐오학습의 소거 후에도 조건 반응은 역전, 복원, 재생, 회복[8]된다.

1947년에 심리학자 호바트 모러(H. Mowrer)와 그의 동료인 닐 밀너는 2요인 (회피) 학습 이론을 제안하였다. 이 이론에 따르면, 회피학습에서 경고 자극인 불빛은 전기 충격과 반복해서 짝지어짐으로써 점차 공포를 유발시키는 조건 자극이 되고(고전적 조건 형성), 공포는 유기체에게 혐오적이기 때문에 공포 감소는 부적 강화의 기능을 한다는 것이다(도구적 조건 형성). 예컨대, 2요인 이론에 따르면 회피 반응의 결과, 전기 충격과 같은 외적인 혐오 자극뿐 아니라 조건 형성된 공포와 같은 내적인 혐오 자극도 제거된다는 것이다.

레스콜라와 롤로드(Rescorla & Lolorado, 1965)는 시드만의 회피(Sidman avoidance)라는 절차를 이용해서 이 가정을 입증하였다. 이러한 2요인 이론에는 문제점이 있다. 만약 회피 행동의 강화가 조건 형성된 공포의 감소라면 회피 수행은 동물이 느끼는 공포의 정도, 공포 소거 후 재발 시 잠복기와 관계가 있어야 한다. 그러나 동물에게 볼 수 있는 공포의 정도, 잠복기와 회피 수행은 상관이 없었다. 솔로몬 등(Solomon, Kamin, & Wynne, 1953)이 행한 회피학습에 관한 연구(Lieberman, 1993, p. 341에서 재인용)에서 극적인 결과가 나타났다. 첫 번째 단계에서 개들은 쇼크를 회피하기 위해 장벽을 뛰어넘도록 훈련되었고, 그런 다음 아무런 쇼크도 제시되지 않는 소거 시행이 주어졌다. 경고 자극 뒤에 더 쇼크가 따르지 않았으므로 공포는 소거되어야 하며, 따라서 2요인 이론에 따르면 회피 반응도 중단되어야 하지만 개들은 아무런 완화의 기미도 없이 200번의 시행 동안 반응을 계속하였고, 한 마리는 실험자들이 포기할 때까지 650번 지속하였다. 단지 2요인 이론은 회피 반응이 소거에 대한 저항이 강한 이유를 잘 설명해 준다(Levis, 1989). 예컨대, 엘리베이터 공포증 환자를 생각해 보자. 환자는 어느 시점에서 공포를 유발하는 자극과 연합되었기 때문에 엘리베이터를 이용할 때마다 조건화된 공포를 경험할 것이다. 그런데 공포가 심하면 엘리베이터를 타지 않고 계단을 이용할 것이다. 계단으로 가는 것은 조건화된 공포를 감소시키므로 부적 강화를 받는 회피 행동이다. 따라서 공포증은 회피할 때마다 부적으로 강화되고 계속 회피하기 때문에 공포 반응이 소거될 기

8) 스트레스 유발 역전(reversal): 원래 위협학습과 전혀 관계없는 스트레스 사건이 소거를 무효화하는 것. 즉, VMPFC의 브레이크가 무력화됨.
복원(reinstatement): 조건 자극-무조건 자극 연합의 회복, 무조건 자극에 다시 노출되어 소거 효과를 상실하는 것.
재생(renewal): 원래의 조건 형성 맥락에 다시 노출되어 소거 효과를 상실하는 것.
자발적 회복(recovery): 시간이 지나 공포학습의 소거 효과가 사라지는 것.

회가 없어 유지된다고 볼 수 있다. 이 현상을 인지분석으로 설명한 셀리그먼과 존스턴(Seligman & Johnston, 1973)은 공포가 고전적으로 조건 형성되며 이 공포는 동물의 초기 반응을 방향 짓는 데 중요한 역할을 했지만, (그러나) 회피 반응이 일단 성공적으로 수행되고 이 행동이 쇼크에서 회피시켜 준다는 것을 학습하면 공포가 거의 아무런 역할도 하지 않는다고 한다. 즉, 그 후로 동물의 행동은 전적으로 이 기대에만 의존하게 된다고 제안하였다. 마치 점술사의 부적과 같이 과거의 기억에 기원한 행동에서 미래의 기대로 이루어지는 행동으로 설명하였다.

또 브라운과 제이콥스(Brown & Jacobs, 1949)는 조건 자극 자체(조건 자극 종료)가 강화라는 가정을 제시했는데, 도주 습관은 전기 충격을 피하기 위한 도구(목표 지향)학습 반응이었으나 목표와의 관계를 잃고 목표와 연결되었던 경고인 조건 자극에 의해 자동으로 유도된 습관이 된다는 것을 실험으로 입증하였다. 즉, 조건 공포가 회피 반응(도주)을 동기화시키고, 이 공포의 종결은 불쾌한 경험(공포)을 줄이므로 회피 행동을 강화(도구학습)한다. 이를 역조건 형성이라고 말한다. 만약에 시간이 지나서 US가 없어진다면 회피의 필요성이 없어지지만, 회피는 그 사실을 확인할 기회, 즉 병적 상태를 근원적으로 치료(소거)하지 못하고 회피 습관을 유지하게 된다. 이렇게 회피 반응이 자동으로 계속되면, 자동적인 자극-반응-습관이 된다. 조건 자극이 무조건 자극과 다시는 연합되지 않아도 자동으로 회피 반응을 촉발하는 상태를 신호(습관 촉발 인자) 회피(signal avoidance)라고 한다. 이 모든 결과는 조건 반응이 단지 정서(공포)뿐만 아니라 기대에도 근거하고 있다고 결론짓게 되었다. 이 대목에서 포유류의 뇌와 마음은 과거(상처)와 미래(소망과 기대)를 동시에 가지고 있다는 점이 참으로 흥미롭다.

수동 회피와 능동(자동)[9] 회피: 동물 모델

이제 잘 알려진 동물 모델을 설명한다. 앞에서 불쾌한 대상에 대한 자동적 회피는 억압의 원형이라고 한 정신분석가 브레너의 통찰을 인용한 바 있다. [그림 14-2]는 조셉 르두의 방어 반응(얼어붙기)과 회피 행동(억제)의 기초가 되는 논문(LeDoux & Brown, 2017)에서 인용하였다.

첫째, 어두운 곳을 좋아하는 실험 쥐에게 혐오 자극(전기 자극)을 통해 이런 장소를 회

9) 능동 회피도 비(하)의식 현상이다. 능동 회피가 의도적이라는 의미로, 용어 혼동을 피해서 자동 회피라는 말을 같이 사용한다.

피하도록 학습시킬 수 있고, 위협 자극은 내분비 및 자율 시스템을 활성화할 뿐만 아니라 얼어붙기 또는 부동과 같은 조건화된 반응을 일으킬 수 있다. 이를 수동 회피(학습)라고 한다([그림 14-2]의 a 참조). 수동적 회피는 동물이 자극에 대해 행동하지 않고 오히려 자제하고 꼼짝하지 않는 얼어붙기(freezing)로 충격을 방지한다. 곤충과 동물의 전형적인 위협을 피하는 행동이다. 정신적 사건으로 충격을 받은 사람은 초기에 일정 기간 집안에 은둔해 있다. 몇 개월간 씻지도, 잘 먹지도 않고 나가기 싫다고 한다. 외출과 옷 가게를 피하는 엠마의 사례도 수동적 회피(억압)로 볼 수 있다. 이 수동 회피는 저자의 '억압' 모델이 되었다. 편도체의 가쪽핵(LA)은 조건 자극과 무조건 자극이 통합된 유일한 장소로 보이기 때문에 관심의 대상이 되었다. 이 구조가 동물과 인간의 공포학습 획득과 표현에 모두 필요하다는 것은 잘 확립되어 있다.

둘째, 그런데 실험용 쥐에게 무조건 자극인 전기 충격과 조건 자극인 소리를 학습시킨 후, 건너편에 방을 만들어 그곳으로 도주하면서 조건 자극을 중단한다. 쥐는 소리가 날 때 전기 충격에서 도주하거나 아예 처음부터 회피할 수 있다는 것을 배운다. 이런 반응을 능동(자동) 회피([그림 14-2]의 b 참조)라고 하며, 이는 회피 결과로 기대가 학습된 것이고, 목표 지향적 반응 또는 도구적 반응으로 간주한다. 저자는 고통이 감소하는 심리적 이득으로 억제가 반복되면 뇌 안에서 일어나는 능동 회피 행동으로 변환함을 추정하게 되었다. 이에 대해 일반적으로 보상에 관여하는 편도와 측좌핵(NAc)이 회피 행동에 참여할 것(Corbit & Balleine, 2005)이라는 것을 미리 짐작할 수 있다. 저자는 이 능동(자동)적 회피 학습 '억제'와 '억제의 학습' 모델로 삼았다.

조건 자극은 조건화된 반응 반응을 생성할 수 있지만 다가오는 위협을 피하기 위한 신호(단서) 역할을 할 수도 있다. 동물은 특정한 회피 행동으로 충격을 피하는 법(무조건 자극)을 배울 수 있다. 앞서 말한 바와 같이 조건 자극-무조건 자극 연합은 편도체에 암호화되어 있고, 조건 자극은 동물에게 바람직하지 않은 무조건 자극을 피하는 행동을 선택하라는 신호를 보낼 수 있다. 따라서 편도체는 위협에 능동적으로 대처하는 데 관여하는 것으로 보인다. 욕구 자극이나 혐오적 자극과 단서는 배쪽 선조체 및 기타 보상 영역에서 단계적 도파민 방출을 조절한다. 회피 작용 선택 과정은 편도체의 영향을 받아 조건 자극이 수행한 작용을 형성하는 데 배쪽 덮개 영역(VTA)-배쪽 선조체 도파민 경로의 통제를 받는 것으로 나타났다. 인간의 경우, 식욕과 혐오 자극이 VTA 신경핵과 측좌핵 경로를 활성화시키는 것으로 보인다.

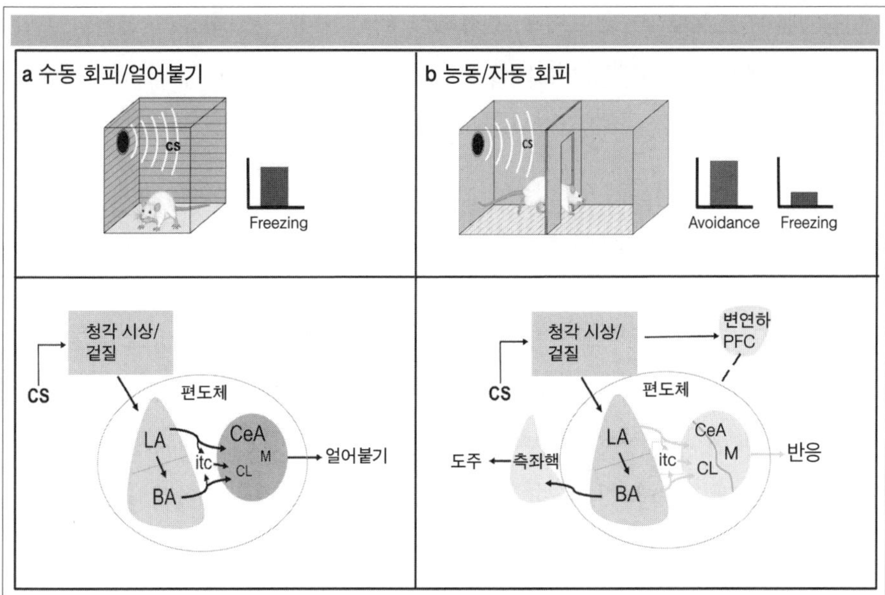

약어 설명: CeA(편도체 중심핵), LA(가쪽 편도체), CeA(CL, 중앙 가쪽핵), BA(바닥 편도핵), ITC(중재 세포군), CeA(M, 안쪽 중앙 핵), NAc(측좌핵, Nucleus accumbens), PFCIL(변연하 이마엽 피질), PAG(수도관 주위 회백질, periaqueductal grey), VTA(배쪽 덮개 영역, ventral tegmental area)

① 위협을 유발하는 소리 조건 자극(CS)에 대한 정보는 청각 시상하부 및/또는 피질에서 측면 편도체(LA)로 전달된다. 그런 다음, 조건 자극 정보는 가쪽 편도체(LA)를 통해 편도체 중앙 가쪽핵 CeA(Cl)로 직접 이동하거나 기저 편도핵(BA) 및/또는 중재 세포군(ITC)을 통해 간접적으로 이동한다. 안쪽 중앙 핵의 CeA(M) 신경은 뇌간 수도관 주위 회백질(PAG)에 정보를 보내 얼어붙기와 같은 조건 자극 유발 반응을 조정한다. CeA는 또한 시상하부–뇌하수체–부신 축의 내분비 반응과 자율 반응을 제어하는 측방 시상하부를 활성화한다.

② 능동적 회피는 다른 편도체 출력 경로에 의해 진행된다. 조건 자극 정보는 LA와 BA를 통해 처리되며, 배쪽 덮개 VTA–NAc로 전달되어 회피 행동 같은 조건 자극 촉진 행동을 지원한다. 이러한 회피 행동은 CeA가 매개하는 얼어붙기를 억제하는 변연하 이마엽겉질(PFC IL)에 의해 조절된다.

[그림 14–2] 능동 회피

종합하면, 위협 자극(조건 자극)이 중뇌 변연 도파민 시스템(mesolimbic dopamine system)을 활성화하고 행동 선택에 도움을 주는 과정이 발견되었는데 이 과정은 BA와 같은 주요 구조의 입력 때문에 조절되며, 이는 다시 단계성 도파민 신호를 조절하고 선택된 작용을 변경할 수 있다. 다른 회로도 조절 활성 회피에 중요하다. 연구자들은 고삐(habenula), 선조 말단 침대핵(Bed Nucleus of the Stria Terminalis: BNST), 해마와 같은 다른 여러 입력물이 모두 VTA의 출력을 조절하기 위해 배쪽 선조체로 수렴한다고 말한다. 이 하향식 프로세스는 이마엽겉질 및 배쪽 선조체의 소통을 의미하며, 회피 행동에서 중요한 회로로 보인다.

파블로프 조건학습-도구학습 전이 PIT

이 개념은 제9장 '스키너의 도구학습과 억압의 행동과학'에서 먼저 소개하였다. 심리학자는 파블로프의 고전학습과 도구학습을 분리해서 연구하였지만, 2요인 학습 이론의 연구에서 두 개의 현상은 상호 연결이 있는 것이 증명되었다. 감정학습은 도구(행동)학습으로, 그리고 습관, 자동화가 될 수 있음을 알게 되었다. 다음의 실험을 보자.

> 소리(조건 자극)와 음식 제공을 연관시키도록 쥐를 훈련한다. 그다음, 쥐는 소리 없이 음식을 얻기 위해 레버를 누르는 법을 배우는 도구 훈련을 받는다. 마지막으로, 쥐에게 소리와 레버를 누를 기회가 다시 주어지면, 결과는 소리가 없을 때보다 소리가 있을 때 레버를 더 많이 누르는 것으로 나타났다(Seger & Spiering, 2011).

파블로프의 조건학습은 도구적 학습 후에도 지속적으로 도구적 학습에 영향을 준다는 것이 밝혀졌다. 이 효과를 '파블로프 조건학습-도구학습 전이(Pavlovian–Instrumental Transfer)'라고 부른다. 생활 스트레스나 정신적 사건을 포함하여 현대인에게 예측 (단서) 신호(predictive cues)는 삶에 지속해서 영향을 미치고 우리를 결정된 길로 유인하는 부분이다. 예를 들어, 건널목에서 푸른 신호등이 켜지면 도로를 건너가고, 패스트푸드 광고를 보면 배가 고프고 특정 음식의 종류와 장소를 찾게 된다. 신호는 고민 없이 안전한 길을 찾는 적응 행동을 만들기도 하지만 정말로 배가 고프지 않을 때 먹게 만드는 부적응 행동을 유도할 수 있으며, 술과 관련된 신호가 갈망을 일으키고 의존 행동을 유발하는 알코올 중독의 정신 병리적 역할을 할 수도 있다. 즉, 사회 적응 행동은 파블로프 학습과 도구학습을 조절하는 시스템 간의 상호작용을 포함하는 행동이다. 그리고 우리가 관심을 가지는 억압/억제의 모델인 혐오학습(트라우마)과 회피 행동도 결국 보상을 추구하는 방식으로 작동한다. 조건 자극(CS)은 이에 대한 회피 보상과 관련하여 같거나 다른 맥락에서 보상에 대한 도구적 반응에 영향을 미치고 있다. 저자는 이 현상이 물질 중독에서 연구되는 현상이지만, 한편 심리적 트라우마에서 회복할 수 있는 유전자에 새겨진 본성과도 같은 신의 선물이라고 표현하였다. 그리고 억압과 억제의 학습은 한 세트의 진화 현상임을 증명하고 있다.

네덜란드 라드우드 대학병원의 거츠 등은 연구 논문에서 혐오학습의 기저에 깔린 신경 메커니즘에 대한 연구 결과를 다음과 같이 제시했다(Geurts et al., 2013).

> 최근의 증거는 이러한 파블로프 도구적 행동에 대한 영향이 행동에 따라 다른데, 도구적 접근 행동은 파블로프의 욕구 단서(Appetitive Pavlovian Cues)에 의해 활성화되며 파블로프의 혐오단서(Aversive Pavlovian Cues)에 의해 억제된다. 반대로, 도구적 철수 행동은 파블로프의 욕구 단서에 의해 억제되며 혐오적 단서에 의해 활성화된다. fMRI 뇌 검사에서 행동 맥락과 관계없이 편도체와 측좌핵은 혐오적 파블로프 단서에 의한 행동 억제와 관련이 있었다. 또한 도구적 접근과 도구적 회피에서 VMPFC의 BOLD 신호가 달랐다. 혐오적 파블로프 조건 자극은 VMPFC와 꼬리핵(caudate nucleus) 사이의 연결을 조절한다는 결과를 보여 주었다. 도구적 행동에 대한 특유의 혐오적 통제는 파블로프 조건 자극에 의한 이마엽-선조체의 상호작용을 통한 조절을 포함한다.

PIT는 두 가지가 있다. 특정 PIT는 조건 자극이 혐오 자극과 짝을 이루고 조건 반응에 대한 후속 노출이 짝을 이루는 혐오 자극에서 멀어지는 조작적 반응(즉, 탈출 및 회피 행동)을 강화할 때를 말하며, 일반 PIT는 조건 자극이 하나의 혐오 자극과 짝을 이룰 때 발생하고 다른 혐오 자극에서 멀어지는 조작적 반응을 강화한다.

습관학습의 3요인 이론

연구 결과, 광범위한 학습과 함께 일단 회피 행동이 잘 학습되면, 그것은 흑질-선조체 회로(nigro-striatal circuit)에 의해 통제되는 습관 행동(habitual behaviors)으로 바뀔 수 있다고 하였다. 모러의 2요인 이론에 습관학습을 더해 3요인 이론(Three-factor Theory of Pavlovian, Instrumental, and Habit Learning)이라 부른다. 습관이 되는 시점에서는 무조건 자극의 신호 회피라고 하는 행동 강화 특성을 잃게 된다. 그래서 조건 자극이 더는 위협의 신호(단서, 예측)를 하지 않을 때 회피 행동은 장단점이 될 수 있다. 회피가 자동, 습관이 되면 우발적 상황에서 회피가 해를 일으킬 수 있더라도 피하기로 자동 선택된 것이며, 진정한 위협이 없을 때도 두려운 자극으로 간주하여 피할 수 있다. 배쪽 선조체는 새로운 작용을 배우는 데 더 많이 관여하는 반면, 등쪽 선조체는 그러한 행동의 습관 형성에 더 많이 관여한다는 것이 밝혀졌다. 배쪽 선조체는 의존적 행동 또한 소거 훈련의 경향이 있지만, 등쪽 선조체는 의존적 행동이 종종 소거에 내성이 있어 탈학습(unlearning)이 어려워진다. 따라서 반복적인 회피 행동과 함께, 관련된 회로는 동물과 사람 모두에서 등쪽 선조체 쪽으로 이동할 수 있다(Seger & Spiering, 2011). 이 실험의 중요한 점은 공포, 회피 학습이 뒤따를 도구와 습관학습 과정이 의존한다는 것이고, 종합하면 회피학습의 3요소 학습 과정인 파블로프, 도구 그리고 습관학습이 서로 연결된 것을 증명하며, 우리의 주제인 내적 억압/억제와 억제의 학습 그리고 습관화가 한 세트의 회피학습일 수 있다. 저자는 정신적 충격 후에 이를 회피하고 치유하는 능력을 우리가 가지고 있으며, 자연의 적응 과정, 놀라운 진화의 유산이라는 생각을 한다.

능동 회피에서 예방(선제) 회피로, 디딤돌 전략

저자는 회피 실험의 최근 실험 결과를 조사하면서 조셉 르두의 신호 회피 실험에서 흥미로운 결과(LeDoux et al., 2017)를 발견했다. 이 실험의 특징은 능동 회피를 조건 형성시킨 후 회피 자극의 복원(reinstatement) 실험을 해 보니 소거보다 유리한 이득이 있었다는 점이다. 르두는 정신적 충격을 받은 사람들에게서 보이는 '예방적 회피'라는 회피 행동의 긍정적 측면과 생활에 유리한 점을 설명하였는데, 저자는 이를 '디딤돌 전략'이라고 표현했다.

〈표 14-1〉 예방적 회피

1. 무조건 자극(전기 충격) → 조건 자극(소리)	통제 집단	실험 집단
2. 조건 자극에 얼어붙기 훈련	얼어붙기	얼어붙기
3. 조건 자극에 무조건 자극 생략 혹은 도피학습	조건 자극에 무조건 자극 생략	도피(능동 회피학습)
4. 조건 자극에 얼어붙기(freezing) 실험	얼어붙지 않음(소거)	얼어붙지 않음(도피)
5. 회복(조건 자극-무조건 자극 연합)과 복원 훈련 후(혐오 재학습) 조건 자극에 의해 다시 얼어붙기 관찰	얼어붙음(복원)	**얼어붙지 않음**
결론		능동적 적응, 예방적 통제

연구의 핵심 부분은 멍에 통제[10]를 실시한 별도의 집단이 있다는 점이다. 각 집단은 같은 절차를 거치지만 별도의 방에서 받고, 통제 쥐는 실험 쥐와 같은 자극을 받는다. 다만, 실험 쥐만 행동으로 조건 자극을 제어할 수 있다. 실험 집단의 쥐는 회피학습 동안 부적응 방어 반응(예: 조건부 얼어붙기/공포)이 감소되고, 점진적으로 능동적 도구 회피 반응(예: 움직임 또는 레버 누름 반응)으로 대체되어 대상을 안전하게 유지하고 피해를 방어할 수 있었다. 능동적으로 조건 자극을 회피할 수 있었기에 다시 복원 실험에서 복원 전의 혐오 자극을 해도 복원 전의 반응인 '얼어붙기'에서 벗어날 수 있었다. 연구자들은 실험 쥐가 소리 자극과 그 소리가 경고하는 부정적인 결과(전기충격의 고통)의 회피가 스트레스 관련 신호나 사건을 통제하고, 그 영향을 변화시키기 위해 직접 관여하는 행동 및 생각을 포함한다면 이는 유용한 형태의 회피, 능동적 대처(active coping)의 한 형태라고 주장하였다. 그래서 그러한 고통스런 상황이 다시 오더라도 얼어붙지 않고 대처 행동을 한다는 것이다. 회피 행동이 나타나는 일부 임상질환은 그동안 부적응 행동이 지속하는 것으로 알려졌지만, 이와 달리 회피 행동이 능동적 개입으로 전환되어 소거보다 더 효과적이며 적응과 생존에 유리할 수 있다는 점이 부각되었다.

저자는 프로이트의 억압으로 설명하던 환자의 회피 행동 패턴을 자주 관찰해 왔다. 우선 저자의 기억에 남는 불안증 환자 A의 능동 회피 증례를 살펴보자.

40대 직장인 A는 어린 시절 자신을 학대한 아버지가 싫어서 일찍 독립해서 살고 있으며, 부모와 관련된 일을 피하며(억제) 살아왔다. 누나가 부모의 집 근처에 살고 있는데, 간혹 만날 일이 있어 누나 집에 갈 때 부모와 마주칠까 긴장되고 두려워서 습관적으로 부모의 집에서 먼 길로 돌아간다(능동 회피)고 한다. 남들의 눈에는 귀찮고 불편한, 심지어 병적으로 보이는 행동이지만, 그로서는 불안에 대한 부적응 행동이므로 회피학습이 지속되며 없어지지 않는다.

저자의 전문의 수련 시절에는 환자들의 회피 행동이 혐오학습이 소거되지 않는 원인이라고 배웠기에 교정이 필요한 부적응 행동이며 질환을 의미하는 신경증 상태라고 생각하고 있었다. 그래서인지 개조(병식)를 통해 당당히 맞서기를 권고했다. 그러나 저자가 원하는 행동 수정은 쉽게 일어나지 않았다. 환자는 불편해도 그곳에 가지 않으면 크

10) 멍에 통제(yoked control): 실험 집단과 통제 집단이 멍에처럼 연결되어 있다는 개념으로, 두 집단에게 강화 혹은 처벌을 동일하고 공평하게 제공한다.

게 괴롭지 않았고, 또 공포의 예측이 행동의 개선을 막았다. 그의 자아는 몸의 불편보다 마음이 편함을 바라고 있었다. 그 행동은 마음, 판단의 결과이기도 하지만 학습, 습관이라는 더 큰 힘이 있기 때문이다. 정신분석에서는 저항이라는 용어로 설명했다.

조셉 르두는 9·11 테러 이후 스트레스 환자가 사회 복귀 이전에 하는 능동적 회피 행동을 스스로 트라우마 환경에 대응하고 적응한 행동 모델로 생각하고 예방적 또는 선제적 회피(proactive avoidance, LeDoux, 2015, p. 402)[11]라는 용어로 이름 지었다. 그는 테러를 경험한 많은 사람이 꼼짝 않고 수동적으로 삶을 회피하기도 하지만 다른 사람은 능동적 대처로 한 걸음씩 나아가는 것을 관찰했다. 이들의 공포에 대한 적응 행동을 관찰한 후, 이에 대한 실험을 통해 회피의 도구학습에 대해서 보다 긍정적 입장을 내놓았다. 과장된 얼어붙기나 도피–투쟁 반응 등 방어 반응의 성공적인 조절을 위해 도구학습이 강화되는 식으로 노출이 이루어진다면 이는 예방(선제적) 회피이며 동물과 사람의 통제력을 발휘하도록 돕는 행동과 생각이라고 설명했다.

조셉 르두의 공동 연구자였고 사회 불안 전문가인 마이클 로건은 대인 불안이 있는 사람이 파티에서 불안을 억지로 참아 내려고 노력하는 것(노출, 홍수)보다, 잠시 화장실을 가거나 전화를 걸러 나가는 등 노출 전에 마음을 가다듬을 수 있게 해 주는 능동적 대처로 불안 감소와 긴장 이완의 통제 전략을 쓰는 것이 더 효과적이라고 제안했다. 따라서 불안–방어 반응을 줄인 후 다음 단계로 공포 환경에 노출시키면 소거 과정이 쉬워진다.

마이클 로건의 말처럼 불안장애를 겪는 사람은 불안을 유발할 만한 상황을 완전히 피하고자 한다. 그래서 치료자가 보기에 2차 불편을 겪는 것처럼 보인다. 저자의 또 다른 환자 B는 밀실, 폐소공포증이 있었다. 그는 사람이 많은 좁은 공간에서는 불안하고 답답하여 영화관, 극장, 가족 모임 등 불안을 유발할 수 있는 상황, 장소, 모임을 되도록 피하려고 하지만, 그럴 수 없는 경우 당황해하여 일상생활에서 많은 불편을 겪고 있었다. 불안을 피하고자 하는 그의 행동을 관찰자의 눈으로 보면 모임 약속을 취소하고(수동 회피), 나타나더라도 늦게 와서 빨리 사라지는 것이다. 같이 있는 시간에도 말수가 적고 대화에 집중하지 않아 산만해 보이다가, 열린 공간에서는 갑자기 유쾌하고 명랑해진다. 그런데 A보다는 나름 일정한 대응 방식이 있었다. 저자는 이를 디딤돌 전략이라고 이름 붙였는데, 이 전략은 도구학습으로 강화된 것이고 뇌가 방어 상태에 들어가는 것을 예방한다. 만일 우리가 위험을 회피할 방법을 안다면 뭔가를 방어할 필요도 없어지기 때문

11) 역자는 '주도적 회피'라고 번역하였으나, 저자는 이 번역이 능동적 회피(active avoidance)와 혼돈을 주거나 또 동물에게서 '의도적' 의미로 오해할 수 있으므로 '예방 회피'로 수정하였다.

이다(Ledoux, 2015, p. 110). 결국 스트레스 상황에 대처하는 사람의 스키마(고정 관념)가 주도하는 방식이 긍정적인가 아니면 부정적인가가 예후에 중요하다.

그러나 여전히 도구적 회피 행동과 혐오학습에서 소거 과정의 상호 의존적 특성은 풀기 어렵다. 따라서 회피가 소거보다 더 효과적임을 입증하기에는 근거가 충분하지 않다. 불안장애는 조건 자극(CS)과 무조건 자극(US) 사이의 인과성이 정확하지 않은 오류 또는 일반화의 결과인데, 이미 알고 있는 사실은 예방적 회피는 조건 자극–무조건 자극 비상 사태에 대한 교정학습을 방지함으로써 불안의 유지를 돕는다는 것이다. 실제로 모든 불안장애 환자는 공황을 의미하는 조건 자극을 유발하고 유지하는 상황을 탈출하는 수단을 찾기 위해 적극적으로 회피하는데, 이를 '안전 행동'이라고 한다. 예방적 회피는 '안전 행동'과 기능적으로 동일하며 일시적인 안도감과 새로운 선택 의지를 가질 수 있지만, 공황장애를 완전히 해결하는 데 도움이 되지는 않는다고 비판받는다.

고통을 주는 가족을 피할 수 없는 환경에 처해 늘 불안을 느끼며 살고 있는 사람은 적지 않다. 정신건강에서 문제가 있는 가족을 분리하는 것은 매우 중요한 관리 기술 중의 하나이지만, 남편과 시댁의 문제로 고통받는 젊은 아내의 경우 어린아이를 양육해야 하므로 이중으로 고통을 겪다가 어느 정도 환경이 만들어질 때, 즉 아동의 의무교육이 끝나면 직장을 다시 다니거나 교육을 핑계로 아이와 외국으로 가는 등 합리적 별거를 한다(특정 사례에 대한 견해이니 기러기 아빠들이 오해하지 않길 바란다). 5~60대 여성들도 부부 갈등이 있더라도 여러 여건상 이혼을 피하고, 집에 있는 것이 답답하다는 핑계로 힘든 노동이 있는 직장을 다닌다. 더 나이 든 노인은 지역사회 활동(봉사, 노인대학, 공공근로, 종교 활동)에 참여하면서 합당한 이유를 제시한다. 이들은 공통적으로 차라리 몸이 힘든 노동이 정신적인 불행보다 좋아 집에서 탈출하는 것을 선택한다. 이런 측면에서 또한 프로이트의 억압, 억제가 개인의 방어기제인 동시에 자연 치유의 과정으로 개념의 폭을 넓힐 수 있다. 저자는 일상의 흔한 현상인 억제가 명상과 같은 전문적인 주의, 인지 조절 훈련으로 발전했다고 생각한다.

억제, 억압의 뇌과학 모델

저자의 작업은 궁금증에서 시작해서 스스로 결론을 탐색해 가는 어려운 일이었지만, 시간이 지나면서 서서히 안개 속에서 해답의 실체가 비로소 드러나기 시작했다. 그리고 저자는 여러분에게 프로이트의 억압과 억제, 억제의 학습에 대해 저자가 추론한 뇌과학적 기전을 모두 설명하였다. ① 프로이트의 증례, ② 동물 모델, ③ 임상 사례 관찰, ④ 사람에 대한 실험(인지 재평가), ⑤ 일상생활의 관찰을 통해 실제로 자주 일어나는 현상이고 마음의 뇌과학에서 증거를 제시했다. 저자는 억압(수동 회피[12]), 의도적 억제(능동 회피), 억제의 습관화 및 도구학습: 하(비)의식화의 세 가지 과정을 혼합한 마음의 뇌과학 모델을 [그림 14-3]에 제시하였다.

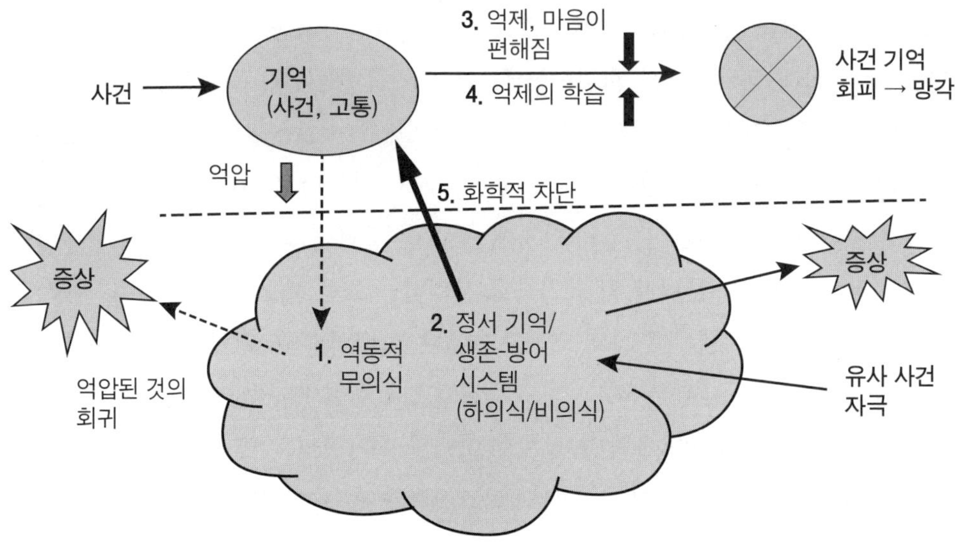

1. 점선 화살표: 프로이트의 '억압', 회피된 기억이 증상을 만듦(×)
2. 실선 화살표: 마음의 뇌과학이 설명한 '억압', 사건 기억과 무관(○)
3. 기억을 의식에서 '억제'하면 마음이 편해짐
4. 억제의 학습: 심리적 이득은 도구학습, 사건 기억의 회피, 망각
5. 화학적 차단: 부신피질 호르몬, 카테콜아민, 앞이마겉질 차단

[그림 14-3] 억압/억제의 뇌과학 모델

프로이트의 억압(억제)이란 크게 두세 가지 학습 현상이 연결되어 나타나는 한 세트의 과정이다. 하나는 하의식(무의식) 기억의 방어-생존 시스템의 반응이며, 고전학습 형태로 정신적 외상이 학습되면 이후 유사한 조건 자극이나 맥락 자극, 그리고 스트레스에 인해 다시 신체 및 감정 반응은 부활할 수 있다. 따라서 이 현상은 심리적 억압에 의한 병리적 결과가 아니며 사건 기억과는 무관하다. 또 하나는 불쾌한 사건의 의식적 억

12) 뇌 내부에서 일어나는 현상을 실험동물에 대한 조작 결과로 나타나는 외부 행동과 대응시킨 것으로, 같은 현상은 아니다. 실험동물의 경우, 수동적 회피와 능동적 회피는 전기 자극 같은 혐오 자극으로 훈련한다.

제가 도구학습으로 자동 회피, 습관화된 것이며, 앞선 파블로프의 혐오학습을 안정시키고 이후 사용하지 않는 기억의 망각은 진행된다. 억제의 학습은 능동적 자연 치유 과정이며 뇌신경과 유전자에 새겨져 있을 것이다. 마음의 상처는 저절로 또는 명상 같은 고차 인지 훈련으로 극복할 수 있다. [그림 14-3]의 점선은 프로이트의 해석이었으나, 저자가 마음의 뇌과학에서 문헌으로 고증하고 입증한 부분을 실선으로 표기하였다.

돌이켜 보면 저자의 연구는 '억압'의 조작적 정의와 동물 행동 모델로의 전환을 통해 올바른 방향으로 나아갈 수 있었다. 저자는 여기서 억압과 억제의 조작적 정의를 합친 복합적인 기억 생리의 '억압'이라는 프로이트의 원래 개념으로 복원하면서 골칫거리였던 용어의 문제를 모두 포용할 수 있다. 생명을 위협하는 커다란 충격 앞에서 회피 행동은 개체가 할 수 있는 생존을 위한 최대한의 노력이지만, 한편 충격의 크기에 비례하여 감정학습이 만들어지면 이는 하의식의 전략적 수동 회피(얼어붙기) 행동으로 전환되며, 뇌 안에서 고통스런 기억을 피하려는 정신행동인 억제와 능동 회피도 마찬가지 방법으로 하의식화된다는 해석이 가능하다. 이것으로 정신분석의 여러 난제가 풀렸다. 정신분석 이론에서 자아의 무의식적 부분, 특히 '자아의 역설'을 설명할 수 있었고 프로이트의 단위 신경 운용 원칙(신경의 법칙)에서 제시한 정신 결정론, 반복 강박, 전이, 2차 억압 등 비의식적 반복 행동을 이 모델로 자세히 설명할 수 있다. 이 과정으로 인해 저자와 독자는 마음의 뇌과학을 공부할 수 있었다.

스트레스나 정신적 외상 사건 후 환자의 의식 차원과 무의식 차원에서 고통에 대한 반응과 적응이 이루어진다. 스트레스는 파블로프 학습-도구학습 전이 반응을 유도하는 신호의 능력을 높인다(Poldrack, 2021, p. 196). 위협하는 자극이 크면 개체는 빠르고 즉각적인 방어-생존 반응(공포와 회피)이 나타나고, 자극과 반응이 학습되면 몸과 마음에 이를 기억하게 된다. 만약 공포에 대한 파블로프의 조건학습(혐오학습)이 이루어지면 회피 행동은 불쾌를 줄이는 기대로 도구적 학습이 가능하며, 이를 변형된 모러의 2요인 이론으로 설명하였다. 최근에 연구된 파블로프 학습의 도구학습 전환 이론(PIT) 및 3요인 학습 이론은 저자의 주장을 뒷받침해 준다.

사건 초기부터 고통을 유발하는 사건의 관념과 감정을 회피하거나 다른 생각으로 대치하는 의식적 억제가 동시에 진행될 수 있으며, '억제'는 앤더슨과 드퓨의 연구에서 앞이마겉질의 계통 발생학 측면 하부 기관에 대한 인지 조절, 억제 작용이라는 해설과 함께 우측 MFG, AM, HIPP의 뇌 영상 변화로 입증되었다. 외상 사건이 비교적 최근의 것이거나 피할 수 없는 근거리나 지인과 같은 대상에 의해 발생하면, 그는 충분히 스트레스 증상의 원인 사건이 무엇인지 알 수 있다. 고통스런 생각과 감정을 억제하려는 환자의 노력은 자주 반복되고 이는 심리적 안정으로 보상되므로 새로운 도구학습으로 감정 학습이 소거됨과 동시에 자동화되는데, 저자는 환자의 의지가 참여하는 능동 과정 학습을 억제의 학습이라 이름하였고, 동물실험으로 밝혀진 '신호 회피'와 앞서 소개한 델가도 팀(Delgado et al., 2008)의 사람의 인지 조절 실험, 임상 증례, 일상생활의 관찰로도 이를 입증할 수 있다. 파블로프 학습의 도구학습 전이 현상이나 3요인 학습 이론은 억압/억제, 억제의 학습이 한 세트의 과정이며 치유를 향한 진화적 노력이라는 통찰을 주었다. 한편, 미국의 9·11 테러와 정신적 외상을 관찰한 조셉 르두가 '예방 회피' 또는 '주도적 회피'라고 이름 지은 현상은 정신건강의학 전문의도 자주 관찰하는 불안 환자의 회피 행동이며 능동적 적응 행동이다. '억제의 학습'은 이로써 충분히 입증할 수 있으며, VMPFC의 억제라는 새로운 학습으로 공포 반응의 소거를 가져옴과 동시에 습관학습으로 전이된다는 것을 알 수 있다.

억제와 억제의 학습 효과는 시간이 지나면서 사건 기억의 망각을 빨라지게 하지만, 비의식 기억인 억압은 오래 남으므로 처음 소거가 되어도 맥락 자극으로 혹은 전혀 다른 스트레스에 의해 종종 역행성 부활이 일어난다. 그렇다면 점점 시간이 지날수록 비의식 기억인 억압의 현상만 남게 됨과 동시에, 새로운 자극이 없는 편안한 환경이라면 억제(회피)의 학습은 의식 기억을 더 제거시킬 수 있다. 그렇다면 우리는 이런 근거를 가지고 프로이트의 억압/억제를 인간이 진화의 시간에서 스스로 얻은 생명 보존과 방어 장치로 받아들일 수 있다.

〈표 14-2〉 억압, 억제, 억제의 학습

억압(repression)	억제(suppression)	억제(회피)학습
수동적 회피 반응	능동적 생각 회피, 대체	능동 회피의 습관화
고전적 조건학습	주의, 의도	스키너의 도구학습
하의식, 생존-방어 반응	의식, 인지 조절	하의식 행동학습
역행적	전향적	전향적
사건 기억과 무관	사건(일화) 기억	사건 기억의 망각 촉진

이제 억압과 억제를 혼용한 프로이트의 입장에서 우리가 한 조작적인 정의를 거두고 다시 복원해 보자. 포괄적 의미의 '억압'이란 감정적 고통을 유발하는 사건 기억에 내재된

기전에 의해 망각을 촉진하는 학습 과정이 있는데, 이후 주체가 알아채지 못하는 신호자극에 의해 과거의 감정학습이 동기화되어 정신적 · 신체적 증상이 나타난다고 해도, 이에 관련한 과거의 사건 기억은 회상되지 않는 독립적이며 복합적인 기억 현상이다. 이 연구에서 저자가 뜻밖에 얻은 통찰은 억압, 억제, 억제의 학습(하의식화)은 한 세트의 내재적 과정이고, 공동의 진화 결과이며, 아마도 이는 포유류의 타고난 학습과 동기부여의 기본 행동 프로그램이라는 생각이다. 프로이트의 방어 개념에서 한 걸음 더 나아가 우리 몸이 가지고 있는 치유의 기전임을 깨닫게 해 준 것이다. 이 과정의 어느 시점에서 현상을 보았는가에 따라 이름이 달라지고 우리를 혼동에 빠트렸다는 점을 알게 되어 궁금증을 풀었다.

자연계에서는 아무리 맹수나 인간이라고 해도 더 강한 자를 만나면 꼬리를 내밀고 도망가는 것이 상책이다. 억제는 정신적 고통을 회피하고 치료하고자 하는 의식-대뇌의 선택인 것으로, 이는 도구학습되어 습관이 될 수 있다. 크고 작은 생활 사건에서 비서술기억의 학습 과정과 반응이 진행되며, 의식이 알고 있는 심리적 고통은 '억제(회피)'하면서 사건 기억이 점차로 잊히거나 '억제' 행위 자체가 일반학습(자동화)된다. 이것이 '억제의 학습'이며 개인 혹은 자연 적응의 과정이다. 델가도 팀 연구의 이미지 전략이 갖는 특별한 장점은 이들의 인지 재평가 전략이 정신분석과 인지행동치료(CBT)의 기본 전략과 유사하다는 것인데, 이는 치유 프로그램인 명상의 과정에서도 경험할 수 있다. 불쾌한 기억이 있는 사람이 명상의 과정에서 그 기억과 감정을 피해 호흡에 집중하는 행위는 생각(대상)의 억제와 대체, 능동적 회피이다.

제 3부

억압을 넘어서

제15장

의식과 마음의 뇌과학

의식은 마음의 가상현실을 만들어 내는 시뮬레이터이다. 그렇지만 뇌는 어떻게 마음을 만들까?

– 『뇌의식의 탄생』(Dehaene, 2014)

자아의 본질은 이성적 마음도, 비물질적 영혼도 아니다. 자아의 본질은 모든 자기 경험과 의식적 경험의 기초가 되는, 살아 있다는 단순한 느낌을 뒷받침하는 깊이 체화된 생물학적 프로세스이다.

– 『내가 된다는 것』(Seth, 2021)

지금까지 우리는 의식에서 경험하고 기억한 것이 평소에는 잘 유지되다가 왜 어떤 상태에서 의식의 기억에서 사라지는지 토론해 왔다. 반대로, 이 장의 초점은 인간의 의식적 경험이 어떻게 발생하는지에 있다. 그리고 우리가 아는 분명한 사실은 독자가 어떤 순간에 의식하고 있는 것은 뇌의 비의식적 과정에서 나온다는 것이다. 하의식은 어떻게 의식이 되는가?

하의식의 의식화[1] 연구는 생명을 창조한 조물주를 모방한 생명과학과 의학의 결정체가 될 것이므로 뇌과학자의 로망이다. 또한 의식의 과학은 뇌 기능의 본질을 이해하기 위해서 컴퓨터, 인공지능 분야 같은 최첨단 기술을 생명과학과 접목하기 위해 필수적으로 연구해야 할 과학 분야이다. 그래서 순수과학의 영역에 닿은 어려운 내용이 많아서 정신의학을 공부한 저자에게도 능력 밖의 일이다. 저자는 프로이트의 비교적 좁은 무

1) 정신분석에서 '의식화'란 주의하지 못한 대상을 의식적 주의로 편입하는 자기인식의 확장을 말하며, 이 장에서는 의식의 생성에 대한 일반적 뇌과학 이론을 말한다.

의식 영역에서 발전하여 의식을 만드는 뇌의 발생학적 구조와 기능에 관여하는 주요 신경회로 시스템의 상호작용을 저자의 주제를 이해하는 데 필요한 부분만 간단히 알려 했다. 그 과정에서 만나게 된 다마지오, 에델만의 연구에서 기존 신경 구조는 쉼 없이 재진입하는 신경 역동이 있고, 이런 작용으로 신경 시스템과 기억은 통일성을 유지하고, 의식은 시간의 흐름과 자기의식의 느낌을 만든다는 말에 공감하였다.

의식의 탄생: 선악의 나무

고대인들은 의식의 문제를 어떻게 생각했을까? 기독교의 성서는 인류가 가장 많이 읽은 인기 도서이다. 창세기는 원시 종교관과 신화적 내용이 담겨 있어 상식과 논리에 다소 결함이 있다고 이해한다. 로마의 주교이며 신학자인 아우구스티누스(A. Augustinus, 354~430)는 아담과 하와의 행위를 근거로 인간의 원죄론을 주장하였다. 원죄론은 현대 신학에서는 받아들여지지 않는다고 하지만, 저자는 기독 신앙에서 아담과 하와가 에덴동산에서 추방당한 이유를 자기의식과 지성으로 가정하는 것이 흥미롭다. 창세기 1장 27절에서 하나님은 인류의 조상인 아담과 같이 하와 또는 이브를 창조하고 에덴동산에서 서로 생육하고 번성할 것을 장려하였지만 선악과를 먹는 것을 금지하였다. 두 인간은 선과 악을 구별하지 못하는 상태에서 살고 있었다. 선악과를 먹기 전에는 서로 벌거벗었음에도 부끄러워하지 않았고, 서로의 육체를 탐하고자 하는 성적인 욕망도 없었으며 부부관계조차 하지 못했다고 하니, 이대로 해석한다면 정상적인 인간의 상태가 아니었다. 하와와 아담이 차례로 뱀의 유혹에 굴복하여 선악과를 따 먹은 결과, 그 둘은 하나님의 분노로 에덴동산에서 영원히 추방당했다.

또 신약의 요한복음(8:31, 32)에는 이런 글귀가 있다.

> "진리가 너희를 자유롭게 하리라(The true will set you free)." 그러므로 예수께서 자기를 믿는 유대인들에게 이르시되, 너희가 내 말에 거하면 참 내 제자가 되고 진리를 알지니 진리가 너희를 자유롭게 하리라.

창세기, 요한복음은 종교의 본질은 믿음이고, 믿음을 통해서 평화와 행복을 얻는 것이 사람이 원하는 길이며, 이 말씀에 복종하는 것이 진리라고 말한다. 그런데 이 복종과 진리의 배경에는 삶의 궁극적인 목표인 행복이 있고, 그 반대쪽에 '에덴에서 추방'당하는 공포와 두려움이 있다. 복종은 인간이 에덴에서 살기 위한 계약 조건이었다. 우리는 아이의 가장 두려운 공포는 엄마에게서 버려지는 것이며, 이로 인해 공황 상태에 빠진다는 것을 잘 알고 있다. 선악과는 지식의 열매로 알려졌지만, 양심, 판단(지성), 공포, 불안과 같은 감정을 가지게 해 준 자각의 열매이기도 하다. 지적 장애인이 사기꾼들에게 이용당하기 쉬운 것처럼, 분별력이 없는 아담과 하와는 이미 뱀의 속임수에 넘어갈 만큼 지성에 결함이 있었다. 이는 두 사람을 만든 하나님의 설계에 의한 당연한 결과인 것이다. 뱀의 권유 덕택에 아담과 하와가 행복의 동산을 탈출하여 자연에서 생존하기 위해 어려움을 참고 살아가는 사람이 되었다면, 이는 보통 인간의 자연스러운 조건(선택)이라고 볼 수 있다. 선악과는 고통과 행복을 느끼는 감정과 좋고 나쁘다고 평가하는 가치 판단을 가진 인간으로서 살 기회를 준 셈이다. 창세기의 신화는 행복과 고통, 죽음의 불완전한 상태로 태어난 인간의 부조리를 의미하며, 자신의 선택에 의한 고통스러운 운명을 받아들이라고 말하고 있다. 그러나 언젠가 다시 에덴으로 돌아가 편하게 살 운명이다(죽음). 저자의 진화적 관점으로 볼 때 선악과가 상징하는 것은 생존을 위한 먹이 사냥이며, 이를 통하여 다양한 감정은 물론 고차원의 의식과 자각을 얻게 되었다고 본다.

의식의 진화와 정의

단세포생물과 가장 발달한 포유류인 인간도 가장 중요한 목적은 생존이며, 이를 위해 외부 자극에 관한 관심과 반응 행동이 따른다. 동물의 가장 중요한 것이 생존이라면 의식은 이 생존 위협을 극복하기 위해 감각 기관에서 진화했을 것이며, 의식의 대상은 생명을 위협하는 무서운 포식자 또는 혹은 맛있는 먹이가 가득한 세상과 배부름과 통증을 느끼는 내부의 몸 환경일 것이다. 우리 몸의 세포 중에서 시냅스를 통해 다른 세포에 전기화학적 영향을 주는 세포는 오직 뉴런과 근육세포 몇 종류의 감각세포뿐이다. 그래서 신경계는 몸 바깥의 세포층인 외배엽에서 발생하였고, 가장 단순한 해면동물이나 자포동물의 경우 몸의 대부분을 위장관이 차지하고 있다. 이 동물의 신경망은 내부 위장관을 조절하는 것이 가장 중요한 업무이다. 이런 이유로 장 신경계를 제2의 뇌라고 부르기도 하는데, 이처럼 발생과 진화의 초기부터 신경계의 업무는 외부 세상과 내부 환경의 관찰과 조절이었다.

의식의 정의

의식이란 말은 사용하는 사람에 따라서 의미가 다르다. 어떤 사람은 의식을 수면에서 각성까지, 즉 깨어 있는 정도를 표현하는 용어로 사용한다. 어떤 사람은 의식을 마음의 입장, 감각을 자각하는 도구나 주관적 판단인 자각 또는 인식(awareness, 메타인지)의 의미로 사용한다. 자신의 생각과 감정을 관찰하거나 조작하는 자기의지라는 뜻으로 사용하기도 한다. 뇌과학자들은 마음의 인지적인 부분과 마음의 배경인 정서, 감정, 느낌을 포함하는 넓은 의미로 사용한다. 자각 여부에 관계없이 우리는 감각 기관을 통해 들어오는 외부 세상과 내부 환경의 하의식 정보를 기억, 이미지 형태로 뇌겉질에 복사하고 이를 분석하여 패턴을 저장한 다음, 다가올 자극에 즉시 재사용하여 반응하거나 장기 적응을 위한 체계를 만들어 간다. 그러므로 진화 입장에서 의식은 생존에 필요한 도구로 진화된 것이고, 세상과 자기 내부의 위험을 관찰, 감시하는 것이 주 본분이며, 의식의 관찰 결과로 기록되어 남은 자료가 기억인 것이다. 그러므로 의식의 일반적 정의는 자신의 뇌(마음) 안에서 무슨 일이 일어나는지 관찰하며, 그 경험을 자신과 다른 사람에게 의식, 비의식에서 보고할 수 있는 상태를 말한다. 당연히 기억 자료가 선명하고 오래갈수록 생존에 유리하다. 그래서 의식의 진화는 생존을 위해서 기억의 진화와 맥을 같이하고 있다. 저자는 의식의 중요한 주제가 관찰, 감시 다음으로 기억임을 알게 되었고, 의식의 발달과 더불어 기억 장치가 완성되었다고 생각한다. 처음 뇌는 외부와 내부의 대상을 이미지로 저장하고 그 순서와 의미를 기호로 전환하는데, 그 기호가 바로 궁극의 언어이다. 이미지와 상징에서 출발한 언어가 기호로 전환되면서 뇌 용량의 효율적인 사용으로 의식의 인지적 진화가 폭발적으로 발전했을 것이다. 마음의 뇌과학자들은 날경험인 의식과 경험을 해석한 인지(생각)의 개념적 구분이 분명한 소통을 위해 필요하다고 말한다. 예컨대, 말초 감각 기관의 감각(sensation)이 의식 차원이라면 뇌에서 지각(perception)[2)]함은 인지 차원이며, 경험이 의식 차원이라면 판단은 인지 차원이다. 통상 의식과 자각(인식, awareness)을 나누는 것도 이런 구분에 근거한다. 자각은 어떤 판단을 산출하는 기능으로 정의되는데, 우리는 항상 이러저러하다고 자각하며, 여기서 이러저러함이라는 자각의 내용이 곧 판단의 내용으로 계승되는 것이다. 이 점에서 의식과 자각은 적어도 개념적으로 구분되며, 이 구분하에서 자각은 의식의 심리학적 대응물로 간주한다. 철학자

2) 감각이 내부 기억 체계와 병합된 것. 예측이 발생한다.

갤런 스트로슨(Strawson, 1996)은 마음의 본질은 지적인 행동이 아니라 주관적인 인식이기 때문에 마음이 의식과 동의어라고 말했다.

하의식과 의식의 전환

의식의 연구자는 신체의 말초에서 전달된 감각 정보들이 뇌에서 선택되고 명령을 전달할 때 어떻게 의식화되는지 그 이유와 조건을 연구한다. 앞서 제13장 '억제(회피) 연구'에서 소개한, ① 하의식의 감각 여과 관문이며, 인지 조절에 관여하는 앞이마겉질-기저핵(BG)-TRN-시상 회로가 의식에 관여하고, ② 수의적 운동과 상동하며 의지로 생각, 감정을 조절하는 의식화 관문인 작업 기억의 주의 실행 능력 또한 중요하다. 진화 초기 생물체는 비의식으로 출발했으며, 그다음 의식 그리고 자기를 자각하는 자기의식으로 진화한다. 자원 절약과 생존이라는 필요에 의해 경험을 뇌에서 자각하기 전까지의 과정은 비의식이며, 의식화된 내용은 반대로 하의식에서 다룰 수 있다. 의식이 필요한 상태와 하의식 과정의 두 가지 사이를 변환하는 것은 대표적으로 경험 기억, 운동 기억, 감정학습이다. 자전거 타기가 익숙해지면 타는 과정이 쉬워지고 생각이 필요 없는 것처럼, 의식의 하의식화는 학습될 때 발생하며 에너지를 효율적으로 사용할 수 있고 정보를 빠르게 전달할 수 있다. 기억은 기억의 서고(외겉질)에 들어가고 나올 때마다 모습이 조금씩 달라지며(기억의 수정, 재응고), 특히 경험 기억은 알다가도 모르는 내용으로 포장된다.

프로이트는 사람의 마음에 있고 관찰할 수 있는 의식에 있었다가 없어지는 이상한 무의식의 기억 현상에 주목하였고, 오랜 기간 마음의 현상을 연구하여 우리에게 큰 영향을 주었다. 그는 성실하고 재능 있는 임상 의사라서 마음 현상의 변화 과정을 매우 정확하게 기술하였다. 프로이트의 정신분석 주제는 (역동적) 무의식[3]이었고, 저자는 이를 무의식이 아닌 하(비)의식적 마음 상태와 과정으로 전환하였다. 저자는 극적인 프로이트의 무의식-심리역동(갈등)을, ① 하(비)의식적 기억 반응과, ② 의식(서술) 기억의 하의식화(학습)라는 재미없고 건조한 뇌과학 이론으로 전개한다. 저자는 뇌과학의 사실과 진실이 재미없는 이유는 "복잡한 이야기를 단순화하고 정제하는 것이 과학이기 때문"이라고 변명한다.

3) 심리적 갈등으로 의식하지 못하거나 기억이 없으나 다시 재생 가능한 상태. 프로이트는 처음에 역동적 무의식만을 무의식으로 정의했다.

일반적인 인식 과정

의식의 구성 요소는 현재 상황에 주의하기, 대상 관찰을 위한 작업 기억, 이를 음미하면서 지각, 감정으로 느낌(체화) 그리고 기억하는 행동이 있다는 것을 알 수 있다. 그다음, 뇌는 읽은 내용을 해마에 임시 저장하였다가 잠자는 동안에, 그리고 그 기억이 의미 있어 이를 반복하면 뇌겉질에 장기 저장한다. 여러 자극을 비로소 확인하고 깨닫는(알아차리는) 상태를 인식(의식)화라고 한다. 자신의 의식 활동을 관찰하는 또 다른 의식이 있는데, 이는 고차 의식 혹은 메타인지라고 부른다. 자기인식(Self-awareness)은 신체적 · 정신적 행위자로서의 인식 모델이다. 예를 들어, 우리 집에서 기르는 강아지를 보고 있다는 것을 인식한다고 해 보자. 다음의 [그림 15-1]처럼 의식은 여러 가지 구성 요소를 가진다.

① 강아지의 모습이 눈을 통해 지각 대상으로 뇌에 전달되어 표상(투사)된다(시각겉질).
② 표상한 강아지가 DLPFC(등가쪽 앞이마겉질)의 작업 공간(작업 기억)에 들어간다.
③ 우리는 강아지의 이미지를 대상으로 자각하고 기억/개념 회로에서 이 이미지의 의미를 제공받는다. 우리는 비로소 실체적 모습의 강아지와 나와의 경험을 떠올려 관계의 의미(지각, 감정)를 알게 된다.
④ 추가로 강아지가 있다는 것을 생각하는 자신을 인식한다.

감각 → 주의 → 작업 기억(임시 저장) → 느낌(연상/체화) ↔ 인식

장기 기억(일화/자전적 기억, 의미 기억)

[그림 15-1] 뇌에 들어온 강아지

기억과 인식

의식의 신경 메커니즘에 관한 관심을 보면 자주 시각겉질과 등가쪽 앞이마겉질(DLPFC) 사이의 관계에 초점을 맞춘다. 시각적 입력은 대상의 감각 속성에 대한 정보를 제공하는 반면, 기억/개념 입력은 시각에 의미를 제공한다. 그래서 강아지의 정체를 인식하려면 시각적 속성에 대한 정보 이상을 필요로 한다. 우리는 선천적으로 연필, 참치 샐러드, 샌드위치 또는 자전거가 무엇인지 모른다. 우리는 이것들이 무엇인지 배워야 하고, 나중에 그것들을 인식하기 위해 만들어진 기억을 사용한다. 복숭아와 야구공은 비슷한 시각적 속성(둥글다)을 가지고 있지만, 하나는 맛있는 과일이고 하나는 공놀이에 사용된다는 구별을 알게 된다. 무의미한 감각을 의미 있는 지각으로 바꾸려면 기억/개념이 필요하다. 이 회로는 시각적 입력을 수신하고 DLPFC와 연결된다. 기억/개념 회로는 또한 다른 앞

이마 영역과 연결되어 차례로 배쪽 앞이마겉질과 연결된다. 그래서 기억 회로 및 기타 앞이마엽 영역에서 등가쪽에서의 입력은 시각겉질의 입력보다 크다. DLPFC는 시각 및 기타 감각 입력뿐만 아니라 장기 기억을 형성하고 저장하는 회로로부터 입력도 수신한다. 이는 의미 기억과 일화 기억 모두 포함하는데, 의미 기억은 객체의 특징 및 용도와 같은 사실에 관한 것과 물체가 무엇인지, 무엇이 아닌지에 대한, 즉 의미 기억의 복잡한 형태인 개념적 지식도 활용한다. 뇌는 대부분 우리의 삶을 고립된 자극과 반응으로 경험하는 것이 아니라 복잡한 일화(에피소드)로 경험하고 기억한다. 일화 기억에는 사실과 개념이 포함되지만, 개인적인 경험의 맥락에서 경험은 일어난 일과 그 장소와 시간이 표시된다. 그래서 내가 가진 경험을 하는 것이 어떤 것인지 아는 사람은 오로지 나뿐이다. 또한 감각 입력이 있는 경우, 최소한 주로 다른 이마엽 영역 및 기억/개념 회로와 연결된다. 등가쪽 영역은 인지 기능 면에서 많은 관심을 받고 있지만, 중요한 또 다른 앞이마엽 영역은 인간 뇌의 가장 앞쪽에 있는 앞이마극(frontal pole) 영역이다.

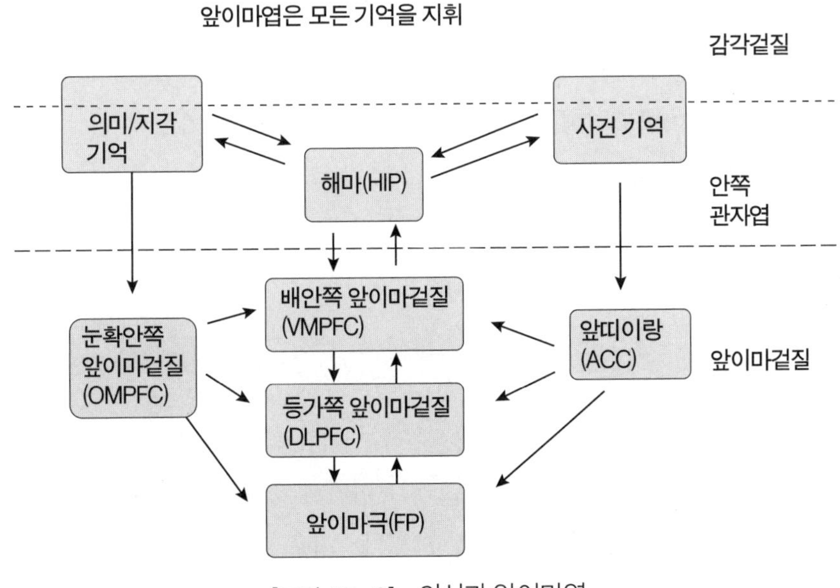

[그림 15-2] 의식과 앞이마엽

작업 기억과 인식

작업 기억은 앞이마겉질의 생각과 행동의 통제와 관련된 정신적 작업 공간이며, 작업 기억은 정보를 일시적으로만 저장한다는 점에서 장기 기억과 다르다. 작업 기억은 주의력과 같은 집행 제어 기능을 사용하여 전문 프로세서에서 다양한 종류의 정보를 선택,

모니터링, 임시 유지 및 통합한다. 감각, 기억, 언어 및 기타 기능의 기저를 이루는 회로를 포함하는 특수 처리기는 대부분 후반구 겉질 영역에 위치하며, 각각은 앞이마겉질 영역과 상호 연결되어 있다. 반면, 실행 기능에는 마루겉질도 이바지하지만 대부분 앞이마겉질 자체와 관련이 있다(제10장의 [그림 10-7] 참조). 작업 기억이 현재 나타내는 정보는 일반적으로 우리가 의식하고 있고 말하는 것이므로, 전통적으로 정보가 작업 기억에 들어갈 때 우리는 그것을 의식한다고 알고 있다. 그러나 최근에는 작업 기억에 있는 모든 정보가 의식적으로 경험되는 것은 아님이 분명해졌다. 즉, 정보는 작업 기억으로 표현될 수 있고 하의식적 수준에서 사고와 행동에 사용될 수 있다. 임시 기억 저장과 같은 작업 기억의 일부 하의식적 측면에는 이마겉질 네트워크와 상호작용하는 다양한 저수준(감각) 및 중간 수준(기억) 프로세서가 포함된다. 작업 기억의 의식적 측면은 일화적 완충 장치(에피소드 버퍼)라고 불리는 것에 의존한다고 한다. 우리의 의식적 경험에 일관성을 부여하는 더 높은 수준의 표현을 생성하기 위해 하위 수준 프로세서의 정보를 통합하는 가상 프로세스이다. 예를 들어, 음악 공연을 관람할 때 음악, 연주자 및 공간 표상에 매끄럽게 통합된다. 한 번에 하나의 도구에 집중할 수 있지만, 그렇다고 해서 다른 도구가 문맥에서 완전히 분리되는 것은 아니다. 이 부분과 관련해서 일화적 완충 장치에 기인한 인지 기능이 앞이마겉질에, 특히 앞이마극에 의존한다는 가설이 있다. 이와 일치하는 결과는 앞이마극이 자기 자신에 대해 성찰하는 능력과 관련이 있다는 것인데, 앞이마극과 등가쪽 영역은 복잡한 개념과 의식적 경험 자체에서 중요하지는 않지만 이 역할을 하는 데 매우 적합하다.

고차 의식(인식)

철학자 데카르트를 다시 등장시켜 보자. 우리는 데카르트가 "나는 생각한다. 고로 나는 존재한다."라고 말한 것을 알고 있다. 그러나 여기서 생략된 부분이 있다. "나는 생각한다. '나는 생각하고 있는 나를 인식(관찰)할 수 있다.' 고로 나는 존재한다."라고 추가해야 논리적으로 맞는 말이 된다. [그림 15-1]의 ④단계는 대상의 인식과 자아의 인식이 동시에 일어나는 상태이다. 이는 정상 성인의 경우에서도 흔하지 않은 경험이다. 우리가 '강아지가 있다는 생각'을 할 수는 있지만, '자신이 강아지를 보고(인식하고) 있다'는 사실을 의식할 수 있어야 진정한 자기인식-메타인지[4]이라고 할 수 있다. 이 상태는 대상이 되

4) 자기가 의식한다는 사실을 재인하는 의식. 둘 다 넓은 의미의 반영적 의식.

는 사건의 시간(순서), 장소, 공간, 인물 등의 여러 가지 사건 요소를 입체적으로 조립하는 작업 기억이라는 가상의 작업 공간에서 나와 관계된 맥락을 부여하는 자서전 기억[5]이 만들어져야 가능하다. 이러한 '생각에 관한 생각'이라고 표현하는 고차원의 인식을 고차의식이라고 말한다. 앞이마극 영역은 모든 뇌 영역의 가장 높은 수준의 추상적 개념화에 관여한다. 또한 자기성찰과 관련되어 있으며 인간 두뇌에 고유한 하위 영역과 세포적 특징이 있다. 이러한 해부학적 고려 사항은 의식적 경험에 이바지하는 무의식적 표상을 이해하는 데 중요한 의미가 있다. 이와 함께 앞이마겉질은 시각적 겉질 자체에 표상되는 모든 시각적 세부 사항이 없음에도 불구하고, 존재하는 것을 시뮬레이션하는 정신적 모델을 구축할 수 있다. 이러한 스키마 기반 모델은 하위 수준의 감각, 기억 및 기타 처리기의 활동에 대한 하향식 제어에 사용되며, 자극이 무엇인지 또는 자극될 수 있는지 예측할 뿐 아니라 그것이 우리와 어떻게 관련되는지 확인한다.

의식의 기능

의식의 가장 중요한 기능은 비의식적인 자극과 지각(감각의 느낌)의 의식화(인식)(LeDoux, 2020)이다. 예를 들어, 독자는 불과 몇 분 전에 너무나 어렵게 보였던 의식의 개념이 저자의 이야기를 듣고 나서 갑자기 쉽게 느껴지고 마음에 자리를 잡게 됨을 알게 된다. 이것이 의식의 기능이다. 철학자 칸트가 알고 있었던 것처럼, 의식이 대상의 관념을 만들어 내면 뇌의 내부 대상이 되는 것(투사)이다. '의식의 지향성'을 말한 프란츠 브렌타노는 의식이 내부 대상에 대한 내성(introspective) 기능이 있으며, 동시에 본질은 평가하는 도구라는 것을 알려 주었다. 의식은 대상이 '좋은' 것인지 또는 '나쁜' 것인지 아닌지를 알려 주고 느끼게 한다. 자연에서 좋고 나쁨의 선택은 삶과 죽음, 행복과 불행의 길로 갈라놓는 중요한 선택이다. 두 번째는 입력 정보(자극)의 통계적 표본 추출이다. 외부 환경 및 내부 환경에서 들어오는 수많은 시냅스 정보를 비의식 수준에서 처리한다. 이는 통계의 베이지안 추론, 서로 기능이 다른 좌-우 분리 뇌 등과도 밀접한 관계가 있는데, 뇌는 비의식 수준에서 수시로 자극을 주는 자료들의 통계적 표본을 추출한다. 모호한 자료들은 선택받지 못하면 다 버려지고 단순화된 하나의 모습, 현재 상태에서 세

5) 자서전 기억(autobiography): 일화 기억. 자기를 둘러싼 사건의 순서 기억.

상 및 내부에 대해 가장 요약된 해석본을 의식에 제공하게 되는 것이다. 이걸 가지고 의식은 의사결정, 판단하게 되는 것이다. 이런 과정에서 "내 생각이 이렇다."라고 하는 결정을 베이지안 추론[6]처럼 하게 된다고 한다. 의식에 들어오는 많은 내용 중에서 소수만이 선택적으로 인식되는데, 바스(Baars, 1997)는 의식의 재료와 내용이 선택되는 가상의 장소를 '광역 작업 공간'이라고 했다. 의식의 선택은 질보다는 양적인 면에서 규정된다고 한다. 이런 맥락으로 의식의 기능을 생각해 보면, 드앤이 설명한 것처럼 하의식적 과정이 의식적 과정보다 더 객관적인 것 같다. 하의식 신경계는 대개 어느 정도 외부 세계 및 내부 세계와 거의 비슷한 확률 분포(여러 가능성을 열어 놓은 상태)를 보이지만, 우리 의식은 그중 감정에 편향하여 전부 아니면 없음(all or nothing) 식으로 자료를 축소한다고 한다.

의식의 세 번째 기능은 '지속하는 생각을 만들어 내는 것'이다. 이를 가장 잘 표현한 사람이 대니얼 데닛이다. 그는 언어를 학습할 때 뇌에 가해지는 수정으로 우리는 뇌를 일종의 반향 도구로 바꾸면서 우리 자신의 활동을 검토하고 환기하며 연습하고 재설계할 수 있다고 하였다. 이곳에서는 덧없이 사라지는 과정이 머물면서 그 자체가 대상이 될 수 있다. 가장 오래 머물면서 그 영향력을 획득하는 것을 '의식적 사고'라 한다. 우리 의식의 특징 중 하나는 어떤 정보가 의식되면 다른 것에 주의를 빼앗기기 전까지 그것을 마음속에 아주 생생하게 간직할 수 있다는 것이다. 이는 앞서 설명한 작업 기억[7]이라고 하는 부분이다. 이 의식의 세 번째 기능, 즉 충분한 시간을 가지고 한 가지에 대해 집중하여 사고할 수 있는 의식 기능이 두 번째 기능을 보완한다고 할 수 있다. 이런 의식의 기능을 대니얼 카너먼은 자동적 · 의식적[fast thinking & slow thinking: 고의적(deliberate)이라는 의미에서 의식적]으로 분류했다. 의식의 네 번째 기능은 사회적 뇌와 관련이 있는데, 이는 자서전 기억(일화 기억)을 통해서 자신을 사회적 인물이나 대상의 배경에서 상호작용을 관찰하게 한다. 어떤 정보를 지속해서 생각 안에 담을 수 있고, 자서전 기억 때문에 우리는 의식의 내용을 의식할 수 있는 기능까지 가지게 되었다. 내가 무엇을 생각하는지를 알고 관찰하는 성찰 기능을 자기인식 또는 메타인지라고 하는데, 이것이 어떻게 생기는지 아직 정확히 모르지만 저자는 언어의 기호화로 의식의 작업 기억의 효율성이 확장되고 장기 기억 용량이 늘어나면서 의식은 시공간 표상에 자신과 사회화와 관련된 대상, 그리고 그 순서(시간)를 위치시키고 기억하게 되었다고 생각한다. 그래서 연속

6) 베이지안 추론 설명. 이 장의 '예측 부호화 가설' 참조.
7) 제10장의 '생각, 기억의 생리와 분류' 중 '생각의 신경생물학'에서 설명함. [그림 10-7] 참조.

적으로 의식에 들어오는 자기표상의 기억은 주의가 자기(기억)를 관찰하는 의식을 만들었을 것으로 추정한다. 변형된 고차 이론은 경험에 대한 내적 이야기의 중요성을 말하는데, 의식이 부분적으로는 자신에게 하는 이야기[8]라는 것이다. 자신을 자각한다는 것은 설명할 수 있다는 것이며, 그 능력은 설명만 하는 것이 아니라 부여할 수도 있다는 말이 된다. 다섯 번째 의식의 기능은 언어와 협력해서 창의성, 유머(언어유희), 새로운 일을 계획하는 등 현실을 응용해서 미래로 나아가는 일에 참여하고 있다. 이처럼 의식은 뇌 모듈이 가지고 있는 기능 단위의 속성에 침투해서 프로그램, 조절, 활동의 확인 등과 같은 중요한 일에 참여한다.

의식의 해부

'깨어 있음'은 의식의 가장 기본적인 요소이다. "의식이 있다."라는 말은 깨어 있고(각성), 인식하며, 명료한 전반적인 상태를 의미하며, 그래서 의식 상태는 의식의 배경 수준이라고 말할 수 있다. 자동으로 각성 의식을 만들어 내는 곳은 뇌간을 중심으로 확장 시상-망상 활성 시스템(Extended Reticular-Thalamic Activating System: ERTAS)의 흥분 정도를 말하며, 임상에서는 의식 수준을 15점 등급인 글라스고 코마 척도(Glasgow Coma Scale)로 평가한다. 각성은 의식의 기본 배경이며 생물 의식이라고도 한다. 진화 과정에서 생물은 깨어 있어야 먹이 활동과 생존에 유리할 것이다. 적어도 포유류에서는 이처럼 깨인 상태에서 주의 집중하여 먹이의 위치를 기억하거나 포식자의 습격을 회피한다. 그래서 주변 환경과 자극을 의식하는 것은 반드시 기억을 동반하게 된다. 반대로, 대상의 의식화는 과거 기억을 수정(재응고)하는 첫 인식 과정이다. 원시인은 어둠 속에서 움직이는 물체가 먹이인지 맹수인지 식별하기 위해서 반복된 훈련과 경험을 하였고, 사건을 통한 놀람, 분노, 흥분, 즐거움 등의 정서가 일어나고 선천적(무조건 자극) 반응이 외부 경험과 학습을 통해 단기, 장기 기억이 만들어지는 진화를 거듭한다. 감정학습은 이것이 좋고 저것이 나쁘다는 사물에 대한 가치 평가가 이루어져 선택과 행동에 의미와 동기를 부여한다. 그래서 뇌간에 있는 각성 시스템과 뇌겉질 아래의 정서 시스템(가치 평가 시스템)은 오랜 진화의 연속선상에 있으며 이 장소에서 같은 생화학적 물질과 공유하고 있다고 알려져 있다. 이러한 과정에서 우리는 의식이 각성, 정서, 학습, 기억, 주의라고

8) 의식이 가진 생각의 운동성은 조현병 환자를 괴롭히는 '환청'과 관련된다. 환청은 자동 생성된 자신의 말이 타인의 말로 지각되며, 주로 비난하거나 비판하는 불쾌하고 단순한 단어와 문장으로 구성된다.

하는 기본적 정서 의식(affective consciousness)이라는 계통을 따라 진화 · 발달을 해 왔다고 추정할 수 있다.

이렇게 깊은 뇌간에서 생성되는 의식의 양적 수준, 상태는 신체의 내부 환경 지도를 모니터링하는 ERTAS 시스템의 산물이다. 내부 환경 정보란 온도, 수분, 전해질, 포도당(혈당) 농도 및 대사 등 내장 상태(visceral state)의 변조와 자율신경의 조절에 관여하는 것들이다. ERTAS를 구성하는 뇌간의 핵심 신경핵에는 겉질의 톤과 각성을 조절하기 위한 기능 단위의 핵심 구성 요소가 자리 잡고 있으며 주요 신경전달물질인 도파민, 세로토닌, 노르에피네프린, 히스타민, 아세틸콜린뿐 아니라 혈류와 뇌척수액 순환을 통해 직접 전달되는 호르몬이 내부 환경의 상태에 대한 정보를 모든 뇌에 광범위하게 공급한다. 일반적으로 이 구조물에 의해 뇌겉질의 활성화가 시작되며 앞이마겉질의 선택적 주의가 의식, 무의식적 과정을 통해 기억이 저장된 뇌겉질의 특정 부위를 활성화하면 의식의 내용이 만들어진다고 설명하고 있다.

의식이 일어나는 특정 장소는 어디일까? 아직 확정된 곳은 없다. 생물학자이며 신경다윈주의를 주장했고 오랫동안 의식을 연구한 제럴드 에델만(G. Edelman)은 신경 시스템의 진화적 발달과 구조 그리고 그 세부 시스템의 상호 영향을 주로 연구하였다. 의식 연구에서 유명한 학자로 안토니오 다마지오와 조셉 르두를 들 수 있다. 다마지오는 '느낌'이라는 체성 감각에서, 르두는 편도체의 감정학습의 연구에서 시작하여 의식에 대한 독자적인 연구 결과를 발표했다. 야크 판크셉은 동물의 기본 감정 연구에서 시작하여 의식의 진화를 정서 의식이라고 하는 의식과 기본 감정의 진화와 연계하여 설명하였고 '자기'라는 정서 의식의 주관성을 설명하였다. 가장 유명한 의식에 대한 가설은 '전역 작업 공간' 이론과 '정보 통합 이론'이다. 스타니슬라스 드앤은 감각 정보가 전두엽의 '전역 작업 공간'에 들어가서 다시 기억, 판단, 결정 등과 같은 하부 모듈 센터로 보내질 때 의식적 경험이 발생한다는 학설을 지지한다. 정보 통합 이론자인 위스콘신대학교의 정신의학과 교수 줄리오 토노니(G. Tononi)는 "의식을 만들어 내는 기반은 엄청나게 많은 다른 상태를 구별할 수 있는 통합된 존재이다. 즉, 어느 신체 시스템이 정보를 통합할 수 있다면, 그 시스템에는 의식이 있다."라고 하면서 정보 통합 능력의 단위로 파이(Φ)를 제안했다. 의식의 단위는 후두엽, 측두엽, 두정엽의 감각겉질 등 감각 정보를 처리하고 통합하는 여러 인지 네트워크 간의 인과적 구조에서 만들어지는 의식적 경험이며, 정보의 통합이 가장 많이 일어나는 후두부의 핫존(hot zone)이 중요하다고 생각한다. 두 과학자는 아닐 세스 등과 함께 AI 시대의 의식 연구를 주도하고 있다. 뇌가 어떻게 의식을 가능하게 하는가에 관한 수많은 연구는 주로 시각적 의식에 중점을 두고 시작되었다. 그러나 의식을 관장하는 뇌의 특정한 지점을 찾으려는 시도는 모두 실패했다고 한다. 신경 다윈주의로 유명한 생물학자 제럴드 에델만은 다음과 같이 말했다.

> 의식은 엄청나게 다양한 종류의 감각질로 구성된 하나의 과정이다. 즉, 의식은 시상겉질 핵의 광범위하고 극도로 역동적인 활동으로 얻는 식별력이다. 이 과정에서 뇌는 대체로 자기 자신과 신호를 교환한다. 여기에서 나는, 결국 핵심적인 것은 시상겉질의 핵 속에서 일어나는 여러 체계 사이의 상호작용이라는 점을 강조하지 않을 수 없다. 따라서 우리는 의식이 특정 영역의 기능에 의해 발생한다는 생각을 다시는 하지 않도록 조심해야 한다.

다마지오는 의식, 주관성의 구성 요소인 관점, 느낌, 의식의 통합에 필요한 모든 조건을 만족시키는 뇌의 특정한 부분이나 시스템은 존재하지 않는다고 말한다. 그의 가설은 의식의 과정에 이바지하는 요소가 따로따로 생성되어 순차적·병렬적 또는 중복 방식으로 투입된다는 것이다. 즉, 눈이나 귀로 들리는 장면에 대한 주관성이 만들어지려면 뇌간 구조와 대뇌겉질 시청각 시스템의 여러 부분에서 작용이 일어나 과거 기억에서 불러들인 이미지와 서로 섞일 것이다. 이미지들의 흐름으로 생성되는 느낌과 관련해서 상부 뇌간, 시상하부, 편도체, 기저 전뇌, 섬겉질과 대상겉질의 핵이 작용하고, 감각 관문/근골격계와 관련해서 뇌간 덮개, 몸감각겉질, 앞이마겉질의 안구 영역에서 작용이 일어난다. 마지막으로, 이 모든 작용의 조절 중 일부는 내측겉질 영역, 특히 겉질 뒤 안쪽 영역에서 시상핵의 도움을 받아 일어난다(Damaisio, 2017, p. 209).

의식의 가설: 잠재의식에서 광역 작업 공간 이론

피에르 자네의 해리 이론

의식의 초기 역사로 돌아가 보겠다. 프랑스의 정신과 의사이며 연구자인 피에르 자네(P. Janet, 1859~1947)는 프로이트와 동시대의 사람이며 서로 영향을 주고받았다. 저자는 그의 의식 이론이 현대 뇌과학자들의 의식 이론의 기초가 될 자격이 충분하다고 생각한다. 그가 생각한 마음의 모델은 여러 기본 의식(rudimentary consciousness)의 지배를 받는 복잡하고 목표 지향적인 활동으로 구성되어 있다. 자네는 마음의 분열 또는 이중 의식, 해리 이론으로 두 가지의 독립된 의식을 가정[9]했는데, 이는 저자가 초기에 억압을 설명하는 중요한 과학적 모델이었다. 그에 의하면 마음의 요소들은 자극을 통합하려고 활동하는데, 이를 자동성이라고 하였다. 모든 자동성은 적절한 상황에서 의식에 의해 통합되지만, 때때로 부적절한 상황(외상 스트레스, 여러 형태의 심리적 고통)이 생겼을 때는 에너지 보존을 위해 그와 관련된 의식으로부터 분리되거나 해리된다. 그러나 자동성은 의식과 수의적인 조절 밖에서 계속 작동한다. 이러한 의식의 축소는 내부 세계의 활동과 사건 쪽으로 초점을 좁히는 것으로 볼 수 있다. 주의에서 배제된 요소들은 의식적 경험의 주류에 통합되지 않고 해리되거나 분리되는데, 이것을 자네는 잠재의식(subconscious)이라 하였고 프로이트는 역동적 무의식이라고 이름하였다. 이러한 분리 결과로서 개체는 두 개의 대치되는 기억을 발달시키고 나타낼 수 있다. 자네는 개체의 항상성을 회복하기 위해서 분리된 요소들을 의식의 초점으로 불러들이고 감정, 사고 및 감각의 주류에 통합하는 것이 필요하다고 믿었다. 기억이 의식적 각성을 잃게 되는 과정에 대한 자네의 견해는 현대 인지과학의 선택적 집중과 기억 현상에 대한 것과 일치한다. 예를 들어, 심리적 고통에 대한 적응적 반응으로서의 '의식 축소' 개념은 인지과학에서 말하는 기억 영역에 대한 의도적인 '초점'과 인간의 정보 처리 과정 시스템의 적응적 성질에 대한 좀 더 일반적인 가설과 유사하다. 그에게 최면은 이러한 해리를 유발하고 치유하는 인위적인 방법이었다.

현대 마음의 뇌과학에서 해리 상태는 과도한 자극으로 인해 발생한 생화학적 물질과 정신적 흥분으로 앞이마겉질의 통제 기능이 상실된 상태로 간주한다. 의식이 잠시 차단되면 잠재의식이 의식을 점령(의식 축소)한 상태이며 비서술 기억이 주로 작용하는 상태[10]이다. 알다시피 프로이트는 의식에서 불쾌한 내용을 무의식(잠재의식)으로 밀어내는 '억압' 장벽의 기능을 인위적인 마음의 갈등으로 설명했다. 자네의 시스템에서 해리는 본질에서 병적이므로 환자가 해리된 자동성을 통합하는, 즉 의식으로 이끌어 내는 것을 도와줌으로써 건강을 회복하는 것이 치료자의 임무라고 하였다. 프로이트도 의식화를 중요한 치료 방법으로 제시했다. 자네의 이론은 정신분석에 묻혀, 1960년대 중반까지 해리에 대한 언급은 사라졌다.

9) 제8장 '억압의 증례와 학습 이론' 중 '샤르코의 히스테리와 자네의 이중 의식' 참조.

10) 제11장과 예일대학교 의과대학 신경과학 교수인 에이미 알스텐의 유튜브 강의(Arnsten et al., 2018) 참조.

신해리 이론

정보가 단계마다 순차적으로 처리된다고 가정한 인지 이론은 너무 느려서 인간의 정보 처리 과정에 해당할 수 없고 병렬적으로 작동하는 많은 수의 독립적이고 특성화된 신경 활성 시스템으로 구성되어 동시 진행된다고 본다. 1980년대에 이러한 개념을 병렬 분산 처리 과정(Parallel Distributed Processing: PDP)이라 이름하였고, 현재는 마음을 서로 다소 독립적인 병렬적인 처리 장치가 계층으로 이루어져 있는 것으로 본다. 대표적 이론이 버나드 바스(Baars, 1983, 1997)의 광역 작업 공간 이론(global workplace theory)이고, 다른 하나는 힐가드(Hilgard, 1986)의 신해리 이론 모델(neodissociation model)이다.

힐가드의 이론은 바스의 모델과 비슷하나 임상적 현상을 더 잘 설명할 수 있다. 그는 계획되고 노력에 의한 행동이 종종 의식 밖에서 진행되는 것을 의식에서 해리된 것으로 보았고, 이러한 현상을 설명하기 위해 의식을 조절하는 중앙 조절 장치(central regulatory mechanism)와 가장 상위에 위치하는 의식의 계층을 가정하였다. 의식의 기능은 중앙 조절 장치를 통해서 마음의 하위 시스템을 조절하고 감시하는 것이다. 각각의 하위 시스템은 또한 고유의 실행과 감시 기능들이 있지만, 중앙 시스템과 그 하위 시스템들이 항상 의사소통하고 있는 것은 아니다. 예를 들어, 최면에 걸린 사람은 뜨겁거나 차가운 물에 손을 담그되 느끼거나 보지 않도록 지시를 받았더라도 주관적인 경험들을 계속 감지하므로 고통의 보고가 가능하다. 힐가드는 이러한 상황을 숨은 관찰자 현상이라고 하였다. 힐가드는 최면사가 뇌의 실행 기능을 장악해서 중앙 조절 장치(즉, 현상적 의식)와 실행 기능과의 연결이 순간적으로 탈선된 것이라고 하였다. 그러나 하위 시스템들은 지속적으로 작동해서 일반적으로 자기의 의식에 보고하는 것만큼 통증을 최면 치료사에게 보고할 수 있다. 이러한 해리들은 일상생활에서 흔한 것인데, 마치 컴퓨터가 동시에 여러 일을 하는 것처럼(다중 상태) 둘 중 하나만을 의식하면서 한꺼번에 두 가지 일을 하는 사람들, 또는 의식하지 않은 채로 무슨 일을 하는 사람들에서 증명되는 바와 같다. 이러한 관점에서 보면 힐가드는 해리를 병리 현상으로 보았던 자네와 다르다. 한편, 힐가드 이후 나온 병렬적 분산 처리 과정 개념은 그의 중앙 정보 처리자와 하위 시스템들이 병렬적 정보 처리자와 유사하여, 그의 탁월한 선견은 주목을 받았다.

광역 작업 공간 이론

1870년에 프랑스의 철학자 이폴리트 텐(H. Taine)은 '의식의 극장(데카르트 극장, Cartesian Theater)'이라는 비유를 사용했다. 텐은 '의식'이란 단지 배우 한 사람의 목소리만 들리는 좁은 무대와 같다고 설명했다. 그러나 이 무대에서는 주연 배우를 중심으로 무의식적 프로세서(조명)와 조역들이 끊임없이 주연과 말을 주거니 받거니 하고 접근했다가 물러선다. 인지심리학자들은 의식화에 중심 병목 현상이 있다고 했다. 어떤 분은 국회의원이 상정된 법률안을 토론, 투표하고 의장이 망치를 두드려 법률안이 통과되는 국회의사당을 예로 들기도 한다. 바스(Baars, 1983)는 의식의 재료와 내용이 선택되는 가상의 장소를 주장하는 이론을 '광역 작업 공간 이론(Global Workplace Theory: GWT)'이라고 했다. 바스가 최초로 제안한 이론은 스타니슬라스 드앤(S. Dehaene), 리오넬 나카슈(L. Naccache), 장피에르 상쥬(J. P. Changeux) 등 의식의 과학자들의 열렬한 지지를 받았다. 이 이론은 뇌의 상부와 하부 그리고 무의식적 과정과 의식적 과정, 뇌의 각기 다른 모듈인 특성화되고 독립적인 시스템들이 서로 의사소통하는 방법을 설명한 것이다. 이 이론은 현재 받아들여지는 이론인 병렬 분산 처리 과정에서 시작하며, 겉질의 후두부에 위치한 특수 처리 모듈(지각, 기억, 언어)이 비의식적으로 작동하여 인지 작업 공간(작업 기억)에 접근하려고 경쟁을 벌이며 주의가 작업 공간에 들어갈 것을 결정한다. 바스는 이 공간을 '중앙 정보 교환소(central information exchange)'라 명명하고 인지적 의사소통의 매개체로 보았다. 중앙 정보 교환소에서 무의식으로 진행되고 선택된 결과를 우리가 인식으로 경험하는 것이다. 작업 공간에 들어온 정보는 사고, 계획, 의사결정, 행동 제어에 사용된다. 이 모델은 또한 의식의 내용이 한 시점에 왜 하나만 의식 · 선택되는지 이해하기 좋은 모델이다. 물론 이 교환소는 다른 대부분의 무의식적 처리 장치에 대한 출력도 내보낸다. 바스는 하나의 출력이 다른 것들과 경쟁해서 의식에 접근하기 위한 요인으로, 신경 활성 강도와 마음의 맥락 두 가지를 제시하였다. 맥락이란 현시점에서 지배적인 마음의 상태를 의미한다. 우울하면 부정적인 사건을 더 잘 알아차리고 회상하며, 기분 좋은 경우에는 그 반대이다. 그렇다면 성격, 평소의 관심 사항, 과거의 기억이 의식에서 선택되고 우선 경험한다는 의미여서 정신의학에서 참조할 만한 이론이다. 스타니슬라스 드앤은 광역 작업 공간 이론을 해부학의 영역으로 다시 구성하여, 늦게 진화한 앞이마겉질이 계층적 방식으로 후두부겉질 영역과 겉질 하부 신경계에 있는 하부 시스템을 선도하고 억제하는 광역 신경 작업 공간(Global Neuronal Workplace Theory:

GNWT) 이론을 제시했다. 그는 앞이마겉질과 두정엽을 동원하는 장거리 루프가 동시에 광역적으로 정보를 공유할 때 의식이 만들어진다고 주장했다(Dehaene, 2014).

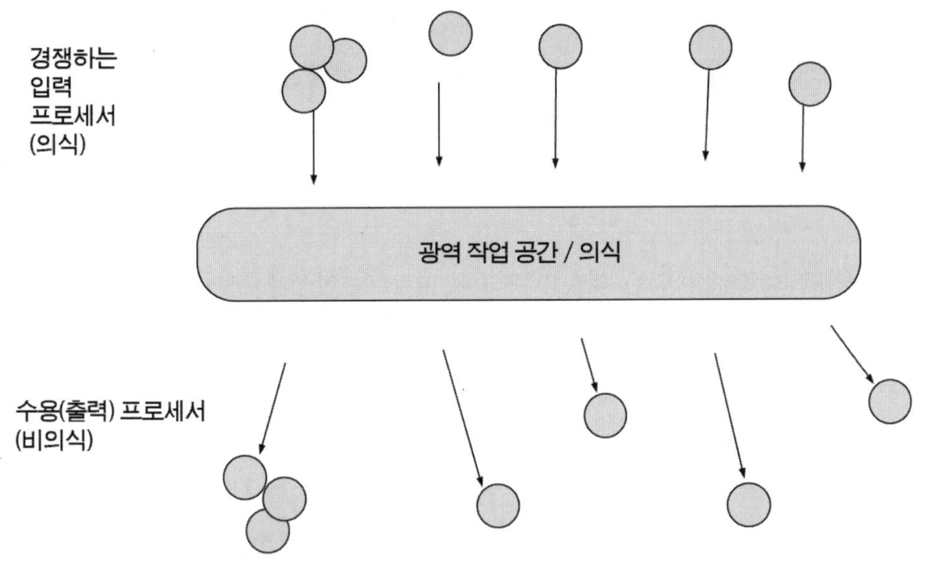

[그림 15-3] 광역 작업 공간

광역 작업 공간 이론에 의하면, 실행하는 주의와 작업 기억의 작업 공간만으로는 의식적 경험이 충분치 않다. 작업 공간의 정보가 뇌에 널리 방송되고, 다시 작업 공간으로 되돌아오고 재방송을 거듭해야 한다. '광역 신경 작업 공간 이론'은 이러한 문제점을 뇌 영상 연구로 보완했다. 광역 작업 공간 이론은 의식의 고차 이론과 비슷하다. 현상적 경험을 위해서 인지적 접근이 필요하고 언어 보고가 경험의 표지로 간주하나, 다른 점은 의식적 경험을 위해 그 경험이 인식 대상인 표상이 된 것을 요구하지 않는다.

과학자이며 철학자인 대니얼 데닛(D. Dennett)은 극장 이론이나 중앙 처리 장치는 순진한 환상에 불과하다고 비판하면서, '다중 선발(원고) 이론(multiple draft theory)'을 제시하였다(Dennett, 1991). '데카르트 극장'처럼 의식이 존재하는 자리는 없으며, 뇌의 모든 정신 활동인 의식은 감각이 병렬적으로 처리되고 해석된 결과라는 것이다. 정보는 신경계인 의식에 들어와 끊임없이 수정되고 편집되므로, 표준이 되는 의식의 흐름이 있는 것이 아니라 계속 편집하는 원고만 있을 뿐이라고 말한다. 우리가 스스로 단일한 의식을 가진 행위자로 느끼는 것은 수많은 원고를 병렬적으로 처리하면서 하나로 쏠리는 작용주의(attention)가 발생하기 때문이라고 설명하였다. 각각의 인식 메커니즘이 서로 경쟁하므로 하나의 주의가 의식을 오래 차지하지 못하며, 수시로 의식과 무의식을 넘나들고 그 경계는 불분명하다고 말했다. Graziano와 Webb(2015)은 최근 제안한 주의 스키마 이론(The attention schema theory)에서 뇌가 제한된 컴퓨팅 자원을 놓고 경쟁하는 모델을 설명했다. 이 이론을 보면, 뇌는 주관적 경험을 가지면서 때때로 인식과 주의가 분리될 수 있고, 내부 사건과 외부 사건을 어떻게 모두 인식할 수 있는지를 설명하고 있다.

킬스트롬의 분류

킬스트롬(Kihlstrom, 1987)은 의식의 수준에 따라 이 현상을 무의식 또는 해리된 경험들의 세 가지 종류로 기술하였다(Stein, 1997, pp. 65-66에서 재인용). 그는 신해리 가설의 영역을 확장해 많은 인지 행동을 설명했다. 예를 들면, 그는 언어 기술과 형태 분별 같은 어떤 하위 시스템은 중앙 조절 장치와 전혀 연관되어 있지 않다고 가정하였다. 매우 잘 학습되어 자동적이 되는 기술의 경우에도, 어떤 영향으로 시스템 사이의 연결은 때때로 끊어질 수 있다고 했다. 그리고 신경학적인 손상은 시스템 사이의 연관을 물리적으로 단절시킬 수 있다. 이 이론은 단순하고 분명하며, 저자가 연구한 프로이트 억압의 개념을 쉽게 설명할 수 있다. 첫째, 진정한 무의식이다. 그것은 내부 성찰을 통해서 직접 알 수 있는 것이 아니고, 다만 추론할 수 있을 뿐이다. 이것의 명백한 증거는 타고난 절차 지식(procedural knowledge), 예를 들면 우리가 말을 해독할 때 쓰는 음성학적 언어 법칙들이다. 학습된 절차 지식(예: 음악적 기술)은 큰 노력과 때로는 능력이 있어야만 의식화될 수 있다. 둘째, 의식의 수준은 전의식이라고 하는데, 현상적 의식을 획득할 만큼 충분히 강하게 활성화되지 않은 서술 지식이다. 이 전의식의 정신적 내용은 잠재적인 것으로서, 흥분이 문턱을 넘을 수준 이상으로 충분해야 의식화된다. 절차적 기술은 그러한 잠재적인 서술 지식과 연결되어 전의식 구조를 생성할 수 있다. 이런 상호작용은, 예를 들면 문턱 아래의 자극은 지각 아래(subliminal perception)에서 현상적 의식에 도달할 만큼 충분히 강하지 않아도 처리된다. 킬스트롬은 자네의 용어를 빌려 각성의 잠재의식 수준을 언급하였는데, 이 수준에서는 자극과 반응이 역치를 넘지만 개인이 아직 의식하지는 못하는 것이다. 이러한 의식 수준의 예로는 최면 상태와 정신적 외상, 해리 현상이 있다. 잠재의식 현상은 마음에 대한 인지적 개념에 있어서 중요한 담장 역할을 한다. 이 말은 평균 이상의 신경 활성이 의식적 각성을 일으키지 못했다는 것은 의식 시스템의 변화로 인하여 충분한 자극을 수용 · 의식하는 데 어려움이 발생했다는 뜻도 된다.

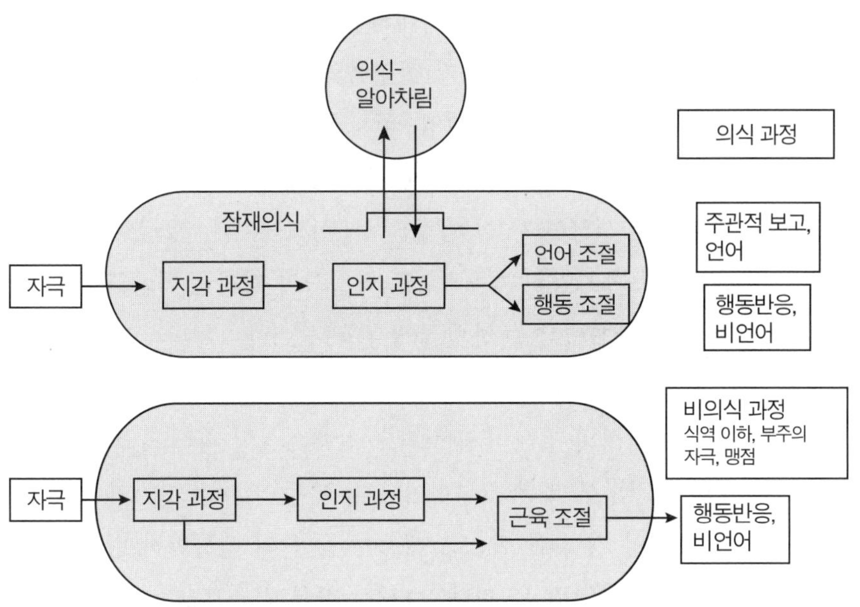

그림: 의식적 과정은 언어, 행동적으로 반응하나 비의식(non-conscious) 과정은 비언어적인 반응만 가능함.
잠재 의식 모델: 자극 반응이 역치를 넘지만, 일시적 의식 과정의 장애로 인식이 불량해짐.

[그림 15-4] 킬스트롬의 잠재의식 모델

전의식의 문제는 주의, 기억의 차원이지만 잠재의식은 의식의 차원, 즉 의식의 장애가 오거나 하의 문제는 주의, 기억의 차원이지만 잠재의식은 의식의 차원, 즉 의식의 장애가 오거나 하위 의식이 주도권을 가진 것을 의미한다.

킬스트롬은 의식의 복잡한 문제를 설명하기 위해 자기실행 체계(self-system), 자기도식(self-schema)과 의식 앞에 도달한 정보와의 연결이 필요하다고 가정하였다. 이 설명에 따르면, 상위(자기 또는 실행) 체계와 접촉하지 못하는 경험들은 무의식인 것이고, 접촉하는 것은 의식인 것이다. 어떤 경험(예: 역치하 자극들)은 자기체계와 접하기에는 너무 약하고, 어떤 것은 먼저 점유되어 있거나(예: 최면을 통해서), 체계에 도달하는 것이 적극적으로 방어되어 있다(예: 외상성 기억들). 또 어떤 것들은 단순히 우리가 연결하는 방법 때문에 체계에 도달하지 못한다. 강박 행동, 사회 병질적인 행동 등 어떤 종류의 갈등도 실행과 감시 기능 사이의 불균형으로 설명할 수 있다. 환청과 기억상실은 하위 시스템과 자기실행 체계 사이의 해리로 이해될 수 있으며, 스트레스장애에서 오는 기억회상은 자기실행 체계로부터 해리된 기억의 산물일 수 있다. 킬스트롬의 이론에 의하면, 해리는 자기체계와의 연결을 통해서 치료가 가능하지만 아직 임상 연구 자료는 거의 없으며 실제적인 모델이 되기에는 해부 기능적 설명이 부족하다. 저자는 회피학습 이론으로 억압의 기억 생리를 설명하면서 자네의 이론에 공감하여 '잠재의식'을 자주 인용하였고, 킬스트롬의 모델은 더 정교하게 설명하였다. 그의 모델을 참조하여 저자는 정신적 외상의 경험, 서술 기억은 감정 기억–비서술 기억을 동반하는 반면, 독립 체계를 가진 비서술 기억은 장기간 유지되며 현재 자극에 감정 기억이 다시 활성화되는데, 이를 억압(수동 회피)으로 생각했다. 이 과정은 하(비)의식이다. 그리고 사건 기억을 피하려는 억제의 노력은 서술 기억을 능동적으로 학습시켜 망각을 가속화될 것으로 추정한다. 이 과정은 의식 → 잠재의식 → 하의식(망각) 과정이다.

왜 인식 수준과 상태가 변할까? 저자는 주의력과 조절력이 저하되는 정신의학적인 여러 상태, 정신질환에서 의식의 접근이 축소되고 잠재의식이 확대된 상태로 설명할 수 있다고 보았다. 개인 성격의 구조적 취약성이나 환경 등의 여러 요소가 있겠지만 가장 중요한 요소는 스트레스일 것이다. 이 스트레스는 몸 안의 생물학적 변화를 일으켜 의식 시스템의 항상성과 균형을 무너뜨린다. 반드시 반복된 스트레스나 정신적 충격, 트라우마 같은 선행, 중첩 결정(다중학습) 요인이 있으며, 뇌의 신경전달물질 활성화에 의한 의식의 방해 효과가 주의와 의식의 축소, 변화를 가져온다. 최면 같은 인위적인 경험, 일상에서는 꿈과 각성의 경계 혹은 명상에 의한 의식의 변화에서 이런 경험을 할 수 있다. 예일대학교의 에이미 안스텐(Arnsten, 2018)은 앞이마겉질 통제 기능의 결함[11)]으로 이 부분을 잘 설명하고 있다.

에델만의 역동적 핵심부 가설과 의식 이론

우리는 사고로 인해 뇌손상을 입어 동물처럼 단순한 1차 의식을 가진 인간을 상상할 수 있다. 앞서 소개한 해마가 손상된 HM의 단순했던 삶은 많은 사람이 공감하였다. 영화 〈메멘토〉를 본 관객은 앞뒤가 맞지 않고 다음 날이면 기억이 사라지는 상황을 이해할 수 없었을 것이다. 해마가 없어서 단기 기억밖에 없지만, 대뇌가 있어 사실 기억과 비서술 기억, 지능이 유지되어 추론도 하는 기능들이 놀랍게 느껴진다. 하지만 일화 기억과 장기 기억이 손상된 현재에 머무르는 단계, 과거의 기억은 있지만 미래를 생각할 수도 없는 HM의 삶은 과연 어떤 삶인가? 과연 인간을 규정하는 것은 무엇인가? 기억인가? 미래를 예측하고 설계할 수 있는 능력인가?

저자의 기준에서, 의식이 동물의 진화 과정에서 어떻게 출현하여 개체의 발달 과정에

11) 제11장 '억압과 스트레스의 신경생물학' 참조.

서 어떻게 만들어졌는지를 가장 잘 설명한 사람은 1972년 노벨상 수상자인 제럴드 에델만과 안토니오 다마지오이다. 에델만은 뇌신경계의 진화 입장에서 거시와 미시의 안목으로 의식 이론을 펼쳤다. 에델만은 다윈의 자연선택설과 신경계의 구조와 기능을 적극적으로 활용하여 인간적 자연이 어떻게 진화 과정을 거치며 상호작용하는지를 비교 설명하였다. 다윈의 자연선택이란 종 안에서 더 적합한 개체가 더 많이 번식하는 것을 뜻하는데, 이를 위해서는 세 가지 조건이 필요하다. ① 개체 간 유전적 변이의 다양성이 유지되어야 하고, ② 환경신호가 그중 일부를 선택해야 하며, ③ 적합한 요소 또는 개체가 더 많이 증폭 번식되어야 한다. 에델만은 윌리엄 제임스(W. James)의 말을 빌려 의식이 인식(알아차림)이라는 기능을 수행하는 하나의 과정이라면 의식도 다윈의 진화 이론을 따른 자연선택을 한다고 하였다. 그는 이러한 신경 집단의 특성을 이 책에서 설명한 프로이트의 기본 신경 원칙과 같이 제시하였다. 먼저, 그는 함께 발화하는 신경세포는 함께 연결되며, 어떤 신경회로들이 다른 회로보다 선호되어 발달적 · 경험적 선택이 이루어진다고 했다. 이 원리는 뇌의 상당 부분이 확률적이고 후성적(epigenesis)[12]이라는 뇌 기반 진화 이론을 지지하는 법칙이며, 신경 다윈주의(Neural Darwinism)의 기본 이론이 된다. 그는 진화와 신경계의 운영 방식이 지시가 아닌 선택(selection)과 재인(recognition)이라 하였고, 그의 뉴런 집단 선택설(Theory of Neuronal Group Selection: TNGS)은 다윈의 자연선택 학설을 신경계에서 발견하고 정교하게 적용한 이론이다. 이론의 세 가지 요소(Edelman & Tononi, 2000, pp. 127-128)를 간략히 말하자면, ① 뇌의 발달 과정에서 지속적인 선택 과정을 거친 결과, 엄청난 양과 미세한 해부학적 변이를 생성하여 신경 집단의 1차 레퍼토리가 형성된다(발생적 선택). ② 이미 형성되어 있는 해부학적 회로의 레퍼토리가 동물의 행동이나 경험에 따른 신호를 받게 되면 시냅스 강도가 변화함에 따라 신경회로들의 2차 레퍼토리가 형성된다(경험적 선택). ③ 신경 집단 간의 재유입(reentry)[13] 신호 처리가 신경 사건들의 시공간적 상관관계를 결정한다.

역동적 핵심부 가설

제럴드 에델만의 의식의 설명은 2차 자연, 즉 신경계의 재진입과 축중 구조(degeneracy)

12) 출생 후 만들어진다는 의미이다.

13) 재유입이란, 고등한 뇌에 편재하는 대량의 평행섬유(축삭돌기)를 통해 뇌의 한 영역으로부터 다른 영역으로 전해졌다가 다시 되돌아오는 연속적인 신호의 흐름이다.

를 배경으로 시작한다. 그는 "우리의 뇌는 우리의 몸과 일체이며 그 몸은 환경에 깊이 묻혀 있다."라고 말하면서, 비록 그 상태가 실제 물리적 자연과 합일하지 않을지라도 우리의 의식에 존재하는 자연스럽게 표상(복사)된 자연을 세컨드 네이처(second nature)[14] 라고 불렀다. 축중은 구조가 서로 다른 생물학적 요소들의 집합이 유사한 기능이나 결괏값을 산출하는 것[15]을 말한다. 뇌의 부분이 손상되더라도 꾸준한 재활을 통해 회복할 수 있는 것은 뇌가 비슷한 행동을 일으키는 새로운 회로를 찾아내거나 그러한 회로로 분화하는 능력이 있기 때문이다. 시상겉질계의 복잡한 그물망 구조에서는 다양한 신경 집단이 특정 뉴런의 출력값에 대해 비슷한 영향을 줄 수 있다. 동물의 신경 시스템이 통일성 있는 의식과 행동을 유발하는 이유는 역동적 핵심부(dynamic core), 시상겉질계(thalamocortical system)[16] 신경회로의 재진입(reentry)이라는 원리에 의해서 특정 신경회로를 더욱 자주 반복적으로 사용하는 편향성이 만들어 내는 적응 반응 때문이며, 재진입하는 신호의 경로는 매우 빠른 속도로 끊임없이 변화한다고 하였다. 그는 시상과 겉질 전역에 분포된 매우 복잡한 역동적 핵심부에서 이루어지는 재진입은 의식 경험을 발생시키는 가장 중요한 통합적 사건이며, 특정 신경회로 내에서 신경세포 집단들이 동시에 또는 정해진 시간에 맞추어 발화하며(동기화[17]) 마치 오케스트라처럼 통일성을 만들어 진다고 한다. 이 군집은 구성 신경 집단이 시시각각 변화하지만, 통합성을 계속 유지할 수 있다. 이 모델이 설명하고자 하는 의식의 두 가지 주요 특성은, 의식은 주어진 시간에 하나의 대상만 가질 수 있지만 한 대상에서 다른 대상으로 매우 빠르게 이동할 수 있는 방법을 설명했고, 그의 역동적 핵심부 가설은 모종의 기능적 군집에 속한 신경 집단만 의식 경험에 직접 관여할 수 있다는 것이다. 이 기능적 군집은 주로 시상겉질계의 신경 집단이 수백 밀리초 단위에서 강하게 상호작용함에 따라 형성되며, 고도의 분화성과 복잡도를 지니고 있다(Edelman & Tononi, 2000, p. 208).

1차 의식과 고차 의식(인식)

에델만은 약 2억 5천만 년 전 파충류에서 조류로 이행할 때 또는 파충류에서 포유

---

14) 예를 들어, 사람들은 컴퓨터와 인터넷 클라우드의 저장 공간에 복사된 가상 세계 '메타버스'에서 활동하면서 '세컨드 라이프'를 즐기고 있다.

15) 에델만은 DNA가 4개의 염기로 64개의 아미노산을 만들 수 있으나 실제로는 20개만 존재하는 것 또는 축구 경기에서 수비수가 공격수가 되거나 포커게임의 조커와 같은 것을 비슷한 예로 들었다.

16) 시상에 모인 신체의 감각 정보와 뇌겉질을 연결하는 신경 시스템이다.

17) 뇌의 여러 영역에서 동시에 같은 모양의 뇌파가 관찰되는데, 이를 동기화, 동시성이라고 표현한다.

류로 이행할 때 진화 과정에서 시상겉질계가 크게 확장되고 특정 시상 신경핵의 수가 증가하며 대뇌겉질이 확장되면서 1차 의식이 나타났다고 설명한다. 시상겉질의 재진입 신경 네트워크가 일어나는 통합적 신경 활동의 패턴은 1차 의식, 즉 '기억된 현재(remembered present)' 내의 한 장면을 만들고, 이 장면을 활용하여 동물은 위험에 대한 회피 능력이 현저히 높아지고 생존에 유리해졌다. 겉질의 여러 영역을 연결하는 일련의 재진입을 진화시킨 동물은 1차 의식을 가지고 고도의 식별력이나 변별력을 발달시킬 수 있었다고 한다. 그는 겉질과 겉질 아래 구조 사이의 상호작용, 그리고 겉질 내에서의 상호작용 때문에 발생하는 재진입의 신경망 근거가 충분하므로 의식 현상이 특정 영역의 기능이 아니며, 또한 물질과 마음의 이원론과 복잡한 이론을 더 끌어들일 필요가 없다고 말한다. 재진입 때문에 만들어진 편향성은 자연선택의 결과 뇌 속에 가치 평가 시스템(value system)의 형태로 유전되고 있음이 밝혀졌다. 각각의 가치 평가 시스템은 특정 상황에서 특정한 종류의 신경전달물질이나 신경조절물질을 분비시킨다. 이 동물들의 뇌는 많은 감각 신호를 서로 통합하고 많은 지각 자극의 경험을 범주화하며, 나아가 그것들을 여러 가지 조합으로 생존학습 기억에 연결해 가치 범주화[18]할 수 있었다. 그에게 사건 기억이란 가치 시스템[19]의 영향을 받아 특정 시냅스의 강화와 약화를 통해 원 회로 중 일부의 재사용이 증진되는 역동적 시스템이다. 기억은 뇌 속 재진입 회로의 자극만이 있어, 뇌가 스스로 말하는 과정을 통해서 기억의 재범주화가 반복되어 연상력이 강화되나 정확성은 약해진다. 에델만의 1차 의식은 몇 초 정도의 단위 장면을 기억하는 상태로, 마치 어두운 방 안을 손전등으로 잠깐 비춘 상태라고 설명한다. 1차 의식의 출현을 이끄는 것은 장면을 창조해 내는 능력이 재진입의 진화론적 발생에 의한 것이며, 이 사건은 변연-뇌간 시스템과 시상-겉질 시스템이 서로 만나 쌍방향으로 교류하는 것이다. 여기서 '장면(scene)'이라는 용어는 친숙하거나 낯선 사건들이 시공간적으로 배열된 일련의 범주화라는 의미이다. 의식 상태는 단위 장면으로 구성되지만, 시간의 흐름에 따라 지속해서 변화한다. 1차 의식을 가진 동물들은 비록 진행 중인 사건을 자각할 수 있지만 현재의 생존에만 급급하며 의식하고 있는 상태를 의식하지 못하며, 과거에 대해 명시적으로 설명하는 개념을 갖지 못해서 먼 미래를 위한 광범위한 계획을 세울 수도 없고, 무엇이라고 구체적으로 이름 지을 수 있는 사회적 자기(social self)도 갖지 못한다고 말한

18) 개인의 경험에 좋고 나쁨의 선택적 의미가 부여되어 다양한 가치에 따라 개념(기억)이 분류되는 과정으로, 지각적·행동적 반응이 형성되기 위한 전제 조건이 된다.

19) 도파민, 노르아드레날린, 세로토닌, 콜린, 히스타민 등 신경전달물질을 분비하는 신경핵이 대표적인 화학적 가치 시스템이다.

다. 사람도 이 단계에 고정된 경우가 있다. 우리는 영화관에 들어가서 영화 내용에 몰입할 때 자신이 영화를 보고 있다는 사실조차 잊어버린다. 영화 몰입과 정신적 흥분은 앞이마겉질의 기능과 메타인지를 방해하며 흔히 '장면 의식'이라는 상태가 일어날 수 있다. 일상에서 스트레스가 심할 때, 분노로 흥분할 때, 꿈을 꿀 때, 정신질환 상태의 환자나 지적 능력에 결함이 있는 장애인에게서 나타난다. [그림 15-5]는 에델만과 토노니의 의식 모형(Edelman, 2003)이다.

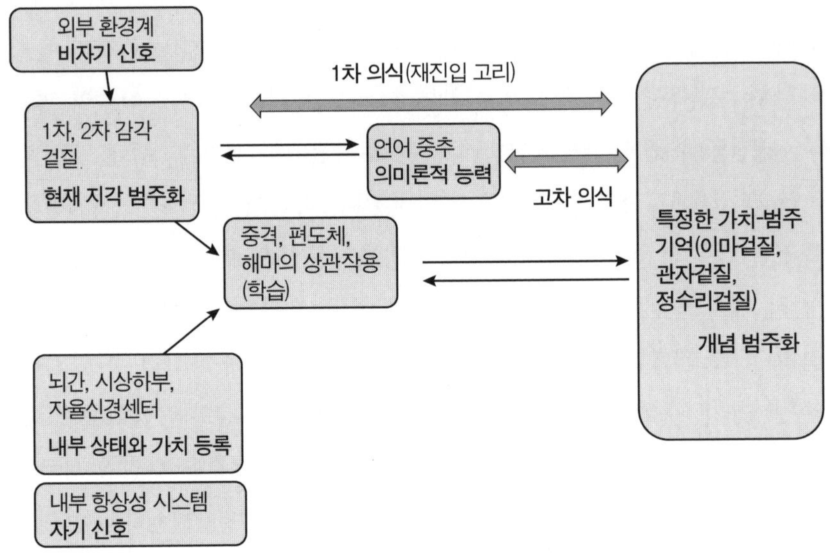

[그림 15-5] 에델만의 의식 모형

이들은 뇌 전체가 의식 과정에서 역할을 한다고 믿는 학파에 속한다. 그들이 근본적으로 제시하는 의식의 두 가지 특성은, 의식 상태는 나눌 수 없는 전체이지만 주어진 시간에 셀 수 없이 많은 다양한 의식 상태 중에서 선택할 수 있다는 것이 실험적 사실이다. 다시 말해, 그들의 모델은 의식의 통일성과 복잡성을 모두 설명하려고 했다. 이 모델에서 인간의 뇌는 자극을 받으면 상호 연결이 강화된 신경 어셈블리로 구성된 지각 맵을 형성한다. 에델만이 '신경 다윈주의'라고 부르는 선택 과정의 결과, '신경 맵' 시스템이 만들어진다. 뇌가 새로운 자극을 받으면 이러한 지도 중 일부가 활성화되어 서로 신호를 보내고, 1차 의식은 대상의 다양한 속성을 부호화하는 신경 어셈블리의 상호작용에서 발생한다. 이 상호작용은 주로 뇌에서 때때로 서로 상당히 떨어져 있는 뉴런 그룹 사이에 고리를 형성하는 상호 연결을 통해 발생한다. 따라서 이 모델에서 1차 의식은 시상과 겉질 영역 내부와 영역 사이의 평행하고 반복적인 활동에 끊임없이 의존한다. 에델만과 토노니는 특정 뇌 구조와 의식 상태 사이의 연관성을 너무 가깝게 만들지 않으려고 노력하지만 의식의 출현에서 시상-겉질 고리의 부인할 수 없는 중요성을 주장한다.

이 모델에 따르면, 동질화 과정에서 나타난 다른 형태의 의식인 고차 의식 역시 신경 집합체 사이의 이러한 '재진입 고리'에 의존하지만, 이 경우 고리는 뇌에서 특히 언어와 관련된 겉질 영역의 추상적 개념과 관련된 더 큰 규모의 연결을 만든다. 그 결과, 진화 과정에서 뇌의 의미론적 능력이 크게 증가하여 자아 개념이 출현할 수 있었고, 따라서 뇌가 과거와 미래에 비추어 1차 의식을 고려할 수 있게 되었다. 즉, 고차 의식의 정의인 자기의식의 출현을 가능하게 한 것이다. 이 모델은 안정적인 해부학적 구조가 아니라 주어진 시간에 겉질의 다른 부분에서 뉴런을 포함하는 일시적인 활동 패턴을 나타낸다. 그래서 광역적 작업 공간 이론과 많은 공통점을 가지고 있다. 그러나 이 모델은 광역 작업 공간 이론처럼 접근성과 의식을 동일시하지 않는다.

역동적 핵심부 가설은 의식적 경험의 보편 속성과 의식적 과정과 무의식적 과정을 좀 더 생물학적 · 진화적 입장으로 구분하는 기준을 제공하고 있다. 예를 들어, 혈압 조절을 담당하는 신경 과정이 의식적 경험에 관여하지 않고 관여할 수도 없는 것은 그 뉴런들이 역동적 핵심부에 속해 있지 않으며, 그렇다고 해서 그들 스스로 충분한 복잡도를 가진 통합된 신경 공간을 만들지도 못하기 때문이다. 실제로 혈압을 조절하는 신경회로는 단순한 반사궁(reflex arc) 형태로 되어 있다. 우리의 척수, 뇌간, 시상하부에서는 이러한 기능적으로 격리된 반사 회로들이 매우 중요한 생물학적 기능을 수행하고 있지만, 이 회로들은 역동적 핵심부와의 기능적 관계가 완전히 끊어져 있어서 이들의 신경 활동은 하(비)의식의 영역에 머무를 수밖에 없다(Edelman & Tononi, 2000, pp. 260-261).

또 다른 예로, 에델만은 전뇌 아래에 존재하는 거대한 신경핵 집단인 기저핵(바닥핵)과의 관계에서도 일반적인 겉질-겉질 연결이나 시상겉질의 재유입 연결과 달리 기저핵은 거꾸로 겉질에 투사하지 않고, 앞 먹임(feed forward) 방식으로 조직되어 있으며, 하나의 겉질 영역에서 뻗어 나와 다시 그 영역으로 돌아간다고 하였다. 기저핵은 서로 독립된 평행 회로들로 조직되어 겉질에서와 같은 영역별 정보 교환이 이루어지지 않는다고 한다. 앞서 저자는 자전거 타기, 피아노 배우기 등 운동을 배우는 과정에서 일일이 단계별 행위를 공들여 익혀 나가는 의식적 과정을 거쳐 비의식학습이 이루어진다고 설명하였다. 에델만은 핵심부의 통제 속에 몇 번의 반복을 거치고 나면 오류가 줄어들고, 루틴을 수행하는 다양하게 연결된 시냅스성 회로들이 줄어들고 단순화되어 기능적으로 고립된다고 추측한다. 즉, 의식적 통제가 갖가지 연결망을 형성하여 무의식적 루틴들의 협응을 끌어내는 것이 운동학습이라고 설명한다. 학습이 끝난 후에는 무의식적 감각 운동 고리들이 별다른 노력 없이도 매끄럽고, 빠르고, 정확하게 실행될 수 있다. 저자는 프로이트의 '억압'에 대해 설명하면서 하의식의 정서 기관들이 자극에 대한 반응을 수행하는 과정에 대해 '공통 반응 장치'라고 설명한 바 있다. 이것도 일종의 반사궁 형태이다. 이 반사궁은 혈압처럼 내적인 항상성을 유지하는 말단 기관의 비의식적 반응이며, 느낌과 감정만을 의식할 뿐이다. 에델만은 분리 뇌증후군 같은 절단 증후군과 해리성 장애가 서로 놀랄 만큼 닮았다고 하였다. 그는 안나 O의 히스테리나 해리성 장애 등 지그문트 프로이트가 지적한 '정신질환'의 공통적 특징의 바탕에 구조적 · 기능적 절단이 자리하고 있다는 사실에 주목했다. 에델만과 토노니는 '시상겉질계 영역 중 일부가 부분 핵심(splinter core)[20]을 이루어 평상시에는 비활성화되어 있다가 활성화될 때만 의식에 영향을 주는 것일까? 혹시 이 기능적으로 고립되어 활동하는 시상겉질 회로가 있는 것은 아닐까? 그렇다면 억압이 이 신경회로들을 형성하는 것일까?' 등의 질문을 던졌다(Edelman & Tononi, 2000, p. 279). 저자는 이 책에서 에델만이 20년 전에 던진 질문을 설명하고 있다.

고차 의식의 진화

사람의 몸에서 뇌로 가는 신호와 뇌에서 뇌로 전달되는 신호는 개체 발달 초기부터 자기(self)가 창발[21]되어 나오는 기초가 된다. 인간의 고차원적 의식의 특징은 자신을 인식하는 것이다. 의식하는 자신을 의식하는 것이 자기인식 능력이다. 자기의식이란 자신에 대해 제3자의 관점에서 바라보는 자신에 관한 것, 즉 자신을 자신이라고 인식하는 의식에 관한 것이다. 우리는 모두 머릿속에 자기가 언급하는 목소리를 가지고 있으며, 눈을 감으면 그 목소리를 더욱 선명하게 느낄 수 있다. 우리는 살아오면서 겪은 사건 경험과 쌓아 온 기억들이 있지만, 그 많은 기억에 동시에 접속할 수는 없다. '나'라는 기억의 주체가 기억의 발생과 함께 머릿속에 나타나고 그것이 순차적으로 기억을 찾아간다. 아마도 이것이 가장 기능적으로 자기의식을 이해하는 것이다. 그러다가 현실의 사건에 부딪히면 외부 현실에 집중하게 된다. 그렇지만 어떤 현실이 일어날지라도 머릿속의 '자신을 보는 자신'은 계속해서 존재한다. 잠자고 있을 때 현실 세계와 전혀 다른 세계 속에서 사

20) 번역본의 '조각난 핵심'을 '부분 핵심'으로 수정하였다. 부분이 각각 상황에 따라 핵심으로 작용한다는 의미이다.
21) 용어 설명 참조.

는 것처럼 느껴지며, 시간 감각이 사라지게 되어도 주인공은 자기라는 것을 알고 있다.

의식을 '기억된 현재'라고 표현한 에델만에게는 자기 역시 의식과 마찬가지로 일종의 기억 처리 과정이다. 자기는 자신의 기억을 되살리고 다시 돌아보기 위해 의식적 경험을 이용하며, 이러한 의식적 경험은 다른 개체들과 의사소통을 촉진한다. 고등 영장류가 진화하면서 재진입 회로와 관련된 또 하나의 사건이 필요했다. 새로운 쌍방 경로가 발달했는데, 이 회로를 통해 뇌 속의 개념적 지도와 상징적 혹은 의미론적 참조를 담당하는 영역 사이에 신호의 재진입이 가능해졌다.

> 1차 의식만을 가진 동물은 '생물학적 개인성'은 있을지라도 전정한 의미의 자아는 없다. 즉, 자신을 자각하지 못한다. 이들은 역동적 핵심부가 만들어 내는 '기억된 현재'를 경험하지만, 과거나 미래에 대해서는 알지 못한다. 과거와 미래의 개념은 인간이 진화 과정에서 의미론적 능력(상징을 사용하여 느낌을 표현하고 사물이나 사건을 지시하는 능력)을 습득한 후에야 비로소 탄생했다. 또한 고차 의식은 사회적 상호작용을 수반한다. 호모 사피엔스의 조상들이 구문에 기초한 언어 능력을 갖추고 공동체의 다른 구성원과 대화를 주고받기 시작하면서, 고차의식은 비로소 그 꽃을 피웠다. 새로운 상징 구성 수단인 구문론과 의미론 체계는 고차 의식을 조절하는 새로운 기억 체계를 탄생시켰고, 그 결과 인간은 스스로 의식을 의식할 수 있게 되었다(Edelman & Tononi, 2000, p. 284).

에델만은, 시상뇌겉질의 재진입 경로는 지각 과정을 담당하는 좀 더 뒤쪽의 겉질 영역(뒤통수엽)에 의해 처리하였는데, 의식을 가진 동물의 기억 체계가 진화하면서 기억을 담당하는 이마엽이나 마루엽과 같이 앞쪽에 있는 겉질 영역에 의해 조정되도록 겉질 간의 역할 기능이 점차로 확립되어 고차 의식의 시작된 것이라고 말하고 있다. 고차 의식은 자기를 자각하는 상태로 의미 혹은 상징 능력을 갖추고 있다. 침팬지는 이런 능력을 다소나마 갖추고 있으며, 인간의 경우 구문론이나 진정한 언어가 있으므로 이 능력을 최고로 발휘한다. 말할 수 있으므로 인간은 기억된 현재가 갖는 한계를 일시적으로 극복할 수 있었다. 그런데도 고차 의식이 있으면 언제나 1차 의식이 있다. 그래서 그는 인류 진화에서 고차 의식은 진정한 언어가 출현했을 때에야 비로소 만개할 수 있었다고 말했다. 바로 이 시점에서 인간은 자신이 의식하고 있다는 사실(의식에 대한 의식)을 의식하게 되었고, 의식은 '기억된 현재'에서 벗어났다(Edelman, 2006, p. 57).

언어의 출현으로 인간의 기억과 사고가 동물들과 전혀 차원을 달리하게 되었다는 것은 모두 인정하는 사실이다. 언어는 작업 기억과 사건 기억(일화)을 더 상징적이고 폭넓게 만들며, 일화 기억에서 의미 기억으로의 전환을 훨씬 쉽게 했다. 유인원을 비롯한 영장류, 고래, 코끼리도 원시적 일화 기억이나 의미 기억은 어느 정도 소유하고 있다고 보지만, 인간처럼 이야기 형식의 일화 기억, 의미 기억을 형성하는 것은 언어 없이는 불가능하다(김재익, 2020). 그래서 일부 학자들은 진정한 의식은 인간에게서 시작되었다고 주장하고, 에델만은 진정한 인간의 의식은 언어에서 시작되었다고 말했다.

> 아이가 나이를 먹고 언어를 배우며 좀 더 경험이 많아지면, 개를 볼 때 지각적 뉴런 집단과 범주적 · 언어적 신경 집단이 동시에 활성화될 것이다. 이를 통해 "고차 의식"이 가능해지며, 아동은 드디어 기억된 현재의 감옥에서 벗어나 시간을 앞뒤로 돌려 볼 수 있게 된다. 이런 관점에서, 우리는 '고유한 언어 능력'을 통해 과거를 돌아보는 역사가도, 의식적으로 미래를 계획하는 보험설계사도 될 수 있는 것이다(Siegel, 2020, p. 479에서 재인용).

> 이렇게 특수화된 일련의 기억과 개념적인 가치-범주 기억 사이의 상호작용이 세계를 모형화한다. 그리고 그런 개념적-기호적 모형과 진행 중인 지각 경험을 구별하는 능력이 나타나면, 과거라는 개념이 발생한다. 이로써 개체는 즉각적인 시간 규제 혹은 실제 시간에서 발생하는 지속적인 사건들로부터 자유롭게 된다. 기억된 현재는 과거와 미래의 틀 안에 놓이는 것이다(Edelman, 2006, p. 198).

그는 이 문장에서 과거라는 개념의 탄생을 설명했다. 현재 지각 경험(기억된 현재)이 기억을 표현하는 기호(언어)와 서로 비교되는 가운데 시간 개념이 생겨난다고 생각한 것이다. 즉, 기억의 체계가 자리 잡아야 과거가 생기는 것인데, 저자도 이에 동의한다. 그러나 충분한 설명은 아니다. '과거'라는 시간 개념이나 제3자 의식의 생성이 꼭 언어를 매개로만 만들어지는 것인가? 우리가 어린 시절을 회상해 보면 그 기억의 이미지에 '과거'라는 개념의 꼬리표가 붙어 있는 것이 아니다. 기억되는 이미지들의 상호 관계에서, 그리고 그 이미지와 현재와의 비교에서 시대가 추정되며 지금에 소속된 기억이 아니라는 '느낌'이 배어 나온다. 그 이미지들은 현재와 같은 강한 정서의 향기를 발산하지 않는다.

저자가 참조한 에델만의 저서 세 권에 실린 고차 의식 출현에 대한 설명이 저자에게는 흡족하지 않다. 안토니오 다마지오가 의식이란 자신과 세계를 감시하는 것이 주목적이라고 말한 바처럼, 우리의 뇌 속에서는 '세계'의 인식과 '자신'의 인식이 동시에 일어나며 뇌 속에서 만들어진 가상 세계에서 자신을 시뮬레이션하고 있다. 즉, 의식은 '세계'와 '자신'을 모형화하고 있다. 우리는 자신의 기억에 기초해서 세계를 모형화하고, 그 세계에서 다양한 언어로 생각하며 의식 혹은 머릿속에서 대상을 관찰하는 자신의 목소리를 반향하여 참조하고 있다. 기억으로 복사하는 것은 본질상 지배하는 것과 마찬가지로 '자기'의 조절하에 두는 것이다. 더 중요한 것은, 모형화라는 것은 기억 용량의 효율성을 위한 방법이자 결과일 수 있다.

분리 뇌 실험에서 얻어진 결론은, 통합된 인식은 좌뇌의 언어가 우뇌의 경험 감정과 느낌을 설명하거나 해석한 후 기호화하여 다시 인식한 결과이다. 기호 언어는 이미지를 매우 효율적으로 대체할 수 있으므로 뇌 용량의 확장 없이 기억 용량을 증가시킨다. 사회적 경험과 학습된 내용을 얼마든지 기억에 담을 수 있게 된다.

저자는 해마의 장기 기억 기능에서, 해마는 대상의 이미지와 자아를 시간(순서), 공간, 장소와 중요한 인물들과의 관계에 배치하여 제3자의 시각을 갖는 자기의식의 원천이 된다고 말한 바 있다. 자서전 자기는 유기체의 삶에 있어서 가장 변하지 않는 특성이며, 언제 어디서 누구에게서 태어났는지, 좋아하는 것과 싫어하는 것, 문제나 갈등에 반응하는 방식, 그리고 이름 등을 만들어 주는 상황의 체계화된 기억에 달린 자기이다. 저자는 시간의 느낌을 포함한 제3자, 관찰자의 시점을 고차 의식의 시작이라고 보고 있고, 그래서 언어 능력은 고차 의식에 필수 요소가 아니라고 생각한다. 또 다른 이유는 해마의 기능이 사람에게만 국한된 것이 아니기 때문이다. 언어의 발달이 미숙한 포유류에게도 자기의식이 있을 가능성이 크다[22]고 생각한다. 다마지오도 언어보다 자서전 기억을 확장의식의 생성에 필수 요소로 생각한다(Damasio, 1999b, p. 230).

저자의 생각은 이렇다. 우리가 즐기는 영화는 수없이 많은 장면을 빠르게 보여 주어 시신경의 착각으로 움직이는 장면으로 지각하는 것이다. 저자는 시간에 대한 지각이나 자기의식도 이러한 착각 현상으로 설명한다. 뇌 핵심부의 상태가 여러 자극을 통합하여 의식 상태로 되기까지 0.2초에서 0.5초가 소요된다고 한다. 물리학적으로 시간은 오직 현재만 존재하고, 현재와 달리 과거와 미래에 대한 개념은 오직 의미나 상징, 언어가 있어서 만들어졌지만, 우리는 헤라클레이토스의 강의 흐름처럼 시간을 실제 현상으로 지각[23]한다. 쉼 없이 재입력되고 연상되는 바로 전의 기억은 한 장면을 연결하는 영화처럼 의식과 기억의 흐름을 만들어 내는 것이다. 이렇게 마치 시간이 흐른다는 착각처럼 자신

22) 최근 돌고래를 대상으로 한 실험에서 메타의식은 인간의 전유물이 아니라는 사실이 밝혀졌다(김재익, 2020, p. 113).
23) 헤라클레이토스의 착각(Heraclitean illusion), 의식에서 일어나는 시간 흐름의 착각 현상.

을 관찰하는 자각도 바로 찰나 전의 자기의식 기억, 자기에 대한 기억을 다시 인식하는 것이 결국 자기의식의 흐름을 만들어 내는 착각으로 추정할 수 있다. 이 흐름이 유연하게 지각되려면, ① 의식의 용량이 커야만 한다. 그래서 저자는 고차 의식에서 가장 중요한 진화적 사건은 DLPFC의 용적 확대와 작업 기억의 용량 증가라고 생각하고 있다. 동시에 기억을 사로잡을 수 있는 능력이 모든 의식 능력의 출발이라고 생각한다. 그럼으로써 의식이라는 극장에서 영화를 관람할 수 있게 되었다. 5~10만 년 전 의미와 상징으로 시작되는 원시 언어에서 만들어진, ② 기호 언어는 이미지를 대체(이미지는 부호와 연결되어 분산 저장)함으로써 뇌 부피의 실제 확장 없이 기억 용량을 획기적으로 증대시켜 주었다. 이 부분이 자기인식력을 증가시킨 언어의 가장 중요 역할이지 않을까? 고차 의식에 결정적인 배경을 만드는, ③ 시간(사건 순서), 공간적 개념적 위치(표상)의 자료는 해마의 역할이다. 해마에 의해서 과거 기억은 빠르게 편집, 재구성되며(패턴 분리와 완성), 사건(자서전) 기억이 형성되고(겉질과 해마의 재진입 기억 회로), 의식의 흐름이 안정되면서 보다 일관된 순서(시간)와 공간(표상)의 상대적 위치 배열 등 더욱 입체적인 자기표상이 만들어질 수 있었다. 여기의 생각과 언어가 만드는 자기독백은 자기관찰의 중요한 자료가 된다. 앞서 설명한 ④ 앞이마엽 영역(앞이마극과 등가쪽 영역)의 작업 기억은 일화적 완충 장치와 자기성찰 기능(앞먹임, 되먹임)으로 제3자 시각(의식)의 구성에 결정적 역할을 할 수 있다. 저자는 작업 공간에서 일화 기억의 상대적 표상, 언어적 기억 자료, 다양한 하위 수준 프로세서의 정보가 통합되며, 결국 자기에 관한 기억 흐름이 관찰 가능해지면서 고차 의식이 생길 수 있었다고 추론한다.

다마지오의 3층 의식: 자기 내부와 외부 환경, 두 세계의 연결과 통합

대표적인 의식 연구의 개척자는 남부캘리포니아대학교(USC)의 신경학자 안토니오 다마지오(A. Damasio)[24]이다. 그는 '의식의 내용'과 '의식의 상태'를 통합시키는 선구적인 업적을 남겼다. 그는 의식뿐만 아니라 가장 최상위 인지 기능인 자기의식, 존재 의식과

24) 피니어스 게이지(P. Gage) 사례 연구를 한나 다마지오(H. Damasio)와 공동 작업하였고, 뇌간의 '상태 의존성' 세포의 출처 정보에 관한 연구로 유명하다. 뇌신경과학을 일반 독자에게 소개한 여러 인기 도서, 『데카르트의 오류(Descartes's Error)』(1994), 『스피노자의 뇌(Looking for Spinoza)』(2003), 『느낌의 진화(The Strange Order of Things)』(2017) 등의 저자이다.

언어의 진화를 의식의 발달과 더불어 가장 입체적으로 잘 설명했다.[25] 3층으로 구성된 의식은 각 단계가 마지막 단계를 기반으로 하는 단계적 계층 구조를 말한다.

느낌의 진화

그는 모든 생물에 생명 조절 기능이 있다고 했으며, 이를 항상성이라고 불렀다. 박테리아에서 시작된 자동화된 항상성은 자극을 감지하고 그것에 반응하는 능력이 꼭 필요하다. 이것이 바로 마음과 의식의 멀고 먼 조상 내지는 전구체(Damasio, 2017, p. 72)라고 말했다. 뇌는 우리의 몸과 외부 환경을 닮은 뇌 안의 환경을 끊임없이 만들고 있다. 신경계의 진화는 뇌의 가치 평가 시스템을 만들었다. 의식, 느낌은 시스템의 기준이다. 느낌은 신경핵이 분비하는 신경전달물질과 호르몬의 작용 때문에 전달된다. 느낌은 의식의 생물학적 신호 혹은 센서라고 이름할 만하며, 감정과 정서의 총합이며 마음의 지각적 표현이다.

그는『느낌의 진화』(Damasio, 2017)에서 의식의 중요한 두 가지 요소는 주관성과 경험의 통합이라고 말했다. 주관성이라는 것은 마음속 이미지(대상)들에 대해서 자신이 주인이라는 느낌을 말하고 소유하고 있다는 의식이 있으면 자신이 존재한다는 느낌이 생길 수 있다는 것이다. 주관성은 또 내부의 정신적 이미지를 보는 관점을 구축해야 더욱 확실해지는데, ① 우리가 사는 동안에 핵심적으로 경험하고 해석하는 근본적인 이미지(물체, 행동, 사건)와, ② 그 이미지를 구축하는 과정에서 형성된 우리 몸의 이미지를 합쳐 놓은 콜라주라고 한다. 주관성의 또 다른 요소는 느낌이며, 관점이 형성되려면 감각 외에도 연속적인 느낌이 결정적으로 이바지해야 한다고 말한다. 다시 말하면, 의식이라는 정신적 경험은 그 이미지들이 유기체 관점에 제대로 배치되는 동시에, 느낌에 적합하게 함께 나타나는 것이다.

우리의 의식에 있는 '상태' 평가 기능은 뇌의 핵심 신경 기관이 몸 안의 내장을 살피는 역할에 진화적 뿌리를 두고 있다. 의식의 가장 기본적인 기능은 몸 상태, 신체 기관의 체온 조절, 혈당 등 항상성 계통, 경제 상태를 모니터링하고, 평가하고, 좋은지 나쁜지 가치를 부여해 준다. 그러므로 의식의 기능은 본질에서 생물학적이다. 우리의 신체 기관 시스템은 온도, 혈당 수준 등과 관련하여 설정된 매우 좁은 범위 내에서만 효과적으로 기

---

25) 그의 저서『무엇이 일어나는 느낌(The Feeling of What Happens)』(1999b)에서 인용했다.

능할 수 있다. 그러나 육체적인 자기감시는 의식의 가장 기본적인 기능일 뿐이다. 의식의 느낌이 지향하는 것은 여러분이 만족하는지를 보고하는 것이다. 이 보고 때문에 의식의 내면 상태는 현재의 요구가 무엇인지 알게 되고, 자기에 관련되어 느끼는 것만이 아니라 저기 있는 무엇, 주변에 대해 느끼는 것도 포함하여 이를 사물에 대한 의식이라고 한다. 따라서 진화론적 의식의 새벽(의식의 탄생)은 순전히 내성적인 것으로서 기초적인 생물학적 감각이며, 이는 신속하게 일반화되어 우리의 외부 지각 역시 의식을 통하여 느낌이 들게 되었다. 우리의 외부 인식은 일련의 (비의식적) 정보 처리 채널에서 우리가 지금 경험할 수 있는 지각적 특성(의식적인 광경, 소리, 냄새 등)의 풍부한 질감이다. 이것은 핵심 신경핵의 산물이 뇌 전체에 매우 광범위하게 전파된다는 해부학적 사실과 일치하며, 더불어 그러한 '상향식' 활성화가 더 높은 겉질 과정을 의식화하도록 필요하다는 생리적 사실과도 일치한다. 결론적으로, 주관성은 의식 일부가 되는 이미지들이 몸 어디에서 생성되는지에 대한 유기체 관점과 근본 이미지들에 의해 촉발되어, 그 이미지들에 동반되는 유발적 느낌과 자연발생적 느낌이 끊임없이 구축되는 현상이 합쳐진 것이라고 할 수 있다. 의식의 두 번째 요소인 경험의 통합은 이러한 이미지들과 각각의 주관성을 더 넓은 범위에서 통합시키는 과정을 말한다. 그렇다면 이 과정은 과연 뇌의 어디에서 일어나는가?

느낌, 감정, 정서

의식의 발달을 설명하는 다마지오의 접근 방식은 감정(emotion),[26] 느낌(feeling), 느낌을 아는 느낌(feeling a feeling)의 세 가지 기본 개념을 가지고 시작한다. 다마지오의 감정은 신체 내의 면역 반응, 기본 반사, 대사 조절의 기본적인 항상성을 유지하는 단계와 통증 및 쾌락 행동 그리고 충동과 동기를 포함하는 넓은 의미의 정서가 있고 행복, 슬픔, 부끄러움, 공감과 같은 본유(좁은 의미)의 감정이 있다.

본유 감정은 뚜렷하게 구분되는 유형을 형성하는 화학적 · 신경적 반응의 복합체이다. 정상적인 뇌가 감정적으로 유효한 자극(Emotionally Competent Stimulus: ECS)을 감지하면 자

26) 안토니오 다마지오가 저술한 책의 어떤 한국어 번역가는 emotion을 '정서'로, affect를 '감정'으로 번역했다. 저자는 그 반대이다. 정서는 감정보다 더 넓은 의미로, 정신의학계의 전통과 스피노자 전문가인 진태원의 번역을 따랐다. 다마지오의 넓은 의미의 감정은 정서를 의미한다.

동적 감정이 생성된다. 뇌는 특정 ECS에 특정 활동 레퍼토리를 가지고 반응하도록 진화됐다. 일생을 통해 학습된 많은 자극 역시 여기에 포함된다. 이와 같은 반응은 몸 상태의 일시적 변화, 그리고 몸 상태를 지도로 나타내고 사고를 지지하는 뇌 구조 상태의 변화이다. 감정 반응의 궁극적 목표는 생명체 자신의 생존과 안녕에 도움이 되는 환경을 조성하는 것이다 (Damasio, 2003, pp. 67-68).

이와 같은 다마지오의 감정에 대한 정의는 그가 존경하는 철학자 스피노자의 정서(affect) 개념과 닮은 것을 알 수 있다. 다마지오는 맑은 날 휴가를 받아서 시원한 바람이 부는 해변의 모래사장에 편안하게 누워 있는 자신을 상상하는 것으로 느낌에 대한 설명을 시작한다. 마음 내부의 감정과 피부가 느끼는 감촉, 그리고 행복한 감정에 어울리는 생각이 만들어진다. 그는 순간의 즐거운 느낌을 규정하고 다른 생각들과 구분시켜 주는 것은 특정 방식으로 작용하는 신체의 일부 또는 신체 전체의 심적 표상이라고 주장한다. 다시 말하면, 느낌은 신체의 특정 상태에 대한 지각(perception)인 동시에 특정 방식, 그리고 특정 주제를 가진 생각에 대한 지각이다. 그는 뇌 지도에 그려진 세부적 변화들이 축적되어 특정 상태에 이르면 느낌이 나타난다고 한다(Damasio, 2003, pp. 104-105). 원형 상태의 유기체는 자신에게 영향을 미치는 변화를 단순히 감지하는 느낌(feeling)이라는 감정 상태에 있으며, 이는 여전히 무의식 상태로 나타난다. 이러한 패턴은 정신적 이미지로 발전한 다음, 유기체의 인식으로 떠오른다. 간단히 말해서, 의식은 느낌을 아는 느낌이다. 완전한 의미의 느낌은 마음이 속하는 정신적 현상이 존재하고, 마음이 의식과 경험이 있을 때만 나타날 수 있다고 한다. 느낌은 몸의 작동과 밀접하게 연결된 이미지로 구성된다. 그리고 좀 더 정교한 신경 도구에 의해서 뇌가 자극의 수많은 특징을 지도화(분류와 저장)한 것을 기초로 다중 감각의 지각을 수행하게 된다. 그 이후에야 비로소 확실하게 이미지를 창조하고 마음을 구성했다고 볼 수 있다. 즉, 신경계가 뇌라고 하는 정교한 중앙 처리 장치를 갖게 되어 외부와 내부 상태를 지도화하고 이미지(내면의 표상)를 만들 수 있는 놀라운 수준의 능력과 기능을 갖추게 되면서 마지막으로 느낌이 나타났으며, 그 뒤로 발달의 마지막 단계에 인간의 마음인 의식이 탄생했다고 말한다(Damasio, 2003, p. 90).

의식의 3층 단계

그가 설명한 의식의 3층 단계는 원형 자기(Protoself), 핵심 의식(Core Consciousness), 확장 의식(Extended Consciousness)이다.

원형 자기

그는 가장 기본적인 생물체의 신체 상태, 자아 표상을 원형 자기라고 한다. 무의식 상태인 이 수준의 자기는 많은 종의 생명체가 가지고 있다. 이것은 신체의 내부 상태를 대표하는 신경 패턴 모음이 나타내는 가장 기본적인 인식 수준이다. 이 '자기' 기능은 유기체의 항상성에 영향을 미치는 내부의 물리적 변화를 매 순간 지속해서 감지하고 기록하며 보고하는 것을 말한다. 원형 자기는 "나는 지금 이렇게 느낀다."라는 실제 개인적 의미와 느낌의 근원이며 전통적인 자아 감각을 말하는 것이 아니라, 핵심 자기와 자전적 자기가 구축할 기준을 제공하는 사전 의식 상태를 말한다. 그래서 다마지오는 "원형 자기는 유기체의 물리적 구조 상태를 순간적으로 대응(매핑)하는 일관된 신경 패턴 모음이다."(Damasio, 1999b)라고 했다. 이 원형 자기가 기능하려면 여러 뇌 하부 영역이 필요하다. 모든 포유동물의 뇌간은 인간의 뇌간과 거의 같으며, 뇌간 핵들은 인간의 뇌간과 같은 화학 물질을 분비한다. 유기체의 일반적인 항상성을 제어하는 시상하부, 신체 신호를 매핑하는 뇌간, 감정과 관련이 있는 섬겉질[27] 등 이러한 뇌 영역은 환경 변화에 대한 신체 반응의 현재 상태를 매핑하기 위해 신경 패턴을 수집하는 지속적인 프로세스를 따라잡기 위해 함께 작동한다. 원형 자기는 자신의 경험에 대한 직접적인 보고이므로, 작동하기 위해 의식과 언어가 필요하지 않다.

핵심 의식: 외부 지각 + 내부 지각, 평가

다마지오 이론의 두 번째 계층인 핵심 의식은 원형 자기 상태에서 뇌의 겉질하 영역에 있는 2차 신경 패턴으로 나타나기 시작한다. 감정은 신체적 반응을 끌어낼 수 있는 신경 물체의 역할을 한다. 이 감정 반응으로 유기체가 자신에게 영향을 미치는 신체 상태의 변화를 인식하게 한다. 이러한 깨달음으로부터 다마지오의 '느낌' 개념이 생겨난다. 뇌는 사물과의 관계를 기반으로 유기체의 마음속 이미지의 비언어적 이야기 흐름

27) 뇌섬엽, 뇌간보다 생생한 느낌 상태를 만들며 기억 추리 언어와 연관된 여러 겉질 지도와 상호 연결하기 위해 적합한 지도를 제공한다.

이 계속해서 일어난다. 이 맥락에서 객체는 사람, 멜로디, 신경 이미지에 이르기까지 무엇이든 될 수 있다. 신체가 이러한 신경 물체에 의해 변형되면 두 번째 자기 층이 나타난다. 감정에 이바지하는 패턴이 정신 이미지 또는 뇌 안의 영화로 나타날 때, 이것을 핵심 의식이라고 했다. 그의 저서 『무엇이 일어나는 느낌(the Feeling of What Happens)』(Damasio, 1999b)에서 의식과 '뇌-안의-영화'로 설명하는 체화된 뇌에 대한 개념과 설명을 읽어 보도록 추천한다.

인간의 뇌는 영리하게도 세상과 중요한 대상을 자기의 뇌신경 네트워크에 옮겨 양육하고 편리하게 사용한다. 영화 〈매트릭스〉(1999)에서 컴퓨터 프로그래머 네오는 인공지능 '매트릭스'에 대항하는 저항군의 일원이 되어 싸우는 도중 자신이 있는 세상이 인공지능이 만든 가상 현실임을 알게 된다. 이처럼 마음의 뇌과학은 자연과 사람이 우리 뇌에 비슷하게 복사된다는 것을 알게 되었는데, 자연을 품에 안은 뇌는 투사된 자연과 매우 효과적으로 상호작용하며 외부에 반응한다. 이를 체화된 뇌(embodied brain)라고 부른다. 결국 우리의 몸과 뇌가 복사된 자연이며 대상과 함께 하나로 경험된다는 것이 중요한 깨달음이기도 하나, 이런 편리하고 효율적인 사용은 생존을 유리해 주는 한편으로 마음은 늘 기억의 환상과 고통에 지배되도록 한다. 그는 의식이 신체의 내부 상태와 환경의 대상 세계를 연결하여 늘 변동하는 현재 상태에 있다고 한다. 의식 시간의 순간적인 단위들(예를 들어, 40번 진동은 시각적 인지를 특징짓는 현상)은 깊은 '망막' 시상 핵으로부터 만들어진 겉질 활성화의 펄스에 의해 생성되어, 초당 여러 번 두 종류의 의식(대상과 자기) 입력 자료를 결합해 규칙적 진동을 발생시킨다. 의식의 다양한 '채널'은 그 자체가 뇌 안의 난쟁이, 호문클루스의 의식 '상태'가 접지된 상태로, 서로 결합하여 있는 상태이다. 말 그대로 자기 몸을 뇌신경 내부에 이미지로 투영한 것이다. 연결 메커니즘은 '핵심 의식'이다(Solms, 2002, p. 93에서 재인용). 이것의 출현 과정은 유기체가 내부 신체 상태에서 발생하는 변화와 관련된 감정을 의식적으로 인식하게 될 때 발생한다. 그로 인해 자기 생각이 자신의 것이고, 자신의 관점에서 공식화되었음을 인식할 수 있다. 원형 자기로부터 받은 커뮤니케이션을 바탕으로 뇌가 지속해서 대표 이미지를 구축하기 때문에 순간적인 자기감각이 발달한다. 이러한 수준의 의식은 순간에만 국한되지 않고 유기체의 일생 동안 일관되고 안정적으로 유지된다. 이미지는 내부 또는 외부 자극과의 상호작용 때문에 유발되는 정신 패턴의 결과이다. 뇌가 지속해서 이미지를 생성하여 유기체의 품질 경험을 표현함에 따라 유기체와 관찰 대상 사이에 관계가 설정된다. 핵심 의식은 현재 순간, 여기 그리고 지금에만 관련된다. 언어나 메모가 필요하지 않다.

핵심 의식은 단순한 생물학적인 현상이다. 핵심 의식이라고 부르는 가장 단순한 종류는 '지금 여기'에 관한 자아의 감각을 유기체에 제공한다. 핵심 의식의 범위는 '지금 여기'이다. 핵심 의식은 미래를 비추지 않고, 우리가 막연히 힐끗 본 바로 그 과거는 조금 전 순간에 일어난 것이다. 이것은 독점적으로 인간에게만 나타나는 현상이 아니다. 그리고 그것은 관습적 기억, 작업 기억, 추론 혹은 언어에 의존하지 않는다.

핵심 의식은 원형 자기가 자신의 경험이나 감정에 대한 반응이 영향을 받고 있다는 느낌을 인식하는 상태 의식이며 '느낌을 아는 느낌'이라고 말할 수 있다. 이 상태는 '지금(현재)', '여기'에만 관련된 경험이고, 영화배우가 연기에 몰입된 상태이며, 언어나 기억이 필요하지 않다. 개, 고양이, 돌고래, 쥐들도 '핵심 의식'을 소유하며, 인간의 가장 기본적인 신체적 가치들도 같이 가진다고 한다. 몸 바깥 외부 환경의 변화를 모니터링하고 지각하는 뇌겉질 조직의 활성화 패턴은 의식의 내용을 나타내며 의식의 수준(상태)과 내용, 이 두 가지가 뇌겉질의 후반부 채널에 연결, 저장되어 의식의 양적인 다양성을 구성하게 된다. 불의의 사고로 인해 뇌가 물리적 손상을 받아 보기, 듣기, 냄새 맡기, 만지기 등 말초 감각 기관의 기능이 파괴되어도, 뇌겉질이 건강하면 말초 기관이 투사한 의식적 정신적 이미지를 유지한다. 모든 겉질의 시각적 처리가 의식적이지는 않기 때문에 말초성 시각장애인이 여전히 꿈을 꿀 수 있고 '무의식적으로 정확하게' 볼 수도 있다. 감각 모듈에 특이성이 있는 겉질을 직접 자극하면, 그것으로 투사하는 말초 감각 기관이 완전히 파괴되었더라도 해당 뇌 모듈에서 의식적인 감각을 발생시킨다. 이 기초를 바탕으로 신경과학자들은 다양한 뇌겉질의 의식 인식 모듈을 생성하는 겉질 영역을 보다 정확하게 식별했다. 결국 뇌에서는 자연과 몸 상태가 복사되어 활동한다는 것이다. 그래서 에델만은 "우리의 뇌는 우리의 몸과 일체이며 그 몸은 환경에 깊이 묻혀 있다." (Edelman, 2006, p. 43)라고 표현했다. 즉, 의식의 내용과 배경인 '의식 상태'는 어떤 것을 표상하거나 의미한다. 의식의 배경은 '자기, 자아(self)'의 가장 체화된(몸으로 경험) 부분을 표현하며, 그는 이를 원형 자기라고 했지만 그 너머 자신의 현재 상태를 나타낸다. 내부의 자기가 "나는 지금 이렇게 느낀다."라는 말은 의미와 느낌으로 가득 차 있기에, 실제로 자기는 개인적 의미와 느낌의 근원(Damasio, 1999b)이다. 의식의 이러한 측면을 통해 '당신의 자아'가 어떤 것을 표상하는지, 그리고 또한 당신이 어떻게 행동하는지 알 수 있다. 이는 마음의 뇌과학이 알려 주는 흥미로운 통찰이다. 결국 의식은, ① 외부 세계를 지각한 표상, 혹은 감각질, ② 내부 환경 정보, 정서, 생각 활동, ③ 두 가지의 상호작용을 모두 반영하는 것이다. 더욱 중요한 것은 이 구조들은 변화의 원천이 무엇이든 정보들을 수용하고 저장할 뿐 아니라 수정한다는 것이다.

확장 의식

다른 포유동물에게는 없는 인간이 가진 상위 수준의 의식은 자기와 타인의 마음을 공감하며 말하기, 계획하기 생각하기 등이다. 다마지오는 이러한 의식의 인지적 측면을 '확장 의식'이라고 부른다. 이러한 기능이 의식의 연구자뿐 아니라 환자를 치료하는 정신건강의학과 의사에게 매우 중요한 이유는 인지 의식 상태에 따라 질환의 예후가 달라지며, 병식이라고 하는 환자의 질환에 대한 인식과 치료에 대한 참여도가 달라지기 때문이다. 일상의 사건 기억에 관찰하는 자기와 시간의 개념을 포함하는 자서전 자기(autobiographical self)는 확장 의식이 발생하는 중요 요소이며, 영화의 배우 연기를 지도하는 영화감독이나, 배우를 관찰하는 관객의 처지라고도 볼 수 있다. '확장의식'은 대뇌겉질의 연합 영역, 주로 좌측 대뇌반구의 언어 영역과 앞이마겉질이라는 뇌 상위 구조의 인지적 역할에 의한 기능이다. 다마지오는 의식에 대한 신경생물학은 두 가지 문제에 직면해 있음을 알 수 있다고 하면서, '뇌 안의 영화'가 어떻게 생성되는지에 대한 문제와, 뇌가 그 영화의 '주관자'이자 '관찰자'라는 감각을 어떻게 생성하는가의 문제라고 했다. 전자를 핵심 의식이라 하고 후자를 확장 의식이라 말했는데, 그가 확장 의식이라고 부르는 많은 수준과 등급이 있는 복잡한 종류의 의식은 자서전 기억 때문에 만들어진다. 자서전 기억은 유기체에 정교한 자아 감각(정체성과 인격, 너 또는 나)을 제공하며 개인의 역사적 시간의 한 지점에 그 사람을 놓기 때문에, 확장 의식은 살아 있는 과거와 예상되는 미래에 대해 충분히 인식하며 그 옆에 있는 세계를 날카롭게 인지한다. 의식의 통합에는 또 언어의 작용이 필요하다. 단순히 정보를 소통, 저장, 표현하는 것을 넘어서 인식을 확장[28]시키는 역할을 한다. 작가가 가을의 아름다운 바깥의 경치를 보고 나서 감상을 시와 그림으로 표현하듯, 시각의 단일 모듈에서 생성하는 단순한 경험을 감성 어린 말을 통해 경험의 인식으로 변환시키는 데는 다른 모듈, 즉 각 후반부 겉질에 저장된 느낌과 좌반구의 언어를 통합하는 메커니즘이 필요하다. 즉, 의식의 중요 기능은 각 모듈의 단순 인식을 합쳐 복합된 반영적 인식(refletive awareness)을 생성하는 것이다.

28) 언어(개념)의 소통, 효율성에 의한 인식의 확장 사용과 자기관찰 의식인 확장 의식은 다른 개념이다.

〈표 15-1〉 다마지오의 의식의 3개 층의 진화

원형 의식(자기)	각성	약한 주의력	대상의 중요성 탐지	이미지 생성 능력
핵심 의식(자기)		주의력과 작업 기억 향상	유기체-대상 관계 2차 지도화	대상의 이미지
	느낌 인식			일반 기억
확장 의식(자기)			자서전 기억	언어
			양심	창조력

의식의 1차 이론과 고차 이론

지각의 의식에 대한 가장 단순한 정보 처리 이론은 1차 이론(first-order theory)이다. 이것은 지각 대상(시각 자극 같은)의 표상이 자극의 의식적 경험에 필요한 전부라고 가정한다(LeDoux, 2015, p. 219). 이 이론의 대표자는 뉴욕대학교의 교수인 네드 블락(N. Bloock, 1942~)이며, 그는 1차 이론보다 동차 이론(same-order theory)라는 용어를 선호한다. 그는 의식의 가장 본질적 부분은 자신의 자각이며, 의식을 경험하는 데 다른 어떤 상태도 필요치 않다고 주장한다. 우리는 갑자기 들리지 않았으나 존재했던 배경의 소리를 의식하거나 의식하지 못할 수 있다. TV를 보면서 전화벨 소리를 못 들었다가 조금 후 알게 되거나, 반대로 갑자기 거실의 냉장고 돌아가는 소리가 크게 들리기 시작하는 경험과 같은 것이다. 늘 존재하는 자극에 대한 자각, 의식이 스스로 관찰 가능한 하위 수준의 인지 정보 처리 과정에서 일어난다는 것을 현상 의식(phenomenal consciousness)이라 한다. 현상 의식은 때때로 주관적 경험이라고 불리는데, 단순히 외부 자극에 대해 깨어 있고, 경각심을 가지며, 행동적으로 반응하는 것과는 다른 의미이다. 현상을 의식한다는 것은 문제의 실체가 되는 것과 같은 것, 즉 그것이 존재하는 어떤 것이 있다는 것이며 실체 자체와 같다. 그래서 블락은 현상적 경험 의식은 우리가 그것을 경험한다는 사실을 알게 하는 인지적 접근(접근 의식) 없이도 존재할 수 있다고 한다. 접근 의식(access consciousness)은 상위 수준의 주의나 인지가 인식의 주체임을 가정한다. 그는 앞이마겉질의 작업 기억, 고차 인지, 방송과 재방송은 단지 표상을 증폭시키고 경험에 접근하는 것을 가능하게 할 뿐이라고 말한다. 앞서 소개한 광역 작업 공간 이론은 인지적 접근이 필요하지만 의식적 경험을 위해 그 경험이 생각이나 지각의 대상인 표상이 된 것을 요구하지 않는 1차 이론이다.

조셉 르두와 고차 의식 모델

조셉 르두는 1970년대에 대학원생이었을 때 마이클 가자니가(M. Gazzaniga, 1939~)와 함께 분리 뇌[29] 환자에 대해 연구하면서 시작된 의식에 대한 궁금증을 평생 동안 이어 갔다. 두 연구자는 피험자에게 행동 반응(일어서기, 웃기 등)을 일으키기 위해 좌측 시야에 지시하여 특정한 행동을 유도한 다음, 더 말을 잘하는 좌반구에 왜 그가 그런 행동을 했는지 묻는 연구를 했다. 시야가 분리된 좌반구는 행동이 일어난 이유를 몰랐지만 스트레칭이 필요했기 때문에 일어섰다고 엉뚱하게 말했고, 르두와 가자니가는 피험자가 지어낸 이 설명이 재미있었다고 했다. 두 연구자는 좌뇌가 한순간의 망설임도 없이 완벽하게 합리적인 이야기를 반복적으로 꾸며 낸 이유에 대하여 우연이나 수술의 잘못된 결과가 아닌 인간 두뇌의 정상적인 특징이라고 결론지었다. 우리가 누구인지에 대한 자신의 감각이 자신과 다른 사람들에게 하는 이야기라는 것이다. 그리고 우리의 행동은 그 이야기의 핵심 부분이라고 설명했다. 이렇게 사람은 어떤 순간에 의식하고 있는 것이 뇌의 비의식적 과정에서 나온다는 것이다. 그렇다면 비의식은 어떻게 의식이 되는가? 인간의 의식적 경험이 어떻게 발생하는가?

의식 연구의 대부분은 연구가 편리한 시각을 대상으로 이루어졌다. 잠재 의식적 자극 제시로 인해 사람들이 보고 있는 것을 말로 보고할 수 있는 상황(자신이 의식적으로 경험하고 있는 것을 보고할 수 있음.)과 보고할 수 없는 상황에서의 뇌 활동을 비교한 실험을 했다. 의식 상태와 무의식 상태 모두에서 시각겉질 영역이 활성화되지만, 참가자들이 자신의 경험을 보고할 수 있을 때 더 높은 인지 기능에 관여하는 것으로 알려진 앞이마겉질 영역도 활성화되었다. 이렇게 경험하는 뇌와 경험을 보고하는 뇌에 차이가 있는 것은 1차 이론이 잘못된 것을 시사한다. 르두는 블락의 이론이 조금 별나다고 생각했다(Ledoux, 2019). 그는 고차 의식 이론(Higher Order Theory: HOT)을 지지하고 있다. 고차 이론의 대표자는 뉴욕시립대학원 센터의 데이비드 로젠탈(D. Rosenthal)이다. 고차 의식 이론에서 지각(시각)은 비의식적 1차 표상(하위 표상)이며, 의식적으로 경험할 때는 고차 표상(Higher Order Representation: HOR)을 가정한다. 1차, 2차 표상 모두 앞이마겉질이 필요하다. 그는 뇌의 의식적 경험은 인지신경망(General Network of Cognition)이라는 시스템이 협동한다고 말한다([그림 15-6] 참조).

29) 분리의 실험은 좌뇌와 우측 시야, 우뇌와 좌측 시야가 연결되어 있으므로, 뇌량이 절단된 환자의 각 시야를 분리하여 시각 자극을 주면 각각 좌우뇌의 행동 반응을 실험할 수 있다.

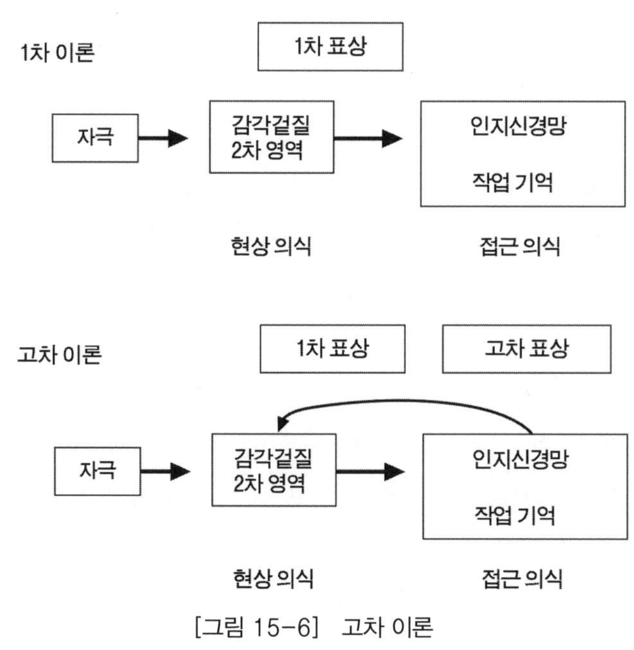

[그림 15-6] 고차 이론

의식 연구에서 보이지 않는 자극(비의식적)은 시각겉질만, 보이는 자극(의식적)은 시각겉질, 앞이마겉질, 마루겉질이 활성화(LeDoux., 2015, p. 275)되었다. 이렇게 시각적 의식에 관한 다양한 연구 결과, 앞이마겉질과 마루겉질은 의식에 필수적이었다. 고차 이론은 전통적으로 앞이마겉질에 의해 재표상되는 두 번째 비의식 상태인 감각겉질 상태가 있고, 이 재표상이 하위 수준의 의식을 만드는 일을 한다고 가정했다. 그러나 이 주장의 핵심은 감각 상태가 의식 경험에 선행하는 유일한 또는 주요 하위 수준 상태가 아닐 수도 있다는 것이다. 등가쪽 앞이마겉질과 이마극은 계층적으로 구성된 기억과 개념적 처리 회로, 그리고 기억과 개념적 입력도 받는 다른 앞이마겉질 영역에서 상대적으로 감각 자극에 대한 정보를 시각겉질보다 더 많이 받는다. 기억이 가미된 이마겉질 표상은 비의식적 작업 기억과 의식적 참여 없이 사고와 행동에 영향을 미치는 능력을 구성하거나 이에 기여할 수 있다. 그러나 또한 감각과 도식 기반 기억을 융합하여 시각적 자극을 의미 있게 만드는 비의식적 앞이마겉질 표상은 의식적 경험에 선행하는 상태를 구성할 수도 있다. 그리고 특히 하향식 정신 모델링과 관련된 일부 상황에서는 감각 상태가 전혀 필요하지 않을 수 있다. 의식적 경험에는 항상 그러한 비의식적 사건이 선행되기 때문에 다양한 종류의 의식적 경험에서 끝에서 두 번째 비의식적 상태를 더 잘 이해하는 것이 중요하다. 이 모델의 장점은 외부 자극, 신체 상태, 내부 생각 또는 감정을 포함하는지 여부에 관계없이 모든 종류의 경험에 잠재적으로 적용할 수 있다는 것이다. 모든 것은 비의식적 작업 기억 상태를 생성하는 기억 정보 개념화를 통해 의식화되는 것으로 간주되며, 이는 차례로 의식적 경험에 선행한다.

고차 의식 이론은 의식 경험의 중요한 요소로서 추가적인 인지 과정을 유발하지만, 이러한 유형의 내적 인식을 실증하지 않는 GWT와 같은 인지 이론과 구별된다. 이러한 이유로 GWT는 1차 이론의 변형이다(Brown, Lau, & LeDoux, 2019). 이러한 의미에서 HOT는 GWT와 기존 감각 모델[예: 1차 국소 재발 이론(first-order local recurrency theories)] 사이의 중간 위치로 볼 수 있다. 기존의 다른 이론과 비교했을 때, HOT는 감정이나 일시적인 기억과 같은 복잡한 일상 경험을 더 잘 설명할 수 있다. HOT는 병리학적 정신 상태를 개념화하는 쓸모 있는 구조로 사용할 수 있다. 리처드 브라운(R. Brown)은 HOT 이론에서, HOR은 비의식적인 상태이므로 또 다른 고차적 사건, 즉 작업 공간과 이를 인식하는 시스템이 필요하다고 하면서 HOT 이론을 변형한 표상의 고차 표상(Higher Order Representation of the Representation: HOROR) 이론을 제안하였다. 그리고 르두는 자기가 의식의 대상이 된 경우 자기표상의 고차 표상(self-HOROR)으로 자서전 기억이 역할을 하는 다마지오의 확장 의식 개념으로 보완하였다. 르두는 자서전(삽화) 기억의 연구로 유명한 엔델 툴빙(E. Tulving)[30]의 용어를 빌려 이 상태를 자기-인식(self-awareness)[31]이라 표현하였고, 자기(자서전 기억)가 고차 표상의 대상이 되면 자기-인식은 자동으로 인식된다고 말했다. 로젠탈은 고차적 사고가 존재하기 때문에 경험에 대한 자기보고가 가능하다고 말했다(LeDoux, 2015, p. 218). 악셀 클레르망(A. Cleeremans)은 "고차적 표상은 자동적으로 일어나지 않고 학습된다고 주장한다. 경험을 통해 특정 무의식적 상태는 의식적으로 경험되고 학습된 메타 표상을 동반한다."(LeDoux, 2015, p. 217)라고 하였다.

21세기를 주도한 정서 뇌과학자 판크셉과 르두는 감정과 느낌의 인식에 대해서 서로 다른 입장의 논쟁을 지속해 왔다. 판크셉은, 정서는 오케스트라와 같이 늘 배경에서 인

---

30) ① 비인식(anoetic) 상태는 모든 포유류가 날 때부터 가지고 있으며 경험을 인지하지 못하는 형태로서, 주체는 알지 못하나 정서적으로 강력한 느낌이 들 수 있다. 해부학적 위치는 상부 뇌간(upper brain stem)에서 중격(the septal area)까지이다. ② 인식(noetic) 상태는 단순 인지 표상의 사고 형태로 학습, 지식의 기반을 갖추고 있으며 지각과 인지와 관련된 외부 수용체와 연결된다. 해부학적 위치는 하부 겉질 아래 신경핵(lower subcortical ganglia)과 상부 변연계 구조물(upper limbic structures, 예: 뇌겉질 중심선)이 해당한다. ③ 자기-인식, 자동 인식(autonoetic) 상태는 자기가 포함된 경험이며, 지각과 인지의 추론 형태로 의식을 통해 알게 하고 사건 기억과 미래 환상이 가진 마음의 눈을 통해 경험을 반영한다. 일화 기억의 흐름을 따라 시간 여행을 할 수 있다.

31) 자기철학에서 자기인식은 자신의 성격이나 개성의 경험이다. 감각질의 의미에서 의식과 혼동해서는 안 된다. 의식이 한 사람의 환경과 신체와 생활 방식을 인식하고 있다면, 자기인식은 자기가 포함된 경험으로서의 자각의 인식이다. 자기인식은 개인이 자신의 성격, 감정, 동기, 욕망을 의식적으로 알고 이해하는 방법이다.

식하는 '느낌이다'(정서 의식), 중뇌 수준에서 의식의 느낌이 생성된다고 했다. 한편, 르두는 판크셉의 입장을 반박하며 '느낌이 아니고 정보 흐름'이라고 말했다.

> 감정 또는 느낌이 우리 삶에서 가장 중요한 사건이지만, 감정 이론과 최근의 의식 인지과학 이론은 거의 교류가 없었다. 기존의 이론은 감정이 본질에서 겉질하 회로에 프로그래밍되어 있다고 주장한다. 우리는 이런 견해 대신 감정이 뇌겉질 회로에서 표상화된 고차 상태(higher-order states)라고 생각한다. 감정적이고 비감정적인 경험의 차이는 겉질 또는 겉질 아래에서 시작하는 위치 때문이 아니라, 겉질 네트워크에 의해 처리되는 입력의 종류에 따라 달라지는 것이다. 우리는 의식에 관한 선주자인 고차 이론(HOR)을 수정하여 고차 이론으로 자기인식을 설명할 수 있도록 하고, 이 모델을 확장하여 의식적 감정 경험을 설명하려고 한다. HOT-EC는 HOT와 HOROR 이론을 확장하여 자기를 설명하려 한다. HOT-EC에서 의식의 감정적이고 비감정적인 상태는 GNC에서 진행되는 입력의 종류 차이 때문이다.

르두는, 감정은 대뇌겉질에 대해 작업 기억 공간에서 표상이 되면서 인식되는 것이라고 주장해 왔고, 판크셉의 정서 의식에 대해 경험 혹은 의식되지 않는 현상 의식의 관점에서 보았다. 시간이 지나 르두는 정보의 시작이 어디인지는 중요하지 않다는 말을 하면서, 중뇌에서 발생하는 감정 인식 프로그램을 인정하는 듯한 표현을 했다. 최근에 르두는 감정 의식의 고차 이론(A Higher-Order Theory of Emotional Consciousness: HOT-EC, LeDoux & Brown, 2017)이라는 학설을 통해 GNC[32]를 제안하면서 자신의 주장을 세밀하게 만들었다.

이러한 생각은 마크 솜스의 최근 저서 『숨겨진 샘(Hidden Spring)』(Solms, 2021)에서 다시 정면으로 반박된다. 독자는 제7장 '마음 모델의 진화' 중 '프로이트 일병 구하기'에서 저자가 인용한 마크 솜스의 '의식하는 원초아'라는 논문 내용을 다시 기억하기 바란다. 그는 이 논문에서 '원초아는 의식의 샘'이라고 말했는데, 이 내용에 이어 사고로 인해 앞이마겉질이 없는 환자, 섬겉질이 없는 환자와 아예 뇌겉질이 없는 여아의 예를 들어 이들이 의식을 가지고 감정을 느끼고 표현하고 있으며, 따라서 의식은 기본적 느낌을 생산하는 정서 의식과 동일하다고 했다. 그리고 겉질이 담당하는 인지, 고차 의식과 무관하며 의식의 샘은 중뇌의 상향 망상활성계, 수도관 주변 영역(periaqueductal area)에 위

32) GNC(cortically based general networks of cognition)는 작업 공간과 같은 개념으로, 뇌겉질에서 이루어지는 인지 정보가 처리되는 신경 네트워크이다.

치한다고 주장하면서 의식의 경험에 겉질이 필요하다는 기존 인지과학자의 주장을 비판했다. 이에 대한 논쟁은 야크 판크셉과 마크 솜스가 우세한 것으로 보인다.

예측 부호화 가설

19세기 지각 연구의 선구자인 헤르만 폰 헬름홀츠(H. V. Helmholtz)는 경험과 훈련, 습관이 우리의 현재 지각에 미치는 영향을 강조했다. 과거 기억의 기대에 기반하여 우리의 경험(의식)이 형성된다는 주장은 오래전부터 상식처럼 받아들여지고 있다. 사람은 착시나 환상지 증후군의 예처럼 과거의 기억과 새로운 경험이 완전히 일치하지 않는 대상을 만났을 때 무의식적 추론, 즉 기대에 따른 지각 형성을 하여 대응한다. 이때 오류가 발생한다. 이에 대해 관해 관심 있는 독자는 이 책의 제6장 '신경 이론과 히스테리의 연구'에서 제프 호킨스가 말한 뇌겉질의 네 가지 속성[33]을 참고하면 이해가 쉽다.

칼 프리스톤(Friston, 2010) 사상의 핵심 개념인 '자유 에너지(free-energy) 원리'는 뇌가 과거 경험을 기반으로 세상에 대한 확률론적 예측(즉, 외부 및 내부 입력)을 만든 다음 현재를 기반으로 이러한 예측을 업데이트하는 추론 엔진이라는 개념이다. 예측하는 뇌(The Prophetic Brain)의 목표는 계층적 뇌 영역 사이를 통과하는 정보의 자유 에너지 또는 예측 오류를 최소화하는 추론을 하는 것이다. 이에 관련해 주목받는 '예측 부호화 가설(predictive coding hypothesis)'은, 우리가 의식적으로 보는 것은 검색된 지식 또는 기억(사전 지식)을 바탕으로 내려진 하향식 무의식적 예측에 의해 형성된다는 것이다. 교환 정보는 '상향식' 연결을 통해 '상위' 수준(인지 기능)으로 전달되며, 상위 수준은 하위 수준에 '하향식' 메시지로 응답한다. 이 상호 교환은 계층적으로 앞뒤로 반복되며 가장 높은 수준이 참여하여 의식적으로 지각을 등록할 수 있다. 이 계획에서 자유 에너지는 본질적으로 계층 구조의 모든 수준에 대한 집합적 예측 오류이다. 이러한 '오류 메시지'는 더 낮은 수준에 대한 예측을 개선하기 위해(즉, 자유 에너지를 줄이기 위해) 부호화된 표현(예: 신경 활동)을 유도한다.

프리스톤의 아이디어는 '베이지안 뇌(Bayesian brain)'[34]로 알려진 기존 토마스 베이

33) ① 기억-예측의 기본 틀은 패턴들의 서열을 저장, ② 자극의 유사성을 통해 자동연상으로 기억을 불러냄, ③ 새로운 상황에 적용을 위해 불변 형태(표상, 이름)로 저장, ④ 계층 구조에 저장한다.

34) 1983년 제프리 힌톤(G. Hinton)과 테리 스노프스키(T. Sejnowski)가 뇌를 외부 세계의 불확실성에 따라 결정을 내리는 기계로 볼 수 있다고 제안하면서 시작되었다.

지의 이론[35]을 기반으로 한다. 프리스톤은 두뇌가 베이지안 확률로 작동한다고 말한다. 그의 이론은 정교한 수학 모델로 설명한 것이라 수학적으로 이해하는 사람은 드물다. 우리가 알고 있듯 앞이마겉질은 모든 지각 기억과 사건 기억의 정보가 모이는 곳이다. 이 감각 기관에서 오는 정보의 상향식 전달과 이를 수용하는 앞이마겉질의 사전 경험(기억)과는 항상 불일치가 있을 것이다. 그 오차가 예측 오류이며, 앞이마겉질의 새로운 경험으로 수정되기 전에 수행되는 하향식 반응은 착각, 착오를 유발할 것이다. 순간적 지각 추론은 이러한 계층적 되먹임 과정의 반복을 바탕으로 일어난다.

의식의 과학자 엔디 클라크와 아닐 세스 또한 예측 부호화 가설을 열렬히 지지하며, 아닐 세스는 의식적 지각을 '통제된 환각(controlled hallucination)'으로 규정했다(Seth, 2021). 뇌가 통제하지 못할 때 조현병 환자처럼 무질서한 환각을 경험할 수 있다는 것이다. 그는 "우리의 지각적 체험은 그것이 세계에 대한 능동적 '하향식' 해석에 따라 달라진다. 지각은 뇌가 감각 신호의 근원에 대해 '최선의 추측'을 내릴 수 있도록 지각적 · 인지적 · 정서적 · 사회문화적 예측을 모두 발동시키는 생산적 활동이다."라고 요약했다. 저자는 우리 뇌의 착각은 진화 과정에서 신경증과 학습에서 발견되며, 해마의 패턴 완성과 구별 기능이 이미 오류 가능성을 포함하고 있다고 하였다. 상향, 하향의 정보 처리와 예측은 에델만의 역동 핵심 신경계의 재진입 이론을 연상시킨다. 뇌과학자는 복잡한 수학적 계산으로 뇌를 더 정교한 기계로 모델화하고 있다. 오스트리아의 한 과학자이며 철학자는 "우리가 인식하는 세상은 우리 자신의 발명품이다."라고 불교 철학의 '무아(non−self)'와 비슷한 생각을 표현했다.

35) 18세기의 수학자 토마스 베이지(T. Bayes)의 이름을 따서 명명됨. 새로운 정보가 밝혀짐에 따라 사건의 가능성이 어떻게 변하는지를 계산하는 체계적인 방법이다.

제16장

억압의 회복

기억은 고정되고 활기 없고 단편적인 수많은 흔적을 고스란히 재탕하는 것이 아니다. 그것은 과거의 반응이나 경험을 바라보는 전반적 태도와 이미 지난 언어의 형태로 저장된 세부 사항을 기초로 하여 상상력이 가미되어 구성되거나 재구성된다. 심지어 가장 기초적인 암기와 반복의 경우에도 기억이 늘 정확한 것은 아니다. 따라서 기억의 정확성을 절대시할 필요는 없다.

— 『의식의 강』(Sacks, 2017)

프로이트의 역동적 무의식 개념은 사실상 문학적 은유였음이 점점 드러나고 있다. 저자는 무의식의 빈자리를 의지와 의식의 역동이 채울 수 있다고 제안하였다. 저자에게 정신분석은 인간관계를 주요 도구로, 정서 기억(비서술)을 정화하고, 특정 사건으로 비롯된 회피학습을 분별하며, 그 의미를 의식(서술 기억)에서 견고한 이야기로 통합하는 과정이다. 결국 삶의 고통과 지난 사건의 기억을 인간관계에서 재수정하는, 즉 창의적으로 기억을 수정하는 치료 기술이라고 말할 수 있다. 우리는 이제부터 억압/억제가 흔히 사용하는 방어기제라는 원점으로 돌아가 위험을 회피하려는 자연스러운 태도와 과정의 유용성을 생각해 보고, 정신건강을 위해 어떻게 사용해야 가장 좋은 효과를 얻을지 생각해 본다.

정신분석치료의 기본 개념

정신분석은 인간 삶의 어려움과 과거의 기억에 현재의 의미와 가치를 반영하는 특별한 대화치료 기법으로, 정말 매력적인 치료 기술이자 인류의 문화적 자산이다. 프로이트는 심리-의학 모델을 창안하고 이름 붙였으며, 다양한 현대 정신치료의 원류가 되었다. 그는 "정신분석은 어떤 종류의 신경학적 질환(신경증)을 심리적 기술로 치료하는 의학술기(medical procedure)"로 정의하였다(Freud, 1913b, p. 165). 정신분석의 치료 목표는 신경증적 증상, 억압/억제, 성격 이상으로부터 해방(Freud, 1937)시키는 것이며, 치료 전략은 변화와 발전을 거듭했다. 정신분석학은 정신분석학적 가설과 치료 방법론으로 크게 나누어 볼 수 있다. 그의 창의적 생각과 가설은 당시 의학에서 인정되는 부분, 환자 증례와 자신의 꿈을 분석한 부분, 치료 경험을 소재로 만들어졌고, 평생 지속해서 수정된 이론들이 있으며, 중요한 가설인 무의식의 존재와 정신 구조론, 성 욕동설, 꿈에 관한 이론 등은 그의 생존 시에는 증명하지 못한 가설 단계에 있었다. 그러나 한편으로 정신분석학적 치료 부분은 사례 위주의 임상 기술로서 치료 효과를 인정받고 서서히 발전하여 오늘날의 다양한 정신치료 방법과 기술을 생산하고 발전시키는 근본이 되었다. 프로이트는 연상과 해석을 통하여 억압을 무효화하고 기억상실을 복구하는 것이 정신분석의 과제라고 했다. 그러기 위해서는 저항을 극복해야 했고, 이를 위해 환자와의 특별한 관계인 전이라는 방법을 사용했다. 그러다가 '자아의 강화'라는 새로운 치료 전략을 내세웠다. 그 이유가 무엇이었는지, 오랫동안 사용해 온 정신분석의 치료 기전은 무엇인지, 그 요점을 마음의 뇌과학에서 살펴본다.

환자는 긴 의자(카우치)에 누워 머리에 떠오르는 생각을 자유로운 대화의 소재로 말하면서 생각과 감정을 표현하며, 치료자는 환자의 시선 너머에서 그의 말에 공감하며 가끔 질문과 해석을 한다. 이러한 과정을 반복하면 환자는 자신이 모르는 습관적 행동(감정, 생각)에 대한, 그리고 자신이 행동하고 판단한 것에 대한 관찰 의식과 자각을 가지게 되며, 신뢰받는 치료자의 존재로 두 사람의 관계에 안정(의미)과 신뢰감(공감)을 주어 억제/회피된 감정이 발산되어 비로소 치료 효과를 얻게 된다. 이 기법은 치료자가 객관적인 관찰자의 역할이지만, 환자는 자신의 감정, 생각을 표현하는 동안 치료자에게 감정이입이 되어 과거 경험한 인물(특히, 아버지나 어머니 같은 중요 인물)의 태도와 혼동하게 된다. 다시 말하면, 양육자인 부모와 만들어진 심리역동이 치료자와의 만남에서 상연

(enactment)된다. 이를 전이(transference)라고 하는데, 반복적인 전이 경험과 해석은 왜곡된 과거의 감정학습과 부정적 태도를 수정(소거)하고 새로운 인간관계의 학습을 만드는 서술적, 비서술적 치료 도구이다. 그래서 전이를 다루는 것이 정신분석의 가장 중요한 부분이 되었다. 앞서 본문에서 소개한 프로이트 정신분석 초기의 '엘리자베스'나 '안나 O'의 사례는 매우 유명하고 역사적 가치가 있지만, 저자의 진료실에서 만날 수 있는 신경증 환자들도 프로이트의 증례와 크게 다르지 않다.

교육 분석[1]

"그건 김 박사의 억압 때문일 것이야." 이 말은 저자의 연상 도중, 어린 시절 어머니에게 꾸중을 듣던 기억을 감정과 함께 기억하려 하였으나 자세한 느낌과 기억이 없다고 말하자 저자의 교육 분석가가 한 말이다. 어린 시절을 포함한 여러 경험의 내용상 수치스럽고 화가 나거나 때론 눈물도 흘릴 수 있는 사건이 있는데, 저자는 "기억이 잘 안 나고 더구나 연상된 감정은, 표현하자면 '내가 그랬었지, 이러한 감정이었지.'라고 하는 언어적 표현이지 감정으로 느끼는 것은 아닙니다."라고 말하였다. 아마도 분석가는 저자의 표현 중 감정과 기억이 서로 적절하게 연상되지 않는다는 것을 관찰한 결과를 말한 것으로 생각하였다. 계속 연상에 집중하고 감정에 몰입해도 그 기억의 회복은 쉬운 일이 아니라고 생각하였다. "과거의 불쾌했던 기억은 과거의 일이니 시간이 지나 잊히는 것은 당연하지 않은가요?"라고 말하면서도, 마음속으로는 '그동안 기억하지 않았던 부분이고, 세월이 지나서 신경의 흥분과 연결이 사라지면, 그것이 잊거나 소멸하는 것이 아닌가요?'라고 반문하였다.

저자는 기억에 여러 형태가 있는데 과연 분석가들은 '억압'이라는 것으로 모든 기억의 현상을 설명할 수 있는지 더욱 궁금해졌다. 지금 돌이켜보면 저자는 평소부터 분석가에게 감정을 숨기려 하는 습관이 있었다. 또한 그의 입장에서는 기억을 더해 보라는 권고의 말이거나 반응을 관찰하기 위한 말일 수도 있었다. 저자도 그 후로 환자를 분석해 보니 환자들이 '억압 또는 회피'하려는 의도를 어렵지 않게 알게 되었다. 서서히 자유연상을 반복하다 보면 회상이 가능한 경우가 많으니 '저항' 혹은 '억압'을 확인할 필요가 있다. 비록 요즘의 정신치료 경향은 현재의 문제와 행동을 치료 주제로 삼고 굳이 과

1) 정신분석을 전공하는 전문 의사나 정신분석가를 희망하는 소양이 있는 지원자가 자격이 있는 분석가에게 정신분석을 받는 과정을 말한다.

거 사건을 다루려 하지 않지만, 때로 반복되는 행동의 패턴이 과거의 스트레스 사건이나 경험에 관계된 것일 때, 혹은 자연스럽게 지나간 경험이 연상되었을 때, 치료자들은 일단 '망각'보다는 '억압'을 먼저 가정하고 있는 것이다. 저자의 환자 사례를 포함해서 대부분의 억제 대상은 당시 기억하기 싫은 무서움, 두려움, 놀람, 수치, 부끄러움의 감정 반응을 불러일으키는 내용이다. 그것은 생각하면 할수록 마음이 불편하고 싫어서, 우리는 그 대상을 생각하지 않으려고 생각에서 멀리하고 자동으로 피하려고 한다. 환자들은 "생각하지 않으려고 노력한다."라고도 말한다.

이후 저자의 임상 경험이 다양해지면서, 프로이트가 말한 것처럼 과거 일상의 기억이나 큰 사건 기억도 기억나지 않는다고 호소하는 환자들, 상담을 진행하면서 스스로 연상하는 사람들도 다수 있었고, 또 많은 사례가 창피해서 자신이 몰랐던 것처럼 능청을 떨거나, 증상과 과거 경험과의 관계를 전혀 모르는 사람들도 있어서 사람마다 반응이 다양하다는 것을 알았다. 그러나 저자는 적어도 과거 사건에 대해 '억압'을 기계적으로 적용하는 것이 다소 비과학적이라는 생각에서 이 용어가 마음에 들지 않았다.

이러한 부분에 대해 미국의 정신의학자인 설리번은 '억압'의 전통 정신분석 개념이 인공적 필요에 의한 것이고, 지속적인 노력과 필요성이 연관되어 있으며, 억압으로 인해 그 대상은 사라져 의식에는 남는 것이 없다는 개념이라고 하며 이 용어를 사용하지 않았다. 그는 의식에 있지만 대상에 집중하지 않는 개념인 '선택적 부주의(selective inattention)'를 용어로 사용하자고 제안하였다. 선택적 부주의는 앞으로 설명할 '억제'가 학습되는 현상과 매우 유사하다. 저자가 치료한 '신경증(신체화 장애)' 환자의 사례를 보여줄 것이다.

H의 사례

일상생활의 가벼운 신경성 질환, 즉 직장인들의 월요병, 주부의 명절 증후군, 신경질, 만성두통과 소화불량, 분노 발작 등 많은 현상이 프로이트가 말한 '억압'과 관련이 있다. 당사자들은 다양한 신체 증상 때문에 정신적 요인의 중요성과 발생 이유를 모르고 여러 병원을 전전하느라 고생하기 마련이다.

28세의 H는 불면과 불안, 두통이 있고, 손발이 떨리고 땀이 나며, 긴장할 때 말을 하면 구토가 나는 증상을 호소하였다. 그녀는 최근 4년간 잘 다니던 회사 상사의 변덕스러운 지시와 다소 성희롱 같은 태도에 불만을 품고 있다가 다른 회사를 찾아 이직하였는데, 원래 약속했던 업무와는 다른 일을 시키는 등 불합리한 업무 지시를 견디지 못하고 한 달 만에 다시 그 회사를 퇴직하였다. 이후 좋았던 첫 직장을 퇴사한 자신을 원망하고 후회하였는데, 자신에게 맞는 회사에 취직할 수 있을지, 점점 나이는 먹어 가는 데 불안하고 답답하였다. 그녀는 평소에 숫자 3에 대해 꼼꼼히 확인하는 등의 강박증이 있었고, 남들보다 기억을 잘했다고 하며, 직장에서 일하는 동안 회의가 있거나 발표할 일이 있으면 구역질이 날까 불안해하였다. 최근 새로운 입사 시험을 보기 전에도 심한 구역질이 나타나 화장실에서 내용물 없는 구토를 하고 면접을 보기도 하였다. 병원에서 진찰을 받아도 몸에는 특별한 문제가 없다고 진단받았다. 저자와 상담 도중 H는 감정에 복받쳐 눈물을 흘리는 동시에 구역질 때문에 많은 휴지를 사용해야 했다.

H의 기억을 연상해 보니 고2 때 친구와 말싸움하다 구토를 한 기억이 있고, 더 기억해 보니 중2 때 시험을 보다가 구토를 하였는데 당시에는 시험을 잘 보아서 더 불편한 기억은 없다고 하였다. 또한 어려서부터 비위가 약해서 구토를 많이 하던 아이였다고 한다. 그녀는 구역질이 날 때 사탕을 먹는 버릇이 있다고 하였는데, 그러면 조금 좋아지는 듯하다고 하였다. 좀 더 연상해 보니 어려서 엄마가 치과에 데리고 갈 때 무서워서 못 간다고 하면 엄마가 막대사탕을 사 주었고, 치과에서 진료 도중이나 진료 후에 구토를 하면 엄마가 준 사탕을 먹었다고 했다.

이 환자는 상당히 영리해서 저자의 치료 도중 스스로 자신의 증상을 분석한 유일한 환자였다. 그녀는 치료 초기에 긴장을 하면 상담 도중 화장지를 꺼내 구역질을 하곤 하였다. 그리고 십여 차례 치료 회기가 지난 다음 자신의 구토 반응이 "파블로프의 조건반사와 같다."라는 놀라운 말을 하였다. 프로이트의 사례에서 유명한 '안나 O'가 브로이어와 프로이트의 치료 행위는 '말로 하는 치료(talking cure)'라고 하면서 두 사람에게 영감을 준 것과 비슷한 느낌을 주는 말이었다. H는 영특한 말을 하였지만, 증상의 발생과 자신 주변의 촉발 요인은 잘 연결 짓지 못하였다. H는 30회 정도의 상담과 약물 복용을 병행함으로써 증상이 없어진 후 그 회사를 잘 다녔고, 간간이 업무나 윗사람과의 관계에서 스트레스를 받아 불안하고 구토 증상이 발생하면 찾아와서 상담치료만 받았다. 이후 결혼해서 아이도 낳고 행복하게 살고 있다.

저자는 없어졌거나(소거) 억압(학습)된 증상이 원래 사건과 유사한 자극(환경, 감각)으로 재발할 때, 각각 복원(reinstatement), 재생(renewal)이라고 설명했다. 그러나 사건과 관계없는 직장, 인간관계의 일반적인 스트레스에 의해서도 재발하는데, 이를 스트레스 유발 역전(reversal)이라 부른다. 여러분은 흔하게 관찰되는 역전 현상에 주의해야 한다. 저자는 한번 동기화(각성)된 뇌의 하부, 방어-생존 시스템이 다시 동기화되는 것은 어려운 일이 아니라고 생각한다.

이 사례처럼 대부분 환자는 증상 발현의 이유나 요인을 알지 못하고 진료실을 찾아온다. 심리적 갈등과 스트레스에 의해 유도된 신체 증상이라고 하는 것은 상당한 불안, 불면을 동반하고 때로 숨쉬기도 답답해서 고통이 상당하므로, 자신이 중환자라는 불안으로 병원에서 신체검사를 받고 이상이 없다는 말을 들어도 의심하고 또 다른 병원을 또 방문한다. 그러나 환자들이 스스로에 대해 이야기할 수 있는 시간과 편안한 환경을 만들어 주고, 상담을 원할 때 치료자는 그저 묵묵히 듣고 있기만 해도 이들은 점점 문제의 핵심에 다가가 궁금증을 풀어 가는 데 협조할 수 있다. 때로 환자가 주제를 벗어나 다른 이야기를 번갈아 한다면, 주의를 환기하고 진행 중이던 주제를 따라가도록 유도만 하면 된다. 하지만 대부분의 경우, 좀 더 근원적인 접근을 통해 병의 발생 요인 등을 자기인식으로 알거나 찾는 것은 매우 어렵다. 증상이란 우리 몸이 가지고 있는 방어-생존 시스템이 더 오래된 신체 반응(기억)의 재연을 통해 과민 반응(재발)하는 것이지만, 의식의 밖에서 일어나는 과정이기 때문이다. 일단 이들에게 이러한 증세를 회복할 수 있다고 설명함으로써 위로와 안심을 주는 것이 필요하다.

정신분석 이론의 문제

인문학계에서는 프로이트의 정신분석을 자주 인용하지만, 뇌과학계는 정신분석에 과학적 기반이 부족하거나 과학과는 별개의 체계라고 여겨 관심이 없었다. 하지만 스키너, 캔델 그리고 판크셉 같은 마음의 뇌과학자들은 과학적 · 실용적 가치를 인정하고 관심을 가지고 있었다. 정신분석, 특히 억압의 문제가 과학적 연구의 혼란을 주는 것은 여러 이유가 있지만, 본질적으로 "'역동적 무의식'[2]은 어떻게 이러한 증상을 발생하는가?", "증상이 발생시킨 사건 기억이 있는가?"로 관심이 발전하며, 결국 사건 기억의 존재 여부가 핵심 주제로 등장한다. 정신분석 초기의 프로이트는 기억을 되살리는 것이 정신분석

2) 심리적 이유로 무의식에 남아 있는 충동, 욕동, 기억 등 억압에 의한 무의식을 말한다.

의 본질적 목적이라 여겼고, 억압에 의한 역동적 무의식은 의식화가 가능하다고 생각하였다. 그는 또한 어느 정도 병식이 만들어진 환자들의 증상이 완전히 없어지지 않는 데 당황하면서 그 이유를 무척 궁금해하였다.

주목해야 할 몇 가지 난제는, 첫째, 저자가 이 책에서 중요 주제로 제기했듯 '억압(수동 회피)'은 관련된 사건 기억과 무관한 감정 기억(하의식)이 의식에 활성화된 상태이며, 억제(능동 회피)는 알고 있는 기억의 습관적 회피가 학습되어 의식에 머무르지 않는 상태이다. 전자는 분석가의 해석이 가능하지만, 증상을 만드는 뇌의 구조와 기능은 대부분 환자의 인식과 독립된 기능이며 불쾌를 경험한 사건과 감정은 이미 학습 과정을 거친 현상이므로, 환자 스스로 노력해도 그리고 분석가의 도움으로도 인식이 매우 어렵다. 기억상실이 회복된다는 가정이 모순을 안고 있으므로 풀기 어려운 문제를 만나는 것은 필연이다. 둘째, '억압'의 구조적 문제는 그것의 접근 불가능성으로 '악성 저항'을 만들게 된다는 것이다. 환자가 분석가에 대한 치료 초기의 낯설어함, 긴장 같은 인간관계적 저항과 회피된 감정의 발산은 긍정적 '전이'로 해결할 수 있고, 부정적 전이는 시간으로 해결할 수 있으며 증상의 호전을 도와준다. 그러나 내부의 구조적 저항은 '전이'로는 해결할 수 없다. 전이란 생활 환경에서 습관화된 인간관계적 태도를 의미하며, 결국 유전적이며 환경에 학습된 일관적 행동 양식인 성격을 포함한다. 전이가 치료자에게 투사될 때 관찰 가능한 환경을 유도하면 자신의 왜곡된 태도를 알아챌 수 있다. 정확한 말로 전이는 부정적 감정학습, 태도나 성격을 수정하는 비의식적 방법이지 의식적 기억의 회복에 관여하는 치료 요인은 아니다. 셋째, 프로이트는 정신분석의 어려움(저항의 난제 때문으로 추정) 때문에 '자아의 강화'라는 방식으로 치료 전략을 수정하였다. 저자가 생각하기에 이 방식은 '저항의 강화'와 같으며, 결국 억제와 그 습관을 강화시킨다는 전략이다. 그는 적과 아군의 구별 없이 일단 싸움을 피하고 힘센 쪽을 지지하는 또 하나의 치료적 선택을 가지게 되었는데, 우리가 지금까지 연구한 억제/회피 방식이다. 마지막으로, 프로이트는 억압과 기억의 문제에서 자신의 본성을 인식하는 자기의식이라는 의식의 차원으로 주제로 확장하였다. 여기서 발생한 정신분석의 모순은 억압하는 무의식의 자아와 관찰하는 의식의 자아가 공존하는 것이다. 그래서 무의식이 마치 의지를 가진 인물(뇌 안의 소인, 호문클루스)처럼 행동하는 거북한 표현이 나타났다. 또한 프로이트는 독자들에게 역동적 무의식을 친절하게 설명하면서도 정확한 이유는 모른다고 솔직하게 말했지만, 욕동(본성), 갈등, 억압된 기억과 의식의 문제를 마치 같은 차원의 스펙트럼으로 혼합하여 이해를 어렵게 하였다. 그는 독특한 삼원 구조의 마음 모델을 만들어 과학적 사실을 대치할 개념의 구조물을 지어 가는 데 급급했으며, 임상 전문가도 논리와 과학적 근거로 접근할 수 없어 점점 멀어졌다. 정신분석은 과학 원칙과 신뢰라는 두 마리 토끼를 잃을 위기가 찾아왔다. 이를 설명할 수 있는 마음의 뇌과학이 발전하는 동안 기다려야 했다.

기억의 회복(억압의 해방)이 과연 치료적인가

정신분석치료를 단순히 말로 하는 치료로 생각하는 사람도 있지만, 프로이트는 마음을 표현시켜 인식과 통찰을 돕는 치료로 설명했다. 그는 억압의 존재를 발견함으로써 무의식의 개념에 도달했기에 무의식을 억압과 같은 것으로 이해했다. 그렇다면 억압된 것에 대한 자아의 저항을 제거하는 것이 정신분석치료의 목적이라는 논리가 성립된다. 반대로, 억압을 드러내는 것이 치료 성공에 결정적인 역할을 한다는 프로이트의 주장을 검증해 보는 것(Rofé, 2008)은 억압의 존재를 평가하는 또 다른 방법이다.

전통 정신분석의 중심 구성 요소인 "억압을 드러내는 것이 치료적 가치가 있는가?"는 정신분석 이론 및 기타 관련 치료법의 바탕을 이루고 있다. 그러나 여러 연구는 정신분석의 효능에 의문을 던졌다. 그동안 정신분석학의 효율성과 관련하여 여러 연구 결과는 일치하지 않는 결과를 보였다. 많은 연구자는 정신분석이 비효율적인 치료법이라는 결론에 도달했지만 그렇지 않다는 연구도 있다. 저자의 경험상 잘 훈련된 치료자라면 치료 효과를 의심하지는 못할 것 같다. 그러나 중요한 것은 정신분석의 효능을 뒷받침하는 연구가 있지만 치료 효과가 억압 해제의 결과(기억 회복)라는 증거는 없는 것이다. 이 견해는 신프로이디안 분석가에 의해 분명하게 인정됐다. 이러한 치료 전략의 좌우명은 '지금 여기(Here and Now)'라는 분석가의 흔한 용어로 표현되고 있다. 예를 들어, 설리번은 현재의 인간관계 역동을 치료의 재료로 삼았고, 포나기(Fonagy, 1999)는 "일부 사람은 기억력 회복이 치료 작용의 일부라고 여전히 믿는 것처럼 보인다. 이것에 대한 증거는 없으며, 나의 견해로는 이 생각에 집착하는 것은 이 분야에 해를 끼친다."라고 주장했다. 단기-정신역동치료가 더 일관된 치료 결과를 산출한다는 것은 사실이지만, 여기서도 치료 효과가 억압의 해제에 기인한다는 증거는 없다.

뇌과학에서 억압과 저항

원치 않는 기억의 사용(인출)을 '억압'하면 심리적 안정을 가져오지만, 반대로 필요한 기억의 인식과 수정을 방해한다. 억압은 정신병리적 개념이지만 환자와 의사 관계에서 치료의 진행을 막아 치료자에게는 '저항'이라는 개념으로 받아들여지면서 정신분석치료의 중요한 소재가 되어 왔다. 프로이트의 말을 다시 살펴본다.

> 히스테리 환자가 "알지 못한다."라고 말하는 것은 실상은 '알고 싶지 않다', 즉 그 소망이 크건 작건 '의식화하고 싶지 않다'는 것을 뜻한다. 따라서 치료자의 과업은 심리적 작업을 통해서 이러한 연상에 대한 저항을 극복하는 데 있다(Breuer & Freud, 1895b, p. 351).

일반적 의미에서 환자들의 기억에 관한 저항의 이유는 여러 가지이다. ① 치료자에게 말하고 싶지 않음, ② 알고 있으나 그 순간은 알아채지 못함(언제든 알아챌 수 있음), ③ 알고 있었으나 의도적으로 기억 사용을 차단함, ④ 알고 있었으나 현재 기억 접근이 어렵고 또는 신체, 정서 증상만 재생됨, ⑤ 기억이 소멸함 등이다. ②는 전의식 혹은 부주의한 상태, ③은 억제, ④는 전통적인 억압(저항)과 학습된 억제로 설명할 수 있다. 진료실에서 만난 환자가 이 다섯 가지 중 어디에 속하는지 구분하는 것은 눈치(경험), 질문 그리고 검사를 통해서이다. 쉽지 않지만 환자의 상태와 치료를 위해서 거쳐야 할 작업이다. 제일 중요한 것은 말하는 사람의 감정 상태이다. 저항에 내재한 동기를 제공하는 감정을 알아야 한다.

당시 프로이트는 각각의 기억 현상을 분별할 수 없었기에 이런 오해를 하였다. 그는 마음의 '억압' 과정에서 억압된 에너지의 전환(항상성) 때문에 증상의 재발, 즉 '억압의 귀환'이 온다고 설명했지만, 이는 조건학습의 결과임을 저자가 설명했다. 조건학습이라는 것 자체도 무조건 반응 즉, 일차 정서(각성의 에너지[3])와 사물을 연결 짓는 과정이므로 1차 과정의 에너지 전환이라는 그의 설명도 약간은 들어맞지만, 과학적 개념은 큰 차이가 있다. 브로이어와 프로이트는 공저 『히스테리의 연구』(Breuer & Freud, 1895b)에서 저자가 주장한 조건학습을 '1차 과정'이라는 용어로 거의 비슷하게 설명하였다. 앞서 저자는 기억의 억압, 억제와 망각은 독립된 단위의 학습 과정이지만 억제는 습관으로 변

3) 감정이 각성에서 진화되었다는 의미이다.

환될 수 있으며, 이때 매우 강력한 저항이 될 수 있음을 제시하였다. 결국 억압과 억제의 학습이 수반하는 학습 현상은 '저항'의 뇌과학적 본질이다. 자기의식이 관찰하거나 개입할 수 없는 비의식 과정이기 때문이다. 물론 중간 상태도 공존한다. 저자는 신체 증상으로 나타나는 뇌겉질 아래 하의식 기관의 방어-생존 반응, 증상도 이런 현상임을 설명하였다. 따라서 치료자는 환자의 인식을 증진하는(의식화) 방향의 노력으로 저항을 해결할 수 없는 부분이 크다는 것을 인식하고 치료 전략에 도움을 받을 수 있다. 프로이트는 또 이렇게 말했다.

> 만일 우리가 어느 한 환자에게 그가 과거에 억압시켜 두었던 생각을 찾아내어 알려 주었다고 하자. 처음 들었을 때는 그의 심리 상태에 아무런 변화도 일어나지 않는다. 다른 무엇보다도 이전에 무의식 상태에 있었던 표상이 이제 의식으로 들어섰으니 억압이 제거된 것이고, 자연히 억압의 효과가 풀린 것으로 기대하기 쉬우나 실상은 그렇지가 않다. 오히려 우리가 한 말이 가져다준 첫 결과는 억압된 표상을 다시 새롭게 거부하는 것이 될 것이다. 실제로 그 환자는 이제 그 같은 표상을 자신의 정신 기관 내의 두 장소에 두 형태로 간직하는 셈이다. 말하자면, 우리가 하는 말을 듣고 그가 청각의 흔적으로 지니게 되는 표상의 의식 기억이 그 하나이고, 예전 행태 그대로 그가 간직하고 있는 경험의 무의식 기억이 다른 하나이다. 실제로 저항을 뿌리치고 난 뒤 **의식적 표상이 무의식의 기억의 흔적과 결합**되기 전까지는 억압을 제거하기가 불가능하다. 무의식의 흔적 자체를 의식화시킬 수 있어야 억압이 없어지기 때문이다 …… 어떤 것을 귀로 듣는 것과 직접 경험하는 것은 심리적인 속성으로 따져 볼 때 아무리 그 내용이 동일하더라도 분명 사뭇 다른 별개의 것들이기 때문이다(Freud, 1915, pp. 174-175).

이 글을 읽어 보면 프로이트의 고민이 느껴진다. 저자가 마음의 뇌과학을 통하여 억압과 저항의 의미를 연구해 보니 노력을 통해 기억에 접근할 수 없는 뇌의 기능과 구조로 인한 문제라는 것을 알게 되었다. 저자는 연상으로, 주의의 회복으로 기억하는 사건기억은 전의식(기술적 무의식)의 내용으로서 회피와 억제가 학습되기 전 단계의 것이 대부분일 것으로 생각한다. 아마도 이 단계에서 정신분석의 '분석'과 '통찰'이 이루어졌을 것이다. 설리번이 사용한 선택적 부주의도 부주의와 습관화된 부주의를 모두 의미할 수 있다. 학습된 억제가 분석가의 도움으로 연상을 통해서 회복되었다면, 이때 기억은 '사실 기억'이 아니라 '말하는 사람이 분석가와 협동으로 만들어진 기억(화자의 기억)'일 수 있다. 마음의 뇌과학에서 수정된 정신분석의 참 목적은 기억의 회복이 아니며 그럴 필요도 없다. 분석 과정에서 회피된 사건과 감정을 안정시키고 자기 마음을 관찰-직면하고 표현하는 과정에서 정신적 상처와 혐오(공포)학습에서의 해방을 이루는 것이다. 불안은 경험할수록 크기가 작아진다는 경험이 공포를 이겨 내도록 도와준다.

무의식(비의식)의 흔적 자체는 감정학습의 결과이므로, 이 과정의 의식화가 어렵기도 하지만 프로이트의 노력은 헛수고가 아니었고 기억의 수정(재응고)이라는 치료효과를 가져왔다. 정리하자면, 정신분석의 치료 성공 또는 실패가 억압의 해제와 관련되었다는 증거가 부족하다. 그러나 마음의 상처, 즉 학습된 감정 기억의 회복과 치료를 위해 기억을 다루는 것은 합당하며, 그 과정에서 필연적으로 따라올 감정의 정화, 기억의 수정과 재응고는 치료 성과를 높여 준다.

억압과 자아의 강화

오이디푸스의 신화를 바탕으로 한 극적인 표현은 대중은 물론 자신도 도취하여 무의식에 가려진 '사건의 진실'을 찾는 것이 병을 치료하는 길이라는 원리가 되었고, '무의식에서 의식(기억)으로(make unconscious conscious)'가 한동안 '정신분석'의 치료 목표가 되었다. 하지만 프로이트 자신도 얼마 지나지 않아 이 방법으로 치료를 달성할 수 없을 뿐만 아니라 더 중요한 부분이 있음을 차례로 깨닫기 시작하였다.

정신적 트라우마의 회피학습(억압)은 생각보다 질겨서 호전되었다가도 재발한다. 그는 브로이어와 함께 '히스테리'의 성공적인 치료 경험을 했고, 점점 정서-신체 증상 위주의 치료(정서 외상시기)에서 자아와 대상에 관심을 가지게 된다. 공교롭게도 그의 관심의 변화 순서는 기억상실(억압) → 본능 → 양육자(어머니) → 자아/환경 → 외부 대상의 체화 등 뇌-마음의 발달 순서와 비슷하다. 그는 『정신분석 입문 강의 속편』(Freud, 1933)에서 "정신분석의 의도는 '자아를 강화'하고, 자아가 초자아에게서 더 독립하게 하며, 자아의 지각 영역을 넓히고, 자아의 조직을 확대하여 원초아의 새로운 부분을 자아가 자신의 것으로 할 수 있도록 하는 것이다. 그것(원초아)이 어디에 있든, 있었던 곳에 내(자아)가 있어야 한다."라고 말했다. 그는 『끝낼 수 있는 분석과 끝낼 수 없는 분석』(Freud, 2004)에서 "분석의 효과는 억제의 저항력을 높여서 분석을 받은 이후에는 분석 이전 또는 분석을 받지 않은 경우에 비해 훨씬 강력한 요구를 감당하게 하는 데 국한된다."라고 하였다. 또 분석을 끝내는(종결) 조건에 대해서는, ① 환자가 더 이상 증상 때문에 괴로워하지 않으며 불안과 억제를 극복한 상태여야 한다, ② 환자에게서 억압된 것이 충분히 의식화되고 이해할 수 없었던 것이 충분히 해명되고 내적 저항이 충분히 극복되어 문제가 된 병리적 과정이 되풀이될 위험이 없다고 분석가가 판단해야 한다, ③ 기억의 빈틈을 메우는 데 성공해야 한다, ④ 자아가 현저하게 병적으로 변형되지 않았고 외상적 요인이 현저할수록 자아를 강화하여 이전의 불충분한 결정을 올바른 해결로 대체함으로써 이루어질 수 있다고 말했다. 분석의 종결은 어느 정도 법칙에 따라 결정되며 전이에 의존한다는 것을 이해하기 시작했다. 그래서 그는 "잔여 증상 때문에 실제적 성공에 대한 편견을 바라지 않으며 치료 연장을 결정해야 할 사실에 놓여 있다. 치료의 점근선적 종료는 정말 내게는 관심 밖이다."(Freud, 2004)라고 하였다.

정신분석을 세우고 이에 근거한 치료에 인생의 많은 시간을 바친 프로이트가 마침내 근본적인 견해를 바꾼 것은 당연한 수순일지 모르나, 최고 권위자의 태도 변화는 주변을 놀라게 했을 것이다. 이 책의 제2장에서 다룬 '엘리자베스의 증례'에서 프로이트는 말년의 작품 『정신분석의 개요』(Freud, 1940)를 통해 치료 결과에 대한 놀라운 발언을 했으며, "치료 결과는 무관심의 문제(a matter of indifference)였다."라고 발언한 것을 소개하였다.

프로이트가 말한 충격적 내용은 정신분석을 통해서 환자가 얻어야 할 자기인식(의식화)이 중요하지 않으며 "자아가 지금까지 거부해 온 본능적 요구를 새로운 검토 후에 수용하는 결과를 낳는지, 아니면 다시 한번 그것을 자신을 위해 거부하는 결과를 낳는지"도 중요하지 않다는 것이다. 이는 지금까지 행한 정신분석의 목적을 뒤집는 엄청난 발언이었다. 엘리자베스의 증례에서 그녀는 자신이 형부를 사랑한다는 것을 알게 되었지만, 그러한 자신의 에로틱한 감정을 받아들이든 말든, 아니면 '영원히' 그 인식을 마음속에서 떨쳐 버렸다. 사랑과 죄책감, 두 가지 갈등과 선택에서 그녀는 걱정스러운 생각을 밀어내고 마침내 그것들을 억누를 수 있었다. 따라서 그 결과는 억압되지 않은 정신이 아니라, 합리적이고 효과적으로 확립된 억제가 된 것이다. 형부에 대한 사랑을 실현하는 것, 본능의 욕망(원초아)을 억압하는 자아(리비도 반대 집중)와 이를 의식하는 자아의 자기의식[4]은 죄책감의 고통에 힘들어한다. 그래서 무의식의 힘을 빌려 자아가 억제를 강화하는(억압적 저항) 편이 심리적인 이득과 평화를 준다. 그는 결국 치료의 목적이 원초아와의 싸움에서 자아를 강화(현실과 이익에 순응)하는 것이라고 선언했다. 어느 쪽이든, 프로이트는 엘리자베스가 그녀의 삶을 이어 가야 하는 생존의 현실과 이익을 권할 것이고, 그

4) 프로이트의 자아는 억압하는 무의식과 이를 관찰하는 자기의식의 양면성을 가진다. '자아의 역설' 참조.

녀 자신이 현명하다면 파멸적인 마술의 요구(사랑과 죄책감)에서 일단은 자유롭고자 할 것이다. 즉, 그가 오랫동안 추구해 온 자기인식은 치료 결과에 큰 영향을 미치지 않는다는 것을 인정했으며, 더 중요한 것은 그 과정에서 정서의 조절을 돕는 무언가가 필요한 것이다. 억압을 푸는 것이 최선은 아니고, 억압을 유지하는 것도 나쁜 것이 아니다. 억압은 폐지하는 것이 아니라 제자리에 세워지는 것(Billig, 1999, p. 23)이다. 다음 글을 보도록 하자.

억압된 무의식적 원초아의 바라지 않는 요소가 침입해 들어오는 것에 대항해 자아가 리비도 반대 집중을 통해 자신을 보호한다는 것을 이미 들었다. 이 리비도의 반대 집중이 제 기능을 발휘하는 것이 자아의 정상적 기능의 조건이다. 자아가 압박감을 느끼면 느낄수록 …… 이 리비도 반대 집중 상태를 고수한다. 그러나 이러한 방어적 경향은 우리의 치료적 의도와 전혀 일치하지 않는다 …… 여기서 우리는 이러한 리비도 반대 집중의 강도를 우리 작업에 대한 저항으로 느끼게 된다 …… 이러한 저항을 우리는 완전하게 올바른 것은 아니지만 '억압적 저항'이라 부른다 …… 이러한 상황에서 편들기가 일정한 의미에서 역전된다는 사실은 흥미롭다. 자아가 우리의 격려에 대해 항거하는 데 반해, 우리의 적이었던 무의식은 우리에게 도움을 주기 때문이다. 무의식은 자연적인 추진력을 지니고 있어 자신에게 부과된 한계를 넘어서 자아와 의식으로 밀고 들어가려는 것을 원하기 때문이다 …… 이것이 어떤 결말을 갖는가는 중요하지 않다. 자아가 이제까지 거부하였던 본능의 요구를 새로이 검토한 후 이를 받아들이는 결과를 초래하든지, 이 요구를 다시금 거부하되 이번에는 최종적으로 거부하든지는 중요하지 않다. 두 경우 모두 지속적인 위험은 제거되었고, 자아의 범위는 확장되었으며, 비싼 에너지 소모는 불필요하게 되었다(Freud, 1940, pp. 455-456).

결과적으로 억압이 유지되고 그것이 습관화(학습된 저항)되면, 무의식이 강화되고 환자의 의식은 죄책감에서 해방되어 그것이 있었던 사실조차 잊어버린다(무관심). 그리고 오히려 욕동(금지된 사랑)을 받아들이는 데 주저하지 않게 된다. 치료자 입장에서 '억압적 저항'은 환자 갈등을 해결하는 평화 전략이고, 환자는 현실에 순응하는 심리적 이득을 가져온다. 저자는 이러한 의식의 반복적 억제가 도구학습의 심리적 기전을 통해 습관이 된다고 주장했다. 억제가 습관이 되면 무의식에서 일어나는 반복 과정이 되며, 이 저항이 강해진다. 갈등과 이를 극복하려는 불필요한 에너지 소모가 사라진다. 프로이트는 이 현상을 극복의 대상이었지만 오히려 무의식이 가진 추진력의 도움을 받는다고 표현했다.

정신분석가 이희(2010)는 '무의식의 의식화'는 현대 정신분석의 목표가 아닌 수단이며 감정의 통찰(emotional insight)이 더 중요한 문제라고 하였다. 인지적 지식(사건 기억)은 감정을 해방한다는 맥락에서 받아들여야 하며, 정신분석의 치료 목표는 환자의 감정 조절 구조의 유연성을 늘리는 것이라고 말했다. 이어서 그는 정신분석이 신경과학적 연구의 자원이 되고 신경과학은 정신분석의 과학적 면모를 일신할 것이라고 말했다. 저자는 '자아의 강화'는 정신분석이 저항을 해결하지 못해 환자 내면의 요구와 이익(자아)과 협상한 결과이며, 치료 목표를 수정한 이유가 된다고 생각한다. 회피학습(억압)이 질기도록 오래 지속하는 이유는 우리가 생활의 스트레스에서 벗어날 수 없고(역전), 유사한 환경(복원), 조건 자극(재생)이 흔하고, 이미 습관화된 학습이기 때문이다. 마음의 뇌과학은 '파블로프 조건학습–도구학습 전이(Pavlovian–Instrumental Transfer: PIT)'의 장벽이라고 한다. 저자가 강조해 왔지만, 습관학습은 불이익이 아니고 자연 치유 과정이며 적응 결과라는 것을 말하고 싶다.

정신(분석)치료의 공통 치료 요인

억압의 해소나 자기의식을 갖는 것이 그렇게 중요하지 않다면, 과연 무엇이 환자를 치료하고 편하게 만드는 것일까? 정신분석의 비과학성을 비판했던 생물학자 최재천은 『대담』(최재천, 2005, p. 474)에서 "프로이트의 이름으로, 과학의 이름으로 그랬다면(치료했다면) 저는 그것이 오진이라고 생각합니다."라고 대담하게 말하면서, 적어도 병원에서는 프로이트적 정신분석과 임상 실험을 멈추어야 한다고 주장했다. 최재천은 정신분석의 가설을 누구도 과학적으로 증명하지 못했지만, 치료 기술이 이론과는 별개의 차원인 것임을 알지 못했다. 정신분석치료가 현대에도 여전히 잘 사용된다면 그럴 만한 이유가 반드시 있다. 이 경우 독보적인 치료기술에 의할 수 있지만, 효과 있는 여러 정신치료 기법과 공통으로 가지고 있는 치료 요인에 의한 것일 수도 있다.

저자는 임상에서 사람의 생각의 내용을 지배하는 것은 정서–감정이라고 경험하고 있다. 최근 감명 깊게 본 미국 대법원 판사 루스 베이더 긴즈버그(R. B. Ginsburg)의 일대기를 그린 영화 〈성차별의 극복(On the Basis of Sex)〉은 한 여성 법조인의 이성이 어떻게 남자들이 주도하는 불합리한 세상에서 법의 정신을 실현하면서 갈등과 두려움을 해결하려고 노력하는지를 잘 표현하고 있다. 영화 속의 대법원 법정 전면에는 다음과 같은 문구가 크게 적혀 있었다. "이성은 법률의 영혼이다(Reason is the soul of the law)." 그러나 철학자 흄이 말했듯이 우리의 마음은 이렇게 작용한다. "이성은 정념의 노예이다(Reason is the slave of the Passion)."

언어 사용의 전문가이며 달인인 정치인과 방송인은 일반 국민의 감정을 휘둘러(선동) 생각을 조정하고 마음(투표)을 얻는다. 우리의 일상은 감정과 지각에 먼저 반응하므로 이성은 항상 뒤처지기 마련이다. 감정이 주도하는 뇌는 자극에 민감하고 불안정하므로, 뇌가 성숙하고 사회화하면서 경험이 쌓이면 감정(하부 뇌)을 달래 주는 합리적 이성(상부 뇌)이 주도권을 받아 감정을 억제하면서 안정과 균형을 유지해야 한다. 어렸을 때 화난 감정을 달래 주는 것은 어머니의 말씀이었다. 다정한 말씀을 통해 비로소 환자의 감정이 정화되고 긍정적인 변화를 경험하기 시작하면, 생각이 변화하여 균형 잡힌 생각과 개념이 생기고 반복되는 자극에도 영향을 적게 받는다. 브로이어와 프로이트는 누구보다도 정서 정화의 중요성을 알고 임상에서 실천했다. 그리고 대화를 통해 생활하기 불편하고 고약한 기억을 고쳐 쓸 수 있다고 말했다. 그가 남긴 정신분석치료의 원리에 대한 통찰과 재수정의 원칙은 여전히 건재하다.

대화치료의 뇌과학

마음의 뇌과학이 추구하는 정신치료의 방향은 뇌의 기능적·해부학적 구성에 따라 하부와 상부의 특성을 살려 신경 에너지와 정서의 흐름을 원활하게(통합) 도와주는 방법이다. 여기에는 감정(비서술적) 기억과 서술적 기억이 모두 포함된다. 두 가지 진화적 특성이 서로 다른 뇌의 병리적 분리를 연결해 주는 방식이 되지 않고는 효과를 가질 수 없으며, 역설적으로 어떤 정신치료법이 전통적으로 좋은 효과를 보이고 있다면 이미 이러한 기전을 가지고 있다는 말이 된다. 앞서 소개했지만, 정신적 외상을 받은 뇌는 충격에 의한 각종 생화학적 변화로 인해 상부 뇌의 통제 기능이 해제되고 하부 뇌는 활성화된다. 상당한 긴장과 각성 상태가 찾아와서 말을 담당하는 브로카 영역이 억제된다. 말을 통한 감정과 인지의 상하부 신경망의 연결이 차단되는 것이다. 느낌을 말로 표현해서 감정을 해방하고 타인과의 긍정적인 연결을 통해 일관된 자신감을 높여 주는 중요한 치유 효과가 방해받는다. 브로카 영역은 언어의 원래 역할 이외에 예측과 예상의 신경망에도 관여한다. 그러므로 외상을 경험한 사람은 언어의 상실과 함께 자동으로 처리하는 일상생활의 어려움을 경험한다(Cozolino, 2002, p. 385). 그래서 정신치료의 가장 공통적인 치료 효과는 '말로 하는 치료(talking cure)'의 좌우 반구 연결과 상하 연결에서 온다. 환자들에게 말하도록 격려하면 언어신경망을 자극하며, 외상 경험에 관한 이야기를 통해 환자의 흥분과 각성을 낮추고 치료자의 말과 태도로 안심시켜 적응을 도와준다. 그런 과정에서 편도체의 흥분을 낮추면 뇌겉질의 하부 뇌(변연계)에 대한 통제 회로를 다시 복원시킬 수 있다. 어쩌면 브로이어와 프로이트의 초기 신경증 치료 개념인 정서의 정화(카타르시스)가 주요 치료 기전이며, 인지의 개선은 정서 처리 다음에 필요한 작업이다. 인지치료는 인지(생각)의 모순과 그 스키마의 잘못을 개조하기 위해 정신분석에서 탄생하였다. 그러나 지금은 발전하여 인지와 감정의 처리를 같은 비중으로 다루고 있다.

신뢰 관계와 공감

정신분석뿐만 아니라 십여 가지가 넘는 어떤 종류의 정신치료법을 사용하든지 효과가 있다면 공통적인 치료 요인을 활용한 것이며, 그 과정은 치료자와의 치료적 관계 형성과 공감이라는 과정을 통해서 이루어진다. 환자의 경험 기억을 맥락을 따라 말하기만 해도 왜곡된 감정(학습) 기억이 소거(extinction)되고 새로운 감정학습이 만들어지는데, 이러한 의식적 · 비의식적 기억의 수정과 편집 과정을 **정신치료의 기본 원리**라고 말할 수 있다. 더 설명하자면, 첫째는 아는 것(정보, 지식을 가지는 것)이고, 둘째는 아는 것을 확실히 이해하고 인식하는 것, 즉 알아차리는 느낌(체화)이 필요하다. 이것은 아는 것의 의미와 감정을 동시에 느끼는 것이다. 다음은, 마음이 열리고 자신은 물론 타인과의 공감 과정이 자연스럽게 시작된다. 공감은 주의를 강화시켜 그다음 단계에는 이런저런 느낌과 열의가 불씨(에너지)가 되어 치료자와의 치료적 관계 형성, 치료자를 모방하거나 학습 과정에 몰입하게 되며, 이렇게 반복된 학습과 훈련은 습관 행동과 인지행동의 변화를 만든다. 이 모든 것은 환자–의사, 혹은 신뢰를 가진 두 사람의 인간관계를 통해서 이루어진다. 공감을 통한 관계 형성과 소통은 치료적 학습의 도구이자 목적이며, 그 이상의 좋은 결과를 가져다준다. 저자는 치료자가 환자에게 매우 중요한 통합적 중재자[5] 임을 강조하고 싶다. 이러한 인간관계는 치료적 도구로 적극 활용된다. 그러나 저자의 경험에서 보니 심리상담과 정신치료만으로는 치료적 학습 단계에 도달하는 환자가 드물

5) 저자의 용어. 치료자는 환자의 인지를 개선(인지적 중재자)할 뿐 아니라 어미가 행사하는 분리(공황), 돌보기 등 강력한 원시 감정과 관련된 통합적 공감 관계를 형성한다.

고, 약물치료와 병행할 때 어려운 과정을 더 쉽게 뛰어넘어 발전할 수 있다.

저자는 두 번 병원을 방문한 후 아직까지도 소식이 없는 젊은 학생의 사연을 잘 기억하고 있다. 이 학생은 자신에게 감정이 없는 것 같다며 치료해 달라고 찾아왔다. 학생의 호소를 듣고 나서 얼마나 도움이 될까 궁금한 마음이 생겼다. 물론 이런 문제로 저자를 찾아온 사람들을 도와준 경험은 적었지만, 젊고 지능이 높으며 아직은 순수하고 미래가 있는 청년이기에 안타까운 마음이 들었다. 그는 사람들과 사귀거나 집단생활이 불편해서 학업을 중단하고 입대를 기다리는 상태였는데, 책 읽기를 좋아해서 지식의 양은 많아 모르는 것이 없다고 할 정도였다. 그런데 언제부터인가 상점에서 물건을 훔치기 시작하다 결국에는 가게 주인에게 발각되었다. 경찰 조사도 받고 부모가 찾아가서 사죄하고 선처를 구해서 가게 주인이 다시 생각하고 물건값만 배상하기로 했다. 그런데 이 학생은 자신이 한 행동이 부끄럽거나 잘못했다는 죄책감이 들지 않았다고 하였다. 자신이 남들과 다르게 타인의 감정을 못 느낀다는 것을 전부터 알았다고 한다.

공감(empathy)이란 타인의 감정을 읽고 느끼고, 자신의 내부로 지도화하는 능력을 말한다. 출생 후 포유류는 어미를 모방해야 생존에 유리한데, 공감을 만들어 내는 신경계가 이 역할을 한다. 거울 뉴런(mirror neuron system)은 뇌 안에 있는 인간과 포유류(유인원)의 대상과 공감 능력을 담당하는 뇌의 신경 시스템이다. 인간의 문명과 언어의 발달은 이 공감의 진화와 더불어 진행되었다고 해도 과언이 아니다. 남을 따라 하면서 보조를 맞추려면 자신의 감정도 잘 거울에 비추듯 잘 느낄 수 있어야 한다. 즉, 뇌 안에 타인에 대한 대상이 만들어져야 하며(표상, 이미지), 또한 그것을 대상으로서 관찰할 수 있는 능력이 만들어져야 하고, 대상의 반응(생각, 감정, 행동) 가능성을 자신의 경험 자료로 추론할 수 있어야 한다. 공감은 보통 정상인의 경우 모방을 통해서 5세경부터 만들어지며[6] 감정과 추상적 관찰 능력, 이해와 판단을 포함한 종합적 지능이다. 대니얼 시겔(Siegel, 2018, p. 114)은 공감이 감정 공명, 전망 파악, 공감 이해, 공감 기쁨, 공감 배려 등 최소 다섯 가지 기능을 담고 있다고 하였다. 사람처럼 사회를 이루어 살아가는 동물은 이 감정과 공감 능력이 얼마나 중요한지 모른다. 다수의 사람이 교육, 환경, 유전의 문제로 높은 수준에 도달하기 어려운 기능이기도 하다. 이 능력이 없으면 흔히 말하는 '눈치 없는 사람'이 되고 혹은 '자기만 아는 사람'이라는 낙인이 찍혀 업무 능력이 좋아도 인정받거나 승진하기 어렵고 자신의 영향력을 행사할 수 없다.

6) '마음 이론(theory of the mind)' 용어 설명 참조.

공감 능력이 부족하거나 감정 표현의 어려움이 있는 경우는 생각보다 많다. 어떤 통계에서는 감정 표현 불능증(alexithymia)이라는, 자기의 감정을 인식하거나 언어적으로 표현하는 데 어려움을 보이는 사람이 인구의 10%나 된다는 조사 결과가 있다. 가정 문제로 저자의 외래에 방문하는 여성 중에서도 공감 능력이 모자란 남편들로 인해 고통을 받는 분이 상당히 많다. 배려 없고 무례한 행동, 술 중독, 오락, 게임, 심지어 도박 중독을 가진 배우자를 조사하면 상당수가 여기에 해당할 것이다. 우울증이 걸리면 자신의 깊은 감정 변화에 너무 시달려 타인의 감정을 알거나 배려할 여유가 없다. 그래서 자신들의 감정이 메마르거나 없다고 착각할 수도 있지만, 앞에서 언급한 청년의 예처럼 정말 자신과 타인의 감정, 눈치를 모르거나 부족한 사람이 있다. 젊은 사람은 얼마나 공감 능력을 갖춘 상대와 짝으로 만나는지 그리고 친구나 배우자가 되는지가 앞으로 인생의 행복을 결정짓는 중요 문제가 될 것이다. 공감이란 연민의 필요조건이다. 어떤 남성 혹은 여성이 공감 능력이 좋은지 알려 달라고 한다면, 제일 좋은 방법은 일정한 거리를 두고 얼마 동안 만나 보는 것이다.

치료자의 태도

한편, 치료적 태도에 있어서 정신치료자는 환자와의 소통이 중요한 직업이므로 뇌과학적 연구자들처럼 무엇(what)과 사실(fact)를 다루는 체계보다는 어떻게(How) 이루어지는지 해석과 설명에 관심이 더 많다. 그리고 치료자의 몸에 배어 있는 분석하고 설명하는 태도는 정신치료 과정의 가장 큰 함정이기도 하다. 또한 정신치료는 병식이 없어도 정서의 공감[7]과 소통을 통하여 인간관계의 병리적 학습이 수정되는 과정이 더 중요하다. 사람의 정신이 과거 기억을 그대로 복사하는 것이 아니고 변형시킨 것을 회상한다는 것은 이미 프로이트가 말한 바 있다. 그렇다면 분석가의 일은 무의식화된 기억을 분석하기보다는 그의 이야기 맥락에 맞게 함께 구성한다는 것이 옳은 표현이다. 프로이트는 정신분석에서 분석가의 입장이나 태도를 '산파'라고 했다. 애 낳는 것을 도와줄 수 있지만 산파가 직접 애를 낳을 수는 없는 것처럼, 문제의 고객에게 조언을 줄 수는 있지만 지시하고 끌고 다닐 수 없으며, 그래서도 안 된다고 하였다. 정신분석에서 콘텐츠 대부분은 환자의 것으로 채워야 하며 분석가의 상상과 추론, 감정 연출을 사용하는 것은

7) 공감은 치료(학습의 수정)의 핵심 요소이며 타인뿐 아니라 자기 자신(대상)에 대한 것도 포함한다.

제한해야 한다. 분석가에 의한 소설이 작성되어서는 곤란하다. 환자가 분석가의 해석에 동의하는 부분만 인정되는 합의적인 과정이 바로 우리가 추구해야 할 합리적 정신치료이다. 그래서 프로이트는 모든 정신분석의 논의에서 항상 임상 경험이 독서보다 중요하며, 특히 분석가의 분석(교육 분석)이 필요하다고 강조하였다.

기억의 재구성과 감정의 정화

미래 세상에서 영화의 주인공 더글러스는 기억을 이식해 주는 회사인 '리콜'을 방문하여 화성 여행의 경험을 기억에 심고자 한다. 그는 또한 적들에 의해 과거의 기억이 주입되어 새로운 정체성을 가진 퀘이드로 새 생활을 하나, 우여곡절 끝에 자기가 알고 있는 기억이 모두 가짜인 것을 알게 된다.

멋진 근육질 몸을 가진 아놀드 슈워제네거가 주연으로 연기했고 파울 페르후번이 감독한 〈토탈 리콜〉 같은 공상과학 영화에서처럼 선택적 기억의 삭제와 이식은 앞으로 곧 맞이할 현실이 될지도 모른다. 정신건강의학과 의사들은 정신치료가 비록 영화보다 느리고 답답하지만 기억을 수정, 재구성하는 기술이라는 것을 잘 알고 있다. 그리고 기억을 수정하는 과정에는 감정을 정화(소거)시키는 것도 포함한다.

저자는 이 책의 마지막 장을 쓰는 2020년 12월 초에 올리버 색스(O. Sacks, 1933~2015)의 『의식의 강』(Sacks, 2017)을 읽었다. 잠 오지 않는 밤에 글쓰기를 멈추고 그의 생애 마지막 책을 눈이 가는 대로 읽다가, '이 사람은 과학이라는 어렵고 딱딱한 주제를 이처럼 아름다운 수필로 만들어 낼 수 있구나.'라고 감탄하면서 이해하기 어려운 저자의 글솜씨와 비교하였다. 그의 글에는 봄볕 같은 따듯한 감성과 독자에 대한 사랑이 담겨 있어, 그는 저자가 닮고 싶어 하는 작가이다. 자신의 죽음을 알고 있었던 시기에 집필한 『의식의 강』에는 저자가 평소 놓치거나 의문시하던 주제를 연결해 주는 실마리가 담겨 있어서, 자야 할 늦은 밤에 다시 뇌가 밝아지는 기분이었다. 올리버 색스는 시종일관 프로이트를 사로잡았던 주제가 기억이라고 하였다. 프로이트 이론의 중심에는 신경 결정론과 인과론이 있었지만, 그가 기억을 말한 경우에는 시간과 환경에 따라 변화무쌍한 융통성이 있었다고 말했다. 대표적으로 독자들은 『과학적 심리학 초고』(Freud, 1895)에서 프로이트가 엠마의 기억을 추적하면서 구성한 기억의 설명(엠마의 증례)에서의 사후성(事後性, nachträglich), 즉 후충격(after-blow)이라는 개념에 대해 저자가 앞서 언급한 것이 기억날 것이다. 뇌는 모든 기억을 곁질과 연결(저장)하고 있고, 일화 기억을 담당하는 해마는 시간과 공간을 거슬러 편도체와 공조하여 혐오학습을 일으킬 수 있다. 저자는 사후 충격에 대해 회상학습[8]이라는 별칭을 붙였다. 사후 충격은 어려서 성적 외상을 받았던 아동이 시간을 거슬러 현재에 그동안 괜찮았던 과거 기억에 의해 정신적 충격을 받는 현상을 말한다. 『과학적 심리학 초고』에서 프로이트는 "성적인 감정이 전혀 없는 상태에서는 성적 경험을 하더라도 아무것도 느끼지 못한다. 이러한 감정은 사춘기에 이르러서야 반응한다."라고 하였다. 엠마는 어렸을 때 일어난 가게 주인의 성추행(두 번째 기억)의 의미를 사춘기에 가게 점원의 웃음으로 성적 느낌을 받고 나서(첫 번째 기억) 알게 되었다. 프로이트는 나중에 일어난 사건에 의해 먼저 일어난 사건 기억의 감정이 달라진다고 생각한 것이다. 정확히 말한다면 과거의 사건 기억과 현재의 자극, 기억이 시간을 거슬러 영향을 미치는 역행성 효과라고 볼 수 있으며, 원시(1차) 억압과 본유(2차) 억압의 관계도 감정 기억의 역행성 영향이다. 마음의 뇌과학에서는 복원, 재생, 역전이라는 용어로 사용한다. 고착된 기억의 내용을 끄집어낼 수 있다면 그 재료를 수정하고 재전사하는 창조적 과정이 있으며, 그 경우 정체되었던 내면이 다시 성장과 변화를 시도할 수 있을지도 모른다. 그런 면에서 억압-억제는 기억의 재응고를 방해하고 망각시키지만, 불행한 사건 기억을 통과 · 삭제한다는 의미에서 불량한 병소를 도려내는 수술이나 도심의 재개발 사업 같은 의미도 있다. 새 아파트로 입주하듯 새로운 기억으로 삶을 살자는 뜻과 같은 것이다. 브로이어와 프로이트의 『히스테리의 연구』(Freud, 1895b)[9]에는 정신분석의 치료 목적인 기억의 재구성, 재응고의 조건이 담겨 있다.

> 우리가 그 증상들을 일으킨 사건에 대한 기억에 집중했을 때, 그리고 그 사건에 수반된 정서(affect)를 불러일으키는 데 성공했을 때, 그리고 환자가 그 사건에 대해 가능한 한 상세하게 서술하고 그 정서를 말로 표현하였을 때, 즉각적이고 영구적으로 사라진다.

물론 영구적인 치료는 없다. 프로이트와 브로이어는 재발하는 사례를 고민했었다. 독자가 이 책을 읽어 보았다면 그가 말한 의미가 얼마나 중요한지 새삼 강조하지 않아도 정신분석 과정이 '공포, 불안 학습의 소거' 과정이라는 것을 이미 알고 있을 것이다. 『히

8) 제8장 '억압의 증례와 학습 이론' 중 엠마(Emma) 등의 증례 참조. 뇌 안에서의 시간은 사건의 순서일 뿐이다.
9) 이 문장은 『히스테리의 연구』(Breuer & Freud, 1985b) 중 두 군데, '예비적 보고서(p. 17)'와 '이론적 고찰(p. 292)'에 기술되어 있으나, '예비적 보고서'의 "사건을 다시 완전하게 기억해 내고"는 "사건에 대한 기억에 집중했을 때(light the memory)"의 오역이다. 그 이유는 좋은 과학 서술은 치료 기전을 표현해야 하기 때문이다.

스테리의 연구』의 이론적 고찰을 쓴 브로이어는 대뇌의 감정이 얽힌 관념에서 비롯된 흥분이 신체적 현상(말초 흥분)으로 전환(대치)된다는 프로이트의 생각을 명기하면서 재채기 반사와 같은 반사 과정이라는 예를 들었다. 에릭 캔델은 "서술 기억의 결정적 특징 중의 하나는 회상에 의식적 주의 집중이 필요하다는 점이다."(Kandel, 2009)라고 말했다. 운좋게 치료자와 환자는 (회피하는) 서술 기억을 주의 집중을 통해 복구하거나 수정할 수 있다. 그러나 그 결과와 관계없이 과정에서 억압된 비서술적 기억(감정학습)이 소거되는 것이며, 이것이 다른 종류의 정신치료와 구별 가능한 정신분석 치료(효과)의 본질일 수 있다. 또한 중요한 것은 프로이트가 지금 뇌과학에서 말하는 재응고 과정을 경험적으로 알고 있었다는 것이다(Freud, 1915, pp. 142-143). 재응고 이론에 따르면, 우리가 기억을 인출할 때마다 기억은 잠재적으로 변화하고 수정(업데이트)된다. 올리버 색스는 프로이트에게 기억이란 "본질적으로 역동적이고 변화무쌍하며 평생 재조직되는 과정"이었다고 말한다. 그는 프로이트만큼 '기억의 복구 잠재력', '기억의 지속적인 개정'과 '기억의 범주화'에 민감했던 사람은 없었다고 한다.

기억은 회상되어 사용할 때 끊임없이 재응고 과정을 거친다. 그때마다 신경 시냅스의 강도 변화와 연결이 이루어지는 학습이 진행된다. 이러한 역동성은 기억이 가지고 있는 숙명이기도 하다. 다른 측면으로 보면, 이는 인간이 기억을 이용할 때 능동적인 처리를 통해 다른 형태로 개조하고 재구성할 수 있음을 의미한다. 이렇게 재구성된 기억은 원래의 기억이 응고되어 저장될 때 종전에 존재하지 않았던 새로운 정보를 포함하게 되므로, 오래된 기억이 새로운 상황에서 다시 회상될 때는 일시적으로 불안정해지고 재처리 과정을 거치게 된다. 프로이트의 사후성이라는 말에서 언급했지만, 지금 시점에서 과거 기억에 대한 감정과 해석이 얼마든지 달라진다는 의미이다. 정신분석이 기억의 수정을 이용하는 것처럼, 프로이트 이후 많은 심리학 실험에서 그리고 형사 재판에서 기억 자체의 조작이 가능하다는 증거들이 알려졌다. 비록 프로이트는 당시 이런 메커니즘에 대해 알지 못했지만 기억 과정이 이런 방식으로 작동한다는 사실을 경험으로 알고 있었기에, 이러한 정신과정을 발견한 그의 세심한 관찰력에 다시 탄복하지 않을 수 없다. 정신분석가는 **해석**(interpretation), **명료화**(clarification), **훈습**(재경험, working through)이라는 서술적·비서술적 기억치료법을 환자에 적용한다.

하버드대학교 의과대학의 정신분석의사인 아놀드 모델(A. Modell)은 정신분석학의 치료 잠재력과 사적 자아(private self)의 형성에 대해 이점을 언급했다. 그는 올리버 색스에게 보내는 글에서 1896년 프로이트가 플리스에게 보낸 편지를 인용하였다. 그는 자신의 판단에 따라 사후성이라는 용어를 재전사(retranscriptation)로 번역했다(Sacks, 2017, p. 108).

> 자네도 알다시피, 나는 '인간의 정신적 메커니즘은 층위화 과정을 통해 탄생했으며, 기억 흔적의 형태로 존재하는 재료는 시시때때로 새로운 환경에 알맞도록 재배열된다'는 가정에 입각하여 연구를 진행하고 있네. 나는 이러한 재배열을 재전사라고 부르고 있어. 기억이란 단 한 번 기록되어 그대로 유지되는 게 아니라, 일생 동안 여러 번 변하는 거야. 삶은 시대를 경과하며 변화하고, 각 시대별로 달성한 정신적 성과를 반영하기 위해 기억은 지속적으로 개정되네. 나는 정신신경증의 원인이 바로 이 같은 재전사의 오류 때문이라고 생각해. 재료 중의 일부가 재전사되지 않은 사람이 발달이 정체되어 정신신경증이 발생하는 거라네.

모델의 '재전사'는 재구성(재응고)이라는 개념에서 에델만의 '기억의 범주화'[10]와 매우 유사한 개념으로 보인다. 모델이 정신신경증을 재전사의 오류라고 주장한 것에 에델만이 정신질환과 조현병이 재입력(reentry) 회로의 오류(Edelman, 2006, pp. 270-273)라고 말한 부분은 과거의 기억을 새로운 환경에서 또는 현재의 기억을 참조하는 환경에서 재평가하고 수정하는 업데이트 기능에 관한 것이다. 에델만은 이런 논평을 남겼다(Edelman, 2006, p. 217).

> 억압, 즉 회상(recall)에 관한 선택적 무능력은 강력하게 가치가 부하된 재범주화에 종속될 수 있다. 그리고 고차원적 의식이 갖는 사회적으로 조성된 성질을 감안하면, 자기개념의 효력에 위협을 가하는 그러한 재범주화를 억압하기 위한 메커니즘을 가지는 것이 진화론적으로 유리할 것이다.

종종 억압은 추가적으로 기억 작업의 회피와 기억 이야기의 생성을 수반한다(Billig, 2004, p. 169). 억압은 불편한 주제가 다른 주제로 대체되기 때문에 에피소드의 수정을 요구한다. 대체는 망각과 함께 일어나는 것을 볼 수 있다. 만약 어떤 경험을 성공적으로 억누른다면, 그 결과는 기억상실증 또는 기억되는 의식의 흐름에 공백이 되어서는 안 된다. 대체 이력을 찾아야 하기 때문에 하나의 가능한 기억 스토리가 다른 것으로 대체되어 전자를 억압한다. 그 사건의 기억으로 전해지는 각각의 이야기에는 가능한 한 모

10) 제15장 중 '에델만의 역동적 핵심부 가설과 의식 이론' 참조.

든 버전의 경험을 포함할 수 있는 세부 사항과 해석, 논리가 생략된 내용을 대체하여 반드시 담겨 있어야 한다. 일단 새로운 기억들이 구성되면, 잊히는 것은 훨씬 더 쉽게 잊힌다. 간단히 말해서, 어떤 사람은 표준화된 기억을 만들어 내며 특징 있는 방식으로 캡슐화시키고 다른 것들은 망각한다. 그래서 우리가 문제의 사건을 회상하고 싶을 때 잘 연습된 형태로 복제되어 과거의 사건은 우리만의 **'공식적인' 이야기**가 된다. 잘 기억되는 일화는 더 이상의 기억 수정의 필요성을 없애 주는 역할을 한다. 그것은 과거가 기억되고 있다는 자체적인 증거가 된다. 우리는 왜 결혼이 실패했는지, 시험을 어떻게 통과했는지, 부모를 언제 떠나 살았는지 등 우리 삶의 다양한 시점에 무슨 일이 일어났는지에 대해 정해진 이야기가 있다. 그러한 이야기들은 우리의 자전적 기억 속에서 개인적인 신화로 작용한다. 이러한 이야기에는 자기에게 유리한 해석은 말할 것도 없고 생략된 내용도 포함될 것이다. 과거의 중요 사건에 대한 목격자도 그들의 기억 이야기를 이런 식으로 공식화할 것 같다. 환자가 안정된 상태에서 치료자가 과거의 사건에 대해 질문하면, 조금씩 자신의 내부 대화를 통해 기억 작업을 수행하여 잊혀진 것처럼 보였던 기억을 되찾을 수 있다. 그러나 복구된 내용이 정확하다는 보장은 없다. 저자의 경험에서 알게 된 사실은 회복 속도가 기억 작업에 따라 증가할 뿐만 아니라, 환자가 상상하는 세부 사항이나 심지어 발생하지 않은 전체 에피소드의 오류 확률도 증가한다는 것이다.

프로이트를 대신하여 저자는 다음과 같은 말을 추가하고자 한다.

> 사실 당신이 찾는 진실(기억)은 거기에 없습니다. 계속 진실을 찾는다면 상당한 고통을 수반할 겁니다. '진실이 없음'을 깨닫는 과정은 번거롭지만, 결국 마음의 상처에서 당신을 자유롭게 할 것입니다.

성공한 정신분석과 정신치료는 인간관계의 감정학습을 기본 치료 방법으로 수행한다. 그러나 정신분석과 정신치료는 쉽지 않은 과정이며 자주 실패하곤 한다. 르두는 치료 효과, 즉 부정적 학습의 소거는 편도체에 저장된 비서술 기억의 소멸에 의한 것이 아니라 앞이마겉질이 감정 기억을 억제하는 효과에 의한 것이라고 주장하였다. 소거란 부정적인 학습이 없어지는 것이 아니라 긍정적인 새로운 학습을 의미한다. 이때 노련한 치료자는 치료 환경을 조정하여 치료자와의 공감과 신뢰로 환자의 불안을 줄여 치료적 협조를 이끌어 내는 사람이다. 프로이트의 방식대로 억압 · 억제된 기억을 의식화하는 것은 현재의 관점이 개입되어 기억의 내용을 수정할 뿐만 아니라 지금은 더 이상 위험과 공포가 따라오지 않는다는 것을 반복적으로 경험하게 되므로, 치료자의 관계에서 발생하는 새로운 하의식(비서술)학습이 기존의 혐오학습을 대체하는 소거 효과를 가져다줄 수 있다. 그 결과, 앞이마겉질의 하의식 방어-생존 체계에 대한 통제력은 향상된다. 이것이 정신치료(분석)의 뇌과학적 치료 기전이다. 그러므로 저자는 적절한 시점에 자연스럽게, 서서히 환자의 '억압된' 기억을 다루는 것은 마음의 뇌과학에서 근거 있는 치료 과정이라고 믿게 되었다. 물론 하의식의 정서 기억을 먼저 공감을 통해 다루어야 한다. 억압이 회피를 통해 정서의 안정(치료) 효과를 발휘하는 것처럼, 기억의 회상은 그 반대로 방어-생존 반응을 부활시켜 치료가 중단될 위험이 있다.

저자의 교육분석가는 환자의 과거 외상 사건을 다루는 것을 싫어했다. 아마도 그러한 기억이 동반하고 있는 감당 못 할 감정 폭풍의 영향으로 치료의 주제나 진로가 바뀌는 것이 염려되겠지만, 그의 치료 전략은 층층이 쌓인 스트레스 환경 중에서 가장 현실적인 것, 외상 사건에 영향을 주는 주변의 문제를 먼저 해결하기를 원했다.

인간관계: 관계의 회복치료 도구

치료자와의 관계에서 발생하는 새로운 학습이 얼마나 유효하고 지속해서 과거의 습관(전이)을 대체할 수 있는가? 이것은 중요한 정신치료의 치료 요인이라고 볼 수 있다. 프로이트가 제시한 무의식의 개념과 '말로 하는 치료'는 정신치료를 만들고 확장되어 전통적 정신분석뿐 아니라 비주류의 여러 학파를 탄생시켰는데, 그중 미국인 최초로 자신의 정신치료 학파를 설립한 해리 스택 설리번(H. S. Sullivan, 1892~1949)은 정신분석을 보다 실증적인 뇌과학적 배경을 가진 관계치료 이론으로 발전시켰다.

선택적 부주의

설리번은 무의식에 바탕을 둔 프로이트의 정신분석에서 벗어나 의식과 부주의의 문제가 정신건강과 인간관계에서 문제를 일으키는 부분을 강조했으며, 당시에는 정신분석에 대한 급진적인 개혁이었고 최초로 의식(인지) 기반의 정신치료를 시작했다. 그는 부주의의 문제를 깊이 관찰했으며, 주의가 결여된 인간관계 경험이 정신병리와 개인의 성숙에 미치는 영향에 관심을 두었다. 마음의 뇌과학으로 표현한다면, 그의 치료는 '억압'보다는 우리의 관심사인 '억제'와 '억제의 학습' 현상에 관심을 두었다고 볼 수 있다.

설리번이 말한 정신치료의 근본적인 입장은 "불안하거나 고통스러워 알아차리지 못한 부분을 환자의 인간관계를 재료로 편안한 자각의 장으로 가져오는 것"이다. 그는 흔히 하는 '정신(mind)'의 개념을 사용하지 않았다. 그 이유는 정신 안에 잠복하여 있다고 말하지만 실상 정신 안에서 발생하는 모든 것은 당시 과학으로 확인되지 않았다고 생각했기 때문이다. 그러므로 그가 생각하는 알아차리지 못한 것에서 알아차림(깨달음)으로의 전환은 의식적 · 무의식적 정신과 같은 개념과는 관계없이 생각과 감정의 특징에 불과했다. 같은 맥락에서 생각이나 감정이 강하거나 약할 수 있고, 고통스럽거나 편안할 수 있으며, 이것이 알아차림(깨달음)이나 알아차리지 못한 것일 수 있다. 생각과 마음이 알아차리지 못함에서 알아차림으로 변화하거나 그 반대로 진행되는 것은 사람에 따라, 다른 시점에 따라, 특정한 생각과 감정의 본질에 따라 쉽게 달라진다.

설리번이 인간관계의 관찰에 즐겨 사용한 '선택적 부주의(selective inattention)'는 의식(인지)과 기억의 또 다른 측면이다. 설리번의 선택적 부주의는 두 명 이상의 사람 사이에서 '진행되는' 인간관계에서 벌어지는 것이며, 현재 '일어나는' 것에 대해서만 선택적으로 부주의할 수 있다. 그는 억압과 억제의 전통적 정신분석 개념이 다소 인공적 필요에 의한 것이고, 지속적인 노력과 필요성이 연관되어 있으며, 학습된 불안으로 정신 내부인 의식에서 관련된 생각(개념, 언어 표상)이 분리 · 회피된 것이므로 의도적으로 기억을 추적해도 알 수 없다고 생각했다. 그는 억압 대신 자신이 제안한, 대상이 의식에 있지만 특정한 부분에 주의와 집중을 피하는 개념인 '선택적 부주의'가 적합하고 관찰 가능한 용어라고 주장하였다. 의식의 선택이란 의미상 동시에 다른 대상의 배제(부주의)를 포함한다. '선택적 부주의'가 있다면 본인이 연관된 인간관계 사건의 다양한 측면을 인지하지 못한다. 만약 이러한 측면이 관찰될 수 있다면, 이것은 인간관계를 훨씬 더 잘 운영되도록 만들 것이다.

설리번은 실제 프로이트의 개념에서의 억압되었다고 말할 수 있는 많은 것이 대부분은 단지 인지하지 못했거나, 공식화되지 않았거나, 의사소통되지 않은 것으로 생각했다. 그는 "불안은 경험의 알아차림과 이해를 방해한다."라고 말했다. 불안한 사람은 그와 다른 사람들 사이에 무슨 일이 일어나는지에 대한 많은 측면을 자각하지 못하고 많은 사건의 의미를 이해하지 못한다. 설리번은 불안으로 주의를 회피하는 태도로 인해 중요한 경험의 학습이 방해되는 것은 개인에게 불행한 것이라고 말하면서, 이는 인간관계 사회에서 흔히 있는 일이라고 하였다.

전통 정신분석가(프로이디언)는 억압된 소망과 환상을 조사하고, 설리번은 환자가 주의하지 못한 상호작용(unattended interaction)을 조사한다. 정신분석가 레빈슨은 설리번의 개념이 안나 프로이트의 부정(Denial)의 개념(Freud, 1936, 1966)과 매우 가까운 것으로 생각했다. 부정에 대해 아동이 종종 강력한 환상으로 대체하거나 회피적인 행동을 취하는, 현실의 고통스러운 측면에 대한 인식을 피하는 원시적 방어 메커니즘이라고 설명했다. 부정은 외부 현실의 경미하고 중대한 선택적 왜곡을 모두 지칭하는 데 쓰였다. 설리번은 정신적 흥분, 불안, 선택적 부주의, 해리와 같은 상태에서 부적절한 경험을 매우 중요하게 생각했다. 불안 지점의 인간관계 경험(기억)을 되살려 기억과 감정의 일관성을 유지하는 것이 치료의 중요한 부분이라고 하였다.

인간관계: 관찰과 관계의 회복

설리번의 두 번째 특징은 '인간관계'를 정신치료의 도구와 목적으로 사용한 점이다. 관계의 형성은 어려운 정신치료를 한 단계 도약하는 수단이자 목적이다. 인간의 성숙은 양육자와의 개인적 접촉과 사회적 관계 경험에서 온다는 것을 강조하면서, 주로 한 사람의 내부 갈등을 모사한 프로이트의 정신분석을 치료자와 환자(고객) 두 사람 간의 인간관계의 장(interpersonal field)으로 끌어와 역동의 관찰과 재연을 시도하여 '인간관계 정신치료'를 정신치료의 한 분야로 정착(Chapman, 1978, p. 12)시켰다. 프로이트는 전이 분석을 통하여 치료를 진행하였지만, 치료자(분석가)가 환자(피분석자)와 일정한 거리를 두고 분석하고 해석하는 개념과 달리, 설리번은 환자-고객 주변의 인간관계를 관찰하면서 정보를 모으고 갈등과 문제를 이해하고 분석하며, 때로는 치료자 자신도 인간관계에 참여하는 참여 관찰(participant observeration)[11]을 중요시하였다. 전이 분석이 치료자에 자극된 환자의 내부에서 일어나는 역동(학습 현상)을 주제로 삼았다면, 설리번은 좀 더 현실적이고 관찰 가능한 방법을 사용한 것이다. 그가 사용한 '참여 관찰'과 '합의적 확인(consensual validation)'이라는 개념에서 보여 주는 것은 환자를 치료 현장의 파트너로 존중하면서 동시에 치료의 주체로서 상당한 참여와 노력을 권고하는 것이다. 따라서 그의 치료 방법은 두 사람의 관계의 틀에서 관찰 가능한 행동과 그 영향을 같이 관찰하고 평가하는 방식으로 치료자와 환자의 시선과 주의를 외부의 관계 행동으로 전환하였다. 피터 던(P. Dunn)은 2인 심리학과 정신분석의 결합을 이렇게 정리하였다. "이제까지 연극을 보듯 분석에 임했다면, 이제부터는 우리가 직접 연극에 출연한다"(Hoffer, 2015).

11) 인류학자들이 연구 대상인 토착민과 살면서 관찰하지만 그들의 삶에는 영향을 미치거나 영향을 주지 않는다는 용어에서 유래하여 보다 적극적인 치료자의 태도를 말하는 용어이다.

치료의 통합과 새로운 정서치료 기술

정신치료에서 통합의 의미

분리 뇌 환자의 실험을 통해서 좌우반구 뇌는, 특히 우뇌의 감각적 자극이 좌뇌의 언어로 표현되는 과정에서 의미가 만들어지고 의식되는 것을 알게 되었다.[12] 우뇌의 행동에 대해서도 좌뇌는 알지도 못하면서 한순간의 망설임도 없이 왜 그런 행동을 했는지 합리적인 이야기를 반복적으로 꾸며 낼 수 있다. 인간 두뇌의 정상적인 특징은 우리가 누구인지에 대한 감각에 기초하여 우리 자신과 다른 사람들에게 하는 이야기라는 것이다. 그리고 우리의 행동은 그 이야기의 핵심 부분이다. 그래서 좌뇌는 감정과 행동의 대변인이라고 말할 수 있다. 환자들의 행태도 이와 비슷하다. 이들은 의식, 인지의 통계를 돌려서 하향적 판단/추론을 하는 게 아니라, 특별한 경험(대표적으로 트라우마)을 했을 경우에 합리적 추론을 무시하고 그 경험에 의한 상향적 판단을 한다. 이런 상황은 앞이마겉질의 기능이 상실되고 겉질 하부 비의식 처리가 더 강화되었기 때문이다. 트라우마의 경험이 있을 때 분리 뇌 환자처럼 즉흥적으로 해석을 하고 그 감정에 치우친 해석을 더 상용하는 것을 인지 왜곡이라고 한다. 최면과 트랜스 상태에서 암시가 수용되는 것도 판단 없이 유도자의 인지 프레임을 수용하기 때문이다. 전이 관계도 치료자에 대한 저항을 무력화(자극의 일반화)하여 환자의 인지 시스템에 접근하기 쉬운 환경을 만드는 것이다. 그런 면에서 정신치료는 환경과 세팅, 전략이 중요하지만 상황을 재구성할 수 있는 치료자의 창의와 유연성도 필요하다. 브로이어와 프로이트는 정신분석을 통하여 환자의 증상을 치료할 수 있다고 주장하였고, 그들은 정신 외상에 대한 치료 방법(Breuer & Freud, 1895b, pp. 20-21)을 가해자에게 복수하는 것처럼 언어와 행동에 감정을 정화(카타르시스, abreaction)하는 방법, 긍정적인 다른 생각이나 감정으로 연상시키는 방법, 일반적인 망각, 소멸 등으로 열거하였다. 그는 이 치료법에서 회상에 감정이 개입되어야 하고 가능한 한 생생하게 발생 당시의 상태 그대로 거슬러 올라가서 그것이 언어로 표현되어야 한다고 했다. 치료 성공 요인에 외상의 기억만 필요한 것이 아니라, 주의 집중과 감정의 언어적 표현이 필요하다고 하였다.

마음의 뇌과학은 이 세상에서 반복되는 모든 일은 사실 불안과 고통을 유발하는 과거

12) 제15장의 '조셉 르두와 고차 의식 모델' 참조.

기억의 장난이며, 이를 말로 회상하는 동안 사용하지 않았던 기억의 네트워크가 활성화되어 감정이 표현되고 소거된다는 것을 알려 준다. 평소 알아채지 못했던 스트레스가 쌓이면 자신감이 없어지고 자신과 주변에 의혹이 생기며 불안해진다. 이를 해소하는 방법은 보고 듣고 관찰한 것을 자세히 말로 표현하는 것이며, 그로써 비로소 경험이 통합된 하나로 기억되고 체험될 수 있다. 이를 언어와 지각된 감각, 기억을 연결하는 좌우반구의 통합이라 하며, 이를 통해서 의미는 공고해지고 변화의 시작점이 될 수 있다. 또한 주의를 집중하고 감정을 말로 표현하는 것은 우리가 알고 있는 뇌겉질 상부의 주의력(작업 기억) 겉질 하부의 감정 체계를 연결하여 안정을 도모하는 상하의 통합이다.

정신질환에 따라 다르지만 정신적 트라우마가 많은 비중을 차지하는 현대 정신의학의 흐름은 원초아, 본능의 충동이라고 말한 뇌 하부 기관의 흥분을 안정시키고 이에 대한 상부 기관, 앞이마겉질의 인지 조절력을 어떻게 하면 회복하는가에 중점을 두고 있다. 그러기 위해 치료자와 환자 모두 정신병리를 인지적 측면에서 이해하고 해석하는 경향에서 정서 수용에 무게를 두는 쪽으로 변화하고 있다. 앞서 저자는 브로이어에서 시작한 치료법이 정서적인 접근을 중요시했고, 감정 표현(카타르시스)이 주요 치료 방법이었기에 마음의 뇌과학이 가치를 두고 있는 정신치료에 가깝다고 말한 바 있다. 판크셉이 정신분석을 감정에 기반한 정신분석적 초심리학(Emotion-based psychoanalytic metapsychology)이라 말한 것은 단순한 칭찬이 아니다. 프로이트는 환자에게 그들이 두려워하는 대상이나 장소를 대면시키는 것을 고려했다고 한다. 그는 정신분석의 시작 전에 브로이어와 함께 정화(catharsis)라는 정서치료 기법을 사용하였고, 정신분석의 중요 기법인 자유연상에서 감정을 동반한 사건 기억(장면) 노출(imaginary exposure)은 환자가 카우치에 누워 있으므로 안전한 상태에서 시행하며, 서서히 탈감작(반응의 둔화)이 이루어질 수 있다. 저자는 이러한 치료 과정이 공포학습 같은 부정적 2차 정서의 탈학습과 소거에 효과가 있다고 생각한다. 이런 측면에서 보면 비의식적 행동치료인 '노출치료'는 브로이어와 프로이트에 의해서 시작되었다고 해도 과언이 아니다(Ramnero, 2012: LeDoux, 2015, p. 343에서 재인용). 요즘 감정의 조절을 중요시하는 정서-행동치료 흐름의 시작이라 할 수 있다.

최근 수년간 정신외상치료 분야에서 신체정신치료(body psychotherapy)라는 새로운 치료 방법이 개발되었다. 과거의 말을 통한 이해, 교육, 해석 등 인지적 요소가 강조되었다면, 이 신체정신치료는 말초 감각의 느낌을 감정과 연결시키고 몸의 안정과 안전을 확인하면서, 비서술 기억의 점진적 활성화로 감정의 소거와 애착을 공고히 한다. 즉, 내담자의 감정-정서와 지각이 치료의 등대가 되고 목표가 되는 새로운 패러다임의 치료 방식이다. 신체정신치료의 역사를 보자면, 라이히(W. Reich), 페니클(O. Fenichel) 같은 이들의 정신분석에까지 거슬러 올라갈 수 있다. 판크셉과 르두는 자신들의 책 말미에 새로운 요법에 대한 아이디어를 가지고 있었고 또 실제 연구하고 있다고 소개했다. 새로운 요법들의 경향은 현재의 정신 요법이 지향하는 경향이기도 하다. 그들은 각각 정서 균형 요법, 두 가지 시스템 프레임 요법이라는 개념을 사용하면서 종전의 정신치료보다 더 정서-감정을 중시하고 비서술 기억 시스템을 치료의 주된 조절 대상으로 삼는 치료 개념을 제시하였다.

판크셉의 정서 균형 요법 ABT

우선 『마음의 고고학』에서 판크셉의 글을 살펴 보겠다.

> 전통적 개념의 정신치료는 언어적 방법을 통해 작동한다는 것에 모든 사람이 동의하지만, 정신치료에 있어 다음 단계의 혁명은 새로운 신경정신분석적 관점과 보다 직접적인 정서-뇌(affective MindBrain) 기능의 다양한 조작을 통해 가능할 것이다(Panksepp & Biven, 2012).

대부분의 인지행동치료는 정서를 조절하고 인지적 관점을 긍정적 정서와 조화함으로써 치료적 효과를 보이는 것이 사실이다. 최근 삶의 정서적 부분이 중시되는 더 직접적인 역동정서치료(dynamic affective therapy)가 활용될 수 있다는 논의가 나오고 있다. 판크셉은 동물들에서도 관찰되는 1차 기본 감정 체계가 보통의 상황보다는 정신치료 상황에서 더 효과적으로 작용할 수 있다고 한다. 예를 들자면, 심리학에서 감정적 느낌은 감정 행동을 모방함으로써 쉽게 느낄 수 있다고 알려져 있으며, 실제 웃거나 우는 행동을 따라 하는 것만으로도 쉽고 빠르게 감정적 변화를 만들어 낼 수 있다. 더구나 정신적 상상만으로도 이런 감정을 느낄 수 있다. 그는 의도적으로 감정 표현을 조절하는 노력이 '어떻게 치료적으로 활용할 수 있을 것인가?'라는 주제가 앞으로 체계적으로 연구되어야 한다고 말한다. 마찬가지로 그는 음악도 강력한 감정 유도를 통해 치료적 효과를 나타낼 수 있다고 한다. 다양한 경험적 정신치료 기법은 이런 감정의 특이한 에너지를 활용하고 있다. 한편, 기본 감정 체계의 측면에서 정서생활에 대해 교육함과 동시에, 매우 고도로 집중된 정서 운동을 통해 정신적 문제를 치료하는 것을 옥덴 등(Ogden et al., 2006)은 감각 운동치료법(sensorimotor approach)이라고 하였다. 그는 일상생활 속의 긍정적 경험이 감정의 근육(emotional muscles)을 단련시켜서 과거의 상처를 회복하고 미래의 역경에 대한 면역력도 길러 준다고 말한다. 예를 들면, 치료 상황에서 떠오른 부정적 정서는 정서적으로 강력한 음악이나 신체 표현 동작을 통해 긍정적으로 변환될 수 있다. 이런 식으로 정서적 역동을 이해하고 정서 지능을 향상시킴으로써 다양한 적응 상황에서 항상성을 유지할 수 있다.

우리는 하부 뇌에서 정서가 처리되는 것에 대한 이해보다 상부 뇌에서 인지가 어떻게 작동하는지를 더 모르고 있다. 정신치료의 효과는 기법의 차이보다 치료자-환자의 성격적 요인-정서 조정 능력(affective attunement)이 더 크게 작용하는 것으로 밝혀져 있다. 또한 기분이 나쁠 때 남을 돌보는 데 신경을 쓰다 보면 부정적 감정도 금방 줄어든다. 그는 조직화된 12단계 치료법으로 효과적인 사회적 지지와 긍정을 통해 긍정적 감정을 재경험해 주려고 한다. 사회적 · 감정적 지지는 부정적 경험을 효과적으로 다룰 수 있게 하고 인간 심리의 핵심에서 작동하여 정신 내부에서, 그리고 인간관계에서의 역동을 통해 적합한 치유 상황으로 이끈다.

환자들은 자신의 마음을 잘 관찰하고 이해하다가도 정신치료 중간에 감정적인 문제로 퇴행할 경우, 인지적 통찰은 쉽게 힘을 잃어버리고 만다. 철학자 흄이 말했듯이 생각(이성)은 1차 기본 감정(그가 말한 정념)의 노예이기 때문이다. 그래서 정신치료에서 인지적 이득은 정서적 편안함보다 쉽게 사라지며, 아직도 연구해야 할 부분이 많은 인지와 감정의 관계와 문제들은 과학적인 설명이 더 필요하다. 따라서 판크셉은 인지적 차원에서 통찰을 얻는 것보다 감정적 항상성을 회복하는 것이 더 쉽고 효과적인 심리치료법이라고 말한다. 그는 정신치료 기법이 인지적 대화에서 시작하여 문제점에 대해 생각하는 방식을 바꾸도록 하므로 직접적인 정서적 접근의 치료법은 생각만큼 받아들여지지 않는 것 같은데, 이는 인간이 언어를 매개로 상호작용하는 존재이기에 정신치료 영역에서 인지적 접근이 더욱 우세할 수밖에 없는 이유라고 한다. 그러나 뇌 영상 연구에서 상위 겉질의 변화에 관한 많은 증거에도 불구하고, 정신치료의 주된 치료 효과가 실제로 뇌-마음(Brain-Mind)의 상위 겉질에서 일어난다고 어떻게 알 수 있는가? 어느 누구도 정확히는 모르지만 뇌의 감정-인지 상호작용의 각 수준에서 긍정적인 변화가 일어날 것으로 추정하고 있다. 실제로 정신치료 과정에서 가장 지속적인 장기 변화는 뇌 하위의 1차 과정 감정 체계(primary-process affective)에서 일어난다. 사실이 이렇다면, 임상에서 정신치료는 감정과학의 연구 결과에 근거하여 정서적 체계를 변화시키기 위한 가능하고 효과적인 직접적인 정서 기법을 활용하자고 주장한다. 그는 정서적 차원에서 변화가 지속되지 않는 한, 인지적 재구조화는 별로 효과가 없다고 말한다. 기억은 우리가 생각했던 것만큼 고정적이지 않기 때문에 회상을 할 때마다 새롭게 재응고 과정을 거치게 된다. 트라우마를 겪은 환자들의 감정적 폭풍은 비인지적 감정 경험의 재구조화를 통해 확연히 줄어들게 할 수 있다. 그러므로 이제는 간단한 신체적 조작이나 편안한 음악 듣기 같은 방법을 통해 정서적으로 곤란했던 기억들을 긍정적 경험으로 재구조화할 수도 있다. 정서와 인지적 측면 모두가 중요하다는 데는 의심의 여지가 없으며 또한 대인 관계의 인지적 또는 정서적 상호 경험이 장기적인 정신치료의 치유 효과 유지에 모두 중요하지만, 정신치료는 감정과 인지 조절의 관리라는 뇌과학적 혁명의 중심에 있다. 정신의 원초적 감정은 더 이상 마음에서 변방이 아니고, 정신의 엔진 바로 그 자체라고 강조한다.

조셉 르두의 두 가지 시스템 프레임 요법

노출치료 대신 예방적 회피의 적용

회피는 일반적으로 과도한 두려움과 불안에 대한 부적응 행동 반응으로 간주되어 불안장애를 유지하는 것으로 알려졌다. 이에 대해 노출치료는 이 장애에 대한 인지행동치료의 핵심 요소이다. 이 치료는 환자의 위협 자극에 반복적이고 장기간 노출되는 동시에 환자가 탈출이나 안전 행동과 같은 회피 전략을 사용하지 않도록 하는 것이다. 그러나 치료자들은 이제 앞서 소개한 예방 회피를 효과적인 대응 전략으로 인정하기 시작했다. 호프만과 헤이는 회피 행동이 환경과 잠재적 위협의 통제에 대한 개인의 인식을 향상시키는 효과적인 대처 전략으로 작용할 수 있다고 주장한다(Hofmann & Hay, 2018). 저자는 불안장애에 대한 노출 요법에서 예방적 회피(active avoidance)의 적용을 탐구해 보니 가치 있는 치료 요소가 될 수 있다고 결론지었다.

현대 정신의학에서 공포 증상의 치료

의사는 때로 공포증에 탁월한 효과를 보이는 노출치료(정신치료) 등 비약물치료를 선별해서 하고 있지만, 대부분 약물치료에 의존하고 있다. 르두는 연구자들이 동물 연구에 과도하게 의존해서 뇌겉질이 두려움과 불안의 조절에 기여하는 바를 과소평가할 수밖에 없었다고 한다. 생쥐와 인간은 위험에 대한 빠른 행동 및 생리적 반응을 촉진하는 같은 기본 생물학을 공유하고 있지만, 인간의 두려움에 대해 의식적 경험의 기초가 되는 발달된 신경회로망을 설치류에서는 찾아볼 수 없다. 르두는 두려움과 같은 감정은 인간과 다른 동물에서 똑같이 연구될 수 있는 행동적 및 생리학적 반응이 아니라, 내부 관찰을 통해서만 직접적으로 알 수 있는 비의식적 경험이라고 주장한다(판크셉과 견해가 다른 것은 이미 설명했다). 이는 동물 연구가 필요 없다는 것을 의미하지는 않는다. 동물 행동 연구를 통해 개발한 약물이 필요에 따라 두려움이나 불안의 병리학적 감정보다 회피와 같은 병리학적 행동에 영향을 미칠 가능성이 더 크다는 것을 지적하는 말이다. 르두는 치료의 비서술 측면과 서술 측면을 가능한 한 분리해야 각각의 효과를 최대한 볼 수 있다고 말한다. 최근 연구에서 르두와 정신과 의사 다니엘 파인(D. Pine)은 두 가지 시스템 작업이라는 연구를 통해 두려움과 불안에 대한 현재 접근 방식을 개념적으로 재구성하자고 제안했다. 이 혁신적 접근법은 주관적 감정과 방어 행동을 구별하는 것을 강조한다. 약물이 공황 발작의 생리적 증상을 치료한다고 해서 반드시 그 사람이 덜 불안하다고 느끼는 것은 아니다. 발한이나 심한 호흡 같은 증상은 감소될 수 있지만 주관적인 경험은 변하지 않을 수 있다(또는 환자 기분이 좋아지게 충분히 변화되지 않았다). 임상 연구 결과에 따르면, 불안치료제는 많은 환자의 기대를 충족시키지 못하는 반면에 인지치료와 병용되는 약제치료법은 일부 연구에서 효과가 더 큰 것이 밝혀졌다. 약물은 비서술 기억 시스템에, 그리고 인지치료는 겉질의 주관적 경험 시스템에 더 작용할 것이다. 이 두 사람은 치료 대상인 두 가지 시스템에 다른 회로의 치료를 추가하는 실험적 치료 옵션을 제안했다. 예를 들어, 일반적으로 실행되는 노출치료는 환자가 노출 상황(비서술학습 소거)에서 대화 상담이 이루어지므로 거의 항상 DLPFC 및 MPFC와 연관된 하향식 인지가 관여하는데(위협의 재평가에 의한 의식적 · 자동적 조절), 이 사실은 기대하는 인지 변화와 비서술 기억의 행동 변화 두 가지가 충분히 효과적이지 않다는 의미이다. 그래서 인지가 관여하지 않는 비서술 기억 노출치료[13]가 유용할 수 있다는 생각으로 임상 실험 중이다(LeDoux, 2015, p. 364).[14] 르두의 몇 가지 제안을 소개한다.

① 비인지적 소거: 인지가 작용하지 않게 비의식적 방법으로 자극에 노출한다.
② 느리고 점진적인 소거학습이 좋다.
③ 치료 뒤 소거 기억이 만들어지지 않도록 간섭(방해)할 과제를 준다.
④ 치료 후 수면: 장기 기억 형성에 도움을 준다.

13) 의식하지 못할 정도의 빠르기로 시각적 노출.
14) 르두의 실험실 홈페이지(www.cns.nyu.edu/LeDoux)에서 실험 결과를 확인해 볼 수 있다.

⑤ 소거학습 후 기억 증진 약물을 복용한다.

⑥ 위협 기억의 제거: 신호 혹은 방아쇠 자극이 접근하지 않도록 이에 대한 재응고 처치가 도움이 된다. 또한 위협 자극의 노출에 대한 시점을 적응시킨다.

르두의 뇌 반응 시스템 간의 생물학적 차이를 이용한 접근법은 다른 두 시스템에서 연유된 증상을 각각 치료하는 뇌-정보 네트워크에 근거한 합리적인 치료 계획이라고 말할 수 있다.

치료 도구의 통합

저자가 속한 정신건강의학과는 뇌과학의 발전을 바로 임상에 응용한다. 그동안 새로운 약물의 발명과 발견으로 한 해에도 열 가지 이상의 신약이 처방에 등장하고 있으며, 획기적인 약물치료 성과로 약물치료가 과학 기반의 주류 치료법이 되었다. 그리고 증상, 인식 증진, 관계와 습관의 치료를 위한 정신분석, 인지행동치료 등 정신치료를 통해 약물치료를 보완하는 통합치료 방식이 가장 많이 선호되는 치료 방법이다. 이 책의 요약을 그림으로 나타낸 [그림 16-1]을 보자.

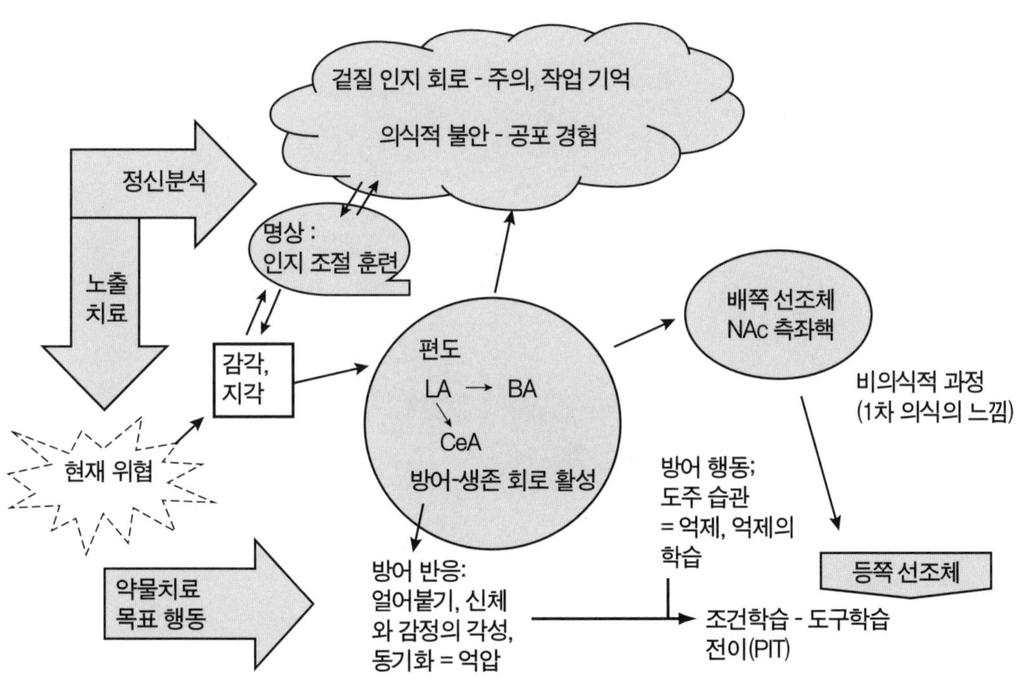

[그림 16-1] 억압/억제의 뇌과학

이 그림에 표현한 세 가지 주요 치료 기법은 복합적 치료 기전을 가진 정신분석(정신치료), 소거, 증상 완화 중심의 노출(행동)치료와 약물치료이다. 여기에 추가로 자가 치유 훈련인 명상을 넣었다. 그림에서 보듯 '생존-방어 시스템'인 정신분석의 '억압', '억제학습'을 담당하는 뇌 하부 기관에 대한 조절 방법은 겉질의 인지 회로의 비의식적 통제와 자기의식의 의지적 통제가 있으나, 이에 더하여 회피의 심리적 이득을 통해서 습관(비의식)이 된다면 환자는 마음의 에너지를 더 적게 쓰고 회복이 빨라질 수 있다.

제17장

억제(회피)와 명상

불쾌한 감각에 저항을 멈추고 자동으로 반응하지 않으며 그 감각에 주의를 기울여 보라. 그러면 고통에 대한 근본적 수용을 계발할 수 있게 된다.

—『받아들임』(Brach, 2004)

저자는 정신적 외상을 경험한 수많은 사람이 억제/회피라는 정신 행동을 반복함으로써 불편한 마음을 능동적으로 조절하고 있다는 것을 새롭게 알게 되었다. 저자는 명상의 과정이 억제/회피의 습관과 유사함을 발견하고, 명상이 어떤 조건에서 부정적 학습의 소거와 새로운 학습을 도울 수 있는지 궁금했다. 명상의 원형적 행동은 어떤 우연한 기회에 마음의 고통을 줄이고 안정을 가져다주었을 것이다. 명상은 기본적으로 동기화(각성)된 뇌 하부 기관에 대하여 앞이마겉질의 통제, 조절 기능을 강화시켜 하부 뇌의 일을 줄이고 과열을 식혀 주는 과정을 하는 것으로 보인다. 명상은 억제라는 회피 행동의 한 유형에서 시작되어 뇌를 쉬게 하고 감정학습의 소거를 도와 단계별 주의 훈련과 전략으로 발전한 것으로 생각한다.

생활 습관에서 발견한 회피의 치유 능력

우리는 자신만의 스트레스를 푸는 방법을 알고 있고, 이를 실행하면 정신건강에 유익하다는 것을 알고 있다. 저자는 책을 보거나 음악을 들을 때 가장 마음이 편하다. 요즘 저자의 아내는 스케치를 하면서 마음을 안정시킨다고 한다. 일상의 복잡한 생각에서 벗어나 뭔가 다른 대상에 '집중'하거나 번뇌를 쫓아내는, 혹은 피하는 행위도 억제/회피와 같은 정신의 긴장 이완 방법이다. 저자도 진료실에서 여러 가지 스트레스와 과거 기억(상처, 잡념)으로 고통받는 환자들에게 그 상황에 몰입해서 힘들어하기보다 생각을 멈추고 거기서 빠져나와 현실에서 일어나는 다른 일에 집중하고, 마음이 안정될 때까지 좀 더 재미있고 흥미로운 일을 시도해 보라고 조언한다. 물론 긴장으로 불안한 뇌는 자석처럼 강한 힘으로 환자의 모든 감정, 생각, 행동을 자동으로 불러들여 정신 에너지를 무한정 소모하게 하지만, 그럼에도 우리가 지금에 집중하려고 부단히 노력하면 조금씩 고통의 원천에서 벗어나 뇌를 쉬게 할 수 있다. 많은 사람이 좋아하는 운동은 신체 감각에 뇌를 집중시킴과 동시에 감정을 발산시키고 근육의 긴장을 풀어 준다. 근육이 강해지면 유연한 동작을 할 수 있는 것처럼, 집중과 회피라는 정신 운동을 반복하면 주의 변환을 쉽게 해 준다.

최근 일에 지친 도시인들이 차를 타고 자연으로 돌아가 하루를 휴식하고 돌아오는 '차박'이 유행이다. 자연은 도시의 복잡한 자극이 적고 맑은 공기에서 편하게 숨 쉴 수 있는 곳이다. 자연의 풍광이나 음식 익히는 장작불을 보고 말없이 한참 '넋 놓고' 있거나 같이 간 친구와 수다를 떨면 정신이 맑아지는 것을 느낄 수 있다. "느낌 아니까?"라는 개그우먼의 유행어처럼 너무 머리가 복잡하면 일터에서도 저절로 '넋 놓기'(멍 때리기)[1]가 나오는데, 우리는 그 느낌을 안다. 퇴근할 때 낮 동안에 있었던 일들이 주마등처럼 떠오르면서 머리가 복잡해진다. 여러 가지를 생각하면서 정리도 할 수 있지만, 생각을 중단하고 갑자기 여기저기서 끼어드는 생각을 배제한 채 앞차의 뒤꽁무니만 보면서 아무 생각 없이 운전에만 주의하다 보면, 어느 순간 집에 도착해 있고 머리도 약간 맑아진 것을 느낄 수 있다. 저자가 명상을 했던 걸까? 멍 때리기를 했던 걸까? 저자는 장작불만 쳐다보거나 운전에만 집중하는 이 '넋 놓기'가 명상의 시작이 아니었을까 하고 추측해 본다.

아이가 놀라거나 충격을 받아 쇼크가 오면 엄마는 "숨을 천천히 들여 마시라."라고 하며 손을 잡고 달래 준다. 명상은 아마도 이렇게 우연히 시작되지 않았을까 추측한다. 명상 훈련을 주로 호흡에서 시작한다는 것은 호흡에 불안 완화 효과가 있기 때문이기도 하지만, 제어된 호흡이 상행 미주신경을 거쳐 각성과 주의를 유도하며 작업 기억을 지속할 수 있는 생리적 효과를 가져오기 때문일 수도 있다.

1) 멍 때리기: 마음과 뇌가 지쳐 한곳에 지속적 집중을 못 하는 에너지 소진 상태로, 뇌 에너지를 사용하지 않아 쉬면서 회복할 수 있다.

억제(회피)와 명상

정신분석의 억압(억제) 이론은 정신의 행동이 생각, 감정 및 충동 그리고 어떤 불쾌한 사실들을 의식에서 멀리하는 강력한 자아 방어 때문에 영향을 받는다는 관찰에 근거하고 있다. 이 방어는 저자가 밝혔듯 의도적인 행위가 도구적 학습으로 습관화된 것이다. 저자는 불교의 수련 활동인 명상(冥想), 선(禪)도 마음을 관찰하거나 분석하는 방법에 있어서 정신분석과 많은 부분을 공유하므로 항상 관심을 가지고 있었다. 현대인의 진화된 뇌가 과도하게 일을 할 때 휴식하는 가장 오래된 자가 훈련이 명상이라고 생각하기 때문이다. 저자가 마음의 뇌과학에서 억제/회피를 연구해 보니 명상도 사람에게 매우 흔한 억제(회피) 행동의 한 부분이라고 인식하게 되었다.

억제의 뇌과학은 기억 표상의 재활성 억제 또는 경쟁적 주의 활성 억제의 가설을 제시하고 있으며, 후자는 작업 기억의 주의를 다른 생각으로 대체하는 방식이다. 정신의학에서 제시하는 명상의 정의는 "욕구와 생각에 집중된 주의를 다른 곳, 즉 감각에 할당할 수 있도록 함으로써 욕구와 생각에 압도되지 않도록 도와주는 것"(허휴정 외, 2015)이며, 이 정의는 정신분석과 마음의 뇌과학에서 해석한 억압/억제의 정의와 거의 같다는 것을 알 수 있다. 명상에서 호흡에 집중하고 나머지 생각을 억제(배제)하는 것은 뇌과학의 억제와 동일한 방식일 수밖에 없다. 뇌 안에서는 이런 일을 하는 다른 기관이 없기 때문이다. 즉, 명상의 알아차림은 뇌과학에서는 역설적으로 다른 대상의 억제를 의미한다. 명상이 고통에서 벗어나는 심리적 이득이 있으며 뇌가 긴장, 방어 상태에 들어가는 것을 막아 정신 에너지를 절약하는 경제적 행위이므로, 뇌의 휴식과 평화는 도구학습과 습관을 강화한다. 우리가 자연을 보면서 온갖 잡념에서 벗어나는 휴식 방법, 이와 비슷한 무엇이든 간에 뜨끈한 뇌를 쉬게 한다면 억제(회피, 거리 두기)와 동일한 방식이라고 말할 수 있다.

이렇게 명상은 주의를 사용하여 생각과 감정을 배제하는 억제와 공통적 기본 메커니즘이 있고, 이때 뇌의 에너지를 최소로 사용할 수 있다. 실제로 명상에 깊이 들어가지 않고 호흡에만 집중해도 그 시간만큼 뇌는 쉴 수 있어 머릿속이 맑아지거나 비우는 편한 느낌을 가질 수 있다. 일단 안정을 통해서 개인이 몸과 마음의 준비가 될 때, 마음의 여유가 생길 때 비로소 천천히 고통을 일으킨 '핵심 문제'에 접근하고 받아들일 수 있다. 억제/회피는 분명 외적 생활과 마음의 전쟁에서 일단 휴전을 의미하는 행위이고, 휴전은 그가 싸울 수 있는 기력을 회복할 때까지 잠정적으로 계속된다. 명상의 긍정적 효과는 명상가들이 말하는 알아차림에서 오는 것보다 번뇌 망상의 배제와 회피에서 찾아오는 뇌의 휴식과 평화 때문은 아닐까?

명상의 목적

불교가 중생을 가르치는 목적은 깨달음을 얻는 것과 교화하는 것 두 가지[2)]이다. 불교가 대중 종교와 다른 점은 실천 철학에 가깝다는 것이며, 그 이유는 명상에 있다. 그리고 붓다는 우리가 더 지혜롭고, 더 풍요롭고, 더 평화로운 삶을 살기 위해 필요한 토대는 이미 우리 안에 있다고 반복해서 말하였다. 명상은 붓다 이전 고대부터 전해 온 마음의 속박, 억제를 풀어 내는 방편 중 가장 많이 사용한 것으로, 불교의 핵심 수행 방법이 되었다. 붓다는 명상을 통해 사성제(四聖諦), 즉 고집멸도(苦集滅道)의 깨달음을 얻고 명상을 대중 교화와 깨달음의 훈련 도구로 삼았다. 사성제란, 고통은 누구에나 늘 존재하나(苦) 그 원인은 집착에 있고(集) 인과관계에 있으며, 더욱이 이 고통은 소멸 가능하며(滅) 그 방법은 수행에 있다(道)는 가르침을 실천(명상)으로 깨닫는 것이라는 교리이자 철학이다. 감동적인 말이다. 이만큼 대중에게 위로를 주는 긍정의 가르침이 있던가? 붓다에게 절하고 따라가면, 그는 고통의 인정과 수용 그리고 조건화된 인과관계를 스스로 관찰하여 해결하는 명상을 알려 준다.

저자는 여러 명상 책 중 헤네폴라 구나라타나 스님의 『가장 손쉬운 깨달음의 길(Gunaratana, 1991)』과 『사마티 명상(Gunaratana, 2009)』을 가장 감명 깊게 읽었다. 스님은 위파사나는 누구나 혼자서도 할 수 있으며, 그리고 무엇보다도 쉽고 유익한 방법임을 설명한다. 모든 종교가 부득불 어느 정도 믿음을 요구하지만, 명상은 종교와 무관하게 누구라도 할 수 있으며, 심지어 종교라는 장애를 잠재워야 한다고 말한다. 저자도 명상을 '어떻게' 할 수 있는지를 다루고 있는 구체적인 경험 활동을 위주로 한 실용서로 이 책을 추천하지만, 혼자서 책으로 배운다는 것은 내공과 실행 능력을 얻는 학습에 이르기에 어려운 면이 있다. 하지만 적어도 시작 단계에서는 큰 도움이 된다고 생각한다. 일반적으로 명상은 크게 집중 명상(사마타: samatha, concentrative) 및 통찰(위파사나) 명상의 두 범주로 나눌 수 있는데, 통찰 명상을 사념처(四念處) 수행이라고 부른다. 이 이름에 드러나듯 명상의 대상은 신(身), 수(受), 심(心), 법(法)의 네 가지이다. 신(身)은 몸을 통

2) 상구보리(上求菩提), 하화중생(下化衆生): First attain Enlightenment, then instruct all creatures.

해 느껴지는 감각의 인식(알아차림)을 뜻하며, 수(受)는 감정 혹은 생각에 따른 느낌의 인식이고, 심(心)은 마음의 상태로서 현대적 개념으로는 감정, 정서의 인식에 가깝다고 보고, 법(法)은 일반적으로 정신적 대상 혹은 요소의 인식으로 해석한다. 이 두 가지 명상은 모두 집중과 통찰(알아차림)의 방법을 이용하지만, 상대적으로 어느 것에 더 강조점을 두느냐에 따라 구분될 수 있다. 명상의 긍정적 효과의 상당 부분은 집중 명상의 요소에 있다. 마음챙김 명상(mindfulness meditation)은 1979년 존 카밧진(J. Kabat-Zinn)에 의해 매사추세츠대학교 메디컬 센터에서 시작되었다. 카밧진에 따르면, 마음챙김 명상은 의도적으로 마음에 주의를 기울이는 법을 훈련함으로써 떠돌아다니는 수많은 생각을 줄이고 감각이 분명한 상태를 만드는 데 도움을 준다고 말한다. 그에 의하면 마음챙김이란 의식에 떠오르는 생각, 감정, 느낌을 비판단적인 방식으로 있는 그대로 지금-여기의 관점에서 알아차리는 것을 의미하며, 다음과 같이 일상생활에서 마음챙김의 자세를 배양할 수 있는 태도와 행동을 제시하고 있다(허휴정 외, 2015).

① 비판단적 태도: 성급한 결론을 내리지 않은 채, 자신의 경험을 있는 그대로 알아차리는 것
② 인내: 모든 것이 각자 나름의 속도로 진행되어 가는 것을 있는 그대로 내버려 두는 것
③ 초심자의 마음: 자신이 가진 선입견과 지식에 매몰되지 않고, 새로운 다양한 가능성을 수용하는 것
④ 신뢰: 자기 자신에 대해 기본적인 믿음을 가지는 것
⑤ 애쓰지 않는 것: 어떻게 되어 가고 있는지에 상관없이 지금-여기에서 자기 자신이 어떻게 하고 있는지에 대해 주의를 기울이는 것
⑥ 수용: 모든 것을 지금-여기 있는 그대로 바라보는 것
⑦ 놓아주기: 모든 것을 있는 그대로 받아들이고, 있는 그대로 내버려 두는 것

정신분석과 명상

저자가 정신분석과 명상에 관심을 가지면서 알게 된 사실은 붓다의 방식과 프로이트의 정신분석이 큰 틀에서 비슷한 접근 방식이라는 점이다. 그렇지만 불교도 분명 종교이므로 영성이 주는 커다란 영향력을 간과할 수 없다. 그럼에도, 첫째, 두 방법은 주관

적 체험과 기억을 객관화하며 주의와 관찰의 대상으로 삼는다. 자기인식을 이용한 인지적 방식이 우세하다. 정신분석가인 헤이븐스의 '역투사'[3] 기법처럼 환자 내면의 주관적 실체를 분명히 객관화시켜 관찰의 자료로 삼는 방법이다. 정신분석에서 자유연상 내용의 관찰과 공감 방식은 명상의 접근 방식과 거의 유사하다.

둘째, 정신분석은 일상에서 우리가 알아차리지 못하는 무의식과 꿈이 상징하는 함의를 찾고자 노력하였다. 불교의 가르침은 세상과 자기에 대한 경험은 과거의 경험이 투영하여 만든 착각, 환영이며 우리의 마음과 감각이 본질에서 의미 없는 것들을 중요하게 받아들인다(Cozolino, 2002, p. 182)는 것이다. 바꿔 말하면 '현실'은 외적인 사실이라고 믿도록 마음이 만들어 낸 현상이라는 것이다. 이는 불교의 가장 중요한 연기(緣起) 사상, 법화경에서 말한 일체유심조(一切唯心造)와 같은 맥락에서 알 수 있다.

셋째, 지금껏 우리가 연구한 프로이트의 억제는 방어 행위로서 의식의 기능으로 정의하였고, 저자는 회피 행동이라는 뇌과학적 모델을 사용하여 그 실험 사례와 기전을 자세히 설명하였다. 그런데 앞서 소개한 명상의 정의는 저자가 제시한 억제(회피)의 정의와 상당히 비슷하며 그 행위도 같다.

넷째, 불교의 연기론은 인과법칙(因果法則)으로, 원인과 결과의 조건에 의해 서로 영향을 받는다. 불교적 세상과 마음을 움직이는 이 원칙은 정신분석에서 결정론(決定論),[4] 동물의 기본적 학습 원리인 파블로프의 학습 및 도구적 학습과도 기본 원리가 같다.

다섯째, 현재의 상태가 어떻게 만들어졌는지 그 원인을 분석하고 깨달아 대처하는 것은 불교와 정신분석의 공통 목적이다. 두 방식은 주의와 관찰을 중요시하고, 이 과정에서 깨달음과 치유가 일어난다.

명상과 마음의 뇌과학

저자는 정신분석과 명상은 둘 다 동일하게 주의와 의식의 조절을 치료적 도구로 사용함을 알 수 있었다. 뇌과학자 에릭 캔델은 "서술 기억의 결정적 특징 중 하나는 서술 기

3) 진료실에서 치료자에 대한 투사를 '다른 사람'에 대한 투사로 전환하거나 치료자와 환자 사이에 매개하는 투사를 그들 앞의 공간 또는 화면으로 이동하는 방법.

4) 이미 발화했던 신경이 다음 발화에서 선택된다. 제6장의 '과학적 구상과 뇌신경 기능의 중요 원리 원칙 3: 충전된 신경 선호, 최저 저항의 원칙' 참조.

억의 회상에 의식적 주의 집중이 필요하다는 점이다."(Kandel, 2009)라고 말했다. 제16장에서 인용한 프로이트의 글을 다시 읽어 보자.

> 우리가 그 증상들을 일으킨 사건에 대한 기억을 떠올리고 그 사건에 수반된 정서(affect)를 불러일으키는 데 성공했을 때, 그리고 환자가 그 사건에 대해 가능한 한 상세하게 서술하고 그 정서를 말로 표현하였을 때, 그 증상들은 즉각적이고 영구적으로 사라진다(Breuer & Freud, 1895b).

명상에서도 주의는 필수 요소이다. 붓다의 말처럼 명상은 우리가 이미 가지고 있고 사용하고 있는 능력을 조금 더 계발하고 훈련하는 것이므로, 주의 훈련이 이론적으로는 어려운 것이 아니다. 주의가 어떤 대상을 선택한다는 것은 다른 대상을 배제한다는 것이며, 한 대상을 알아차리는 순간 다른 대상(번뇌, 망상)은 알지 못한다.

명상의 단계를 구분한다면, 마음의 갈등인 대상을 피하고 우선 호흡(감각)에 집중하는 훈련을 집중 명상(사마타)이라고 한다. 명상 초기에 스트레스와 불쾌한 생각에서 주의를 돌려 호흡에 집중하는 훈련을 하다가 주의, 집중을 잘 조절하면 일정한 대상과 생각, 감정에 효과적으로 집중할 수 있다. 그러면서 알아차림의 훈련이 반복된다. 평상시는 넓은 조망의 주의를, 집중할 상황에서는 초점 주의로 마치 조리개나 렌즈가 수축하듯 좁고 깊어진다. 저자의 생각으로는 느낌, 감각, 감정의 정서는 의식의 원천인 중뇌에서 분출하는 샘물이며, 의식과 주의의 필터를 잘 통과하는(늘 쉽게 알아차리는) 종류의 정보(체화된)인 것 같다. 특히 느낌과 감각은 1차 과정 정서이면서 몸에서 비롯된 의식이므로 뇌 안에 떠돌고 움직이는 듯한 감정, 생각보다 배제하기 어렵다. 그래서 느낌과 감각을 집중 명상의 베이스 캠프로 사용하는 것이 쉽고 안정적이다.

명상과 주의, 배제

저자는 명상이 주의의 이동이며, 주의 대상이 감각 기관이었다가 내부로 움직이는 그 과정이 알아차림(사티, Sati)이라는 것을 [그림 17-1](박용한, 2018)에서 재해석한다. 저자는 사티가 등가쪽 앞이마겉질(Dorsolateral Prefrontal Cortex: DLPFC)의 작업 기억, 주의의 집행 공간(제10장 [그림 10-7] 참조)을 은유한다고 추측한다. 집중 명상(사마타)은 주의가 매우 깊고 좁아지는 상태이고 주변 자극의 수용과 감각, 지각에서 철수하는 상태이다.

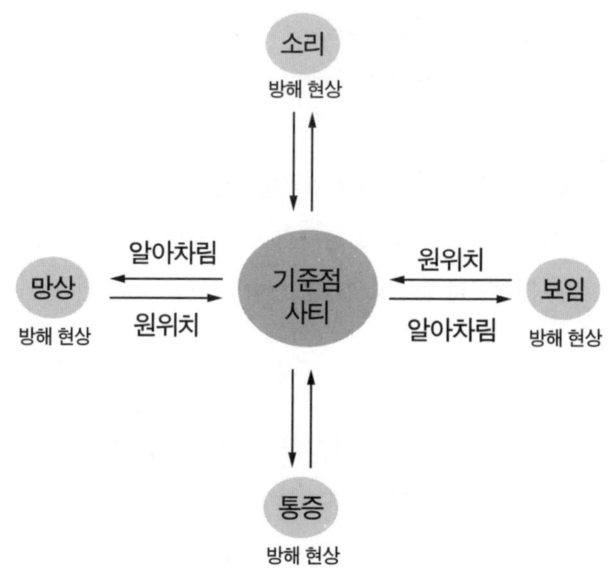

[그림 17-1] 사티와 작업 공간

저자가 명상이 억제 또는 회피 등 우리가 일상적으로 사용하는 거리 두기 방법에 기초한다고 말한 이유가 여기에 있다. 이렇게 일상을 넘어선 고도의 집중은 의식의 감시 장치를 해제하므로 야생에서는 전장에서 총을 버리는 것처럼 위험한 행동이다. 명상은 회피 대상을 분명히 하고 주의가 대체할 대상을 몸 감각으로 지정함으로써 뇌의 휴식과 주의의 이동, 관찰 훈련을 반복한다. 사념처(四念處)는 명상의 주요 대상이며 호흡은 신(身, 몸의 인식)에 속한다. 즉, 주의 대상을 몸 감각으로 단순화하여 나머지 일상에서 일어나는 복잡한 관념을 배제하는(억제, 거리 두기, 회피) 작업이 명상이다. 뇌의 안쪽 앞이마겉질 영역(Medial Prefrontal Cortex: MPFC)은 후띠겉질(Posterior Cingulate Cortex)에 연결되어 기본 모드 신경망(Default Mode Network: DMN)이라고 불리는 뇌신경망의 중심 또는 중앙선 허브를 조성한다. 기본 모드 신경망은 세 가지 대규모 신경망 패턴[5] 중의 하나로 휴식 혹은 대기 상태, 기관의 예열 상태, 내면에 집중한 상태를 말한다. 기본 모드 신경망에 돌입하면 다른 사람과 자기 내면의 정신 상태를 고려하는 것으로 알려졌고, 숙련된 명상가는 기본 모드의 활성이 감소한다. 잡념이 많아지는 우울증에서는 기본 모드가 과

5) 대규모 신경망(Large-scale functional network of Brain): ① 기본 모드 신경망(Default Mode Network: DMN): 쉬고 있을 때, 내면을 관심 두거나 '공감(empathy)'이라고 불리는 다른 사람들의 정신 상태를 느끼는 과정에서 나타남. ② 현출성 모드 신경망(Salience Mode Network: SN): 외부와 내부의 현저한 자극과 사건을 찾거나 기본 모드와 중앙 실행 모드의 전환에 관여함. 앞 섬엽, 등 앞쪽 대상회, 세 가지 기저핵-배쪽(선조체, 흑질, 덮개). ③ 중앙 실행 모드 신경망(Central Executive Network: CEN): 실행 기능, 작업 기억, 목적 지향, 문제 해결과제에서 나타남. 가쪽 이마엽-마루엽 신경망이 포함됨.

도하게 활성화된다. 명상의 나머지 과정에서 현출성 모드, 중앙 실행 모드를 순환할 수 도 있다. 명상에 익숙해지면 이 또한 도구학습되어 자동화 모드로 진입할 것이다.

선정과 깨달음 현상

선정(先正, Jhana)은 집중 명상의 중요 단계인데, 붓다는 여기서 무상(無常)과 무아(無我)를 경험하고 깨달음을 얻었다고 말하였다. 선정은 명상의 절정 상태로, 스스로 환경과 몸의 감각을 배제하고 자기의식을 작업 기억의 공간에 고립시킨다. 마치 손전등으로 어두운 빈방을 비추어 보는 것처럼, 감각과 지각이 차단되어 자아와 몸이 환경과의 경계가 없어지고 주변에 녹아들어 일체감을 느끼는 경험이 발생한다. 이렇게 의식의 자유로움을 느끼고 고통 없는 상태가 선정이며, 불가에서는 탐욕(貪慾), 진애(瞋恚, 성냄), 치암(痴闇, 어리석음)이 사라진 깨달음, 해탈과 열반의 과정으로 알려져 있다. 『나는 내가 죽었다고 생각했습니다』의 저자이며 신경과 의사인 질 볼트 테일러(Taylor, 1996)는 좌뇌의 급성 뇌졸중 경험 중 자아의 경계가 없어지는 현상을 경험하고 회복한 뒤 강연과 책으로 설명했다. 테일러는 머릿속에 좌뇌의 속삭임과 개체를 구속하는 자아가 사라진 상태가 너무 평화롭고 좋아서 불교에서 말하는 열반이 이런 종류의 경험이라고 생각했다. 앤드류 뉴버그(Newberg, 2016)는 스펙(spect) 영상 기술을 사용해서 종교적 · 영적 체험 중에 뇌의 신경 구조가 어떻게 변화하는지를 확인했다. 종교인이 신과의 합일을 느끼는 순간 앞이마겉질의 활성은 증가하고 마루엽의 방위 연합 영역(orientation area)의 활동이 감소된 것을 확인했다. 감정의 뇌과학자 르두는 저서 『불안』에서, 명상은 호흡이 유발하는 각성 시스템 제어를 통해 작업 기억을 외부 자극이나 자신에 관한 기억에서 격리하면 임의적 생각의 자유로운 흐름에 지속적인 집중이 유지될 수 있다고 하며, 이를 일종의 순수한 상태인 '무아(non-self)' 상태의 작업 기억으로 추측하였다(LeDoux, 2015, p. 407). 그는 무아의 마음 상태는 공포나 불안, 느낌의 인지적 형성을 막을 수 있고, 더 '자각적'이고 '아무런 판단 없이' '현재에 있는' 방식으로 생각하며 행동할 수 있어 정신건강에 이롭다고 말한다. 저자가 인용한 '억제의 실험'에서 보듯 억제/회피가 성공적일 때 주의와 작업 기억을 담당하는 rDLPFC의 활성은 증가했고 뇌의 하부 기관, 해마와 편도체의 활성은 감소했다. 만약 억제와 명상이 습관화되고 완전 몰입(선정)된 상태라면, 해마와 편도체의 정보 전달이 차단되고 마루엽의 방위 영역은 더욱 억제되지 않을까?

선정은 주의로 주변 의식을 최대한 배제하고 작업 기억에 고립된 상태, 정신 에너지는 가장 적게 쓰는 가벼운 트랜스 상태의 순수한 고차 의식 상태이다. 그러나 의식의 변화 상태 중 하나인 트랜스 상태는 인위적 방식(명상, 최면, 약물)과 수면, 백일몽(lucid dreaming), 기아, 탈수, 감각 박탈, 저체온증과 같은 상황에서도 자연 발생할 수 있으며, 불교 명상에서만 특정되는 상태는 아니다. 주의의 실행 기능은 정보가 작업 기억에 들어오는 것을 막고 배제할 수 있다. 그러다가 주의 훈련이 자동화되어 주의가 배제할 대상이 없고 고차 의식(알아차림)만 남을 때, 이를 무아의 상태라고 말할 수 있다.

어느 날 붓다가 선정에 의미를 부여함으로써 선정이 궁극적 깨달음의 길이 되었다고 볼 수 있다. 그러나 불교의 무아설은 '나(我)'가 있는가 없는가에 대한 담론이 아니라, 실체가 없는 것을 실체로 보아서는 안 된다는 철학적 의미가 중요하다. "따라서 '나'라고 하는 실체가 존재하는가, 하지 않는가?"라는 형이상학적인 문제는 평범한 수행자에게는 무의미한 것이다. 과학적 현상을 연구하는 저자의 '무아'는 무아를 관찰하는 고차 의식에 대한 것이다. 즉, 뇌과학적 현상에서 '무아(non-self)'란 없다.

대니얼 시겔의 '알아차림의 수레바퀴'[6)]

최근 미국의 소아정신과 의사 대니얼 시겔(D. J. Siegel, 1957~)은 불교 명상을 뇌과학의 용어로 번안하고, 훈련 프로그램을 만들어 그 설명서인 『알아차림의 수레바퀴(Wheel of Awareness)』를 출간했다. '마음의 수레바퀴'는 명상 훈련을 서양인에게 적용하기 쉽게 번안하고 이미지화한 창의적인 방법이다. 시겔은 수레바퀴의 형체와 바퀴의 테두리를 은유와 상징의 시각 이미지로 사용하여 반영적 훈련을 반복하였으며, 중앙의 바퀴 중심부는 자각 경험을 나타낸다. 바퀴의 테두리는 경험으로 알고 있는 다섯 가지 감각(오감)에서 정신 활동인 감정, 생각, 기억을 표상한다. 수레바퀴의 첫째 구역은 외부 세계의 자극을 경험하는 오감(five sense) 영역이다. 수레바퀴의 둘째 구역은 신체 내부 감각의 느낌을 아는 육감(sixth sense) 상태이다. 셋째 구역은 칠감이라 부르며 정서, 생각, 이미지, 기억과 같은 우리의 정신적 활동을 나타낸다. 정신 활동의 신경적 창출과 구성을 할 수 있는 영역의 훈련이고 자신을 관찰, 과거, 현재, 미래의 시간 여행이 가능하다. 넷째 구역은 팔감으로, 사회 혹은 세상과 나, 그리고 다른 사람과 나의 관계와 유대감(공감)을 나타낸다.

6) Siegel, 2018, p. 85.

시겔은 관계적 삶의 상호 연결성 훈련을 '친절한 의도(자비)'라고 이름 지었다. 그의 명상 훈련은 이러한 개념적 구역을 자신의 마음과 몸에 적용하여 느낌이 체화되도록 반복적인 훈련과 실천을 권장한다. 시겔은 명상 훈련을 통하여 참여자들이 보살핌, 달램, 안전하다는 느낌을 받으며 안정적인 정신건강을 유지할 수 있다고 설명한다.

통찰, 깨달음, 알아차림[7)]

통찰은 타인과 자신을 관찰할 수 있는 높은 수준의 인지 능력이며 정서적 공감 능력도 포함한다. 정신분석 초기의 프로이트는 안을 들여다본다는 뜻의 통찰(insight)을 매우 중요하게 생각하였다. "너 자신을 알라."는 그의 변하지 않는 생각이었다. 그러나 타인은 객관적으로 관찰해서 알 수 있지만 피부로 포장된 자신은 스스로를 관찰하지 못하며, 자아의 방해로 인해 알기가 더 어려운 것이다. 통찰 또는 위파사나(vipassanā)라는 말에서 위파사나는 붓다 시대의 팔리어(語)로 '명확하게 보기'라는 뜻이다. 일반적으로 정신분석에서의 통찰은 마음에 담긴 심리적 내용을 중요시하는 반면, 불교에서의 통찰은 마음의 본성을 보는 것을 강조한다고 설명한다. 이론적으로 통찰에서의 깨달음은, 사실을 명확히 볼 수만 있다면 저절로 감정(혐오)학습의 해소(소거)가 일어날 수 있다는 것이다. 관찰과 수정은 인지적-의식적인 것만을 뜻하는 것이 아니다. 인과관계, 조건학습, 즉 조건 자극과 조건 반응이 허구라는 것을 알게 되면(예측 오류) 인지적으로, 비인지적(비의식적)으로 오류가 수정된다. 그렇지만 관찰의 시작과 끝까지 어려운 환경 조건을 극복하고 수없이 반복해야 한다. 일단 트라우마의 충격에서 뇌는 쉬어야 하고, 한동안 안전한 인지적 공간에 은둔해야 한다. 저자는 이를 수동 회피라고 표현한다. 충격받은 사람들이 집에서 칩거하듯, 미동의 상태가 되고 다시 재충전을 기다린다. 이때 번뇌와 망상이라는 불편한 손님이 찾아오면 불편함을 느끼고 일체 연락을 끊은 채 방문을 사절한다. 이처럼 명상에서의 생각과 감정의 배제에서 오는 순기능은 휴식과 재충전이다.

7) 알아차림은 자아인식을 포함하기는 하지만 통찰보다 더 외부 지향적이고 타인을 포함한 외부 환경 전체를 향한다. 알아차림은 느낌, 감각과 더 직접 관련되고, 통찰은 말, 합리적 해석과 더 관련되어 있다(Hoffer, 2015, p. 217)

깨달음, 알아차림

헤네폴라 구나라타나 스님은 "위파사나는 세상에서 가장 쉬운 명상이며, 붓다가 깨달음을 얻은 방식"이라고 하였지만, 저자가 해 보니 독학 훈련은 쉽지 않다. 명상이 대중화되어 누구나 할 수 있다고 생각하지만 얕보면 안 될 것이다. 또한 마음의 수련이 어렵다면 그 어려움은 사실 자신의 변화에 대한 동기의 세기와 지속성에 있다. 정신적으로 아픈 고통의 경험이 있어야 동기가 발생하고 행동하려는 의지가 생길 수 있지만, 현대의 삶은 욕심만 부리지 않으면 그럭저럭 먹고 산다.

불교에서는 '깨달음' 그 자체를 추구하는 것이 명상과 선의 궁극적 목표라고 말하는데, 불교의 포부와 소망은 참으로 깊고 넓다. 명상은 의식을 이용해서 의식을 발전시키는 작업이라고 하는데, 자신감에 충만한 자아가 한층 성장한다고 한다. 깨달은 지도자는 사람이 스스로 자동 양식으로 존재하는 것에서 세상에 능동적으로 개입하도록 변화시킬 힘을 주거나 선택할 수 있게 만드는 힘을 부여받는다고 말한다. 불교는 정신적 초인, 슈퍼맨을 원하는 것일까? 마치 프로이트에 열광했을 때 사람들이 가졌던 무의식에 대한 기대와 '깨달음'에 바라는 기대가 비슷해지는 사회 분위기이다. 사성제에 나타난 사상이 알고 보니 인생은 무아(non-self), 무상이며 이를 통해 척박한 환경을 살았던 조상들이 물질과 영예보다 고통의 소멸을 원했던 참으로 간절하고 단순한 소망이었음을 다시 생각해 보자.

> 감정-생각이 녹아내리는 과정을 분명하게 보는 대신 환상에 불과한 그 생각들이 일어나는 것을 억지로 막았다면, 그 감정과 생각은 곧 다시 일어날 것이다. 감정-생각은 그릇된 망상의 뿌리, 일방적인 생각에 붙잡힌 끈질긴 집착이자 우리가 조건 지운 인식으로 형상화되었다.

이 글은 평상심 선종의 주창자인 샬럿 조코 벡(C. J. Beck, 1917~2011)이 자신의 책(Beck, 2007, p. 151)에서 소토종의 학자인 멘잔 젠지(M. Zenji, 1683~1769)의 말을 인용한 것이다. 이 글은 불교의 기본 철학인 연기법(緣起法)과 저자가 프로이트의 억압을 설명한 심리학의 조건학습, 결정론에 대해 말하고 있다. 명상의 깨달음 중 하나는 감정-생각의 인식 과정이 조건학습임을 깨닫는 과정이며 그런 궁금한 생각이 사라진 상태가 깨달음(사토리) 그 자체라고 말한다. 그가 말한 깨달음은 심리 철학이고, 자기인식의 변화이며, 논리가 단순하다.

저자는 평범한 우리의 '깨달음'이란 "자신의 마음과 감정을 알고 소통해서 즐겁게 사는 방법"을 아는 것이라고 낮추어 생각하자고 제안한다. 변화된 의식 상태, 트랜스는 우리가 의도하지 않아도 순간, 자연적으로 발생할 수도 있다. 붓다의 시대는 절박한 고통의 시대였고 지금은 보다 나은 삶과 행복을 추구하는 시대가 아닌가? 붓다 시대에 비해 지금 대중의 인지 능력과 생활 수준은 비교할 수 없을 정도로 높다. 자신이 해 봐서 도움이 되면 더 전진하는 것이고, 도움이 안 되면 더 시간 낭비하지 않는 것이다. 명상이 아니더라도 등산, 음악감상 등 여러 가지 즐거운 취미가 정신건강에 더 유익할 수도 있다. 그래서 저자는 명상의 가장 중요한 부분은 정신 에너지의 절약과 휴식이라고 소박하게 생각하기 시작했다.

일상의 인간관계와 업무에서도 판단 없이 열린 가능성을 두고 정보를 그대로 둔 채 필요한 것만 취하는 방식이 습관이 되면 의식과 자아가 불필요하게 애쓰지 않고 정신 에너지를 최대한 절약하게 된다. 삶의 순간에서 사물에 집중하는 방식이다. 교통체증이 풀리면 지나가는 차의 모양과 색깔이 보이듯, 마음이 단순하고 편할 때 자기 마음의 욕구를 비로소 알아차릴 수 있다. 알아차림의 수행을 거듭하면 대상에 반응하지 않고 집중하는 능력을 키울 수 있다. 이는 주의를 기울이면서 놓는 것(Hoffer, 2015, p. 217)이며, 대상을 관찰하지만 집착하지 않는 것이다. 명상 몰입이 습관이 되면 호흡, 주의 실행 제어를 수행할 필요가 없는 경지에 도달할 수도 있다. 그렇게 되면 최적의 휴식과 안정이 찾아온다. 하물며 선정에 도달하려고 애쓸 필요는 없다.

용서, 회피, 자비

용서(容恕, Forgiveness)는 마음의 상처로 인한 인간관계의 부정적인 감정에서 벗어나 자유로워지는 것이다. 사람들이 흔히 '내려놓는다'고 말하는 회피 또는 거리 두기이다. 용서의 행위는 비슷하나 억제, 회피보다 의미가 긍정적이다. 사람은 정신적 충격과 고통에서 분노와 공격성(억울함)을 느끼며, 그 표면상 이유가 무엇이든 원인의 제공자로 흔히 자신을 탓하고 죄책감, 자기혐오의 감정을 활성화한다. 이때 홀로 떨어져 고립감을 느끼는데, 이 감정의 원시적인 모습은 어미와의 분리 불안이다. 분리는 때로 공황 발작을 일으킬 정도로 강렬하다. 이 불안은 어미가 나타나서 안아 주는 포용(안전)과 양자 간의 화해("엄마, 나 혼자 두고 어디 갔었어?", "너는 왜 말도 없이 사라졌니?")로 해소될 수 있다. 사회에서 어미를 상징하는 품어 주는 대상은 신, 가족, 종교인(신의 대리자), 선생님, 치료자, 친구일 것이다. 자신이 용서의 주체가 될 수도 있으나, 이미 동기된 변연계의 강한 원시 감정은 생각의 합리적 설명을 무력화시키곤 한다. 상처받은 내면을 보면 마음의 고통이 발생하고 신체 증상이 발생한다. 그때 다시 호흡에 집중하면 내면의 고통을 회피하는 안식처가 되며, 여기서 휴식을 통해 마음은 다시 평온을 누릴 수 있다. 그러나 진정한 혐오(회피)학습의 소거는 마음의 상처를 점차 직면하여 고통의 연속을 경험한 후 대상이 더 고통스럽지 않다는 것을 깨달을 때 찾아온다. 그다음, 오히려 공감과 자비의 대상이 될 수도 있다. 공감과 자비는 혐오학습의 소거로 내면 수용성의 증가에 따라오는 결과일 것이다.

자비(慈悲, compassion)의 원천은 모성의 감정, 인간의 원시 감정 중 하나인 돌보기(care)에서 찾을 수 있다. 이는 사랑과 안전한 생존을 의미하는 용어이다. 정신적 충격을 받은 사람의 마음은 무너진 자아가 회복될 때까지 아기처럼 돌보아 주어야 한다. 종교의 영성은 결핍된 자아를 대신하고 강화하기 위해 큰 역할을 할 수 있다. 어미의 돌보는(care) 마음을 가진 대상-존재가 '초월적 중재자'라면 신은 가장 강력한 중재자일 것이다. 가족과 치료자도 이와 같은 역할을 하며, 정신분석에서는 치료자에 대한 전이가 이러한 역할을 담당한다.

종교는 피할 수 없는 상처는 그냥 내버려 두고(용서) 신의 사랑으로 극복하라고 위로한다. 신의 자비(慈悲)를 얻어 고통에서 회복하는 과정을 들여다보면, 동기화된 감정(신호 불안)이 고통을 또 만들지 않는다는 안전 확인에 의해 새로운 학습이 만들어지는 과정이다. 산 위에 비가 내리면 빗물이 샘을 만들고 하천으로 흐르는 것처럼, 초월적 중재자의 용서와 자비는 자신을 용서하고 타인과, 심지어는 가해자까지 용서하는 정서의 원천이 된다. 하지만 이는 사건의 직면을 회피하고 은신처로 후퇴하는 전략이다. 그래서 참된 용서의 바탕이 자비와 이타적 사랑이라고 말하는 것은 설득력이 부족하다. 자비는 가해자에 앞서 자신을 달래기 위함이고, 최상 중재자의 자비를 얻기 위한 것이다. 『받아들임』의 저자인 타라 브랙(Brack, 2004, p. 364)은 다음과 같이 고백한다. "우리가 자신과 타인에게 용서받았다고 느끼며 고통스러운 자책의 갑옷을 벗을 때, 비로소 우리는 명상 중에 진심으로 타인을 용서할 수 있다." 그녀는 '용서 구하기 → 자신을 용서하기 → 타인을 용서하기 → 자비 일깨우기 → 서로 일깨워 소통하기'를 마음챙김(mindfulness)의 과정이라고 한다. 이러한 자기 자비의 입장에서 『나를 사랑하기로 했습니다』의 저자 크리스틴 네프(K. Neff)와 크리스토퍼 거머(C. K. Germer)는 자기연민치료 프로그램[The Mindful Self-Compassion(MSC) Program]을 개발했다(Neff & Germer, 2018).

현실에서 해결할 수 없는 부조리한 상황에서 사람이 할 수 있는 선택은 이를 피하거나(거리 두기, 용서), 그냥 수용(受容, acceptance)하는 것이다. 사실 회피와 용서를 통해서 정신적 안정을 찾고 수용이 가능해지면 다행이다. 그러나 체념, 용서와 달리 수용은 지금-여기 있는 그대로 바라보는 것에서 출발하므로 충격의 시간에 가까울수록 괴롭다. 독자가 수용의 준비가 되었다면 자신의 문제나 고통을 볼 수 있는 자세가 되어 있다는 뜻이다. 그렇다면 이미 치유는 끝난 것이나 다름이 없다. 수용은 정신분석의 '훈습'이나 통찰 명상 과정으로 비교할 수 있고, 원시 감정학습을 소거하고 기대와 희망의 도구학습을 유지하는 단계이다. 정신분석의 궁극 목표가 방어적 대상이 결국 자기 자신의 일부임을 받아들이는 것처럼, 명상의 목표도 집중에서 배제된 번뇌 망상이 자신의 것임을 알고 받아들이는 것이다. 치료자는 어미의 상징이며 초월적 · 인지적 중재자이다. 만약 독자가 타인의 고통스런 마음을 들어 주는 위치에 있다면, 치료자라면 더욱 먼저 환자와의 관계에서 그의 반복적인 호소와 무례한 침범, 자신의 고통만 중요하게 생각하는 이기적인 태도를 받아 주는 모범을 보여야만 한다. 치료자가 환자의 고통스러운 경험에 대해 자세히 질문을 하고 공감하는 과정을 보여 주면, 환자는 거리낌 없이 자기 이야기를 하게 된다. 치료자의 비판적이지 않고 수용적인 태도는 자신의 경험만을 믿음의 기준으로 하여 관습과 관념을 따라 대상을 판단 · 예측해 온 사람에게는 매우 색다른 경험이다. 그리고 정말 운이 좋게 내담자가 치료자를 모방하여 수용할 수 있다면, 과도한 예측과 판단이 고통의 근원이라는 것을 서서히 깨닫는다. 성공한 치료는 치료자와의 관계에서 관계의 근원인 양육자와의 역동을 재연 · 재학습하면서 변화를 시작한다. 그래서 치료자의 공감은 수용의 첫 단계이고, 수용은 치료적 소통(관계)의 필수 요소이다.

명상이나 최면의 트랜스 상태도 변화된 의식이 전부일지도 모른다. 명상, 알아차림만으로 인성의 변화를 가져오지는 못한다. 대상관계의 상호작용에 따라 행동 유도(affordance) 틀이 체화(frameworks embodiment)하는 현상이 일어나 결국 공유하고 있는 의미와 가치가 확장한다. 상호작용의 선순환은 새로운 지각, 의미, 대화를 만들고 강화한다. 저자는 불교의 보살 정신, 자비를 심리 메커니즘으로 본다. 이는 트라우마에 의한 회피 행동이 기대 행동으로, 혐오학습이 도구학습으로 변환(PIT)되는 보상과 동기로 작용한다고 생각한다. 깨달음과 치료적 변화는 자비, 돌보는 마음을 통해 소망과 기대학습이 계속 이루어질 때 가능하다.

마음 관찰과 간단한 회피 전략: 생각 중단과 대상 이동

우리는 일상에서 사물이나 감정에만 치우치는 1차 의식 또는 장면 의식 상태로 살아가는 데 익숙하다. 일상에서 의식을 전환하여 자기와 내부를 관찰하거나 대상을 관찰하는 시간과 기회는 드물다. 도리어 직장에서 스트레스에 싸여 감정적으로 흥분하거나, 영화나 게임에 몰입하거나 꿈속 같은 생활로 인생 대부분을 그날그날 허덕이며 산다. 현명한 붓다는 고통스러운 마음의 안정과 인식 수련의 방편으로 명상을 통해서 마음을 관찰하기를 권고했다. 자신을 관찰하는 자기의식, 고차 의식은 마음 관찰의 단계에 도달하는 필요조건이자 우리가 이미 가지고 있고 좀 더 계발이 필요한 능력이다. 억제도 우리가 흔히 사용하는 의식의 조절 현상이다.

저자가 복잡한 과학 이론으로 설명했지만, 이를 응용한 실제 행동 요령은 간결하다. 우리 속담에 "소나기는 우선 피해 가라.", "급한 불은 끄고 본다."라는 말이 있다. 현재 닥친 큰 문제를 우선 빨리 피하고 나서, 후에 근본 대책을 세우라는 말이다. 우리가 가지고 있는 뇌의 정서 프로그램은 외부의 위험과 같이 마음에 침입한 정신적 충격을 회피하도록 진화했고, 그러고 나서 심각한 사건 기억은 소모적 갈등의 불씨를 끄고 의식에서 잊게 한다. 그러나 비의식은 그 감정과 흔적을 더 오래 기억하고 있다. 우리도 그 프로그램에 따라 살아왔다. 여기서 힌트를 얻는다면, 여러 가지 이유나 원인에 의해 충격적인 기억이 시간이 지나도 잊히지 않아 고통스럽다면, 그리고 현재 내가 당장 해결할 수 없는 문제라면 일단 그 문제에서 벗어나 생각하지 않는 노력(억제, 회피)을 하도록 권하고 싶다. 그러나 생각나는 것을 생각하지 않는 것은 정말 어렵다. 좋은 방법은 다른 대상에 집중(대체)하는 것이다. 그 대상을 향해 빨리 이동한다. 무엇이든 당장 편하고 쉽고 유익하면 더 좋다. 묵주 기도를 비롯한 기도 행동은 전반적으로 좋은 방법이다. 운동, 음악 등 취미 생활, 가벼운 공부에 집중하는 것도 생각을 회피하는 쉽고 좋은 방법이다.

붓다의 명상은 처음에는 오로지 자신의 들숨과 날숨을 느끼는 것에만 집중한다. 배 움직임에 감각을 집중하는 방법도 있다. 이 훈련은 현재 진행되는 번뇌 망상을 회피하는 방법이고, 뇌를 쉬게 하여 에너지의 충전을 기다리는 것이다. 그래서 르두의 예방적 회피 개념과 연결할 수 있다. 잘 진행된 억제/회피처럼 명상은 마음을 진정시키며, 과거 기억에서 현재로, 그리고 이 과정과 자기를 관찰하는 자기의식으로 주의를 이동시킬 수 있다. 명상 과정에서 저자가 억압/억제를 모델로 삼은 회피 행동, 3요인 이론이 적용되는 문제 대상의 회피와 대체의 노력이 반복 습관이 될 때, 혐오학습된 정서 사건을 소거할 수 있는 치유 훈련이 될 것이다.

명상은 집단 교육과 전문 지도자가 있어야 효과적이다. 그러나 그렇지 못한 저자의 환경에서는 좀 더 대중에게 편한 단계적 응용 훈련을 사용하는데, 환자의 강박적이고 불쾌한 잡념에 대해, ① '생각 중단(stop thinking)'을 외쳐 보라고 하였다. 소리쳐 보면 자신이 또 과거 사건의 번뇌와 망상에 빠지고 있다는 것을 다시 알아챌 수 있다. ② 다음은 '움직여라(move, 이동)'이다. 그리고 내적인 행동으로 빠지기 쉬운 주의 훈련(명상)이 아닌 외적 행동으로 회피, 대체를 바로 시작한다. 대화 주제의 전환, 음악, 영화, 게임, 운동, 요리, 청소 등과 같이 뭐든지 환경에 맞는 레퍼토리를 시작한다. 이 레퍼토리는 본인이 좋아하고 연습할 수 있는 것을 선택한다. 정신적 불안정, 불안, 우울, 강박감이 심한 상태에서는 몸을 움직이는 방법이 안정에 가장 좋다. 신체 감각의 느낌이 강한 운동이 좋다. 움직임, 대체, 회피, 거리 두기 등은 모두 마음 관찰 전 단계의 행동이다. ③ 필요한 약물치료를 병행하고 어느 정도 자신의 주의를 조절할 수 있을 때, ④ 마음을 관찰하자고 한다. 피할 수 있으면 우선 피하고, 피할 수 없으면 관찰하라는 것이다. 이때도 치료자의 역할이 꼭 필요하다. 사건과 그 기억 또 그 영향을 받은 마음을 살펴보는 습관을 갖도록 도와야 한다. 이 단계부터는 진료실 밖, 집과 직장에서 호흡 명상을 할 수 있다. ⑤ 마음 관찰로 거리 두기를 시작한다. 멀어질수록 용서와 수용이 다가온다. 서서히 마음의 평화가 찾아온다.

〈표 17-1〉 억압 억제 명상 공감

	불참	중간 단계		참여
정서, 인지	억압, 부정	억제, 거리 두기	주의와 배제	공감, 사회관계
행동	도주 수동 회피 얼어붙기	예방적 회피	능동 회피 명상(집중)	관찰, 직면, 명상 (통찰), 대화(소통)
진화	1	2	2	3

〈표 17-1〉은 억압, 억제, 명상의 관계를 정리한 것이다. 억압은 비의식적 학습 기억이며, 억제는 예방적 회피와 명상과 기본적 기전이 같다. 완전히 회복한 사람은 공감을 통해서 사회에 참여하고 동물은 먹이를 찾는 활동을 한다.

정신질환과 마음 관찰

일반인의 명상은 그럭저럭 실패와 성공을 반복할 수 있지만, 정신건강의학과 의사의 진료실에서 관찰과 정서의 교류, 협력 과정은 좀처럼 쉽게 진행되지 않는다. 치료자와 환자가 협조하는 것은 정말 어려운 조건들을 물리치고, 약하고 병식이 없는 한 영혼에 남아 있는 마지막 지혜에 호소하여 감정을 사로잡아 치료에 집중하고 협조를 이끌어 내는 힘겨운 일이다. 정신 내부의 병을 앓는 환자들은 주거 환경, 질병, 생활 스트레스 등 여러 가지 반복적 어려움에 매우 취약하다. 약한 정신세계를 가진 사람은 번뇌 망상과 두려운 장면 의식에서 벗어나기 어렵다. 이런 이들에게 명상은 있는 그대로의 내가 아닌, 기억과 감정에 변형된 나를 볼 수 있는 위험이 있다. 아니, 보지도 못하고 무너질 수 있다. 정신의 질환은 뇌의 생화학적 변화 때문에 망상, 착각이 생기고 불안이 따라온다. 자아는 병적으로 변형되어 있으므로 어떤 명상의 방식도, 깨달음도 이를 극복할 수 없다. 노화를 막을 수 없는 것에 비유할 수 있다. 만약 마음의 고통이 심리적 갈등 너머 정신질환에 의한 것이라면, 가장 좋은 방법은 무엇인가? 특히 정신질환을 치료 중인 사람이라면, 먼저 정신건강의학과 전문의의 도움과 진단을 받아 충분히 치료받아 보고, 더 필요할 때 전문의의 의견을 물어 명상 전문가에게 지도받기 바란다. 순서가 바뀌면 안 된다. 그 이유는 명상과 상담은 언제나 할 수 있지만 의학적 질환은 시기를 놓치면 안 되기 때문이며, 질환이 있으면 명상과 상담이 어렵고 불가능할 수도 있기 때문이다. 그 다음, 안정된 상태에서 마음의 관찰과 인지 훈련, 상담을 병행하기 바란다.

사례 M

오래전에 진료했던 M의 사례를 소개한다. 그는 처음 외래에서 생각 중단과 이동을 설명했고 잘 소화했다. 지금은 멀리서 직장을 다니고 있으며 간간이 잘 지낸다는 소식을 전해 온다. 몇 년 전 저자를 처음 찾아왔을 때, M은 20대 중반의 건설 현장 노동자였다. 그는 우울증과 무기력증, 그리고 인간관계의 문제가 심각했다. 일터에 가면 사람들 사이에서 발생하는 다소 경직되고 때론 거친 분위기를 견디지 못해서 힘들어하였다. 몇 번 혼나고 따돌림을 당한 후로는 다들 자신을 놀리는 것 같고, 꾸짖는 느낌이 들며, 또 자신이 하는 말이 상대방에게 부담을 주거나 버릇없다고 느끼지 않을까 하는 생각에 매우 조심스럽고 민감한 상태였다. 어린 시절의 그는 이혼한 엄마와 살면서 양아버지에게 자주 야단맞고 자랐다. 이복형제들과도 갈등이 있었고, 고등학교를 졸업하고서는 바로 집을 나와 건설 현장에서 일을 시작했다. 건설 인부들이 술을 좋아하다 보니 자연스럽게 어울려 술을 마시게 되었으나, 거친 그들의 태도에 항상 자극받아 힘들게 지냈다. 그는 무기력증이 심해져서 하던 일을 관둘까 고민하면서 상담을 해 왔고, 약물치료와 함께 핵심 감정인 두려움, 공포를 다루기 시작했다. 저자는 심각한 원시 감정의 원인이 아주 어려서 애착과 마음의 상처를 받았기 때문일 수 있어서, 이것이 고착되어 변화가 어렵거나 중도에 치료가 중단될 것으로 예상했다. 그러나 다행히 약물치료로 인해 정서는 빨리 안정되기 시작했다. 그는 명석했으며 자신을 고치려는 의지가 강해서 치료에 잘 따라와 주었다. 그는 얼마 지나지 않아 자신이 사람들을 두려워한다는 것을 새롭게 안식하기 시작했다. M은 원래 사람들을 두려워했는데, 너무 일상적이어서 그 감정을 특별한 경험으로 받아들이지 못했다. 그는 모든 사람이 두려운 존재가 아니라는 구별되는 경험[8]으로 느끼기 시작했고, 언제 어디서 어떤 조건에서 두려움을 느끼는지 관찰하고 보고하기 시작했다.

우선 치료자가 할 작업은 정서가 안정되어 예민함이 가라앉은 뒤 마음을 관찰하여 감정과 생각을 연결하는 일이다. 일상에서 마음을 관찰하는 방법은 감정, 느낌을 충실히 말로 보고하는 것에서 시작한다. 마음을 관찰하면 그 작용에 대해서 의문이 생기고, 의문이 생기면 스스로 해석과 분석을 하려고 한다. 그러다가 주의, 집중을 잘하게 되며 비로소 내 주변에서 무슨 일이 일어나는지 알아채기 시작한다. 이 단계에서 좋다, 나쁘다와 같은 판단은 최대한 하지 않아야 하지만 안 할 수는 없다. 하지만 지나치면 이 또한 관찰 대상이 될 수 있다.

"안다고 무슨 도움이 되는가?"

많은 환자가 던지는 질문이다. 무의식적으로 습득되고 학습된 감정과 행동은 자신이 알아차린다고 해서 당장 고쳐지는 것은 아니다. 그러나 알려고 노력하는 과정에서 긍정적인 변화를 시작할 수 있다. 관찰을 통해 주의를 집중하면서 무관한 대상-호흡으로 시작해서 두려운 감정을 서서히 반복적으로 느끼고 경험하면(가슴, 마음으로 아는 것), 아는

8) 저자의 용어로, 자주 경험하던 것이 관찰, 주의의 도움으로 더 새롭게 느껴지는 경험. 체화된 익숙함에서 벗어나 새롭게 느끼는 경험이나 상태, 자기인식, 관찰 현상으로 볼 수 있다.

것이 확실해지고 이제 더는 위험하지 않음을 비의식적 · 의식적으로 알아차리게 된다. 증상이 더 이상 지속되거나 강해지지 않음을 확신하면 안전에 대한 의심이 없어지고 불쑥 요동치던 감정이 점점 조절, 순화되며 자신의 예민한 감정과 행동이 변화한다. 마음이 편해지므로 다시 긍정적인 생각과 행동을 만들 수 있다. 이는 스키너의 도구(보상)학습의 원리로 잘 알려진 과정이며, 아팠던 만큼 성숙해진다는 표현으로 파블로프 조건학습–도구학습 전이(PIT)에서 충분히 설명했다. 길고 긴 진화의 시간에서 동물과 원숭이는 우연히 이 기회를 포착하지만, 사람은 의학의 발전과 정보, 앎과 의지의 힘, 같은 사람인 중재자(치료자)의 도움으로 바로 시작할 수 있다. 환자는 뇌 정서과학의 산물인 약물의 도움을 받아 학습을 더 강화하고 빠르게 극복의 단계로 도약할 수 있다.

우리 주변에는 왜 마음을 살펴봐야 하는지 모르고 살아가는 사람이 많다. 고통을 해소하는 방법을 모르거나, 안다고 해도 마음 편히 즐겁게 사는 방법이 너무 많기 때문이다. 그러나 혼자만 즐겁게 살다 보면, 자신은 좋지만 분명 타인을 불편하게 할 부분이 있을 것이다. 명상과 마음 관찰은 자신의 마음뿐만 아니라 타인의 마음을 헤아리는 공감과 상호 존중의 연습이 될 수 있다. 자기인식은 사회 인식으로 발전하고, 더불어 살아가는 사회적이고 행복한 삶을 추구하도록 도와줄 것이다.

제18장

요약과 토론

저자는 프로이트의 감동적이며 극적인 무의식-심리역동(갈등)을, ① 하(비)의식적 기억 반응과, ② 의식(서술) 기억의 하의식화(학습)라는 참으로 건조한 뇌과학 이론으로 전개한다. 저자는 뇌과학의 사실과 진실이 재미없는 이유에 대해 "복잡한 이야기를 단순화하고 정제하는 것이 과학이기 때문"이라고 변명한다.

– 『억압의 비밀과 마음의 뇌과학』(김보연, 2024)

억압과 억제의 개념

프로이트는 "억압의 기본 작용은 단순히 무언가를 의식에서 멀리 두는 것, 그리고 거리를 유지하는 것이다."라고 말했다(Freud, 1915a, p. 147). 또한 그는 억압된 기억이 존재하고 정신병리의 근원이라고 말했다. 프로이트는 히스테리(신경증) 환자의 정신, 신체 증상과 기능 부전이 억제와 억압의 결과이며, 흥분된 관념의 에너지가 만드는 대체물이라고 가정하였고, 히스테리 환자는 억압된 기억들 때문에 고통을 당하므로 억압을 취소하고 정신적으로 성숙한 관념으로 대체하는 것이 초기 정신분석의 목적이라고 하였다. 그리고 정신분석의 목적과 전략은 수정을 거듭했다.

저자는 프로이트의 역동적 무의식, 억압이 복잡한 기억과 의식의 현상이라 생각하여 자료를 찾아 연구하면서 마음의 뇌과학으로 분석하고 이해하기 위해 과학적 증거를 찾아보려 시도했다. 이 책에서는 역동적 무의식과 억압이 탄생하게 된 학문적 배경과 과정은 물론 관련된 마음의 뇌과학, 정신의학, 실험심리학에서의 마음 모델을 뇌과학과 진화의 입장에서 서술하여 독자의 흥미를 끌어내려고 노력했다. 그러나 '억압'이란 말은 그가 의도한 '적당히 피하는 것'의 의미가 아닌 '누르기', '압박하기'라는 뜻으로 번역자에 의해 오역되어 심각한 문제가 있었다. 더구나 프로이트가 억제와 억압을 혼용해서 사용하여 연구에 어려움이 있었지만, 그에게는 그럴 만한 이유가 있었으며 저자는 그 사정을 밝혀 과학적 해석을 할 수 있었다.

프로이트는 브로이어와 함께 저술한 『히스테리의 연구』(Breuer & Freud, 1895b)에서 히스테리와 억압의 현상을 정확히 기술하여 사례로 남겼다. 프로이트는 생각(관념)이 없는 빠른 반응이 1차 과정이며, 이 과정에 바탕을 둔 것이 억압이라고 주장하였다. 그는 억압된 무의식적 생각은 대부분 의식으로 옮길 수 있다고 생각했다. 그리고 신체 회피 반응, 즉 증상이 있으니 원래의 기억이 당연히 같이 따라와야 한다고 생각했다. 이 오류는 중대하지만, 당시의 학문 수준에서는 있을 수 있는 오해였다. 저자는 그가 남긴 저서 『과학적 심리학 초고』(Freud, 1895)에서 히스테리 억압의 전형으로 생각한 엠마(Emma)의 증례를 살펴보았다. 그가 설명한 질병의 근원이 되는 병원성 관념과 연상되는 상징과 대치의 개념이 고전적 조건학습과 같은 현상이라 생각하였다.

한편, 프로이트와 동시대의 파블로프는 두 개의 대상이 하(비)의식에서 연합하는 고전학습의 실험 결과를 발표했다. 프랑스의 정신의학자 피에르 자네는 의식 시스템이 의식과 잠재의식의 두 가지로 나뉘며, 히스테리와 해리의 빠른 신체 1차 반응이 과거 기억과 독립된 반응이라고 주장했다. 물론 프로이트도 의식 시스템의 일부가 의식화할 수 없다는 것을 알았지만, 자네의 견해를 무시하고 억압의 심리적 역동 모델에 근거한 심리 구조 가설을 만들기 시작했다. 프로이트는 '억압의 귀환(학습된 불안의 재발)'을 관찰하고 환자가 과거 기억을 복구하는 과정에서 기억의 억압과 무의식을 연결한 가설을 탄생시켰다.

감정학습의 본질은 단순 상징이 학습되는 하(비)의식 과정으로 현실의 사건을 기억하는 과정과는 별개이다. 또한 사건 기억 자체는 당시의 스트레스에 의해 발생한 화학 물질로 해마에서 장기 기억의 변환이 차단되어 잊어버리기 쉽다. 그리고 이에 따른 불쾌감으로 인해 사건 이후 억압, 억제가 망각을 가속한다. 신체 반응을 담당하는 하부 뇌는 생존을 위한 감정 기억과 반응을 오래 기억하며, 이후 유사한 자극(상징)을 만나 학습 반응으로 겉질 하부의 방어-생존 회로만 작동하여 증상을 재발(복원)한다. 이렇게 과거의 기억과 단절된 채 신체, 감정만이 반응으로 나타나면 당사자는 그 원인을 알 수 없다. 프로이트는 이러한 현상을 임상에서 자주 경험했으며, 이 기억의 결합에 궁금증을 가지고 억압의 가설을 제안했다.

저자는 역동적 무의식을 설명한 1차 과정이 마음의 뇌과학 측면에서는 파블로프의 혐오학습이며, 사건 기억과 관계없는 하의식(비서술 기억) 시스템(방어-생존 시스템)이 동기화된 것이라고 말했다. 즉, 생존이라는 가장 중요한 목적을 위해서 자동화된 방어 과정의 일부이며, 동물 모델에서는 수동 회피학습으로 그 기전을 여러 가지 근거를 제시해 설명했다. 만약 스트레스 사건 기억, 특히 감정 기억이 장기적으로 남아 있다면 우리의 뇌는 불쾌한 사건과 감정을 회피하기 위해 의도적으로 억제한다. 이 노력은 감정의 이익이라는 보상이 있기에 반복되면서 행위(도구)학습되며 사건 기억의 망각을 도와준다.

저자는 억압된 기억이 트라우마에 의한 감정 기억임을 제시했고 이것을 하(비)의식의 수동적 과정이라고 정의할 때, 한편으로 고통을 피하려는 의도적 억제는 의식적 능동적 회피행동이며 스키너의 도구학습 원리에 따라 이 역시 자동적 하(비)의식으로 전환된다고 가정했다. 프로이트의 '억압'은 자연 치유적 측면에서 '억제의 학습'을 통해 고통의 극복과 사회적응이라는 진정한 자기방어와 사회 적응이라는 순차적 목적을 달성한다. 에르델리는 "프로이트는 억압을 활동적이고 의도적인 과정으로 의미를 변환시켰으며, 복잡한 정신적 과정은 의식의 가상 경계를 넘음으로써 의식적이거나 무의식적일 수 있다고 하였다."라고 말했다.

저자의 비약일지도 모르지만, 억압의 원류는 먼 과거에 생물의 탄생 시기부터 원생동물이나 박테리아가 먹이에 접근하고 해로운 자극을 피하던 적응적 조절 행동에서 찾아볼 수 있을 것으로 보인다. 저자는 동물의 얼어붙기, 은폐 행동이 억압과 상응하는 행동이라고 생각한다. 사람들의 경우, 억제(회피)가 생활화되면 사회에서 금지된 행동을 미처 인지하지 못하거나, 인지하더라도 행동을 조절하지 못하는 경우가 많다. 인식과 행동 사이의 간격에 영향을 주는 복잡한 요인은 학습을 연구하는 인지과학과 마음의 뇌과학에서 상당 부분 설명할 수 있다. 학습은 기억과 망각, 인지 조절의 기본 메커니즘을 제공한다. 저자는 억압을 최근 뇌과학의 **인지 조절** 개념과 병렬 대치하여 주제의 차원을 전환하였고, 동기와 회피의 학습 모델을 제시하였다. 억제의 학습은 앤더슨, 드퓨 같은 뇌과학자의 억제 연구와 델가도의 인지 평가 실험처럼 기억을 관리하는 기관(내후각겉질, 시상)에 대한 억제를 통하여 해마에 직접적인 영향을 주거나(인출 억제) 다른 생각으로의 대체가 습관화될 수 있다. 파블로프의 학습은 도구학습으로 전환되며 3요인 학습 이론에 적용한다면 억압, 억제, 억제의 학습이 한 세트의 자연 회복 과정임을 시사한다.

지금까지의 연구 결과, 프로이트가 관찰한 무의식적 억압, 전통적 정신분석에서 억압의 의미는 사건 기억과 무관하게 압도하는 하의식 기억 시스템의 특성을 오해한 것으로 추정된다. 상부 뇌에서 의식 기억이 무의식화되는 과정은 의식적 억제가 습관화된 '도구적 학습' 현상이라는 것이 저자의 뇌과학적 해석이다. 정신적 외상과 같은 의미인 혐오 학습, 사건의 충격과 그 기억 회상의 자극이나 유사 자극으로 방어-생존 시스템이 동기화될 때 분비되는 스트레스 화학 물질의 기억 차단 효과도 억압의 현상을 설명할 때 꼭 필요한 요인으로 고려해야 한다.

세 가지 의문에 대한 대답

이제 저자가 서두에 던진 프로이트의 세 가지 의문에 대한 대답을 정리해 보기로 하겠다.

어떤 종류의 정신적 충동이 억압당하기 쉬운가

우리는 용어의 고찰을 통해 프로이트 본인이 의도한 억압의 의미는 관념을 자기에서 멀리 밀어내거나 회피하는 의미였고, 이 현상을 심리학의 동물 모델과 억제 모델을 통해서 유추할 수 있으며, 정신적 대상의 회피(mental avoidance)라는 것을 알았다. 사람이 피하고 싶은 현재 사건의 정신적 강박(되새김), 충동은 불쾌하고 고통스러운 감정과 이를 불러일으키는 사건과 감정 기억이지만, 이를 회피하면 정서적 안정이라는 동기가 발생한다. 반복 회피, 회피학습 및 습관화로 감정이 진정되고 사건은 잊힌다. 시간이 지나 사건 기억이 잊힌 상태에서도, 원치 않는 하(비)의식의 학습 기억이 비교적 오래 남아 있게 된다. 이 하의식의 기억은 원래 사건 당시와 유사한 자극이나 현재의 스트레스에 의해서 유발되고 신체 및 정신의 반응(증상)도 활성화되나 사건 기억을 활성화하지 못한다. 따라서 억압되기 쉬운 충동(억압의 귀환)이란 하의식 기억 시스템, 즉 방어-생존 시스템(defense survival system)이 활성화된 유사 외상후 스트레스 상태라고 말할 수 있다.

어떤 힘이 억압하는가

따라서 억압의 힘이란 뇌 안의 '호문클루스'가 어떠한 무의식적이나 인위적인 힘을 작용하는 것이 아니라 뇌신경이 생존을 위해 진화한 자극을 기억하고 반응하는 방어-생존 프로그램의 일부가 작용하는 것이다. 이 힘은 1차 정서 의식 감정과 2차 정서 의식 학습 과정에서 기원하는 뇌신경계와 마음의 에너지가 원천이다. 억압을 감정 기억의 부활(억압의 귀환) 측면에서 볼 때, ① 현재의 스트레스, ② 신호 자극, ③ 사건 맥락의 자극으로 하의식에서 활성(각성)된다. 기억의 조절(억제) 측면에서 볼 때, 고통을 피하려는 의지적 작용과 이의 강화학습(도구학습)에 의한 것이다. 정신적 외상 사건의 충격은 부신피질 호르몬, 카테콜아민 같은 스트레스 관련 물질이 기억 억제와 앞이마겉질의 통제, 차단에 관련된다는 사실도 잘 알려져 있다.

억압의 동기는 무엇인가

의식은 불특정 포식자의 불안과 공포를 예측하고 조절하기 위해 진화한다. 그래서 진화와 의식의 측면에서 억압의 동기는 포식자를 피하고 위험을 기억하기 위한 생존 전략이다. 진화 과정에서 먼저 만들어진 이 기억 시스템 작동 방식의 특징은 비슷한 자극의 민감도를 높여 시스템 각성을 유도하고 조기에 방어를 활성화하는 경보 시스템이다. 나중에 진화한 인지 조절, 즉 기억 억제 시스템(측면)에서의 동기는 고통을 피하고 마음을 안정시켜 신체의 균형을 유지하기 위한 또 다른 방어 전략이다. 실험에서 밝혀진 바와 같이 반복적인 억제-회피 행동은 특정한 기억을 억제하여 망각에 도움을 준다.

요약

저자는 프로이트의 억압과 기타 병리 용어가 의미하는 정신분석의 개념을 설명할 수 있는 뇌과학적 사실을 탐구하는 과정과 뇌과학적 사실에 맞는 증례와 억압, 억제의 실험적 근거를 찾는 부분에서 상당한 노력과 시간이 필요했다. 저자는 안나 프로이트가 정의한 무의식의 '억압'과 의식의 '억제'라는 조작적 개념을 억압 현상은 하(비)의식의 고전학습 현상으로 설명할 수 있었고, 여러 연구자가 성공한 의도적 억제 실험과 동물과 사람의 회피학습 실험을 정신 모델로 환원하여 '억제' 또한 도구학습이 가능함을 논증하였다. 그래서 억제는 습관학습이 가능하며, 억압, 억제, 억제의 학습은 한 세트의 정신 과정임을 제시하였다. 이것이 프로이트가 말한 억압에 대한 저자의 뇌과학적 측면의 종합적 결론이다. 여기서 저자의 연구가 완성되었다.

이 책의 내용을 다음과 같이 요약하였다.

첫째, 저자는 역동적 무의식을 포함하여 뇌겉질 밑의 학습된 정서-행동 과정을 비서술 기억 시스템 또는 하의식(기억), 방어-생존 시스템이라고 말한다. 프로이트가 1차 과정과 상징의 대치로 설명한 무의식적 억압이 본질적으로 파블로프의 고전학습에 의한 감정학습이며 비서술 기억 과정과 조건학습의 결과임을 그의 초기 저작과 증례를 통하여 밝혔다. 억압은 복합적인 기억 생리 과정, 의식 현상이라는 것을 과학적 근거로 설명하였다. 또한 억압은 욕동을 억압하는 목적보다는 생존을 위한 경고 신호이며 진화의 산물임을 설명하였다.

둘째, 뇌겉질 아래의 하(비)의식 기억, 즉 방어-생존 시스템은 생존 반응이며 감각 자극과 조건 자극이 뇌의 시상과 편도체를 거치고 뇌의 겉질을 경우하는 반응 과정보다 속도가 빠르다. 비의식적 정신, 신체 반응을 대표한다. 그리고 하향식 정보 전달로 과거의 사건 기억과 연결하지 않는 독립적 체계이다. 프로이트의 주장인 '무의식적 억압'은 환자가 정신적 · 신체적 고통에도 원 사건을 기억하지 못하기 때문에 나온 설명이었으나, 이 시스템은 기억과 무관하다.

셋째, 정신 외상적 사건에 대한 기억과 신체 반응은 비서술 기억으로 저장 · 학습되며 맥락, 물리적 유사 자극, 스트레스 등의 내적 자극으로 다시 동기화되어 증상이 재발한다. 프로이트는 이를 '억압의 귀환'이라고 하며 억압된 갈등의 에너지가 변환된 것이라고 주장했다. 이는 프로이트의 잘못된 가설로, 저자의 마음의 뇌과학은 하의식의 감정 기억(장기 기억 시스템)이 각성한 신체 · 생리 반응으로 설명한다.

넷째, 저자는 억압에 의한 방어-생존 시스템의 동기화와 의도적 억제에 대해, ① 혐오학습의 회피 행동과, ② 도구적 습관학습의 두 가지 기전으로 억압/억제의 뇌과학적 모델을 제시했다. 부정적 사건에 대한 기억의 억제는 실험적으로 입증되었다. 의식적 억제(회피) 현상은 등가쪽 앞이마겉질(DLPFC)의 수행 기능이며, 해마의 장기 기억에 직간접으로 작용하는 기억 조절 과정이 있다는 가설이 제시되었다. 저자는 불쾌한 고전적 공포학습 이후 도구학습의 형태로 의식적 사건이 비서술적 기억으로 자동학습되는 억제의 전향성 모델을 제시했다. 이는 정신 외상을 겪은 사람들의 예방 회피라는 개념과 비슷하여 공포학습이 소거되는 전 단계로 정신건강에 긍정적인 영향을 준다.

다섯째, 외상적 사건의 충격과 진행 정도에 따라, 부신겉질-뇌하수체 스트레스 호르몬의 분비와 교감신경의 과도한 각성, 배측 미주신경의 활성화에 의한 해리 현상은 해마에 직접 영향을 미쳐 초기 사건 경험의 응고와 재생이 방해받거나 장기적으로는 신경세포를 손상하는 방식으로 기억에 영향을 미칠 수 있다.

여섯째, 정신분석치료에서 사건 기억의 회복이 치료 효과가 있다는 증거는 없다. 억압된 혐오학습은 하의식의 방어-생존 반응을 동반하며 끊임없이 수정하고 변하는 역동적 구조이다. 자유연상으로 기억을 다루는 과정에서 사건 기억의 경험과 그와 연결된 감정을 표출하고 이미지를 노출하는 전통적 의식적 · 비의식적 방법은 감정학습의 소거와 새로운 학습을 만든다.

일곱째, 억제와 억제의 학습(회피학습)이 억압의 소거에 유리하며(유해 자극 차단), 특히 억제 행위가 습관학습으로 전이되면 상당한 치유 효과가 있다. '조건학습-도구학습 전이' 현상에 의해서 억압과 억제는 한 세트의 진화적 과정임을 알 수 있다.

여덟째, 대부분의 갈등과 심리적 문제는 억제 혹은 억제의 학습으로 조절할 수 있다. 억제의 심리적 기전을 명상의 방법과 동일한 것으로 추정하여 의식을 활용한 억제의 자연 회복과 치유 기능을 강조하였고, 집중과 고차 의식 훈련으로 치유적 기능을 확장할 수 있다.

아홉째, 감정학습은 원래의 사건 기억과 독립된 구조라서 후에 재발되면 사건의 기억이 어렵다. 그리고 도구학습을 통한 억제의 자동 회피, '억제의 학습' 현상도 비의식화 과정이므로 이 과정이 정신분석의 '저항'으로 표현될 수 있으며, 치료자가 하의식적 · 비의도적 현상을 이해하면 여유 있는 자세와 공감을 가질 수 있다.

열째, 의식의 생물학적 의미는 자연과 내부의 대상을 관찰하고 감시하는 것이다. 또한 인류는 의식의 관찰 기능을 통해서 생각을 확장하여 철학과 심리학, 자연과학과 문명을 발전시켜 왔다. 마음의 뇌과학을 통해 우리는 자연 대상과 내부 장기 대상이 뇌에도 비슷하게 복사되고, 몸과 뇌는 복사된 대상과 함께 경험하고 위험의 신호를 체험하며 기억하고 반응 전략을 만들어 낸다는 것을 알았다. 비로소 의학과 마음의 뇌과학은 인문학 배경의 추상적 인식론에서 벗어나 생물학 기반, 뇌과학 기반의 인식론을 세웠다.

저자는 이 연구의 결론을 다음과 같이 순환하는 3단계의 기억 과정으로 요약한다.

① 정신적 외상 사건 → 파블로프의 혐오(공포)학습 → 하의식(비서술) · 서술 기억에 저장(원시 억압, 수동 회피)

② 최근 사건 기억의 자발적 반추, 불쾌한 혐오 감정의 억제를 반복 → 억제의 도구(회피)학습 → 습관화(능동 회피, 자동 회피) → 혐오학습의 소거 → 사건 기억 미사용 →

망각(자연 회복)

③ 현재의 스트레스, 과거 사건과 비슷한 환경(맥락)이나 신호 자극 → 소거된 혐오 학습의 역전, 복원, 재생으로 증상 재발, 이 시점에서 사건 기억은 없음(본유 억압, 수동 회피) → 자연 회복, 전문 치료, 상담

이 몇 개의 문장에 프로이트 억압의 비밀이 담겨 있다. 프로이트를 비롯한 억압의 많은 연구자는 서로 독립적이며 전향성인 ①, ②의 과정과 역행성 과정인 ③을 혼동하였다. 정신분석의 모든 사례는 ③의 과정을 분석하는 과정이다. [그림 18-1]은 이 내용을 더 단순화한 것이다.

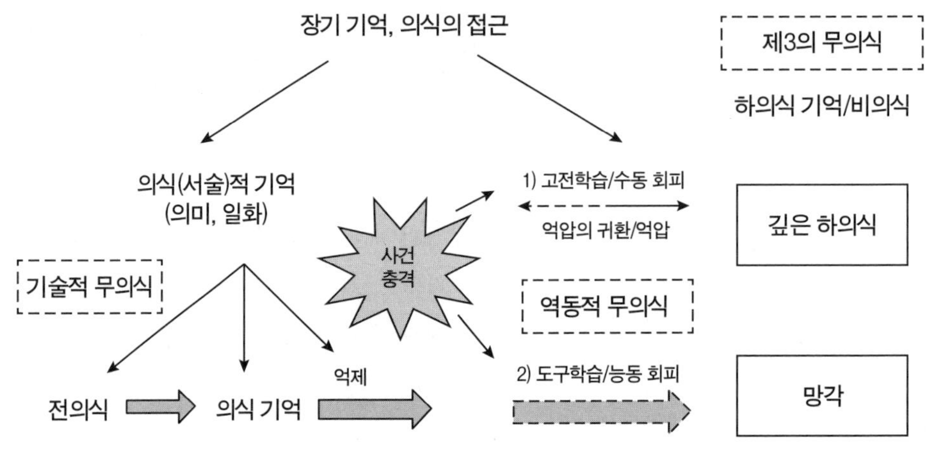

억압과 억제에 대한 저자의 해석은 깊은 하의식 시스템에서 일어나는 감정 기억의 부활이 고전학습이며, 의도적 억제가 의식(서술) 기억에서 도구 학습으로 망각에 이르는 두 과정이다.

[그림 18-1] 기억의 분류에 적용한 억압/억제

이제 프로이트의 정신분석과 무의식의 역동 이론과 가설은 과학적 근거를 확보했으므로 수정하고 개발해서 더 나은 치료 기술로 거듭나야 할 것이다. 앞서 설명한 대로 억제/억제의 학습은 정신적 충격과 고통을 이겨 내기 위해 우리가 가진 적응 기술이며, 예방적 회피라는 치유 기전을 가지고 있다. 또한 명상, 생각 중단, 대상 이동 등 다양한 인지 조절 전략의 하나로 활용하면서 정신건강의학과 의사에 의한 약물치료를 함께 적용할 수 있다.

토론

저자가 프로이트의 억압 이론을 뇌과학으로 설명하는 동안 독자들이 흥미로운 마음과 뇌과학 세계를 조금이나마 경험할 수 있었다면 참 다행이다. 저자는 뇌과학 연구의 실험 결과에 바탕을 둔 생물학적 통찰을 가지고 정신분석의 가설과 경험을 다시 쓰고 싶었으며 다행히 소정의 좋은 결과를 얻었다. 연구 중 프로이트와 켄델의 저서를 공부하면서 감동하여 '마음의 뇌과학'이라는 용어로 저자가 추구하는 개념을 만들었다. 프로이트는 『쾌락 원리 너머(Beyond the Pleasure Principle)』(Freud, 1920)에서 다음과 같이 말했다.

> 만약 우리가 이미 심리학적 용어를 생리학적 또는 화학적 용어로 대체할 수 있는 위치에 있다면, 우리에게 부족한 설명은 아마도 사라질 것이다. 생리학과 화학이 가장 놀라운 정보를 제공할 것으로 예상할 수 있으며, 우리가 몇 십 년 동안 제기해 온 질문에 대해서 그 어떤 답이 나올지 추측할 수 없다. 그것들은 우리의 인위적인 가설 구조를 통째로 날려 버릴 수 있는 종류일지도 모른다.

한때 정신의학도였던 에릭 캔델은 강연과 저서에서 정신분석학에 대한 특별한 관심을 보였다(Kandel, 2005. p. 64).

> 정신분석이 활력을 찾기 위해서는 일반 생물학은 물론, 특히 인지신경과학과 더욱 밀접한 관계를 맺어야 한다. 개념적인 관점에서 인지신경과학은 정신분석의 성장을 위한 새로운 기반을 제공해 줄 수 있다. 그리고 그 기반은 메타심리학보다 더 만족스러울 것이다.

의식과 기억 그리고 정신분석을 연구한 두 학자는 공통적으로 과학적 근거가 이론과 가설을 유지하는 기반이라는 상식을 말하고 있다. 특히 캔델은 정신분석의 한계를 알고 부족한 부분을 부지런히 인지신경과학에서 빌려오고 참조해야 한다고 강조한다. 그는 『정신건강의학을 위한 새로운 지적 구조 모색(A New Intellectual Framework for Psychiatry Revisited)』(Kandel, 1999, 2005, p. 63)에서 정신건강의학과 정신분석이 앞으로 무엇을 어떻게 해야 하는지를 설명했으며, 그 제안은 이 책에서 소개했다.

캔델에 의하면, 뇌의 진화는 계획적인 것이 아니며 그때그때 필요한 것을 추가하는 땜질 방식이다. 자연은 먼저 진화한 뇌겉질 아래 방어-생존 시스템을 이런 방식으로 나중에 만들어진 상부 앞뇌 시스템에 조금씩 접합했는지도 모른다. 그래서 상부 뇌와 하부 뇌의 상호 소통은 매우 중요하지만 계획이 없는 작업이었기에 수많은 문제(정신질환)를 만들고 있다. 이 책을 통해 독자들은 진화생물학 입장에서 뇌가 두 가지 독립된 시스템으로 상호작용한다는 것을 알아야 하고, 기억 및 정서의 뇌과학에 대한 이해도 필요하다.

독자 중 누군가가 저자에게 "어쨌든 불쾌한 기억을 망각하거나 망각을 가속시킬 수 있는 무의식적인 과정이 존재하는 것이 과학적 사실로 드러나지 않았는가? 그리고 '억제의 학습'도 비의식적 과정이며 억압/억제의 조작적 정의를 떼어 낸다면 그것이 바로 프로이트가 말한 본래 의미의 억압이 아닌가?"라고 질문할 수 있다. 저자는 "프로이트가 무의식의 억압/억제 현상은 경험으로 알았고 가설로 설명했지만 저자는 실험 연구 결과를 모아 과학적 입증을 시도했고 성공했다."라고 대답한다. 프로이트는 억압과 억제를 혼용해서 사용했다. 의식의 두 가지 독립적 과정을 무시하고 같은 차원(정신역동)에서 보았고 메타심리학으로 가설을 세웠다. 저자는 억압 가설의 오류를 수정하고 인지 조절과 도구학습으로 기억의 망각이 가속화됨을 설명했다.

앞으로 정신건강의학이 새롭게 발전해도 프로이트에서 시작된 "억압된 무의식을 알아야 한다."라는 정신분석의 가르침은 환자의 부주의한 삶에 여전히 도움이 되며 임상에 필요하다. 치료와 안정은 아는 것 너머의 돌보기 차원이기 때문이다.

저자는 '억압'의 전통적인 무의식 개념에서 한 걸음 더 나아가 의식적 억제(회피)의 노력이 학습된다는 것과 이 단계가 치유와 자연 적응의 과정이라는 것도 밝혔다. 저자는 약물치료와 병행하여 증상에 따라 억제를 좀 더 체계적으로 훈련시킬 수 있는 간단한 방법을 진료실에서 교육하고 있다. 이렇게 고통에 잠긴 마음의 치료는 뇌의 상부와 하부 시스템, 좌뇌와 우뇌를 모두 다루는 입체적 통합적 전략이 바람직할 것이다. 저자는 연구 도중 포괄적 억압의 의미, 즉 억압/억제, 억제의 습관이 만들어 낸 한 세트가 진화적 학습 과정이라는 것을 알게 되었다. 그래서 이 과정의 긍정적인 의미와 활용 가능성을 발견한 보람이 있었다.

프로이트는 억제가 행동(운동) 기능을 넘어 정신 활동에도 적용될 수 있다고 생각했다. 1950년대에 행동주의가 쇠퇴하자 인지심리학자들은 신경세포의 흥분-촉진 작용과 억제(통제)의 상호작용에 영감을 받아 주의 집중, 기억, 언어 등 인지 연구의 이론적 기초를 만들었다. 인지 조절 과정으로서의 억제, 통제는 앞이마겉질의 통합 기능과 연결되어 있다. 그리고 과학자들은 다시 생각이 어떻게 행동이 되는지 더 세밀한 연구를 진행하고 있다(Badre, 2020). 저자는 일련의 인지 조절 과정들이 망각에 얼마나 영향을 주는지 여전히 궁금하다. 그리고 억압/억제, 신경증의 본질이 학습에 있으므로, 지금까지 우리가 밝혀낸 억압의 비밀을 바탕으로 정신분석과 정신치료에 어떻게 활용할 것인지, 그리고 앞으로 어떠한 치료 방법을 개발해야 하는지 계속 연구해 보고자 한다.

후기

오늘날 신경, 생물, 인지과학의 발전으로 인해 과학적 체계로서의 정신의학, 마음의 뇌과학은 상당한 발전을 거듭했다. 그러나 정신치료의 모태인 정신분석은 아직도 뇌과학의 발전에 상응하는 변화가 부족하고 학문적 배경은 개인심리학과 의과학 경계의 차원에 머무르고 있다. 저자는 마음의 현상을 정확히 서술한 프로이트의 무의식은 과학적으로 증명할 수 있는 주제라고 믿었으며, 정신분석의 토대인 '억압'을 현대 마음의 뇌과학 이론에 적용하여 재해석함으로써 정신분석을 응용하는 학제 간의 소통을 쉽게 만들고 통합과 발전의 계기를 시도하였다. 그 결과, 이 책에서 뇌과학에 기초를 둔 정신분석에 대한 해석이 어느 정신분석 이론가의 해설보다 명확히 근거를 제시하므로, 독자들은 전보다 깊은 이해와 통찰을 가지게 될 것으로 생각한다.

이 책은 긴 여정의 마무리 단계에 도달하였다. 책이 완성됨에 따라 저술 기간 중 돌아가신 아버지에 대한 그리움이 새록새록 마음에 올라왔다. 저자가 오랜 기간 끈질기게 이 작업을 계속한 이유는 돌아가신 아버지와 관련이 있을지도 모른다. 이제 편안히 잠드신 아버지에게 드릴 선물이 마련되었다. 저자는 이제 긴장에서 벗어나 편안해질 것이다.

아내의 선물

저자는 아내가 의과대학생 때 생일 선물로 준 펭귄 클래식의 『프로이트 전집』을 가끔 찾아 뒤적인다. 영문판 원서여서 당시 첫 직장을 얻은 아내의 월급으로는 상당한 부담이었을 것이다. 미안하게도, 가지고 있었던 세월이 길었지만 자세히 읽지는 못했다. 의과대학을 졸업하고 전문의사가 된 다음에도 이 전집을 종종 들여다보았지만, 이 책의 저술을 시작하기 전까지 정독한 적이 없었다. 책 종이가 산화되어 붉게 바랬지만, 아직도 저자 마음에 젊은 시절의 추억을 불러일으키는 종이 냄새가 은은한 향수처럼 다가온다.

저자는 대학에서 전임강사를 마지막으로 연구와 교수의 꿈을 접고 개업했으며, 50세가 넘어 직업에 대한 피로가 누적되자 교육 분석을 받았다. 저자는 개업의로서 진료, 저술, 강연으로 정열적인 삶을 산 프로이트를 존경했고 늘 닮고 싶었다. 결국 아내의 사랑이 담긴 프로이트 전집은 개업 후 10년 이상 지나 한참 동안 잊다시피 했던 정신분석과 뇌과학 공부에 대한 정열을 다시 살리는 불쏘시개가 되어 주었다. 틈틈이 공부하는 과정에서 아내는 건강을 걱정해 주었고, 저자가 해야 할 집안일과 가정 경제를 도맡아 주었다. 저자는 아내의 헌신으로 얻은 시간을 저술에 사용했다.

동물의 희생

저자는 수련의 시절, 생물정신의학 전공 주임교수의 실험을 보조했다. 당시 교수님은 저자의 마음의 뇌과학이 추구하는 또 하나의 상징이었다. 저자는 약물 실험을 마친 쥐를 작두로 목을 자르고 머리를 알루미늄 랩에 싸서 냉동고에 저장한 다음, 몇 주가 지나서 숙성된 뇌의 머리뼈를 조심스럽게 부수고 잘라 뇌를 꺼내는 작업을 도왔다. 첫날에 교수님은 쥐의 목을 자르는 방법을 설명하고 해 보라고 했는데, 생명을 죽이는 일이 달갑지 않았던 저자가 망설이자 교수님은 실험실 기사에게 이 작업을 넘겼다.

당시 병실 환자도 담당하며 실험을 병행했기에 매우 바빴고 아내는 첫 아이를 출산했지만, 당직이 잦아 집에 들어가는 날이 적었다. 실험이 거의 막바지에 다다른 추운 겨울 어느 날, 저자는 손에 움켜쥔 차갑고 날카로운 쥐 머리뼈의 감촉을 느끼며, 이 고귀한 생명과 바꾼 실험 결과가 바로 과학의 실체임을 깨닫고 감동했다. 이후 저자는 실험 동물에 대한 경외심을 가지게 되었고, 비교적 가볍게 생각했던 정신건강의학이 실증의 바탕이 굳건한 '마음의 뇌과학'이라는 신념을 얻었다. 이후 저자의 마음의 뇌과학은 생명에 대한 진지한 구원의 학문으로 남아 있다.

"너 자신을 알라."

이 글은 그리스 아폴로 신전의 표어이다. 무의식을 밝혀 알리려는 프로이트의 혁신적인 노력으로, 사람들은 무의식에 대한 성찰을 통해 자아와 이성의 통제를 강화하여 마음의 균형을 찾으라는 교훈을 얻었다. 자기(자아)의 인식을 비켜 가는 충동과 동기의 작용을 꾸준한 관찰 훈련을 통해 마음의 흐름과 방향을 알게 된다면 어느 정도 보완 · 수정할 수 있어 삶에 도움이 될 것이다. 정신분석의 궁극적 목적은 우리가 자신을 알고 이해하면 이해하는 만큼 알지 못한 어떤 힘들에 의하여 휘둘려 커다란 손해를 보지 않도록 도와주는 것이다.

저자가 알게 된 무의식은 인격을 통합해 줄 수 있어 화려한 능력을 갖춘 그런 성질의 것이 아니다. 저자에게 무의식은 포유류와 뇌의 진화를 배경으로 살아 있는 화석과 같은 개념을 가진 것이며, 그것은 단순하고 생명을 지키고 보존하고자 하는 살아 숨 쉬는 생물의 순수한 노력의 결정체이자 그 노력이 자동화된 움직임이다. 역동적 무의식은 심리적 안정과 이득이라는 정신 에너지의 보존을 위해 움직이며, 갈등을 만들어 에너지를 소비하는 자기의식이나 의식화를 비켜 간다. 〈오이디푸스왕〉에서 예언자 티레시아스(Tiresias)는 이렇게 말하고자 하였다. "멈춰요, 그렇지 않으면 당신을 찾게 될 거예요." 그의 경고는 사건의 전모를 알게 된 이후에 벌어지는 '파멸'을 경고한 것이었다. 계획 없는 진화는 털 없는 원숭이의 생존을 위해 앞이마겉질을 선물했지만, 삶의 두려움과 공포는 그 선물의 가치에 비례해서 커졌다. 앞이마겉질을 가지고 에덴에서 탈출한 인간은 오래 살아남았지만 겁쟁이가 되었다. 결국 자신을 아는 것은 행복의 관점에서 그렇게 중요한 삶의 주제가 아닐 수도 있다.

저자가 마음의 뇌과학을 공부해 보니 사람은 이미 고차 의식이라고 하는 자신을 알고 관찰할 수 있는 모든 생물학적 구조와 심리적 조건을 갖추고 있었다. 그러나 이를 활용하는 능력은 사람마다 너무 다르다. "너 자신을 알라."라는 표어는 멋진 말이지만, 인지적 접근은 별 실익이 없었다는 것을 임상 경험을 통해 충분히 알게 되었다. 저자는 "너 자신을 알라."라는 말을 "네가 두려워 피하고자 하는 이유와 그 대상을 찾아보자."라는 말로 바꾸어 보았다. 한 단계 더 낮추어, 정신적 구조가 취약한 환자에게 의식적인 기억과 자아 의지를 활용하도록 밀어붙이는 것은 부담이며 그의 상태를 검토하여 선택을 도와주는 것이 옳다. 치료자가 치료의 단서를 환자의 기억 자료 속에서 참조하고, 자동화된 억압, 정신 외상, 억제의 의미를 찾아내었다면, 환자가 갈등 없는 자아를 선택(억제)하든지 아니면 자각을 통한 통제를 선택하든지 그에게 유리한 것을 주의해서 합의해야 한다.

정신치료의 본질은 아픈 마음을 가진 사람을 돕는 것이며, 환자의 기억을 되새겨 공감을 통해 감정을 순화하고 삶의 긍정적인 의미를 부여해 주는 것이다. 그리고 그 과정은 건강한 부모의 상징인 치료자를 매개로 이루어져야 한다. 이것이 현대 정신의학과 마음의 뇌과학이 프로이트와 뇌과학자들의 가르침을 임상에 효과적으로 적용하는 방법일 것이다.

모쪼록 독자 여러분이 마음의 뇌과학과 정신건강 관리가 얼마나 중요한지 이 책을 통해 공감하는 기회가 되고, 이를 통하여 삶의 방식에 긍정적 변화가 오는 계기가 되었으면 좋겠다. 이에 더하여 뇌와 마음의 질환(정신질환)자에 대한 편견을 거두고 신체의 질환이 있는 환자와 같이, 그리고 인격체로서 동등하게 인정해 주고 따뜻한 마음으로 도와주시길 부탁한다.

용어 설명

NMDA 수용체(NMDA receptor): N-메틸-D 아스파르트산염(N-methyl-D-aspartame: NMDA)에 선택적으로 결합하기 때문에 NMDA 수용체라고 한다. NMDA 수용체는 이온성 글루탐산 수용체(Glutamate receptor)의 이온 통로 단백질의 세 가지 유형 중 하나이며, 나머지는 AMPK와 카인산 수용체(Kainate receptor)가 있다. 글루타메이트와 글리신이 결합할 때 활성화되면 양으로 전하된 이온이 세포막을 통해 흐르면서 칼슘에 의한 세포 신호 및 시냅스의 가소성을 조절하고 기억세포 활성화에 관여한다.

가바 수용체(GABA receptor): 중추신경계의 주요 억제 신경전달물질로, 감마-아미노 부티르산(gamma-aminobutyric acid: GABA)에 반응하는 수용체군이다. GABAA와 GABAB의 두 가지 부류가 있다. GABAB 수용체는 G단백질 결합 수용체로, 특히 염소 이온 통로와 연계되어 있고, 이 수용체가 흥분하면 이 이온 통로가 열려서 신경 흥분을 억제한다.

가쪽 앞이마겉질(Lateral prefrontal cortex: LPFC): 이 영역은 '등가쪽 앞이마겉질(dorsolateral prefrontal cortex: DLPFC)'이라고도 알려져 있는데, 주의와 명령을 수행하는 뇌의 다른 영역의 활동과 연결되어 있어서 초점주의 및 의식적인 주의의 1차 센터로 생각된다.

감각 표상(Sensory representation): 외부 세계, 신체와 뇌 자체로부터의 감각을 상징화한 정보를 포함하는 정신적 경험이나 신경 발화 패턴이다.

감각질(Qualia): 뇌의 현상적 경험의 가장 간단한 성분이다. 어떤 그것에 지각하면서 느끼게 되는 기분, 떠오르는 심상 따위를 말로 표현하기 어려운 특질, 날 느낌(raw feel)을 가리킨다.

감정(Emotions): 통합 상태의 변화들. 뇌 안에서, 감정은 정신 상태를 형성하기 위해 다양한 체계를 함께 연결한다. 그것은 또한 한 마음을 다른 마음과 연결하는 역할을 한다.

개념(혹은 범주) 표상(Conceptual, categorical representations): 마음 그 자체를 말하는 개념처럼, 마음이 창작하는 관념을 상징하는 언어 이전의 표상이다. 이는 외부 3차원 세계와 직접 관계가 없으며, 그래서 추상적이다. 예를 들어, 자유 또는 열정이라는 개념을 말한다.

겉질(대뇌겉질, Pallium): 포유동물 뇌의 겉껍질 부분으로 피질이라고도 한다. 등쪽 끝뇌는 대뇌겉질이 되고, 배쪽 끝뇌 혹은 아래겉질(subpallium)은 기저핵(바닥핵)이 된다.

겉질하(Subcortical): 신경계의 머리뼈 속 뇌겉질 아래 신경 영역인 변연계와 뇌간을 말하는 용어이다. 그리고 때로는 신체 고유한 부위의 신경 처리 과정을 일컫는 용어이다.

계통 발생(Phylogeny): 종, 속과 같은 어떤 분류군의 진화 역사이다.

공감(Empathy): 타인의 정신 상태를 지도화하는 능력으로 감정 공명, 전망 파악, 공감 이해, 공감 기쁨, 공감 배려 등 최소 다섯 가지 기능을 담고 있다. 대부분의 사람에게 공감이란 연민의 필요조건이다. 통합(항목 참조)이 이루어지면 분화를 잃지 않고, 타인의 경험에 혼합되지 않으면서 공감 연결이 단단해진다.

공명(Resonance): 둘 혹은 그 이상의 독립체가 기능적 전체의 한 부분이 되도록 하는 상호작용 체계의 영향력이다. 사람이 타인의 생각이나 감정을 알게 하며, 자신의 내적 상태를 타인의 상태와 맞추는 것을 가능하게 한다. 거울뉴런, 뇌섬을 포함하는 공명회로(Resonance circuits)가 있고 신체, 척수, 변연계, 뇌간에서 마음 보기 지도가 만들어지는 중앙 앞이마겉질의 다른 영역들에까지 정보가 도달한다.

교감신경계(Sympathetic nervous system): 자율신경계의 두 가지 중 하나이다. 교감신경계는 흥분시키고 각성하고 생산한다. 예로, 심박수 증가, 호흡 증가, 발한 상태를 만들고 명료한 상태를 높인다. 또한 부교감신경계를 참조하라.

교세포(Glial cells): 신경계에 수조 개가 있는 기본 세포로, 대개 뉴런보다 작고 수초 생산과 혈류 조절을 하여 뉴런을 지지하는 등 많은 기능을 한다. 미세 교세포는 염증 정도를 조절하는 중요한 면역 체계 기능도 수행하며, 신경세포의 치료와 성장, 뇌 내 연결 등에 참여한다.

기본 감정(Basic emotions): 인간의 보편적인 감정으로, 7가지(역겨움, 경멸, 슬픔, 공포, 분노, 놀람, 기쁨)가 있다. 폴 에크먼의 표정 연구로 인해 과학적으로 인정되었다.

기본 모드 신경망(Default Mode Network: DMN): 개인에게 수행할 작업이 주어지지 않을 때 활성화되는 뇌 기능의 일반적인 휴식 상태를 말하며, 대부분 뇌의 앞과 뒤를 잇는 중간 부분 영역이 역할을 하므로 중심 혹은 중앙선 허브라고 한다. DMN은 '마음 방황'에서 자전적 성찰에 이르기까지 다양한 기능에 관여하고 통찰력을 위한 개인의 마음과 공감을 위한 다른 사람의 마음 지도를 만든다.

기분(Mood): 시간이 흘러도 유지되는 감정의 전반적 무게, 색, 특정한 범주적 감정에 대한 시스템 내의 성향이다. 기분은 지각 처리 해석에 개입할 뿐 아니라 생각, 자기반영, 기억에 "편향된 관점"을 제공한다.

기억(Memory): 과거 사건이 미래 기능에 영향을 미치는 방식이다. 특정 신경망 패턴이 미래에 활성화될 가능성이다. 암묵적 기억과 명시적 기억 참조.

기억 응고(Cortical consolidation): 부호화된 기억들이 장기저장 기억으로 전환하기 위해 겉질의 표상으로 통합되는 과정으로, 이를 거치면 기억의 인출을 위해 해마가 필요하지 않게 된다. 꿈과 수면의 기본적인 역할과 결과일 수 있다.

기억흔적(Engram): 경험이 뇌에 미치는 최초 영향으로 새로운 기억을 부호화한다.

기저핵(바닥핵, Basal ganglia: BA): 뇌 실질의 바깥 부분인 피질 아랫부분에 있는 뉴런의 군집 또는 세트로, 습관처럼 규칙이 관계하는 행동을 중재하는 것으로 보인다.

내수용 감각(Interoception): 신체 내부의 체온, 혈압, 전해질 농도, 포도당 농도, 내부 기관의 삼투압, 고통 등 신체 내의 사건이나 정상에서 이탈을 탐지하는 감각수용기로, 정서의 각성을 알아채는 능력도 포함한다. 오른쪽 앞 뇌섬의 활동과 관련 있는 것으로 보이며, 다른 사람의 감정에 공감하는 능력과도 관련되어 있다.

노에시스(Noesis): 어의적 지식과 함께 비개념적으로 알고 있음을 포함하는 알고 있음의 한 가지 방식이다. 이것은 세계와 자신에 대해 안다는 느낌이다. Noesis(형용사: noetic) 알고 있음, knowing, 철학자 후설(Husserl)의 중심 개념이지만 정확한 의미에 대해 논란이 있다. 간단히 말하자면, 노에시스는 의식 주체(subject)가 대상(object)에 대해 지향성을 갖게 되는 행위를 말한다. 심리학에서는 인식을 의미하며 자전적 기억을 최초 명명한 미국의 심리학자 엔델 툴빙(E. Tulving)이 사용하여 비인식, 인식, 자기(자동) 인식으로 인식의 발달을 말했다.

뇌(Brain): 여기서는 몸 전체에 걸쳐 분포된 확장된 신경계이며, 몸 전체의 생리와 밀접하게 연관된 것으로 본다. 이것은 에너지와 정보의 흐름을 조성하는 체화된 신경 기제이다.

뇌간(Brainstem): 뇌의 하위 구조로 두개골 깊숙이 위치하고 있다. 이것은 정신의 각성과 명료함을 담당하며, 신체(체온, 호흡, 심박)의 생리 상태를 조절한다. 또한 싸움-도망-얼어붙기-실신의 생존 반응을 활성화하는 신경 군집을 조성한다.

뇌들보(Corpus callosum): 뇌량. 뇌의 좌반구와 우반구를 결합하는 신경섬유다발이다.

뇌섬(Insula): 신체 수준의 처리 과정을 상위 겉질 영역으로 결합시키는 배가쪽 앞이마겉질의 내부 구조이다. 신체로부터의 정보는 척수의 Lamina I로 올라가 뇌간에 도달하고 그다음 뇌섬에 닿는다. 내부수용기 감각 과정(참고)에 맨 처음에는 뇌섬의 배측이 관여하고 그다음에는 오른쪽 전측 부분이 관여하는 것으로 보인다. 뇌섬은 방추세포를 통하여 앞띠다발(대상회)과 같은 다른 중앙 앞이마 영역과 직접적으로 연결되어 있는데, 이는 자기인식의 형태와 연관되어 있다.

눈확이마겉질(Orbitofrontal cortex: OFC): 눈 바로 뒤에 있는 앞이마겉질의 부위로 브로드만 영역 10, 47이다. 불쾌한 결과를 예측하고 부적절한 사회관계 행동을 억제한다. 과거 경험으로 주관적이고 감정적인 가치와 보상을 확립시키므로 의사결정에 매우 중요한 기관이다. 음식의 식감에 의해 생리적으로 각성하며 과도하게 활성화하면 저장, 손 씻기 등의 강박사고와 행동이 나타난다. 애착과 자기인식을 조성할 때 중앙전전두겉질(MPFC)의 다른 영역들과 상호 작용한다.

뉴런(Neuron): 신경계 세포의 기본형이다. 세포체, 정보를 수용하는 수상돌기, 시냅스 연결을 통해 다른 뉴런에 도달하게 하는 긴 축삭으로 구성되어 있다.

느낌(Feelings): 다마지오는 느낌을 '몸 상태의 정신적 경험과 감각'으로 정의한다. 느낌은 뇌가 감정을 해석하면서 만들어지고, 느낌 그 자체는 내/외적 자극에 의한 신체적 상태이다.

다미주신경 이론(Polyvagal theory): 스티븐 포지스(S. Porges)가 만든 가설로, 이 가설에 따르면 인간은 '싸움하기-도망가기-얼어붙기-기절하기'로 자극에 반응하는 상태를 가지며, '사회 참여 시스템(social engagement system)'을 작동시키면 좀 더 수용적인 상태를 만들어 한 개인이 타인과 상호작용의 문을 열어 준다. '신경지각(Neuroception)'은 이 가설에 따라 가정된 과정으로, 우리는 생존에 대한 위협이 있는지 지속적으로 상황적 맥락을 평가한다.

마음 관찰/마음 보기: 행동을 관찰하는 것뿐 아니라, 자기와 다른 사람의 내적 세계를 볼 수 있는 능력이다. 마음, 뇌 그리고 관계의 구조 안에서 에너지와 정보의 흐름을 느낄 뿐 아니라 조성하고, 그 흐름을 통합으로 나아가게 한다. 마음 보기를 통해 통합이 이루어지면 친절과 연민의 감정이 나타난다.

마음 상태(State of mind): 정서, 사고 패턴, 기억, 행동 계획과 같은 정신 과정들이 기능하면서 응집할 수 있는 전체로 모이는 전반적 방식이다. 마음 상태는 특정 순간에서 뇌 활성화의 전체적 패턴에 의해 조성된다. 이것은 그 순간의 활동을 조직화하며, 미래에 발생할 가능성이 더 높은 뇌 활성화 패턴을 만들어 낸다. 마음 상태는 뇌가 기능적 응집성을 얻을 수 있게 도와준다.

마음 이론(Theory of the Mind): 5~7세는 인지 기능이 한 단계 도약하는 매우 중요한 시기인데, 이 시기에 자신이 자신을 관찰하는 능력, 타인의 생각을 추론하는 능력이 비로소 만들어진다. 프로이트의 정신분석학에서 아버지를 사회적 경쟁자로서 의식하는 오이디푸스 시기이며, 마음의 뇌과학자들은 마음 이론(Theory of Mind: TOP)이라고 하는 작업 기억과 자기의식의 확장이라는 인지 체계가 만들어지기 시작하는 시기라고 정의한다. 샐리(Sally)와 앤(Anne) 검사가 유명하다. 아동은 이때부터 자기중심적 생각에서 벗어나 객관성과 공감 능력, 타인의 입장을 추론하는 생각의 발판이 만들어지는데, 지적 결함, 발달장애 및 몇 가지 정신질환 상태는 물론이고 지적 훈련이 부족한 성인도 이 상태에 도달하지 못한다. 학력은 상당하나 늘 자기 생각과 이념에 빠져 같은 주장을 반복하는 사람들을 만나게 된다. 이 경우, 지능보다 공감 능력이 균형을 잃기 때문이다.

마음챙김(Mindful awareness): 어떤 판단도 하지 않고, 의도와 목적을 가진 현재-순간의 경험에 대한 자각이다. 자기 자신과 다른 사람에 대해 열린 태도, 정서적 평정, 그리고 마음의 내적 세계를 묘사하는 능력을 포함한다.

마음(Mind): 적어도 네 가지 기본적인 측면을 포함하는 과정이다. ① 개인적 · 주관적 경험, ② 인식, ③ 정보 처리, ④ 확장된 신경계와 관계의 창발적, 자기조직화, 체화, 관계화 과정을 조절하는 기능이다. 이러한 마음의 핵심적 측면을 바탕으로 우리는 '마음'에 대한 실무적인 정의를 "에너지와 정보의 흐름을 조절하는 구체적이고 관계적인 과정"으로 제안한다. 이런 관점에서 뇌의 활동은 정신의 중요한 부분이지만, 정신은 뇌보다 넓고 개인의 신체보다 크다. 정신은 충분하게 체화되어 있고 완전하게 관계적이다.

마음의 뇌과학(Brain Science of the Mind): 정신과 심리 현상의 분석과 이를 다루는 치료 기술에 대해 뇌과학적 사실과 근거를 바탕으로 설명 · 해석 · 발전을 도모하는 학문. 저자의 용어이며 이 책의 기본 서술적 지침이다.

메타인지(Metacognition): 생애 초기에 발달을 시작하는 '생각에 대해 생각하기'의 한 형태이다. 이것은 그대로의 실제와 실제의 외양이 구분된다는 것(외양-실제의 구분), 기분은 생각과 행동에 영향을 미친다는 것(감정지능의 일부), 당신이 믿고 또한 지각하는 것 그리고 내가 믿거나 혹은 지각하는 것이 서로 타당성을 지니지만 다를 수 있다는 것(표상적 다양성), 우리가 이 순간 믿고 있는 것이 미래에 변할 수 있다는 것(표상적 변화)에 대한 학습을 포함한다.

모듈(Module): 특정한 형태의 (보통은 국지적인) 정보를 전달하고 유사한 신경 신호나 부호를 사용하는 신경회로의 집합이다. 모듈은 모드를 조성하기 위해 서로 결합될 수 있고, 여러 모드는 함께 시스템을 만든다.

변연계 영역(Limbic regions): 내 관자엽이라고 불리는 뇌의 중심부에 위치한 것으로, 이 영역은 편도체와 해마를 포함한다. 이 영역은 하위의 뇌간 및 신체 고유 감각기로부터 입력된 정보 흐름과 상위 겉질 영역으로부터 입력된 정보를 조정한다. 변연계 구조는 의미를 평가, 사회적 신호의 처리, 정서의 활성화와 같은 여러 정신 활동의 통합을 가능케 한다. 이러한 변연계 영역은 포유류 단계로 진화하였으며, 애착에 필수적인 것으로 간주된다. 변연계는 많은 뇌 영역과 광범위하게 연결되어 있기 때문에, 일부 연구자들은 이것을 '시스템'이라기보다는 뇌의 일반적인 영역 집합이라고 생각한다.

병렬분산 처리(Parallel Distributed Processing: PDP): 거미줄처럼 만들어진 뇌신경망이 서로 다른 자극을 빠르고 매우 복잡한 방식으로, 서로 다른 신경망을 넘어 동시적으로 처리하는 과정이다. 종종 'PDP'로 줄여 쓴다. 움직이는 것이든 움직이지 않는 것이든 PDP 처리 과정으로 경험을 통해 학습할 수 있다.

보상: 욕구 행동(appetitive behavior)과 완료 행동(consummatory behavior)을 유도할 수 있는 자극으로 흥미를 끌고 동기를 유발하는 특징을 가졌다. 원함(wanting)과 관련된 행동은 욕구 행동, 준비 행동, 도구 행동, 예기 행동(anticipatory behavior, 고전적 조건화에서 개가 종소리를 듣고 음식이 올 것이라 '예상'하고 거기에 대한 침 흘리기), 좋아함(liking)과 관련된 행동은 완료 행동(consummatory behavior, 자극이나 분명한 동기, 충동에 만족하는 결과적 행동)과 습득 행동이 있다.

보상 체계(Reward system): 보상 자극은 다가가서 열중하게 만드는 물건, 사건, 활동 또는 주변 상황을 말하며 보상 체계는 보상 중요성(incentive salience), 욕구 행동(appetitive behavior),

원함(wanting), 기쁨(pleasure), 쾌락, 좋아함(liking) 등 강화학습(reinforcement learning)을 담당하는 일련의 신경 구조와 신경 경로를 말한다.

부교감신경계(Parasympathetic nervous system): 자율신경계의 두 분지 중 하나로, 부교감신경 분지는 억제성이고 각성을 저하시키며, 예를 들어 심박동, 호흡 및 명료함의 저하를 가져오게 한다. 교감신경계를 참조하라.

부신-뇌하수체 축(Adreal-pitutary axis: AP-axis): 부신피질을 대표하는 몸의 에너지 대사와 세포 균형을 담당하는 호르몬 분비 기관들과 생산-분비 명령과 되먹임에 관여하는 뇌하수체 간의 상호 정보 전달 과정을 말한다.

부호화(Encoding): 경험하는 동안에 신경 활성화가 시냅스 강도를 변화시키는 과정이다.

비의식(nonconscious): 뇌신경계의 정보 전달 과정, 인지 과정 등 사람이 각성 상태나 의식에서 알아차리지 못하는 상태이다. '의식 없음'이라는 오해를 피하고자 저자는 '하의식 기억 시스템'이라는 용어를 선호한다(하의식 참조).

새겉질(Neocortex): 척추동물과 조류의 뇌의 진화에서 새로운 대뇌반구의 바깥층을 말하며, 피질(또는 "대뇌겉질")이라고도 알려져 있다. 새겉질은 고도로 주름진 층으로 신경 군집과 매우 밀접하게 연결된 '겉질 기둥'으로 가득 차 있으며, 보통 6개의 세포층으로 구성되어 있다. 각 기둥 영역 간의 의사소통은 점점 더 복잡한 기능을 만들어 낸다. 새겉질은 지각, 사고, 추론과 같은 정보 처리 기능을 중재한다.

서술 기억(의식 기억): 친구의 이름, 오늘 아침에 나눈 대화를 의식적으로 기억하는 것이다. 사건, 사실, 언어, 얼굴 음악 등에 대한 기억, 우리가 살면서 경험과 학습을 통해 얻었으며 잠재적으로 서술될 수 있는 온갖 지식에 대한 기억으로 언어적 명제나 정신적 이미지로 상기할 수 있다.

선조 말단 침대핵(Bed Nucleus of the Stria Terminalis: BNST): 불확실한 위협, 즉 위협의 예측에 대해서 변연계의 불안반응에 참여하는 감정 핵이다. 확장편도체라고 불린다.

섬망(Delirium): 급성, 아급성의 뇌 기능장애로 사람, 장소, 시간을 인식하지 못하는 의식장애와 정서, 행동의 이상 흥분이 주로 나타난다.

세포막(Cell membrane): 세포를 둘러싼 단백질층이다. 신경계에서 세포막은 전기화학적 흐름을 활동전위(이온이 막을 통해서 안팎으로 흐름)의 형태로 바꾸고 축삭 끝에서 신경전달물질을 통해 화학적 분비를 한다.

소뇌(Cerebellum): 두개골 뒷부분의 뇌 영역으로, 신체적 정보를 정서적 · 인지적 과정과 통합하는 데 중요한 역할을 한다.

수도관 주위 회백질(PAG): 야크 판크셉은 뇌의 전기 자극으로 욕구 행동, 찾기, 정서(감정)를 담당하는 신경전달물질을 생산하는 신경핵들이 중뇌의 수도관 주위 회백질(PAG)과 배쪽 덮개(VTA)와 그 주변에 자리 잡고 있다는 것을 발견하였다.

수상돌기(Dendrites): 신경세포의 돌기로, 뉴런의 정보를 수신하는 말단 구조이다.

수용(Acceptance): 사태를 지금-여기 있는 그대로 바라보는 것에서 출발하여 인정하고 받아들이는 것이다.

수초(Myelin): 교세포에 의해 만들어지는 지방질 싸개로, 뉴런의 축삭 둘레에 절연을 조성하여 신경 점화의 속도를 100배 증가시키고 휴지기 또는 불응기를 30배 감소시킨다. 그 결과, 수초는 상호 연결된 뉴런 간 효과적인 의사소통을 증가시키고, 기술 습득에 필요한 향상된 기능을 창출한다.

스키마(도식): 기억된 개념, 상황을 파악하게 하는 비의식적 지식 표상, 감정, 자아는 일종의 스키마이다.

시냅스(Synapse): 두 뉴런 간 결합의 접점이다. 시냅스는 뉴런의 축삭 말단과 다른 뉴런의 세포체나 수상돌기 사이의 작은 공간이다. 시냅스 전 뉴런에서 방출된 신경전달물질이 시냅스 후 뉴런의 세포막에 내장된 수용기에 수용되는 공간이며, 뉴런은 이러한 작용을 통해 서로 의사소통한다.

시상(Thalamus): 뇌간 맨 위에 자리 잡은 구조로 자극이 들어오는 감각 정보의 관문이며, 새겉질을 포함한 다른 대뇌 영역과 광범위하게 연결되어 있다. 시상겉질 회로 활동은 의식 경험을 중재하는 중심 과정일 것이다.

시상하부(Hypothalamus): 뇌하수체 근처에 뇌의 하부 영역에 위치하는 구조로, 호르몬 조절의 중추로 생리학적 항상성을 담당한다.

시상하부-뇌하수체-부신축(Hypothalamic-Pituitary-Adrenocortical axis: HPA axis): 스트레스와 시간의 흐름에 따른 스트레스의 작용에 반응하는 체계로, 정신적 외상은 오히려 정신과 몸에 해를 끼칠 수 있다.

신경 가소성(Neuroplasticity): 우리가 물체에 주의를 집중할 때 일어나는 뇌의 변화처럼, 경험으로 뇌 연결의 변화가 일어나는 전체적인 과정을 말한다. 만지거나 사용하면 모양이나 구조가 변하는 물질의 성질을 가소성이라 한다. 신경 가소성은 신경이 성장과 재조직을 통해 스스로 연결과 정보 전달을 바꾸는 능력이다. 시냅스 가소성을 포함한다.

신경 경로(Neural pathways): 기능적으로 연결된 뉴런 회로를 나타낼 때 사용되는 용어이다.

신경 다윈주의(Neural Darwinism): 1987년에 에델만이 제창한 이론으로, 발달과 경험의 선택은 개별 뉴런들보다 뉴런 그룹들에 작용한다는 이론이다. 이 이론에 따르면 의식은 시상 겉질계(역동적 핵심)에서 신경 집단 사이의 재귀적 상호작용으로 만들어진다.

신경망(Neural network): 서로 연결된 뉴런의 한 세트이다.

신경생물학(Neurobiology): 뉴런의 작용과 신경계 기능에 관한 학문이다. 이 책은 신경생물학을 정신분석 이론의 은유를 설명하고 소통하는 도구로 사용한다.

신경세포(Neuron): 신경계에 있는 세포의 기본 형태이다. 이것은 세포체와 수상돌기라고 불리는 수신하는 끝과 시냅스 결합을 위해 다른 뉴런에 도달하는 긴 축삭으로 구성되어 있다. 네 종류의 글리아 세포는 신경세포를 둘러싸고 상호작용하며 신경세포보다 더 작고 훨씬 더 많다.

신경전달물질(Neurotransmitter): 신경세포 간의 정보 전달 물질로, 노르에피네프린(NE), 도파민(DA), 세로토닌, 오피오이드(opioid)가 대표적이며, 신경전달물질은 단백질(펩타이드) 형태도 있고 내분기 기관에서 만드는 호르몬도 신경과 세포의 정보 전달을 한다.

신경정신분석(Neuropsychoanalysis): 뇌과학과 근거 중심의 정신분석을 추구하는 학문으로, 뇌의 활동과 정신분석적 정신 모델과 연결하여 가장 깊은 수준에서 역동적 이해를 연구한다. 이 책에 소개된 야크 판크셉과 마크 솜스가 신경정신분석협회의 회원이다.

신경증(Neuroses): 기능성 정신질환 중 하나로, 만성적인 심적·생리적 고통을 수반하지만 현실 감각을 유지하고 망상이나 환청은 없는 상태를 말한다. 1977년 쿨렌(W. Cullen)이 신체 기관의 결함과 상관없는 기능적 생리장애를 지칭했다. 프로이트는 성기능(리비도) 조절장애(신경-생리장애)를 말하는 실재(현재) 신경증(불안신경증, 신경쇠약)과 심리 갈등에 의한 정신신경증(히스테리, 강박신경증)으로 분류하였다. 미국의 『정신질환의 진단 및 통계편람 제5판(DSM-5)』(2013)까지 신경증 개념이 남아 있었지만 용어가 삭제되었다. 『세계 보건기구 진단편람(ICD-10)』(2018)까지 신경증은 진단코드(F40-F48) 사이의 '신경증성 스트레스 관련성 및 신체형 장애'의 항목으로 사용되다가 『ICD-11』(2022)에서 삭제되었다.

알아차림(Awareness): 우리가 안다는 주관적인 느낌이나 무엇을 의식하고 있다는 기본적인 정신의 경험을 이야기한다. 적어도 다음과 같은 세 가지 측면, 즉 주관적으로 느껴지는 감각(felt sense), 아는 것(a knowing) 그리고 알고 있다는 것(a known)을 아는 자기자각을 포함하는 과정이다.

알아차림(자각)의 수레바퀴(Wheel of Awareness): 대니얼 시겔이 창안한 수레바퀴 형체와 바퀴의 림을 은유와 상징의 이미지로 사용하여 의식을 통합시키려는 명상 훈련의 한 가지 방법이며 반영적 훈련이다. 중앙 허브는 존재를 알고 있음(knowing of being aware)을 표상하고, 림은 경험으로 알고 있는 다섯 가지 감각에서부터 정신 활동인 감정, 생각, 기억을 표상한다.

암묵 기억(Implicit memory): 비의식적 기억, 부호화나 인출 시 의식적이고 초점화된 주의가 필요하지 않은 뇌의 영역에 의한 기억 작용이다. 지각, 정서, 체감각과 행동 반응 패턴은 모두 암묵적 형태의 처리 과정이다. 정신적 모델(도식 또는 반복되는 경험의 일반화)과 점화(priming, 반응하기 위해 준비하는 것)[1]는 기본적인 요소이다. 통합되지 않은 형태의 암묵적 기억은 무엇인가가 과거로부터 회상되고 있다는 것에 대한 인식이 결여되어 있다.

앞띠다발겉질(Anterior cingulate cortex): 앞이마겉질 영역의 바닥과 변연계의 위에 있는 곡선 구

1) 특정한 정서와 관련된 정보들이 그물망처럼 서로 결합되어 있어 한 가지 정보가 자극을 받으면 관련된 기억들이 함께 떠오르는 것으로, 새겉질의 암묵 기억 역할이다.

조물로 주의 집중, 통증과 같은 신체 상태 정보 등록 및 거절과 같은 상호작용의 사회적 표현을 포함한 많은 과정을 조정한다.

앞이마겉질(Prefrontal cortex: PFC): 대뇌겉질 가장 앞쪽에 위치한 겉질로, 고등 사고와 계획하기, 수행 기능 처리 과정들 간의 연결고리를 만든다. 의미와 감정을 만들어 내는 과정의 중심에 있고, 반응을 유연하게 해 준다. 이 겉질은 신체에서 입력 신호를 받는 하위 영역(뇌간과 변연계)과 정보의 통합과 연관이 있는 상위 영역(겉질)의 중간에 있다. 여기에는 등가쪽 앞이마겉질(dorsolateral prefrontal cortex), 뇌섬(insula)과 같은 등쪽 영역, 안쪽 구조물은 눈확이마겉질(orbitrofrontal cortex), 배안쪽 앞이마겉질(ventromedial prefrontal cortex), 그리고 때로 앞띠다발겉질(anterior cingulate cortex)을 포함한다.

양식(Modality): 시지각을 끌어들여 시각 모드를 구성하는 것처럼 유사한 표상 모듈을 모드에 결합하는 대뇌 조직의 기능적 과정이다. 시각과 청각을 결합하는 교차-양식 지각 시스템과 같은 '시스템'을 구성하기 위해 모드 혹은 양식은 스스로 조정될 수 있다.

억압(repression): 내면의 무언가를 의식에서 멀리 두고 거리를 유지함을 의미한다. 무의식적 회피. 저자는 동물 실험의 수동 회피 모델을 적용하여 마음의 뇌과학에서 감정의 고전적 학습으로 설명한다. 정신적 충격으로 생존-방어 시스템이 동기화 · 활성화된 상태가 기억으로 남아 이후 주체가 알아채지 못하는 신호 자극에 의해 감정과 신체 증상이 재발되는 상태로 감정과 증상은 자각하나 사건 기억과는 관련이 없는 과정임을 밝혔다. 감정적 고통을 유발하는 사건 기억은 회피하면서 점점 망각이 촉진되는 하의식의 감정학습 반응이다.

억압의 회귀(Return of repressed): 프로이트의 용어로, 억압되어 응축된 충동이 억압의 힘이 약하거나 억압의 실패에서 의식에 나타나는 현상으로 해석한다. 저자는 정신적 외상으로 학습된 하(비)의식 기억의 혐오 반응이 원래의 정신적 사건과 유사한 조건 자극, 맥락 자극, 스트레스에 의해 복원(reinstatement), 재생(renewal), 역전(reversal)되어 감정 기억이 다시 나타나는 현상, 증상으로 해석한다.

억제(Supressoion): 불쾌한 대상에 대한 의식, 의도적인 회피이다. 저자는 동물실험의 도주, 회피 모델을 적용한다.

억제(Inhibition): 뇌과학 의미에서 신경 영역(모듈), 신경세포 간의 제어를 표현하기 위해 사용한다.

억제의 학습: 의도적 회피가 반복되어 심리적 이득에 의한 도구적 학습과 습관화된 상태이다. 신호 회피, 동물 실험의 능동 회피 모델을 적용한다.

얼어붙기(Fleezing): 배측 실신(dorsal dive), 원시 미주신경의 등쪽 분지가 활성화되면, 혈압과 심박수 모두 떨어지면서 무력감을 느끼고 축 처져서 얼어붙거나 죽은 척하는 반응이 일어날 수 있고, 이런 반응은 기절로 이어질 수 있다. 심한 스트레스에 의한 반응으로, 수도관 주위 회백질(PAG)의 역할이다.

역동적 무의식(Dynamic Unconscious): 억압된 감정, 사건 기억이 의식에서 회피된 상태이다. 프로이트는 다시 치료 기술로 의식화가 가능하며, 이 과정을 무의식의 통찰 · 정신분석이라고 말한다.

연민(동정, Compassion): 고통을 감지하고, 고통을 줄이기 위해 무엇을 할 수 있을지 상상하고, 그 목적을 위해 효과적인 조치를 취할 수 있는 능력이다. 연민이 자신 내면의 경험으로 향할 때 '자기연민'이라 하고, 타인을 향하면 '타인을 향한 연민'이라 부른다. 연민의 이 두 방향의 흐름은 또한 '내면의 연민'과 '상호 연민'이라고 부를 수 있다.

외현 기억(Explicit memory): 회상하는 동안 기억하는 것의 내적 감각과 결부된 기억의 층이다. 의미 기억(사실)과 일화 기억(자전적이라 일컫는 반복적 삽화)의 두 종류가 있다. 외현 기억의 부호화나 저장은 주의력의 초점과 의식이 필요하다. 초점화된 주의가 없거나 코르티솔과 같은 스트레스 호르몬이 지나치게 방출되면, 투입 자극은 외현적으로 부호화되지 않고 암묵적으로 부호화된다. 같은 의미로 명시 기억, 서술 기억이라는 용어도 사용한다.

용서(容恕, Forgiveness): 인간관계의 부정적인 감정에서 벗어나 자유로워지는 것이다. 감정을 "내려놓는다."라고 말한다. 회피보다는 긍정적 의미이다.

융합(Consilience): 독립적인 학문들로부터의 공통된 결과들을 발견하는 것이다. 미국의 사회생물학자인 에드워드 윌슨(E. O. Wilson)이 1998년에 쓴 『컨실리언스(consilience)』를 융합 또는 통섭이라고 번역한다. 다학제 간의 협업 과정과 결과를 의미한다. 최재천 교수가 원효대사의 화엄사상을 빌려 '통섭'이라고 번안한 바 있으나, 이에 대해서는 논란이 있다. 정신의학에서는 1950년 초 미국의 정신의학자 설리번의 '인간관계' 시도가 유명하며, 그는 사회 속에서 자기의 발달을 연구한 미드(G. H. Mead)의 사회심리학, 말리놉스키(B. Malinowski)의 문화인류학 등 타학문의 개념을 대상 관계에 도입하였다.

의미 기억(Semantic memory): 사실을 다루는 서술(외현, 명시) 기억의 한 유형이다.

의식(Consciousness): 알고 있음(the knowing)에 대한 주관적 경험인 알아차림(인식, being aware)과 우리가 대상을 생각하고 있다는 것(the knowns)을 알아차리는 경험이다. 의식의 두 가지 차원은 정보에 대한 접근, 그리고 경험에 대한 현상 또는 개인의 주관적 질적 경험이다. 인식을 참조.

의식화(Being conscious): 정신분석에서는 인식에서 벗어난 대상을 주의의 대상으로 편입해서 인식하는 자기인식의 확장 과정을 말한다. 의식의 과학에서는 비의식적 과정을 통해 의식적 경험이 만들어지는 일반 이론을 말한다.

인간관계 신경생물학(Interpersonal Neurobiology: IPNB): 과학의 모든 분야와 현재의 사색적 전통과 교양과 같은 현실을 이해하는 다른 학문적 방법도 포용하는 우호적인 생물학의 분야로서, 우리의 마음과 행복에 대한 이해를 넓히기 위해 필요한 지식을 독립적 방법으로 확보하고, 이를 통해 공통되는 보편적 발견을 추구한다.

인식(Awareness): 의식의 정신적 경험이다. 인식은 알고 있다는 감각(sense of knowing)과 관련되며, 감각과 인지를 통해 생활에서 알고 있는 것(knowns)을 의식하게 해 준다.

인지(Cognition): 뇌신경계의 정보 전달 과정이다. 철학에서 이 과정은 체화(embodied), 재연(enacted)하며 개인의 몸 너머로 확장하여 우리를 둘러싼 세상을 내재(embedded)하는 과정이다.

인출(Retrieval): 경험으로 인해 처음 부호화된 기억흔적과 유사하지만 결코 동일하지 않은 신경발화 패턴을 재활성화하는 과정이다.

1차 과정 정서(Primary-Process Affect): 본능, 선천적인 것으로 진화 초기 지남력과 정교한 평가 및 각성 과정의 결과로 뇌 상태의 전환이 이루어진 것을 말한다. 판크셉은 세 가지 원시 정서(Basic Primordial Affect) 또는 기본 감정 체계(Basic Emotional Systems)라고 말하는 배고픔, 목마름 등의 지각을 담당하는 균형 정서(Homeostatic Affect), 통증을 느끼는 등의 감각 정서(Sensory Affect), 그리고 감정 정서(Emotional Affect)로 분류하였다.

일화 기억(Episodic memory): 사건 기억, 자서전 기억이라고도 한다. 특정한 순간에 경험했던 자기감각의 부호화, 저장과 인출된 기억이다.

자기(자동)인식/자기인식적 의식(Autonoesis/autonoetic consciousness): 스스로 자기를 알아차리는(Self-knowing awareness) 의식의 형태이다. 일화 기억, 자전 기억과 관련되고 과거, 현재, 미래를 예측하는 정신의 시간 여행이 가능하다. 노에시스(인식)가 발달한 상태이다. 자전적 기억을 최초 명명한 심리학자 엔델 툴빙(E. Tulving)이 사용한 용어로 그는 비인식, 인식, 자기(자동)인식으로 인식의 발달을 말했다. 자기가 집중하는 사물과 그를 인식하는 자신이 동시에 인식되는 상태로 말할 수 있고 '사과와 사과를 보는 자신을' 동시에 인식한다는 뜻이다.

자율신경계(Autonomic Nervous System): 머리에서 몸으로 연장되는 체계로 심장박동, 호흡, 여러 신체 기능을 조절한다. 'ANS'라는 약자로 자주 표현한다. ANS의 기본 체계는 두 종류로, 교감신경계(가속기)와 부교감신경계(제동장치)로 이루어져 있다. 교감신경계와 부교감신경계를 참조.

작업 기억(Working memory): 잠시 마음을 차지하는 생각의 대상이 되는 기억, 정신 표상이다. 이로 인해 주의 집중을 받을 수 있게 되고, 그 이후 정보 처리 과정을 통해 분류되고 변화될 수 있다.

작은 인간(Homunculus): 플라스크 속 작은 인간이란 뜻으로, 유럽의 연금술사가 만들어 내는 인조인간 또는 이를 만들어 내는 기술이다. 이 책에서는 프로이트의 의지에 따라 움직이는 정신구조의 대리인을 비유한다. 르네상스기의 연금술사 파라켈수스의 저서 『De Natura Rerum』에 의하면, 증류기에 인간 정액을 넣어 40일 밀폐해 부패시키면 투명하고 사람 형태를 한 비물질이 나타난다고 한다.

장기 강화(Long-term potentiation): 신경 발화가 시냅스 연결을 상호 간에 강화하여, 패턴이 반복될 가능성을 증가시키는 방식이다. 때때로 'LTP'로 약칭한다. 이것은 사건을 장기 기억으로 부호화하는 동안 신경들을 결합하여 경험이 구조적 변화를 가져오는 하나의 과정이다.

재귀 회로(Recursive circuit): 자신의 활성화 패턴을 강화하기 위해 자신을 피드백하는 질적 과정이다.

재응고(reconsolidation): 연상된 기억을 현재 맥락에 맞게 수정하는 과정이다.

재진입(Reentry): 대뇌신경세포 발화 또는 관계 내 의사소통 패턴에서와 같이 긍정적 피드백 고리가 초기 활동 패턴을 강화하는 과정이다. 재진입은 그 순간에 신경세포 발화 패턴을 재귀하여 안정화시키고, 그 과정이 의식 경험의 일부가 되도록 한다.

정보(Information): 상징적 의미를 갖고 있는 에너지의 패턴을 말한다. 정보 또한 능동적인 과정이라 할 수 있는데, 그 이유는 결합된 의미와 연상이 연쇄 반응하여 시간이 지남에 따라 창발하는 등 추가적 처리 과정을 초래하기 때문이다.

정서 의식(Affective Consciousness): 의식은 정서의 발달과 관련되어 있다는 야크 판크셉의 개념으로, 뇌가 발달하면서 감정과 정서의 조절 수준 또한 해당 신경회로와 기관 간의 상호작용을 발생시킨다. 그는 이것을 1차, 2차, 3차 정서 과정으로 나누어 설명한다.

정서(Affect): 내부의 감정, 관념, 기억이 외부로 표출되는 방식, 자극에 대한 감정, 인지, 행동의 변화와 표현을 말한다. 진화의 측면에서 생존을 위해 대상의 가치를 만들고 표현하는 과정으로 정의하기도 한다. 즉각적이고 주관적인 감정의 경험이 생각(관념) 또는 대상의 정신 표상에 부착된 상태로, 보통 감정의 외적인 표현을 지칭하며 위축된, 둔한, 얕아진, 확장된, 변화무쌍한, 부적절한 정서 등으로 서술한다.

정신 에너지(Energy of Mind): 신체 내부에서 어떤 것을 하도록 하는 능력의 원천을 의미하는 물리학과 정신의학의 복합 용어이다. 프로이트는 충전(cathexis)으로 사용한다. 물리적 에너지의 다양한 형태가 있지만 신경계는 전기화학 에너지의 흐름을 통해 기능하며 마음으로 나타난다. 마음 에너지의 흐름과 하위 수준의 에너지인 정보는 인간관계와 마음의 신경생물학이 제시하는 마음을 구성하고 소통하는 가장 기본 단위이며 일차 관심사이다.

정신화(Mentalization): 다른 사람의 마음을 이해하는 능력으로, 메타인지의 형태이다. 이것은 마음 이론, 마음-마음가짐, 마음 지각, 심리학적-마음가짐, 반영적 기능, 그리고 마음 보기(마인드사이트)의 한 측면과 관련된다.

조성(shape): 동물(인간)의 어떤 행동 측면을 강화하여 요구하는 반응에 가장 가깝게 유도하는 것이다.

주의(Attention): 동시에 있는 여러 가지 물체나 사고의 흐름 가운데 하나를 분명하고 생생한 형태로 정신이 차지하는 상태나 정보의 흐름을 조절하는 과정이다. '초점 주의(focal attention)'로서 인식 내에 있을 수 있거나 '비초점 주의(nonfocal attention)'로서 인식 외부에 있을 수 있다.

중앙 앞이마겉질(Midline or Middle prefrontal cortex): 안쪽, 배쪽, 눈확이마겉질, 앞띠다발겉질로 구성된 대뇌겉질의 일부이다. 이 상호 연결된 영역의 신경회로는 사회적 정보, 자전적 의식, 의미 평가, 각성 활성화, 신체 반응, 그리고 상위 인지 처리를 통합하는 기능을 한다. 중앙 앞이마겉질의 아홉 가지 기능은 신체 조절, 의사소통 조율 , 정서적 균형, 공포 조절, 반응 유연성, 통찰, 공감, 도덕성, 그리고 직관이다. 이들은 마음챙김 명상 훈련과 안전한 애착 관계(처음 여덟 가지)의 결과이다.

중추신경계(Central nervous system): 두개골에 둘러싸인 뇌신경계 요소로, 말초신경계(신체 전체에 퍼져 있는)와 연결되어 있다. 가끔 'CNS'로 줄여서 표현한다.

지각적 표상(Perceptual representations): 지각은 현재의 감각적 경험이 과거 기억과 경험에서 기원한 정신 모델 안에 포함되어 있는 일반화된 기억과 합쳐서 만들어진 일련의 정보를 보여 주는 것이다. 이것은 하향식 과정의 핵심으로, 우리가 지각한 것은 과거 우리가 경험한 것에 의해 조성된다.

진동(Oscillations): 뇌를 통과하여 기능적으로 넓은 영역을 서로 연결하는 전기 흐름의 파동이다. 커넥톰 고조파 참조.

창발(Emergence): 복잡계의 기본적인 부분들이 상호작용하는 과정에서 발생하는, 하위 계층(구성 요소)에는 없는 특성이나 행동이 상위 계층(전체 구조)에서 자발적으로 돌연히 출현하는 현상으로, 창발은 전체를 부분의 합보다 크게 만든다.

축삭(Axon): 신경세포체에서 확장되어 다른 신경세포들과 시냅스 연결을 만들게 하는 신경세포의 긴 줄기이다.

측좌핵(Nucleus Accumbens: NAc): 복측 피개(VTA)와 도파민 중뇌변연 회로로 연결되어 중독, 보상, 찾기(탐색) 행동, 동기, 혐오(회피하기)등 학습 강화의 인지 처리에 중요 역할을 한다. 기측부 편도(Basolateral Amygdale: BLA)와 측좌핵 간의 상호작용은 보상 프로세스와 중독적인 행동과 관련되어 있고, 회피 행동에서 BLA는 양성 또는 음성적인 영향을 처리하는 데 중요한 역할을 하는 것으로 보인다.

코르티코스테로이드/코르티솔(CorticosteroIDs/cortisol): 코르티솔은 때로 '스트레스 호르몬'으로 알려 있으며, 스트레스를 받는 동안에 신진대사를 이에 적응하는 방식으로 바꾸기 위해 코르티솔이 방출된다. 코르티솔의 지속적인 분비는 해마 세포를 파괴한다.

통제(Inhibition): 프로이트의 억압, 억제와 용어 구별이 필요해서 앞이마겉질의 하부 뇌에 대한 제어는 '통제'로, 기타 신경 영역, 신경세포 간의 제어는 억제(Inhibition)로 사용한다. 프로이트는 정상적인 신체 기능을 제한하는 의미의 억제(Inhibition)도 사용했으나 확실하지는 않다.

통합(Integration): 일반적으로 분화된 요소들 간의 결합이다. 분화되어 있는 부분들(정보 처리의 서로 다른 모드)을 기능적인 전체로 결합시키는 마음의 과정으로, 정신건강의 핵심적인 기제이다. 통합이 이루어지지 않는다면 혼돈이나 경직이 나타나거나 둘 다 발생할 수 있다. 통합은 과정이기도 하고 구조적 차원이기도 하며, 신경계의 기능적 · 해부적 연구를 통해 확인할 수도 있다. 일부 신경과학자들은 '통합'이라는 용어를 결합을 의미하기 위해 사용하고 '분리'는 분화를 지적하기 위해 사용한다.

파블로프 조건학습–도구학습 전이(Pavlovian–Instrumental Transfer: PIT): 파블로프의 조건학습은 도구적 학습을 강화하는 방향으로 행동에 영향을 미친다. 도구적 상황은 조건학습의 영향을 지속해서 받아 결과적으로 강화 행동의 습관화를 만드는 것을 말한다.

편도체(Amygdala): 뇌의 중앙에 위치한 변연계의 일부로, 아몬드 모양의 뉴런 집단이다. 의미의 평가, 사회적 신호 처리 및 정서의 활성화에 관여한다. 눈확앞이마겉질 및 전측 대상회와 함께 작업하면서, 기억과 행동에 관련된 지각을 조정하는 중요한 역할을 한다.

표상(Representations): 정신의 상징 역할을 하는 신경 발화 패턴이다. 다른 종류의 표상들은 뇌의 다른 부분에서 처리된다. 이 개념은 '신경 표상(무언가를 상징화하는 신경망 프로파일)'이나 '정신 표상(무엇인가 아는 것에 대한 주관적 경험)'으로 사용된다.

하의식(Subconsicousness): 비서술 기억에 의식의 하위 의식이라는 개념과 겉질 아래 변연계의 방어–생존 시스템이라는 해부학적 개념이 도입된 저자의 용어이다. 병적인 해리 상태에서 의식이 축소된 현상을 말하는 피에르 자네의 잠재의식(subconscious)의 용어를 차용했으나 정확한 의미는 다르다. 이 기억 시스템은 먼저 진화하였고 내부에 깊이 자리 잡아 뇌손상에 비교적 안전하다. 하의식은 의식의 배경에 존재하며 비의식의 대부분을 차지한다.

해마(Hippocampus): 뇌의 중심부에 위치한 이 해마 모양 구조는 내 관자엽 변연계 영역의 일부이다. 해마는 사실과 자전적 세부 사항을 회상할 때 기억을 융통성 있는 형태로 만드는 데 중요한 역할을 한다. 뇌가 공간과 시간에서 자기감각을 갖도록 하고, 지각적 조직화의 순서를 조절하고, 심적 표상과 정서 평가 중추를 결합한다.

확대 망상 시상 활성화 시스템(Extended Reticular and thalamic Activating System: ERAS): 뇌에 멀리 퍼져 있으며 각성, 흥분, 집중 등 의식의 상태를 조절하고 결정하는 그물 모양의 신경 구조물로서 후뇌에서 시작하여 중뇌, 시상에 이른다.

환기(Ecphory): 인출 단서와 기억 표상의 사이에서 일치가 있을 때 명시(서술) 기억을 재활성화하는 과정이다.

환기감(Ecphoric sensation): 회상 기억이 정확한 것인지, 아닌 것인지에 대한 느낌이다. 환기감은 과거로부터 어떤 것이 나오고 있다는 신호를 준다. 신경학적으로 데자뷰(Déjà vu)는 정확한 회상이 없을 경우에 환기감의 예일 수 있다.

활동 전위(Action potential): 전하 입자인 이온이 세포막의 안팎으로 이동하여 신경세포의 긴 축삭을 따라 동등한 전기 흐름을 생성하는 과정을 의미한다.

후성 유전(Epigenetics): 경험이 DNA 염기서열의 변화 없이 염색체에 있는 다양한 분자(히스톤 및 메틸기)를 변화시키는 방향으로 유전자 표현의 조절을 변화시키는 과정이다. 어떤 후성 유전적 변화는 세포분열 뒤에도 남아 있어 다음 세대로 전달될 수 있다.

참고문헌

김덕영(2009). 프로이트, 영혼의 해방을 위하여. 인물과 사상사.

김서영(2010). 프로이트의 환자들. 웅진씽크빅.

김재익(2020). 의식, 뇌의 마지막 신비. 한길사.

김현주(2023). 프로이트의 정신분석학에서 밀어내기(Verdrängung)의 역할. 현대정신분석, 25(1), 9-40.

도정일, 최재천(2005). 대담. 유머니스트.

맹정현(2015). 프로이트 패러다임. 위고.

박용한(2018). 정신건강의학과 임상에서 명상의 활용. 가톨릭대학 정신과학교실 연수 강좌, 정신건강의학과 강의록.

백광열, 정재승, 박민선, 채정호(2008). 공포의 신경 기저 회로: 동물과 인간 대상 연구를 중심으로. 생물정신의학, 15(4).

이병욱(2006). 정신분석, 과학인가 문학인가?. *J Korean Neuropsychiatr, 45*(6). 443-504.

이병욱(2007). 프로이트일가의 가족역동. 정신분석, 18(1), 14-27.

이석호(2017). 패턴구별 및 패턴 완성인지 능력의 해마 CA3 신경회로망 기전. 서울대학교 산학협력단 중견 연구자 지원사업 최종보고서.

이희(2010). 신경정신분석 II. 정신건강의학과 의사회 총회 학술강의.

진태원(2017. 2. 16). 스피노자, '에티카' 욕망과 정서의 철학. PAN+열린인문학술세미나강의.

허휴정, 한상빈, 박예나, 채정호(2015). 정신과 임상에서 명상의 활용: 마음챙김 명상을 중심으로. 신경정신의학, 54(4), 406-417.

新井康允(1994). ここまでわかった! 女の脳 · 男の脳. 오영근 역(1995). 여자의 뇌-남자의 뇌. 전파과학사.

Alexander, F. (1950). *Psychosomatic medicine*. Norton.

American Psychiatric Association. (2000). *Diagnostic and statistical manual of mental disorders*

(4th ed., text revision). Author.

Anderson, M. C. (2013). Repression. *A Cognitive Neuroscience Approach Psychoanalysis and Neuroscience, 15*(1), 327-346.

Anderson, M. C., & Green, C. (2001). Suppressing unwanted memories by executive control. *Nature, 410*, 366-369.

Anderson, M. C., & Levy, B. J. (2009). Suppressing Unwanted Memories. *Current Directions in Psychological Science, 18*(4), DOI: 10.1111/j.1467-8721.2009.01634.x

Anderson, M. C., & Weaver, C. (2009). Inhibitory control over action and memory. In L. Squire (Ed.), *The Encyclopedia of Neuroscience. Volume 5.* (pp. 153-163). Academic Press.

Anderson, M. C., Bunce, J. G., & Barbas H. (2016). Prefrontal-Hippocampal Pathways Underlying Inhibitory Control Over Memory. *Neurobiol Learn Mem, 134*(Pt A), 145-161. doi:10.1016/j.nlm.2015.11.008

Arnsten, A. F. T. (2019). *Loss of Prefrontal Cortical Higher Cognition with Uncontrollable Stress: Molecular Mechanisms, Changes with Age, and Relevance to Treatment. Department Neuroscience.* Yale Medical School, New Haven, CT 06510, USA; Dibyadeep.datta@yale.edu

Arnsten, A. F. T., Galvin, V., & Meyberg, H. S. (2018). *The Neurobiology of Prefrontal Cortex and its Role in Mental Disorders.* Yale School Of Medicine. https://www.youtube.com/watch?v=DEtnoiKGDwI

Aron, A. R., Fletcher, P. C., Bullmore, E. T., Sahakian, B. J., & Robbins, T. W. (2003). Stop-signal inhibition disrupted by damage to right inferior frontal gyrus in humans. *Nature neuroscience, 6*(2), 115-116.

Baars, B. J. (1983). Conscious contents provide the nervous system with coherent, global information. *Consciousness and Self-Regulation: Volume 3: Advances in Research and Theory,* 41-79.

Baars, B. J. (1997). In the theatre of consciousness. Global workspace theory, a rigorous scientific theory of consciousness. *Journal of consciousness Studies, 4*(4), 292-309.

Baddeley, A. (1986). *Working memory.* Oxford University Press.

Badre, D. (2020). *On task: how our brain gets things done.* 김한영 역(2022). 생각은 어떻게 해동이 되는가. 해나무.

Bechara, A., Tranel, D., Damasio, H., Adolphs, A., Rockland, A., & Damasio, A. R.

(1995). Double Dissociation of Conditioning and Declarative Knowledge Relative to the Amygdala and Hippocampus in Humans. *Science. 269*(5227), 1115-1118. doi: 10.1126/science.7652558

Beck, C. J. (2007). *Everyday Zen: love and work.* 안희경 역(2014). 가만히 앉다: 삶의 모든 것을 있는 그대로 바라보는 연습. 판미동.

Benchenane, K., Peyrache, A., Khamassi, M., Tierney, P., Gioanni, Y., Battaglia, F., & Wiener. S. (2010). Coherent theta oscillations and reorganization of spike timing in the hippocampal-prefrontal network upon learning. *Neuron, 66*(6), 921-36. doi: 10.1016/j.neuron.2010. 5. 13.

Berdik, C. (2013). *Mind over mind: the surprising power of expectations.* 이현주 역(2015). 상상하면 이긴다. 프런티어.

Berlin H. A. (2011). The Neural Basis of the Dynamic Unconscious. *An Interdisciplinary Journal for Psychoanalysis and the Neurosciences, 13.*

Bettelheim, B. (1983). *Freud and Man's Soul.* 김종주 외 공역(2001). 프로이트와 인간의 영혼. 하나의학사.

Billig, M. (2004). *Freudian Repression, Conversation Creating the Unconscious.* Cambridge University Press.

Bjork, R. A., & Woodward, A. E. (1973). Directed forgetting of individual words in free recall. *Journal of Experimental Psychology, 99*(1), 22-27. https://doi.org/10.1037/h0034757

Bleuler, E. (1925). *Die Psychoide als Prinzip der organischen Entwicklung.* J. Springer.

Bolles, R. C. (1970). Species-specific defense reactions and avoidance learning. *Psychological Review, 77*(1), 32-48. https://doi.org/10.1037/h0028589

Bonanno, G. A. (2006). The illusion of repression memory. *Behavioral and Brain Sciences, 29,* 515-516.

Bonanno, G. A., & Keuler, D. J. (1998). Psychotherapy without repressed memory: A parsimonious alternative based on contemporary memory research. In S. J. Lynn & K. M. McConkey (Eds.), *Truth in memory.* Guilford. D.

Bos, J. (1997). *Authorized knowledge.* A study of the history of psychoanalysis from a discourse point of view: [Doctoral thesis1(Research UU/Gradyation uu), Facultein Sociale weten schappen].

Boring, E. G. (1950). *A History of Experimental Psychology.* Appleton-Century-Crofts.

Bower, G. H. (1990). Awareness, the unconscious, and repression: An experimental psychologist's perspective. Repression and the inaccessibility of emotional memories.

Bowers, K. S., & Farvolden, F. (1996). Revisiting a century-old Freudian slip—From suggestion disavowed to the truth repressed. *Psychological Bulletin, 119*, 355-38.

Brach, T. (2004). *Radical acceptance: embracing your life with heart of a Buddha*. 김선주 외 공역(2012). 받아들임: 자책과 후회없이 나를 사랑하는 법. 불광출판사.

Brenner, C. (1982). *The Mind In Conflict*. International University Press.

Breuer, J., & Freud, S. (1893). On the psychical mechanism of hysterical phenomena. *The standard edition of the complete psychological works of Sigmund Freud, 2*(1893-5), 1-17.

Breuer, J., & Freud, S. (1895a). *Studies on Hysteria. vol 3*. Plican Books.

Breuer, J., & Freud, S. (1895b). *Studies on Hysteria*. 김미리혜 역(2012). 히스테리의 연구. 열린책들.

Brown, R., Lau, H., & LeDoux, J. E. (2019). Understanding the higher-order approach to consciousness. *Trends in cognitive sciences, 23*(9), 754-768.

Brown, J. S., & Jacobs, A. (1949). The role of fear in the motivation and acquisition of responses. *Journal of Experimental Psychology, 39*(6), 747.

Bruner, J. (1992). Another look at new look 1. *American Psychologist, 47*, 780-783.

Bulevich, J. B., Roediger, H. L. III, Balota, D. A., & Butler, A. C. (2006). Failures to find suppression of episodic memories in the think/no-think paradigm. *Memory & Cognition, 34*(8), 1569-1577. https://doi.org/10.3758/BF03195920

Cartoni, E., Puglisi-Allegra, S., & Baldassarre, G. (2013). The three principles of action: a Pavlovian-instrumental transfer hypothesis. *Frontiers in behavioral neuroscience, 7*, 153.

Centonzea, D., Siracusanoc, A., Calabresia, P., & Bernardia, G. (2004). The Project for a Scientific Psychology (1895): a Freudian anticipation of LTP-memory connection theory. *Brain Research Reviews, 46*(3), 310-314.

Chandra, S. (1976). Repression, dreaming and primary process thinking: Skinnerian formulations of some Freudian facts. *Behaviorism*, 53-75.

Chapman, A. H. (1978). *Treatment techniques of Harry Stack Sullivan*. 김보연 역(2018). 해리스택 설리반의 정신치료기술. 하나의학사.

Cheit, R. E. (1998). Consider this, skeptics of recovered memory. *Ethics and Behavior, 8*, 141-160.

Clark, R. E., & Squire, L. R. (1999). Human eyeblink classical conditioning: Effects of manipulating awareness of the stimulus contingencies. *Psychological science, 10*(1), 14-18.

Cloitre, M., Cancienne, J., Brodsky, B. et al. (1996). Memory performance among women with parental abuse histories: enhanced directed forgetting or directed remembering?. *J Abnorm Psychol, 105*, 204–211.

Cohen, J. (2005). *How to read Freud*. 최장호 역(2007). How to read 프로이트. 웅진지식하우스.

Corbit, L. H., & Balleine, B. W. (2005). Double dissociation of basolateral and central amygdala lesions on the general and outcome-specific forms of pavlovian-instrumental transfer. *J. Neurosci. 25*, 962-970. doi: 10.1523/JNEUROSCI.4507-04.2005

Corkin, S. (2013). *Permanent present tense: The unforgettable life of the amnesic patient*. H. M. Basic Books/Hachette Book Group.

Cozolino, L. (2002). *Neuroscience of psychotherapy: healing the social brain* (2nd ed.). 강철민 외 공역(2014). 정신치료의 신경과학(2판). 학지사.

Crews, F. (2006). What Erdelyi has repressed. *Behavioral and Brain Sciences, 29*, 516–517.

Crick, F., & Koch, C. (2000). The Unconscious Homunculus. *Neuro-Psychoanalysis, 2*, 3–11.

Damasio, A. (1999a). Emotions as viewed by psychoanalysis and neuroscience. *Neuropsychoanalysis, 1*, 38-39. doi: 10.1080/15294145.1999.10773242

Damasio, A. (1999b). *The Feeling of What Happens: Body and Emotion in the Making of Consciousness*. Mariner.

Damasio, A. (2003). *Looking For Spinoza: joy, sorrow and the feeling brain*. 임지원 외 공역(2007). 스피노자의 뇌: 기쁨, 슬픔, 느낌의 뇌과학. 사이언스북스.

Damasio, A. (2017). *Strange Order of Things*. 임지원 외 공역(2019). 느낌의 진화. 북이십일.

Damasio, H., Grabowski, T., Frank, R., Galaburda, A. M., & Damasio, A. R. (1994). The return of Phineas Gage: clues about the brain from the skull of a famous patient. *Science, 264*(5162), 1102–1105.

Dawkins. R. (1976). *The Selfish Gene* (2nd ed.). 홍영남 역(2002). 이기적 유전자. 을유문화사.

Dehaene, S. (2014). *Consciousness and the Brain: Deciphering How the Brain Codes Our Thoughts*. 박인용 역(2017). 뇌의식의 탄생. 한언.

Delgado, M. R., Nearing, K. I., Ledoux, J. E., & Phelps, E. A. (2008). Neural circuitry underlying the regulation of conditioned fear and its relation to extinction. *Neuron, 59*(5), 829–838.

Dennett, D. C (1991). *Consciousness explained*. 유자화 역(2013). 의식의 수수께끼를 풀다. 옥당.

Depue, B. E. (2012). A Neuroanatomical Model of Prefrontal Inhibitory Modulation of Memory Retrieval. *Neurosci Biobehav Rev, 36*(5), 1382-1399. DOI:10.1016/j.neubiorev. 2012. 2. 12.

Depue, B. E., Banich, M. T., & Currant, T. (2007). Prefrontal Regions Orchestrate Suppression of Emotional Memories via a Two-Phase Process. *Science, 317*(5835), 215-219. DOI: 10.1126/science.1139560

Depue, B. E., Orr, J. M., Smolker, H. R., Naaz, F., & Banich, M. T. (2016). The organization of right prefrontal networks reveals common mechanisms of inhibitory regulation across cognitive, emotional, and motor processes. *Cerebral Cortex, 26*(4), 1634-1646.

Doidge, N. (2007). *The Brain That Changes Itself*. 김미선 역(2008). 기적을 부르는 뇌. 지호출판사.

Dollard, J., & Miller, N. E. (1950). *Personality and psychotherapy: An analysis in terms of learning, thinking, and culture*. McGraw-Hill.

Edelman, G. M. (1992). *Bright air, brilliant fire*. 황희숙 역(2006). 신경과학과 마음의세계. 범양사.

Edelman, G. M. (2003). Naturalizing consciousness: a theoretical framework. *Proceedings of the National Academy of Sciences, 100*(9), 5520-5524.

Edelman, G. M. (2006). *Second nature*. 김창대 역(2009). 세컨드 네이처. 이음.

Edelman, G. M., & Tononi, G. (2000). *Universe of consciousness*. 장현우 역(2020). 뇌 의식의 우주. 한언.

Eichenbaum, H. (1988). Using olfaction to study memory. *Ann N Y Acad Sci, 855, 657-669*. doi: 10.1111/j.1749-6632.1998.tb10642.x

Ekstrom, S. R. (2004). The mind beyond our immediate awareness: Freudian, Jungian, and cognitive models of the unconscious. *Journal of Analytical Psychology, 49*, 657-682.

Ellenberger, H. F. (1970/1994). *The Discovery of the Unconscious: History and Evolution of Dynamic Psychiatry*. Basic Books.

Epstein, S. (1994). Integration of the cognitive and psychodynamic unconscious. *American Psychologist, 49*, 709-724.

Erdelyi, M. H. (1990). Repression, reconstruction, and defense: History and integration of the psychoanalytic and experimental frameworks. In J. L. Singer (Ed.), *Repression and dissociation: Implications for personality, psychopathology, and health* (pp. 1-31). University of Chicago Press.

Erdelyi, M. H. (2001). Defense processes can be conscious or unconscious. *American Psychologist, 56*(9), 761-762. https://doi.org/10.1037/0003-066X.56.9.761

Erdelyi, M. H. (2004). Subliminal perception and its cognates: Theory, indeterminacy, and time. *Consciousness and Cognition: An International Journal, 13*(1), 73-91. https://doi.org/10.1016/S1053-8100(03)00051-5

Erdelyi, M. H. (2006). The unified theory of repression. *Behavioral and Brain Sciences, 29*, 499-551.

Erdelyi, M. H., & Goldberg, B. (1979). Let's not sweep repression under the rug: Toward a cognitive psychology of repression. In J. F. Kihlstrom & F. J. Evans (Eds.), *Functional disorders of memory*. Erlbaum.

Fairbairn, W. R. D. (1943). The repression and the return of bad objects (with special reference to the 'war neuroses'). *British Journal of Medical Psychology*.

Fancher, R. E. (1973). *Psychoanalytic Psychology, The development of Freud's Thought*. W. W. Norton & Company.

Fayek, A. (2005). The centrality of the system Ucs in the theory of psychoanalysis: The nonrepressed unconscious. *Psychoanalytic Psychology, 22*, 524.

Fenichel, O. (1946). *Psychoanalytic theory of neurosis*. Routledge & Kegan.

Fonagy, P. (1999). Achieving evidence-based psychotherapy practice: A psychodynamic perspective on the general acceptance of treatment manuals. *Clinical Psychology: Science and Practice, 6*(4), 442-444. https://doi.org/10.1093/clipsy.6.4.442

Fosha, D., Siegel, D., & Solomon, M. F. (2009). *Healing power of emotion: Affective neuroscience, development & clinical practice*. 노경선 외 공역(2013). 감정의 치유력. 눈출판그룹.

Freud, A. (1936). *The Ego and the Mechanisms of Defense*. In The Writings of Anna Freud (Vol. 2, pp. 3-191). International Universities Press.

Freud, A. (1966). *The Ego and the Mechanisms of Defense*. Revised Edition. International Universities Press.

Freud, S. (1886~1899). *The Complete Psychological Works of Sigmund Freud Volume I*. Pre-Psychoanalytic Publications and Unpublished Drafts. (1966). Hogarth Press Limited.

Freud, S. (1895). *Project for an Scientific Psychology*. 이재원 역(1999). 과학적 심리학 초고. 사랑의 학교.

Freud, S. (1900). *The Interpretation of Dreams*. SE: Vol. 4-5. Papers On Repression in Hamlet. 김인순 역(1997), 꿈의 해석. 열린책들.

Freud, S. (1908a). *Civilized Sexual Morality and Modern Nervous Illness*. Penguin Books(FPL. Vol. 12)(1985).

Freud, S. (1908b). *The Psychopathology of Everyday LIfe*. 이한우 역(2004). 일상생활의 정신병리학. 열린책들.

Freud, S. (1909). *Analysis of a phobia in a five year old boy*. In J. Strachey (Ed. and Trans.), SE, 10: 5-149. Hogarth Press.

Freud, S. (1913~1914). The Standard Edition of the complete psychological work of Sigmund Freud, 13, vii-162.

Freud, S. (1913a). *The Origin of Religion: Totem and Taboo, Moses and Monotheism and other works* (2nd ed.). Penguin Books.

Freud, S. (1913b). *The claims of psycho-analysis to scientific interest*. SE, 13, 163-190.

Freud, S. (1914). *On the history of the psychoanalytic Movement*. (Complete Psychological Works of Sigmund Freud).

Freud, S. (1915). *The Unconscious. On metapsychology, The theory of psychoanalysis*. 윤희기 역(2012). 정신분석학의 근본개념. 열린책들.

Freud, S. (1915a). *Repression. On metapsychology, The theory of psychoanalysis* (2nd ed.). Penguin Books.

Freud, S. (1915b). *The Unconscious On metapsychology, The theory of psychoanalysis* (2nd ed.). Penguin Books.

Freud, S. (1915c). *Repression*. SE, 14, 141-158.

Freud, S. (1915d). Instincts and their vissicitudes. *On metapsychology*, SE, 14, 111-117. 윤희기 역(2012) 본능과 그 변화, 열린책들.

Freud, S. (1916). *Some Character-Type Met with in Psycho-Analytic Work*. SE, 14: 311. 정장진 역(2012). 예술, 문학, 정신분석. 열린책들.

Freud, S. (1916~1917). *Introductory Lectures on Psycho-Analysis* (2nd ed.). Standard Edition, 15, 25-82.

Freud, S. (1920). Beyond the Pleasure Principle (Standard Edition. vol. 18, pp. 7-64). Hogarth.

Freud, S. (1923). *The Ego and the Id and Other Works*. SE, 19, 1-182. Hogarth Press.

Freud, S. (1923~1925). *The ego and the id*. In J. Strachey (Ed. and Trans.), SE, 19: 1-182. Hogarth Press. 박찬부 역(2012). 자아와 이드. 열린책들.

Freud, S. (1926a). *The Question of Layanalysis: An introduction to Psycho-Analysis*. 한성수 역(1999). 비전문가 분석의 문제. 열린책들.

Freud, S. (1926b). *Inhibitions, Symptoms and Anxiety*. 황보석 역(1997). 억압, 증후 그리고 불안. 열린책들.

Freud, S. (1930). *Civilizaton and Its Discontents*. Penguin Books.

Freud, S. (1933). *New Introductory Lectures on Psycho-Analysis*. SE, 22, 1-182.

Freud, S. (1936). *The problem of anxiety*. Norton.

Freud, S. (1937). *Analysis Terminable and Interminable*. SE, 23, 211-255.

Freud, S. (1939). *Moses and monotheism: Three essays*. SE, 23: 1-137. Hogarth Press.

Freud, S. (1940). *An outline of Psychoanalysis*. 한승완 역(2012). 정신분석학 개요. 열린책들.

Freud, S. (1954). *Project for an Scientific Psychology in The Origins of Psycho-Analysis, edited*. Imago Publishing Co.

Freud, S. (1990). *Art and Literature*. Penguin Books.

Freud, S. 이덕하 편역(2004). 끝낼 수 있는 분석과 끝낼 수 없는 분석: 정신분석치료 기법에대한 논문들. 도서출판b.

Freud, S., & Ferenczi, S. (1993~2000). *The correspondence of Sigmund Freud and Sándor Ferenczi* (Volume 1: 1908-14; Eva Brabant, Ernst Falzeder, and Patrizia Giampieri-Deutsch, Eds.; Peter T. Hoffer, Trans.). Belknap Press of Harvard University Press.

Freud, S., Bonaparte, M. E., Freud, A. E., Kris, E. E., Mosbacher, E. T., & Strachey, J. T. (1954). *The origins of psycho-analysis: Letters to Wilhelm Fliess*, drafts and notes: 1887~1902.

Friston, K. (2010). The free-energy principle: a unified brain theory? *Nature Reviews Neuroscience, 11*, 127-138.

Fuster, J. (1997). *The Prefrontal Cortex-Anatomy Physiology, and neuropsychology of the frontal lobe*. Lippincott Raven.

Gamwell, L., & Solms, M. (2006). *From neurology to psychoanalysis: Sigmund Freud's neurological drawings and diagrams of the mind*. Binghamton University Art Museum.

Gedo, J. E., & Goldberg, A. (1973). *Models of the mind: A psychoanalytic theory*. University of Chicago Press.

Geurts, D. E., Huys, Q. J., Den Ouden, H. E., & Cools, R. (2013). Aversive Pavlovian control of instrumental behavior in humans. *Journal of cognitive neuroscience, 25*(9), 1428-1441.

Goldmann-Rakic, P. (1996). The prefrontal landscape: implications of functional architecture for understanding human mentation and the central executive. *Philosophical Transactions of the Royal Society of London. Series B: Biological Sciences, 351*(1346), 1445-1453.

Grawe, K. (2007). *Neuropsychotherapy: How the Neurosciences Inform Effective Psychotherapy*. Taylor & Francis Group.

Graziano, M. S., & Webb, T. W. (2015). The attention schema theory: a mechanistic account of subjective awareness. *Frontiers in psychology*, 500.

Greenberg, J. R., & Mitchell, S. A. (1983). *Object Relations in Psychoanalytic Theory*. Harvard University Press.

Greenwald, A. G. (1992). New Look 3: Unconscious cognition reclaimed. *American Psychologist, 47*(6), 766.

Gross, M. L. (1978). *The psychological society: A critical analysis of psychiatry, psychotherapy, psychoanalysis and the psychological revolution*. Random House.

Grünbaum, A. (1984). *The Foundations of Psychoanalysis: A Philosophical Critique*. University of California Press.

Gur, R. C., & Sackeim, H. A. (1979). Self-deception: A concept in search of a phenomenon. *Personalityand Social Psychology, 37*, 147-169.

Gunaratana, H. (1991). *Mindfulness in plain*. 손혜숙 역(2001). 가장 손쉬운 깨달음의 길. 아름드리미디어.

Gunaratana, H. (2009). *Beyond mindfulness in plain*. 이재석 역(2013). 사마타 명상. 아름드리미디어.

Hanslmayr, S., Leipold, P., Pastötter, B., & Bäuml, K. H. (2009). Anticipatory signatures of voluntary memory suppression. *Journal of Neuroscience, 29*(9), 2742-2747.

Harlow, J. M. (1868). Recovery from the Passage of an Iron Bar Through the Head. *Publications of the Massachusetts Medical Society, 2*(3), 329-347.

Hawkins, J. (2021). *A Thousand Brains: A New Theory of Intelligence*. 이충호 역(2022). 천 개의 뇌. 이데아.

Hawkins, J., & Blakeslee, S. (2005). *On intelligence: How a new understanding of the brain will lead to the creation of machine*. 이한음 외 공역(2010). 생각하는 뇌, 생각하는 기계. 멘토르.

Hays, S. (2019). Nature as Discourse: Transdisciplinarity and Vagus Nerve Function. *Transdisciplinary Journal of Engineering & Science, 10*.

Hebb, D. O. (2005). The organization of behavior: A neuropsychological theory. Psychology press.

Hilgard, E. R. (1986). *Divided Consciousness: Multiple Controls in Human Thought and Action* (Wiley series in behaviour). John Wiley & Sons.

Hoffer, A. (2015). *Freud and the Buddha: the couch and the cushion*. 윤승희 역(2018). 프로이트의 의자와 붓다의 방석. 생각의길.

Hofmann, S. G., & Hay, A. C. (2018). Rethinking avoidance: Toward a balanced approach to avoidance in treating anxiety disorders. *Journal of anxiety disorders, 55*, 14-21.

Holmes, D. S. (1974). Investigations of repression: Differential recall of material experimentally or naturally associated with ego threat. *Psychological Bulletin, 81*, 632-653.

Horton, K. D., & Petruk, R. (1980). Set differentiation and depth of processing in the directed forgetting paradigm. *Journal of Experimental Psychology: Human Learning and Memory, 6*(5), 599-610. https://doi.org/10.1037/0278-7393.6.5.599

Hulbert, J. C., Henson, R. N., & Anderson, M. C. (2016). *Inducing amnesia through systemic suppression*, Nature Communication.

Jin, J. J., & Maren, S. (2015). Prefrontal-Hippocampal Interactions in Memory and Emotion. *Front Syst Neurosci. 15*(9), 170. doi: 10.3389/fnsys.2015.00170.eCollection

Jones, E. (1949). *Hamlet and Oedipus*. 최정훈 역(2009). 햄릿과 오이디푸스. 황금사자.

Jung, C. G. (1969). *On the Nature of the Psyche*. 정명진 역(2017). 정신의 본질에 대하여. 부글북스.

Kandel, E. (1999). Biology and the future of psychoanalysis: a new intellectual framework for psychiatry revisited. American journal of Psychiatry, 156(4), 505-524.

Kandel, E. (2005). *Psychiatry, psychoanalysis, and the new biology of mind*. Ameican Psychiatric Publishing.

Kandel, E. (2006). *In search of memory: The emergence of a new science of mind*. WW Norton & Company.

Kandel, E. (2012). *The Age of Insight*. 이한음 역(2014). 통찰의 시대. 알에이치코리아.

Kandel, E. (2016). *Reductionism in Art and Brain Science*. 이한음 역(2019). 어쩐지 미술에서 뇌과학이 보인다. 프시케의숲.

Kandel, E., & Squire, L. R. (2009). *Memory: From Mind to Molecules*. 이혜령 역(2016). 기억의 비밀. 해나무.

Kant, I. (1798). Anthropology from a pragmatic point of view. In *Anthropology, history, and education*. New York: Cambridge University Press. pp. 177-198 (2007).

Kaplan-Solms K., & Solms, M. (2002). *Clinical Studies in Neuro-Psychoanalysis*. H. Karnac(Books).

Kerlinger, F. N. (1985). *Foundations of behavioral research*. 고홍화 외 공역(1988). 사회행동과학 연구방법의 기초. 성원사.

Kihlstrom, J. F. (1987). The cognitive unconscious. *Science, 237*(4821), 1445-1452. https://doi.org/10.1126/science.3629249

Kihlstrom, J. F. (2006a). Repression: A unified theory of a will-o'-the-wisp. *Behavioral and*

Brain Sciences, 29(5), 523-523.

Kihlstrom, J. F.(2006). Trauma and memory revisited. In B. Uttl, N. Ohta & A. L. Siegenthaler (Eds.), *Memory and Emotions: Interdisciplinary Perspectives* (pp. 259-291). New York: Blackwell.

Kluft, R. P. (1988). The phenomenology and treatment of extremely complex multiple personality disorder. *Dissociation, 1*, 47-58.

Langnickel, R., & Markowitsch, H. (2006). Repression and the unconscious. *Behavioral and Brain Sciences, 29*, 524-525.

LeDoux, J. E. (2004). *The Emotional Brain*. Phoenix.

LeDoux, J. E. (2013. 4. 7.). 오피니언 페이지: 불안한 사람에게는 회피가 긍정적일 수 있다.

LeDoux, J. E. (2015). *Anxiety*. 임지원 역(2017). 불안: 불안과 공포의 뇌과학. 인벤션.

LeDoux, J. E. (2019). *The Deep History of Ourselves*. 박선지 역(2021). 우리 인간의 아주 깊은 역사. 바다출판사.

LeDoux, J. E. (2020). How does the non-conscious become conscious?. *Current Biology, 30*(5), R196-R199.

LeDoux, J. E., & Brown, R. (2017). A higher-order theory of emotional consciousness. *Proceedings of the National Academy of Sciences, 114*(10), E2016-E2025.

LeDoux, J. E., & Gorman, J. M. (2001). A call to action: overcoming anxiety through active coping. *American Journal of Psychiatry, 158*(12), 1953-1955.

LeDoux, J. E., Moscarello, J., Sears, R., & Campese, V. (2017). The birth, death and resurrection of avoidance: a reconceptualization of a troubled paradigm. *Molecular psychiatry, 22*(1), 24-36.

Levis, D. J. (1989). The case for a return to a two-factor theory of avoidance: The failure of non-fear interpretations. In S. B. Klein & R. R. Mowrer (Eds.), *Contemporary learning theories, Pavlovian conditioning and the status of traditional learning theory* (pp. 227-277). Lawrence Erlbaum Associates.

Levy, B. J., & Anderson, M. C, (2012). Purging of memories from conscious awareness tracked in the human brain. *The Journal of Neuroscience: the Official Journal of the Society For Neuroscience, 32*, 16785-16794. PMID23175832DOI:10.1523/JNEUROSCI.2640-12.

Lieberman, D. A. (1993). *Learing: behavior and Cognition*. 이관용 외 공역(1996). 학습심리학: 행동과 인지. 교육과학사.

Loftus, E. F. (1993). The reality of repressed memories. *American Psychologist, 48*(5), 518-537.

Loftus, E. F., & Klinger, M. R. (1992). Is the unconscious smart or dumb?. *American Psychologist, 47*, 761-765.

Mackinnon, W., & Dukes, W. F. (1962). Psychology in the making: histories of selected research problems. New York: Knopf.

MacLeod, C. M. (1975). Long-term recognition and recall following directed forgetting. *Journal of Experimental Psychology: Human Learning and Memory, 1*(3), 271-279. https://doi.org/10.1037/0278-7393.1.3.271

Macmillan, M. (2006). Is Erdelyi's swan a goose?. *Behavioral and Brain Sciences, 29*(5), 525-526.

Mancia, M. (2006). *Psychoanalysis and Neuroscience*. Springer.

Massimini, M., & Tononi, G. (2013). *Nulla di più grande: dalla veglia al sonno, dal coma al sogno: il segreto della coscienza e lasua misura*. 박인용 역(2016). 의식은 언제 탄생하는가?: 뇌의 신비를 밝혀가는 정보통합 이론. 한언.

McCarthy, G., Puce, A., Constable, R. T., Krystal, J. H., Gore, J. C., & Goldmann-Rakic, P. (1996). Activation of human prefrontal cortex during spatial and nonspatial working memory tasks measured by functional MRI. *Cerebral Cortex, 6*(4), 600-611. https://doi.org/10.1093/cercor/6.4.600

McNally, R. J. (2006). Let Freud rest in peace. *Behavioral and Brain Sciences, 29*, 526-527.

McNally, R. J., Perlman, C. A., Ristuccia, C. S., &Clancy, S. A. (2006). Clinical characteristics of adults reporting repressed, recovered, or continuous memories of childhood sexual abuse. *Journal of Consulting and Clinical Psychology, 74*(2), 237-242. https://doi.org/10.1037/0022-006X.74.2.237

Milad, M. R., Wright, C. I., Orr, S. P., Pitman, R. K., Quirk, G. J., & Rauch, S. L. (2007). Recall of fear extinction in humans activates the ventromedial prefrontal cortex and hippocampus in concert. *Biological Psychiatry, 62*, 446-454.

Mlodinow, L. (2013). "새로운" 무의식: 정신분석에서 뇌과학으로. (김명남 역). 까치글방.

Neff, K. D., & Germer, C. (2018). *The Mindful Self-Compassion Workbook: A Proven Way to Accept Yourself, Build Inner Strength, and Thrive*. 서광 외 공역(2020). 나를 사랑하기로 했습니다. 이너북스.

Nesse, R. M. (2019). *Good Reasons for Bad Feelings: Insights from the Frontier of Evolutionary Psychiatry*. Dutton.

Nesse, R. M., & Williams, G. C. (1994). Why We Get Sick: The New Science of Darwin

Medicine. 최재천 역 (2007). 인간은 왜 병에 걸리는가?. 사이언스북스.

Newberg, A. (2016. 7. 6.). Finding our enlightened state. TEDx Talks.

Newman, J., & Baars, B. J. (1993). A Neural Attentional Model for Access to Consciousness: A Global Workspace Perspective. *Concepts in Neuroscience, 4*, 255-290.

Nietzsche, F. (1883). *Jenseits von Gut und Ba"se, Zur Genealogie der Moral*. 정동호 역(2019). 차라투스트라는 이렇게 말했다. 책세상.

O'Brien, G., & Jureidini, J. (2002). Dispensing with the dynamic unconscious. *Philosophy, Psychiatry, & Psychology, 9*, 141-153.

O'Driscoll, K., & Leach, J. P. (1998). "No longer Gage": an iron bar through the head: Early observations of personality change after injury to the prefrontal cortex. *BMJ, 317*(7174), 1673-1674.

Ochsner, K. N., Bunge, S. A., Gross, J. J., & Gabrieli, J. D. (2002). Rethinking feelings: an FMRI study of the cognitive regulation of emotion. *Journal of cognitive neuroscience, 14*(8), 1215-1229.

Ogden, P., Minton, K., & Pain, C. (2006). *Trauma and the body: A sensorimotor approach to psychotherapy*. W. W. Norton & Company.

Overskeid, G. (2007). Looking for Skinner and Finding Freud. *American Psychologist, 62*(6), 590-595.

Palter, K. A. (1990). Recall and stem-completion priming have different electro-physiological correlates and are modified differentially by directed forgetting. *J Exp Psychol Learn Mem Cogn, 16*, 1021-1032.

Parksepp, J. (1998). *Affective Neuroscience: The Foundations of Human and Animal Emotions*. Oxford University Press.

Parksepp, J. (2003). *Textbook of Biological Psychiatry*. Wiley-Liss.

Panksepp, J. (2011). Affective continuity? From seeking to play-Science, therapeutics and beyond. NPSA Foundation.

Panksepp, J., & Biven, L. (2012). *The archaeology of mind: neuroevolutionary origins of humanemotions*. WW Norton & Company.

Petersen, A. (2017). *On edge: a journey through anxiety*. 박다솜 역(2018). 불안에 대하여. 열린책들.

Pichert, J. W., & Anderson, R. C. (1977). Taking different perspectives on a story. *Journal of Educational Psychology, 69*(4), 309-315. https://doi.org/10.1037/0022-0663.69.4.309

Piper, A. (1999). A skeptic considers, then respondsto Cheit. *Ethics and Behavior, 9*, 277-293.

Poldrack, R. (2021). *Hard to Break: Why our Brains Make Habit Stick*. 신솔잎 역(2022). 습관의 알고리즘. 비즈니스북스.

Popper, K. R. (1945). *Open society and its enemies*. 이한구 역(2006). 열린사회와 그 적들. 민음사.

Porter, S., & Birt, A. R. (2001). Is traumatic memory special? A comparison of traumatic memory characteristics with memory for other emotional life experiences. *Applied Cognitive Psychology, 15*(7), S101-S117. https://doi.org/10.1002/acp.766

Pribram, K. (2005). *VII. FREUD'S PROJECT FOR A SCIENTIFIC PSYCHOLOGY IN THE 21ST CENTURY* (Vol. 717, pp. 169-178). Verlag der Österreichischen Akademie der Wissenschaften.

Prigogine, I., & Stengers, I. (1984) *Order out of Chaos: Man's New Dialogue with Nature*. Flamingo Edition.

Putnam, F. W. (1997). *Dissociation in Children and Adolescents: A Developmental Perspective*. Guilford Press.

Ramnero, J. (2012). Exposure Therapy for Anxiety Disorders: Is There Room for Cognitive Interventions?. In P. Neudeck & H. -U. Wittchen (Eds.), *Exposure Therapy: Rethinking the Model-Refining the Method* (pp. 275-298).

Ratiu, P., Talos, I. F., Haker, S., Lieberman, D., & Everett, P. (2004). The tale of Phineas Gage, digitally remastered. *Journal of neurotrauma, 21*(5), 637-643.

Rescorla, R. A., & Lolordo, V. M. (1965). Inhibition of avoidance behavior. *Journal of comparative and physiological psychology, 59*(3), 406.

Rofé, Y. (2008). Does repression exist? Memory, pathogenic, unconscious and clinical evidence. *Review of General Psychology, 12*(1), 63-85.

Rofé, Y. (2012). *The Rationality of Psychological Disorders: Psychobizarreness Theory*. springer Science & Business Media.

Rovelli, C. (2018). *The Order of Time*. 이중원 역(2019). 시간은 흐르지 않는다. 쌤앤파커스.

Sackheim, H. A. (1983). Self-deception, Self-esteem and depression: The adaptive value of lying to oneself. In J. Masling (ed.), *Empirical Studies of Psychoanalytical Theories, Vol. 1*. Hillside, N. J: Lawrence Erbaum.

Sacks, O. (2017). *River of consciousness*. 양병찬 역(2018). 의식의 강. 알마.

Sandhu, P. (2015). Step Aside, Freud: Josef Breuer Is the True Father of Modern Psychotherapy. *Scientific American*.

Sandler, J., & Freud, A. (1985). *The Analysis of Defense*. Intl Universities Pr Inc.

Sandler, J., Holder, A., Dare, C., & Dreher, A. U. (1997). *Freud's Models of the Mind*. Routledge.

Schacter, D. L. (1996). *Searching for memory: The brain, the mind, and the past*. Basic books.

Scoville, W. B., & Milner, B. (1957). Loss of recent memory after bilateral hippocampal lesions. *The Journal of Neurology, Neurosurgery and Psychiatry, 20*, 11-21.

Sedgwick, D. (2001). *Introduction to Jungian Psychotherapy*. Routledge.

Seger, C. A., & Spiering, B. J. (2011). A critical review of habit learning and the basal ganglia. *Frontiers in systems neuroscience, 5*, 66.

Seligman, M. E., & Johnston, J. C. (1973). A cognitive theory of avoidance learning. In F. J. McGuigan & D. B. Lumsden (Eds.), *Contemporary approaches to conditioning and learning*. V. H. Winston & Sons.

Seth, A. K. (2021). *Being you: a new science of consciousness*. 장혜인 역(2022). 내가 된다는 것: 데이터, 사이보그, 인공지능 시대에 인간의식을 탐험하다. 흐름출판.

Shaw, J. (2016). *The Memory Illusion*. 이영아 역(2017). 몹쓸 기억력. 현암사.

Sherry, D. F., & Schacter, D. L. (1987). The evolution of multiple memory systems. *Psychological Review, 94*(4), 439-454.

Siegel, D. J. (2018). Aware. 윤승서 외 공역(2020). 알아차림. 불광출판사.

Siegel, D. J. (2020). *Developing mind*. 김보연 외 공역(2022). 마음의 발달. 하나의학사.

Skinner, B. F. (1956). *Critique of Psychoanalytic Concepts and Theories*. The foundations of science and the concepts of psychology and psychoanalysis. Minnesota studies in the philosophy of science, Volume 1, pp. 77-87. University of Minnesota Press.

Skinner, B. F. (1974). *About Behaviorism*. 이신영 역(2017). 스키너의 행동심리학. 교양인.

Skinner, B. F. & Vaughan, M. E. (1997). *Enjoy old age: a practical guide*. 이시형 역(2013). 스키너의 마지막 강의. 더퀘스트.

Solms, M. (1997). *The Neuropsychology of Dreams*. Psychology Press.

Solms, M., & Tumbull, O. F. (2002). *The Brain and the Inner World: An Introduction to the Neuroscience of the Subjective Experience*. Other Press.

Solms, M. (2004). *Freud Returns*. Scientific American.

Solms, M. (2021). *The hidden spring: A journey to the source of consciousness*. Profile books.

Solomon, R. L., Kamin, L. J., & Wynne, L. C. (1953). Traumatic avoidance learning: the outcomes of several extinction procedures with dogs. *The Journal of Abnormal and Social*

Psychology, 48(2), 291-302. https://doi.org/10.1037/h0058943

Spinoza, B. (1677). *Ethica.* 조현진 역(2014). 에티카. 책 세상.

Squire, L. R. (1986). Mechanisms of Memory. *Science, 27.*

Squire, L. R., & Wixted, J. T. (2015). Remembering. *Dædalus, the Journal of the American Academy of Arts & Sciences.* 54-66.

Squire, L. R., & Zola-Morgan, S. (1988). Memory: Brain Systems and Behavior. *Trends in Neurosciences, 11*, 170-175.

Stein, D. J. (Ed.). (1997). *Cognitive Science and the Unconscious.* 김종우 외 공역(2002). 인지과학과 무의식. 하나의학사.

Stevenson, R. L. (1886). *The Strange Case of Dr. Jekyll & Mr. Hyde.* Longmans, Green, And Co.

Strawson, G. (1996). The Sense of the Self. *London Review of Books, 8*(8).

Striedter, G. F. (2005). *Principles of brain evolution.* Sinauer associates.

Taylor, J. B. (1996). *My stroke of insight.* 장호연 역(2019). 나는 내가 죽었다고 생각했습니다: 뇌과학자의 뇌가 멈춘 날. 윌북.

Teng, E., & Squire, L. R. (1999). Memory for places learned long ago is intact after hippocampal damage. *Nature, 400*(6745), 675-677.

Terr, L. (1994). *Unchained Memories: True Stories of Traumatic Memories Lost and Found.* Basic Books.

T. J. Teyler, & P. Discenna. (1986). The hippocampal memory indexing theory. *Behav Neurosci. Apr;* 100(2): 147-54.

Thalberg, I. (1983). *Misconceptions of mind and freedom.* University Press of America.

Toronchuk, J. A., & Ellis, G. F. R. (2013). Affective Neuronal Darwinism: The Nature of the Primary Emotional Systems. *Front Psychol.* 2013 Jan 9:3:589.

Van der Hart, O., & Horst, R. (1989). The dissociation theory of Pierre Janet. *Journal of traumatic stress, 2*(4), 397-412.

Wachtel, P. (1977). *Psychoanalysis and behaviortherapy.* Plenum.

Weinberger, J. (1997). Psychoanalytic and Cognitive Conceptions of the Unconscious. In D. J. Stein, (Ed.), *Cognitive Science and The Unconscious.* 김종우 외 공역(2002). 인지과학과 무의식. 하나의학사.

Westen, D. (1999). The scientific status of unconscious processes: Is Freud really dead?. *Journal of the American Psychoanalytic Association, 47*, 1061-1106.

Wetzel, C. D. (1975). Effect of orienting tasks and cue timing on the free recall of remember-and forget-cued words. *Journal of Experimental Psychology: Human Learning and Memory, 1*(5), 556-566. https://doi.org/10.1037/0278-7393.1.5.556

White, R. S. (2001). The Interpersonal and Freudian Traditions: Convergences and Divergences. *Journal of the American Psychoanalytic Association, 49*, 427-454.

Williams, L. M. (1994). Recall of childhood trauma: A prospective study of women's memories of childsexual abuse. *Journal of Consulting and Clinical Psychology, 62*, 1167-1176.

Wilson, T. (2004). Strangers to Ourselves. 정명진 역(2012). 내 안의 낯선 나. 부글북스.

Wimmer, R. D., Schmitt, L. I., Davidson, T. J., Nakajima, M., Deisseroth, K., & Halassa, M. M. (2015). Thalamic control of sensory selection in divided attention. *Nature, 526*(7575), 705-709.

저자 소개

김보연(Kim, Boyeon)

가톨릭 의과대학, 대학원 졸업
성가의원 정신건강의학과 원장
마음의 뇌과학연구회 회장
가톨릭 대학교 정신과학 교실 외래교수

〈대표 저 · 역서〉

성 또 하나의 대화(공저, 1996)
해리 스택 설리반의 정신치료기술(역, 2018)
마음의 발달(공역, 2022)

억압의 비밀과 마음의 뇌과학
-프로이트의 뇌

Secrets of Repression and Brain Science of the Mind
Dr. S. Freud's Brain

2025년 1월 10일 1판 1쇄 인쇄
2025년 1월 20일 1판 1쇄 발행

지은이 • 김보연
펴낸이 • 김진환
펴낸곳 • (주) 학지사
04031 서울특별시 마포구 양화로 15길 20 마인드월드빌딩
대표전화 • 02)330-5114 팩스 • 02)324-2345
등록번호 • 제313-2006-000265호

홈페이지 • http://www.hakjisa.co.kr
인스타그램 • https://www.instagram.com/hakjisabook/

ISBN 978-89-997-3280-5 93180

정가 28,000원